Portvgaliae Monvmenta Neolatina

Coordenação Científica

A P E N E L
Associação Portuguesa de Estudos Neolatinos

A P E N E L

COORDENAÇÃO CIENTÍFICA
Associação Portuguesa de Estudos Neolatinos - APENEL

DIRECÇÃO
Sebastião Tavares de Pinho, Arnaldo do Espírito Santo,
Virgínia Soares Pereira, António Manuel R. Rebelo,
João Nunes Torrão, Carlos Ascenso André,
Manuel José de Sousa Barbosa

COORDENAÇÃO EDITORIAL
Maria João Padez de Castro

EDIÇÃO
Imprensa da Universidade de Coimbra
Email: imprensauc@ci.uc.pt
URL: http://www.uc.pt/imprensa_uc

CONCEPÇÃO GRÁFICA
António Barros

PRÉ-IMPRESSÃO
Rafael Resende

PRINT BY
CreateSpace

ISBN
978-989-8074-50-8

DEPÓSITO LEGAL
277175/08

OBRA PUBLICADA COM O APOIO DE:

UNIDADE I&D | LINGUAGEM, INTERPRETAÇÃO E FILOSOFIA

FCT Fundação para a Ciência e a Tecnologia
MINISTÉRIO DA CIÊNCIA, TECNOLOGIA E ENSINO SUPERIOR   Portugal

Ciência.Inovação Programa Operacional Ciência e Inovação 2010
2010   MINISTÉRIO DA CIÊNCIA, TECNOLOGIA E ENSINO SUPERIOR

© JUNHO 2008, IMPRENSA DA UNIVERSIDADE DE COIMBRA

PORTVGALIAE MONVMENTA NEOLATINA

VOL. VI

LUÍS ANTÓNIO VERNEY

METAFÍSICA

Introdução e tradução

AMÂNDIO COXITO

Fixação do texto latino

SEBASTIÃO TAVARES DE PINHO
ANDRIA PATRÍCIA SEIÇA

INTRODUÇÃO

1. Dados biográficos

Luís António Verney (cavaleiro da Ordem de Cristo e arcediago da Igreja Metropolitana de Évora) foi o maior representante do Iluminismo português. Nasceu em Lisboa (1713) e faleceu em Roma (1792), tendo sido pedagogo, polemista e filósofo. Estudou filosofia com os Oratorianos (1727-1730), embora já anteriormente houvesse frequentado Humanidades (línguas e literaturas latina e grega) com os Jesuítas no Colégio de Santo Antão. Prosseguiu os estudos na Universidade de Évora, onde defendeu "conclusões públicas de toda a Filosofia", tendo obtido o grau de mestre em Artes (1733) e iniciado Teologia. Partiu para Roma (1736), devido certamente à insatisfação nele provocada pelo nosso ensino e à consequente necessidade de procurar um lugar onde pudesse obter uma mais sólida formação intelectual no campo das novas ideias. Ocupou-se em Itália com estudos filosóficos, teológicos e pedagógicos, relacionou-se com intelectuais italianos, sobretudo com Muratori e Genovesi, cujas obras o influenciaram profundamente, e dedicou-se à leitura de obras que assinalaram o século das Luzes e que comprovam a mudança verificada na cultura europeia nos campos científico, filosófico e pedagógico. Foi também em Itália que inicialmente publicou o Verdadeiro Método de Estudar *(Nápoles, 1746), um manifesto polémico que se propunha uma reforma adequada à situação intelectual do País, tendo em vista uma nova orientação pedagógica em conformidade com as correntes culturais recentes relacionadas com a Filosofia das Luzes. Transparece ainda desta obra um interesse pela eficácia social dos estudos em função da sua utilidade para o Estado e para a Igreja. Ela integra-se, portanto, numa concepção prática do conhecimento, o que, aliás, também acontece com as obras propriamente filosóficas.*

2. Resumo da obra

A obra de Verney que agora se publica, em edição bilingue e com anotações, faz parte de um conjunto de três obras de filosofia, sendo as duas outras a De re logica

e a De re physica. *Todas elas foram redigidas para instruir os jovens estudantes portugueses nas respectivas matérias, justificando-se, assim, o subtítulo comum: "ad usum Lusitanorum adolescentium". Torna-se, assim, evidente que o seu autor alimentava a esperança de que esses seus escritos viessem a servir como manuais nas escolas portuguesas para o estudo da filosofia, na sequência da orientação pedagógica do* Verdadeiro Método de Estudar. *E o nosso filósofo lutou para eles serem adoptados no nosso sistema de ensino, mas as suas pretensões não foram coroadas de êxito.*

DEDICATÓRIA AO REI D. JOSÉ. *A intenção de Verney é exaltar o valor da metafísica, da filosofia em geral e da jurisprudência na administração dos assuntos públicos, invocando os exemplos de filósofos e de jurisconsultos, tanto antigos como modernos. São criticados os pseudo-políticos ignorantes e arrogantes que divorciam a filosofia da sabedoria civil e política por possuírem ideias incorrectas, inadequadas e pueris da ciência de governar, desprezando, por isso, os ensinamentos para a administração do Estado. Ao contrário, são objecto de louvor os que, baseando-se na Metafísica, dirigiram com perspicácia os assuntos públicos, apercebendo-se inteligentemente do futuro pelo exame dos acontecimentos passados e presentes, que eles investigaram com grande penetração de espírito, o que lhes possibilitou a conservação e o acrescentamento da felicidade do povo. Por último, declara o autor não ser necessário recorrer a argumentos para exaltar o valor da Metafísica, pois o rei D. José é um testemunho excelente da aplicação dos seus princípios à arte de governar com sabedoria, não tanto em virtude de conhecimentos teóricos, mas sobretudo pela sua experiência e aptidão natural. Este argumento serve a Verney para estimular o empenho do monarca no sentido do engrandecimento dos estudos modernos, podendo desse modo o País alcançar a fama de outras nações europeias.*

SAUDAÇÃO AOS JOVENS PORTUGUESES. *Verney principia por penitenciar-se pelo facto de não ter publicado anteriormente a sua* Metafísica, *embora ela já estivesse há muito tempo redigida, declarando, porém, ter procedido dessa forma para não agir com precipitação, na sequência dos ensinamentos de autores contemporâneos. Mas a parte principal da saudação é dedicada à censura (aliás, contundente e sarcástica) de um peripatético anónimo, certamente português, em virtude de ele ter proclamado a inutilidade da Lógica de Verney. Este responde ao seu crítico argumentando que os seus escritos tinham sido objecto de aplauso e de reconhecimento, e considera, por outro lado, não ser seu desejo escrever uma defesa, pois o espírito moderno não tolera desperdício de tempo e uma refutação ofenderia a dignidade da filosofia, não sendo mesmo aceite de ânimo leve pelos autores mais ilustrados, que haviam, segundo Verney, dado testemunho sobre as suas doutrinas e a sua religiosidade. Por último, declara o autor oferecer a sua obra aos jovens estudantes portugueses, embora não seja a metafísica antiga, extensa e complicada, que debilita a agudeza do engenho, mas uma metafísica breve e fácil, que estimula o espírito, tornando-o perspicaz, e que desvenda o caminho para entender as outras disciplinas. Tendo em*

vista a aquisição desses conhecimentos, os jovens são aconselhados a absterem-se de discussões inúteis para, assim, poderem ajuizar rectamente e discorrer de modo adequado no esclarecimento de qualquer assunto. A obra da Metafísica é, por isso, considerada pelo seu autor desimpedida de frivolidades e de temas insignificantes e restringida ao essencial, possibilitando, assim, aos jovens estudantes obter enorme recompensa com grande economia de esforço.

LIVRO PRIMEIRO. Este livro é dedicado à história da Metafísica, que o autor realiza tendo em vista em primeiro lugar uma crítica dos "antigos" em nome de uma razão que, em conformidade com o espírito das Luzes, recusava submeter-se ao império da autoridade e da tradição; em segundo lugar, o autor propõe-se fazer uma exaltação da metafísica dos "modernos". Assim, a Metafísica de Aristóteles é considerada confusa, desordenada e impossível de entender; a dos Árabes é engenhosa, mas não isenta de erros, dado eles terem interpretado a filosofia do mestre com base em comentadores que corromperam os livros de Aristóteles; e a dos escolásticos possui apenas de comum com a aristotélica o nome, não trazendo, por outro lado, nenhuma utilidade para entender as outras disciplinas. Só a partir do século XVII é que alguns filósofos se aperceberam do método incorrecto dos filósofos anteriores, decidindo-se, por isso, corrigir com seriedade a Metafísica. Entre outros autores, são salientados os nomes de Henry More, Clauberg, Sylvain Régis, Descartes e Malebranche. Mas foi sobretudo no século XVIII que houve quem se dedicasse de forma intensa e entusiástica ao estudo da metafísica como jamais sucedera em tempos passados, de tal modo que esta disciplina "adquiriu nos últimos cinquenta anos tamanha magnificência que dificilmente os antigos metafísicos seriam capazes de suspeitá-lo". E para comprovar esta asserção, refere Verney os variados contributos de uma imensidade de autores, nomeadamente franceses, alemães e dos Países-Baixos, cujas obras haviam sido escritas ou em francês ou em latim, e que com toda a aparência ele conheceu. Por fim, o autor dedica aos jovens portugueses as suas reflexões sobre a história da Metafísica, declarando abster-se de assuntos de menor importância, ainda que alguns metafísicos os considerem relacionados com as outras disciplinas.

LIVRO SEGUNDO. Este livro está consagrado à análise da origem, da natureza e da utilidade da Metafísica em função das outras disciplinas. É dedicado um capítulo especial à crítica dos escolásticos, pois eles "ensinaram a Ontologia de modo tão obscuro que nada mais obscuro e confuso pode imaginar-se; e nada há mais inútil e até pernicioso para poder entender-se a verdadeira finalidade da Ontologia". No entanto, Verney condescende em expor alguns assuntos sobre a Ontologia escolástica, confessando fazê-lo sem rancor e com benevolência – como é próprio de um historiador e de um filósofo –, acrescentando, porém, ser com enorme desconforto que procede desse modo. Compreende-se, assim, que a obsessão de Verney contra a filosofia escolástica o leve repetidamente ao longo da obra a qualificá-la de "subtil", "abstracta", "vaga", "inexacta", "obscura", "confusa", "loquaz", "fútil", "inútil", "enfadonha", "complicada",

"ininteligível", "causadora de mofa", "desprezível", etc. Além do temperamento do autor, exprimem sobretudo estas palavras a mentalidade do Iluminismo com a sua crítica do passado, tido como fonte de erro e de ignorância. Por outro lado, Verney critica os escolásticos pelas suas ideias confusas sobre a Ontologia por eles terem sobre ela uma noção vaga e imprecisa, comum a várias outras disciplinas, nomeadamente à Física. Ao contrário dos escolásticos – refere Verney –, propuseram-se os modernos restituir à Ontologia a finalidade para que foi concebida, pondo de lado as discussões relativas às outras ciências e estudando-a como disciplina autónoma. A finalizar este livro, considera o autor dividir-se a Ontologia em duas partes, que examinam, respectivamente, o modo de conhecer as primeiras verdades e as proposições relativas a todas as disciplinas. No segundo caso, a Ontologia constitui-se como um "léxico filosófico geral", cuja finalidade não é apenas apresentar a significação de determinados vocábulos, mas também prescrever algumas regras para o seu uso correcto. Com efeito, qualquer disciplina recorre com frequência a vocábulos como "natureza", "essência", "propriedade", "causa", "efeito", "ordem", etc., que devem ser definidos rigorosamente, advindo, assim, proposições gerais ou axiomas relativos a todo o conhecimento científico. Justifica-se, por isso, que o nosso autor considere também a Ontologia como os "prolegómenos a todas as ciências". Deste modo, embora o século XVIII tenha rejeitado a metafísica tradicional, por ela conter uma herança incompatível com as novas exigências críticas, contudo, não renunciou a outro tipo de metafísica entendida como teoria da linguagem científica.

LIVRO TERCEIRO. Este livro diz respeito ao tema, deveras interessante, das "primeiras verdades", uma questão recorrente no século XVIII que, quanto ao essencial, importa trazer à colação devido às importantes controvérsias filosóficas que lhe estão subjacentes. Parafraseando o filósofo jesuíta francês Claude Buffier (que sobre este tema inspirou o seu pensamento com a obra Traité des premières vérités*), define o nosso autor «primeiras verdades» como «certas proposições tão perspícuas que não podem ser demonstradas nem refutadas por outras dotadas de maior clareza». E como corolário desta definição, ele assinala algumas características essenciais dessas verdades:*

> *Que sejam de tal modo evidentes, que não possam ocorrer outras com maior evidência ou dotadas de maior clareza, das quais elas pudessem deduzir-se; que sejam admitidas por todas as pessoas com tal consenso e convicção, que ninguém ou quase ninguém as impugne, uma vez adquirida a razão da espécie humana; que estejam impressas tão profundamente no nosso espírito, que não possam ser invalidadas por nenhumas falácias ou por meios astuciosos dos oponentes; além disso, que todos ordenem a sua vida pelas suas prescrições.*

Perante este tema, o propósito principal de Verney é indagar se existem verdades com uma evidência semelhante às verdades internas ou do sentido íntimo, que são as

verdades da própria existência e da existência dos factos mentais, que nem sequer os cépticos recusam; por outro lado, se existem verdades originadas nos dados dos sentidos com a cooperação da recta razão, que são aquelas que os cépticos não aceitam. Entre esta última espécie de verdades, as principais dizem respeito à existência dos corpos, de outras pessoas, de outras mentes, do livre arbítrio, à verdade do testemunho alheio quando corroborado por um grande número de pessoas em relação às quais possa presumir-se estarem de boa fé. São estas as verdades do senso comum que – tais como a do sentido íntimo –, por não se originarem em nenhumas outras, são conhecidas com absoluta certeza, diferindo daquelas apenas no modo como a evidência se impõe.

Mas, se estas verdades são do senso comum – e, portanto, admitidas por todas as pessoas ou ao menos pela maior parte –, parece que a opinião da maioria é a norma da verdade, desatendendo-se, assim, os juízos da minoria, designadamente os dos filósofos e dos especialistas, preferindo-se, por isso, o parecer da multidão ao das pessoas instruídas. Sobre este ponto, reconhece Verney haver casos em que a universalidade do senso comum se apresenta grandemente restringida, isto é, nos casos em que só uma minoria está em condições de ajuizar de forma correcta sobre determinados assuntos, por exemplo, de eloquência, de poesia, de arquitectura ou de pintura. A respeito, porém, da maior parte das verdades, toda a gente – ou quase toda – é capaz de ajuizar com rectidão, pois a natureza é regular nas suas obras. É certo que encontramos na natureza defeitos, imperfeições e até comportamentos perversos. Disso são, no entanto, em grande parte responsáveis os próprios homens em virtude do mau uso que fazem da liberdade, o que os induz a emitir juízos irreflectidos, cujas causas específicas são, entre outras: a presunção, que os leva a pensar de forma diferente dos outros, visando a singularidade; a curiosidade excessiva, que os impele a emitir juízos sobre assuntos que excedem as possibilidades do conhecimento; os preconceitos de partido, de escola ou de seita; a negligência ou a ligeireza com que exprimem opiniões; a arrogância, que os induz a depreciar verdades do senso comum, porque intimamente elas incomodam. Pode, portanto, afirmar-se que, se a natureza concedeu o senso comum a todas as pessoas, por culpa própria nem todas elas o conservam, apartando-se, assim, das prescrições que Deus incutiu no espírito de todas as pessoas para elas poderem "ajuizar de forma idêntica sobre coisas evidentes". Por isso, é impossível que quem não for infiel à razão não dê assentimento àquelas verdades comuns que a natureza, criação de Deus, infundiu na mente de todos os homens. Nos casos em que tal assentimento não se verifique a respeito de uma ou de outra verdade, devido a qualquer preconceito, os responsáveis devem considerar-se extravagantes. E, se alguém perante as verdades do senso comum persistir de forma sistemática numa atitude de rebeldia, então é manifestamente louco, pois a loucura, tal como a extravagância, são o oposto da razão.

Quanto aos princípios do senso comum, destaca Verney o da existência dos corpos, manifestada pelo exercício dos sentidos, que deve ser admitida como evidente. E não tem validade o argumento de que os sentidos muitas vezes nos induzem em erro, pois os erros que lhes são atribuídos devem-se apenas aos juízos emitidos sobre os seus

dados. Deste modo – não obstante as limitações evidentes da percepção sensitiva –, ela é suficiente para por seu intermédio e com a cooperação da recta razão podermos aceitar as verdades do senso comum.

Considera o nosso filósofo ser a evidência física da existência dos corpos materiais o fundamento das próprias verdades da Matemática, propugnando, assim, uma explicação empirista das operações e das leis desta disciplina. Segundo ele, se examinarmos certas demonstrações referentes a números ou a linhas, elas implicam – designadamente na Geometria – a evidência dos sentidos. Por exemplo, ao demonstrar que a linha A e o ângulo B são, respectivamente, metade da linha B e dos ângulos A e C de um triângulo, é necessário o sentido da visão; e mesmo admitindo a opinião de alguns de que os cegos de nascença são capazes de apreender certas demonstrações matemáticas, servindo-se de figuras gravadas ou em relevo sobre uma superfície, tal só é possível pelo sentido do tacto. É, portanto, óbvio que Verney, como empirista extremo, professa um realismo ingénuo em relação à Matemática, considerando ser apenas real e válido o que é de natureza sensível, rejeitando implicitamente a natureza ideal ou inteligível dessa disciplina.

Apresentam-se na mesma linha de pensamento as considerações de Verney sobre aquilo que ele designa por «axiomas metafísicos», tais como: «dois e dois são quatro»; «o todo é maior que a sua parte»; «é impossível que uma coisa seja e não seja ao mesmo tempo». Estão, portanto, incluídos nestes juízos os princípios lógicos. Sobre este assunto, tinha considerado Buffier não proporcionarem tais axiomas um conhecimento independente do pensar, sendo apenas verdades internas ou lógicas, embora com fundamento remoto na experiência. Verney, porém, opõe-se expressamente à doutrina do seu antecessor, manifestando de novo uma atitude de empirismo radical ao afirmar estarem os mencionados axiomas em conformidade com objectos externos, tal como acontece com todas as primeiras verdades, motivo por que são igualmente verdades do senso comum.

Entre as verdades do senso comum possibilitadas pelos sentidos, estão ainda as que dizem respeito à autoridade humana. Para o nosso pensador, «o testemunho continuado das pessoas é um sinal, ou um indício, ou um critério da verdade», embora ele não possibilite uma evidência semelhante à das matemáticas, mas somente uma evidência e uma certeza moral; no entanto, esta certeza é suficiente para não termos nenhumas dúvidas em grande número de ocasiões da nossa existência, pois é pelo testemunho alheio que tomamos conhecimento da maior parte das coisas e em especial das que são necessárias para o nosso comportamento quotidiano. Está aqui um dos motivos por que a filosofia do senso comum (de Buffier, de Verney, de Reid e de outros) se ajustou perfeitamente à concepção prática do conhecimento característica do espírito das Luzes.

Uma observação importante que pode apresentar-se a respeito do modelo de verdade que, segundo Verney, é natural à razão humana é o reconhecimento dos limites da sua doutrina do senso comum, por ser impossível demonstrar por um raciocínio dedutivo serem verdadeiras as proposições auto-evidentes, pondo-se, assim, o problema da

veracidade das proposições do senso comum. Por outro lado, parece dever reflectir-se seriamente sobre a opinião de Étienne Gilson, para quem os sequazes da filosofia do senso comum pretenderam «*fazer repousar todo o edifício do conhecimento verdadeiro sobre juízos instintivos e, portanto, irracionais*».

No entanto, a filosofia do senso comum – por ter o seu fundamento na experiência sensível – não podia aceitar que o sentido íntimo pudesse fornecer um critério de verdade objectiva, pois a esse nível não há a admissão de um mundo corpóreo independente do pensamento; daí que Verney se tenha proposto superar o solipsismo de certos autores da época, para os quais o que é manifestado pela consciência constitui a única fonte de verdade e de certeza. Na sua crítica do solipsismo, o filósofo português elege como alvos os nomes de Malebranche, de Pierre Bayle e de Berkeley.

Afirma Malebranche num passo de De la recherche de la vérité *suceder muitas vezes às pessoas ao sonhar representarem-se coisas como se elas existissem, o que de facto não se verifica*. Mas sendo impossível demonstrar não estarmos a sonhar no momento actual, não é possível inferir com legitimidade existirem corpos. Em resposta a este argumento, escreve Verney não ser teoricamente possível ter a certeza se nos encontramos alguma vez em estado de vigília ou, ao invés, sempre sonhando, podendo, assim, não passar de uma ilusão a existência dos corpos exteriores; na prática, porém, todas as pessoas concordam em que certos actos que actualmente realizam se exercem sobre coisas de facto existentes percepcionadas em estado de vigília. Eis aqui o critério para determinar não poderem essas coisas confundir-se com imagens dos sonhos, impondo-se, por conseguinte, como existentes por evidência física.

Baseia-se um outro argumento de Malebranche no que ele denomina «ilusões dos sentidos» a respeito da existência real das qualidades posteriormente denominadas por Locke «qualidades secundárias» (a cor, o sabor, etc.), interrogando-se o filósofo francês por que razão não há-de haver também ilusões a respeito das qualidades primárias (a grandeza, a figura e o movimento). A conclusão lógica destas considerações de Malebranche seria a reclusão num rigoroso fenomenismo subjectivo, do qual só pôde libertar-se recorrendo à porta teológica, como era característico na época entre os sequazes de Descartes. Mas esse recurso é para Verney uma solução filosoficamente injustificável, pelo que ele invocou o pensamento de Locke, que lhe possibilitou afirmar serem as qualidades primárias inseparáveis dos corpos, sejam eles ou não percepcionados pelos sentidos; essas qualidades são, portanto, objectivas, isto é, dadas nos objectos da experiência.

Uma parte mais interessante da crítica de Verney ao solipsismo tem na base um artigo do Dictionnaire historique et critique *de Pierre Bayle sobre Zenão, onde o autor proclama – a propósito dos argumentos dos cépticos, que recusam a existência real ou objectiva das qualidades secundárias – serem tais argumentos também conclusivos a respeito da realidade das qualidades primárias*. Um passo do mencionado axioma estabelece o seguinte: "A natureza nada faz inutilmente; far-se-ia inutilmente com o recurso a muitos meios o que pode fazer-se por intermédio de poucos". Deste modo, os cartesianos podem admitir sem escrúpulos a inexistência das qualidades primárias

e, por conseguinte, recusar a existência dos corpos exteriores como independentes do pensamento, pois, quer eles existam ou não, Deus tem sempre o poder de comunicar-nos as impressões que parecem corresponder-lhes. É esta a via mais breve para determinar a natureza das denominadas «qualidades primárias», permitindo concluir ser a extensão redutível a simples aparência na mente, tendo o mesmo estatuto que o das qualidades secundárias. Perante estes argumentos, contrapõe Verney no mesmo tom ter Deus criado os nossos sentidos com tanta minúcia e perfeição que não é possível deixar de reconhecer ter ele procedido dessa forma segundo uma finalidade, consistindo essa finalidade – como a experiência comprova – na obtenção das ideias dos corpos; por tal motivo, tem de aceitar-se a existência dos corpos e, portanto, a extensão material. Para solucionar o problema, é esta a via mais breve. Foi deste modo que Verney superou o cepticismo de Bayle.

Também a refutação da filosofia de Berkeley se funda no facto de ela rejeitar a existência independente dos corpos contra o juízo do senso comum. Na verdade, segundo o nosso pensador, os objectos percepcionados possuem qualidades objectivas ou primárias, não se reduzindo a sua existência à sua percepção, como pensava o filósofo irlandês. A crítica de Verney estende-se nada menos que ao longo de dezoito páginas da sua obra. Mas ela comunga da evidente incompreensão e distorção da doutrina do bispo de Cloyne, o que, aliás, não é de estranhar, se pensarmos nas violentas e descontroladas reacções ocasionadas pelas teorias de Berkeley, que ainda se faziam sentir na época em que o nosso autor escreveu. Aquela crítica é de início comedida, porque baseada em argumentos filosóficos, mas progressivamente e sobretudo na última parte torna-se contundente e sarcástica, manifestando a obsessão de Verney em identificar o imaterialismo berkleyano com o pirronismo mais ridículo. Veja-mos um pequeno passo dessa crítica:

> *Expondo com sinceridade o meu pensamento, julgo só ser possível refutar Berkeley e outros disputadores do mesmo género torturando-os à fome e à sede durante três dias, fechados num cubículo. Em tal situação, quando eles implorassem com persistência comida e água, seriam absurdas e insultuosas as suas súplicas, se lhes mostrássemos as suas demonstrações. Na verdade, as suas mentes espirituais não se sustentam com comida nem com bebida, pois, se eles não têm um corpo, não necessitam de alimentos corpóreos. E, se eles objectassem que, se lhes déssemos de comer e de beber, isso suscitaria nos seus espíritos aquela sensação deliciosa de voluptuosidade que com veemência estavam desejando, poderíamos responde-lhes muito candidamente não existirem comida nem bebida, nem nenhuma pessoa exterior às suas mentes que pudesse vir socorrê-los; e responder-lhes ainda ser-lhes suficiente a lembrança da comida e da bebida para incutir nos seus espíritos as ideias que lhes causam tanta satisfação. Assim – e disso tenho eu a certeza –, pelo tormento físico refutá-los-íamos com maior facilidade do que se recorrêssemos a muitos argumentos.*

LIVRO QUARTO. *Neste último livro da sua obra, Verney propõe-se explicar certas expressões da metafísica escolástica, interpretando-as na perspectiva do empirismo. Tal explicação justifica que o autor considere ser esse livro um léxico filosófico geral, não apenas por expor a significação de certos nomes característicos das ciências e da filosofia, mas também por estabelecer certas regras para o seu uso correcto. As palavras a cuja análise procede Verney são as seguintes: ente e não-ente, essência, substância, subsistência, existência, modos, relações, finito e infinito, possível e impossível, simples e composto, todo e parte, perfeito e imperfeito, bom e mau, ordem e desordem, belo e feio, necessário e contingente, natural e não-natural, duração ou tempo, causa e efeito, causa final e causa exemplar. Para abreviar as considerações sobre este último livro, vamos cingir-nos apenas a algumas noções fundamentais nele analisadas: essência, substância, modos e relações.*

Em consonância com a tradição aristotélico-escolástica, define Verney «essência» como «aquilo pelo qual uma coisa é o que é» e, portanto, não uma coisa diferente de si própria. Porém, naquela tradição, a essência real de uma coisa é dada a conhecer pela sua definição, que se realiza por género próximo e diferença específica. Além da essência, existem os próprios (ou qualidades não constitutivas da essência, embora dela resultem necessariamente) e os acidentes (ou qualidades que podem ou não existir, sendo, por isso, possível, sem contradição, que uma coisa seja concebida sem elas). Ora, a uma visão crítica de tal conceito da essência não passa despercebido que esta é entendida como um momento meramente ideal dos entes com o esquecimento da sua realidade concreta. E a tentação da filosofia, desde os Gregos à Escolástica, foi considerar as essências como esse momento ideal, identificando com ele o ser mesmo das coisas. Deste modo, a respeito das propostas do empirismo dos séculos XVII e XVIII, podemos dizer, que relativamente ao conceito mencionado, elas apareceram como lufadas de ar fresco. Para Verney, a essência real não é um conjunto de notas fixas dadas pela definição. Na verdade, a essência de uma coisa é «o conjunto de todos os atributos em virtude dos quais ela é uma coisa e não outra diferente". Assim, a essência é relativa a entes concretos, na sequência, aliás, da recusa do realismo dos universais. Por exemplo, a essência de Pedro consiste em ser um ser animado e em possuir muitas outras características respeitantes à constituição e à conexão das partes corpóreas mais subtis, à função dos órgãos internos, à eficácia dos humores, à causa das doenças, à união entre a alma e o corpo, ao modo de acção da alma, etc. Não são, portanto, as notas «animal» e «racional» que constituem toda a essência real de um homem. Eis aqui a razão pela qual nos é desconhecida a essência real, ao contrário do que, segundo Verney, supõem com arrogância os escolásticos. Apenas nos é possível conhecer a essência nominal ou metafísica ou a que percebemos pela palavra com que significamos uma coisa. Mas as palavras possuem para nós uma significação que é dependente das nossas possibilidades de conhecer. Sendo assim, a essência metafísica inclui apenas um conjunto de ideias mais conhecidas que supomos constituírem a essência real, conjunto esse que aquelas palavras nos dão a conhecer em função da nossa experiência. E como essa experiência é variável, o

conjunto de ideias que ela nos possibilita pode "diminuir ou aumentar", motivo por que pode também variar a essência metafísica, ao invés da essência real, que é «eterna e imutável», embora, como foi dito, desconhecida.

Está, portanto, associada a variabilidade da essência metafísica à variabilidade da significação das formas da linguagem, o que, como é óbvio, pode conduzir a uma confusão semântica e gnosiológica, por não haver a garantia de que as ideias no espírito do emissor correspondem às ideias do receptor. Quer dizer, é inevitável a imperfeição da linguagem, cuja ambiguidade se origina precisamente nas diferentes significações atribuídas às palavras, isto é, nas variações da essência metafísica.

Não é, porém, nesta obra que Verney apresenta as regras para obviar os equívocos semânticos originados pela flutuação do sentido das palavras. Isso fá-lo ele em De re logica, *onde é manifesto o intento de constituição de uma linguagem unívoca, capaz de ser utilizada na filosofia e na ciência experimental, embora haja um passo na mesma obra em que é drasticamente restringido o ideal de uma linguagem rigorosa, segundo o qual a cada palavra deveria corresponder uma única noção. Este passo em que Verney renuncia à constituição de uma linguagem unívoca está, aliás, em consonância com o que foi dito sobre o conceito de «essência metafísica»; e também concorda com a doutrina expendida no* Verdadeiro Método de Estudar *(cartas V e VI), onde o autor justifica o uso dos tropos ou figuras da linguagem, nomeadamente da metáfora. O limite por ele estabelecido para tal uso é apenas a sanção da razão, condenando, assim, os excessos da retórica do barroco, tais como os que se verificaram entre nós nalguns sermões do padre António Vieira.*

Um outro tema importante das análises de Verney é o estudo da substância e dos seus modos. Na tradição escolástica, a palavra «substância» perdeu progressivamente a sua significação ontológica originária, tendo-se obscurecido a noção de «substância» como ser concreto e como sujeito de que se predicam propriedades. Daí a oposição «substância-acidente», «substância-modo» e «acidente-modo» por se admitirem modos substanciais e modos acidentais, consoante eles modificassem a substância ou os acidentes. Caiu-se, por isso, numa compreensão estática e coisificada dessas entidades. Assim sucedeu sobretudo depois de São Tomás (nomeadamente em Escoto) e em especial nos pensadores da chamada «Segunda Escolástica» com Pedro da Fonseca, os Conimbricenses, Francisco Suárez e João de São Tomás (para não falar, antes deles, de Caetano). Foi certamente por essa razão que os empiristas tenderam a suspeitar do conceito de "substância". Assim sucedeu com o nosso filósofo, para quem a substância não tem existência real – ao contrário do que pensavam os escolásticos –, sendo apenas uma ideia abstracta relativa aos modos (ou acidentes), em relação aos quais é concebida como separada, embora na acepção física não exista uma substância desprovida de todos os modos e em oposição a eles. No entanto, Verney expõe uma outra concepção ao afirmar que a ideia de "substância" é a ideia do conjunto dos modos e dos atributos, ajuntando-lhe a ideia extremamente obscura de uma natureza por nós desconhecida que supomos estar subjacente e conter esses atributos e modos. Também para Locke – no qual o nosso autor se inspira – as ideias de tipos específicos de

substâncias são obtidas por combinações de ideias simples baseadas na experiência e existindo em conjunto; e a ideia a que se atribui a denominação geral de "substância" é apenas a ideia de um suposto sustentáculo de propriedades das coisas, mediante o qual nos referimos ao que não é observável nem conhecido ou que é apenas conhecido pelos seus efeitos e em conformidade com o nível de observação. Por outras palavras, "substância" não passa de um conceito fictício, sendo a sua natureza considerada também como "abstracta", tal como posteriormente por Verney.

Quanto aos modos, na perspectiva metafísica, a sua doutrina não é um legado da filosofia antiga, tendo-se desenvolvido paulatinamente durante a Escolástica medieval, sobretudo a partir de São Tomás. Essa problemática foi suscitada por questões filosóficas relacionadas por vezes com temas teológicos. Não obstante a multiplicidade de sentidos que a palavra "modo" adquiriu, pode afirmar-se genericamente que ela significava na filosofia escolástica uma entidade metafísica peculiar sem consistência própria, não acrescentando, por isso, nova realidade ao ente. Nessa tradição filosófica, os modos eram concebidos como entidades mais débeis que os acidentes, dado estes serem dotados de uma autonomia relativa (por serem "entes do ente"), ao passo que os modos são apenas maneiras de ser de uma realidade. Com maior precisão, os escolásticos costumavam dividir o acidente, considerado em geral, em absoluto e modal. Mas enquanto o primeiro acrescenta à substância uma determinação relativamente importante, o segundo (o modo) impõe uma determinação ao acidente absoluto, especificando a maneira como este afecta a substância. Assim, no domínio da física, o movimento é um acidente absoluto, tal como a graça santificante no aspecto teológico; mas são modos a velocidade do movimento e o acrescentamento ou a diminuição da graça. A importância desta doutrina para os escolásticos estava na possibilidade de identificar certos estados de natureza mais subtil, não possuindo, por isso, os modos uma distinção real relativamente à substância, mas somente modal, intermédia entre aquela e a distinção de razão. De qualquer forma, embora os modos fossem considerados modificações sem consistência própria e, portanto, dependentes de outra entidade, possuem, segundo esses filósofos, uma realidade ontológica, embora mais débil que a dos acidentes. Escreve, por exemplo, Suárez nas Disputationes metaphysicae: *«Assim como existe actualmente na realidade, também é necessário que um modo possua o seu próprio ser». E para o mesmo filósofo, a união entre a matéria e a forma realiza-se pelo «modus unionis», que é substancial; e a relação ontológica entre a substância e os acidentes realiza-se pelo «modus inhaesionis».*

A doutrina dos modos representou um papel assinalável na filosofia moderna com Descartes, Espinosa, Locke, Leibniz, Hume e Wolff, mas teve pouca influência a partir dos finais do século XVIII, embora contemporaneamente alguns filósofos lhe tenham dedicado alguma atenção. Como inspirador de Verney, importa referir o pensamento de Locke sobre este tema. O filósofo inglês define os modos como "ideias complexas que, independentemente de como estão compostas, não contêm a suposição de subsistirem por si mesmas, sendo consideradas como dependências ou atributos das substâncias". Os modos são, portanto, de natureza subjectiva, embora na explanação

da sua doutrina Locke seja bastante obscuro, sobretudo por se manifestar muito variável o elemento de subjectividade que entra na constituição dos modos, como puseram em evidência vários historiadores da filosofia. No que respeita a Verney, em virtude da compreensão coisificada da substância, dos acidentes e dos modos por parte dos escolásticos, ele criticou estes filósofos porque «induzidos em erro pelas ideias abstractas a que por hábito atribuem natureza e existência próprias, porfiam vivamente serem os modos certas entidades que podem existir separados da substância». Porém, no parecer do filósofo português, os modos não fundam nenhuma distinção relativamente à substância, pois eles possuem apenas independência da substância a nível mental ou enquanto concebidos segundo o processo da abstracção. É certo que Verney faz distinção entre modos intrínsecos e extrínsecos. Os primeiros são inerentes à substância, mas não existem nem são percepcionados como separados dela, sendo a própria substância apresentando-se de uma determinada maneira. Por exemplo, a figura e o movimento, dado não existir nem poder pensar-se a figura sem um corpo nem o movimento sem um móvel; o mesmo acontece com a rotundidade e a magnitude de uma esfera de ouro, que são apenas o ouro com uma determinada figura e uma determinada grandeza. Quanto aos modos extrínsecos, ao contrário dos outros, não existem realmente na substância, sendo apenas concebidos como algo que a completa; é o caso de todas as relações.

O último tema que abordamos diz respeito precisamente às relações. Os escolásticos consideravam duas perspectivas no problema da relação: uma perspectiva ontológica, que pergunta pelo ser da relação; e uma perspectiva gnosiológica, que pergunta pelo modo como ela se conhece. Quanto à primeira perspectiva, o parecer de Verney, na peugada de Locke, é que a relação não está incluída na existência real das coisas, pois ela não modifica nem aperfeiçoa os objectos de que se afirma. Ou seja, as relações são extrínsecas e sobrepostas às coisas, existindo somente no espírito; elas são, portanto, subjectivas ou fruto de operações mentais. Por isso, aumentando ou diminuindo o número de objectos a que outro se refere, aumentam ou diminuem as relações, mas o sujeito relatum *não se modifica, qualquer que seja o número de relações e mesmo que elas deixem de verificar-se; por exemplo, se um filho falecer com o pai ainda vivo, extingue-se a relação de paternidade, mas o pai não se modifica pelo facto de já não haver essa relação. No entanto, para Verney a existência simplesmente mental das relações não significa que elas sejam coisa nenhuma: são entes por se distinguirem de meros nadas, mas não são entes por não serem entidades existentes em si próprias. Não há, porém, nenhuma originalidade nesta afirmação relativamente às doutrinas dos metafísicos escolásticos.*

Sobre o conhecimento das relações, escreve Vernei o seguinte: «Embora tenha sido pela comparação de coisas distintas que os primeiros inventores das línguas imaginaram entre eles os nomes relativos, pelos quais significaram essas denominações ou relações, sucede, no entanto, de forma diferente nos tempos actuais, em que obtemos o conhecimento das relações ou denominações com base nos nomes relativos». Dêmos um exemplo. A palavra «pai» origina duas ideias – a de «pai» e a de «filho» – relacionadas

entre si e, nesta circunstância, chama-se um «nome relativo»; por outro lado, essa palavra denomina a pessoa que gerou um filho e, neste caso, é uma denominação. Vem nesta sequência a afirmação do nosso filósofo de que os nomes relativos são a causa que possibilita conhecer o motivo por que as denominações nos representam as relações como se estas fossem inerentes às coisas, isto é, como se fossem reais. Por exemplo, a palavra «pai» dá origem ao conhecimento da relação de paternidade como se ela fosse inerente ao sujeito relatum. *Deste modo, esse conhecimento da relação consiste em compreender o que significa o nome relativo. O problema do conhecimento das relações fica, assim, transferido para a compreensão da linguagem. Contudo – como foi anteriormente assinalado a propósito da essência metafísica –, a linguagem só exprime algumas ideias por nós mais conhecidas, mas não a essência real, que é desconhecida. Ora, para o nosso filósofo a essência real é o conjunto de todas as propriedades de um objecto; por isso, se as relações não são propriedades objectivas ou reais, comprovamos dependerem elas apenas de actos de pensamento. Concluindo, dada a natureza mental das relações, podemos afirmar que uma doutrina como a de Verney – já presente, quanto ao essencial, no empirismo de Locke – abriu caminho à teoria d David Hume de que a relação é a propriedade pela qual duas ideias estão conexas entre si na imaginação.*

*

Para terminar este resumo da obra do autor português, vamos considerar com muita brevidade certos aspectos mais de natureza formal. O primeiro deles é que Verney se exprime com veemência e paixão quando se propõe criticar o sistema aristotélico-escolástico ou exaltar as propostas filosóficas da sua época, nomeadamente no que diz respeito às novas concepções da filosofia natural. E na sua exposição, ele inclui em muitos casos exemplos pertinentes para que os jovens estudantes pudessem penetrar com maior facilidade nos assuntos que se propõe esclarecer. Mas outras vezes a sua exposição é serena, nomeadamente quando descreve certos aspectos da vida, no que revela ser um bom observador. E ele faz tudo isso numa expressão latina muitas vezes elegante, como quem houvesse formado o propósito de imitar os bons modelos da Antiguidade. Quase ao acaso, salientamos um pequeno texto relativo ao ideal de Verney de beleza humana:

> *Ora, além de outros atributos, causam agrado na figura humana uma elevada estatura e uma justa compleição corporal que não seja demasiado robusta nem franzina; uma cor branca realçada por um vermelho rosado; um rosto mais comprido que redondo; uma ampla fronte, uns olhos grandes e negros; um nariz nem achatado nem aquilino, nem volumoso nem comprido, mas direito e adelgaçado; uma boca pequena e encarnada; uns dentes brancos, não pequenos nem compridos nem ralos; umas orelhas pequenas; mãos e pés pequenos, bem torneados, e as outras partes do corpo*

o mais perfeitas possível. A acrescentar a tudo isto, a modo de condimento, causam agrado um certo brilho e vivacidade do olhar, uma certa majestade fisionómica, riso aprazível e um elegante movimento do corpo.

Concluímos estas considerações afirmando que, pelo seu interesse doutrinal e até literário, é lastimável que a De re metaphysica deste nosso pensador tenha permanecido demasiado tempo esquecida, o que, aliás, também acontece com outras obras importantes da cultura filosófica portuguesa.

3. Edições

- De re metaphysica ad usum lusitanorum adolescentium libri quatuor, Roma, Ex typographia Generosi Salomoni, In foro Sancti Ignatii, Superiorum facultate, 1753.
- De re metaphysica ad usum lusitanorum adolescentium libri quatuor, Valência, In officina Benedicti Monfort, Superiorum permissu, 1763.
- De re metaphysica ad usum lusitanorum adolescentium libri quatuor, Editio altera auctior et emendatior, Lisboa, Ex typographia Michaelis Rodericii, Eminentissimi Domini Cardinalis Patriarchae typographi, Superiorum facultate, 1765.

4. Siglas

*No aparato crítico, a letra **R** representa a supracitada edição de Roma, de 1753.*

5. A nossa edição

A nossa edição baseou-se no texto da edição de Lisboa (aquela que exprime o pensamento definitivo do autor sobre o tema), e fizemos o cotejo com as edições de Roma e de Valência, sendo esta última totalmente idêntica à anterior, excepto na grafia de algumas palavras. No entanto, a edição de Valência (que Inocêncio refere ter sido traduzida para espanhol) é decerto uma edição pirata e, por isso, sem a supervisão do autor (o qual, como tudo leva a crer, nem sequer tomou conhecimento da sua existência), como se depreende do facto de alterar a grafia característica de Verney evidenciada na primeira e na última edições. Deste modo, a verdadeira segunda edição é a de Lisboa ("editio altera auctior et emendatior", como consta no frontispício; "secunda editio", como pode ler-se na aprovação inquisitorial). Quanto à valenciana, para além da alteração referida, acrescenta um elemento que não aparece nas outras duas: um "Index rerum et auctorum" realizado alfabeticamente.

No que respeita à edição de Lisboa, são idênticas, relativamente às outras, a dedicatória ao rei D. José e a saudação aos jovens portugueses, havendo, no entanto, pequenas diferenças nos títulos dos livros e por vezes dos capítulos, embora sem alteração de sentido. As dissemelhanças aparecem sobretudo no texto propriamente dito, dado que algumas partes foram acrescentadas, ou desenvolvidas, ou suprimidas, ou disposta noutra ordem, ou receberam uma redacção diferente nessa última edição. Iremos assinalar em rodapé as variantes e as disparidades entre os textos latinos da primeira e da segunda edições, como se impõe numa edição crítica. Elas reduzem-se a um número relativamente limitado, embora sejam, nalguns casos, muito importantes, quer pelo seu conteúdo, quer pela extensão dos textos em que se integram. Seis desses textos, dado o longo espaço que ocupariam no respectivo aparato crítico desta edição, e por comodidade editorial, vão aí devidamente identificados e remetidos para a sua transcrição em apêndice próprio no final da obra.

Além disso, na mesma fixação do texto latino, dedicámos particular atenção à pontuação e à ortografia vocabular.

Quanto à primeira, Verney apresenta nesta obra latina da Metaphysica, *como aliás acontece em textos portugueses, designadamente no* Verdadeiro Método de Estudar, *um sistema extremamente denso, que é próprio do seu estilo e que por vezes se torna algo perturbador da boa compreensão sintáctica e semântica para os nossos hábitos modernos. Por isso, e também para o harmonizar, de algum modo e tanto quanto possível, com a própria pontuação desta primeira tradução para a língua portuguesa, que nem sempre coincide com a latina, procedemos num ou noutro caso à sua modernização. É o que se passa com o uso dos pois pontos, que em Verney poucas vezes têm o valor da sintaxe actual, antes se confundem com a função do ponto e vírgula, da simples vírgula ou até do ponto final. O mesmo se diga da frequentíssima presença do ponto e vírgula, que não raro equivale também ao ponto ou à mera vírgula.*

No âmbito da pontuação está a divisão do texto em parágrafos, em que interviemos uma ou outra vez, quer dispensando-o quer introduzindo-o, para melhor clareza da relação entre as unidades lógicas da estrutura textual.

No que respeita à ortografia propriamente dita, Verney, como grande latinista que foi, apresenta um sistema que, para a sua época, se pode considerar muito avançado e liberto de vários dos erros da escrita latina de outros tempos, como a confusão dos ditongos ae *e* oe *entre si, e destes com a vogal longa* e; *o uso indevido do* y *e da aspirada* h; *a confusão dos dígrafos* ti- *e* ci- *quando seguidos de vogal, etc. Mas, mesmo assim, procedemos à actualização ortográfica na substituição do* j *por* i, *do* v *minúsculo por* u *e do* U *maiúsculo por* V.

Por outro lado, respeitámos os arcaísmos e mesmo certas formas de ortografia modernamente menos seguidas, por verificarmos que se trata de uma opção sistemática e deliberadamente assumida pelo autor, como acontece na ausência de assimilação de consoantes em vocábulos compostos por prefixação, designadamente no encontro do prefixo in- *seguido de palavras iniciadas por* b, l, m, p, *por exemplo em* inbecilitatem, industris, inmutabilis, inperatori, *e seus cognatos.*

A mesma preferência arcaizante de Verney se verifica na geminação consonântica presente em caussa, *ainda usada por Cícero e por Quintiliano, e* caussalitas, *e nas formas* paullo, paullulum, paullisper *e* Paullus; *ou, ao contrário, a sua ausência em* brachium, *em vez de* bracchium; *e também na grafia etimológica do antropónimo* Quinctilianus, *e no uso de* saltim *(testada em Ausónio, Ep. 7, 23), em vez de* saltem.

Testemunho do vezo verneiano pelas antigas grafias latinas está também na sistemática ausência da aspirada h *na palavra* pulcer *(em vez de* pulcher*) e seus derivados, à maneira de Cícero, que assim a usara em certa época da vida para imitar os antigos, mas que depois a considerou um pedantismo (Vd.* Orat., *160). Podemos atribuir ao mesmo pendor arcaico da ortografia de Verney a ausência da consoante epentética* -p- *em formas do verbo* emo *e suas cognatas, como* demto *e* demseris *em vez de* dempto *e* dempseris *(de* demo*);* promtu, *por* promptu *(de* promo*);* sumsimus, sumseris, sumsisse, sumsere, sumtus, sumta *e* sumtione, *por* sumpsimus, sumpseris, sumpsisse, sumpsere, sumptus, sumpta, sumptione *(de* sumo*);* consumsere *e* consumsissem *(de* consumo*);* desumserat *e* desumta *(de* desumo*) e* insumsit *(de* insumo*). E a mesma razão poderá porventura explicar a grafia de* quatuor, *por* Quatuor, *e de* intelligo *(e seus derivados, como* intelligentia, *largamente usado no texto) em vez da* intellego, *que, apesar de clássica, é de formação relativamente tardia em relação a outros compostos do verbo* lego *(por exemplo,* colligo *e* deligo*); bem como o abandono da forma* adulescens *com apofonia da vogal velar, por preferência da grafia* adolescens *(mais próxima da sua etimologia), que o autor usa repetidas vezes, a começar pelo subtítulo da sua* Metafísica: "Ad usum Lusitanorum Adolescentium".

Verney, grande pedagogo e latinista, conta entre a sua obra justamente um tratado sobre ortografia latina, publicado em Roma em 1747, em que expõe as suas teorias sobre grande parte das opções aqui tomadas, por exemplo acerca da grafia de caussa *(vd. p. 76) e da não assimilação nos compostos com a preposição prefixal* in- *(p. 87-88).*

O nosso autor apresenta, pois, no tratado De Re Metaphysica, *um critério ortográfico que, embora em alguns casos não coincida com as preferências assentes nas conclusões da linguística moderna, resulta de uma opção consciente, estudada e fundamentada em testemunhos da epigrafia e de autores dos mais antigos da Latinidade. Por isso, decidimos respeitá-la como uma opção motivada, em obediência, aliás, às normas ortográficas do plano editorial dos* Portugaliae Monumenta Neolatina, *a que pertence este volume, preconizadas pela Associação Portuguesa de Estudos Neolatinos.*

Nesta edição, excluímos as aprovações das mesas censórias da Inquisição, do Ordinário e do Paço Real, por se tornarem anacrónicas e seguirem um habitual modelo patronizado que não tem especial interesse informativo.

*O Índice dos Capítulos dos quatro livros que compõem este tratado (*Index capitum quae his libris continentur*) vai deslocado para o final da obra e adequadamente integrado no seu Índice Geral.*

Substituímos o itálico, que Verney usa de forma superabundante para destacar vocábulos ou frases, pelas vírgulas altas duplas, a fim de aliviar o aspecto pesado da mancha tipográfica e para a harmonizar com a mesma opção feita na versão portuguesa.

Para informação do leitor que queira localizar mais facilmente um passo do texto latino original, em confronto com o da presente edição, incluímos nesta, entre parênteses rectos, a respectiva paginação do texto-base da edição de Lisboa de 1765.

Finalmente, esclarece-se que Verney, nas abonações de variados autores em que se apoia, nem sempre o faz de maneira literal, mas servindo-se apenas do seu conteúdo. São disso exemplo paradigmático três casos, referentes a Malebranche, P. Bayle e Berkeley, como se pode ver respectivamente nas páginas 132-136, 144-148 e 150-166.

6. Bibliografia

Luís António Verney, *De Orthographia Latina ad Didacum Fratrem, Liber Singularis*. Romae, MDCCXXXXVII, *Typis Generosi Salomonij in Platea Sancti Ignatii, Superiorum Permissu*; Amândio Coxito, "A crítica do inatismo segundo Verney", *Rev. Filos. de Coimbra*, 1, 1 (1992), 51-62; "Verney e a filosofia europeia do seu tempo: o problema dos universais", *Rev. Filos. de Coimbra*, 3, 6 (1994), 293-320; "Luís António Verney e John Locke: linguagem e comunicação", *Rev. Filos. de Coimbra*, 4, 8 (1995), 283-312; "Um texto de Verney contra o imaterialismo de Berkeley", *Rev. Filos. de Coimbra*, 6, 11 (1997), 101-117; "Luís António Verney e Claude Buffier: dois filósofos do senso comum", *Rev. Filos. de Coimbra*, 14, 27 (2005), 3-41 (estes ensaios foram posteriormente publicados em *Estudos sobre Filosofia em Portugal na Época do Iluminismo*, Lisboa, INCM, 2006); António A. de Andrade, *Vernei e a Filosofia Portuguesa*, Braga, 1946; *Vernei e a Cultura do Seu Tempo*, Coimbra, 1966; Luís C. de Moncada, *Um Iluminista Português do Século XVIII: Luiz António Verney*, Coimbra, 1941.

TEXTO E TRADUÇÃO

LUÍS ANTÓNIO VERNEY

Cavaleiro graduado
Arcediago de Évora

QUATRO LIVROS DA
METAFÍSICA
PARA USO DOS JOVENS PORTUGUESES

Segunda edição revista e aumentada

LISBOA

MDCCLXV

Tipografia de Miguel Rodrigues
Tipógrafo do Eminentíssimo Senhor Cardeal Patriarca

COM APROVAÇÃO SUPERIOR

ALOYSII ANTONII VERNEII

Equitis torquati
Archidiaconi Eborensis

DE RE METAPHYSICA
LIBRI QVATVOR
AD VSVM LVSITANORVM ADOLESCENTIVM

Editio altera auctior et emendatior

OLISIPONE

MDCCLXV

Ex Typographia Michaelis Rodericii,
Eminentissimi Diui Cardinalis Patriarchae Typographi

SVPERIORVM FACVLTATE

Ao Magnânimo, Poderoso e Fidelíssimo José I, Rei dos Portugueses,
envia Luís António Verney
muitas saudações.

O estudo da metafísica, Rei Excelente, José I, não é penoso, sendo até muito digno de quem se dedique à chefia do Estado. Para demonstrar esta asserção, não irei invocar Alexandre Magno, nem o imperador Marco Aurélio, nem Leão VI, cognominado "O filósofo", nem Péricles, nem Xenofonte, nem Cipião Emiliano, nem Licínio Luculo, nem Marco Túlio, nem Pompeu, o "Magno", nem Catão de Útica, nem outros insignes varões que se dedicaram com o maior empenho ao estudo da filosofia, que administraram superiormente o Estado e que também se notabilizaram em empresas bélicas. Irei, porém, considerar o valor e a natureza da Metafísica, ficando satisfeito com isso. E o que é a Metafísica senão a disciplina que ensina como podem ser aplicados com clareza e facilidade a certos temas gerais os preceitos da razão humana bem adestrada, contidos tanto nas disciplinas teoréticas como nas práticas, ou seja, nas que têm um uso insigne nos assuntos privados ou públicos? E o que é uma razão adestrada e exercitada a não ser a nossa mente aperfeiçoada pelas regras da Lógica e com aptidão para descobrir a verdade em todas as condições da nossa existência? Se nada existe na sociedade civil conforme à justiça sem a recta razão e se a Metafísica é como uma acompanhante e auxiliar da recta razão, infere-se serem a Lógica e a Metafísica totalmente adequadas para administrar rectamente todos os assuntos.

Visto que alguns, sobretudo da família dos jurisconsultos e dos políticos, não se apercebem destas coisas, exprimem-se com tanta altivez sobre o seu ofício e tão desdenhosamente sobre toda a filosofia que dificilmente pode imaginar-se. E eles referem a respeito dos filósofos serem apenas certos palradores que se dedicam a frívolas controvérsias e que são destituídos de aptidão não apenas para administrar os assuntos públicos, mas também para entendê-los. Mas se eles discorrem sobre a loquaz e inábil filosofia arábigo-peripatética, discorrem, sem dúvida, rectamente; se, porém, discorrem sobre os princípios da verdadeira filosofia, discorrem, decerto, pessimamente. Com efeito – omitindo Zaleuco, Licurgo, Carondas, Radamanto e Sólon (que estabeleceram leis para a governação das cidades gregas, fundando-se na boa

Iosepho I, Lusitanorum Regi, Magno, Inuicto, Fidelissimo
Aloysius Antonius Verneius
S.P.D.

Metaphysicae studium, Iosephe I, Rex optime, neque arduum est et homine, qui reipublicae gubernandae det operam, dignum omnino est. Quod ut ostendam, non Alexandrum Magnum excitabo, non M. Aurelium Inperatorem, non Leonem VI, cognomento *philosophum*, non Periclem, non Xenophontem, non Scipionem Aemilianum, non L. Lucullum, non M. Tullium, non Magnum Pompeium, non Catonem Vticensem, non ceteros uiros principes Philosophiae studiis summopere deditos, qui et rempublicam optime administrarunt et etiam bellica laude nobiles exstiterunt. Sed ipsam Metaphysicae uim et naturam considerabo, eaque contentus ero. Quid enim est Metaphysica, nisi disciplina quae docet quo pacto humanae rationis eiusque bene exercitatae praecepta ad argumenta quaedam generalia, quae tum in disciplinis theoreticis, tum in pragmaticis, id est, iis quae domesticis aut publicis negotiis continentur, usum insignem habent, clare et facile accommodari possint? Quid autem est ratio perpolita et exercitata, nisi mens nostra, quae praeceptis Logicae politur et apta redditur ad uerum in omni uitae parte inueniendum? Quod si nihil in mundo ciuili sine recta ratione recte sit, Metaphysica autem est quaedam quasi pedisequa et adiutrix rectae rationis; consequitur et Logicam et Metaphysicam ad res quasque recte administrandas omnino esse accommodatas.

Haec cum non animaduerterent non nulli, praesertim e iuriperitorum et politicorum familia, ita magnifice de arte sua, contemptim uero de omni philosophia loquuntur, ut nihil supra fieri possit, nec aliter de philosophis commemorant, quam de garrulis quibusdam hominibus, inanibus controuersiis occupatis, rebus uero publicis non modo administrandis, sed ne mente quidem percipiendis, parum aptis. Qui si de loquaci illa et inepta Arabo-Peripateticorum philosophia disputant, recte disputant; sin autem de germanae philosophiae praeceptis, male profecto. Nam ut mittam Zaleucum, Lycurgum, Charondam, Rhadamantum, Solonem, qui Graecis

filosofia) e não mencionando os restantes afamados seis sábios (os quais, excepto um, governaram com rectidão os seus Estados) –, qual é o erudito da história romana que desconhece os jurisconsultos tão notáveis florescentes na época de Cícero, que ordenaram e esclareceram um direito civil obscuro e confuso – tais como Públio Rutílio, Élio Tuberão, Sexto Pompeu, Célio Antípatro, Gaio Cévola (um e outro áugures e pontífices), Lucílio Balbo, Sérvio Sulpício, Antístio Labeão, Ateio Capitão e outros mais –, que deram a conhecer o pensamento de Panécio, de Antíoco e de outros filósofos gregos e que desenvolveram admiravelmente o direito civil com o recurso à filosofia? E quem desconhece os jurisconsultos posteriores desde César Augusto a Justiniano, oriundos das escolas de Labeão e Capitão – nomeadamente Celso, Longino, Ulpiano, Papiniano, Paulo, Modestino, Juliano e ainda outros, instruídos nas doutrinas sobre a moralidade (cultivadas excelentemente sobretudo pelos filósofos estóicos) –, que fizeram progredir de tal modo o direito civil e preservaram-no que até nos nossos dias os seus pareceres são considerados como norma do justo e do injusto? E que mais? Quem desconhece todos aqueles que no século anterior e no actual – que escreveram com maior solicitude sobre o direito natural e o direito das gentes, fontes de toda a politica, bem como sobre a própria arte da política, tendo exposto tudo isso em sistema, ou seja, numa ordem adequada – não apenas sobressaíram no engenho filosófico, mas também esclareceram com muita perspicácia ambas aquelas disciplinas, fundando-se nesse saber?

Ecoam ainda, Rei Magnífico, não apenas as escolas, mas também as cortes régias e as próprias bibliotecas dos varões gravíssimos que pelos seus méritos foram admitidos pelos próprios reis no colégio dos conselheiros, designadamente com os nomes de Grócio, de Pufendorf, de Selden, de Christian Thomasius, de Heinecke, de Budde, de Cumberland, de Valentinus Albert, de Christian Wolff e ainda de outros que esclareceram ambas aquelas disciplinas e as apresentaram segundo uma ordem dotada de maior clareza. Elas ecoam igualmente com os nomes de Lípsio, de Coríngio, de Boffi, de Naudé, de Boxorn, de Hertz, de Boecler, de Heumann e de outros que se dedicaram sobretudo à política e aplanaram o caminho pelo qual podemos obter com maior facilidade o seu conhecimento. Se os pseudo-políticos tivessem conhecimento destes assuntos e se ao menos tivessem investigado os escritos de Naudé ou de Boffi, fariam certamente troça da sua ignorância e da sua arrogância os que intentassem divorciar a filosofia da prudência, tanto civil como política. E dado que uma e outra foram grandemente corrigidas apenas nos tempos actuais com o recurso à filosofia, foram também expostas segundo uma ordem correcta.

E que mais? Que esses políticos inventaram um novo dogma, qual estratagema, sobre a verdade e a falsidade, do qual não se manifestam vestígios explícitos nos filósofos antigos? Temos, porém, testemunhos, como Xenofonte, Isócrates, Platão, Aristóteles, Cícero e Plutarco – varões muito experientes na arte da política –, os quais, havendo-se, embora, exprimido a propósito dos costumes dos seus contemporâneos, deram, no entanto, a conhecer nos seus escritos as fontes que toda a política, verdadeira ou falsa, posteriormente acolheu. Mesmo o próprio Aristóteles – como

ciuitatibus leges ex bona philosophia sanciuerunt, ut reliquos sex praeteream *sapientes* nominatos, qui, si unum excipias, respublicas recte administrarunt; quis Romana historia eruditus ignorat, iurisperitos illos grauissimos, qui Ciceronis aetate floruerunt et ius ciuile confusum et perturbatum in ordinem redegerunt et inlustrarunt, ueluti Publium Rutilium, Aelium Tuberonem, Sext. Pompeium, Coelium Antipatrum, Q. Scaeuolam utrumque et augurem et pontificem, Lucilium Balbum, Seruium Sulpicium, Antistium Labeonem, Atteium Capitonem ceterosque, ex disciplina uel Panaetii, uel Antiochi, uel alterius Graeci philosophi prodiisse atque philosophiae ope ius ciuile mirifice amplificasse? Quis nescit posteriores iurisconsultos ab Augusto Caesare ad Iustinianum usque, qui ex utraque illa schola et Labeonis et Capitonis profecti sunt, ut Celsum, Longinum, Vlpianum, Papinianum, Paullum, Modestinum, Iulianum et reliquos, ex disciplina de *Officiis*, quam Stoici philosophi omnium optime excoluerunt, tantos in iure ciuili progressus fecisse eique adeo opitulatos esse, ut etiam nunc eorum responsa pro regula *iusti* et *iniusti* habeantur? Quid? Quis item nescit eos omnes qui de iure naturae et gentium, politicae omnis fonte, quique de politica ipsa arte et proximo et praesenti saeculo accuratius scripserunt easque *systematice*, id est, ordine certo exposuerunt, non solum philosophiae peritia ualuisse, sed ex ea utramque illam disciplinam doctissime inlustrasse?

Resonant adhuc, Rex augustissime, non scholae modo, sed aulae regum atque ipsae grauissimorum hominum bibliothecae, qui ab illis in collegium consiliariorum merito suo cooptati sunt, nominibus Grotii, Puffendorfii, Seldeni, Christiani Thomasii, Heinecci, Buddei, Cumberlandii, Val. Alberti, Christiani Wolfii aliorumque qui utramque disciplinam et inlustrarunt et clariori ordine exposuerunt. Resonant nominibus Lipsii, Conringii, Bossii, Naudaei, Boxhornii, Hertii, Boecleri, Heumanni et aliorum qui in politica praecipue elaborarunt et uiam strauerunt, qua facile ad eius cognitionem peruenire possumus. Quae si pseudo-politici illi cognita habuissent, immo uero uel unius Naudae aut Bossii scripta peruoluissent, ne illi certe suammet inscitiam et arrogantiam deriderent, qui philosophiam a prudentia et ciuili et politica seiungere ausi fuissent; cum utraque maxime hac aetate non nisi philosophiae subsidio emendata sit et recto ordine explicata.

Quid? Quod nouum dogma, quae strategemata politici isti et ueri et falsi excogitarunt, quorum in ueteribus philosophis non expressa uestigia se offerant? Testes habemus Xenophontem, Isocratem, Platonem, Aristotelem, Ciceronem, Plutarchum, uiros politicae artis peritissimos, qui etiamsi suorum moribus accommodate loquantur, tamen fontes politicae omnis et uerae et falsae, quae post obtinuit, scriptis suis nobis indicarunt; adeo, ut uel unus Aristoteles, ut uiri docti animaduerterunt, arcana omnia et sophismata,

varões instruídos reconheceram – referiu por vezes nos livros quarto, quinto e sexto da *Política* todos os arcanos e falácias pelas quais o perverso Maquiavel costuma ser elogiado pelos piores dos políticos. Considerando rectamente estas razões, não há motivo para aqueles políticos se regozijarem com o argumento de que nada deve atribuir-se aos filósofos antigos.

Origina-se certamente o erro dos pseudo-políticos – induzidos em erro por uma ideia inábil e pueril da política e pelas aparências – no facto de terem por hábito avaliar os outros não pelo mérito, mas pela sorte, declarando serem bons políticos aqueles a quem as coisas sucederam de alguma forma de modo propício, de contrário consideram-nos inábeis. Contudo, o que acontece é muito diferente, pois as coisas ocorreram favoravelmente à maior parte sem mérito próprio, mas em virtude do acaso e do fortuito; e muitos, dotados de invulgares conhecimentos e de experiência, administraram pessimamente os assuntos por causa das convulsões surgidas no Estado, as quais nenhuma indústria humana poderia prever ou impedir. Se reflectirmos atentamente na totalidade dos acontecimentos, depreendemos que a maior parte dos que foram exaltados por feitos domésticos e militares não sobressaíram nem pela destreza nem pela sabedoria, mas pela sorte. A própria história da Urbe em que estou escrevendo demonstra isso com clareza. Quem afirmaria serem cobardes militares como Amílcar Barca, seu filho Aníbal, Gneu Pompeu e Marco António, considerando que o primeiro foi vencido pelos Vetões, o segundo por Cipião, o terceiro por Caio César e o quarto por Augusto? Quem poderia reputar como inábeis na administração do Estado o mesmo Caio César e Marco Túlio por ambos haverem sido sacrificados ao seu destino devido a perturbações civis? Assim, é a fortuna que impera em todas as coisas, ou seja, as contingências e o acaso[2] determinados pela providência divina; e a glória que a maioria das vezes acompanha as pessoas ilustres é um benefício do destino e não do mérito. Deste modo, nem sempre são dignos de aplauso os que adquiriram fama mais pela sorte que pelos seus merecimentos; e não devem ser votados ao desprezo os menos contemplados pela fortuna, pois podem possuir muito valor. Porém, o mérito sem fortuna deve ser apreciado, pelo que aqueles que o possuírem devem ser certamente considerados os mais excelentes para administrar os assuntos públicos.

Se pretendêssemos ponderar e examinar esta arte da prudência, tanto civil como política – na qual está contida toda a ciência da administração do Estado –, concluiríamos com evidência ter ela adquirido a sua ordem, a sua clareza e o seu esplendor dos princípios da verdadeira Metafísica. Certificam-nos em primeiro lugar acerca disso os escritos dos que discorreram com maior rigor no século actual sobre essa arte, os quais, auxiliados pela Metafísica, se exprimiram sobre a prudência (luzeiro das outras artes), considerando-a genericamente como independente das

---

[1] Descobri ainda, debaixo do Sol, que a corrida não é para os ágeis, nem a batalha para os bravos, nem o pão para os prudentes, nem a riqueza para os doutos, nem o favor para os sábios: todos eles estão à mercê das circunstâncias e da sorte (*Eclesiastes*, 9, 11).

propter quae Machiauellus homo nequam a pessimis politicis extolli solet pleraque in quarto, quinto et sexto *Politicorum* libris indicauerit. Vt si rationes recte computemus, nihil isti habeant, in quo exsultent, quod non ueteribus philosophis acceptum referre debeant.

Nempe pseudo-politicorum error inde natus est, quod inepta et puerili Politicae idea ac specie decepti, ceteros homines non ex uirtute, sed ex fortuna metiri solent; et eos, quibus res aliqua bene cessit, bonos politicos; quibus contra, ineptos homines appellant. Sed longe aliter se res habet, nam et plerisque nullo suo merito, casu et fortuito res prospere euenere, et multi incredibili doctrina et usu rerum praediti res male gesserunt, quod eae tempestates in republica exortae sunt, quae nulla industria humana praeuideri, nec sedari potuere. Quod si rerum summam adtente subduxerimus, deprehendemus plerosque, qui propter res gestas domi militaeque celebrantur, non peritia, non prudentia, sed fortuna ualuisse. Quod ipsamet Vrbis historia, in qua scribo, luculenter demonstrat. Quis enim Hamilcarem Barcam, quis Hannibalem filium, quis Cn. Pompeium, quis M. Antonium ignauos milites dicat, quod ille a Vettonibus, alter a Scipione, tertius a C. Caesare, quartus ab Augusto proelio uicti fuerunt? Quis C. ipsum Caesarem, quis M. Tullium gubernandae reipublicae imperitos existimet, quod uterque ciuilibus fluctibus actus fato suo extinctus est? Itaque et fortuna, id est, tempus casusque[2] a diuina prouidentia definitus, in omnibus dominatur; et gloria, quae claros homines sequitur, saepius fortunae quam uirtutis, est beneficium. Quare nec illi semper laudandi, qui famam forte magis quam uirtute, partam habuerunt, nec hi contemnendi sunt qui fortuna parum, uirtute multum ualuere. Sed uirtus sine fortuna ponderanda est, qua qui gaudent, ii quidem ad res quasque publicas administrandas praestantiores haberi debent.

Quod si hanc prudentiae et ciuilis et politicae artem, quibus ratio omnis procurandae reipublicae continetur, expendere et examinare uoluerimus, plane intelligemus ex uerae Metaphysicae principiis ordinem, claritatem et splendorem suum accepisse. Primum id nos docet scripta eorum qui de ea hoc saeculo accuratius disseruerunt, qui Metaphysicae auxilio prudentiam generatim sumtam, quae aliis lumen adfert, a reliquis prudentiae partibus separatim exposuerunt res quasque ad certa capita reuocarunt, ex certis

---

[1] Vidi sub Sole nec uelocium esse cursum, nec fortium bellum, nec sapientium panem, nec doctorum diuitias, nec artificum gratiam, sed tempus casumque in omnibus (*Ecclesiastes*, 9, 11).

outras partes. Eles resumiram a aspectos essenciais vários assuntos, inferiram certas consequências com base em princípios dotados de certeza e de evidência, dispondo tudo isso numa ordem o mais adequada possível para poderem compreender esses princípios com muita maior facilidade. Ora, os que haviam menosprezado os ensinamentos escritos – pelos quais são governados com rectidão os Estados – reconheceram tais princípios, ainda que contrafeitos. Mas haverá alguém que tenha escrito alguma vez com solicitude sobre estas matérias que não se haja anteriormente apercebido de todos os acontecimentos, comparando uns com os outros, anotando as suas semelhanças, advertindo com diligência as suas diferenças e expondo tudo isso ordenadamente para mais facilmente certas ocorrências poderem ser evitadas e outras ser aceites sem qualquer dano e mesmo com benefício para o Estado? Por conseguinte, não compreendo de que modo seja possível estabelecer-se alguma coisa sem a Metafísica. E é sobretudo o metafísico que deve investigar e expor ordenadamente todos os assuntos de forma a poderem ser entendidos com clareza e sem nenhuma dificuldade. Relativamente aos que governam com aplauso os Estados, o que é que os distingue dos outros e os coage a elogiar as pessoas esclarecidas de preferência às restantes a não ser a perspicácia com que divisam com agudeza de espírito o futuro, baseando-se nos acontecimentos passados e presentes – que ponderam com muita diligência, relacionando-os entre eles –, assim como nos costumes dos povos que investigaram profundamente? Por isso, o que é pernicioso evitam-no; aliás, eles não desejam descurar a preservação do Estado e têm em vista a felicidade do povo, aumentando-a e preservando-a. Quem não se apercebe neste momento de que a Lógica – que dá a conhecer as regras da verdade provável – e a Metafísica – que ensina os princípios da probabilidade – se orientam e harmonizam facilmente para estabelecerem uma análise adequada que tenha por fim a investigação da verdade? Sendo característico da Metafísica moderna – que, pondo de lado as disputas inanes, se empenha no conhecimento dos princípios comuns, úteis e dotados de clareza – tornar facilmente conhecida a sua utilidade geral a quem a examinar atentamente, é manifesto poder ser entendida sem dificuldade por um varão político a parte da Metafísica que satisfaz esse propósito, parecendo, por isso, não apenas adequada para ele, mas também necessária.

Mas qual a razão por que recorro a argumentos, podendo apresentar um exemplo muito claro que está constantemente perante os meus olhos? Vós podeis ser para mim um testemunho, um argumento e um exemplo daquilo sobre que discorri. Com efeito, o que é a arte com que governais pleno de sabedoria o povo a não ser o uso magnífico da mais consistente Metafísica, que eu declaro ser necessária para os verdadeiros políticos que desejam sobretudo a felicidade dos súbditos nos seus reinos? E o que é aquela admirável solicitude com que conservais na memória os princípios gerais da governação, adquiridos pelo estudo e pela prática – e que aprendestes e tendes por hábito adaptar a cada um dos acontecimentos que ocorrem ou que presumis virem a ocorrer –, a não ser o reconhecimento da utilidade que os próprios reis podem alcançar desses princípios gerais? Tendo vós menos estudos (embora não sejais desprovido deles) do que uma certa benevolência natural e um

ac perspicuis principiis singula deduxerunt eaque ordine quam aptissimo posuerunt, ut facilius multo in animos inlabi possent. Deinde id ipsum uel inuiti declarant illi, qui praecepta scripta reliquerunt, quibus respublicae recte gubernentur. Quis enim umquam de talibus rebus diligentius scripsit, quin prius casus omnes, qui euenere, percensuerit, alios cum aliis contulerit, ea, quae similia habent, notauerit, in quibus differunt diligentissime admonuerit idque ordine explicauerit, quo facilius quaedam uitari, quaedam uero admitti sine ullo damno, immo uero cum fructu publicae rei possint? Quod qua ratione sine Metaphysica effici possit, non uideo; cum id ipsum uel maxime sit metaphysicum, singula tali ordine inuestigare et exponere, ut et clare et nullo negotio intelligi queant. Iam uero eos, qui reipublicae cum laude praesunt, quid ab aliis hominibus distinguit et quasi prae ceteris oculatos laudibus efferre cogit, nisi sollertia, qua ex praeteritis ac praesentibus negotiis accuratissime expensis et inter se collatis, ex moribus populorum, quos penitus exploratos habent, futura callidissime prospiciunt; quae noxia sunt, declinant; cetera ad salutem reipublicae ad felicitatem populorum uel augendam, uel conseruandam flectere norunt? Quis autem hic non uidet et Logicam, quae ueri probabilis regulas ostendit, et Metaphysicam, quae docet probabilitatis praecepta, ad accuratam analysim ueri inuestigandi caussa instituendam facile flectere et accommodare? Quod cum recentioris Metaphysicae proprium sit, quae, missis inanibus disputationibus, praecepta illa communia utilia et clara ita persequitur, ut uel nullo labore cuilibet intuenti communis eorum utilitas nota sit; fit inde manifestum eam Metaphysicae partem, quae id praestat, et sine labore a uiro politico percipi posse et eidem non modo aptam, sed etiam necessariam uideri.

Sed quid ego eas rationes confugio, cum ipsum luculentissimo exemplo, quod mihi ante oculos perpetuo obseruatur, conficere possum? Tu mihi et testis et ratio et exemplum eorum, quae disputaui, esse potes. Quid enim aliud est ars illa, qua populos sapientissime gubernas, nisi pulcerrimus usus solidioris Metaphysicae quam ueris politicis, qui felicitatem gentium suo inperio subiectarum maxime quaerunt, necessariam esse contendo? Quid mira illa accuratio, qua praecepta generalia regnandi uel doctrina, uel usu adquisita, memoria tenes eaque ad singulos casus, qui eueniunt, uel quos euenturos coniectas, accommodare et nouisti et soles, nisi declaratio utilitatis quam ex huiusmodi praeceptis generalibus reges ipsi capere possunt? Quae tametsi tu minus doctrina (quamquam et id quidem) quam bonitate quadam naturae ac praestantia mentis tuae facis, tamen praecipue declarant quanto

espírito talentoso, contudo, eles manifestam de modo especial serem mais fáceis e melhores aquelas coisas que se realizam com base na experiência e numa certa aptidão natural, se puderem realizar-se estando associadas a uma verdadeira instrução.

Acreditai, Rei José, terem tanta eficácia, em virtude da uma perfeição natural, os preceitos desta disciplina como o seu uso continuado, devendo eles ser aplicados com tanta maior diligência quanto conhecermos com maior clareza o motivo por que deve proceder-se desse modo. Tem também muita eficácia para a utilidade comum dos povos o exemplo dos reis no incremento das disciplinas. E por reconhecer poder isso ser demonstrado, demonstro-o com tanto maior júbilo e diligência quanto recebe da própria confirmação dos reis a maior relevância e esplendor. Haverá porventura alguém entre nós que desconheça as canseiras dos nossos investigadores ao dedicarem-se ao desenvolvimento e aperfeiçoamento da física experimental, após o que vos viram, e mais que uma vez, assistindo pessoalmente e fazendo pesquisas com grande deleite vosso nos estudos gerais criados em Lisboa por vosso pai, Rei Digníssimo de perpétuo louvor? Aprendestes certamente estes procedimentos de reis muito ilustres com quem vos relacionais pelo sangue ou pelo parentesco e cujas virtudes tendes por hábito tomar por modelo. Por isso, não apenas acrescentastes e engrandecestes com liberalidade e empenho os estudos modernos, mas também os favoreceis e honrais com a vossa presença e o vosso desvelo; e em virtude da sua fama, inflamais de tal modo os espíritos que eles se aplicam intensamente ao cultivo das artes dignas de um homem livre e dos próprios reis.

Oh, Rei Venturoso, verdadeiro rei, que – situado no ápice da fortuna em que muitos depreciam os inferiores, desprezam os estudos privados e vivem somente para si próprios – sabeis com clareza não terdes nascido para obter benefícios pessoais, mas para o bem e a utilidade do povo, acrescentando desta forma às vossas outras virtudes não apenas a glória régia da beneficência, mas também da sabedoria. Felizes os Portugueses, se puderem fruir, venturosos, o vosso convívio por muito tempo. E tal como se regozijaram a Grã-Bretanha com Carlos II, a França com Luís XIV, a Alemanha com Leopoldo, a Prússia com Frederico, a Rússia com Pedro e Catarina, a Dinamarca, a Suécia e outras nações europeias com os seus reis e os seus príncipes magnânimos, patronos das boas artes (tendo sido por essa razão que elas alcançaram a culminância da fama pela qual as admiramos), assim possa também congratular-se o nosso Portugal nos tempos futuros com José I, Rei Magnânimo e grande protector de todos os estudos.

Adeus, Rei Excelente e Ilustre.

Roma, 1 de Abril de 1753.

facilius et melius ea quae usus et facilitate quadam naturae facimus, si recta disciplina accedat, fieri possunt.

Valent mihi crede, Rex Iosephe, ad perfectionem naturae et praecepta disciplinae et usus frequens, eaque tanto studiosius exsequimur quanto clarius cognoscimus, qua ratione fieri debent. Valet ad communem populorum utilitatem ad disciplinarum incrementum regum exemplum, eaque quae iis probari uidemus, tanto alacrius et diligentius facimus, quanto ex ipso regum suffragio maius pondus et splendorem accipiunt. An est aliquis nostrorum, qui ignoret quanto opere nostri homines experimentali physicae augendae et perpoliendae dent operam, postea quam te periculis faciendis in Vniuersitate Studiorum a parente tuo, Rege sempiterna laude dignissimo, Olisipone condita, summa cum delectatione, idque non semel, praesentem esse uiderunt? Nimirum haec a clarissimis regibus, quos uel sanguine, uel adfinitate contingis, et quorum uirtutes exprimere soles, didicisti, ut non modo recentiora ista studia munificentia, et fauore augeas et amplifices, sed etiam praesentia et studio tuo ornes et honores animosque gloria eiusmodi incendas, ut in artes ingenuo homine et regibus ipsis dignas, nauiter incumbant.

Te felicem, te uere Regem! qui in eo fortunae fastigio collocatus, in quo haud pauci eos, qui infra se sunt, fastidiunt, priuatorum studia contemnunt, sibi tantum uiuere sciunt, plane intellexisti te non tibi, sed populorum bono et commodis esse natum; atque ad ceteras uirtutes tuas non modo regiam illam laudem addidisti beneficentiae, sed etiam doctrinae. Felices Lusitanos, si te diutissime sospite frui poterunt! ut quemadmodum Britannia Carolo II, Gallia Ludouico XIV, Germania Leopoldo, Borussia Friderico, Moschouia Petro et Catharina, Dania, Suecia, ceteraeque Europae gentes certis regibus et principibus munificentissimis bonarum artium patronis gloriantur, quarum ope ad apicem illum gloriae, in quo eas miramur, peruenerunt, ita Lusitania nostra futuris temporibus Iosepho I, magno Rege et magno bonorum omnium studiorum fautore gloriari possit.

Vale, Rex optime et inclite.

Roma, Kalendis Aprilibus, MDCCLIII.

Aos Jovens Portugueses que vão cursar metafísica,
as saudações de Luís António Verney.

Eis, caríssimos jovens, o terceiro livro que publico para vosso uso. Mais tarde, certamente, do que desejaria, mas quando me foi possível, pois a falta de saúde vem-me incomodando desde há alguns anos; e as ocupações, não sendo, embora, excessivas, são muitas e molestas. Ainda que estas matérias eu as tenha redigido há muito, foi preciso imprimi-las (é próprio do homem ser engenhoso), lê-las de novo atentamente e, por ocorrerem incorrecções, foi necessário corrigi-las, o que exige tempo, trabalho e cuidado. Na verdade, eu possuo uma fibra débil, não tendo, por isso, pejo em afirmar ter tirado proveito dos escritos que continuamente são divulgados de autores muito doutos e servir-me deles todos os dias. E por que haveria eu de ter pejo, se nesta Europa tão ilustre vemos exemplos frequentes de pessoas sapientíssimas que confessam – como é próprio de varões virtuosos e de verdadeiros filósofos – terem reconhecido e corrigido os seus erros? Existiu outrora, existindo ainda algumas vezes nalguns filósofos, uma teimosia ridícula em não aceitarem a evidência da verdade, sustentando de todos os modos possíveis o que se propuseram defender com as suas distinções e falácias, que nem o oráculo de Édipo seria capaz de interpretar. Contudo, os verdadeiros filósofos toleram facilmente os que se envaidecem com a sua pertinácia, pois – possuindo eles uma verdade superior e de maior apreço, fundada em opiniões veneráveis e amadurecidas – não duvidam em menosprezar uma doutrina, se lhes for proposto algo mais excelente e dotado de maior certeza. Eu declaro sem constrangimento ter seguido as pegadas desses filósofos e jamais irei arrepender-me desse modo de proceder.

É esta a razão, magníficos jovens, por que não publico apressadamente os meus escritos, como também o declararam ter feito varões gravíssimos de toda a ordem que me enviaram cartas extremamente benevolentes. Eu seria insensível se não lhes respondesse, reconhecido pelo seu afecto e pela sua humanidade; e não apenas lhes fico grato, mas também lhes agradeço com veemência por haverem recebido com estima os meus escritos e exprimido aplausos dignos de admiração. Para ser franco convosco, os seus pareceres superaram a minha expectativa e a minha conjectura. Com efeito, embora pelas cartas de certas pessoas eu tenha adquirido a certeza

Aloysius Antonius Verneius
Lusitanis Adolescentibus metaphysicae operam daturis S.

En tertium uolumen, adolescentes humanissimi, commodo uestro diuulgamus. Tardius profecto quam uellem, sed aliquanto citius quam per ualitudinem, qua incommoda ab aliquot annis utimur, et per occupationes non magnas illas quidem, sed multas et molestas, potuimus. Nam etiamsi haec omnia iampridem scripta habeamus, tamen cum typis consignari debent, hominis sollertis est, ea iterum meditate perlegere et, si qua occurrunt non commode dicta, emendare, quod non parum temporis et operae et diligentiae requirit. Neque enim mihi cornea fibra est, immo uero ex uirorum doctissimorum scriptis, quae continenter prodeunt me non solum profecisse, sed in dies non nihil proficere praedicare non erubesco. Qui enim erubescerem, in tanta Europae luce atque frequenti doctissimorum hominum exemplo, qui errata sua se agnoscere et emendare, ut uirum bonum ac germanum philosophum decet, profitentur? Fuit olim haec et adhuc est quorumdam nomine tenus philosophorum irridenda peruicacia, ut perspicuae ueritati non cederent, sed distinctionibus suis et cauillationibus, quas nec coniectore Oedipo interpretari fas sit, quod sibi proposuerant defendendum, per omne fas et nefas defenderent. Quos tamen in pertinacia sua gloriari ueri philosophi facile patiuntur, sed ueritatem ipsam uetustis et praeiudicatis opinionibus potiorem et aestimabiliorem habentes, non dubitant a sententia recedere, si aliquid certius et melius se offerat. Quorum uestigia me sequi non inuitus declaro, nec umquam secutum fuisse paenitebit.

Haec caussa est, adolescentes ornatissimi, cur non ita festinanter scripta nostra edamus, quomodo uiri grauissimi omnium ordinum, qui ad nos humanissimas litteras dederunt, se hauere significarunt. Quorum ego amori et humanitati nisi grato animo respondeam, ferreus sim; gratiasque eis non modo habeo, sed ago quam maximas, quod scripta nostra et amanter exceperint et mirificis laudibus extulerint. In quo, ut nullam rem uos celem, aliquid mihi praeter spem et opinionem euenit. Nam etiamsi quorumdam litteris certior essem factus plurimos in Lusitania nostra recentioribus studiis

de que muitos no nosso Portugal se dedicam com agrado aos estudos modernos, contudo, nunca julguei serem tantos quantos soube terem tomado essa deliberação após serem publicadas as minhas lucubrações. Eu tomei conhecimento disso quer pelas cartas dessas pessoas, quer pelas conversas que tive com outras. Por este testemunho, é fácil eu augurar um engrandecimento para o nosso reino, logo após aqueles que são exaltados pela fama da sua filosofia.

Houve ainda varões muito doutos, grandes amigos meus, que me escreveram propondo-se persuadir-me com muitos argumentos de que eu não devia deixar-me impressionar com os vitupérios e as invectivas de um certo peripatético dissimulado, nem despender o mínimo de tempo com a sua réplica após a publicação de outras obras que eu havia prometido. Fui de parecer que eles tinham razão e dei-lhes a entender, em virtude da minha natureza e por estar tão preparado e habilitado filosoficamente, não ser meu hábito impressionar-me com quaisquer ofensas de tais críticos e não ser meu propósito responder-lhes; por outro lado, os que se submetem às paixões, esquecendo-se totalmente dos seus deveres – que é necessário serem cumpridos não apenas por um cristão e por um disputador honesto, mas sobretudo por esse indivíduo –, exprimem-se com tanta agressividade que são mais dignos de comiseração que de indignação. E, decerto, com legitimidade.

Por conseguinte, como vou classificar um indivíduo que nem sequer toca pela rama a filosofia dos modernos? E que é tão ignaro de todo o saber que floresce nos países mais ilustrados que até parece ter vindo recentemente do Pólo Árctico, nos confins da Gronelândia! E que, no entanto, adquiriu tal capacidade de ajuizar que proclama por toda a parte a inutilidade da minha *Logica* para investigar a verdade! E que, esquecendo o seu propósito, deixa incólume o meu sistema de lógica, que preferentemente ele devia discutir! E que se propôs demolir certas proposições correctas dos verdadeiros filósofos, extraindo-as do contexto do discurso – interpretadas por um filósofo recente como espectros ou fantasmas nocturnos –, com base nos princípios arábigo-peripatéticos, que nós, filósofos modernos, recusamos e ridicularizamos com unânime consenso! Será possível imaginar ou pensar algo mais delicioso e mais espirituoso que esse crítico?! Se os estrangeiros silenciam o grande número de pessoas ilustríssimas com as quais se engrandece nos nossos dias o nosso Portugal, contudo, quase todos os que possuem a faculdade de ajuizar aplaude sinceramente os meus escritos e mostra-me reconhecimento, visto que, ao transmitir aos nossos jovens a filosofia ecléctica, a adaptei ao seu gosto e reconduzi ao bom caminho os extraviados (permitir-me-eis, caros jovens, que eu recorde perante vós para mim próprio os meus méritos – que não são medíocres –, manifestando-os contra um crítico inculto e extremamente insolente. Surge, porém, um peripatético – que subscreve o seu escrito com um pseudónimo –, instaurando as velhas inépcias, porfiando em apregoar a inutilidade das artes nobres e acusando-me – por eu acolher a filosofia moderna – de erros, de inaptidão, de absurdos e de impiedade. Se, porém, com todo o brio, eu desafiasse tal atleta para um combate e intentasse predizer – qual prodigioso vate – que a vitória iria caber ao vaticinante, então seria totalmente inábil e o maior dos loucos.

delectari, numquam putaui tamen tam multos fore, quam multos post editas lucubrationes nostras in eadem sententia esse cognoui, idque uel ex litteris ipsorum, uel ex aliorum sermone. Facile ut ex hoc signo augurem regno nostro, haud multo post nulli eorum, quae philosophiae laude celebrantur, esse cessurum.

Fuere etiam uiri doctissimi nostrisque amantissimi, qui ad nos scripserint et uero etiam plurimis rationibus persuadere uoluerint, ne personati cuiusdam Peripatetici uituperationibus insectationibusque commouerer, neue ab edendis reliquis quae promiseram, propter responsionem aliquam uel minimum temporis cessarem. Quos tamen ego bono animo esse iussi, eisque significaui me ita a natura factum esse, ita a philosophia paratum atque munitum, ut nullis talium censorum reprehensionibus moueri soleam nullamque responsionem iisdem opponendam esse putem; immo uero eos, qui adfectibus seruientes officiorumque, quae non modo Christianum quemque et ingenuum disputatorem decent, sed talem hominem multo magis decebant, penitus obliti, talia tamque hostilia loquantur, miseratione potius quam iracundia, nobis prosequendos existimare. Et merito quidem.

Quid enim reponam homini, qui cum recentiorem philosophiam ne a limine quidem salutarit, cum doctrinae omnis, quae apud nationes politiores uiget, adeo rudis sit, ut ex Arctico polo in ultima Groenlandiae litora delapsus nuper uideatur; tamen eo sani iudicii deuenit, ut, cum inutilitatem *Logicae* nostrae ad inueniendum uerum ubique praedicet; propositi oblitus, systema meum logicum, de quo controuersia esse debet potissimum, intactum relinquat; tantum propositiones quasdam apud ueros philosophos certas, e contextu sermonis auulsas, quae nouitio philosopho lemures, aut laruae nocturnae esse uiderentur, sibi profligandas proposuerit idque ex principiis Arabo-Peripateticorum, quae recentiores philosophi summo consensu negamus et irridemus? An aliquid lepidius uenustiusque isthoc censore fingi et cogitari potest? An cum in tanta doctissimorum hominum multitudine, quibus Lusitania nostra his temporibus floret, ceteri taceant; plerique omnes, quibus diiudicandi facultas est, scripta nostra humanissime extollant, nobisque gratias agant, quod pueris nostris eclecticam philosophiam primi tradidimus, ad eorum palatum accommodauimus, eosque aberrantes in uiam reduximus (dabitis mihi hanc ueniam, adolescentes, ut mihi pro me ipso, contra reprehensorem et inurbanum et inmanissimum dicenti, merita mea erga uos, non omnino uulgaria, liceat memorare), unus tamen pseudonymus Peripateticus surgat, qui ueteres ineptias instauret, inscitiam bonarum artium propagare contendat, nosque, si superis placet, propter recentiorem philosophiam de *errore*, de *ineptia*, de *absurditate*, de *inpietate* postulet? Quod si ego istiusmodi athletae me ad proelium iactanter uocanti uictoriamque, mirificum uatem! praecinenti occurrere conarer, tum ineptus plane, tum stultissimo quoque stultior essem.

Deste modo, para tomarem conhecimento não apenas os meus amigos, mas também os meus patrocinadores, nem por sonhos eu penso escrever uma defesa nem alguma vez dar resposta a essa espécie de escritos. Esta nossa época não tolera tanto desperdício de tempo para que eu me disponha a litigar com tal opositor, necessitado de um mestre que lhe explique com muita solicitude, como se faz a uma criança, os rudimentos de ajuizar rectamente. Não estaria de acordo com a dignidade da lógica moderna dar resposta a tais argumentos, e não iriam admiti-lo de ânimo leve os filósofos mais ilustrados. Procure ele próprio um disputador que se lhe assemelhe para medir forças e para altercar a seu modo com toda a espécie de vexames, mas não solicite nem espere a minha réplica. Ele responde com suficiência a si próprio com o seu opúsculo, pois quem proceder à sua leitura nada mais necessita para ajuizar sobre um crítico de tão pouca importância. Pela minha parte, servem-me de suficiente abonação ilustríssimos autores estrangeiros que deram um enorme testemunho sobre as minhas doutrinas e a minha religiosidade[2]. E é ainda suficiente para mim ter previsto o que ocorreu ou ter respondido muito anteriormente a tais vitupérios quando apresentei tão fielmente na minha *Logica*[3] a verdadeira imagem dessa espécie de críticos que qualquer pessoa sabe o que deve ajuizar a respeito deles sem ninguém a instruir. Não vejo o que possa acrescentar neste lugar a este assunto. Atribuo aos santíssimos mandamentos de Cristo, que professo, à humanidade, que é meu hábito ter em apreço, e à pátria, que devo amar como bom cidadão, que de modo algum eu delibere refutar – suportando em silêncio e com paciência – uma enormidade de calúnias e de injúrias que esse indivíduo, que só agora conheci, lançou contra a minha pessoa; e ficarei esperançado em obter uma boa reputação entre as pessoas doutas e virtuosas, se desprezar opositores dessa espécie, como é próprio de um filósofo, e, como bom cristão, se tiver compaixão deles e os ignorar intimamente.

---

[2] Sobre as minhas doutrinas, ver sobretudo *Le Journal des Savants* (Junho de 1752, vol. II, p. 1199 e segs.), em que aparece um resumo da minha *Logica* com tal elogio do seu autor que alguns varões muito doutos e muito virtuosos não duvidaram afirmar: "Logique que nous croyons préférable à toutes celles qui l'ont précédée". E no corrente ano de 1753, no mês de Março, os mesmos varões muito instruídos manifestaram com clareza o que deve ajuizar-se sobre a doutrina e a mediocridade do meu crítico. A estes podem acrescentar-se outros Franceses muito doutos e muito conhecidos pelos seus escritos filosóficos, os quais se propuseram traduzir para francês a minha obra, e, segundo consta, ela foi editada. Devem acrescentar-se a todos eles muitíssimos Italianos, mesmo das Congregações Regulares, que nas suas escolas expuseram aos jovens a minha *Logica*, nomeadamente no Colégio Real de Nápoles, no Ginásio Real e ainda noutras escolas, por exemplo, no Seminário Pontifício de Teano; e também noutros lugares, mesmo fora da Itália.

Sobre a minha religiosidade, os censores romanos, pessoas doutas e devotas, aprovaram as minhas obras e elogiaram a piedade do seu autor e a solidez das suas opiniões; e a Sagrada Congregação do Índice inscreveu no rol dos livros proibidos o escrito do meu crítico.

[3] Livro V (primeira parte, caps. 5-6), na segunda edição; na primeira edição, livro IV. Devem ser entendidas desta forma as outras referências. Ver, porém, sobretudo o livro VI (segunda parte, caps. 3-4), onde discorri sobre o pedantismo retórico e filosófico.

Quamobrem sciant non modo amici, sed etiam fautores nostri, nos de defensione scribenda ne per somnium quidem cogitare, nec eius generis scriptis umquam responsuros. Non patitur haec aetas tantam iacturam temporis, ut cum tali aduersario decertemus, qui institutore opus habet, qui ei rudimenta recte iudicandi puerorum ritu accuratissime explanet. Non e dignitate recentioris logicae est talibus argumentis responderi. Non id ferrent aequo animo philosophi quique grauissimi. Quaerat ipse alium sui similem disputatorem, quocum aequis uiribus, et uero etiam omni conuiciorum genere more suo contendat; nostram responsionem non efflagitet nec speret. Satis ille sibi ipsi respondit libello suo, quem qui legat, nihil amplius necesse habet ut de tanto censore diiudicet. Satis pro nobis respondent exteri clarissimi, qui amplissimum nobis testimonium doctrinae ac religionis tribuerunt[2]. Satis et nos, quasi id, quod euenit, fore diuinaremus, eiusmodi uituperationibus multo ante respondimus, dum eos in *Logica* nostra[3] tam bene ad effigiem ueritatis expressos dedimus, ut, quid de iis iudicari debeat, quisque, uel nullo monente, cognoscat. Quibus quid hoc loco addi possit non uidemus. Damus hoc sanctissimis Christi legibus, quas profitemur; damus humanitati, quam prae oculis ferre solemus; damus et patriae, quam boni ciues amare debemus, ut tantam uim calumniarum et iniuriarum, quas homo iste, nobis nunc primum nomine notus, in nos euomuit, cum nullo negotio propulsare possemus, taciti et patienter feramus, sperantes fore, ut bonum apud uiros doctos et probos nomen adipiscamur, quod tales aduersarios, ut philosophum decet, contemnamus, ut Christianum uero et commisereamur et ex animi sententia eis ignoscamus.

---

[2] De doctrina praesertim *Le Journal des Savants*, anno 1752, Iunii, vol. II, p. 1199 seqq., in quo epitoma Logicae nostrae cum tali auctoris laude habetur, ut uiri illi doctissimi et humanissimi dicere non dubitent: "*Logique que nous croyons* préférable *à toutes celles, qui l'ont* precedée." Anno autem praesenti 1753, mense Martio iidem uiri doctissimi, quid de doctrina ac modestia nostri censoris iudicandum sit, diserte declarant. Quibus addi possunt alii Galli doctissimi, scriptisque philosophicis notissimi, qui eam in Gallicum sermonem uerti curarunt et, ut audio, in lucem edetur. His adhiberi debent Itali nimis multi, etiam ex Regularium coetu, qui in scholis suis *Logicam* nostram adolescentibus explanant, ueluti Neapoli in Collegio Regali, in Ephebeo Regio et in aliis scholis, Theani in Seminario Pontificio et in aliis locis, etiam ultra Italiam.

De religione uero praeter romanos censores, uiros doctos et pios, qui libros nostros probarunt pietatemque auctoris et firmitatem sententiarum laudarunt, Sacra Congregatio Indicis, quae censoris nostri librum in proscriptorum numerum retulit.

[3] Lib. V, p. I, cap. 5 et 6 secundae editionis, in prima uero lib. IV. Et hoc modo ceterae citationes accipiendae sunt. Sed praesertim lib. VI, p. II, cap. 3 et 4, ubi de *Pedantismo Rhetorico et Philosophico* disputauimus.

Apresento, porém, por agora apenas uma resposta, aliás adequada, dando a saber aos mais ilustrados filósofos europeus (se eu não sou pessoa para me atemorizar com o palavreado desse indivíduo, também não desejo permanecer em silêncio) existir em Portugal um prodigioso peripatético de tão notáveis conhecimentos, de juízo tão arguto, de tanto comedimento e tão civilizado que ousou criticar-me publicamente e por escrito nesta época por eu ter lido obras que os mais esclarecidos autores modernos nos legaram para ajuizarmos com rectidão – cujas doutrinas adoptei na minha *Logica* –, acusando-me de erros, de estultícias, de absurdos, de heresia e de impiedade. Mas quanto a louvores, é suficiente; e ponho também termo aos queixumes, indo agora dedicar-me a assuntos de maior relevância.

Portanto, caríssimos e magníficos jovens, ofereço-vos neste momento a Metafísica: não a antiga, extensa e intricada, que por via de regra antes debilita a agudeza do engenho do que o torna perspicaz, mas a breve e mui expedita Metafísica que estimula a mente e desvenda o caminho para entender as outras disciplinas. Para alcançar mais facilmente esse propósito, decidi expor em primeiro lugar a história da Metafísica, discorrendo em seguida sobre a natureza e o uso daquela Metafísica que pode proporcionar alguma utilidade e à qual acrescentarei o que é mais útil da Ontologia. Deste modo, não só irei expor nestes livros o que é de maior utilidade na Metafísica, mas proponho-me também ensinar com clareza aquilo que é extremamente eficaz para evitar altercações inábeis, das quais deveis abster-vos, bem como das disputas inúteis, para poderdes ajuizar mais sensatamente. Isto tem muita importância nesta época, quer para entenderdes a finalidade segundo a qual foram instituídas as disciplinas filosóficas – e também, com base nelas, para discorrerdes convenientemente para o esclarecimento de qualquer assunto –, quer para poderdes replicar nas disputas com outros, que, dedicando-se à Metafísica mais do que seria necessário, julgam deverem deter-se nela por muito tempo, adornando-a com tantas e tão subtis discussões que a tornam inútil para aquilo que deviam propor-se. Ora, resulta de tudo isto grande dano para as outras disciplinas, que, por não serem bem explicadas as noções metafísicas e conhecido o seu verdadeiro uso, mais se obscurecem que se clarificam.

Na verdade, quando leio as obras de Metafísica quer de Holman, quer de Bilfinger, quer de Wolff, quer de outros autores que não se consideram leibnizianos nem wolffianos; e quando leio certos termos, tanto bárbaros como tomados de Platão e de outros antigos, que soam de modo insólito ao leitor a quem se pretende explicar a sua significação; e quando leio aquela série de muitas proposições que poderiam reduzir-se facilmente a duas ou, no máximo, a três; e quando vejo a presunção com que elas são enunciadas, como se trouxessem alguma novidade, mas não a que todos consideram conforme com o senso comum; e quando leio aquelas definições e aqueles axiomas intricados que para poderem entender-se é necessário dividi-los cuidadosamente; e quando deparo com aquele método geométrico com cuja aplicação alguns se convencem de modo espantoso poderem esclarecer aquilo que ninguém de mente sã entende; por último, quando considero muitas opiniões

Vnam tantum in praesentia et idoneam responsionem adhibemus, dum notum facimus omnibus Europae philosophis clarissimis (tantum abest ut hominis declamationes timeam aut celare uelim) esse in Lusitania mirificum Peripateticum, tam praestanti doctrina, tam acri iudicio, tanta moderatione animi tamque urbanis moribus praeditum, ut nos, quod ea, quae ad recte iudicandum recentiores omnes clarissimi scripta reliquerunt, legerimus ac in *Logica* nostra disposuerimus, ausus fuerit hac aetate, idque publico scripto, *erroris, stultitiae, absurditatis, haeresis inpietatisque* condemnare. Pro laude sat est. Et de nugis hactenus, uenio ad grauiora.

Metaphysicam itaque, adolescentes optimi ornatissimique, uobis in praesentia damus: non illam quidem ueterem, longam, intricatam, quaeque aciem ingenii hebetare potius, quam acuere solebat, sed breuem, perexpeditam, quaeque ad reliquas disciplinas percipiendas mentem acuat, uiamque muniat. Quod ut facilius consequeremur, curauimus ut historiam Metaphysicae primum poneremus, tum de natura atque usu Metaphysicae illius, quae aliquid utilitatis potest, disputauimus, cui deinde Ontologiam utiliorem subiecimus. Itaque his libris nostris non modo quidquid utile esset in Metaphysica adducimus, sed etiam, quod ad uitandas ineptas contentiones maxime ualet, plane docemus, a quibus inutilibus disputationibus abstinere debeatis, quo melius iudicetis. Quod ipsum hac aetate praecipui usus est, tum ut intelligatis ad quem finem disciplinae philosophicae sint institutae, ex iisque apposite ad rem quemque inlustrandam disputetis, tum etiam ut aliorum disputationibus occurrere possitis, qui Metaphysicae disciplinae plus, quam par esset, tribuentes, in ea diutius inmemorandum esse putant, eamque tam multis tamque subtilibus disputationibus exornant, ut ad id, quod sibi proponere deberent, inutilem reddant. Quod non sine magno reliquarum disciplinarum incommodo euenit, quae ob non bene explicatas metaphysicas notiones cognitumque uerum earum usum, inuoluuntur potius, quam explicantur.

Equidem cum lego uel Hollmanni, uel Bylsingeri, uel Wolfii, uel etiam quorumdam qui se pro Leibnizianis et Wolfianis haberi nolunt, Metaphysica scripta; cum uocabula illa uel barbara, uel ex Platone aliisque ueteribus desumta, quae sono quodam insolito lectoribus inponunt, quibus sensa sua explicare conantur; cum seriem illam plurium propositionum, quae ad duas, uel etiam tres facile reuocarentur; cum apparatum, quo eas enuntiant, quasi rem nouam adferrent, non eam, quam sensu communi omnes admittunt; cum definitiones et axiomata illa complicata, quae ut intelligas diligenter ea diuidere necesse habes; cum ordinem illum geometricum, quo res, quas nulli sanae mentis non amplexantur, mirandum in modum inlustrare sibi persuadent; cum demum sententias plures physicas et theologicas copiose disputatas, quas leuiter adtingere satis esset, mente reputo, uix risum tenere possum

amplamente discutidas sobre física e teologia, que seria suficiente serem tocadas ao de leve – por tudo isto é com dificuldade que posso conter o riso, sendo também com dificuldade que me convenço de deverem essas pessoas, se examinarem os assuntos sem nenhum preconceito, aplaudir tal método de disputar. Não quer dizer que eu me proponha depreciar com a minha opinião os gravíssimos filósofos que procedem desse modo e cujo engenho reconheço, como, aliás, declarei em vários pontos dos meus livros; contudo, é tão evidente manifestar apenas confusão esse método de filosofar que não posso compreender o que têm na mente os que procedem dessa forma. Acrescento que para aqueles que discorrem com base na opinião preconcebida dos wolffianos apenas ela lhes parece dotada de clareza e correcta[4]. Omitindo, porém, outros temas, qual a utilidade em expor esses assuntos com muitas palavras e em demonstrá-los segundo o método geométrico, se eles não forem duvidosos para ninguém de mente sã ou se puderem ser entendidos ouvindo-os apenas uma vez? Que mistérios contêm eles, a modo de enigmas, que não possam exprimir-se com suficiente clareza pela linguagem comum? E o que é que eles explicam tão circunstanciadamente para terem tanta utilidade nas disputas e nas controvérsias fúteis, se não forem compreendidos pela mente humana? Eu, certamente, não entendo.

    Portanto, situei a Metafísica no seu esplendor, liberta de ninharias e de coisas insignificantes; reduzi-a a poucos capítulos, tendo também incluído apenas num volume os assuntos que vos aplanam o caminho, facilitando-o e tornando-o mais expedito para aprenderdes as outras disciplinas não apenas com utilidade, mas também com alguma satisfação. É esse realmente o ofício da Metafísica. Ireis, porém, entender com maior clareza estas matérias pela própria leitura destes livros, aconselhando-vos, por isso, a sua leitura, jovens que vos preocupais em filosofar rectamente. Recomendo-vos que neles vos exerciteis com muito empenho e que conheçais profundamente a minha doutrina antes de vos embrenhardes nas outras disciplinas e de decidirdes ajuizar sobre elas por vós próprios. Procedendo desta forma, acredito que ireis obter enorme recompensa e grande economia de esforço.

    Adeus, com amizade.

---

[4] Ver o que irei discutir no livro segundo, capítulo quarto.

uixque mihi persuadere eiusmodi homines, si rem sine ulla anticipatione expenderent, talem disputandi rationem esse probaturos. Non quod ego grauissimis philosophis, qui haec faciunt, aliquid sententia mea detractum uelim, quorum ingeniis quantum tribuam, non uno tantum loco librorum meorum declaraui; sed quod tam euidens est eiusmodi philosophandi uiam nihil aliud omnino quam confusionem parere, ut qui haec negant, qui talia defendunt, quid mentis habeant, intelligere non possim. Adeo ut illis solum, qui ex praeiudicata Wolfianorum sententia disputent, clara et expedita uideri possint[4]. Quid enim, ut cetera mittam, utilitatis adfert ea pluribus exponere et geometrice demonstrare, quae nemini sanae mentis dubia sunt, et uel semel audita intelliguntur? Quid arcanis quibusdam notis tamquam mysteria ea proponere quae communibus uerbis satis clare exponerentur? Quid ea minutatim explicare quae disputandis tantum controuersiis et inanibus, et quae ab humana mente finiri nequeunt, utilia esse possunt? Id ego certe non uideo.

Quare metaphysicam disciplinam nugis et gerris liberatam in suo lumine posuimus, ad pauca capita reduximus, eaque hoc uolumine tantum collegimus quae uobis planam et perexpeditam ad ceteras disciplinas non modo cum fructu operae, sed etiam cum quadam iucunditate addiscendas uiam complanet, quod Metaphysicae munus est. Sed haec ex ipsa horumce librorum lectione clarius intelligetis. Vos igitur, adolescentes recte philosophandi studiosi, ad eorum lectionem dimitto, uobisque commendo ut in iis uos sedulo exerceatis mentemque meam penitus cognoscatis, priusquam uos inmergatis in reliquas disciplinas deque iis diiudicare uobis sumatis. Quod si feceritis, magnum operae pretium magnumque laboris compendium uos facturos esse confidimus.

Valete et me amate.

---

[4] Vide quae disputabimus lib. II, cap. 4.

Com efeito, logo que nascemos e ingressámos nas nossas famílias, encontrámo-nos de imediato num meio inteiramente adulterado em que a perversão dos juízos é completa, como se houvéssemos sorvido o erro com o leite das nossas amas. E uma vez restituídos aos nossos pais e logo depois confiados aos mestres, ficámos impregnados de erros tão diversos, que a verdade deu lugar à falsidade e o próprio instinto aos preconceitos já consolidados.

Cícero, *Tusc.*, III, 1.

Há, certamente, uma medicina da alma, a filosofia. Para nos socorrermos dela, não necessitamos, como nas enfermidades do corpo, de procurar auxílio nas coisas exteriores, devendo antes aplicar todos os nossos recursos e todas as nossas faculdades para estarmos em condições de nos curarmos a nós próprios.

Idem, ibidem, 3.

A evidência possui, portanto, tal eficácia, que estabelece por si própria como as coisas são na realidade. Contudo, para permanecermos com maior determinação e perseverança no que é evidente, é necessário indagar com arte e diligência certas coisas dignas do maior apreço para não nos apartarmos do que é claro por si mesmo, evitando, assim, certos embustes e argumentos capciosos. (…).Por isso, é também necessário termos presente aquilo que pode ser asseverado com evidência, e estarmos preparados para poder responder às perguntas e dissipar as subtilezas, como sempre foi, aliás, o meu procedimento.

Idem, *Acad.*, IV, 14-15.

"Simul atque editi in lucem et suscepti sumus, in omni continuo prauitate, et in summa opinionum persuersitate uersamur, ut paene cum lacte nutricis errores suxisse uideamur. Cum uero parentibus redditi, demum magistris traditis sumus, tum ita uariis imbuimur erroribus, ut uanitati ueritas, et opinioni confirmatae natura ipsa cedat."

Cicero, *Tusculanarum* lib. III, cap. 1.

"*Est profecto animi medicina Philosophia, cuius auxilium non, ut in corporis morbis, petendum est foris. Omnibusque opibus, uiribus, ut nosmet ipsi nobis mederi possimus, elaborandum est.*"

Idem, ibidem, cap. 3.

Primum igitur perspicuitas magnam habet uim, ut ipsa per sese ea, quae sint, nobis ita, ut sint, indicet. Sed tamen ut maneamus firmius et constantius in perspicuis, maiore quadam opus est uel arte, uel diligentia, ne ab iis, quae clara sunt ipsa per sese, quasi praestigiis quibusdam, et captionibus, depellamur... Oportet igitur et ea, quae pro perspicuitate responderi possunt, in promtu habere, et esse armatos ut occurrere possimus interrogationibus eorum, captionesque discutere, quod deinceps facere constitui."

Idem, *Academicarum* lib. IV, cap. 14 et 15.

LIVRO PRIMEIRO

HISTÓRIA DA METAFÍSICA

•

LIBER PRIMVS

DE HISTORIA METAPHYSICAE

[1] PROÉMIO

Antes de principiar a exposição sobre o uso e a utilidade da Metafísica, é conveniente, caros jovens, eu aludir sumariamente à natureza, à origem e às vicissitudes desta disciplina para não vos sentirdes perplexos logo no início deste tratado. Visto que alguns filósofos, sobretudo escolásticos, discutem tanto e tão numerosos assuntos sobre a Metafísica (dedicando-lhe tamanhos louvores que, se lhes dermos crédito, nada pode pensar-se [2] que possua maior aptidão e que seja mais adequado para discorrer condignamente sobre as disciplinas mais severas), penso ser não apenas útil, mas também necessário, expor estas matérias. Deste modo, uma vez iniciados nestes mistérios, e mesmo sem ninguém vos instruir, podeis ajuizar se deve atribuir-se tão grande relevância a essa disciplina como alguns costumam conceder-lhe, ou, inversamente, se ela não é digna de tão notáveis e distintos encómios. Se fosse tanta a sua utilidade e a sua aptidão para entender profundamente todas as coisas – como proclamam os metafísicos vulgares –, quem poderia negar dever a Metafísica ser grandemente anteposta às outras disciplinas, que alguns exaltam como sendo úteis, e aprendida convenientemente e com diligência anteriormente a elas ? Se, porém, para alcançar esse propósito pouco ou nenhum auxílio se encontra na metafísica vulgar, só um insensato pode duvidar de que a sua doutrina apenas deve ser exposta ou tocada ao de leve para, ao pensarmos existir nela algo reflectido e eminente, não despendermos inutilmente o nosso tempo e o nosso esforço. Irei, porém, discorrer seguidamente com maior explanação sobre este assunto, voltando agora ao que era o meu propósito.

[1] PROOEMIUM

Operae pretium est, adolescentes, antequam de Metaphysicae usu et utilitate dicere aggredior, huiusce disciplinae naturam, originem et uicissitudines summatim persequi, ne in ipso operis uestibulo uobis negotium exhibeamus. Nam cum tot tantaque de Metaphysica philosophi, non nulli maxime scholastici, disputent, eamque tot laudibus extollant, nihil ut, si eos audimus, [2] ingeniosius excogitari possit, nihil ad disciplinas grauiores pro rei dignitate disputandas accomodatius, rem totam exponere uobis non modo utile, sed etiam necessarium esse, existimauimus; ut uos ipsi hisce mysteriis initiati, uel nemine monente, diiudicetis an tantum eidem tribuendum sit, quantum a non nullis tribui solet, an contra longe ipsa infra elogia illa amplissima et exquisita iacere uideatur. Nam, si tanta ei inesset utilitas tantaque ad res singulas penitus percipiendas facilitas, quantam de ea praedicant metaphysici uulgares, quis neget metaphysicam disciplinam ceteris, quae a quibusdam utiles praedicantur, longe esse anteponendam beneque ac diligenter ante ceteras addiscendam? Sin autem ad ea consequenda nihil, aut parum in metaphysica illa uulgata habeatur subsidii, nemo nisi ineptus dubitabit, quin eiusmodi doctrina tantum sit adtingenda, uel leuiter degustanda, ne, dum in ea aliquid esse sani et exquisiti boni iudicamus, tempus et operam inutiliter consumamus. Sed de his infra copiosius disseremus, nunc ad id, quod erat propositum, ueniamus.

CAPÍTULO I

Denominação, origem e desenvolvimento da Metafísica

A palavra "metafísica" parece ter sido inventada apenas na época da Caio Júlio César. Quando o gramático Tirânio Amisseno e Andronico de Rodes[5] (após o ditador Lúcio Sula se ter apossado do poder) ordenaram segundo certos temas os livros de [3] Aristóteles, incluíram uns na Lógica, outros na Física e outros na Ética; restando, porém, ainda outros, que parecia não poderem integrar-se em nenhum tema, colocaram-nos depois da Física, denominando-os *meta Physica*, ou seja, "acrescentados aos livros da Física". E dado que Aristóteles estuda nestes livros, de modo confuso e desordenado, o ente, as suas propriedades e as suas causas, bem como o Primeiro Motor e as inteligências que dele dimanam[6], os aristotélicos posteriores foram de parecer que tudo o que se afirmava genericamente a respeito do ente e das inteligências devia denominar-se "Metafísica". Outros, porém, sobretudo os Árabes e os [4] seus continuadores escolásticos, procurando dificuldades onde elas não existiam, julgaram vislumbrar um enigma na palavra "metafísica". Pensando eles poder interpretar-se a palavra "metafísica" como "além" ou "depois da física",

---

[5] Os escritos de Aristóteles, dados a conhecer em primeiro lugar por Teofrasto e posteriormente por Neleu, foram colocados debaixo da terra pelos seus descendentes durante muitos anos. Após terem sido descobertos, quase corroídos, foram vendidos a Apélico de Teio, que supriu inabilmente as partes danificadas. Levados para Atenas por Lúcio Sula, toda a biblioteca de Apélico de Teio foi transferida para Roma por ordem sua, onde primeiramente Tirânio e depois Andrónico de Rodes procederam à compilação e à ordenação das obras de Aristóteles. Ver o que expus na *Logica* (liv. I, cap. 3) e também François Patrizzi (*Discussiones peripateticae*, t. I, liv. V, p. 62).

[6] Sobretudo nos livros XI e XIII. Um simples exame dos livros da *Metafísica* evidencia como eles são confusos. Com efeito, estando eles dedicados (ocupando com isso 141 capítulos) ao estudo da substância espiritual, principalmente da natureza de Deus ou do Primeiro Motor – como se propõe significar Aristóteles quando escreve "ser enquanto ser" –, contudo, apenas nos últimos cinco livros há doze capítulos que contêm alguma coisa sobre a substância espiritual. Por isso, Samuel Petit (*Miscellanea*, liv. IV, cap. 9), Jacob Thomasius (*Historia metaphysicae*, § 10, p. 71) e outros alteraram a ordem tradicionalmente estabelecida para descobrirem algum nexo nesses livros.

CAPVT I

De Metaphysicae nomine, origine ac progressu

"Metaphysicae" uocabulum non nisi Caii Iulii Caesaris aetate inuentum uidetur. Nam cum Tyrannio Amissenus grammaticus et Andronicus Rhodius[5], facta sibi a Lucio Sulla dictatore potestate, [3] Aristotelis libros in certas classes digererent et alios ad Logicam, alios ad Physicam, alios ad Ethicam reuocarent, aliqui superessent qui ad nullam classem referri posse uiderentur; hos post Physicam posuerunt, et *meta Physica,* quasi dicas, "Physicis libris adiecta" nominarunt. Cumque in iis libris Aristoteles de ente eiusque adfectionibus et caussis, itemque de primo motore et intelligentiis, quae ex eo emanant, confuse et nullo ordine agat[6]; hinc Aristotelici, qui post fuere, quidquid de ente et intelligentiis generatim dicitur, "Metaphysicam" appellandam esse censuerunt. Alli autem, praesertim Arabes, horumque [4] successores scholastici, nodum quaerentes in scirpo, in ipso "metaphysicae" uocabulo mysterium uidere aliquod sibi uisi sunt. Nam cum animaduerterent "metaphysica" uocabulum "trans", seu "supra Physicam" interpretari posse,

---

[5] Aristotelis scripta, quae Theophrasto primum, dein Neleo, relicta fuere, ab eius heredibus per multos annos humi abscondita sunt. Inde cum extraherentur humore penitus corrupta, uendita fuere Apelliconi Teio, qui deprauata loca inperite suppleuit. Subactis Athenis a Lucio Sulla, Apelliconis bibliotheca eius iussu Romam delata est, ubi Tyrannio primum, deinde Andronicus Rhodius Aristotelis opera recensuerunt et ordine posuerunt. Vide quae disputauimus in *Logica,* lib. I, cap. 3 itemque Franciscum Patricium *Discussiones Peripateticae,* tom. I, lib. V, p. 62.

[6] Praesertim libros XI et XIII. Quanto autem confusi sint uitio *Metaphysicorum* libri, eorum conspectus declarat. Nam cum explicandae substantiae spiritali praesertim naturae Dei, seu primi motoris (id enim significat Aristoteles cum ait "ens quatenus ens est") consecrati fuerint, et CXLI capitibus absoluantur, tamen sola quinque posteriora libri XII capita aliquid habent de substantia spiritali. Quare, ut aliquem in iis nexum inuenirent, mutarunt uulgatum ordinem Samuel Petitus *Miscellanea,* lib. IV, cap. 9 et Iacob Thomasius *Historia Metaphysicae,* § 10, p. 71, et alii.

ajuizaram sem a mínima dúvida ser significada por essa palavra uma ciência posterior à da investigação dos corpos, sendo, por isso, algo profundo e mais excelente que as outras disciplinas.

Ainda a propósito da palavra "metafísica", sabemos da história que Platão – o primeiro filósofo que discorreu sobre matérias de metafísica[7] – chamou a esta disciplina "Dialéctica", considerando serem as ideias universais e eternas o objecto principal da Dialéctica. Aristóteles, por seu lado, tendo exposto com maior explanação estes assuntos nos 14 livros da *Metafísica* que subsistiram, denominou-os "Sabedoria Primeira", "Filosofia Primeira", "Teologia" e ainda de outros modos.

Decerto, toda a *Metafísica* de Aristóteles procede do seu mestre Platão. Com efeito, quando Aristóteles empreende, como é seu hábito, exprimir algo original e inaudito para obter mais facilmente reputação pelo seu engenho, ocupa-se de forma tão confusa e desordenada de toda esta disciplina que mesmo o que é pertença de Platão parece inábil para pessoas que saibam pensar. Ele discute tantas coisas sobre as noções abstractas e universais que, [5] segundo o modo como as discute, nunca haviam sido anteriormente expostas. Aristóteles discorre naqueles livros sobre as ideias de Platão, ou substâncias imutáveis[8], subsistentes por si mesmas, as quais, unidas à matéria fluida e mutável, lhe conferem eternidade e uma natureza e uma forma determinadas, de onde, como causa primeira e fonte das ideias, tudo procede por emanações – como costuma dizer-se.

Portanto, não pode de modo algum entender-se tudo aquilo que Aristóteles discute sobre o ente em geral, sobre as suas causas e os seus princípios, se não for relacionado com a doutrina platónica sobre as ideias. Os que não entendem isso – como sucede com a maior parte dos escolásticos, que também não possuem nenhum conhecimento das noções matemáticas e das hipóteses da filosofia grega, muitas vezes referidas e refutadas por Aristóteles – adoptam do mesmo modo o método extremamente obscuro de filosofar de que se serviu Aristóteles nos livros mencionados para interpretarem o seu pensamento, manifestando, sem dúvida, abertamente a sua ignorância das hipóteses aristotélicas.

Por não terem sido explicados com clareza estes assuntos – o que apenas poderia suceder pela boca de Aristóteles ou pelos seus escritos que não se conhecem –, resultou ter permanecido ignorada a verdadeira doutrina de Aristóteles desde Estratão de Lâmpsaco, discípulo de Teofrasto, até Andronico de Rodes, cerca do ano 212 (como referi, apenas nesta época os escritos aristotélicos, que durante muito

---

[7] Antes de Platão, Pitágoras discorreu sobre a sabedoria primeira e, com maior subtileza que outros, sobre as coisas incorpóreas. Dele procedeu o método e o hábito de filosofar herdado pelos filósofos eleatas e, a partir destes, por Platão. Contudo, por Pitágoras nada ter deixado escrito, apenas subsistem os fragmentos dos eleatas sobre a sua doutrina. É devido à sua influência que Platão e o seu discípulo Aristóteles são considerados os fundadores da Metafísica.

[8] Ver Patrício, *op. cit.*, t. II, liv. II, p. 196 e segs.

sine ulla dubitatione iudicarunt eo uocabulo designari "scientiam quandam supra corporum inuestigationem positam", quam proinde ueluti aliquid reconditum et exquisitum ceteris obstrusere.

Vt ut est de nomine "metaphysicae", id certum ex Historia est Platonem[7], qui primus de metaphysico argumento in philosophia disputauit, "Dialecticam" id nominasse; statuit enim praecipuum Dialecticae obiectum esse ideas illas suas uniuersales et aeternas. Quod argumentum Aristoteles largius exponens libris XIV Metaphysicorum, qui supersunt, "Sapientiam Primam", "Philosophiam Primam", "Theologiam", alio et alio nomine appellauit.

Porro Aristotelis *Metaphysica* tota quanta est ex Platone praeceptore desumta est. Verum cum Aristoteles de more suo aliquid nouum et inauditum proferre conaretur, quo sibi facilius ingenii laudem compararet, totam disciplinam hanc tam perturbate contorteque tractauit, ut alia atque illa erat Platonis hominibus non callide cogitantibus uideretur. Nam tam multa de notionibus abstractis et uniuersalibus ante disputat, ut eo modo, [5] quo ab eo disseritur, nihil ante eum scriptum reperiatur. Reapse uero de Platonis ideis, seu substantiis inmutabilibus in iis libris disputat Aristoteles[8], quae substantiae et per se subsistant et materiae fluxae ac aeternum tempus mutabili adiectae, certam eidem naturam et formam dent, et ex quibus, ceu caussa prima atque idearum fonte, cetera per emanationes quasdam, uti uocant, proficiscantur.

Quare quidquid Aristoteles de ente generatim eiusque caussis et principiis disputat, nisi ad principia illa Platonica idearum referatur, intelligi nullo modo potest. Quod qui non faciunt, ut scholastici plerique omnes non faciunt, atque nulla habita ratione mathematicarum notionum et hypothesium Graecae philosophiae, quas saepe adfert et confutat, tum etiam obscurissimae philosophandi uiae, qua praedictis in libris utitur Aristoteles, ad eum interpretandum animum adiungunt, ne illi palam Aristotelicarum hypothesium inscitiam suam patefaciunt.

Haec cum non nisi ex Aristotelis ore, eiusque scriptis reconditioribus aperte intelligi possent, exstitit, ut post Stratonem Lampsacenum, Theophrasti auditorem, usque ad Andronicum Rhodium, per annos circiter CCXII (his temporibus Aristotelica scripta, quae tamdiu latuerant, uti diximus, lucem uiderunt) germana Aristotelis sententia cognita non fuerit. Cumque Andronici, seu Ciceronis, aetate plurima inepte atque inperite uitiatis codicibus fuerint

---

[7] Ante Platonem Pythagoras de prima sapientia et de rebus incorporeis paullo subtilius quam reliqui disputauit. Ex quo ad Eleaticos philosophos, ex iis uero ad Platonem eadem ratio et consuetudo peruenit. Sed cum nihil scriptum reliquerit Pythagoras, Eleaticorum non nisi fragmenta supersint; merito suo, Plato eiusque auditor Aristoteles Metaphysicae conditores habentur

[8] Adisis Patricium, loco citato, t. II, lib. II, p. 196 sqq.

tempo estiveram incógnitos, foram conhecidos). E como no tempo de Andronico e de Cícero se acrescentaram com incompetência e insensatez muitas matérias aos códices corrompidos, tendo sido outros deturpados e alterada a ordem dos livros da *Metafísica* (e por não existirem alguns livros da *Metafísica* de Aristóteles cuja falta não podia ser colmatada), [6] resultou que os estudiosos de Aristóteles não tiveram conhecimento do verdadeiro sistema que ele recebera do seu mestre Platão, fundando nos seus escritos uma nova disciplina que denominaram "Metafísica". E visto que esta disciplina estava totalmente dedicada ao estudo do ente e das suas propriedades em geral, isto é, à Ontologia, acrescentaram-lhe muito pouco sobre o estudo dos espíritos, ou Pneumatologia, e sobre o estudo de Deus, ou Teologia Natural. Ao contrário, Aristóteles tinha-se proposto discorrer especialmente nos seus livros sobre a Teologia Natural, acrescentando-lhe, porém, a Ontologia como etapa preambular e a ela subordinada[9]. E quando posteriormente, desde o século VI até ao século XII, a filosofia aristotélica quase se extinguiu no Ocidente, aquela nova Metafísica permaneceu tosca e informe[10].

CAPÍTULO II

A Metafísica dos Árabes e a dos escolásticos

A Metafísica foi desenvolvida em épocas diferentes pelos Árabes e pelos escolásticos, que a ampliaram de forma surpreendente, mas por motivos idênticos[11]. [7] Por eles se haverem ocupado da mesma disciplina e por serem incultos e desconhecedores da língua grega e da filosofia antiga, e por terem interpretado os livros da *Metafísica* de forma mais subtil que correcta – isto é, não avaliaram o verdadeiro sistema do mestre, exprimindo as suas opiniões com base em comentadores que deturparam esses livros[12] –, reduziram a nova Metafísica a estreitos limites,

---

[9] Não se encontram nos Padres dos primeiros séculos da Igreja vestígios da *Metafísica* de Aristóteles, excepto em Boécio (que no século VI escreveu *De unitate et uno*) e em João Filóponos, que expôs a *Metafísica* de Aristóteles pelos finais do mesmo século ou no início do século VII, tendo caído em graves erros pelo mau uso da referida *Metafísica*. Outros sentiram aversão por Aristóteles, acolhendo com constrangimento apenas a sua dialéctica com a finalidade de combaterem os heréticos, que tinham por ela grande apreço.

[10] Jacob Thomasius, *Historia metaphysicae*, § 38.

[11] À interpretação da doutrina aristotélica aplicaram-se totalmente os Árabes desde o século IX e os escolásticos desde o início do século XIII (foi nesta época que principiou a ser conhecida no Ocidente a *Metafísica* de Aristóteles).

[12] Desde Andronico até Amónio, a filosofia peripatética permaneceu com menor número de deturpações. Contudo, a partir do tempo de Amónio (não confundir com Amónio Sacas), que floresceu por volta da época do imperador Nero, ela ficou mais corrompida, pois muitos filósofos propuseram-se conciliar Aristóteles com Zenão e Platão segundo um inábil sincretismo. Mesmo a escola de Alexandre de Afrodísia (que viveu na época de Antonino Caracala no início

adiecta, alia mutilata librorumque ordo *Metaphysicorum* turbatus, tum denique deessent aliqui Aristotelis libri metaphysici, nec aliquis reperiretur, qui medicas manus adhibere [6] posset, euenit ut Aristotelis studiosi non uerum praeceptoris systema, quod ex Platone desumserat, sed nouam ex eius scriptis disciplinam elicuerint, quam "Metaphysicam" appellarunt. Quae in hoc tota erat, ut de ente, eiusque proprietatibus in uniuersum dissereret, quae erat Ontologia, cui parum admodum de spiritibus, seu de Pneumatologia, et de Deo, seu Theologia Naturali adhibuerunt. Cum e contrario Aristoteles iis libris de Theologia illa sua Naturali potissimum disputare sibi proponat, Ontologiam uero quasi praeparationem quamdam, seu pedisequam adiungat[9]. At cum Aristotelica philosophia in Occidente paullo post, id est, post saeculum VI, tantum non omnis euanesceret idque ad solidum saeculum usque XII, rudis et informis noua illa Metaphysica remansit[10].

CAPVT II

De Metaphysica Arabum et scholasticorum

Eam tamen Arabes et scholastici alii alio tempore perfecerunt mirandumque in modum amplificarunt, sed eadem ratione ac primi[11]. [7] Nam cum in eamdem disciplinam inciderent, et Graecae linguae ac ueteris Philosophiae rudes atque ignari, *Metaphysicorum* libros subtilius quam par erat interpretarentur, id est, non ad praeceptoris germanum systema exigerent, sed secundum interpretum, qui eos deprauauerant[12], opiniones explanarent; nouam

---

[9] *De Metaphysica* Aristotelis apud patres priorum Ecclesiae saeculorum uestigia non offendimus; si excipias Boethium, qui VI saeculo librum edidit *De unitate et uno*, et Ioannem Philoponum, qui libros *Metaphysicae* Aristotelis saeculo eodem labente, uel sub initium VII exposuit, qui ex abusu praedictae *Metaphysicae* in graues errores incidit. Ceteri Aristotelem odio habebant, nec nisi eius Dialecticam, ut occurrerent Haereticis, qui ea delectabantur, adhibuerunt coacti.

[10] Iacob Thomasius *Historia Metaphysicae*, § 38.

[11] Arabes a saeculo IX, Scholastici autem ab initio saeculi XIII (hoc tempore aristotelica *Metaphysica* occidentalibus innotescere coepit) in interpretationem aristotelicae doctrinae toto animo incubuerunt.

[12] Ab Andronico ad Ammonium minus deprauata exstitit philosophia Peripatetica. Verum ab Ammonii (diuersi ab Ammonio Sacca) aetate, qui circiter Neronis inperatoris tempora floruit, deprauatior esse coepit, nam plurimi Aristotelem cum Zenone et Platone in concordiam inepto syncretismo reducere conati sunt. Immo et Alexandri Aphrodisiensis (hic sub Antonino Caracalla uixit initio III a Christo saeculo) schola, quae pressius Aristotelem sequebatur, multa Aristoteli suo per errorem tribuit. Sed multo deterius id fecere paullo post eclectici, seu Platonis sectatores,

expondo-a de tal modo que quase toda a sua Metafísica ficou divorciada da Ontologia, ou seja, da ciência do ente, à qual acrescentaram, a modo de apêndice, algumas questões sobre Deus e os espíritos. Esta situação permaneceu assim no Ocidente até ao século XVI, como confirmam as obras dos escolásticos, que se ocupam apenas do ente, quer real, quer de razão.

[8] Por conseguinte, embora se denomine "aristotélica", a Metafísica dos escolásticos não é de modo algum aristotélica, possuindo apenas de comum com a de Aristóteles o nome, o que se evidencia comparando as opiniões de Aristóteles com as doutrinas escolásticas. Contudo, o entendimento geral dos escolásticos rejeita ocorrerem as coisas desta forma. Mas quem tenha examinado a história da filosofia, ainda que ao de leve – possuindo, por isso, legitimidade para ajuizar sobre este assunto –, não tem a mínima dúvida.

Quanto à Pneumatologia e à Teologia Natural, apenas alguns discorreram notavelmente sobre elas. Alcançou, porém, grande renome, como outros nos tempos actuais, um certo Raimundo de Sibiuda com a sua *Theologia Naturalis*[13] – que não foi aplaudida por todos – e também o jesuíta Teófilo Rainaud, que no início do século XVII publicou uma *Teologia Natural*[14], na qual, no entanto, discorreu sobre temas muito subtis e despropositados[15], pouco ou nada se apartando dos procedimentos do seu século e da metafísica vulgar.

CAPÍTULO III

Tentativa de renovação da Metafísica

Após o início do século XVII, por se haverem apercebido do método de estudo da Metafísica adoptado pelos escolásticos – [9] que trouxe pouca ou nenhuma utilidade para o ensino, a correcção e o desenvolvimento adequados das disciplinas mais severas –, alguns filósofos deliberaram dedicar-se com seriedade à renovação dessa disciplina. Devem mencionar-se entre eles – além de Nicolaus Taurellus e de Tommaso Campanella, que ficaram mais nas intenções que nos actos – filósofos perspicazes como Henry More, Johann Clauberg, Pierre-Sylvain Régis, Nicolas Malebranche e outros do mesmo século e do século actual, embora nem todos se tivessem distinguido por

---

do século III depois de Cristo e seguiu mais extensamente Aristóteles) imputou a Aristóteles muitos erros. Mas causou muitos mais danos o que ocorreu posteriormente com os eclécticos ou sequazes de Platão, como Porfírio, Jâmblico, Simplício e outros, que ajuntaram e confundiram de tal modo todos os assuntos que não pode distinguir-se nos seus escritos o que deve atribuir-se a Platão ou a Aristóteles, originando-se, por isso, muitos erros.

[13] Ver Nicolás Antonio, *Bibliotheca hispanica vetus*, t. II, liv. X, cap. 3.

[14] Lião, 1622.

[15] Referi os principais erros de Teófilo Raynaud no meu *Apparatus* (primeira parte, liv. II, cap. 5. p. 221).

illam metaphysicam in iustum disciplinae habitum reduxerunt eamque ita exposuerunt, ut fere omnis Metaphysica eorum Ontologia, id est, scientia de Ente, absolueretur, cui admiscuere unum et aliud de Deo et spiritibus appendiculae loco. Quod idem ad integrum usque saeculum XVI obtinuit in Occidente, ut eorumdem libri, qui nihil, nisi de ente uel uero, uel ficto, continent, testantur.

[8] Scholasticorum itaque Metaphysica, etiamsi "Aristotelica" nominetur, nihil minus est quam Aristotelica, nec nisi rerum nomina cum Aristotelica commune habet, quod uel ex sola opinionum Aristotelis cum scholasticorum sententiis comparatione manifestum fit. Haec tamen uulgares negant scholastici; negent, sed iis, qui historiam philosophicam uel primoribus labris degustarunt, et quibus de talibus rebus iudicandi ius est, minime dubium est.

De Pneumatologia uero et Naturali Theologia uix unus et alter eorum seorsum disputauit. Laudem tamen, ut iis temporibus, habuit Raymundus quidam de Sadunde in *Theologia Naturali*[13], quae tamen non omnibus placuit, et Theophilus Raynaudus Iesuita, qui ineunte saeculo XVII[14], edidit *Theologiam Naturalem*, in qua tamen plurima subtilia et ad rem non pertinentia disputauit[15], parum aut nihil recedens a consuetudine saeculi sui et Metaphysica uulgari.

CAPVT III

De Metaphysicae emendatione tentata

Iam saeculo XVII ineunte cum animaduerterent philosophi non nulli, ex illa Metaphysicam tractandi ratione, quam scholastici amplexabantur, parum [9] aut nihil utilitatis adferri seuerioribus disciplinis recte tradendis, perpoliendis amplificandisque, de emendanda eiusmodi disciplina serio cogitarunt. Quos inter referri debent, praeter Nicolaum Taurellum et Thomam Campanellam, qui aliquid tentarunt potius quam perfecerunt, acutissimi philosophi, Henricus Morus, Ioannes Claubergius, Petrus Silvanus Regisius, Nicolaus Malebranchius aliique et eodem et praesenti saeculo. Id tamen non omnes eadem ratione

---

ut Porphyrius, Iamblichus, Simplicius, ceteri, qui ita singula miscuerunt et copularunt, ut in eorum scriptis, quid Platoni, quid Aristoteli uindicari debeat, dignosci non possit, ex quo occasio fuerunt multorum errorum.

[13] Vide Nicolaum Antonium, *Bibliotheca Hispanica Vetus*, t. II, lib. X, cap. 3.

[14] 1622, Lugduni.

[15] Errata Theophili Raynaudi praecipua tetigimus in *Apparatu* nostro, p. I, lib. II, cap. 5, p. 221.

motivos idênticos. Alguns, como o barão de Verulam[16], opinaram que a Metafísica no sentido estrito (enquanto estudo da mente, das ideias, das formas das coisas materiais e das suas finalidades) é uma parte da Física – reduzindo-se, por isso, a ela –, enquanto o estudo de Deus, do uno, da verdade, do bem e dos espíritos compete à Teologia Natural. E a parte que se ocupa dos princípios e dos axiomas gerais em que toda a ciência se fundamenta denominaram-na "Filosofia Primeira", que segundo eles deve distinguir-se da Metafísica e da Teologia Natural.

Outros definiram a Metafísica como a ciência que se ocupa de Deus, dos espíritos e dos princípios comuns das ciências, por exemplo, Descartes[17], Hamel, Rudiger, Sirbius e Christian Wolff, aos quais podem acrescentar-se muitos peripatéticos, embora tivessem discorrido de modo diferente. Alguns dividiram a Metafísica em partes, denominando os tratados sobre Deus "Teologia Natural"; e "Psicologia Natural", os que estudam o espírito humano. E chamaram "Filosofia Primeira" ou "Ontologia" à Metafísica considerada em sentido estrito, que se ocupa dos princípios gerais do conhecimento humano. E ajuntaram-lhe a Cosmologia, que discorre sobre o mundo na sua totalidade, [10] como sucedeu com Christian Wolff e os seus discípulos. A estes podem acrescentar-se Sirbius e Holman, que discorreram muito copiosamente sobre a Filosofia Primeira, ainda que de forma diferente: o primeiro, com maior magnificência que os outros e o segundo de modo mais conciso. Devem ainda considerar-se Johann Clauberg e John Clerk, que expuseram a Ontologia com independência das outras partes da Metafísica. E alguns ajuizaram dever ser tratada na Lógica uma parte da Metafísica, como o autor de *A Arte de Pensar*, Crousaz, Malebranche e outros mais. Quanto a Henry More, que reduziu a Ontologia à Lógica, foi de parecer que a Metafísica deve investigar apenas as naturezas espirituais, ou seja, Deus, os anjos e a mente humana[18]. Outros entenderam-na de forma mais restrita, estudando Deus na Metafísica, como sucedeu com Geulincx, com Cornelius Bontekoë e com diversos modernos, que pela palavra "metafísica" apenas se propuseram significar a Teologia Natural. Ao invés, há um mais recente que julga dever entender-se pela palavra "metafísica" não apenas a Teologia Natural e a Psicologia, mas também a Física Geral; contudo, ele sustenta num amplo discurso dever a Ontologia ser eliminada do rol das disciplinas.

Houve quem pensasse dever ser excluída da filosofia toda a Metafísica, nomeadamente os discípulos de Daniel Hofman, tais como Schilling, Amesius e ainda outros. Houve ainda quem opinasse dever apenas considerar-se a Metafísica como um léxico com base no qual pudessem entender-se a linguagem dos filósofos ou os seus discursos específicos e as suas formas de se exprimirem. No século anterior,

---

[16] *De augmentis scientiarum*, liv. III, cap. 4.
[17] *Meditationes primae philosophiae*.
[18] *Enchiridion metaphysicum*.

praestiterunt. Nam aliqui, ut Verulamius[16], Metaphysicam stricte acceptam (haec ex eius sententia de mente humana, idea, forma rerum naturalium atque fine explicat) partem Physicae esse uoluerunt et ad Physicam retulerunt. Tratactionem de Deo, uno, uero, bono, spiritibus ad Theologiam Naturalem. Partem uero illam, quae de principiis axiomatibusque generalibus, quibus omnis scientia nititur, disserit, a Metaphysica et Theologia Naturali separandam esse iudicarunt et "Philosophiam Primam" apellarunt.

Alii doctrina de Deo et spiritibus et communibus scientiarum principiis Metaphysicam definiuerunt, ut Cartesius[17,] Hamelius, Rudigerus, Syrbius itemque Christianus Wolfius, quibus addi possunt Peripatetici haud pauci, sed alii alio modo. Nam quidam metaphysicum argumentum in partes diuiserunt atque disputationem de Deo "Theologiam Naturalem", de animo humano "Psychologiam" appellarunt. Metaphysicam autem stricte acceptam eamdem "Philosophiam Primam" seu "Ontologiam" esse dixerunt, quae generalia principia omnis humanae cognitionis suppeditet, cui addiderunt Cosmologiam, quae de mundo generatim disputet, ueluti [10] Christianus Wolfius eiusque adseclae. His adiungi potest Syrbius et Hollmannus, qui de Philosophia Prima copiosissime, diuerso tamen modo: ille maiori apparatu eam cum reliquis exponens, hic pressius. Itemque Ioannes Claubergius et Ioannes Clercius, qui Ontologiam a reliquis partibus seorsum exposuerunt. Non nulli Metaphysicae partem in Logica disputandam esse iudicabant, ut auctor *Artis Cogitandi*, Crousatius, Malebranchius et reliqui; immo et Henricus Morus, qui Ontologiam ad Logicam refert, Metaphysicam uero in sola rerum spiritualium, nempe Dei, angelorum et humanarum mentium, inuestigatione occupandam esse defendit[18]. Alii autem strictius accipiunt et in Metaphysica sua de Deo agunt, ut Geulingius, Cornelius Bentokoe et alii recentiores, qui nomine "metaphysica" nihil aliud significant nisi Theologiam Naturalem. Contra quidam et is quidem recentissimus, nomini "metaphysica", non modo Theologiam Naturalem et Psychologiam, uerum etiam Physicam Generalem supponi debere ait. Ontologiam uero e disciplinarum numero delendam esse plurimis uerbis contendit.

Fuere qui omnem ex Philosophia Metaphysicam eiiciendam esse putarent, ut sectatores Danielis Hoffmanni, ueluti Schillingius, Amesius, alii. Fuere qui dicerent non alio nomine retinendam esse Metaphysicam, nisi ueluti Lexicon, ex quo philosophorum lingua, seu peculiares uoces ac dicendi formulae intelligi possent. In quam sententiam disputauit superiori saeculi

---

[16] De *Augmentis Scientiarum*, lib. III, cap. 4.

[17] In *Meditationes de Prima Philosophia*.

[18] In *Enchiridio Metaphysico*.

discorreu em conformidade com este parecer Jacob Thomasius[19], com o qual não está totalmente em desacordo o seu filho Christian[20]; [11] e no século actual, J. Franz Budde[21] e ainda outros de certo renome. Penso, porém, dever abster-me de mais exemplos.

Não pode recusar-se que tão variadas e tão divergentes opiniões dos filósofos tiveram como efeito a emenda da Metafísica, pois, expendidas as considerações pró e contra, pode inferir-se com maior facilidade qual delas deve ter preferência. Contudo, muitos desses filósofos foram induzidos em erro e deliraram de forma disparatada. Confessemos, no entanto, terem sido os seus erros a causa por que outros puderam encontrar a verdade ou pelo menos de se terem aproximado muito dela, o que certamente ocorreu. Com efeito, filósofos ilustrados discorreram desde o século passado com muito maior diligência sobre a Metafísica, eliminaram questões inúteis e (pondo de lado assuntos obscuros e o egipcíaco – por assim dizer – método de discorrer seguido pelos peripatéticos, que apenas eles entendem, mas não os outros) expuseram da forma mais fácil e mais clara possível a Metafísica em sentido lato – em si mesma bastante obscura – e divulgaram com desvelo os seus escritos, como irei referir posteriormente no lugar apropriado.

CAPÍTULO IV

O desenvolvimento da Metafísica renovada, sobretudo no século XVIII

Ainda que na sua época os escolásticos se tenham aplicado dia e noite à Metafísica, não se apercebendo de que existiam outros saberes, contudo, nunca os filósofos se dedicaram ao estudo da Metafísica de forma tão intensa e entusiástica como no final do século anterior e no actual século XVIII. Eles dividiram em partes, com extrema diligência, a Metafísica, [12] denominando de modo adequado cada uma delas e expondo-as separadamente com extraordinária agudeza de espírito. Àquilo que os filósofos antigos chamaram "Metafísica" dividiram-no os filósofos modernos em duas partes: a Ontologia e a Pneumatologia, tendo também subdividido a segunda parte em Psicologia e Teologia Natural. A Ontologia discorre sobre o ente e as suas propriedades mais gerais; a Psicologia propõe-se conhecer a alma humana, os seus estados e a sua complexão, isto é – como dizem os físicos –, a sua união com o corpo; e a Teologia Natural estuda Deus e os anjos, costumando alguns, por uma questão de clareza, denominar a sua última parte

---

[19] *Historia metaphysicae*, §§ 16 e 33.
[20] *Cautelae circa praecognitam jurisprudentiam*, cap. 12, § 3.
[21] *Elementa philosophiae instrumentalis*, quarta parte.

Iacobus Thomasius[19], a quo non omnino dissentit Christianus filius[20]; [11] hoc uero nostro, Ioannes Franciscus Buddeus[21] aliique non infimi ordinis. Aliis supersedendum iudicamus.

Infitiandum non est tam uarias tamque discrepantes philosophorum sententias hoc boni adtulisse emendationi Metaphysicae, ut, expensis in utramque partem rationum momentis, quaenam anteponenda esset sententia, facilius cognosceretur. At errarunt plurimi ineptissimeque delirarunt. Fateor, sed eiusmodi errores caussa fuere cur alii uel uerum inuenerint, uel ad ueritatem quam proxime accesserint. Quod profecto usuuenit, nam ab eo tempore multo accuratius de Metaphysica nobiles philosophi disseruerunt, inutilia praeciderunt, atque, omissa obscura illa et Aegyptiaca, ut ita dicam, disputandi ratione, quam Peripatetici sequebantur, intelligebantque ipsi soli, non alii, metaphysicum argumentum late acceptum, satis se ipso obscurum quam planissime atque apertissime exposuerunt, politeque scriptum ediderunt in uulgus, ut infra suo loco demonstrabimus.

CAPVT IV

De progressu Metaphysicae emendatae, maxime saeculo XVIII

Quamquam uero scholastici sua aetate in metaphysico argumento dies noctesque uersarentur, nec aliquid ultra sapere uiderentur, numquam tamen acrius et uehementius quam fine saeculi uicini et hoc octauo decimo in Metaphysicae studium incubuerunt philosophi. Nam et metaphysicam disciplinam in partes accuratissime diuiserunt [12] et singulas suis nominibus insigniuerunt et eas seorsum, idque acerrimo ingenio, explanarunt. Quidquid igitur "metaphysicum" antiquiores appellarunt, diuiserunt recentiores philosophi in partes duas, Ontologiam et Pneumatologiam. Hanc rursum in Psychologiam et Theologiam Naturalem partiti sunt. Ontologia de ente eiusque proprietatibus generatim disserit, Psychologia de anima hominis ac illius adfectionibus et complexione, seu, ut Physici uocant, unione eius et corporis. Theologia uero Naturalis de Deo et angelis, quae ultima pars

---

[19] In *Historia Metaphysicae*, §§16 et 33.
[20] *Cautelae circa praecognitam iurisprudentiam*, cap. 12, § 3.
[21] *Elementa philosophiae instrumentalis*, p. IV.

"Demonologia". Este modo de discorrer foi seguido, antes de mais, por John Clerk e sobretudo por Christian Wolff, tendo este último subdividido ainda noutras partes algumas das partes mencionadas.

Relativamente à aplicação e diligência na explanação de cada uma destas partes, só podem ajuizar entre os modernos os que conheceram e investigaram a história literária, sobretudo desde a fundação das academias régias. O que podemos afirmar com plena certeza é que a Metafísica adquiriu nos últimos cinquenta anos tamanha magnificência que dificilmente os antigos metafísicos seriam capazes de suspeitá-lo. Isto evidencia-se pelos escritos dos modernos, nos quais cada uma das partes mais obscuras da Metafísica é explicada cuidadosa e judiciosamente. Não parece alheio ao propósito desta minha obra tocar ao de leve com brevidade neste lugar este assunto. Pelo menos, caríssimos jovens – que frequentais esses modernos, as suas discussões e os seus livros –, não é inoportuno observardes com ponderação para vosso proveito os seus principais argumentos e os seus mais notabilizados autores. E tereis de agradecer-me, pois, sem nenhuma impostura, vos dou acesso às fontes de onde podeis beber as suas doutrinas, consoante o permitir a vossa idade e a sua dificuldade.

Sofro com resignação tudo o que disserem certos ignorantes presumidos [13] que escarnecem e recebem com risadas as doutrinas para eles inacessíveis das pessoas competentes, como se fossem bons filósofos, mas que navegam nas trevas da ignorância e da insensatez. Regresso, porém, ao assunto.

I. No que diz respeito à Ontologia, discorreram com perspicácia alguns filósofos modernos sobre o princípio de razão suficiente. Leibniz e Wolff aceitaram-no sem hesitação, bem como os seus discípulos Straehler, Carpov, Bilfinger, Ludwig, Hagmaier e outros mais. Ao invés, recusaram-no filósofos eminentes que não admitiram as doutrinas de Leibniz e de Wolff, por exemplo, Holman, Lang, Gottsched, Müller e ainda outros, que rejeitaram a teoria da harmonia preestabelecida. E, o que causa maior espanto, houve um entre eles que não rejeitou totalmente esse princípio (Reinheck, na obra *Commentarium de harmonia praestabilita*, p. 45).

Também discorreram com veemência os modernos sobre a existência do vácuo, recusando-a, porém, Descartes, Malebranche, Leibniz, Hartfoeker, Wolff e outros varões muito ilustrados. Mas ela foi defendida com numerosos argumentos por Gassendi, por Newton, por Gravesande, por Musschembroeck, por Locke e por muitos outros.

Polemizaram igualmente de forma perspicaz os filósofos modernos sobre a natureza do espaço vazio. Na peugada de Aristóteles, Descartes[22] não fez distinção entre o

---

[22] *Física*, liv. IV, cap. 3, 12; cap. 4, 35; caps. 11-13. Após haver demonstrado ser impossível a penetração de um cubo no vácuo, tal como é impossível a penetração de um cubo noutro, Aristóteles pergunta neste ponto: "Qual a diferença (quanto à extensão) entre o corpo do cubo e o vácuo ou um lugar idêntico? E, se eles são equivalentes, por que motivo as coisas, qualquer que seja o seu número, não existem também em conjunto?".

Daemonologia a non nullis appellari claritatis gratia solet. Quam disputandi uiam Ioannes Clercius et maxime Christianus Wolfius ante alios secutus est, qui Wolfius aliquot partes iterum in alias dispertiuit.

In singulis autem partibus explanandis quanto studio et accuratione recentiores uersati sint, ii solum iudicare poterunt, qui litterariam historiam, praesertim a conditis Academiis regiis, paene cognitam habeant et exploratam. Illud pro certo adfirmare possumus, tanto in lumine a quinquaginta ante annis argumentum metaphysicum positum esse quanto antiquiores metaphysici uix suspicari potuerunt. Quod eorumdem recentiorum scripta declarant, in quibus singulae metaphysicae partes intricatiores accurate et iudicio explanantur. Quae hoc loco breuiter perstringere non alienum uidetur a consilio operis. Saltem uestri gratia, adolescentes optimi, qui in recentioribus istis et disputationibus et libris plane hospites estis, praecipua argumenta inlustrioresque auctores percensere inopportunum non erit. Habebitisque nobis gratiam, quod fontes unde haurire possitis, cum per aetatem et doctrinam licuerit, sine ulla ambiguitate uobis aperiamus.

Quidquid dicant scioli quidam, qui notitiam [13] auctorum, quasi ad faciendum bonum philosophum inportunam, irrident cachinnisque excipiunt, quos in tantis an ignorantiae, an dementiae, tenebris uersari, patimur aequo animo. Reuertor ad propositum.

I. Quod ad Ontologiam spectat, de principio rationis sufficientis accuratissime disputatum est a philosophis recentioribus. Leibnizius ac Wolfius eam omni studio defendunt eorumque sectatores: Straehlerus, Carpouius, Bylfingerus, Ludouicus, Hagmaierus et reliqui. Contra uero philosophi grauissimi, qui Leibnizium, Wolfium magni faciunt, eam confutant, uelut Hollmannus, Langius, Gottschedius, Mullerus ceterique, qui Harmoniam praestabilitam reiiciunt. Et, quod mirabilius, eorum aliquis, qui Harmoniam non omnino explodit, ut Reinbeckius *Commentarium de harmonia praestabilita*, p. 45.

Nec minus uehementer iidem recentiores de exsistentia *uacui* contenderunt. Negant Cartesius, Malebranchius, Leibnizius, Hartsoekerus, Wolfius aliique uiri grauissimi. Exstare uero magna rationum copia efficiunt Gassendus, Newtonus, Grauessandius, Musschenbroekius, Lockius et alii nimis multi.

Item de natura spatii uacui acerrime decertarunt inter se philosophi recentes. Cartesius secundum Aristotelem[22] spatium a corpore non distinguit.

---

[22] *Physicae* lib. IV, cap. 3, tex. 12 et cap. 4, tex. 35 et cap. 11, 12 et 13, ubi postquam probauit penetrationem *tesserae et inanis* esse fictam, non secus ac tesserae et tesserae, ita quaerit: "Quid ergo differet (ratione dimensionis) corpus tesserae ab aequali inani et loco et, si duo eiusmodi, cur non etiam quotcumque in eodem erunt?"

espaço e os corpos. [14] Cordemoy opinou que o espaço não tem natureza física, não podendo, por isso, conter corpos. Não discordaram muito desta opinião Weigel, Stair, etc. Porém, More, Newton e outros da mesma escola, como Raphson e Clarke, seu defensor[23], foram de parecer que o espaço é o próprio Deus. Inversamente, um opositor deste último[24] e ainda outros sustentaram uma opinião oposta. Contudo, estes temas e outros de natureza cosmológica parecem ser relativos mais à Física que à Ontologia.

Por outro lado, os filósofos mencionados também discorreram com grande agudeza de espírito sobre os indiscerníveis ou os indivíduos. Leibniz, tal como Wolff e seus discípulos, recusavam com determinação que os indivíduos difiram entre si apenas numericamente, mas Clarke, discutindo com Leibniz, contestava-os. Foi nestes dois filósofos que outros posteriores basearam os seus argumentos e o método de discorrer que eles desenvolveram admiravelmente.

II. Vou agora reflectir sobre a Teologia Natural, que é digna de muita ponderação. Sabemos, porém, assim como souberam os antepassados, existir um sem número de ateus que, abertamente ou com astúcia, recusam a existência de Deus[25], cometendo a maior das infâmias e opondo-se manifesta e temerariamente à própria natureza, [15] que revela por toda a parte a existência de Deus como seu criador[26]. Os ateus foram, no entanto, contraditados e impugnados com toda a legitimidade por outros pensadores que, por serem em tão grande número, seria necessário, para enumerá-los, escrever um livro inteiro; refiro, por isso, apenas os mais notabilizados.

Entre os protestantes, dedicaram-se a este assunto, além de outros, Samuel Parker, Ralph Cudworth, Jean de Raey, Bentley, Derham, Samuel Clarke, Nieuwentijt, Jacquelot, J. Franz Budde, Christian Wolff, Adrian Buurt; e, entre os católicos, Pierre Daniel Huet, Magalotti, Fénelon, Trevisani, François Lamy.

---

[23] Numa obra editada em Londres em 1732, intitulada *A Defense of Dr. Clarke's Demonstration of the Being and Attributes of God*, etc.

[24] Numa obra também editada em Londres em 1733, com o título *Dr. Clarke's Notions of Space Examined*.

[25] Escreveram alguns modernos a história do ateísmo, entre os quais se salientam Jenkins Thomasius (*Historia philosophica de atheismo*), Johann Franz Budde (*Theses de atheismo cum adnotationibus Adriani Buurtii*, Além-Reno, 1737) e Joseph-Friderich Reimmann (*Historia atheismi*, Hildesheim, 1725).

[26] É uma questão controversa se existem realmente verdadeiros ateus. Alguns varões doutos foram de parecer nunca terem eles existido. Sobretudo Johann Christophor Wolf (no livro *De atheismi falso suspectis*) e ouros posteriores sustentaram não poder afirmar-se terem sido ateus os filósofos antigos. Inversamente, Johann-Heinrich Poppe (*De atheismo philosophorum gentilium celebriorum*) e Johann Franz Budde (*De spinozismo ante Spinozam* e *Theses de atheismo*, cap. 1) declararam, além de outros, terem sido ateus muitos dos filósofos antigos. Na última obra, o seu autor divide os ateus teoréticos em primeira e em segunda categoria, mas todos os seus oponentes estiveram facilmente de acordo em restringi-los à segunda categoria. É indubitável que os escritos publicados no século actual e no século passado pelos sequazes de Espinosa, de Toland e de outros referem a existência de ateus, pelo menos da segunda categoria.

[14] Cordemaeus nihilum physicum, seu possibilitatem ponendorum corporum esse putat, a quo non longe abit Weigelius, Stair aliique. At Morus, Newtonus eiusque adseclae aliqui, ueluti Raphsonus, Clarckius huiusque Apologista[23] contendunt spatium esse ipsum Deum. Contra Apologistae aduersarius[24] aliique contrariam sententiam defendunt. Sed haec aliaque cosmologica ad Physicam magis quam Ontologiam pertinere uidentur.

Praeterea de indiscernibilibus, seu indiuiduis, itidem disputarunt praedicti philosophi magno acumine ingenii. Leibnizius indiuidua solo numero diuersa acriter negabat, itemque Wolfius eiusque sectatores. At Clarkius cum Lebnizio disputans pro iis pugnabat. Ex quibus ceteri, qui post fuere et argumenta et rationem disputandi sumsere, quae duo mirifice amplificarunt.

II. Venio ad Theologiam Naturalem, quae potissimum est consideranda. Innumeri autem nostra et parentum memoria athei exsistere, qui uel aperte, uel callide Deum esse negarent[25], maximum omnium flagitium admittentes naturaeque ipsi, quae Deum conditorem suum ex omni parte ostendit, [15] aperte audacterque repugnantes[26]. Hos tamen alii, ut meriti erant, labefactarunt perfregeruntque; qui adeo multi sunt, ut eos enumerare, id esset integrum librum scribere uelle; quare nobiliores tantum indicabimus.

Ex protestantibus ante alios in id incubuerunt Samuel Parkerus, Radulphus Cudworthus, Ioannes Rayus, Bentleyus, Derhamius, Samuel Clarckius, Nieuwenthytius, Iacquelotius, Ioannes Franciscus Buddeus, Christianus Wolfius, Hadrianus Buurt; ex catholicis Petrus Daniel Huetius, Magalotius, Fenelonus, Treuisanius, Franciscus Lamius.

---

[23] Libro Londini edito 1732 et inscripto *A Defence of Dr. Clarkes Demonstration of the Being and Attributes of God* etc.

[24] Libro itidem Londini edito 1733 et ita inscripto: *Dr. Clarkes Notions of space examined.*

[25] Atheismi historiam scripserunt ex recentioribus non nulli, quos inter excellunt Ienkinus Thomasius *Historia philosophica de atheismo*, Ioannes Franciscus Buddeus *Theses de atheismo cum adnotationibus Adriani Buurtii,* Traiecti ad Rhenum 1737, et Iacobus Fridericus Reimmannus *Historia atheismi*. Hildesheim, 1725.

[26] Sint re uera athei, an non, magna quaestio est. Nullos exsistisse atheos, aliqui uiri docti putarunt; maxime uero antiquos philosophos nullo modo atheos dici posse, contendit Ioannes Christophorus Wolfius in libro *De atheismi falso suspectis* et alii post eum. E contrario ueteres plures atheos fuisse, defendit post alios Ioannes Henricus Poppius *De atheismo philosophorum gentilium celebriorum* et Ioannes Franciscus Buddeus *De Spinozismo ante Spinozam* itemque in *Thesibus de atheismo*, capite 1, ubi alios facit atheos theoreticos primi ordinis, alio secundi, quo ipso aduersarii omnes in concordiam sine labore reducuntur. Saltim scripta, qua hoc et superiori saeculo ab adseclis uel Spinozae, uel Tolandi, uel aliorum edita sunt, de exsistentia atheorum, saltim secundi ordinis, dubitare non sinunt.

Dado que nos dois séculos anteriores os ateus teoréticos se notabilizaram mais que os outros pela sua impiedade, e por haverem sido referidos nos escritos de todos os autores, é adequado, a respeito do holandês Bento de Espinosa e do irlandês John Toland – que nos seus livros publicados [16] declararam o seu ateísmo –, aduzir os nomes dos seus opositores. Espinosa foi contestado por muitos, sendo os mais insignes, entre os protestantes, Johannes Bredenborg, Willems Blinborg, Jacquelot, Henry More, Samuel Clarke, Nieuwentijt[27]; e, entre os católicos, Huet, Levassor, François Lamy e outros mais. Toland foi impugnado, entre outros, por Charles Fay, por J. Franz Budde, por Clarke; e, entre os católicos, por Morin, como afirmam Tilladet, Huet e ainda outros.

Discutiram em especial alguns autores com grande empenho o modo de demonstrar a existência de Deus, por exemplo, Leibniz, Wolff e Clarke, que expuseram vários argumentos metafísicos e demonstrações, baseadas sobretudo na contingência das coisas, mas omitindo outras com menor eficácia para combater os ateus. E Jacquelot, Derham, Nieuwentijt, John Ray e ainda outros serviram-se de toda a sua indústria na explanação de argumentos físicos, expondo-os de modo excelente.

Discorreu-se igualmente com pertinácia nos dois séculos anteriores sobre a Demonologia. Embora os pagãos, os cristãos e os escolásticos se tivessem pronunciado copiosamente sobre os demónios, os lares e as divindades antigas, contudo, nos últimos tempos isso sucedeu com maior desenvolvimento. A questão incidiu principalmente sobre as aparições dos espíritos malignos, sobre as suas acções, sobre os espectros, sobre as fadas, sobre as bruxas. Muitos eruditos recusaram essas acções dos demónios, entre os quais devem referir-se Antoine Van Dale (em *De oraculis ethicorum* e em *De divinationibus Iudaeorum*), Fontenelle, secretário perpétuo da Academia das Ciências [17] de Paris (em *Histoire des oracles*), Christian Thomasius (em *Theses de crimine magiae* e noutros escritos) e, além de outros que poderiam mencionar-se, Balthasar Becker (em *Mundus fascinatus*, publicado em 1691).

Mas a Van Dale e a Fontenelle respondeu o jesuíta Jean-François Baltus em *La réponse à l'"Histoire des oracles" de Mons. De Fontenelle*. A Thomasius retorquiu Carolus Friedrich Romani na obra intitulada *Schediasma polemicum expendens quaestionem an dentur spectra, magi et sagae*. Quanto a Becker – que havia incitado contra si inúmeros opositores em virtude de certas opiniões espantosas –, responderam-lhe tantos que é difícil enumerá-los; notabilizaram-se, porém, Melch, Leidecker, Vanderwayen, Simon de Vries, Johann Aaltus, Paullus Steenwinckel, Petrus Poiretus, Pierre van Mastricht, Vanderhooght e ainda outros elogiados por Grapp em *Theologia recens controversa continuata*.

---

[27] Ver G. Fridrich Jenisch (*Historia spinozismi leenhosiani*, Lipsia, 1706, p. 58-74), que refere os seus escritos.

Cum autem duo superiori saeculo athei theoretici inpietate sua prae ceteris nobilitati sint et in omnium sermone uersentur, Benedictus de Spinoza Batauus e Joannes Tolandus Hibernus, qui libris [16] editis suum atheismum declararint, eorum oppugnatores adducere erit operae pretium. Spinozam confutarunt nimis multi; inlustriores sunt ex protestantium coetu Ioannes Bredenburgius, Guilelmus Blyenburgius, Jacquelotius, Henricus Morus, Samuel Clarckius, Nieuwenthytius[27]. Ex nostris uero Huetius, le Vassor, Franciscus Lamius aliique. Tolandum labefactarunt ex illis, Iacobus Fayus, Ioannes Franciscus Buddeus et Clarckius. Ex nostris Morinus apud de Tilladet, siue Huetius, aliique.

Praesertim uero de ratione demonstrandi exsistentiam Dei summa animi contentione disseruerunt non nulli, ut Leibnizius, Wolfius, Clarckius, qui metaphysica argumenta et demonstrationes, eas praesertim, quae a contingentia rerum desumuntur, praeter cetera extulerunt, reliqua, ueluti ad propulsandos atheos minus efficacia, praetermiserunt. At Iacquelotius, Derhamius, Nieuwenthytius, Iacobus Fayus aliique in argumentis physicis explanandis industriam omnem potuerunt eaque maxime praedicarunt.

De Daemonologia item acerrime disputatum est a duobus ante saeculis. Nam tametsi de daemoniis, seu laribus et geniis ueteres non modo ethnici, sed etiam Christiani itemque scholastici copiose locuti sint, tamen multo copiosus extrema hac aetate id factum est. Quaestio autem erat praesertim de apparitionibus daemonum malorum, de eorum operationibus, de spectris, de fagis, de ueneficis. Negarunt has operationes daemonum satis multi eruditi, quo in numero sunt Antonius Van Dale *De oraculis ethnicorum* itemque *De diuinationibus Iudaeorum idololatricis*, Fontenellius Academiae Scientiarum [17] Parisiensis in *Historia oraculorum*, Christianus Thomasius in *Disputatione de Crimine Magiae*, et in aliis scriptis, et praeter ceteros, qui adduci possent, Balthasar Beckerus in *Mundo suo fascinato*, quem anno 1691 edidit.

Sed Van Dalio et Fontenellio respondit Franciscus Baltus Iesuita, dans *La Réponse à l'"Histoire des Oracles" de Mr. de Fontenelle*. Thomasio uero Carolus Fridericus Romani libro inscripto *Schediasma polemicum expendens quaestionem an dentur spectra, magi et sagae*. Beckero demum, qui ob inauditas opiniones quasdam innumeros in se aduersarios incitarat, ita multi responderunt, ut facile enumerari non possint; excellunt Melchiorus Leydeckerus, Van der Wayen, Simon de Vries, Ioannes Aalstius et Paullus Steenwinckel, Petrus Poiretus, Petrus Van Mastricht, Van der Hooght aliique laudati a Grappio in *Theologia recens controuersa continuata*.

---

[27] Vide Gottlob Fridericus Ienichen *Historia Spinozismi Leenhosiani*, Lipsiae, 1706, p. 58 et 74, qui scripta enarrat.

Devem acrescentar-se a todos estes os que se dedicaram especialmente a examinar e a contestar as acções dos espíritos, tais como Henry More, Joseph Glanvill (em *Sadducismus triunphatus*), Lambert Daneo, Theophilus Spizel, Martín Antonio del Río, Erasmus François e ainda outros, os quais, embora nem todos com a mesma aptidão, manifestaram idêntica subtileza de juízo, o que, aliás, neste assunto não deve considerar-se muito relevante.

III. De forma idêntica, a Psicologia proporcionou temas riquíssimos para dissertação. Alguns, reivindicando a doutrina já esquecida do peripatético Estratão de Lâmpsaco, sustentaram que a alma humana é material ou pura matéria e que, em virtude da sua matéria vital e modeladora – não, porém, em virtude da razão ou dos sentidos –, conforma cada parte da matéria de diversos modos. [18] Estes são os materialistas[28]. Além de Hobbes e de Espinosa, homens sem religião e sem fé, outro autor ateu propôs-se defender, embora com palavras diferentes, tais materialistas (o médico londrino William Coward em *Cogitationes posteriores de anima* e em *Vindicatio rationis et religionis contra imposturas philosophiae*). Este insolentíssimo e tresloucado autor foi, porém, humilhado por John Broughton (na obra *Tractatus de natura animae rationalis*), por Ménard, por Lesley, por Afshton e por outros mais. No século actual, caiu no mesmo erro Hocheisen, refutado por Bucher. E o mais espantoso nesta época das Luzes é terem surgido dois sequazes de Lucrécio que – sendo, embora, filósofos muito instruídos sob todos os aspectos e não vinculados a opiniões preconcebidas – ostentaram perante os ignorantes artifícios fastidiosos, inculcando coisas inauditas e subtis com grande rodeio de palavras. Um deles foi Cuentz, que escreveu o *Essai d'un nouveau système concernant la nature des êtres spirituels* (Neuchâtel, 1742); ele foi contestado por Bartholomaeus Simsart em *Réfutation du matérialisme avec une réponse aux objections de Mons. Cuentz et de Lucrèce* (Colmar, 1756). Outro foi o autor anónimo do livro *Homo maquina*, contraditado por [19] Baltassar Ludwig Tralles em *De maquinae et humanae animae prorsus a se invicem distinctione* (Bratislava, 1749). E não falta quem não se abstenha de repetir as mesmas sandices. Omitirei, porém, aquilo sobre que discorreram os cartesianos, os leibnizianos e outros mais a respeito das faculdades da alma.

Não foi com menor empenho anímico e corpóreo que os filósofos modernos propugnaram a liberdade do nosso espírito em oposição a Hobbes, que se propôs justificar uma necessidade irrevogável que suprime a liberdade. Ele empreendeu realizar esse propósito sobretudo numa obra que publicou contra o bispo deriense John Bramhall, tendo sido, porém, contestado com muitos argumentos: entre os

---

[28] Assim como existiram muitos e diversos materialistas antigos que pensaram de formas diferentes, também os modernos divulgaram opiniões diferentes. Entre os antigos, filosofaram diferentemente sobre a natureza do espírito humano Empédocles, Zenão de Chipre, Aristóxeno, Xenócrates, Dicearco e outros mais, embora todos eles tivessem sido materialistas (ver Cícero, *Tusculanae disputationes*, liv. I, caps. 9 e segs.). Entre os modernos, Hobbes, Toland, Espinosa e ainda outros, embora propugnassem a mesma impiedade, expuseram-na de formas diferentes com base em princípios distintos.

Addendi his sunt illi qui in operationibus spirituum percensendis defendendisque egregie laborarunt, cuiusmodi sunt Henricus Morus, Iosephus Glanuilius in *Sadducaeismo triumphato*, Lambertus Daneus, Theophilus Spizelius, Martinus Antonius Delrio, Erasmus Franciscus ceterique, qui tamen non omnes eodem pretio censentur eademque utuntur peritia iudicandi, quae in hoc negotio potissimum desiderari non debet.

III. Etiam Psychologia luculentam decertationum materiam praebuit. Nam quidam, Stratonis Lampasceni Peripatetici sententiam ab obliuione uindicantes, defenderunt animam humanam esse materialem, seu materiam, quae materia ui quadam sua uitali et plastica, non uero ratione aliqua et sensu, singulas materiae partes conformet alio et alio [18] modo. Quos *materialistas* uocant[28]. Quod ipsum sed aliis et aliis uerbis praeter Hobbesium et Spinozam, inpios homines, defendere conatus est alter inpius, Guilelmus Cowardus medicus Londinensis in *Cogitationibus posterioribus de anima* et in *Vindicatione rationis et religionis contra imposturas Philosophiae*. Sed inpudentissimum et stolidissimum hominem perfregerunt Ioannes Broughtonus, edito *Tractatu de natura animae rationalis*, itemque Menardus, Lesleyus, Asshetonus aliique. Eumdem errorem admisit hoc saeculo Hocheisenius, quem Bucherus refutauit. Et, quod mirabilius, etiam in hac luce litterarum, duo inuenti sunt Lucretiani, qui recoctam crambem, quasi aliquid et inauditum et subtile, magna circuitione uerborum inculcantes, se se ueluti philosophos omni ex parte perpolitos, omni praeiudicata opinione liberos, ineruditis uenditarunt. Alter est Cuentz *Essai d'un nouveau système concernant la nature des êtres spirituels* (Neochatel,1742), cui respondit Bartholomaeus Simsart *Réfutation du Matérialisme, avec une réponse aux objections de Mons. Cuentz et de Lucrèce* (Colmar, 1756). Alter est uero anonymus ille conditor libri *Homo Machina*, quem refutauit [19] Baltassar Ludouicus Tralles *De machinae et humanae animae prorsus a se inuicem distinctione* (Vratislauiae, 1749); nec desunt qui, tametsi millies irrisi, easdem ineptias repetere non cessent. Vt ea taceam quae de facultatibus animae Cartesiani, Leibniziani aliique disseruerunt.

Neque uero minori contentione et animi et corporis *libertatem animi nostri* defenderunt philosophi recentiores contra Hobbesium, qui fatalem quamdam necessitatem inducere conabatur tollereque libertatem. Quod ille efficere praesertim adortus est quodam libro, quem contra Ioannem Bramhallum episcopum Deriensem edidit. Eum tamen luculentissime

---

[28] Vt ueteres materialistae et multi et uarii fuere, et uaria cogitarunt, sic recentiores in uarias sententias iuere. Veterum aliter de animi humani natura philosophabatur Empedocles, aliter Zeno Cittieus, aliter Aristoxenus, aliter Xenocrates, aliter Dicaearchus, ceteri, tametsi omnes materialistae essent. Vide Ciceronis *Tusculanarum Disputationes*, lib. I, cap. 9, seqq. Ita ex recentioribus Hobbesius, Tolandus, Spinoza ceterique, etsi eamdem inpietatem defendant, uarie se explicant et ex diuersis principiis sua ducunt.

Britânicos, por Cumberland (em *Disquisitiones philosophicae de legibus naturae*); entre os Alemães, por Leibniz (em *Considerationes ad opus Hobbesii de libro necessitate et casu fortunae*); e entre os Italianos, além de outros, por Moniglia (em *Dissertazione contro i fatalisti*, segunda parte). Um maior número de subtilezas e de falácias para fundamentar o mesmo erro foi aduzido por um outro britânico, Collins, num escrito com o título *Recherches philosophiques sur la liberté de l'homme*, refutado também pelo britânico Clarke (em *Remarques sur un livre contenant "Recherches, etc."* e nalgumas das suas cartas) e ainda pelo afamado Moniglia (primeira parte, secção 4). Todas estas discussões prosseguiram com maior veemência após Leibniz e Wolff terem estabelecido o sistema da harmonia preestabelecida para explicar a união da alma e do corpo e justificar como uma e outro se influenciam e se movem reciprocamente. Alguns autores objectaram que esse sistema anula totalmente [20] a nossa liberdade. Outros, inversamente, acolheram o sistema leibnízio-wolffiano, asseverando que ele não impede de modo algum a liberdade da vontade humana. Esta última doutrina foi exposta numa obra notável por Christian Wolff e igualmente por George Bernard Bilfinger[29] e por outros wolffianos.

Ainda com maior dedicação e diligência, houve filósofos que no nosso tempo e em épocas anteriores inquiriram sobre a união e o comércio – por assim dizer – entre a alma e o corpo. Depois dos escolásticos, que reflectiram muito anteriormente sobre o sistema do influxo[30], foram concebidos e inventados dois novos sistemas: 1. o da assistência e ainda o das causas ocasionais[31], tendo sido proposto o primeiro por Descartes e o segundo pelos principais cartesianos, [21] como Delaforge, Cordemoy, Malebranche, Sylvain Régis e outros mais[32]; 2. e o da harmonia preestabelecida,

---

[29] In *Dilucidationes philosophicae*, § 302.

[30] Defenderam muitos filósofos, mesmo alemães, o sistema do influxo físico contra Wolff e Leibniz, tais como Hottsched (*Vindiciae systematis influxus physici*, Lipsia, 1727), Holman (*Dissertatio secunda de harmonia praestabilita*), Ruardus Andala (*De unione mentis et corporis physica*), Lang, etc.

[31] O sistema da assistência coincide com o das causas ocasionais por ambos afirmarem que o espírito não exerce acção sobre o corpo nem, ao invés, o corpo sobre o espírito, pelo que nenhum deles origina influxo físico sobre o outro. Mas os dois sistemas diferem, dado que no primeiro o espírito humano, embora não podendo produzir um movimento no corpo, possui, no entanto, o poder de alterar os movimentos produzidos por Deus, tendo, por isso, segundo o seu arbítrio, a faculdade de flectir a linha num ou noutro sentido. No segundo, o espírito não tem de modo algum a capacidade de actuar sobre o corpo, nem o inverso; Deus, porém, em virtude de leis por ele estabelecidas, por ocasião de um acto de vontade produz um determinado movimento no corpo e, por ocasião dos movimentos produzidos no corpo pelo próprio Deus, origina as sensações e as percepções. Esta opinião foi seguida por alguns cartesianos até aparecerem argumentos que pareciam pôr em causa o sistema de Descartes.

[32] O cardeal Pedro d'Ailly, falecido em 1425, escreveu no índice geral do livro quarto das *Sentenças* ser a teoria das causas ocasionais pelo menos provável. É do mesmo parecer Gabriel Biel, da Congregação dos Cónegos da Vida Comum, teólogo da Faculdade de Tubinga, falecido em 1495. Deve, por isso, afirmar-se que, em virtude dessas opiniões, os que as sustentaram tornaram odiosos Malebranche e os outros ocasionalistas. Ver Christophor Scheibler, *Metaphysica*, liv. II, cap. 2, 19.

confutarunt ex Anglis Cumberlandius *Disquisitiones philosophicae de legibus naturae*, ex Germanis Leibnizius *Considerationes ad opus Hobbesii de libro necessitate et casu fortunae*, ex Italis praeter ceteros Moniglia *Dissertazione contro i Fatalisti*, parte II. Maiorem adhuc acuminis et sophismatum copiam ad eumdem errorem defendendum adduxit alter Anglus, Collinsius, libro ita inscripto, *Recherches philosophiques sur la liberté de l'Homme*, quem ex ipsis Anglis refutauit Clarckius *Remarques sur un livre intitulé Recherches* etc. et in epistolis quibusdam, itemque laudatus Moniglia, parte I, sectione 4. Hae tamen omnes decertationes uehementius instauratae sunt postquam Leibnizius primo, tum Wolfius, ediderunt systema harmoniae praestabilitae, ut explicarent complexionem animi et corporis, seu rationem qua alterum ab altero adficitur et mouetur. Nam quidam opponebant ex praedicto systemate plane infirmari libertatem nostram. Alii e contrario systema Leibnizio-Wolfianum defendendum suscepere, aientes, ex eo nequaquam offici humanae [20] uoluntatis libertati, quod fecit singulari libro Christianus Wolfius itemque Georgius Bernardus Bylfingerus[29] aliique Wolfiani.

Maiori adhuc studio ac diligentia copulationem et commercium, ut ita dicam, corporis et animi inuestigarunt philosophi nostra memoria ac parentum. Nam praeter scholasticos, qui systema influxus multo ante excogitarant[30], duo noua systemata cogitata et inuenta fuere: 1. adsistentiae, uel etiam caussarum occasionalium[31], quorum primum Cartesius, alterum Cartesiani primores, ut [21] La Forge, Cordemaeus, Malebranchius, Syluanus Regisius ceterique proposuerunt[32]; 2. harmoniae praestabilitae, quod systema Leibnizius

---

[29] In *Dilucidationes Philosophicae*, § 302.

[30] Systema influxus physici multi philosophi defendunt, etiam inter Germanos, contra Wolfium et Leibnizium, ueluti Gottschedus *Vindiciae systematis influxus physici* (Lipsiae, 1727), Holmannus *Dissertatio secunda de Harmonia Praestabilita*, Ruardus Andala *De unione mentis et corporis physica*, Langius et alii.

[31] Systema adsistentiae in hoc conuenit cum systemate *caussarum occasionalium*, quod utrumque tamquam certum ponat, nec animum aliquid facere in corpore, nec contra corpus in animo, aut ullum alterius in alterum influxum physicum esse. In hoc differt, quod in primo hominis animus etiamsi non possit motum producere in corpore, tamen motus a Deo producti mutandi potestatem habeat lineamque pro lubitu alio et alio flectere possit. In altero animus nihil omnino facit in corpore, uel e contrario, sed Deus secundum leges a se latas, occasione uolitionum animi, hunc uel illum motum in corpore facit; occasione uero motuum, qui in corpore ab ipso Deo excitantur, efficit animi sensus perceptionesque. In hanc opinionem iuerunt Cartesiani aliqui, ut occurrerent argumentis, quae Cartesii systema labefactare uidebantur.

[32] Petrus Aliacensis cardinalis, qui anno 1425 obiit, libri quarti *Sententiarum* in repertorio suo generali, saltim ueluti probabilem ponit sententiam caussarum occasionalium. Quod idem putat Gabriel Biel e Societate Clericorum Vitae Communis, in Academia Tubingensi theologus, qui cessit e uita anno 1495. Quod eorum caussam dictum esto, qui propter eiusmodi opinionem Malebranchium ceterosque occasionalistas in inuidiam uocant. Videsis Christophorum Schleiberum *Metaphysica*, lib. II, cap. 2, tit. 19.

pensado primeiramente por Leibniz e exposto com maior desenvolvimento e maior diligência por outros, nomeadamente por Wolff, por Hansch, por Reinbeck, por Scheibler, por Bilfinger, por Billeb, por Schlosser e por outros mais. Ambos os sistemas foram estabelecidos pelos filósofos modernos para poderem ser explicadas as relações recíprocas entre a alma e o corpo, se não de um modo correcto, ao menos habilmente e de modo adequado. Porém, se os sistemas são ou não explicativos, não é este o lugar para tirar conclusões, mas somente no lugar apropriado, que é a Física. Parece fora de controvérsia nada poder encontrar-se que não tenha sido afirmado por estes filósofos em prol de tais opiniões ou que não tenha sido pensado para refutá-las[33].

[22] O sistema das causas ocasionais foi contestado pelos que escreveram contra os cartesianos e em especial contra Malebranche – que aperfeiçoou e tornou célebre este sistema –, entre os quais devem mencionar-se François Lamy, Sylvain Régis, Stair, Leibniz e outros, aos quais os discípulos de Malebranche julgaram dever replicar[34].

O sistema da harmonia preestabelecida, por ser considerado uma opinião extravagante, foi censurado por muitos filósofos, como Foucher, Pierre Bayle, Tournemine, François Lamy, Clarke, Stahl e ainda outros – a quem o próprio Leibniz respondeu pessoalmente –, censurando-o, porém, com maior diligência e explanação Bilfinger[35], que expôs cuidadosamente tudo o que pudesse objectar-se contra ele e, na sua opinião, refutou-o[36].

Os filósofos modernos discorreram ainda com veemência sobre a origem da alma[37], [23] retomando uma controvérsia quase esquecida e examinando a questão

---

[33] Numa carta enviada a Plaff (ver *Acta erudita*, Lipsia, 1728, p. 125), Leibniz afirma ter pensado a modo de uma alegoria filosófica e como um gracejo a teoria da harmonia preestabelecida. Contudo, ele defendeu-a posteriormente com tanta seriedade e veemência que incutiu nos leitores a suspeita de não a ter avaliado judiciosamente ou, pelo menos, como era seu hábito, de tê-la proposto e ensinado tomando a nuvem por Juno.

[34] Entre os que emitiram opinião favorável à teoria das causas ocasionais, apresenta uma sofrível explicação Claude Sturm (*Physica*, t. I, cap. 4; "Epicrisis eclectica", in *Hypotheses*), que mostra pelo menos ter-se discutido muito nesta época acerca da sua denominação. Contudo, o mesmo assunto foi exposto e esclarecido posteriormente por outros com maior diligência.

[35] *De harmonia animi et corporis humani ex mente Leibnizii*, Lipsia, 1723.

[36] Ver Ludwig (*Historia philosophiae leibnizianae* e *Historia philosophiae wolffianae*), que aludiu a todos esses livros.

[37] Entre os antigos pagãos, entre os Judeus e mesmo entre os cristãos existiram múltiplas opiniões sobre a origem da alma. "A respeito da origem da alma – afirma São Jerónimo – recordo as vossas questiúnculas e acima de tudo as discussões eclesiásticas: se ela veio do céu, como pensaram o filósofo Pitágoras e todos os platónicos e Orígenes; ou se é a própria substância de Deus, como foram de parecer os estóicos, os maniqueus e na Hispânia os heréticos priscilianistas; ou se foi depositada noutros tempos num tesouro divino, como se convenceram certos eclesiásticos insensatos; ou se é criada permanentemente por Deus e unida aos corpos, como está escrito nos Evangelhos ("Do mesmo modo que o meu pai procede, também eu procedo"); ou se teve origem através de um medianeiro, como pensaram Tertuliano, Apolinário

primus cogitauit, ceteri uero, ut Wolfius, Hanschius, Reinbeckius, Scheiblerus, Bylfingerus, Billebius, Schlosserus aliique fusius diligentiusque exposuerunt. Quae duo systemata eo consilio condita fuere a philosophis recentioribus, ut ea, quae in hac (corporis et animi) uicissitudine dandi accipiendique obseruantur, phaenomena si non uere, saltim ingeniose et non incommode explanarentur. Effecerint an secus, non est huius loci definire, sed in Physica pro rei dignitate faciendum. Illud extra controuersiam positum uidetur, nihil ultra inueniri posse, quod non ab istis philosophis pro eiusmodi opinionibus defendendis, aut profligandis fuerit excogitatum[33].

[22] Caussarum occasionalium systema confutarunt illi qui contra cartesianos, praesertim contra Malebranchium, qui hoc systema perpoliuit et inlustrauit, scripta ediderunt, quos inter referuntur Franciscus Lamius, Siluanus Regisius, Stair, Leibnizius aliique, quibus tamen adseclae Malebranchii respondendum esse iudicarunt[34].

Harmoniam praestabilitam, tamquam opinionem paradoxam, multo plures philosophi insectati sunt, ut Foucherius, Petrus Bayle, Tourneminius, Franciscus Lamius, Clarckius, Sthalius aliique, quibus ipsemet Leibnizius seorsum respondit, sed multo diligentius largiusque Bylfingerus[35], qui omnia, quae contra obiici possent, accurate exposuit et, ut sibi uidetur, refutauit[36].

Multum itidem de origine animae[37] disputatum [23] est a recentioribus philosophis, qui controuersiam paene sopitam subtiliter disquirendo iterum in

---

[33] Leibnizius quadam epistola ad Pfaffium data (uide *Acta Erudita*, Lipsiae 1728, p. 125) ait se harmoniam praestabilitam uelut fabulam philosophicam iocandi caussa excogitasse. Verum tam serio tamque uehementer postea pro ea pugnauit, ut suspicionem ingerat lectori eum ex animi sententia id iudicasse, et saltim, ex consuetudine eam legendi et tractandi, nubem pro Iunone accepisse.

[34] Ex iis, qui pro caussis occasionalibus steterunt, tolerabilem explicationem adfert. Claudius Sturmius *Physica* tom. I, cap. 4, "Epicrisis Eclecticae", in *Hypothesi*, quae saltim ostendit multum hoc loco de nomine disputari. Sed alii postea rem eamdem accuratius exposuerunt et inlustrarunt.

[35] *De harmonia animi et corporis humani ex mente Leibnizii* (Lipsiae, 1723).

[36] Vide Ludouicium in *Historia Philosophiae Leibnizianae* itemque in *Historia Philosophiae Wolfiana*, qui libros omnes percenset.

[37] Opiniones de origine animae et apud ueteres ethnicos et Iudaeos immo et apud Christianos uariae fuere. "Super animae statu", inquit Hieronymus, "memini uestrae quaestiunculae, immo maxime Ecclesiasticae quaestionis; utrum lapsa de caelo sit, ut Pythagoras philosophus omnesque Platonici et Origenes putant an a propria dei substantia, ut stoici, Manichaeus et Hispana Priscilliani haeresis suspicantur, an in thesauro habeantur Dei olim conditae, ut quidam Ecclesiastici stulta persuasione confidunt, an quotidie a Deo fiant et mittantur in corpora, secundum illud, quod in Euangelium scriptum est: "Pater meus usque modo operatur et ego operor"; an certe ex traduce, ut Tertullianus, Apollinaris et maxima pars occidentalium autumant, ut quomodo corpus ex corpore, sic anima nascatur ex anima, et simili cum brutis animantibus

judiciosamente. Entre os filósofos antigos, esta foi decerto uma controvérsia notável que preocupou [24] o engenho dos autores mais perspicazes. Houve quem pensasse que a alma provém da matéria; outros ajuizaram que é transmitida com o sémen dos pais para o corpo dos filhos, como se propôs defender no século passado a escola de Sennert; outros propugnaram que as almas foram criadas por Deus e infundidas nos corpos ao unirem-se a eles; por último, outros opinaram que a alma vem do céu, ou dos astros, ou de qualquer outro lugar, sendo depois introduzida nos corpos humanos, embora nem todos pensassem de forma idêntica, nomeadamente More, Leibniz e Planer. E no século passado, surgiram as seitas dos traducionistas, dos criacionistas e dos inducionistas, que introduziram enormes perturbações nas escolas.

Recebei, caros jovens, estas reflexões que fiz para vosso benefício sobre a história da Metafísica. Abstenho-me de outras altercações de menor relevância, estabelecidas por alguns metafísicos, por lhes parecer com toda a legitimidade estarem elas relacionadas com as outras disciplinas. O que escrevi dá uma explicação mais suficiente do que se os nossos modernos esclarecessem com clareza as antigas disputas. E o que eles acrescentassem para obter para esta disciplina uma certa perfeição e como que uma maturidade, libertando-a de ninharias, seria também útil não apenas para aprender com maior facilidade as outras disciplinas, mas também para repelir os inimigos da nossa religião.

---

e a maioria dos ocidentais; ou, assim como um corpo se origina noutro corpo, se também a alma teve origem noutra alma; e se subsiste num estado semelhante ao dos irracionais" ("Epistola ad Marcellinum et Anapsychia", *Opera*, t. IV, segunda parte, ed. Martian). Também Santo Agostinho (*De libero arbitrio*, liv. III, cap. 21) enumera várias opiniões. E Menasseh ben Israel (*De creatione*, liv. I, probl. 15, p. 61) escreve que todos ou quase todos os Judeus pensavam que as almas existiam anteriormente à existência dos corpos. Temos também a certeza de que os Santos Padres até ao século IX depois de Cristo, e mesmo após essa data, tinham dúvidas sobre a doutrina da origem da alma, como afirmam o cardeal Claude Noris (*Vindiciae augustinianae*, cap. 4, § 3) e Natal de Alexandria (*Historia ecclesiastica saeculi quinti*, cap. 4, § 9). Possuímos, no entanto, no capítulo sobre a fé católica do IV Concílio Lateranense, realizado no ano de 1515, o seguinte decreto: "Deus, pelo seu poder omnipotente, criou simultaneamente do nada desde o início dos tempos ambas as criaturas, a espiritual e a corpórea, isto é, a angelical e a mundana; e criou após isso o homem, constituído pela união da alma e do corpo". Portanto, segundo Pedro Lombardo, os teólogos têm por hábito defender a verdadeira doutrina, ou seja, terem sido criadas as almas com os corpos e infundidas neles.

scaenam reuocarunt. Et sane fuit olim haec apud antiquos philosophos nobilis controuersia, quae acutiorum [24] quorumque ingenia fatigauit. Quidam e materia educi animum putabant. Alii a parente cum semine in corpusculum prolis traduci iudicarunt, quod extrema aetate ante alios Sennerti schola tueri adorta est. Alii a Deo creari et in corpora, cum primum coagmentantur, infundi animos defendebant. Postremo alii e caelo, uel astris, uel nescio quo loco induci in corpora humana animum existimabant, tametsi non omnes eodem modo, ut Morus, Leibnizius, Planerus, ex quo *traductianorum, creatianorum, inducianorum* sectae superiori saeculo rursum auditae fuere, quae turbas nimis multas in scholas induxerunt.

Atque haec, adolescentes, de Metaphysicae historia uestri gratia dicta sunto. Supersedeo reliquis decertationibus minoris momenti, quae ab non nullis metaphysicis institutae sunt, propterea quod ad alias disciplinas spectare iure optimo uideantur. Haec satis planum faciunt quam claro lumine recentiores nostri disputationes illas ueteres collustrarint. Quantumque addiderint, ut disciplina ipsa nugis liberata perfectionem quamdam et ueluti maturitatem adipisceretur, et usui esset tum disciplinis reliquis facilius addiscendis, tum propulsandis hostibus religionis nostrae.

---

condicione subsistat.", *Epistola ad Marcellinum et Anapsychiam, Opera*, tom. IV, p. II, edidit Martianus. Varias etiam sententias persequitur Augustinus *De Libero Arbitrio*, lib. III, cap. 21. Iudaeos autem uel omnes, uel fere omnes existimasse animas ante corpora exsistisse, ait Menasseb Ben Israel *De Creatione*, lib. I, problemate 16, p. 61. Id certum est Patres, usque ad IX a Christo saeculum et eo amplius, dubiam uisam esse sententiam de animarum origine, ut legi potest apud Claudium Norisium cardinalem in *Vindiciis Augustinianis*, cap. 4, § 3 et Natalem Alexandrum in *Historia Ecclesiastica saeculi V*, cap. IV, § nono. Habemus tamen a Concilio Lateranensi IV, anno 1215, capite de fide catholica decretum hoc: "Deus sua omnipotenti uirtute simul ab initio temporis utramque de nihilo condidit creaturam, spiritualem et corporalem, angelicam uidelicet et mundanam, ac deinde humanam quasi communem ex spiritu et corpore constitutam." Itaque theologi secundum Petrum Lombardum piam sententiam, nempe animas tum creari cum corporibus infunduntur, defendere solent.

LIVRO SEGUNDO

NATUREZA E USO DA ONTOLOGIA

•

LIBER SECVNDVS

DE NATVRA ET VSV ONTOLOGIAE

[25] CAPÍTULO I

O que é a Ontologia e qual a sua origem

A mente humana, que pela sua indigência é pusilânime e indolente, ficando ainda mais indolente em virtude das limitações da vontade e dos sentidos na investigação da verdade, para alcançar este propósito torna-se expedita apenas com o recurso às regras da Lógica, que pesquisa pormenorizadamente as causas do erro e aplana o caminho pelo qual nos libertamos de tão grande número de falsos juízos que por toda a parte nos embaraçam. [26] Podemos, assim, contemplar a verdade com total evidência e com a mínima possibilidade de nos enganarmos. Foi na *Logica* que discorri copiosamente sobre este assunto. Certamente, para corrigirmos com maior presteza e eficácia a indolência e a debilidade do espírito não existe melhor medicina que a Lógica, pois, se alguém a conhecer em profundidade e nela estiver muito exercitado, não necessita de auxílio mais eficaz para investigar a verdade e para expô-la aos outros, sendo esta a principal finalidade do verdadeiro lógico.

Resta ainda esclarecer que para aplicarmos rectamente as regras da Lógica a todos os assuntos devemos proceder a respeito de todos eles como procede o próprio lógico. É evidente devermos servir-nos deste procedimento em todas as ciências, pois é recorrendo à Lógica que elas investigam a verdade, a certeza e a probabilidade, consoante a aptidão de cada uma delas[38].

---

[38] Exemplos: 1. A Física investiga e compara com extrema exactidão todos os fenómenos, servindo-se das regras da Lógica; e pesquisa também as suas causas segundo as leis da probabilidade, socorrendo-se da analogia; 2. Igualmente, a Medicina, com o recurso à analogia e às regras da Lógica, conhece com probabilidade a natureza das doenças, expondo ainda com probabilidade qual possa ser o seu curativo; 3.A Ética, no sentido estrito, investiga a natureza moral do homem, isto é, a natureza do corpo e da mente enquanto relacionados com os costumes; e pesquisa as diversas enfermidades do espírito pelas regras da Dialéctica, propondo uma medicina obtida das fontes para a demonstração da verdade, ou seja, que conduza à felicidade e ao bem supremos, cujos efeitos dá a conhecer, assim como o caminho para a eles chegar; 4. A Jurisprudência Natural, a segunda parte da Ética, deduz segundo as regras da demonstração, com base na razão humana, as normas da justiça e da virtude e prescreve a respeito dos deveres humanos o que deriva dessas normas; 5. A Prudência Civil,

CAPVT I

Quid sit Ontologia et quo modo sit nata

Hominis mens, quae et miseria sua imbecilla est et tarda et uitio uoluntatis, ac sensuum tardior efficitur ad uerum inuestigandum, uno adiumento expedita redditur ad id consequendum, nempe praeceptis Logicae disciplinae, quae et caussas erroris minutatim persequitur et uiam sternit, qua ex tanta errorum mole, quibus undique obruimur, emergamus [26] ueritatemque ipsam nudis oculis, id est, quam minimo errandi periculo, contemplemur. Quod ipsum in *Logica* nostra copiose exposuimus. Et certe non alia medicina animi tarditati et infirmitati breuius efficaciusque quam Logica medetur, quam si quis penitus cognouerit in eaque ualde exercitatus fuerit, non is ad ueritatem explorandam aliisque exponendam, qui finis ultimus germani logici est, ualidiori auxilio opus habebit.

Vnum illud superest, ut Logicae praecepta ad singula argumenta recte applicemus, quod ipsum est in unaquaque re esse logicum. Id uero ad singulas scientias pertinere euidens est, quarum est Logicae artis praesidio uerum, uel certum, uel probabile intra suos quaeque terminos, inuestigare[38].

---

[38] Exempli gratia: 1. Physica ex regulis Logicae phaenomena omnia accuratissime explorat et comparat inter se. Ex phaenomenis caussas secundum leges probabilitatis idque analogiae ope inuestigat. 2. Medicina itidem, analogia duce, ex Logicae praescripto morborum naturam probabiliter cognoscit et, qua medicina sanari possint, probabili ratione declarat. 3. Ethica stricte accepta naturam hominis moralem, id est, naturam corporis et mentis quatenus ad mores referuntur, indagat, uariosque animi morbos Dialecticae legibus odoratur, iisque ex ueri demonstrandi fontibus medicinam proponit, nempe summam felicitatem ac bonum, cuius effectus demonstrat, itemque uiam ad illud perueniendi. 4. Iurisprudentia Naturalis, altera pars Ethicae, ex ipsa humana ratione, secundum regulas demonstrationis, leges iusti et honesti deducit atque de officiis hominum, quae ex iis proficiscuntur, praecipit. 5. Prudentia Ciuilis, tertia Ethicae pars, quae Politicam itidem comprehendit et quae prudentiae regulas exponit, et ipsa legibus demonstrandi utitur interdum, ut ex suis principiis conclusiones germanas cogat, interdum legibus probabilitatis, quare ope examinat, an hoc, uel illo casu leges habeant, an

[27] Contudo, muitas pessoas, não só ignorantes, mas também instruídas, ao ajuizarem irreflectidamente por diversas razões, esquecem-se com frequência de recorrer às regras da Lógica ao exporem os seus pensamentos sobre as diferentes matérias de cada disciplina; no entanto, elas deviam estar previamente habilitadas com essas regras ao iniciarem o estudo das ciências e das artes para poderem adequar mais facilmente a todos os assuntos os modos de ajuizar aprendidos genericamente na Lógica. [28] É sobre este tema que irão ser expendidas as considerações deste livro.

O princípio fundamental na investigação da verdade em cada disciplina reside em examinar os assuntos de forma tão diligente em todas as suas partes que cada uma das suas propriedades seja conhecida, pois quanto melhor as conhecermos distintamente tanto melhor podemos aceder à percepção mais clara da sua natureza[39]. Porém, as propriedades de uma coisa podem ser comuns com as de outras ou peculiares a cada uma delas. Por isso, para procedermos segundo uma ordem correcta no ensino das disciplinas, é necessário expor com anterioridade as propriedades comuns, seja por elas serem mais evidentes, seja, partindo dessa base e servindo-nos da argumentação, para obtermos com maior facilidade o seu conhecimento, seja ainda para elas poderem ser investigadas e entendidas sem nenhuma dificuldade.

As propriedades comuns a todas as disciplinas consistem em determinados princípios – isto é, em axiomas gerais, denominados "primeiras verdades" –, ou em palavras pelas quais eles costumam exprimir-se. Devem, portanto, conhecer-se ambas as espécies de propriedades [29] antes da exposição de cada uma das disciplinas.

---

a terceira parte da Ética – que também compreende a Política e expõe as normas da prudência, recorrendo por vezes às regras da demonstração para inferir conclusões verdadeiras dos seus princípios –, serve-se das leis da probabilidade, por meio das quais estabelece em que circunstâncias se aplicam essas normas; 6. A Jurisprudência Civil e Pontifícia explica a eficácia das leis segundo as normas da Hermenêutica e, aplicando a teoria da probabilidade, dá a conhecer se as ocorrências estão compreendidas em determinadas leis ou se por estas podem ser explicadas e justificadas; 7. A Teologia Natural, servindo-se das regras da demonstração ensinadas na Lógica, demonstra a existência de um único Deus e dos seus atributos; 8. A Teologia Revelada demonstra primeiramente, servindo-se das regras que se ocupam da evidência moral, terem sido as Sagradas Escrituras transmitidas por Deus, demonstrando-o com tanta clareza que elas devem ser aceites tal como são admitidas pela Igreja Católica, inferindo ainda com base na revelação divina o que parece ser verdadeiro, provável e mais necessário. Ela serve-se também das regras da Hermenêutica para expor o sentido dos "lugares" de ambos os Testamentos, dos concílios e dos bispos antigos. Concluo não existir nenhuma disciplina que não aplique as regras da Lógica para a descoberta da verdade. Cfr. o que escrevi no meu *Apparatus* (primeira parte, liv. II, cap. 3).

[39] É evidente que só podemos descobrir a natureza de uma coisa com base nas suas propriedades e nos seus modos que se conhecem. Tratei este assunto na *Logica* (liv. III, primeira parte, caps. 3 e 4, na segunda edição; na primeira edição, liv. II, caps. 10 e 11, onde examinei a ideia de "substância"); e também no liv. V, segunda parte, cap. 1, e em muitos outros lugares. Portanto, este princípio aplica-se não apenas aos assuntos da física, mas também da moral e mesmo de todas as disciplinas.

[27] Sed cum homines non modo disciplinae rudes, uerum etiam litteris exculti, alia et alia de caussa praecipitanter iudicantes, ad praecepta Logices in singulis uniuscuiusque disciplinae partibus exponendis cogitationes suas exigere haud raro omittant, quibusdam illis praesidiis ante muniendi uidentur, quam in singulas scientias et artes in se inmergant, quo facilius illa iudicandi praecepta, quae in Logicis generatim [28] didicerunt, ad unaquaeque argumenta aptare possint, seu, quod idem est, de singulis argumentis recte diiudicare. De his uero hoc libro est considerandum.

Iam uero praecipua lex inuestigandi uerum in singulis disciplinis est argumentum suum ita accurate atque omni ex parte considerare, ut unaequaeque eiusdem proprietates cognitae sint; nam quo plures proprietates, quoque distinctius eas cognoscimus, eo magis ad naturae clariorem cognitionem accedimus[39]. Porro autem proprietates uniuscuiusque rei uel communes cum reliquis sunt, uel singularum rerum peculiares. Quare ut recto ordine in tradendis disciplinis progrediamur, oportet ut, quae communes proprietates sunt, prius exponantur, cum quod magis conspicuae sunt, tum quod ex iis ad singularum proprietatum cognitionem facilius argumentando deuenimus, tum demum quia sine ullo negotio eae ante explorari et intelligi possunt.

Quae uero sunt communia disciplinis omnibus, uel sunt principia aliqua, id est, axiomata generalia, quas "primas ueritates" nuncupamus, uel uocabula, quibus ea exprimi solent. Vtraque igitur ante [29] cognosci debent quam disciplinae singulae exponantur.

---

aliter. 6. Iurisprudentia Ciuilis et Pontificia ex praeceptis Hermeneutices uim legum explanat; tum doctrinam probabilitatis adhibens, probabiliter cognoscit an singulae res, quae accidunt, sub hac uel illa lege contineantur, id est, ex ea finiri ac iudicari possint. 7. Theologia Naturalis ex legibus demonstrationum, quae in Logica traduntur, exsistentiam unius Dei eiusque proprietates demonstrat. 8. Theologia Reuelata legibus illis utens, quae de euidentia morali tractant, primum ostendit Scripturam Sacram a Deo traditam fuisse. Tum clare demonstrat eodem sensu accipiendam, quo Catholica Ecclesia accipit. Postremo ex rebus a Deo reuelatis quaedam certo, quaedam probabiliter, quae magis necessaria uideantur, deducit. Vtitur etiam regulis Hermeneutices ad exponendum sensum locorum utriusque Testamenti et Conciliorum et ueterum episcoporum. Adeo nulla disciplina est quae regulas Logicae non adhibeat ad uerum inueniendum. Consule quae diximus in *Apparatu* nostro, p. I, lib. II, cap. 3.

[39] Rei uniuscuiusque naturam non nisi ex proprietatibus et modis cognitis uenari nos posse perspicuum est. De hac uero egimus in *Logica*, lib. III, p. I, cap. 3 et 4 secundae editionis, in prima uero lib. II, cap. 10 et 11, ubi de idea "substantiarum", et lib. V, p. II, cap. 1 et saepe alibi. Itaque haec lex et in re physica et morali locum sibi facit, immo uero in omnibus omnino disciplinis.

Ora, estas duas espécies de propriedades constituem uma disciplina que, atendendo à sua matéria, denomino "Ontologia" ou "Ontosofia; e, atendendo à tradição, "Filosofia Primeira". Quando o assunto desta disciplina consiste em discorrer sobre as propriedades gerais do ente, chama-se "Ontologia", como se disséssemos "ciência do ente"[40]; quando, porém, os seus princípios se aplicam a cada uma das disciplinas, eles devem conhecer-se com anterioridade, sendo por essa razão que alguns a denominam "Filosofia Primeira".

CAPÍTULO II

O uso e a utilidade da Ontologia

Conclui-se com evidência do que ficou escrito ser a Ontologia, se considerada recta e adequadamente, apenas uma propedêutica ou prolegómenos – por assim dizer – a todas as ciências, proporcionando, por isso, os axiomas comuns e definindo os nomes gerais para com maior facilidade poderem reduzir-se todos os assuntos a certas classes, distinguir-se segundo a sua denominação e serem esclarecidos com base em princípios dotados de muita clareza; por conseguinte, a Ontologia possibilita conhecer todas as matérias de modo claro e distinto e discorrer sobre elas com ordem e com método.

Examinando esta matéria com rectidão, perceber-se-á facilmente quanto uso tem a Ontologia no ensino de todas as disciplinas e quanto auxílio ela proporciona seja para discorrer com rectidão seja para expor aos outros qualquer assunto. Dado que a Ontologia ilumina como um facho [30] as outras disciplinas, infere-se com evidência nada existir de maior utilidade para os jovens, se for ensinada de modo correcto; e nada existe mais pernicioso, se for exposta por meio de controvérsias abstrusas e ocas e desordenadas. Existem corpos muito diminutos esculpidos com engenho que ficam repletos de luminosidade quando expostos ao Sol do meio-dia, a ponto de poderem distinguir-se as cavidades mais profundas e as partes mais delicadas, ostentando, assim, toda a sua beleza a quem os observe e examine; contudo, quando expostos à luminosidade da Lua, não apenas as partes mais diminutas são imperceptíveis à vista, mas perdem também a expressividade e a cor, a ponto de parecerem corpos disformes e toscos. De forma idêntica, aplicando a todas as disciplinas as regras da verdadeira Ontologia, elas tornam-se claras e fáceis, podendo ser entendidas sem nenhuma dificuldade; se, porém, elas forem referidas à Ontologia confusa de alguns autores, tornam-se tão obscuras que nada pode encontrar-se mais adequado para confundir as verdadeiras e perspícuas regras da razão humana, ou da lógica natural.

---

[40] A palavra grega "ontologia" significa em latim "tratado do ente"; quanto a "ontosofia", significa "filosofia do ente".

Porro hae duae res disciplinam quamdam faciunt, quam, si respicimus argumentum, "Ontologiam", seu "Ontosophiam" uocamus; sin usum respicimus, "Primam Philosophiam". Cum enim eiusmodi disciplinae argumentum sit de proprietatibus entis generatim disputare, uocatur "Ontologia", quasi dicas, "scientia de Ente"[40]. Cum uero tales notitiae usui sint in singulis disciplinis, atque ante eas cognosci debeant, ea de caussa non nullis "Prima Philosophia" nominantur.

CAPVT II

Cui usui et utilitati sit Ontologia

Hinc perspicuum est Ontologiam, si ea recte et ex merito aestimatur, nihil aliud esse quam praefationem quamdam et prolegomena, ut ita dicam, scientiarum omnium; propterea quia et axiomata communia suppediat et nomina generalia definit, quo facilius singula ad certas classes reuocare, suis nominibus distinguere, atque ex principiis clarissimis inlustrare possimus; et, quod inde sit consequens, res omnes plane atque distincte cognoscere, de iisque ordine ac ratione disserere.

Haec si recte expenderitis, nullo labore intelligetis quanto in singulis disciplinis tradendis Ontologia usui sit, quamtumque adiumenti tum ad recte disserendum, tum ad rem quamque aliis exponendam adferat ipsa. Quare cum Ontologia ueluti [30] fax quaedam lumen faciat disciplinis reliquis, illud liquido exsistit, nihil adolescentibus utilius esse Ontologia, si ea recte tradatur; nihil eadem perniciosus, si abstrusis et inanibus controuersis oneretur ac perturbate exponatur. Vt enim corpora exilia affabre elaborata meridiano Soli exposita tanta lucis copia perfunduntur, ut uel minores recessus, et partes exilissimas distingui sinant ac pulcritudinem suam omnem intuentibus et inuestigantibus ostendant; eadem uero Lunae splendori obiecta, non modo minimas partes oculis eripiunt, sed etiam elegantiam, immo et colorem deperdunt adeo, interdum ut informia quaedam corpora et rudia uideantur, sic disciplinae singulae, si ad germanae Ontologiae regulas expendantur; perspicuae sunt, faciles nulloque negotio intelligi possunt; sin autem ad confusam illam non nullorum Ontologiam referantur, tam obscurae euadunt, ut nihil aptius ad miscendas ueras et perspicuas humanae rationis, id est, Logicae naturalis, regulas inueniri possit.

---

[40] "Ontologiam" Graecum uocabulum Latine sonat "sermo de ente", "Ontosophia" uero "philosophia entis".

Por consequência, é próprio do bom metafísico ocupar-se da Ontologia de modo a poder conduzir os jovens pela via compendiosa ou segundo a finalidade para que ela foi concebida. Devem, por isso, ensinar-se na Ontologia somente os assuntos que, após exame das coisas sem nenhum preconceito, pareçam os mais adequados para obter essa finalidade. Contudo, não devem ser apenas estudados esses assuntos, mas também tudo o que possa aduzir-se, tendo em conta a clareza e a brevidade.

Há, portanto, na Ontologia duas condições da maior relevância. A primeira consiste em explicar com diligência os nomes de que se servem os filósofos – enquanto específicos não apenas de uma ciência particular, mas de todas elas –, associando-os a noções dotadas de certeza e evidência para que ao discorrermos sobre eles possamos evitar toda a confusão, entendendo, assim, o assunto com clareza, isto é, considerando cada parte do objecto ou as suas propriedades separada e abstractamente[41]. [31] Podemos desse modo conhecer sem nenhuma obscuridade o assunto, pois, não estando presente esta condição, originam-se muitos erros em todas as disciplinas, como assinalei na *Logica*[42]. Consiste a segunda condição em estabelecer certos axiomas gerais, com base nos quais possam deduzir-se, a modo de cânones, algumas consequências para obtermos com o seu auxílio em cada uma das matérias diversos conhecimentos verdadeiros e úteis a fim de evitarmos falsas e inúteis controvérsias[43].

CAPÍTULO III

Os metafísicos escolásticos não discorreram rectamente sobre a Ontologia

Visto que os escolásticos não se aperceberam destes assuntos, ensinaram a Ontologia[44] de modo tão obscuro que nada mais obscuro e confuso pode imaginar-se; e nada há mais inútil e até mais pernicioso para poder entender-se a verdadeira finalidade da Ontologia.

Eu, porém, caríssimos jovens, reconheço ocupar-me destes temas dificultosos como que constrangido. Ainda que nos meus livros os tenha evitado com muita diligência em mais que um lugar para não parecer a certos críticos impertinentes

---

[41] A consideração independente de propriedades que na realidade são conjuntas é o que denomino "abstrair uma da outra"; e uma propriedade considerada separadamente de outras chama-se "abstracta". Cfr. o que irei escrever sobre o ente no livro quarto, capítulo segundo.

[42] Livro terceiro, segunda parte, sobretudo capítulo terceiro.

[43] É evidente que para quem considere o assunto sem preconceitos a Ontologia não tem nenhuma outra utilidade no ensino das disciplinas.

[44] A Metafísica dos escolásticos reduzia-se à Ontologia.

Itaque boni metaphysici est ita Ontologiam tractare, ut ad finem, ad quem illa est inuenta, compendiaria uia adolescentes ducere possit. Quare ea tantum in Ontologia tradi debent, quae, rebus sine ullo praeiudicio examinatis, ad id consequendum quam maxime accomodata uideantur. Neque uero id solum, sed etiam quanta fieri potest claritate et breuitate eadem argumenta tractari debent.

Duo itaque in Ontologia omnino praestanda sunt. Alterum, nomina, quae in usu sunt apud philosophos quaeque non unius, aut alterius scientiae peculiaria, sed ad omnes pertinent, accurate explicare eisque certam et claram notionem subiungere, ut ex illis disputantes confusionem omnem uitemus, rem aperte intelligamus, id est, singulas obiecti partes, seu proprietates seorsum et abstracte [31] consideremus[41], ideoque sine ulla obscuritate rem ipsam cognoscamus; cuius defectu plerique omnes errores in singulis disciplinis nascuntur, ut in *Logica* disputauimus[42]. Alterum, axiomata quaedam generalia, si qua ex illis duci possunt, tamquam certos canones constituere, ut eorum adiumento in singulis argumentis alias et alias cognitiones ueras et utiles elicere, falsas et inutiles controuersias uitare queamus[43].

CAPVT III

Metaphysicos scholae haud recte Ontologiam pertractasse

Haec quoniam scholastici non animaduerterunt, tam perturbate Ontologiam tradiderunt[44], nihil ut obscurius et perturbatius cogitari possit; nihil ad uerum Ontologiae finem adipiscendum inutilius, immo uero nihil perniciosus.

Atque ego, adolescentes humanissimi, me in inuidioso argumento uel inuitum uersari sentio. Quod ipsum etiamsi in libris meis non uno tantum loco studiose uitaui, ne uiderer morosis quibusdam [32] atque ineptissimis

---

[41] Considerare singulatim proprietates illas quae reapse coniunctae sunt, illud est quod uocamus "abstrahere unam ab alia", et proprietas illa seorsum sumta uocatur "abstracta". Consule quae dicemus lib. IV, cap. 2, ubi de ente.

[42] Lib. III, p. II, praesertim cap. 3.

[43] Nulli alteri usui posse Ontologiam in tradendis disciplinis, rem sine ullo praeiudicio consideranti euidens est.

[44] Scholasticorum Metaphysica nihil erat aliud quam Ontologia.

[32] e extremamente inábeis, cuja quantidade é muito numerosa, ser minha intenção acirrar os aristotélicos e exasperá-los de propósito continuamente, todavia, a própria ordem das coisas e a excelência desta disciplina compeliram-me neste lugar, quer ou não o desejasse, a discorrer sobre o modo de eles exporem a Metafísica e a esclarecer se porventura se dedicaram adequada ou inadequadamente à Ontologia. O quê! Eu receio explanar o que afirmaram sobre a Ontologia os varões doutos dos séculos passados, vivendo eu nesta Europa das Luzes e escrevendo na cidade Roma sob a protecção do Sumo Pontífice, onde a filosofia eclética é exposta com tanto empenho e tanto apoio de todas as classes, onde tudo é apreciado em função do mérito, onde existe como norma explicar não os juízos dos filósofos antigos, mas o preceituado pela razão humana relativamente àquilo que não exceda as forças naturais? O quê! Por causa da malevolência dos invejosos e das críticas extremamente inábeis dos velhacos, vou abster-me de expor o que é necessário para vos instruirdes rectamente? Se eu procedesse desse modo e pusesse de lado por um motivo tão insignificante o meu dever, então seria totalmente ignorante, cobarde e insensato.

Persuadam-se, por isso, esses detractores dos filósofos modernos de eu não ser inimigo de nenhum deles, de não ter intentado demanda contra ninguém e, mais que isso, de não existir nenhuma razão para tais vitupérios. Se algum deles exclamar ter sido ofendido e desconsiderado por mim, deve manifestá-lo espontaneamente, declarando ser réu de infâmias sem haver quem o acusasse. Estas considerações são, porém, suficientes.

Julgo, no entanto, magníficos jovens, dever omitir por escrúpulo os assuntos que varões muito doutos e muito ilustrados consideraram necessários para notabilizar a disciplina que eu ensino. Irei, porém, expor com brevidade algumas matérias da Ontologia escolástica sem rancor e com benevolência, como é próprio de um historiador e de um filósofo.

[33] Os filósofos escolásticos cometeram muitos erros no ensino da Ontologia, tornando-a não apenas inútil e enfadonha, mas também ininteligível. E todos os seus erros se originaram no entendimento incorrecto da natureza da Ontologia, pois eles não procederam nem em harmonia com o espírito de Aristóteles[45] nem com a razão natural. Como eles não tivessem prestado atenção à finalidade segundo a qual a Ontologia foi pensada e qual era o seu uso – como anteriormente referi –, não a expuseram em função da sua utilidade para as outras ciências, estabeleceram-na como se ela tivesse uma finalidade em si própria, propuseram-se alcançar essa finalidade com subtileza, disputaram sem nenhum objectivo e ostentaram, altercando, a perspicácia do seu engenho. Daí as inumeráveis disputas sobre o objecto comum e o objecto múltiplo da Ontologia, bem como as discussões infindáveis sobre os

---

[45] No capítulo primeiro do livro anterior, demonstrei ter-se proposto Aristóteles explicar nos livros da *Metafísica* as ideias eternas ou as substâncias imutáveis de Platão, nas quais, como numa fonte, se originam as outras coisas segundo diversos graus de emanação. Por isso, a sua Ontologia estava estreitamente associada à Teologia Natural.

censoribus, quorum satis copiosus est numerus, Aristotelicos uellicare uelle eosque dedita opera frequenter exagitare, tamen uel ipse rerum ordo atque disciplinae facies me uolentem nolentem impulit in hunc locum, ut de eorum Metaphysica tractandi ratione dissererem, quamque bene, aut male de Ontologia mereantur, explicarem. Quid? Ego in hac Europae luce, in media Vrbe scribens, ubi Pontificis Maximi beneficio ac omnium ordinum fauore eclectica philosophia tanto cum plausu exponitur, res omnes pro merito aestimantur, nec iam ueterum philosophorum sensa, sed humanae rationis praecepta, in iis quae naturae uires non excedunt, expenduntur, ea sola pro regula habentur; uerear, quid de Ontologia superiorum saeculorum docti uiri censeant, explicare? Quid? Propter inuidorum maliuolentiam et sycophantarum ineptissimas reprehensiones abstineam ab iis exponendis, quae uobis recte instituendis necessaria sunt? Quod si id facerem, si tam leui de causa officio deessem, tum ego indoctus plane, tum parui animi, tum nullius consilii essem.

Quamobrem sciant obtrectatores isti recentiores philosophorum, me nulli eorum esse inimicum, nulli litem intentare, immo uero nullam talium uituperationem rationem habere. Quod si aliqui eorum se a nobis laesos et male acceptos esse clamitant, ipsi sponte se produnt atque talium flagittorum reos esse uel nullo accusante declarant. Sed haec hactenus.

Nos uero, adolescentes ornatissimi, religioni ducimus ea tacere, quae disciplinae, quam tradimus, inlustrandae necessaria esse uiri doctissimi et clarissimi arbitrantur. Quare de Ontologia scholasticorum quaedam sine odio et gratia, ut historicum ac philosophum decet, breuiter explicabimus.

[33] Igitur scholastici philosophi plurima in tradenda Ontologia peccarunt, quae Ontologiam ipsam non modo inutilem, non odiosam, sed ne intelligibilem quidem fecerunt. Quae omnia ex male intellecta Ontologiae natura uitia profecta sunt. Nam nec Aristotelis mentem secuti sunt[45], nec naturae rationem. Cum enim non animaduerterent, ad quem finem Ontologia fuerit excogitata cuique usui sit, quod ante monuimus, non eam ad reliquarum scientiarum utilitatem retulerunt, sed in ea tamquam scopo constiterunt, atque hunc finem sibi proposuerunt, subtiliter et sine ullo fine disputare altercandoque ostentare summum ingenii acumen. Hinc illa de obiecto communi et multiplici copiosissima disputatio, hinc perpetua contentio de

---

[45] Superiori libro, cap. 1, ostendimus Aristotelem in *Metaphysicorum* libris proposuisse sibi de ideis illis aeternis, seu substantiis inmutabilibus Platonis explicare, ex quibus tamquam idearum fonte cetera per uarios emanationis gradus nascantur. Quare eius Ontologia cum theologia Naturali arctissime coniuncta erat.

universais, o conceito de "ente", as precisões, as distinções, os transcendentes, o princípio de individuação, o ente de razão, as negações, as regras predicamentais, os predicamentos e principalmente sobre a subsistência e a relação; e ainda sobre a possibilidade de muitos entes e sobre outros temas deste género, extremamente obscuros e intricados, que eu, ainda que não fosse demasiado indolente nem consumisse com estes assuntos pouco tempo e poucas canseiras – e quando o faço é com enorme desconforto –, não teria vergonha em confessar nunca conseguir entendê-los. E, tendo eu consultado varões virtuosos e doutos, versados nestas matérias, não tive conhecimento de terem entendido coisa alguma sobre elas.

[34] Poderia perguntar-se qual a utilidade dessas disputas para entender com maior facilidade as outras ciências. Nenhuma, certamente. Ao invés, originam-se nelas dois impedimentos gravíssimos que dificultam profundamente o conhecimento das outras matérias. Em primeiro lugar, esses filósofos consomem todo o tempo em assuntos totalmente inúteis e impossíveis de serem esclarecidos pela razão humana; por exemplo, a questão das "possibilidades" de inumeráveis coisas, sobre as quais eles ajuízam com tanta ousadia como se as observassem com o olhar. No entanto, é evidente não possuirmos quaisquer princípios com base nos quais pudéssemos afirmar ou recusar qualquer coisa a respeito das coisas possíveis, excepto num ou noutro caso, o que raramente acontece. Origina-se, assim, tamanha confusão de ideias que os pobres jovens que as acolherem dificilmente serão capazes alguma vez de ajuizar com clareza e de modo adequado sobre qualquer assunto. O segundo impedimento consiste em eles confundirem de tal modo a Ontologia com a Física e a Teologia, tanto a natural como a revelada, que não é possível distinguir o que sejam uma e outra. Com efeito, essas discussões apropriam-se de muitos temas sobre o contínuo, a quantidade, os acidentes, as qualidades, o movimento, o vácuo e matérias semelhantes sobre a Física; e de muitos outros sobre a subsistência, as relações e a existência última, que são extraídos da Teologia transmitida por Deus ou revelada, acrescentando-lhes ainda outros da Teologia Natural. Por exemplo, quando eles perguntam se a proposição "Deus existe" é *per se nota secundum se* ou *quoad nos*, confundem de tal modo esta questão com outras respeitantes ao conceito de "ente" que ninguém entende facilmente o que se propõem dizer.

Ainda que a Ontologia – como escrevi – ensine a examinar com clareza e ordem todas as propriedades de uma coisa para mais fácil e ponderadamente podermos investigá-las e ajuizar com rectidão sobre elas, contudo, a Metafísica escolástica está tão longe desse propósito que tudo confunde de forma espantosa, [35] originando a mesma confusão nas outras disciplinas. E o mais espantoso é que nem os próprios escolásticos entendem com clareza o que se propuseram discutir na sua Metafísica, não sabendo sequer explicá-lo aos outros.

Desde há muito que estou cheio de assombro com a sabedoria bocejante de um certo peripatético bem conceituado que, tendo manifestado no prólogo da sua *Metafísica* ser o objecto adequado da Metafísica o *ens reale*, declara, no entanto, no mesmo lugar serem relativas à Metafísica as discussões sobre o *ens rationis*, a respeito do qual discorre interminavelmente na sua *Logica* (como também outros

uniuersalibus, de conceptu "entis", de praecisionibus et disfunctionibus, de transcendentiis, de principio indiuiduationis, de ente rationis, de negationibus, de regulis praedicamentalibus, de praedicamentis, praesertim de subsistentia et relatione; itemque possibilitate plurimorum entium et huius generis alia securissima et intricatissima, quae ego cum nec essem nimis tardus, nec in iis parum temporis et studii consumsissem, idque magno meo incommodo, non erubesco profiteri, numquam intellexi. Cumque a uiris et bonis et doctis requisiuerim, quid ipsi experti fuissent, nec eos aliquid plane intellexisse cognoui.

[34] At intelligant: quid, quaeso, adferunt subsidii eiusmodi disputationes ad faciliorem reliquarum scientiarum intelligentiam? Nullum profecto. E contrario duo hinc et grauissima inpedimenta nascuntur, quae ceterarum intelligentiam penitus retardant. Alterum, quod tempus omne consumunt rebus et plane inutilibus, et quae humana ratione expediri non possunt, ut sunt, tot inter alia, "possibilitates" illae innumerabilium rerum, de quibus tam fidenter diiudicant, quasi suis oculis cernerent. Cum tamen perspicuum sit nulla nos habere principia, ex quibus de rebus possibilibus uel adfirmare aliquid, uel negare possimus, si unum et item aliud, quod raro se offert, excipimus. Ex quo tanta confusio exsistit idearum, ut miseri adolescentes, qui talibus imbuuntur, uix umquam clare et ex merito de rebus ullis iudicare queant. Alterum, quod Ontologiam cum Physica et Theologia tum naturali, tum reuelata confundunt ut, quid utraque sit, internosci nequeat. Nam multa de continuo, de quantitate, de accidentibus, de qualitatibus, de motu, de uacuo aliisque huiusmodi ex Physica sumunt; multa de subsistentia, de relatione, de exsistentia definitiua ex Theologia diuinitus tradita, seu reuelata, non nulla ex Theologia naturali adhibent, ut cum quaerunt an propositio "Deus est" sit per se nota secundum se, an quoad nos, quam quaestionem ita cum aliis miscent de conceptu "entis" ut, quid utraque sibi uelit, nemo facile intelligat.

Et quamquam Ontologia, uti diximus, ea sit quae singulas uniuscuiusque rei proprietates clare et ordine considerare docet, quo facilius et accuratius res ipsas examinare de iisque recte iudicare possumus, tamen Metaphysica illa scholasticorum, tantum abest haec praestet ut omnia mirandum [35] in modum confundat eamdemque confusionem in reliquas disciplinas inducat. Et, quod miremini, ne ipsi quidem, quod sibi in Metaphysica sua disputandum proposuerunt, plane intelligunt, nedum aliis exponere sciunt.

Miratus sum haud ita pridem oscitantem sapientiam cuiusdam Peripatetici bene noti, qui cum in prooemio Metaphysicae fateatur obiectum adaequatum Metaphysicae esse ens reale, tamen eodem loco declarat disputationes de *ente rationis* ad Metaphysicam spectare, de quibus tamen ille in *Logica* sua sine ullo fine disputat (quod alii in Metaphysica faciunt). Deinde cum

o fizeram na Metafísica). Após isso, embora ele escreva ser Deus o objecto de atribuição da Metafísica – sendo em função do conhecimento desse objecto que estão ordenados todos os assuntos estudados por esta ciência –, restringe, porém, toda a sua *Metafísica* a questões abstractas e subtis, discorrendo apenas no último capítulo sobre a existência de Deus, mas de forma tão sucinta e superficial que a maior parte do capítulo se esgota com o estudo dos "lugares" das Escrituras e com outros temas enfadonhos deste género. São, no entanto, omitidos os temas de Física Natural e de Metaphysica pelos quais se demonstra com clareza e de forma indubitável a verdade contra os ateus, referindo apenas de passagem alguns assuntos. Por último, ao esclarecer o leitor de que a Metafísica, além do *ens reale,* considera também Deus e os anjos, sobre os anjos nem sequer refere uma palavra na sua *Metaphysica*. Desta forma, essas disputas metafísicas subtis obscurecem a mente, deliciando-se com elas de tal modo esse autor que se propôs ensinar os outros com autoridade, não se apercebendo, porém, do que pretende para si próprio nem cumprindo o que prometeu. Poder-se-á pensar que aquilo que afirmo acerca deste indivíduo o afirmo acerca de todos aqueles que estão sempre a cometer os mesmos erros; excepto que alguns expõem os universais e os predicamentos na Lógica e outros na Metafísica, mas todos eles por motivo idêntico.

[36] Posso agora, caros jovens, aduzidos estes assuntos, demonstrar de modo mais claro que a luz do meio-dia quantas ideias confusas possuem os escolásticos, inclusive os mais notabilizados, sobre a Ontologia e mais ainda sobre a Metafísica. Mas este assunto é tão conhecido que não exige o meu discurso. Afirmo apenas com brevidade terem eles atribuído à palavra "metafísica" uma noção tão vaga e imprecisa que lhes pareceu adequado tratar sob essa denominação várias outras disciplinas; aliás, um deles, muito ilustrado e talentoso, interpretou essa palavra num sentido tão amplo que não duvidou significar por ela coisas totalmente distintas. E, como ajuizou a maioria dos doutos, ele cometeu três grandes erros: em primeiro lugar, expôs a Física e a Ontologia peripatéticas sob o nome de "Metafísica"; após isso, acrescentou tantas considerações sobre os atributos divinos (sobre a invisibilidade, a incompreensibilidade, a infalibilidade, a sabedoria, a vontade, a liberdade) e ainda outras relativas à teologia escolástica que no prefácio se sentiu coagido a reconhecer o seu erro e a apresentar uma justificação. Porém, ao erro seguiu-se outro erro, pois, tendo ele apresentado tantas considerações sobre a revelação divina, porfia, no entanto, em afirmar não ter excedido os limites da luz natural e mesmo da Metafísica. Por último – embora ele declare ser Deus o primeiro e o principal objecto da Metafísica e exponha com brevidade tudo o que a Teologia Natural ensina sobre Deus, abstendo-se de emitir opinião sobre o que apenas se conhece ou pode conhecer-se pela revelação divina, e discorra sobre o Primeiro Motor eterno –, contudo, não demonstra a existência de um único Deus contra os argumentos extremamente obscuros dos ateus e dos politeístas, como deveria ter procedido.

Pergunto-vos neste momento qual a ideia que julgais possuir sobre a Ontologia ou a Metafísica um certo autor que considera ser toda a filosofia também metafísica,

ponat obiectum adtributionis Metaphysicae esse Deum, ad quod obiectum cognoscendum referantur omnia, quae in illa scientia tractantur, ipse tamen totam *Metaphysicam* suam rebus abstractis et subtilibus absoluit, de Dei exsistentia uero non nisi capite prope ultimum disserit, idque tam breuiter leuiterque, ut maior pars capitis in "locis" Scripturae, ac patribus percendendis et huius generis aliis inportunis, consumatur; argumenta uero illa naturae Physica et *Metaphysica,* quibus haec ueritas perspicue ac firmissime contra atheos demonstratur, silentio praetereat, tantum quaedam adferat inter uias. Postremo cum lectorem moneat Metaphysicam, praeter *ens reale,* considerare etiam Deum et angelos, de angelis in *Metaphysica* sua ne uerbum unum quidem facit. Ita occaecant mentem subtiles illae disputationes Metaphysicae, quibus hic auctor delectatur, ut ipse, qui e superiori loco docere alios sibi proponit, quid sibi uelit, non animaduertat, nec, quod pollicitus est, praestet. Quae uero de uno dico, de omnibus dicta putatote, qui eadem chorda oberrant. Nisi quod aliqui uniuersalia et praedicamenta in Logica exponunt, alii in Metaphysica, sed eadem ratione omnes.

[36] Possum, adolescentes, uobis, adductis eorum locis, meridiana lucis clarius demonstrare quam confusas ideas Ontologiae atque adeo Metaphysicae habeant scholastici etiam primi ordinis, sed res adeo nota est, ut orationem nostram non desideret. Hoc breuiter dico tam uagam et incertam notionem huic uocabulo "metaphysica" supponi, ut alias et alias disciplinas sub ea appellatione tractare consentaneum iudicarint. Quidam, et is quidem doctissimus ac grauissimus, tam late hoc uocabulum accepit, ut res longe dissimiles eo insignire non dubitarit. In quo, ut plerique docti iudicarunt, tria ille admisit grandia errata. Nam primum Physicam et Ontologiam Peripateticam sub nomine "Metaphysicae" exponit. Deinde tot addit de diuinis proprietatibus, nempe de inuisibilitate Dei, incomprehensibilitate, infallibilitate, scientia, uoluntate, libertate aliisque ad theologiam scholasticam pertinentibus, ut ipsemet in praefatione errorem suum agnoscere et excusationem aliquam parare coactus fuerit. Sed errorem errore auxit; nam cum tam multa de rebus a Deo manifestatis dixerit, nihilominus contendit adhuc se luminis naturalis atque adeo Metaphysicae limites non exiisse. Postremo etsi fateatur Deum esse primum ac praecipuum Metaphysicae obiectum, seque breuiter complexurum omnia, quae Naturalis theologia de Deo docet, abstinendo ab his, qua sola reuelatione habentur, aut habiri possint, et re uera de Primo Motore aeternum disputet; tamen exsistentiam unius Dei contra atheorum et polytheorum argumenta illa intricatissima, quod facere deberet, non probat.

Qualem, quaeso, ideam Ontologiae, seu Metaphysicae, habere putatis eum, qui philosophiam omnem et metaphysicam esse et ita appellari debere [37]

devendo, por isso, ter essa denominação. [37] Ele que declara ter explicado na sua obra os doze livros da *Metafísica*, mas acrescentando-lhes sagaz a habilmente os oito livros da *Física*! E que desconhece a finalidade da razão humana e da revelação divina! E que julga que aquilo que se conhece pela revelação divina pode reduzir-se à Metafísica! Se ele denomina a Metafísica por se ter apercebido de que toda a Física escolástica está contida apenas em noções abstractas, e se discorre com subtileza sobre estas matérias à semelhança dos metafísicos vulgares, nem mesmo assim pode por motivo algum ser desculpabilizado. Primeiramente, ele não se apercebe de qual seja a significação da Física nos seus peripatéticos, confundindo, por outro lado, com espanto todas as partes da filosofia. Com a mesma legitimidade, ele poderia atribuir à Lógica a denominação de "Metafísica", assim como de "teologia escolástica", o que num varão douto e que se considere filósofo não pode aceitar-se.

Mas não é minha intenção, caríssimos jovens, fazer troça de varões gravíssimos e muito apreciados por quem se dedica ao antigo método de filosofar, se eu puder expor com minúcia todos os erros que se manifestam nos seus livros. Reconheço não serem dos homens esses erros, mas de uma época em que ainda não havia resplandecido nas disciplinas mais severas, sobretudo na filosofia, a luz pura e abundante que depois brilhou intensamente. Lamento apenas que tantos engenhos, como os de certos escolásticos, se tenham dedicado a doutrinas tão fúteis, tão obscuras e tão inúteis que até costumam causar o escárnio da nossa época aos verdadeiros filósofos que por vezes as consideram, produzindo nos mais impressionáveis enfado e desprezo. Acrescento que entre os escolásticos a palavra "metafísicos" é usada para filósofos confusos e ignorantes.

É suficiente, caros jovens, o que acabo de escrever para perceberdes que esses filósofos que expuseram a Ontologia ao modo da Escola obtiveram dela muito pouco proveito, pois não a estabeleceram [38] em função da sua finalidade. E, por lhe terem acrescentado muitos assuntos despropositados e quase ininteligíveis, complicaram essa disciplina mais do que a explicaram. E deixaram-na de tal modo que ela não tem nenhuma utilidade para aprender as melhores disciplinas.

CAPÍTULO IV

Os filósofos modernos expuseram com maior diligência a Ontologia, cada um a seu modo

Visto que os filósofos modernos conheceram estes assuntos, tendo-se proposto restituir e adequar a Ontologia à finalidade para que foi concebida, libertaram-na primeiramente das discussões respeitantes às outras ciências e estabeleceram-na como uma disciplina autónoma. Após isso, eles eliminaram todos os assuntos que não só não auxiliavam as outras disciplinas, mas também o que não podia de modo algum entender-se e fundar-se na razão natural. E, como é próprio das pessoas sensatas, eles consideraram não deverem ser ignorados os factos, mas proceder com precaução

censeat? Qui cum eo libro declaret se XII *Metaphysicorum* libros explanandos sumsisse, tamen iis VIII *Physicorum* alios prudens ac sciens adiungat? Qui fines humanae rationis ac diuinae reuelationis non internoscat? Qui putet res diuina declaratione cognitas ad Metaphysicam reuocari posse? Quod si Metaphysicam ea de caussa inscripsit, quod animaduerterit Physicam omnem scholasticam abstractis notionibus tantum contineri deque iis metaphysicorum uulgarium more subtiliter disputare, ne sic quidem ulla ratione excusari potest. Nam primum non animaduertit quid apud Peripateticos suos significet Physica, deinde partes philosophiae omnes mirifice confudit. Eodem iure logicam, eodem "theologiam scholasticam" "Metaphysicam" inscribere potest, quod in uiro docto, et qui philosophus haberi amat, ferendum non est.

Sed nolo, adolescentes moderatissimi, uiros grauissimos et qui apud quosdam ueteri philosophandi uiae addictos summo in pretio sunt, risui obiicere, si omnia errata minutatim exposuero, quae in eorum libris se offerunt. Fateor haec hominum uitia non esse, sed aetatis in qua non dum seuerioribus disciplinis maxime philosophiae adfulserat lux illa et pura et copiosa, quae postea eluxit. Vnum doleo tanta ingenia, ut illa erant scholasticorum quorumdam, in tam leues et obscuras et inutiles sententias incidisse, quae nostra aetate ueris philosophis, qui ea interdum considerant, risum mouere solent; delicatioribus uero stomachum et contemptum idque adeo, ut "metaphysici" nomen apud eos, quasi obscuri et inepti philosophi nomen habeatur.

Haec satis sint, adolescentes, ut intelligatis philosophos illos, qui Ontologiam scholae ritu exposuerunt, male de ea meritos haberi, cum quod [38] eam ad finem suum non direxerunt; tum quod multa inportuna et uix intelligibilia adhibentes, Ontologiam inplicarunt potius quam explicarunt. Talemque reddiderunt, quae nulli usui sit addiscendis optimis disciplinis.

CAPVT IV

Philosophos recentiores Ontologiam accuratius exposuisse, sed alios alio modo

Quae cum cognouissent recentiores philosophi, atque sibi proposuissent, Ontologiam ad finem, ad quem illa fuit excogitata, referre conformareque, primum eam ab aliis disputationibus, quae ad ceteras scientias pertinent, separauerunt et quamdam disciplinam seorsum constituerunt. Deinde res omnes, quae non modo reliquis disciplinis non opitulantur, sed nullo modo intelligi nullaque ratione naturae finiri possunt, remouerunt. Quod hominisqui modo sanus sit, esse non putarunt ea ignorare, quae facta sunt, de rebus

a respeito do que pode ou não suceder. Por último, eles ocuparam-se de tal forma dos restantes assuntos em que reconheceram alguma utilidade que os expuseram com clareza, brevidade e segundo uma ordem o mais adequada possível.

Estes assuntos não os deram, porém, a conhecer numa só e mesma época os filósofos modernos, pois a Ontologia principiou numa fase primordial – como acontece com tudo o que é humano –, ascendendo como que por degraus até ao topo, como anteriormente referi[46]. Ainda que os principais reformadores da filosofia do século anterior tivessem sanado muitas imperfeições da Ontologia, não corrigiram, contudo, [39] o suficiente de modo a que o essencial da disciplina não ficasse contaminado por uma certa corrupção. Por isso, apenas no século actual e após muito empenho e muita reflexão é que a Ontologia foi restituída à sua verdadeira condição e à sua integridade. Trata-se, por assim dizer, de uma medicina, cujos precursores foram, na Grã-Bretanha, John Locke e, na Alemanha, Christian Thomasius, dois filósofos que fizeram sair os livros da *Metafísica* da sua antiga condição – onde jazeram durante muitos séculos (e não apenas durante muitos anos) –, sendo eles igualmente varões doutos e perspicazes.

Por eu ter aludido na *Logica* a estes autores a respeito do que me pareceu necessário para podermos ajuizar sobre o seu método de filosofar, sobre as suas virtudes e os seus erros, acrescento apenas neste momento o suficiente para vos aperceberdes com clareza de que modo eles incorreram grandemente em censura no ensino da Ontologia.

Pelo que ficou escrito no livro anterior[47], é manifesto ter a maioria dos filósofos que se notabilizaram pelos seus escritos no século passado cometido dois erros no ensino da Metafísica. O primeiro porque, conservando a palavra "metafísica", certos disputadores sumamente impertinentes consumiram muito tempo e muitas canseiras a discutir se a palavra "metafísica" podia aplicar-se a várias partes da filosofia. Daí a diversidade de opiniões, às quais me referi no lugar mencionado, afirmando alguns compreender a Metafísica, além da Ontologia, a Psicologia e a Teologia Natural, afirmando outros ser uma parte da Física, declarando outros ser uma parte da Lógica e pronunciando-se ainda outros de forma totalmente diferente, como referi noutro lugar. Como se cada parte da filosofia não se distinguisse pelo seu nome e pudesse reduzir-se adequadamente às suas divisões!

Consistiu o segundo erro no dispêndio de muito estudo e de muitas canseiras para esses filósofos solucionarem certas controvérsias [40] que, examinadas com juízo isento, depreendemos não terem inteiramente nada a ver com disputas. Também certos modernos de engenho perspicaz e de grande renome – em cujo espírito incutiu escrúpulos não sei que hábito perverso – se deixaram contagiar por esses erros a ponto de conservarem alguma subtileza na Ontologia para com maior facilidade poderem conhecer a linguagem dos escolásticos. Como se fosse pelo juízo da

---

[46] Liv. I, caps. 3-4.
[47] Liv. I, cap. 3.

uero, quae fieri possunt, uel non possunt, esse solicitum. Postremo ea, quae reliqua fuerunt et non nihil utilitatis habere cognouerunt, ita tractarunt, ut et clare et breuiter et ordine quam aptissimo exponerentur.

Haec uero non uno eodemque tempore philosophi recentiores praestiterunt, sed ex infimo statu, ut sunt res humanae omnes, ueluti per gradus ad suum fastigium Ontologia peruenit, quod supra demonstrauimus[46]. Nam tametsi primi illi instauratores philosophiae superiori saeculo uulnera multa Ontologiae sanarunt, ea tamen reliquerunt, [39] quae satis essent, ut uniuersum Ontologiae corpus quasi tabe quadam contaminaretur. Quare non nisi saeculo nostro, idque post multum laborem et meditationem, Ontologia uero colori et sanitati restituta est; medicinam, ut ita dicam, parantibus, in Anglia Ioanne Lockio, in Germania Christiano Thomasio, qui duo philosophi metaphysicos ab illo ueterno excitarunt, in quo tot saecula, ne dum tot annos, etiam uiri cetera docti et sagaces iacuerunt.

Sed quoniam de his auctoribus diximus in *Logica*, quae necessaria uidebantur ut de eorum philosophandi ratione, de uirtutibus, de erratis iudicare possemus, ea tantum addemus in praesentia, quae satis sint ut aperte intelligatis, quidnam illi in tradenda Ontologia maxime peccarunt.

Porro ex dictis superiore libro[47] manifestum est plerosque omnes philosophos, qui proximo saeculo scriptis eiusmodi nobilitati sunt, duo in Metaphysica tradenda errata admisisse. Alterum, quod de retinendo uocabulo "metaphysica" nimis solliciti, multum temporis et laboris consumsere disputantes an nomini "metaphysica" aliae et aliae partes Philosophiae subiici possint. Ex quo illa uarietas opinionum, de qua loco laudato disseruimus, aientibus aliis, Metaphysicam comprehendere, praeter Ontologiam, etiam Psychologiam et Theologiam Naturalem, aliis Metaphysicam esse partem Physicae, aliis partem Logicae, aliis aliud omnino, uti alio loco diximus. Quasi uero singulae Philosophiae partes non suis nominibus distingui et ad suas classes commode referri possint.

Alterum est quod nimis multam operam et studium posuere in finiendis aliquibus controuersiis [40] quas, si libero iudicio examinamus, nihil disputationibus habere plane deprehendemus. Quibus uitiis recentiores etiam acerrimi ingenii et magni nominis infuscantur, quorum animis nescio quae praua consuetudo religionem iniecit, ut aliquid subtilitatis retinerent in Ontologia, quo facilius scholasticorum sermonem noscere possent. Quasi

---

[46] Lib. I, cap. 3 et 4.
[47] Cap. 3.

multidão e não pelo parecer das pessoas mais ilustradas que deve ajuizar-se sobre estes assuntos! São estas as considerações respeitantes ao primeiro ponto.

Alguns filósofos da nossa época, não se ocupando do problema da denominação da Metafísica, por ser objecto de infindas contendas, dividiram esta disciplina em várias partes, que denominaram de formas diferentes. Por exemplo, Wolff e alguns dos seus sequazes discorreram sobre a Ontologia separadamente das outras partes. Estes autores incorreram, porém, no erro oposto – como me parece ter sucedido – pois, ao dedicarem-se a excluir temas antigos, acrescentaram tantos outros que não sei se não tornaram aquela disciplina mais confusa. Com efeito, em primeiro lugar eles aplicaram à própria Ontologia o método rigoroso da Matemática, pelo que foi necessário ocuparem-se excessivamente da demonstração de matérias de pouco interesse e totalmente evidentes e sobre as quais só os ignorantes têm dúvidas, julgando poderem apenas desse modo demonstrar os assuntos segundo o método sintético, o que é uma total falsidade[48].

[41] Por outro lado e como consequência, eles acrescentaram muitos temas inúteis para esclarecerem as suas demonstrações, que mais insensibilizam a mente que a tornam perspicaz e expedita. Pondo de lado este assunto, poderiam porventura reconhecer alguns destes autores, ao referirem as opiniões dos antigos e dos modernos nas suas discussões e controvérsias inoportunas sobre a Física, numa palavra, ao ostentarem uma erudição desmedida totalmente desnecessária, se tal é consentâneo com as regras do bom método. Pelo menos eles demonstraram com clareza que o método matemático de que se serviram traz pouca ou nenhuma evidência aos assuntos, tendo-o, portanto, elogiado para além do seu valor. Deste modo, quem examinar com rectidão as suas produções, os seus volumes e os grandes encómios que difundiram às mãos cheias, considera com legitimidade e comprova com clareza que ao deliciarem-se com essas coisas são incapazes de ajuizar rectamente sobre a Metafísica ou a Ontologia.

Por último, esses autores não foram coerentes. Embora eles pensassem ser a Metafísica uma disciplina que explica distintamente as noções comuns pertencentes a todas as disciplinas, contudo, além de terem aplicado a palavra "metafísica" à Ontologia – podendo isso considerar-se verdadeiro –, aplicaram-na à Cosmologia, que discorre sobre o mundo e que é a primeira parte da Física, e à Psicologia ou ao estudo da alma, que é do mesmo modo uma parte da Física, e à Teologia Natural ou ao estudo de Deus, que é também física, ou antes, a primeira parte da Teologia. Não que eu pretenda mover guerra sobre nomes, mas parece totalmente

---

[48] Se dispusermos cada uma das partes de um assunto de modo a serem expostas primeiramente as coisas que são mais fáceis, das quais as outras se deduzem, de tal forma que as anteriores esclareçam as posteriores – tanto quanto o permitir a natureza do assunto –, filosofamos segundo o método sintético, não sobrecarregando a mente com o aparato das definições, dos axiomas, dos teoremas, das demonstrações, dos lemas e de coisas deste género que, aplicadas a determinadas matérias, como à Ontologia, não apenas não esclarecem a mente como são causa de embaraço e de confusão.

uero ex multitudinis iudicio, non ex grauissimorum hominum sententia, iudicanda haec sint. Et haec primi.

At non nulli philosophi hac nostra aetate de nomine Metaphysicae non laborantes, quod infinitae contentionis erat materia, diuersas eiusdem disciplinae partes fecerunt, quas certis nominibus significarunt. Velut Wolfius et eius adseclae aliqui, qui Ontologiam a reliquis partibus seorsum disputauerunt. Hi uero in contrarium uitium, ut mihi uidentur quidem, incurrentes, dum uetera delere curant, tot alia addiderunt, ut haud sciam an inplicatiorem eam disciplinam fecerint. Nam primum Ontologiam ipsam tam strictae methodo Mathematicae supposuerunt, ut nihil supra, ex quo in demonstrandis rebus minutis et plane perspicuis et de quibus nemo, nisi ineptus, dubitet, praeter modum occupatos fuisse necesse fuit, existimantes non nisi hac ratione res ordine synthetico demonstrari posse, quod omnino est falsum[48].

[41] Deinde, quod consequens fuit, inutilia plurima, demonstrationum inlustrandarum gratia, addiderunt, quae mentem hebetant potius quam acuunt expeditamque reddunt. Vt illud mittam, eorum quosdam in recensendis ueterum et recentiorum placitis, in disputandis physicis controuersiis a proposito alienis, uerbo dicam, in ostentanda eruditione minime necessaria nimios exsistisse, quod an bonae methodi legibus consentaneum sit, uiderint ipsi. Saltim methodum illam mathematicam, quam retinent, parum aut nihil argumento luminis adferre clare demonstrant. Tum eam ultra meritum extulerunt, ut qui eorum labores, qui uolumina, qui elogia illa amplissima, quae plenis manibus fundunt, recte perpenderit, plane intelligat eos, qui talibus delectantur, haud recte de Metaphysica seu Ontologia iudicare posse.

Postremo sibi ipsi non constant. Nam cum ponant Metaphysicam esse disciplinam quae notiones communes, quae ad singula pertinent, distincte explicat, tamen praeter Ontologiam, de qua id uere dici posset, "metaphysica" nomini subiiciunt Cosmologiam, seu disputationem de Mundo, quae prior pars Physicae est, et Psychologiam, seu de anima, quae itidem pars est Physicae, et Theologiam Naturalem, seu de Deo, quae etiam Physica est, uel potius prima Theologiae pars. Non quod ego bellum nominibus mouere uelim, sed quod omnino rationi consentaneum uidebatur, ut uel nomine "metaphysica" sublato, disciplinas singulas seorsum pertractarent, uel eo

---

[48] Si singulas argumenti partes ita disposuerimus, ut ea prius exponantur quae faciliora sunt, ex his reliqua deducantur, ita ut priora posterioribus lucem faciant, quantum per argumenti naturam licet, synthetico ordine philosophabimur, quin mentem oneremus apparatu illo definitionum, axiomatum, theorematum, demonstrationum, lematum et eius generis aliis, quae cum ad certa argumenta, ueluti Ontologiam, applicantur, tantum abest mentem inlustrent, ut inpediant potius et confusionem pariant.

conforme à razão que, suprimindo a palavra "metafísica", eles deveriam ter examinado separadamente cada uma das disciplinas ou, conservando-a, ter estudado as matérias que são parte da Física, não as reduzindo à ciência dos universais, tanto mais que confessam proporcionar a Ontologia os princípios [42] pelos quais são esclarecidas a Cosmologia, a Psicologia e a Teologia Natural, bem como as outras disciplinas.

Com base nos autores que escreveram com maior diligência sobre esta disciplina, é fácil concluir poderem obter-se dela muitas coisas úteis e adequadamente expressas. Contudo, nenhum deles me ouviu dizer, se for imparcial – que sejam testemunhas tantos varões ilustrados – que alguém tenha exposto uma Ontologia perfeita em todas as suas partes[49].

[43] CAPÍTULO V

O modo de expor a Ontologia

A minha persuasão é de que a Ontologia não é destituída de utilidade, embora ela não seja tão útil – pelo menos não é tão necessária – como vulgarmente se pensa[50]. Por isso, para ajuizarmos com rectidão sobre a Ontologia e conhecermos perfeitamente o modo de discorrer a respeito dela, é necessário atender à sua finalidade.

---

[49] Não é necessário refutar os que, pensando ser a Ontologia totalmente inútil, deram a entender o inverso, por exemplo, um metafísico muito recente a que aludi no livro anterior. Se ele ajuizasse com rectidão, daria a conhecer a sua Metafísica. Embora ele declare ter a certeza de serem tão evidentes as palavras sobre as quais discorre a Ontologia que até os camponeses as entendem, contudo, por não definir a Metafísica, interpreta-a por vezes num sentido equivalente a "ciência das ciências" e outras vezes num sentido que inclui a Física. Ele teria sido mais sensato se nos explicasse o que é a ciência das ciências, o que é a Metafísica, por que motivo ela deve incluir a Física e outras coisas que traz à colação. Além disso, por ele em parte alguma definir as palavras, que outros interpretam de formas diferentes, de cuja interpretação procedem inúmeras controvérsias, e por se servir de neologismos com uma significação insólita, discorre tão confusamente que ninguém consegue facilmente entendê-lo. Por essa razão, para ele se eximir das censuras, deveria acrescentar muitos esclarecimentos que considerasse adequados. Além disso – o que dificilmente pode acreditar-se –, tendo-se ele proposto refutar os filósofos ateus (cujos erros residem apenas nas diferentes acepções das suas palavras), contudo, em parte alguma apresenta as definições dos nomes, considerando-as já estabelecidas. Porém, se ele os definisse com diligência, aperceber-se-ia facilmente do grande número de paralogismos que cometeu e de quantos assuntos se ocupou como se fossem do seu perfeito conhecimento, não podendo, no entanto, de modo algum entender-se. Mas estas considerações são suficientes para instruir os principiantes; com efeito – penso eu –, ninguém dedicado aos estudos e capaz de ajuizar sobre estas matérias poderá aplaudir aquele novo método de filosofar.

[50] Evidencia-se a verdade desta proposição pelo que irei escrever no livro quarto sobre a Ontologia. Se tivermos em mente o que ensinei na *Logica* sobre as ideias claras e distintas, sobre o uso das palavras na filosofia e sobre o modo de investigar a verdade – e, se soubermos adequar tudo isso em função dos assuntos –, podemos abster-nos sem inconveniente de toda a Ontologia, dado ela ser apenas a aplicação das regras lógicas a certos temas gerais.

retento, ea, quae Physicae partes sunt, ad scientiam uniuersalium non reuocarent, hoc magis quod iidem fatentur, Ontologiam principia suppeditare, [42] ex quibus Cosmologia, Psychologia et Naturalis Theologia, non secus ac ceterae disciplinae, inlustrantur.

Facile ut dicere possimus ex singulis auctoritatibus, qui de hac disciplina accuratius scripsere, utilia multa et commode dicta sumi posse, neutrum tamen non uidisse, quod pace tantorum uirorum dictum sit, qui modum teneret, quique Ontologiam ex omni parte perfectam ederet[49].

[43] CAPVT V

Quo modo Ontologia sit pertractanda

Ego uero mihi persuadeo Ontologiam utilitate non carere, minoria tamen esse utilitatis, saltim non tam esse necessariam quam uulgo habetur[50]. Itaque ut de Ontologia recte iudicemus uiamque de ea disputandi penitus cognoscamus, ipsum disciplinae finem perpendamus oportet.

---

[49] Non est necesse eos confutare, qui Ontologiam quasi omnino inutilem iudicantes, in contrarium cucurrerunt, ueluti recentissimum illum metaphysicum, de quo libro superiori commemorauimus; recte enim, an secus iudicet, eius Metaphysica declarat. Nam tametsi ponit ueluti certum nomina, de quibus Ontologia disputat, ita clara esse, ut uel rustici ea intelligant; ipse tamen, quod Metaphysicam non definiat, modo eam quadam acceptione usurpat et scientiam scientiarum uocat, modo aliae acceptione et continet Physicam. Qui consultius faceret, si nobis explicaret quid sit "scientia scientiarum", quid Metaphysica, cur Physicam complecti debeat, cetera, quae adfert. Praeterea, quod nomina, quae alii aliter accipiunt et ex quorum definitione controuersiae plurimae nascuntur, nusquam definiat, quod noua nomina et insolita significatione inducat, ita confuse disputat, ut, quid ipse sibi uelit, nemo facile intelligat; adeo ut, quo se a censura liberarit, alias et alias explicationes subnectere consentaneum iudicarit. Immo, quod uix credi potest, cum inpios philosophos, quorum errores non nisi in uaria acceptione uerborum consistunt, confutare sibi sumat, tamen definitiones nominum nusquam adhibet, sed quasi exploratas ponit. Quae tamen si accurate definiret quot paralogismos adferat, quam multis, quae intelligi omnino nequeunt, ueluti plane sibi cognitis occupetur, facile animaduerteret. Sed haec tironum gratia monere satis fuerit, nemo enim studiis contritus et qui de his iudicare potest nouam hanc philosophandi rationem, opinor, probabit.

[50] Veritas huius propositionis ex iis, quae de Ontologia lib. IV dicemus, perspicue constabit. Nam si ea, quae in *Logica* docuimus de ideis claris et distinctis, de usu uocum in Philosophia, tum etiam de modo inuestigandi ueritatem memoria teneamus et pro re nata ad singula argumenta accommodare sciamus, omni Ontologia carere sine ullo damno poterimus, quae nihil aliud est quam applicatio legum Logicae ad quaedam argumenta generalia.

Dado que a Ontologia – como já escrevi muitas vezes, não me inibindo de chamar a atenção para isso muitíssimas mais, até por considerar ser imprescindível incutir essa ideia no espírito dos jovens para eles porem de lado inúmeros preconceitos – foi sobretudo pensada para descobrir e explicar os princípios de todas as ciências, tendo em vista encontrar mais facilmente a verdade nas diversas disciplinas [44] e explicá-la aos outros de forma adequada e ordenada, conclui-se ser necessário ensinar apenas na Ontologia o que é apropriado para obter essa finalidade, devendo, portanto, ser eliminados os assuntos desinteressantes para, assim, aprender com maior facilidade as outras ciências. Quando digo "ciências", não me refiro ao uso desta palavra pelos semidoutos, que a consideram como significando partes das ciências que não são de facto ciência – tais como as questões metafísicas totalmente desnecessárias com as quais está inquinada a sua Teologia peripatética –, mas refiro-me às verdadeiras ciências que investigam a verdade certa ou provável, baseada em princípios verdadeiros ou verosímeis, como expliquei noutro lugar.

Porque alguns autores afirmaram serem evidentes os princípios da Ontologia e por outros terem afirmado poder descobrir-se a verdade – o que outros recusam ou põem em dúvida –, deve inquirir-se primeiramente se podemos conhecer alguma verdade e a sua natureza; após isso, é necessário investigar quais sejam as características das proposições que declaramos deverem ser consideradas primeiras verdades.

Manifesta-se, portanto, com evidência ser constituída a Ontologia por duas partes: a primeira expõe genericamente o modo de conhecer as primeiras verdades; a segunda examina as proposições gerais ou as primeiras verdades pertencentes a todas as disciplinas. A estas duas partes se reduz tudo o que pode proporcionar alguma utilidade para uma fácil compreensão das disciplinas[51]. E visto que estas matérias são melhor esclarecidas por aquilo que posteriormente vou expor, não é necessário discorrer sobre elas com maior desenvolvimento neste lugar.

Pronunciaram-se, por isso, adequadamente os que afirmaram na peugada de Budde ser a Ontologia um léxico filosófico geral que possibilita filosofar com maior facilidade e sem ambiguidades em todas as disciplinas, pois a parte principal da Ontologia – a segunda, a essencial – consiste na explicação dos nomes comuns. [45] Quando digo "léxico", não pretendo aludir a um simples léxico ou a um livro que apresente apenas a significação das palavras, mas a algo que exponha, que manifeste a razão e que prescreva algumas regras para nos servirmos correctamente desses nomes. Por este motivo, alguns autores reputados afirmaram sensatamente ser a Ontologia uma espécie de apêndice da Lógica, pois – como acima referi – estabelece o modo segundo o qual as regras lógicas podem conformar-se com maior clareza a cada uma das disciplinas, embora, em conformidade com outra denominação, a

---

[51] Ver o que escrevi no capítulo segundo deste livro.

Cum autem Ontologia (ut saepe iam diximus, saepissime monere non erubescimus, immo uero innumerabilium praeiudiciorum depellendorum caussa id inculcare adolescentibus necessarium arbitramur) ad hoc fuerit excogitata ut principia scientiarum omnium prius ponamus et explicemus, quo facilius in singulis disciplinis uerum inueniamus, [44] aliisque commode et ordine explicemus; relinquitur ea tantum in Ontologia tradi oportere, quae ad id conducant, ea resecari, quae ad reliquas scientias facilius addiscendas inportuna sunt. "Scientias" cum dico, non ex usu semidoctorum loquor, qui ea pro partibus scientiarum habent, quae scientiae non sunt, ueluti quaestiones illas metaphysicas minime necessarias, quibus Theologia sua Peripatetica inquinatur, sed germanas scientias dico, quae ex principiis ueris, aut uerisimilibus ueritatem uel certam, uel probabilem perscrutantur, ut alio loco exposuimus.

Porro cum principia Ontologiae tamquam certum ponant, uerum inueniri posse quod uel negant, uel dubitant aliqui, illud primum examinandum est an uerum aliquod a nobis cognosci possit et quale. Deinde, qui sint characteres proposotionum illarum quas pro primis ueritatibus habendas esse contendimus.

Itaque duplex Ontologiae pars illico oculis occurrit; altera, quae de modo cognoscendi primas ueritates explicat generatim; altera, quae illas propositiones, seu primas ueritates persequitur, quae ad omnes disciplinas pertinent. His enim duobus absoluitur quidquid ad facilem disciplinarum intelligentiam aliquid commodi adferre potest[51]. Quae quoniam ex iis, quae paullo post dicemus, clariorem lucem accipient, de iis hoc loco amplius disputare necessarium non est.

Quare commode loquuntur illi, qui sentiunt cum Buddeo, Ontologiam esse lexicon quoddam generale philosophicum, ex quo in singulis disciplinis facilius et sine ulla ambiguitate philosophamur. Nam maior pars Ontologiae, nempe solida secunda, in explicatione uocabulorum generalium uersatur. [45] "Lexicon" cum dico, non merum lexicon dicere uolo qui liber uocum significationem tantum adducat, sed qui exponat, qui rationem reddat et qui regulas aliquot praescribat ad bene utendum dictis nominibus. Quo sane sensu non inepte dicunt aliqui Ontologiam esse ueluti appendiculam Logicae, propterea quod, ut diximus supra, modum praescribit quo regulae Logices planius ad singulas disciplinas accommodari possint. Quamquam

---

[51] Repete quae diximus huius libri cap. 2.

Ontologia possa também entender-se como os prolegómenos a todas as ciências, como acima mencionei⁵².

---

⁵² Infere-se com clareza do referido em todo este capítulo ser necessário expor a Ontologia, sobretudo a segunda parte, apenas para benefício dos principiantes (e também para os que não sabem ajuizar melhor que as crianças), para mais facilmente poderem definir os nomes, deduzir desses nomes consequências e absterem-se de disputas inúteis, isto é, para poderem pôr em prática e aplicar com maior facilidade as regras da Lógica a toda a espécie de assuntos antes de se dedicarem às disciplinas mais severas, adquirindo, assim, algumas noções da maior utilidade. Ainda que essas noções possam adquirir-se adequadamente no início das disputas, contudo, como tais nomes ocorrem várias vezes nas disciplinas, é conveniente serem explicados em primeiro lugar. Os que tiverem aptidão para dispor rectamente todos os assuntos segundo as regras da verdadeira Lógica – como a maior parte dos varões muito célebres da minha lembrança que não estudaram a Metafísica ou se esqueceram dela e que pela luz natural da razão tiraram muito proveito, quer das matemáticas, quer das outras disciplinas – poderão sobressair facilmente em todas as matérias da Ontologia.

alio nomine prolegomena scientiarum omnium appellari possit, ut supra exposuimus[52].

---

[52] Ex dictis toto hoc capite plane infertur Ontologiam, praesertim eius partem secundam, puerorum tantum gratia scribi oportere (adde etiam eorum, qui non melius, quam pueri, iudicant) quo facilius nomina definire, ex iis consectaria deducere, tum demum ab inutilibus disputationibus abstinere queant, id est, quo facilius regulas Logicae, antequam in disciplinas grauiores se inmergant, ad omne genus argumentorum flectere et aptare queant et aliquas notiones utiliores adquirere. Quae etsi initio singularum disputationum commode adferri possent, tamen cum eiusmodi nomina idemtidem in disciplinis occurrant, non incommode prius explicantur. Quod si qui essent, qui singula ad regulas uerae Logicae recte exigere possent, ut plerique uiri celeberrimi nostra memoria, qui Metaphysicam uel non adtigerant, uel obliti erant, naturae lumine tum in Mathematicis, tum in ceteris disciplinis magno cum rei litterariae fructu fecerunt, ii omni Ontologia supersedere facile possent.

LIVRO TERCEIRO

PRIMEIRA PARTE DA ONTOLOGIA
OU MODO DE CONHECER AS PRIMEIRAS VERDADES

•

LIBER TERTIVS

DE PRIMA ONTOLOGIAE PARTE
SEV DE MODO COGNOSCENDI PRIMAS VERITATES

[47] CAPÍTULO I

O que são as primeiras verdades

Deve examinar-se neste momento a primeira parte da Ontologia. Eu já havia exposto na *Logica* o que é a verdade lógica, mas agora parece dever referir-me às primeiras verdades presentes em todos os conhecimentos.

Os filósofos modernos denominam "primeiras verdades" certas proposições [48] tão perspícuas que não podem ser demonstradas nem refutadas por outras dotadas de maior clareza. Deste modo, se fosse proposta uma proposição, mesmo evidente, que pudesse ser demonstrada ou refutada por outra mais clara, devia só por esse motivo ser excluída do rol das primeiras verdades. Esta definição é tão manifesta que seria inábil quem empreendesse com um longo discurso explicá-la e ainda mais inábil quem o solicitasse.

São três as características das primeiras verdades: 1. Que sejam de tal modo evidentes que não possam ocorrer outras com maior evidência ou dotadas de maior certeza, das quais elas pudessem deduzir-se; 2. Que sejam admitidas por todas as pessoas com tal consenso e convicção que ninguém ou quase ninguém as impugne, uma vez adquirida a razão da espécie humana; 3. Que estejam impressas tão profundamente no nosso espírito que não possam ser invalidadas por nenhumas falácias ou por meios astuciosos dos oponentes. Além disso, que todos ordenem a sua vida pelas suas prescrições. Os que aceitem estas três características aceitam necessariamente as primeiras verdades.

Ora, todas as disciplinas possuem as suas primeiras verdades, das quais procedem as outras sobre que discorre a disciplina; mas elas são tão específicas de cada disciplina que não podem de modo algum aplicar-se às outras disciplinas. Assim, as primeiras verdades da Física são-lhe de tal modo específicas que por meio delas não é possível discorrer sobre a Teologia ou sobre a Ética, entendidas em sentido estrito. Portanto, tais verdades ou princípios estão compreendidos dentro dos limites de uma disciplina. Porém, a Ontologia discorre sobre as primeiras verdades pertencentes a todas as ciências, nas quais podem originar-se, como numa nascente muito abundante, e ser por elas esclarecidas, as outras verdades de cada uma das disciplinas.

[47] CAPVT I

Quid sint Primae ueritates

Sed de prima Ontologiae parte uidendum nunc est. Quid sit ueritas logica diximus in *Logica,* nunc quid sint primae ueritates omnium cognitionum dicendum esse uidetur.

Nomine "primarum ueritatum" significant recentiores philosophi propositiones aliquas [48] ita perspicuas, ut per alias clariores probari non possint, nec confutari. Quare si quae propositio, quamuis perspicua, occurrat, quae ex alia clariori inlustrari possit, aut refutari, uel hoc solo nomine ex censu primarum ueritatum delenda est. Haec definitio adeo est clara, ut ineptus sit qui eam longo sermone exponere conetur, ineptior qui id flagitet.

Hinc tria sunt indicia[1] primarum ueritatum: 1. Quod sint adeo clare, ut clariores nullae occurrant, aut certiores, quibus exponi possint. 2. Quod tanta consensione et firmitate ab omnibus admittantur, ut nulli, aut fere nulli sint, habita ratione generis humani, qui eas respuant. 3. Quod ita alte in animo nostro defixae sint, ut nullis cauillationibus aduersariorum, nullis laqueis deleri possint; immo uero ex eorum praescripto uitam suam omnes instituant. Nam, quae tria haec praeferunt, merito pro primis ueritatibus habentur.

Porro singulae disciplinae suas habent primas ueritates, ex quibus ceterae, de quibus disciplina disputat, proficiscuntur. Sed hae ita cuiusque disciplinae propriae sunt, ut nullo modo ad alias trahi possint. Nempe primae ueritates Physicae usque adeo eius propriae sunt, ut ex iis Theologia, aut Ethica stricte accepta disputare non possit. Ideoque huiusmodi ueritates, seu principia intra limites unius tantum disciplinae consistunt. Ontologia uero de iis disputat primis ueritatibus, quae ad omnes scientias pertinent, et ex quibus, ceu fonte uberrimo, ceterae ueritates in singulis disciplinis deriuari possunt et inlustrari.

---

[1] indicia] characteres *R*

[49] CAPÍTULO II

As primeiras verdades cognoscíveis pelo sentido íntimo

Ao refutar os cépticos, já eu havia advertido na minha *Logica* poderem conhecer-se com evidência algumas verdades[53], tendo também ensinado dever basear-se o critério da verdade em parte nos sentidos e em parte na mente[54]; e discorri ainda sobre o modo de investigar a verdade com fundamento nos sentidos e na razão[55]. Porém, nesse lugar fiz sobretudo alusão a um assunto que não é duvidoso para ninguém de mente sã – como realmente acontece –, que estabeleci com argumentos, pois uma longa disputa seria muito inoportuna para quem desejasse apenas saber como investigar a verdade. Vou, no entanto, discorrer novamente neste livro sobre esse assunto por uma dupla razão: entender em profundidade os delírios dos cépticos, que recusam as primeiras verdades, indagando como isso pode ocorrer; e inquirir sobre a natureza das primeiras verdades, com base nas quais as outras se deduzem.

Obtemos por duas vias as primeiras verdades: pelo sentido íntimo (ou, como costuma dizer-se, pela consciência) e pela razão humana. No primeiro caso, elas são percebidas sem a mediação dos sentidos externos, denominando-se "verdades internas"; no segundo, são apreendidas por meio dos sentidos, tendo o nome de "verdades externas". Vou discorrer neste capítulo sobre as primeiras e sobre as outras no seguinte.

As primeiras e as principais verdades de todo o saber humano são o conhecimento da própria existência e o dos factos que ocorrem na mente. [50] Elas são apreendidas por todas as pessoas não por meio dos sentidos nem com o recurso a argumentos, mas pelo sentido íntimo e no âmago da consciência, de tal modo que, se perguntássemos a essas pessoas se existem, se conhecem, se querem ou não querem, se sentem dor ou prazer, todas elas responderiam sem a mínima hesitação verificarem-se todos estes factos, dado apresentarem-se ao espírito com suma evidência. E, se alguém se propusesse demonstrar isso com argumentos, a questão ficaria mais obscura que transparente.

Portanto, é sumamente evidente o conhecimento dos factos mencionados, ou – como outros se exprimem –, possui evidência matemática[56], tal como as outras coisas que procedem directamente dos referidos princípios, por exemplo, todas as demonstrações realizadas com rectidão, afirmando-se, por isso, serem dotadas de evidência matemática[57].

---

[53] *Logica*, liv. V, primeira parte, cap. 1.

[54] *Idem*, cap. 3.

[55] *Idem*, caps. 7-8.

[56] Afirmei na *Logica* (liv. V, primeira parte, cap. 3) serem idênticas a evidência matemática e a metafísica.

[57] Cfr. o que declarei no lugar mencionado.

[49] CAPVT II

De primis ueritatibus, quae cognosci possunt intimo sensu

Iam uero aliquas ueritates certo cognosci posse in *Logica* nostra[53] monuimus contra scepticos, ubi illud disputauimus criterium ueritatis, partim in sensibus, partim in mente poni debere[54], atque de modo ueritatem et sensibus et ratione inuestigandi disseruimus[55]. Verum eo loco rem quasi nemini sanae mentis dubiam, ut reapse est, magis posuimus quam argumentis confecimus, propterea quod longior disputatio inopportuna esset ei qui tantum de modo inuestigandi uerum quaerit. At hoc libro de iis iterum est disputandum duplici de caussa: quarum est altera ut deliria scepticorum, qui eas negant, penitus intelligamus, et quo modo iis occurri possit, notum habeamus et in promptu; altera ut, quae sint primae ueritates, ex quibus ceterae fluunt, penitus dignoscamus.

Porro ueritates primas duplici nos uia consequimur: uel intimo sensu (seu conscientia, ut uocant) uel humana ratione. Illae nullo sensuum externorum adiumento percipiuntur et internae uocantur. Hae sensuum ope comparantur "externae" que nominantur. De primis hoc capite, de aliis sequenti disputabimus.

Prima itaque et praecipua ueritas humanae omnis cognitionis est cognitio propriae exsistentiae et earum rerum quae in animo eueniunt. Hanc [50] non sensuum ministerio, non ullis argumentationibus, sed intimo sensu ac tacita quadam conscientia percipiunt homines singuli; adeo ut interrogati an sint, an cognoscant, an uelint, aut nolint, an dolorem sentiant, an uoluptatem; sine ulla haesitatione omnes respondeant alterutrum ita esse, quia adeo perspicue id menti obiicitur, ut nihil supra. Et qui aliquo argumentorum genere id ipsum probare uellet, rem obscuraret potius quam inlustraret.

Itaque praedicta cognitio est maxime euidens, seu, ut alii uocant, habet euidentiam mathematicam[56]; ut etiam ceterae, quae ex dicto principio proxime fluunt, ueluti demonstrationes omnes recte factae, quae iccirco mathematicam euidentiam habere dicuntur[57].

---

[53] Lib. V, p. I, cap. 1.

[54] Ibidem, cap. 3.

[55] Ibidem, cap. 7 et 8.

[56] Euidentiam *mathematicam* et *metaphysicam* eamdem esse diximus in *Logica*, lib. V, p. I, cap. 3.

[57] Repete quae diximus loco citato.

CAPÍTULO III

As primeiras verdades cognoscíveis pela recta razão

É suficiente o que referi sobre o sentido íntimo. Vou agora aludir ao outro modo de conhecer as primeiras verdades ou à recta razão. Defino "recta razão" a faculdade que, por se servirem da razão, todas ou quase todas as pessoas possuem para ajuizar de forma idêntica sobre o que não conhecem pelo sentido íntimo; esses juízos não são deduzidos de outros anteriores, estando imediatamente presentes no espírito[58]. Esta definição [51] é de tal modo perspícua em todas as suas partes que não necessita do meu discurso.

Portanto, a recta razão – que também pode denominar-se "senso comum" e "voz da natureza" – costuma manifestar-se em todas as pessoas que se servem da sua razão. Eu disse acima "quase todas", pois muitas delas que usam a sua razão recusam ou duvidam de certas coisas que outras aceitam com total anuência. Contudo, isto demonstra apenas estarem essas pessoas impossibilitadas de ajuizar com rectidão, em virtude de opiniões preconcebidas, mas não põe em causa o senso comum ou as noções evidentes sobre as coisas.

O senso comum que Deus incutiu no espírito de todos os homens possibilita a todos eles ajuizar de forma idêntica sobre coisas evidentes. Deus, porém, criou os homens como seres livres, pelo que alguns deles, ao servirem-se da sua liberdade, exprimem com frequência juízos inábeis que obscurecem e tornam insensível a mente, de tal modo que por vezes não se apercebem da verdade, embora com outros ocorra de forma diferente[59]. [52] Por isso, se alguns recusarem num ou noutro caso o senso comum, são ignorantes, e, sucedendo com todos, são loucos.

---

[58] Manifestamente, a recta razão compreende dois aspectos: o primeiro, a faculdade de ajuizar de forma idêntica sobre as coisas exteriores, existindo em todos os que se servem rectamente da sua razão; o segundo é a faculdade de inferir, em virtude de uma relação necessária, outras verdades de verdades já conhecidas, o que não pode suceder sem a faculdade anterior. Algumas vezes, como neste lugar, interpreto a recta razão atendendo à primeira faculdade e outras vezes à segunda.

[59] Há muitas causas por que o senso comum não é idêntico em todos os homens, podendo, no entanto, reduzir-se muito facilmente a algumas principais: 1.A vanglória, que nos induz a pensar e a exprimir-nos de modo diferente dos outros para aparentarmos com maior facilidade sermos mais talentosos que eles; 2. A curiosidade exagerada, que nos incita a emitir juízos sobre assuntos que não podem ser investigados pela razão humana; 3. Os preconceitos de partido, que ocasionam que permaneçamos obstinadamente vinculados a uma escola, a que atribuímos um nome, tal como acontece com os pirrónicos e os académicos, os quais, por esse motivo, difundiram a dúvida universal; 4. A negligência e a ligeireza em ajuizar, dado que muitas vezes – em virtude de não examinarmos rectamente um princípio, que é o fundamento do sistema – incorremos em erro por não considerarmos a sucessão continuada e a sequência de proposições evidentes que se inferem com rectidão desse princípio; 5. A presunção arrogante, que nos coage a depreciar o senso comum por ele dar a conhecer com clareza certas verdades que nos parecem incómodas. Estas causas e outras semelhantes, por mim referidas na *Logica* (liv. V, primeira parte, caps. 5-6), são aquelas em virtude das quais as pessoas parecem em certas ocasiões destituídas de senso comum. Efectivamente, podemos verificar isso, comparando com essas pessoas a parte do género humano que ajuíza de forma diferente.

CAPVT III

De primis ueritatibus quae cognosci possunt recta ratione

Atque de intimo sensu satis dictum. Venio ad alteram cognoscendi uiam, nempe rectam rationem. Nomine "rectae rationis" significamus facultatem quam habent homines ratione utentes, ut de rebus quas non intimo sensu percipiunt, eodem modo iudicent omnes, aut fere omnes, quod iudicium ex nullo praecedenti ductum, se ipso menti se offert[58]. Haec itidem definitio per singulas partes [51] adeo perspicua est, ut orationem nostram non desideret.

Itaque recta ratio, quae alio nomine communis sensu et naturae uox appellatur, in omnibus, modo ac ratione utuntur, inueniri solet. Dixi tamen supra uel fere omnes, quia plurimi, qui ratione utuntur, quaedam uel negant, uel dubitant quae reliqui uno consensu amplexantur. Haec tamen probant tantum huiusmodi homines praeiudicatis sententiis inpeditos de rebus recte iudicare non posse, nihil tamen officiunt communi sensui, aut rerum euidenti notioni.

Itaque communis sensus, quem Deus posuit in omni animo, omnes quidem ducit ut de rebus perspicuis eodem modo diiudicent. Verum cum Deus hominem liberum condiderit ipseque libertate sua in iudicia inepta frequenter incidat, usque adeo iis mentem animi hebetat et retundit, ut nihil interdum uideat ex uero; quod alii alio modo faciunt[59]. [52] Quare si uno aut alio casu sensui communi aliquis repugnat, ineptus, si in omnibus repugnat, demens appellatur.

---

[58] Recta ratio duo manifeste complectitur. Alterum, facultatem eodem modo de rebus, quae extra nos sunt, iudicandi; quae facultas omnibus inest, qui recto rationis usu ualent. Alterum, facultatem inferendi ex ueritatibus iam cognitis alias ueritates per necessariam concludendi rationem, quod sine prima facultate fieri non potest. Interdum tamen pro prima facultate sumitur, ut hoc loco, interdum pro secunda.

[59] Caussae, cur sensus communis non in omnibus eodem modo se habeat, plurimae sunt, sed ad quaedam capita perfacile referri possunt. Harum 1. est Vana gloria, quae nos mouet ut alio modo ac ceteri homines, et cogitemus et loquamur, quo facilius praeter ceteros ingeniosi praedicemur. 2. Nimia dilligentia seu curiositas, quae nos inpellit ut de rebus, quae humana ratione inuestigari non possunt, iudicium faciamus. 3. Partium studium, quod facit, ut mordicus sectae, cui dedimus nomen, adhaereamus, ueluti Pyrrhonii et Academici, qui ea de caussa generalem dubitationem uehementer propagarunt. 4. Negligentia, atque adeo celeritas in iudicando, nam saepe, quod non recte examinemus principium, quod nobis est systematis fundamentum, decipimur a continuata progressione ac serie illa euidentium propositionum, quae ex eodem recte ducuntur. 5. Insolens philautia, quae nos ueluti cogit, ut sensui communi non auscultemus, qui ueritates quasdam, quae nobis incommode uidentur, liquido repraesentat. Haec aliaque eiusmodi, de quibus *Logicae* lib. V, p. I, cap. 5 et 6 commemorauimus, caussa sunt cur homines in aliquibus rebus sensus communis expertes esse uideantur; et re uera ita sunt, si reliquum genus humanum, quod alio modo cogitat, cum iisdem conferamus.

Ocorre uma consideração que é digna de ser assinalada. Embora existam tantos preconceitos e seja tão grande a diversidade dos juízos – pelo que dificilmente se encontrará alguém, embora muito douto e avisado que por vezes não seja inábil –, no entanto, a maioria das pessoas tem idêntico parecer sobre determinados assuntos, devendo por esse motivo considerar-se o senso comum de todas elas a norma da verdade e não a opinião de certos incompetentes.

Isto é verdadeiro não apenas a respeito dos assuntos comuns, mas também dos particulares. Se em matérias de que tenho conhecimento e experiência verificar que outras pessoas não exercitadas como eu ajuízam de maneira diferente da minha, posso legitimamente pensar que elas cometem erro; se, porém, a maioria delas em igualdade de condições [53] emitir juízos diferentes dos meus, estamos perante um indício claro e certo de que eu erro, dado não ser possível enganarem-se tantas pessoas com aptidão para ajuizar e apenas eu acertar no alvo.

Esclareço este assunto com um exemplo. As artes possuem algo peculiar – como a eloquência, a poesia, a arquitectura, a pintura e outras mais –, que constitui a sua perfeição; por isso, elas não são conhecidas por certas pessoas do povo, mas apenas por varões dedicados a essas matérias e que se aplicaram totalmente ao estudo da Antiguidade. Suponhamos então um discurso ou um poema feito por vós próprios ou por um vosso amigo para proferir um elogio e para ser publicado, sendo, no entanto, apenas do vosso agrado e das pessoas das vossas relações, mas parecendo à maior parte dos varões ilustrados na eloquência e na poesia antigas um puro seiscentismo. Alguém de mente sã poderá afirmar terdes vós ajuizado rectamente e terem os outros errado? Não é verosímil enganarem-se tantas pessoas a respeito de assuntos de que são conhecedoras e sobre os quais possuem aptidão para ajuizar rectamente e só vós possuirdes uma opinião correcta. Deste modo, o senso comum dos que estão em condições de ajuizar rectamente nas matérias mencionadas deve considerar-se o critério da verdade; assim, o que a maioria das pessoas conhecedoras de um determinado assunto ajuíza com rectidão ser de uma determinada maneira é necessário que assim seja, pois esse juízo comum é uma voz da natureza dimanado do íntimo da consciência dos que estão em condições de ajuizar. Eu disse "conhecedoras" e "que estão em condições de ajuizar" porquanto se, por exemplo, os inumeráveis seiscentistas proferirem elogios ou vituperarem não se lhes deve conceder a mínima importância, dado que, por não serem versados na Antiguidade nem conhecerem os princípios de ajuizar rectamente, nada podem proceder contra quem estiver munido de tais princípios, não devendo, por isso, ser ouvidos. E o que eu afirmo a respeito dos seus conhecimentos sobre eloquência e poesia podeis vós afirmá-lo relativamente às outras artes liberais, como a arquitectura, a pintura, a música e até a propósito de todas as artes mecânicas; em todas elas, o senso comum dos respectivos especialistas revela quais são as primeiras verdades das artes. [54] É ainda o senso comum que manifesta as primeiras verdades noutras matérias sobre as quais toda a gente está em condições de ajuizar. Resta, portanto, inquirir se existem alguns juízos deste género, o que irei esclarecer em poucas palavras.

Illud tamen in hoc casu mirabile occurrit, quod etiamsi tanta sit praeiudiciorum copia tantaque in iudicando uarietas, ut uix unum doctissimum et prudentissimum inuenias, qui non in aliquo casu ineptus sit, tamen plerique omnes in certis rebus ita consentiunt, ut nulli magis. Is itaque sensus communis omnium pro regula ueritatis haberi debet, non ille ineptorum quorumdam.

Id adeo uerum est, ut non modo in rebus communibus, sed in quibusdam priuatis locum habeat. Quare si in iis, quorum notitiam et usum habeo, uideam alios non aeque exercitatos diuerso modo iudicare ac ego, iure optimo iudicare possum, eos errare. Sin, rebus omnibus aequalibus, plerique [53] omnes diuerso modo iudicent, indicium est clarum et certum me errare, neque enim fieri potest ut tot homines apti ad iudicandum fallantur, ego solus ad scopum collineem.

Exemplo rem inlustremus. Artes singulae, ut Eloquentia, Poesis, Architectura, Pictura, ceterae habent aliquid sibi peculiare, in quo sita sit earum perfectio; idque non unus et alius de populo, sed uiri his studiis contriti et in Antiquitate bene uersati soli cognoscunt. Finge te orationem aliquam, uel poema a te, uel ab amico factum uulgare atque laudare, sed tale, quod tibi tuique similibus tantum placeat, at uiris plerisque, ueteris Eloquentiae et Poesios callentissimis, purum putum sexcentismum sapiat. Quis sanus dicet te recte iudicare, ceteros errare? Quia uerisimile non fit ut tot homines, qui ea callent, ex quibus recte iudicare apti sint, errent, tu uero solus recte iudices. Itaque communis ille sensus omnium, qui recte iudicare in his possunt, nobis sit oportet criterium ueritatis. Ideoque quod plerique omnes bene docti in aliqua facultate iudicant recte se habere, ita se habeat necesse est, nam hoc commune iudicium est quaedam naturae uox, quae in hominibus, qui diiudicare possunt, ex intimo pectore erumpit. Dixi "bene docti" et "qui diiudicare possunt"; nam si innumeri sexcentistae uerbi gratia aliquid uel laudent, uel uituperent, nihil momenti adferunt; nam cum in Antiquitate uersati non sint, nec recte iudicandi principia noscant, nihil efficere possunt aduersus eum, qui talibus principiis munitus sit, proptereaque audiendi non sunt. Quod autem de eloquentia et poesi dico, de ceteris artibus ingenuis, ut architectura, pictura, musica, immo et de uulgaribus omnibus dicta putatote. In omnibus his sensus communis peritorum primas ueritates artium ostendit. [54] In reliquis autem rebus, de quibus omnes iudicare possunt, etiam sensus communis omnium aperit primas ueritates. Vnum tantum superest examinandum an huius generis iudicia aliqua exsistant, quod paucis est explicandum.

Está totalmente fora de controvérsia para quem examinar atentamente os comportamentos e os juízos dos homens existirem muitos juízos expressos por quase todos eles, que não são deduzidos de outros mais evidentes. Principiando pelos mais conhecidos, são os seguintes: 1. Tenho uma determinada cor e uma determinada estatura; 2. Sou um único homem e não dois; 3. Estou dotado de um corpo e de uma inteligência; 4. Sou livre, isto é, posso fazer o que desejar sem uma causa que me coaja intimamente; 5. Além de mim, existem na Terra outras pessoas; 6. Não me criei a mim próprio; 7. Não apenas eu, mas também os outros homens, possuímos um corpo e um espírito; 8. Tudo o que é realizado com sumo artifício é realizado por uma causa dotada de razão; 9. Se um grande número de pessoas de são juízo e de crédito incontestável atestar algo não por ouvir dizer, mas em virtude do próprio conhecimento, isso deve considerar-se verdadeiro e comprovado. E outros juízos semelhantes.

Como é manifesto, estes juízos não se originam noutros, sendo, por isso, tão evidentes que nada existe mais evidente. Por outro lado, eles são aceites por todas as pessoas, excepto por certos ignorantes, devendo, por conseguinte, ser legitimamente considerados primeiras verdades.

Poderia alguém perguntar em que diferem as primeiras verdades conhecidas pelo sentido íntimo daquelas que se conhecem pela recta razão. Se inquiríssemos sobre a sua clareza e solidez ou – como outros afirmam – sobre a sua certeza, elas em nada [55] se diferenciam; porém, quanto ao modo como adquirimos a certeza, existe uma diferença. Com efeito, as verdades conhecidas pelo sentido íntimo estão de tal modo presentes no nosso espírito que só um louco poderia duvidar da sua existência. A respeito daquelas que são adquiridas pela recta razão, não coagem de forma tão intensa e eficiente que possam causar assentimento independentemente da nossa vontade; contudo, exercem coacção, se o espírito delas se aperceber. Tomando como exemplo a demonstração matemática e a demonstração metafísica, ambas possuem a máxima clareza e certeza: a primeira – por se servir de números e de figuras que nos estimulam intensamente – cativa o espírito com tanta veemência que, mesmo contra a nossa vontade, somos coagidos a assentir; a segunda, embora coaja espontaneamente – por assim dizer –, contudo, não violenta a adesão do espírito. Portanto (como afirmam alguns autores que denominam essas demonstrações de modos diferentes, de onde resultam inúmeras disputas de todo desnecessárias sobre palavras), está comprovado por todos coagirem de tal modo ao assentimento ambas as verdades que só os insensatos e os loucos não lhes dão aprovação.

Quanto àquilo que me tinha proposto, é suficiente o que deixei escrito.

Porro plurima esse eiusmodi iudicia, quae et fere omnes faciant homines et ex nullis aliis clarioribus deducantur, omnino extra controuersiam erit ei qui humanas actiones quique iudicia recte examinarit. Huiusmodi sunt, ut a notioribus incipiamus, iudicia istiusmodi: 1. ego talem colorem et staturam habeo; 2. ego sum unus, non duo homines; 3. ego corpore et intelligentia praeditus sum; 4. ego liber sum, id est, sine ulla caussa quae me intus cogat, facere possum quod mihi placet; 5. exsistunt in hoc orbe terrae alii homines praeter me; 6. ego me ipsum non creaui; 7. non ego tantum, sed ceteri homines corpore et mente praediti sunt; 8. quidquid summo artificio est factum, id ab aliqua caussa ratione praedita factum est; 9. si homnes multi numero et sani iudicii, ac probatae fidei aliquid non auditum, sed cognitum testentur, id pro certo et explorato habendum est, et alia huiusmodi.

Haec iudicia ex aliis non oriuntur, ut est perspicuum, deinde adeo sunt clara, ut nihil clarius, postremo ab omnibus, ineptis quibusdam exceptis, admittuntur. Recte itaque pro primis ueritatibus habentur.

Quaerat aliquis qui differunt primae ueritates intimo sensu cognitae ab iis, quae recta ratione cognoscuntur? Si perspicuitatem et firmitudinem, seu, ut uocant, certitudinem, quaerimus, nihil omnino [55] differunt. Si modum, quo nos certiores faciunt, non nihil differunt. Nam ueritates, quas intimo sensu cognosco, sic menti meae, praesentes sunt, ut non nisi dementes de earum exsistentia dubitare possint. Quae uero recta ratione adquiruntur, non ita ualide ac efficaciter me cogunt et uolentem nolentem trahunt ut adsentiam; cogunt tamen, si animum ad id aduerto. Exemplo sit demonstratio mathematica et metaphysica, quarum utraque summa euidentia et certitudine fruitur. Mathematica tamen, quia numeris et figuris constat, quae nos uiuidius tangunt, tam alte in animo defigitur, ut uolentem nolentem me rapiat ad consentiendum. Metaphysica uero etsi cogit sponte illa quidem, ut ita loquar, me ducit, non tamen inuitum rapit. Quare (ut ut dicunt aliqui, qui eas alio et alio nomine appellant, ex quo innumerae disputationes de uocabulo, eaeque minime necessariae, proficiscuntur) illud apud omnes exploratum est, utrasque ueritates sic hominem ad consentiendum cogere, ut non nisi stulti et insani eas non admittere queant.

Quod ad id quod quaerimus, satis est.

CAPÍTULO IV

Argumentos dos que recusam algumas verdades

Poderão ficar surpreendidos, caros jovens, alguns varões doutos por eu dedicar de propósito neste lugar um capítulo inteiro a contestar os argumentos dos cépticos, podendo eles ser facilmente refutados e com eficácia apenas pela explicação das suas palavras por parte dos que usam rectamente a sua razão. Mas eu desejo exprimir-lhes o motivo da minha deliberação, [56] esperando certamente que eles me hão-de aplaudir, se fizer de início algumas considerações.

Na verdade, no meu parecer, os argumentos dos cépticos são inábeis, não merecendo minimamente que varões muito instruídos se tenham preocupado em responder-lhes com tanto aparato de erudição. Por ter sido exaltado nos nossos tempos o nome dos cépticos e por ter aparecido em todas as bocas – quer em virtude das doutrinas insignes de alguns que não duvidaram propugnar tais desvarios, quer pela notabilidade dos que lhes retorquiram –, pensei ser meu dever expor-vos o que sobre eles deve ajuizar-se para não vos persuadirdes, induzidos em erro pela sua notoriedade, de que têm tanto valor os argumentos dos cépticos que apenas com grande esforço e enorme erudição é possível contestá-los. Propus-me, por isso, escrever estas coisas mais para meter a ridículo os cépticos que para replicar-lhes, dado estar persuadido poder refutar mais facilmente as suas cavilações, mofando, do que demolindo a grande quantidade dos seus argumentos, pois esses indivíduos parecem delirar.

Sucede, porém, não podermos discorrer sobre as primeiras verdades, se previamente não estabelecermos ser possível conhecer-se a verdade. Deste modo, parece dever eu discorrer com brevidade neste lugar sobre o assunto.

I

Primeiramente, duvido de que alguém de mente sã possa recusar com qualquer espécie de argumentos possuirmos conhecimentos adquiridos pelo sentido íntimo; por exemplo, que existo, que conheço, que quero ou não quero. Antes de mais, quem pretendesse refutar estes factos não saberia com clareza se possuo ou não actualmente esses conhecimentos, não podendo, por isso, afirmar ou negar o que quer que fosse a respeito deles. Por outro lado, mesmo que declarássemos a esses opugnadores possuirmos essas noções, eles seriam incapazes de nos coagir com quaisquer argumentos [57] a duvidar ou a negar que as possuímos. De que modo e qual a legitimidade que eles possuem para poderem demonstrar que não existo? Suponhamos que um céptico pretendia persuadir-me com grande abundância de argumentos dever duvidar da minha existência e das minhas percepções. Contudo – após ter ele discorrido abundantemente e com muita eloquência durante um dia inteiro sobre o assunto –, quando reflicto apercebo-me facilmente de ser tudo uma

CAPVT IV

Argumenta eorum qui negant ullas esse ueritates

Mirabuntur, adolescentes, hic aliqui uiri docti me diluendis dedita opera scepticorum argumentationibus integrum caput destinasse, cum illae uel ex sola uocabulorum expositione apud eos qui ratione recte uti sciunt et facile et inuicte refutari possunt. Quibus ego rationem consilli mei notam [56] esse cupio et spero certe eisdem me probaturum, si pauca prius dixero.

Ego sane in eadem sum sententia argumenta scepticorum inepta esse, nec plane digna, quibus tanto doctrinae apparatu uiri litteratissimi respondere conentur. Verum cum hac aetate scepticorum nomen, tum propter quorumdam praestantem doctrinam, qui talia deliria defendere non dubitarunt, tum etiam propter celebritatem eorum qui eisdem responderunt, nobilitatum sit et in omnium ore uersetur, meum esse putaui, quid de iis iudicare oporteat, uobis explicare, ne uos tantis nominibus decepti uobis persuaderetis, scepticorum argumenta tantum habere momenti, ut iis non sine magno labore atque incredibili eruditione occurri possit. Quare ad irridendos potius quam confutandos, scepticos, talia scribere mihi proposui, quod mihi persuadeam, ita facile eorum cauillationes refutari posse, ut irridendi potius quam argumentorum copia labefactandi, deliri illi homines uideantur.

Accedit quod de primis ueritatibus non ante dicere possumus, quam efficiamus, ueritatem posse cognosci; ideoque de ea hoc loco breuiter dicendum esse uidetur.

I

Ac primum illud tamquam nemini sanae mentis dubium pono, cognitiones, quas intimo sensu habeo, ueluti me exsistere, me cognoscere, me aliquid uelle, aut nolle, nullo argumentorum genere confutari posse. Nam primum, qui haec oppugnare uelit, plane nescit an ego tales cognitiones nunc temporis habeam, an non, propterea nihil de iis aut adfirmare potest, aut negare. Deinde etsi eidem aperiam me tales notiones habere, nullis argumentis [57] cogere me poterit ut id negem, uel dubitem. Quo enim modo, quibus rationibus efficiet me non exsistere? Age fingamus scepticum magna rationum copia persuadere mihi uelle de mea exsistentia ac perceptione esse dubitandum. Ego uero eumdem, postquam integrum diem de eo argumento copiosissime et eloquentissime disputauit, uel nullo negotio intelligo falsum esse, cum ad me reuertor, cum considero me esse eum, qui illum disputantem patienter

falsidade por considerar ser eu a pessoa que ouviu com paciência o disputante, dado ter plena consciência de ter estado na sua presença, de ter desejado ouvi-lo e de ter ouvido realmente o litigante. O quê! Se eu estivesse atormentado por fome e sede diuturnas, desejaria ele persuadir-me com as suas subtilezas de que eu não sentia nem fome nem sede? Porventura, poderia ele desejá-lo por alguma razão? Porém, eu sustento com toda a firmeza que – se esse céptico fosse submetido à fome durante três dias e não apenas uma pessoa, mas todas as que existem, existiram e hão-de existir desejassem com muita eloquência persuadi-lo de não ter a sensação de fome – devia antes pensar-se estar louca toda a espécie humana e ele não estar atormentado por uma fome intensa. Esta sensação está, portanto, presente com evidência no seu espírito, torturando-o e mortificando-o.

É bem conhecida a afirmação do pirrónico Diodoro[60] que, altercando com altivez e servindo-se do seu célebre dilema, negava de tal modo todo o movimento que ninguém poderia replicar-lhe. Mas, tendo ele um ombro deslocado e mandando chamar o médico Hierófilo para endireitá-lo, Hierófilo esforçou-se por persuadi-lo, gracejando, de que segundo o seu dilema não era possível o ombro mover-se e estar deslocado. Diodoro, porém, sentia tantas dores que, rejeitando os delírios dos pirrónicos, confessou que não apenas o ombro, [58] mas também todo o corpo, podiam mover-se e pediu com veemência a Hierófilo que pusesse nele as suas mãos de médico, pondo, assim, de parte as sandices dos cépticos. Por isso, é tão manifesto que a sensação de dor aguda coage os cépticos que, embora contra a sua vontade, aceitam a evidência da verdade. Visto que estes factos são conhecidos pelo testemunho de todas as pessoas e pela experiência quotidiana, não é necessário apresentar ainda outros. É, portanto, evidente nada poder objectar-se que tenha qualquer relevância contra as percepções do sentido íntimo.

II

Vou agora ocupar-me das noções que são obtidas por meio dos sentidos e também pela recta razão. Por elas estabelecerem como verdadeira e evidente a existência dos corpos exteriores, vou discorrer em primeiro lugar sobre a existência dos corpos, ou seja, sobre a evidência dos dados dos sentidos, e seguidamente sobre os assuntos que são relativos à recta razão.

I. A existência dos corpos manifesta-se por meio de todos os sentidos externos e com tanta evidência quanta é possível possuir-se nas matérias da Física. Se nos servirmos dos sentidos enquanto saudáveis e robustos, percebemos de imediato existirem coisas exteriores que, independentemente da nossa vontade, impressionam os nossos sentidos. Quando abro os olhos, apercebo-me da existência de muitas coisas que me são exteriores, por exemplo, das cores e das figuras; e quando

---

[60] *Apud* Sexto Empírico, *Hipotiposes Pirrónicas*, liv. II, s. 245.

audiui. Itaque certo conscius mihi sum me esse praesentem, me eum audire uoluisse, me reapse disputantem audiuisse. Quid? Si mihi diuturna fame ac siti fatigato persuadere suis acuminibus uoluerit me nec famem nec sitim sentire? An ulla ratione poterit? Ego uero uel quocumque pretio praestabo scepticum ipsum, si fame triduum fatigetur ac eidem non dico unus, sed omnes homines, qui sunt, qui fuerunt, qui erunt, magna eloquentiae ui persuadere conentur eum nullum sensum famis sentire, potius iudicaturum uniuersum genus humanum insanire quam se acerba fame non esse uexatum. Adeo perspicue haec adfectio obiicitur, eum macerat ac dilaniat.

Vulgatum est illud Diodori Pyrrhonii[60], qui arroganter contendebat se suo illo dilemmate motum omnem ita negasse, ut ei frustra quisquam occurrere uellet. Hic cum luxatum humerum haberet et Hierophilum medicum accersiri iuberet, ut sibi humerum restitueret, Hierophilus in re seria nugans eodem dilemmate eidem persuadere conatus est humerum moueri et luxari non potuisse. At tantus dolor Diodorum uexabat ut, abiectis Pyrrhoniorum delirationibus, non modo fassus sit, humerum [58] atque adeo omnia corpora moueri posse, sed Hierophilum uehementer rogarit ut, missis ineptiis scepticorum, medicas manus adhiberet. Vsque adeo certum est acutum sensum doloris uel inuitos cogere scepticos, ut perspicuae ueritati cedant. Quae cum ex uniuscuiusque testimonio ac domestica experientia nota sint, ulterius exponenda non sunt. Manifestum est igitur, contra id, quod *intimo sensu* percipitur, nihil opponi posse, quod aliquid momenti habeat[(2)].

II

Venio[(3)] ad eas notiones quae sensuum praesidio atque adeo recta ratione comparantur. Quae cum externorum corporum exsistentiam tamquam ueram ac perspicuam ponant, primum de corporum exsistentia, seu euidentia sensuum dicemus; deinde postea de iis quae spectant ad rectam rationem.

I. Corpora autem exsistere sensus externi omnes demonstrant, idque tanta perspicuitate quanta maxima haberi in physicis rebus potest; si enim sensibus et integris et ualentibus utamur, illico percipiemus esse extra nos

---

[60] Apud Sextum Empiricum, *Pyrrhonicas Hypotyposes*, lib. II, sect. 245.

(2) habeat] habeat in disputando *R* ‖ (3) Venio ad eas notiones, quae sensuum praesidio ... demonstrandum tentet.] *pro* Venio ad eas notiones, quae recta ratione ... ac efficacia inuadit *R*, *p. 63-79, cf. infra Appendix I.*

dirijo o ouvido para o meio de uma multidão que está discutindo, apercebo-me da existência de pessoas que do mesmo modo são exteriores a mim próprio e que falam; e quando aproximo do nariz uma rosa ainda verdejante, sinto um cheiro agradável; e quando ponho açúcar na língua e depois fel, sinto em primeiro lugar um sabor muito doce e de seguida um sabor muito amargo; e quando seguro um objecto com as mãos, e quando coço a cabeça com os dedos, e quando toco o meu corpo, sinto uma coisa sólida e dura que me faz resistência. Estes factos verificam-se não apenas uma vez, mas sempre e de forma idêntica. [59] Aliás, situações deste género não acontecem apenas comigo, pois tenho conhecimento de ocorrerem de forma idêntica com todas as pessoas das minhas relações.

Se eu estivesse desprovido dos sentidos, sucederia de modo diferente. Se um cego de nascença pretendesse formar a ideia de cor ou de luminosidade, por maior esforço que fizesse seria incapaz de consegui-lo[61]; e, se alguém com os olhos fechados desejasse trazer à memória a figura de uma pessoa que viu anteriormente, só poderia alcançá-lo de forma muito débil; e, se uma pessoa estivesse distante de outra, perder-se-ia a visão das cores vivas da sua figura. É certo que o sentido da visão é muito penetrante, mas é muito débil a lembrança que temos das coisas que vemos. O mesmo parece dever afirmar-se da audição, do olfacto, do gosto e do tacto: quem estiver desprovido deles, ou por defeito natural ou por deliberação, é certamente incapaz, por não se servir dos sentidos, de formar as ideias e as imagens, pois adquire-as por meio dos sentidos. Com efeito, se alguém intentasse com muita veemência – supondo que todos os corpos deixavam de existir – estimular em si mesmo a sensação de deleite que experimentou ao ouvir uma sinfonia, ou a sensação de agrado ao cheirar uma rosa, ou o sabor de uma óptima maçã, ou a dor que suportou ao pôr a mão no fogo, por mais que desejasse jamais poderia consegui-lo, como ensina a experiência quotidiana, não sendo necessários quaisquer argumentos, e mesmo que opuséssemos resistência. É, portanto, evidente que os sentidos nos manifestam e nos certificam sobre a existência de coisas exteriores que os impressionam, chamadas "corpos". Era esta a primeira consideração.

II. Ninguém que pondere devidamente o assunto pode duvidar de que existe uma evidência suprema a respeito das matérias que podem ser estudadas na Física. Este tema constitui a segunda parte em relação ao inicialmente referido. É impossível nas questões da Física, não direi verificar-se, [60] mas nem sequer imaginar-se ou pensar-se, maior evidência que aquela que os nossos sentidos, enquanto saudáveis, nos manifestam a respeito da existência de objectos corpóreos[62]. Embora isto seja evidente

---

[61] Isto pode comprovar-se pelo exemplo do jovem a quem o célebre cirurgião Cheselden extraiu um glaucoma de um olho. Ver, sobre a história deste evento, Cheselden, in *Acta Londinensia*, 1720-1730.

[62] A evidência física é de duas espécies: a primeira informa-nos sobre as percepções e as sensações relativas às coisas exteriores; a segunda origina a firme convicção da existência de coisas exteriores que percepcionamos. Elas estão de tal modo relacionadas que não pode existir nem pensar-se a percepção sem a convicção. Por isso, a evidência física é uma espécie de manifestação e - por assim dizer - uma revelação das coisas exteriores criadas por Deus segundo leis naturais. Sobre este assunto, irei discorrer com maior desenvolvimento na *Physica*.

aliqua quae, nobis etiam inuitis, sensus pulsant. Nam cum oculos aperio, multa extra me esse percipio, nempe colores et figuras. Cum aures intendo in media hominum turba confabulantium, percipio esse extra me homines qui loquantur. Cum rosam uirentem naribus adiungo, sentio odorem gratum. Cum saccharum, deinde fel applico linguae, sentio primum saporem dulcissimum, tum praeter modum amarum. Deinde cum aliquid manibus prehendo, cum caput digito scabo, cum corpus meum tango, aliquid solidi ac duri mihi resistere animaduerto. Quae quidem non mihi semel, semper eodem modo se offerunt, [59] nec mihi tantum similia eueniunt, sed singulis, quibuscum loquor, pari modo euenire cognosco.

Contraque haec se habent, si sensuum praesidio careo. Nam qui a natiuitate caecus ideam coloris aut lucis elicere cupit, ut nitatur, nullam profecto eliciet[61]. Sin clausis oculis imaginem hominis ante uisam in memoriam reuocare conatur, non nisi tenuissimam reuocat, et quae longe distet a uiuo colore figurae oculis haustae. Sensus enim uisus acerrimus est, memoria uero rei uisae omnino debilis. Similiter de auditu, de olfatu, de gustatu, de tactu dicendum esse uidetur. Quorum auxilio qui uel uitio naturae caret, uel sponte quidem priuatur, dum se abstinet usu sensuum, non eas certe ideas et imagines habere potest, quas sensuum ope acceperat. Vt enim, remotis corporibus, uehementissime conetur in se excitare uel gaudium quod habuit, dum symphoniam audiret, uel iucunditatem quam sentit, dum rosam olfaceret, uel sapore quem percipit, dum pomum aliquod exquisitum gustaret, uel dolorem quem pertulit, dum flammam tangeret, numquam, quod uult, adsequi poterit, quod experientia quotidiana sine ullis argumentis, immo et nobis reluctantibus, declarat. Est igitur perspicuum sensus ostendere et conuincere esse extra nos res istas, quae sensus feriunt quasque propterea "corpora" uocamus. Atque hoc primum.

II. Eam uero euidentiam esse maximam earum quae haberi in physicis rebus possunt, quod erat alterum membrum initio positum, nemo, qui rem debito modo expendat, dubitare potest. Nulla enim [60] non dico dari, sed ne fingi quidem, aut cogitari potest in physicis rebus maior euidentia prae illa, qua sensus nostri, dum ualentes sunt, nobis obiecta corpora demonstrant[62] Quod ipsum quamuis se ipso perspicuum sit, tamen duobus argumentis uel

---

[61] Id satis confirmat exemplum iuuenis illius, cui Cheselden celebris chirurgus glaucoma ab oculis remouit. Vide Cheselden in historia huius euentus, apud *Acta Londinensia* ab anno 1720 ad 1730.

[62] Euidentia physica duo complectitur: alterum, perceptionem ac sensum rei externae, alterum, firmam opinionem exstare extra nos rem quae percipitur; quae duo adeo indiuisa sunt, ut perceptio sine persuasione, nec dari, nec intelligi possit. Quare euidentia physica est quaedam declaratio, et, ut ita dicam, reuelatio externarum rerum nobis a Deo facta secundum leges naturae, sed de his in *Physica* copiosius.

em si mesmo, confirma-se sobretudo por dois argumentos contra os objectores: origina-se o primeiro argumento em que ficaria invalidada a evidência matemática, se não admitíssemos a evidência física; o segundo procede das inconsequências dos opositores, por eles serem incoerentes quando menosprezam a evidência física em prol da evidência matemática.

1. Em relação ao primeiro argumento, é tão evidente a minha tese que me causa espanto haver tantos filósofos que pretendem coagir-me continuamente a aceitar a evidência matemática e a menosprezar a evidência física, não se apercebendo eles de que, depreciando esta, a outra fica totalmente invalidada. Isto pode decerto ser demonstrado com base nos enunciados dos *Elementos* de Euclides. Tendo, porém, em vista a clareza do assunto, vou apresentar uma proposição muito conhecida e muito célebre da Matemática. Suponhamos que nos propomos demonstrar serem os três ângulos internos de um triângulo iguais a dois rectos[63], servindo-nos desta regra vulgarizada: "Um ângulo externo é igual aos dois internos mais distantes; mas um externo com o interno mais próximo são iguais a dois rectos; portanto, [61] o interno mais próximo com os dois internos opostos são iguais a dois rectos". Neste momento, poderia alguém sustentar ficar eu convencido pela evidência matemática. Recuso, porém, que formem dois ângulos rectos um ângulo externo com um interno. De que modo poderá alguém convencer-me do contrário? Dir-se-ia que recorri a uma figura geométrica, demonstrando que duas linhas rectas que se cortam mutuamente originam por um dos lados ou dois ângulos rectos ou o equivalente a dois rectos. Mas rejeito também que assim seja. Convençam-me então do contrário. Dir-se-ia ainda ter eu recorrido à definição de ângulo recto e de linha, e demonstrado de forma mais clara que a luz, baseando-me na própria figura geométrica, que um ângulo externo com um interno são formados por duas linhas rectas que se cortam reciprocamente. Nego, porém, tudo isso, ou seja, a existência dessas linhas rectas e mesmo de quaisquer linhas, de quaisquer ângulos, de quaisquer figuras e de qualquer coisa que alguém possa asseverar. Convençam-me então da evidência matemática. Mas a única evasiva que vos resta é afirmardes ser eu um delirante por rejeitar a existência daquilo que percebo com clareza. Recuso, no entanto, o que disserdes. Portanto, tudo se infere da evidência física possibilitada pelo sentido da visão. De forma idêntica, se eu examinar rectamente outras demonstrações matemáticas relativas a linhas ou a números, perceber-se-á com clareza que em último caso a sua evidência se reduz à evidência sensível, sem a qual deixa de existir a evidência matemática[64].

---

[63] Trata-se da proposição nº 32 do livro I de Euclides.

[64] É muito frequente na Geometria recorrer à visão no estabelecimento das demonstrações. Por exemplo, quando se afirma que a linha, o ângulo e o triângulo B são metade da linha, do triângulo ou do paralelogramo A, etc., isso pode comprovar-se pelo sentido da visão, demonstrando-se deste modo com brevidade o problema.

maxime contra repugnantes confirmatur. Quorum alterum ex eo sumitur, quod nisi physicam euidentiam ponimus, omnino de mathematica euidentia actum est; alterum ex aduersariorum inconstantia, qui dum physicam euidentiam prae mathematica contemnunt, sibi ipsis non constant.

1. Et quod ad primum adtinet, tam euidens thesis nostra est ut mirer esse tot homines, qui nobis mathematicam euidentiam tertio quoque uerbo obtrudant, physicam uero respuant, quin aduertant, hac sublata, primam omnino euanescere. Quod quidem singulis propositionibus *Elementorum* Euclidis probari potest. Sed claritatis gratia unam propositionem adsumam et celebrem et in tota Mathematica fecundam. Sume tibi probandum tres angulos cuiuslibet trianguli esse aequales duobus rectis[63], idque uulgata illa ratione: "Angulus externus est aequalis duobus internis remotioribus, sed externus cum interno uiciniori est aequalis duobus rectis; ergo [61] etiam internus uicinior cum duobus internis ei oppositis pares erunt duobus rectis." Hic tu me uictum euidentia mathematica esse contendis. At ego nego angulum externum cum interno facere duos rectos. Quo modo me uinces? Confugiam, inquies, ad figuram geometricam, et ostendam, duas lineas rectas, quae se mutuo secant, facere ex una parte uel duos rectos, uel pares duobus rectis. Nego id quoque; eia conuince me. Perfugiam, rursum dices, ad definitionem et anguli recti et lineae, atque ex schemate ipso geometrico luce clarius ostendam angulum externum cum interno ex duabus lineis rectis se inuicem secantibus esse factum. Sed ego id totum nego, hoc est, nego illas esse lineas rectas, immo ne quidem lineas esse, nec angulos, nec schema, nec aliquid eorum quae tu adseueras. Age, conuince me euidentia mathematica tua. Nullum tibi superest effugium nisi dicere me delirum esse, qui ea, quae aperte uideam, esse negem. Sed teneo te. Ergo ex euidentia physica, quam oculis acceperam, res tota deducitur. Eodem modo, si reliquas demonstrationes mathematicas recte examinas, uel eae lineis, uel numeris constent, ad euidentiam sensuum ultimo reuocari, perspicue intelliges, qua remota, euidentia omnis mathematica perit[64].

---

[63] Haec est propositio 32 libri primi Euclidis.

[64] Nihil in Geometria frequentius quam ad uisum confugere in conficiendis demonstrationibus, ueluti cum dicunt lineam B et angulum et triangulum esse dimidium, uel lineae, uel trianguli, uel parallelogrami A et C, idque ex uisu euidens ponunt, ut reliqua breuiter demonstrent.

Esta conclusão é claramente confirmada por uma outra razão, fundada no objecto da Matemática. Sendo a quantidade o objecto da Matemática Pura, quer a contínua [62] (ou a extensão, de que trata a Geometria), quer a discreta (ou os números, estudados pela Aritmética), e como a ideia de extensão e de números é obtida apenas por meio dos sentidos, infere-se que sem o uso dos sentidos a Matemática não poderia desenvolver-se nem sequer um dedo. Por isso – embora concedendo com benevolência a Claude Bernoulli poderem os cegos de nascença apreender não apenas algumas demonstrações matemáticas, mas quase toda a matemática (servindo-se de figuras em baixo-relevo ou um alto-relevo, isto é, cavadas segundo um plano de superfície ou segundo um plano de fundo), – permanece sempre assegurado e estabelecido que – em virtude de essas figuras serem percepcionadas somente pelo tacto – sem o uso dos sentidos, ou seja, sem a evidência física, a evidência matemática não pode de modo algum subsistir.

2. Quanto ao segundo argumento (sobre as inconsequências dos opositores), infere-se abertamente a mesma conclusão com base naquilo que até ao momento foi referido. Com efeito, os que nas suas discussões nos confrontam com a evidência matemática estão tão convictos de se exprimirem na nossa presença e de terem um papel na mão em que traçam as figuras geométricas – com base nas quais demonstram os seus teoremas a quem os rejeita – que, se os recusarmos, como eu, não duvidam responder serem dementes e mesmo insensatos e delirantes os que ousarem não lhes dar crédito. Portanto, eles consideram dotado de tanta evidência estarem falando connosco, observarem as figuras geométricas e outras coisas deste género como consideram evidente uma demonstração geométrica.

A presente conclusão impõe-se por si mesma. Que espécie de homem seria eu, se – tendo argumentado, servindo-me de uma demonstração geométrica, serem iguais a dois rectos os três ângulos internos de um triângulo – contestasse estar na presença de uma figura geométrica, de um triângulo, de três linhas, de um papel e de outras coisas semelhantes, que se manifestam com evidência física? Eu seria certamente louco ou mesmo delirante. E o que se pensaria de mim se, admitindo a evidência física, recusasse toda [63] a demonstração geométrica ou, concedendo as premissas, negasse a conclusão? Chamar-me-iam decerto insensato, tolo e estúpido. Por conseguinte, na minha opinião é tão insensato quem recusa a evidência física como quem não aceita o que se manifesta com evidência matemática. É, pois, incoerente exaltar a evidência matemática e depreciar a evidência física.

Poderia alguém perguntar em que consiste esta evidência matemática que todos os matemáticos sustentam com tantos argumentos dever ter primazia sobre a evidência física. Ela é apenas a manifestação imutável e evidente do que é aprendido pelo sentido da visão. Comprova-se facilmente este facto com base na proposição mencionada de Euclides. Todos os que se servem dos sentidos observam que um triângulo tem três ângulos, embora nem todos se apercebam nem reconheçam serem iguais a dois ângulos rectos. Podemos, porém, convencer-nos disso sem uma demonstração matemática, se, recorrendo a um semicírculo feito de cobre ou de

Quod idem ratione altera apertissime confirmatur ex obiecto Mathematicae sumta. Nam cum obiectum Mathematicae Purae sit quantitas, uel continua, [62] sed extensio, de qua Geometria, uel discreta, seu numeri, de quibus Arithmetica praecipit; cumque idea et extensionis et numerorum non nisi per sensus habeatur, relinquitur sine usu sensuum mathematicam disciplinam ne digitum quidem progredi posse. Quare etsi liberaliter concedamus Claudio Bernoullio caecos natos posse non modo aliquot mathematicas demonstrationes (si figuris uel anaglypticis, uel diaglyphicis, id est, uel eminentibus, uel excauatis utantur) ediscere, sed omnem fere mathematicam; tamen cum haec non nisi tactu percipi possint, semper illud firmum ac ratum manet, sine usu sensuum, id est, sine physica euidentia mathematicam euidentiam nullo modo consistere posse.

2. Quod autem ad secundum (de aduersariorum inconstantia) et id satis aperte ex hucusque dictis sequitur. Nam ipsi, qui nobis mathematicam euidentiam in decertationibus opponunt, tam sunt persuasi se nobis praesentibus loqui, se chartam in manibus habere, in eaque figuras geometricas dipingere, quibus theoremata sua repugnantibus demonstrent, ut nobis, si horum aliquid negemus, respondere non dubitent nos dementes esse et uero etiam insanos ac deliros, qui talia in dubium audeamus uocare. Ergo tam perspicuum putant se nobiscum loqui, se figuras geometricas uidere et his similia, quam perspicuam habent quamcumque demonstrationem geometricam.

Consecutio est euidens. Nam si tibi argumentatione geometrica demonstranti tres angulos cuiuslibet trianguli esse aequales duobus rectis negauero illud esse schema geometricum, esse triangulum, esse lineas, esse chartam et huius generis alia, quae euidentia physica constant, quem me esse dices? Dementem certe, uel delirum, uel etiam furiosum. Quid, si, admissa euidentia physica, negauero uel [63] totam demonstrationem geometricam, uel concessis principiis, conclusionem negauero? Stultum, fatuum, stipitem uocabis. Ergo ut minimum putas tam esse fatuum qui negat quae physica euidentia constant, quam qui negat ea quae mathematica euidentia clarent. Nullo igitur modo tibi constas, dum mathematicam euidentiam extollis, physicam nihilo aestimas.

Quidnam ergo, inquies, est haec euidentia mathematica quam physicae euidentiae tot nominibus praeferendam esse mathematici omnes contendunt? Nihil aliud nisi ratio et firma et perspicua rerum, quas oculis accipimus. Quod ex eadem propositione Euclidea facile demonstratur. Nam dari in triangulo tres angulos, uident omnes qui sensuum usum habent; esse uero aequales duobus rectis, non omnes nec uident nec intelligunt. Possum enimuero sine ulla demonstratione mathematica mihi certo persuadere tres illos angulos esse aequales duobus rectis, si semicirculo uel acreo, uel corneo utens, in

chifre – em que foram traçados com exactidão 180 ângulos –, calcularmos muito bem a medida de cada ângulo do triângulo e fizermos a soma. Com essa operação, teremos tanta certeza do número de graus do triângulo como se efectuássemos a demonstração que todos conhecem. Mas por ser mais lento este procedimento e necessitar de figuras maiores que nem sempre é possível obter, e por dificilmente poder usar-se nalguns casos, sobretudo quando se procede à transposição da medida de uma figura para outras, servimo-nos mais comodamente da via matemática, que mostra com maior brevidade e evidência a solução do problema. Contudo, embora compreendamos com clareza ser a matemática a manifestação perspícua do que adquirimos pelos sentidos, não há motivo para proferir os elogios com que alguns matemáticos a favorecem, pois eles, não satisfeitos com isso, pretendem muito mais, ou seja, porfiam poder existir a evidência matemática [64] sem a evidência física. Deste modo, eles não devem ser ouvidos, dado oporem-se ao senso comum.

Por conseguinte, escarneçam quanto desejarem e vangloriem-se com altivez aqueles para quem a evidência física apenas com fundamento na demonstração matemática pode obter aquela evidência que alcança tanta certeza para uma pessoa que ninguém jamais será capaz de contestá-la. Certamente, com maior legitimidade podemos nós escarnecer deles e com o aplauso de toda a sociedade humana. Com efeito, se sairmos das escolas dos matemáticos, procurando refúgio no tribunal do género humano, ou seja, no senso comum, e nos propusermos deliberar, examinados os pareceres de todos eles, se as pessoas possuem maior certeza daquilo que admitem persuadidas por razões evidentes ou daquilo que percepcionam claramente pelos sentidos externos – por exemplo, a existência de outras pessoas além deles –, chegamos à conclusão de que estão tão certos sobre a existência de pessoas diferentes como um matemático com agudeza de espírito está convicto da evidência das demonstrações geométricas. Por isso, em conformidade com o senso comum, todas as pessoas atribuem à evidência física o valor de que ela é credora. E não apenas os ignorantes, mas também matemáticos muito ilustrados ajuízam de forma idêntica. Mesmo que à primeira impressão estes pareçam dar primazia à evidência matemática, contudo, ao obterem um entendimento mais exacto das coisas, consideram tão certo e assegurado terem perante os olhos um triângulo como consideram evidente serem iguais a dois rectos os três ângulos internos de um triângulo.

Com base no exposto, não deve pensar-se ser menos excelente a evidência matemática que a evidência física; aliás, não pode dizer-se que eu tenha feito tal afirmação nas obras que já publiquei[65]. Há casos em que deve valorizar-se de modo idêntico [65] a evidência física e a evidência matemática, mas há outros em que a certeza matemática é muito superior. Quanto à existência das coisas, estou certo de que a evidência física possui o mesmo valor que as demonstrações da Matemática, sendo, por isso, suficiente a evidência física para eu ter a certeza e a convicção de

---

[65] *Logica*, liv. V, primeira parte, cap. 3 (primeira regra). Na primeira edição, liv. IV.

quo anguli CLXXX distincte notati sint, singulos trianguli angulos probe expendero summamque subduxero. Quo ipso tam certus ero de numero graduum, quam ex demonstratione uulgata. Sed praeterquam quod haec uia et longior sit, et figuras satis magnas requirat quae non semper haberi possunt, tum uero in non nullis casibus uix, aut ne uix quidem ad usum reduci possit, praesertim cum de mutatione unius figurae in alias igitur, propterea multo commodius mathematica uia utimur, quae et breuiter et perspicue omnia ostendit. Quamobrem modo clare intelligamus mathematicam disciplinam nihil aliud esse quam perspicuam rationem rerum, quas sensibus perspicue accepimus, non est quod curemus elogia, quibus illam excipiunt mathematici non nulli, qui si hisce non dum contenti, amplius aliquid uolunt, id est, si mathematicam [64] euidentiam sine euidentia physica esse posse contendunt; tamquam communi sensui repugnantes, audiendi non sunt.

Quare rideant illi quidem quantum uelint physicam perspicuitatem magnificeque iactent, non nisi mathematica demonstratione posse quemque peruenire ad eam euidentiam, quae hominem tam certum reddat, ut ei contradicere nemo umquam possit. Nos certe potiori iure eos ridebimus, idque plaudente uniuersa hominum societate. Nam si ab scholis mathematicorum ad uniuersi generis humani tribunal confugimus, id est, ad sensum communem hominum, atque singulorum exploratis suffragiis definiendum proponimus an homines certiores sint de iis quae perspicuis rationibus uicti concedunt, quam de iis quae sensibus externis clare percipiunt, uelut esse alios homines praeter se, reperiemus singulos tam certos esse alios praeter se homines exsistere, quam certus esse potest acutissimus quisque mathematicus de perspicua ratione geometrica. Propterea sensu ipso communi dictante, tantum physicae euidentiae tribuunt homines uniuersi, quantum profecto tribui debet. Nec indocti modo, sed mathematicae peritissimi eodem modo diiudicant. Qui ut primo adspectu solam mathematicam euidentiam praeferre uideantur, tamen cum ad rerum exactam comparationem ueniunt, tam certum et exploratum putant se habere ante oculos triangulum, quam perspicuum putant tres angulos eiusdem trianguli esse aequales duobus rectis.

Nec dicas ex ante disputatis sequi mathematicam euidentiam nihilo praestabiliorem esse physica euidentia, quod uel nobis auctoribus dici non potest[65]. Nam sunt in quibus tantum tribuendum [65] est physicae euidentiae quantum mathematicae, sunt etiam in quibus longe superior est mathematica perspicuitas. Quod ad exsistentiam rerum, tam certum habeo quod physica euidentia constat quam quod mathematica demonstratur. Quare ut certum et exploratum habeam me sedentem esse, me manu scribere, me chartam

---

[65] *Logicae* lib. V, p. I, cap. 3. Lege prima. In prima uero editione, lib. IV.

estar sentado, de escrever, de ter perante os meus olhos um papel e de outras coisas semelhantes; aliás, não seria suficiente a evidência matemática, se recusássemos a evidência física. Deve, portanto, ajuizar-se neste caso com base nas doutrinas que ensinei na *Logica* relativas à evidência física[66].

Ocorre de forma muito diferente a respeito da explicação das coisas – quer sejam consideradas separadamente, quer em relação a outras –, pois nesta circunstância deve antepor-se grandemente a evidência matemática à evidência física. Com efeito, se virmos a grande distância, por exemplo, duas torres e as observarmos com os sentidos saudáveis, é evidente que existem; mas não é evidente – embora possa parecer à primeira impressão – serem realmente iguais, isto é, terem o mesmo número de palmos (aliás, a maioria das vezes isso não se verifica). De forma idêntica, é de todo evidente vermos no céu a lua cheia; porém, embora nos pareça, não é evidente estar ela imóvel, sendo mesmo uma falsidade. Por isso, a evidência física é idêntica à evidência matemática a respeito das coisas criadas, sobre as quais todas as pessoas podem ajuizar com base nos sentidos e em conformidade com o senso comum; mas quando nos servimos dos sentidos externos para explicar a natureza das coisas, não devemos confiar no seu testemunho, pois muitas vezes comprovamos serem eles ocasião de falsos juízos, como demonstram os dois exemplos anteriores. Na verdade, se nos aproximarmos das torres, as medirmos com palmos e verificarmos não serem iguais, [66] ajuizamos rectamente que nos enganámos; de forma idêntica, percebemos com clareza não estar a Lua imóvel, mas movimentar-se, se a observarmos de locais diferentes ou nas fases de quarto minguante, de quarto crescente e de lua cheia. Concluímos, portanto, com rectidão a respeito destes factos e de outros semelhantes não devermos ajuizar somente com fundamento no testemunho dos sentidos. Mas, por eu haver ensinado em profundidade na *Logica* quais as precauções que devemos tomar no uso dos sentidos, é dispensável repetir o que aí afirmei, sendo suficiente referir o respectivo lugar[67].

Infere-se, por isso, com clareza do exposto existirem os corpos, manifestando-se de tal modo evidente ao nosso espírito essa existência que só um louco ou um insensato ousaria recusá-la. No entanto, não devo ser censurado se expuser com brevidade os argumentos de certos autores que, alterados não sei por que demência, se persuadem poderem impugnar a existência dos corpos – ou pelo menos poderem duvidar dela – e que, jactando-se insuportavelmente do alto da sua soberba, arrastam para a mesma insensatez alguns incompetentes ou inábeis. Porém, toda a Física se extinguiria, do mesmo modo que as outras ciências e as artes, se não admitíssemos como certa a existência dos corpos, e, acima de tudo, dissolver-se-ia necessariamente a própria sociedade humana.

---

[66] *Idem*, cap. 4.
[67] *Idem, ibidem.*

ante oculos habere et id genus alia, sufficit euidentia physica; immo nec ulla mathematica euidentia sufficiet, si physicae euidentiae repugnamus. Propterea tali casu ex legibus, quas de euidentia physica tradidimus[66], iudicium ferendum est.

Quod uero ad rationem rerum, uel seorsum sumtarum, uel cum aliis comparatarum, multo aliter se habet et longe physica praeferenda est mathematica euidentia. Nam quod e longinquo uideam exsistere, uerbi gratia, duas turres, est perspicuum, si sensibus integris rem exploremus, quod uero sint reapse aequales (id est, eumdem numerum palmorum habeant) ut interdum oculis apparet, non est perspicuum; immo uero saepe numero falsum esse solet. Similiter quod uideam Lunam in caelo plenam, est supra quam dici potest perspicuum, quod uero consistere uideatur, ut oculis se offert, non est perspicuum, immo enimuero falsum. Quare in rebus constituendis, in quibus cuncti homines sensuum praesidio et ex communi sensu iudices esse possunt, physica et mathematica euidentia pares sunt. In iis uero, in quibus externis praesidiis opus habemus, uel ipsa naturae ratio ostendit, non esse fidendum sensuum testimonio, propterea quia saepissime experimur, quam falsi sint, quod exempla illa duo demonstrant. Nam cum ad turres accedens easque palmo examinans, inueniam non esse aequales, merito [66] iudico me deceptum esse; similiter cum Lunam modo in hoc, modo in illo loco uideam, tum modo falcatam, modo gibbam, modo plenam, satis clare percipio Lunam non consistere, sed moueri. Propterea recte colligo, in his et similibus rebus non unice iudicandum ex testimonio sensuum. Sed cum de cautelis, quas in usu sensuum habere debeamus, abunde in *Logica* disputauerimus[67], non est operae pretium eadem repetere, sufficiat indicare locum.

Ex dictis itaque clare consequitur corpora exsistere, propterea quia id ipsum tam clare menti nostrae se offert, ut non nisi amens, aut insanus tale aliquid negare audeat. Sed quia sunt homines, qui nescio qua insania perciti sibi persuadent se aliquid contra corporum exsistentiam opponere posse, quod saltim rem dubiam faciat, atque intolerantius se iactantes, acuminibus suis aliquos uel ineptos, uel minime cautos in eamdem insaniam pertrahunt, non erimus reprehendendi, si eorum rationes breui percurramus. Nisi enim corpora exsistere certum iudicemus, physica omnis disciplina et uero etiam ceterae scientiae atque artes euanescant oportet, et, quod plus adhuc momenti habet, ipsa societas humana dissoluatur necesse est.

---

[66] Ibidem, cap. 4.
[67] Eodem cap. 4.

ARGUMENTOS CONTRA A EXISTÊNCIA DOS CORPOS

I. Pertence a Malebranche o primeiro argumento[68], que se apresenta da forma seguidamente referida: "É tal o poder da imaginação [67] de certas pessoas que, embora acordadas, de boa saúde e com os olhos abertos, se convencem – como muitos exemplos confirmam – de terem ouvido vozes, de terem visto coisas estranhas, de terem sido tocadas, sendo, no entanto, falso tudo isso. Essas situações sucedem também frequentemente com pessoas ao sonhar, a ponto de julgarem ver com tanta nitidez certas coisas como se realmente elas ocorressem. Mas, não podendo saber ao certo se essas fantasias da imaginação se verificam connosco, também não podemos saber se actualmente estamos ou não a sonhar. Não podemos, portanto, afirmar a existência dos corpos".

Respondendo a este argumento propalado por alguns, ele é tão inábil, tão indigno de um filósofo e tão contraditório que fico cheio de espanto por não ter corado de vergonha Malebranche – aliás, um autor douto e talentoso – ao apresentar a sua exposição. Para não perder inutilmente muito tempo com um assunto de tão fácil solução, respondo com brevidade, concedendo a premissa maior e negando a menor e a conclusão. Se Malebranche não possuía um critério ou um sinal para distinguir uma pessoa em delírio (isto é, que emite juízos induzidos pela imaginação) de outra precavida, e uma a dormir de outra acordada, então argumenta falsamente que algumas pessoas deliram ou estão a dormir, ao passo que com outras isso não acontece. Ele devia antes duvidar se todas elas se comportam dessa forma e, mais que isso, se não seria ele próprio um desses delirantes que com os olhos abertos estão convictos de verem figuras ausentes ou imaginadas, e se estaria ou não ele próprio a sonhar, pelo que nada poderia impor-nos como certo a respeito das coisas exteriores. Se, porém, ele possuía um critério consistente para afirmar que ao escrever essas coisas não se encontrava de modo algum em delírio nem a sonhar, mas acordado e com saúde na sua biblioteca, sentado à mesa com um papel na frente, com uma caneta na mão, segurando um papel, [68] escrevendo alguma coisa, etc., e, se tivesse tudo isso como certo e comprovado – como deveria suceder para não ser considerado insensato –, então tanto ele como eu possuímos um critério para afirmar a existência dos corpos. Já acima mencionei qual é esse critério: a evidência física. Repito, porém, agora essa menção. Pode, portanto, concluir-se como é inconsequente Malebranche e como menospreza a espécie humana quando julga poder estar toda a gente em delírio, excepto ele. Mas quem é mais insensato? Como resposta, são suficientes e mesmo superabundantes estas considerações.

---

[68] Malebranche, falecido em 1715, publicou *De la recherche de la vérité*, em que no volume quarto, no "Éclaircissent" nº 6, se propõe explicar com exemplos não ser possível demonstrar com evidência a existência dos corpos pela imaginação.

RATIONES CONTRA EXSISTENTIAM CORPORVM

I. Prima ratio est Malebranchii[68], quae se habet hoc modo: "Tanta uis est phantasiae [67] in hominibus non nullis, ut uigiles et sani atque oculis apertis, se uoces audire, res uidere, ab aliquo tangi, cum tamen sit falsum, sibi persuadent, ut plurima exempla confirmant. Quod etiam in iis, qui somniant, usu uenit frequenter, ut tam clare res ipsas uidere putent quam si reapse euenirent. Sed efficere certo non possumus nos tali phantasiae ui non esse praeditos, tum consistere non possumus an in praesentia somniemus, an non. Ergo efficere non possumus corpora exstare."

Respondemus. Hoc argumentum, quod aliqui adeo extollunt, tam est ineptum, tam homine philosopho indignum, tam se ipsum destruens, ut mirer Malebranchium, hominem et doctum et acutum, tale quid opponere non erubuisse. Quare ne in re tam plana inutiliter inmoremur, breuiter respondemus concedentes maiorem, negantes minorem et consequentiam. Nam si Malebranchius nullum criterium, seu notam habet, ex qua hominem fanaticum (eum, qui phantasiae ui actus iudicat) a prudente, somniantem a uigile distinguat, falso adserit homines non nullos esse fanaticos, esse somniantes, alios uero non item. Sed dubitare omnino debet an omnes ita sint, immo an ipse etiam sit unus ex illis fanaticis qui oculis apertis imagines, uel absentes, uel fictas, se uidere credunt; tum an ipse somniet, an non, propterea nihil de rebus externis pro certo nobis obstrudere potest. Sin autem certum criterium habet ut dicat se, cum haec scriberet, nullo modo esse fanaticum, nullo modo somniare, sed uigilem ac sanum in bibliotheca sua ad mensam re uera sedere, re uera chartam ante se habere, calamum in manus sumere, chartae applicare, talia [68] scribere ceteraque, idque certum et exploratum habet, ut re uera habet, ne fatuis sit adnumerandus, idem et nos criterium habemus ut dicamus corpora exstare. Hoc autem criterium quale sit, iam supra diximus, nempe ipsam rei physicam euidentiam, sed locus repetendum est. Ex quo uidetis, quam parum Malebranchius sibi constet quamque male genus humanum tractet, nam putat omnes esse posse fanaticos, se tamen excepto. Quo quid stultius? Atque pro responsione satis superque.

---

[68] Malebranchius, qui anno 1715 mortuus est, edidit *La Recherche de la Vérité* uol. IV, ubi inlustratione sexta exemplis ostendere conatur ex ui phantasiae, probari certo non posse corpora esse.

Para não parecer que evito toda da força do argumento, mas que a invalido, respondo com maior precisão apresentar-se com tanta evidência ao meu espírito que estou actualmente acordado como é evidente a minha existência. Suponhamos, porém, poder eu duvidar se existo. Pergunto então: "Qual a via pela qual posso libertar-me desta dúvida?" Decerto, reflectindo intensamente, não apenas uma vez, mas em todos os tempos e lugares. E como esse objecto da minha reflexão se apresenta em todos os casos com idêntica clareza, a sua evidência coage-me a assentir que existo.

Da mesma forma, estou convicto de estar acordado, pois considerando, indagando e inquirindo muitíssimas vezes, ou mesmo milhares, esse meu estado, é evidente não estar a dormir, mas acordado, nada existindo que se apresente com maior evidência. Sentindo-me, por isso, coagido a pensar que estou acordado, não há motivo para duvidar se estou ou não a sonhar. Porém, se estiver em repouso, sucede de modo diferente. Embora neste estado eu duvide por vezes se estou sonhando ou pense não estar sonhando, contudo, estas minhas opiniões são tão obscuras e tão confusas que quase não são dignas de consideração. Quando muito, acontece-me por vezes duvidar se estou a sonhar, mas não indago de propósito muitíssimas vezes, não porfio em investigar com todas as capacidades da mente e nem esse estado se me apresenta sempre com a evidência que costuma apresentar-se quando estou acordado. [69] Assim, a certeza dos juízos emitidos em estado de repouso diverge grandemente da dos juízos de quando estou acordado e, mais que isso, não existe entre eles a mais pequena semelhança. Estou, por conseguinte, com toda a evidência acordado, sendo também totalmente evidente não estar sonhando. Infere-se ainda de modo imediato, claro e evidente que não pensamos nem discorremos com a mesma clareza quando estamos em repouso ou em vigília.

1. Afirma, contudo, este autor: "Se os sentidos nos enganam quando nos manifestam as propriedades secundárias dos corpos, como a cor, o sabor e outras semelhantes. – e dado existir apenas nos corpos a disposição das partes externas como causa da propagação da luz para os olhos –, por que motivo eles não nos hão-de também enganar a respeito das propriedades primárias, como a extensão, a solidez e outras do mesmo género?"

Respondo que isso ocorre por motivos diferentes. Estabelecem os filósofos mais ilustrados – quer em virtude das suas experiências, quer dos seus raciocínios – não poder suceder que as propriedades secundárias da cor, do calor, do frio, existam nos objectos corpóreos excepto como na sua causa ou antes como na sua ocasião natural (como irei ensinar na *Physica*). Mas todos eles admitem como certa e evidente essa causa como exterior ao espírito, qualquer que ela seja. Ao examinarem este assunto com extrema diligência, os mesmos filósofos reconhecem e confessam com clareza ocorrer de forma diferente a respeito das propriedades primárias, não podendo percepcionar-se um corpo que não tenha realmente extensão e solidez. Ainda que um corpo pareça possuir maior extensão para uma pessoa e menor solidez para outra, não significa que ele não seja realmente extenso e sólido.

Sed ne argumenti uim omnem deuitare potius quam infringere uideamur, pressius respondemus, tam euidenter menti meae obiici me in praesentia uigilem esse, quam euidenter obiicitur me esse. Finge me dubitare posse an sim. Quaero: "Qua uia me tali dubitatione liberare potero?" Nulla alia certe, quam aciem mentis non semel, sed etiam atque etiam, alio et alio tempore et loco intendendo ad ipsam rem, quae cum semper eadem claritate se se offerat, sua illa euidentia me cogit ut adsentiam me esse.

Eodem itaque modo de uigilia mea certus mihi sum, nam si rem ipsam etiam atque etiam, immo uero millies considero, exploro, inuestigo, tam euidens mihi est me non dormire, sed uigilare, ut nihil supra fieri possit; adeo ut coactus sim iudicare me uigilem esse nullusque dubitandi locus reliquus sit somniem, an non. Non ita uero in quiete se habet; nam etsi aliquando dubitem an somniem et iudicem me non somniare, talis opinio est ita obscura, ita perplexa, ut uix aliquam considerationem mereatur. Summum semel, aut bis de hoc in quiete nobis contigit dubitare, non millies et dedita opera rem indagamus, non uires mentis omnes contendimus ut id inuestigemus, non ea claritate res ipsa semper nobis obiicitur, qua, dum uigilamus, obiici [69] solet. Itaque longissime distat certitudo illius iudicii in quiete facti, ab eo, quod facimus, dum uigiles sumus; idque adeo, ut nulla ne leuis quidem similitudo occurrat. Perspicuum igitur est nos esse uigiles, perspicuum nos non somniare. Ex quibus illud etiam proxime atque aperte consequitur, perspicuum esse nos non aeque clare secundum quietem cogitare ac disputare quam, dum uigiles sumus, facimus.

1. "At," inquit, "si sensus nos decipiunt, dum proprietates secundarias corporum, ut colorem, saporem ceteraque huiusmodi, in corpore esse demonstrant, cum tamen nihil ibi sit praeter dispositionem partium externarum, quae facit ut lucem ad oculos remittant, cur non etiam nos decipient in proprietatibus primariis, uelut extensione, soliditate et aliis generis eiusdem?"

Respondemus disparem esse rationem. Nam philosophi, tum experimentis, tum rationibus clarissimis, efficiunt proprietates secundarias coloris, caloris, frigoris in obiecto corpore esse non posse, nisi ueluti in caussa, uel potius occasione naturali, ut in *Physica* demonstrabimus. Hanc autem caussam, quaecumque ea sit, extra nos esse omnes concedunt, idque pro certo et perspicuo habent. At iidem philosophi, tota re acuratissime examinata, plane intelligunt et fatentur diuerso modo se habere in proprietatibus primariis, nec intelligi posse, nedum esse corpus, quin sit reapse non esse extensum et solidum. Vt enim alteri magis extensum et solidum, alteri minus esse uideatur, non facit reapse non esse extensum et solidum. Nam

Se examinarmos a grandeza de um corpo com o palmo geométrico e pedirmos a outras pessoas que a verifiquem, concluímos que todas elas confirmam o mesmo número de palmos. O corpo tem, portanto, um determinado número de palmos, não podendo ser aumentado nem diminuído de modo arbitrário esse número, [70] pois sabemos ter o corpo tantos palmos quantos tem efectivamente. De forma idêntica, se pedirmos a muitas pessoas para experimentarem a solidez, comprimindo um corpo contra outro, todas elas poderão observar que em todos os casos nenhum deles é penetrável pelo outro, isto é, permanecem sempre sólidos e resistentes. Sobre esta questão, os filósofos têm a concordância de toda a sociedade humana, que, por haver investigado inúmeras vezes o assunto, proclama a uma só voz dever pensar-se da mesma forma.

2. O mesmo autor e os seus sequazes continuam, no entanto, a persistir[69]: "Ainda que concedamos não serem as sensações criadas por nós, mas originarem-se em algo exterior, não se infere que esse algo seja um corpo. Quem nunca ouviu dizer existir um espírito, bom ou malévolo, que se diverte connosco, incutindo-nos imagens fictícias? Não pode, portanto, afirmar-se como certa a existência de corpos exteriores".

Respondo, negando o antecedente, e a minha demonstração é que esta controvérsia incide sobre palavras. Efectivamente, se existe algo exterior a nós, extenso, sólido e móvel, que por meio dos sentidos origina as ideias, eu, como toda a gente, denomino-o "corpo". Chamam-lhe "espírito maligno", chamam-lhe o que desejarem consoante o seu modo de pensar, que eu recuso. Mas, porque revela inépcia alterar sem nenhuma necessidade a significação das palavras, são extremamente ridículos os que para evitar a força dos argumentos denominam "espírito" o que outros da mesma língua denominam "corpo". Se eles não possuem nenhuma certeza a respeito do que deve denominar-se "corpo" e "espírito", então devem ser expulsos das escolas dos filósofos e enviados para as escolas dos gramáticos.

Examinando com maior detença este assunto, recuso [71] que essa coisa exterior seja um espírito, pois todos sabemos com clareza pelo senso comum existirem realmente coisas exteriores a nós que afectam os sentidos, não possuindo nenhumas das propriedades daquilo que denominamos "espírito".

Regressando à resposta anterior, se esses filósofos pensam serem imagens fictícias e não coisas reais as casas em que habitam, o vestuário que envergam, os alimentos com que se sustentam e os discursos que escrevem, poderíamos igualmente pensar com legitimidade serem eles próprios e os seus escritos sonhos e espécies vazias, pelo que não vou despender o mínimo esforço a dar resposta a esses delírios.

Devo, por isso, asseverar e confirmar com determinação neste lugar o que não é duvidoso para ninguém de mente sã: na presença dos corpos, sentimos efectivamente impressões no espírito, e as nossas sensações originam-se nos corpos exteriores. Todas

---

[69] Miguel Ângelo Fardella, *Logica*, Pádua, 1696; François Lamy (beneditino); e outros.

si magnitudinem corporis palmo geometrico examines et ab aliis explorare facias, ab omnibus eumdem numerum palmorum inueniri cognosces. Ergo re ipsa tot palmos habet, nec possum palmorum numerum pro lubitu [70] augere, aut minuere, sed tot palmos habere sentiam, quot re uera sunt. Eodem modo, si soliditatem a plurimis hominibus tentare facias, id est, corpus corpore comprimere, perpetuo excludere aliud corpus omnes uidebunt, hoc est, semper esse solidum ac resistens. In eo autem consentientem philosophi habent uniuersam hominum societatem, qui re etiam atque etiam explorata, eodem modo iudicandum esse una omnium uoce definiunt.

2. Vrgent adhuc et ipse et qui eum sequuntur[69]. Etsi demus sensus istos animi non a nobis nasci, sed ab aliquo extra nos posito proficisci, non sequitur id esse corpus. Quis enim umquam docebit non esse spiritum uel bonum, uel item malum, qui nobis fictis imaginibus inludat? Ergo nondum certo dicere possumus esse extra nos corpora.

Respondemus negantes antecedens. Ad probationem uero dicimus controuersiam hanc esse de nomine. Nam si datur extra nos aliquid et extensum et solidum et mobile, quod in nobis tales ideas excitet ope sensuum, id nos cum reliquis hominibus "corpus" appellamus. Vocent illi "spiritum malum", uocent prout uoluerint, modo re uera idem sentiant, non repugnabimus. Sed quia ineptum est nominum significationes sine ulla necessitate mutare, perridiculi ipsi sunt qui, ut uim argumenti uitent, illud uocent "spiritum", quod alii eiusdem linguae nomine "corporis" significant. Si enim non dum constitutum habent quid "corporis", quid "spiritus" nomine significetur, eiiciendi sunt ab scholis philosophorum atque ad grammaticos remittendi.

Sed ad rem ipsam propius uenientes, negamus [71] eas esse spiritus, quia ex communi hominum sensu plane cognoscimus res, quae sensus feriunt, reapse extra nos esse et reapse nullas proprietates habere earum rerum, quas "spiritus" nominamus.

Deinde ad superiorem responsionem eos reuocando, si ipsi putant domos in quibus habitant, uestitum quo ornantur, cibos quibus aluntur, dissertationes quas scribunt, esse imagines fictas, nec aliquid habere re ipsa, eodem iure et nos existimabimus eos eorumque scripta esse somnia et species uanas, propterea nullum respondendi talibus deliriis laborem suspiciemus.

Quare illud hoc loco firmissime adseuerandum ac tenendum quod nemini sanae mentis dubium est nos reapse impressiones aliquas ad praesentiam corporum in animo sentire, tum eiusmodi sensus animi ex corporibus ipsis

---

[69] Michael Angelus Fardella in *Logica* edita Patauii 1696, Franciscus Lamius Benedictinus et alii.

as pessoas que se servem adequadamente da sua razão sustentam com admirável consenso serem evidentes estas duas conclusões.

Há um outro argumento muito consistente que fortifica e confirma estas conclusões. Se examinarmos com maior diligência o comportamento dos cépticos, adquirimos a certeza de estarem eles persuadidos dessa coisas, mais ainda que os dogmáticos. Eu nunca vi nenhum dos que pretendem ser considerados verdadeiros cépticos que se abstivesse de alguma actividade por duvidar se existe, se tem um corpo e se existem outras pessoas. Todos eles se comportam, vivem, cuidam do seu corpo e cumprem as outras obrigações de forma idêntica à daqueles que se proclamam autênticos dogmáticos, o que certamente não sucederia se fossem verdadeiros cépticos. Portanto, eles demonstram pelo seu procedimento não parecerem possuir nenhum valor e não produzirem nenhuma eficácia os seus argumentos, dado não os impedirem de aceitar o que é evidente e de agir como as outras pessoas. Se nem sequer os cépticos na prática da vida têm qualquer [72] razão para as suas dúvidas e, se a universalidade do género humano após ter ouvido os cépticos e ponderado e reflectido nos seus argumentos, continuou a proceder da mesma forma, jamais pondo em causa as verdades mencionadas, inferem-se manifestamente duas conclusões: os cépticos são astuciosos e fraudulentos por afirmarem uma coisa e procederem de forma diferente; as verdades referidas são tão evidentes que não apenas as outras pessoas, mas também os próprios cépticos, se sentem coagidos, embora contrafeitos, a dar-lhes assentimento. Por conseguinte, a voz da natureza e o senso comum devem considerar-se a norma da verdade.

3. Poder-se-ia perguntar como podemos saber que todas as pessoas enunciam juízos idênticos aos nossos sobre assuntos evidentes. Alguém consultou todos os povos e cada uma das pessoas, sondando os seus pensamentos? Parece, portanto, inábil o argumento extraído do senso comum.

Eu pergunto, porém, em primeiro lugar aos opositores o que é que eles sabem sobre a existência de outros povos e de outras pessoas, excepto daquelas com quem convivem. Se eles não têm a certeza dessa existência, é em vão que nos objectam com base no seu modo de ajuizar; mas, se têm a certeza, informem-me sobre qual a via que lhes possibilitou obter essa conclusão. A verdade é que eles são incapazes de mencionar alguma, excepto o testemunho das outras pessoas (pois não conhecem por si mesmos todas as coisas), que confirmam a uma só voz pela sua autoridade de modo tão evidente aquela existência que até os próprios cépticos não duvidam confrontar-nos com o mencionado argumento dos nossos opositores. Apresento, porém, a minha impugnação a tais opositores: visto que todas as pessoas que viveram entre povos estranhos asseveraram com total consenso terem a certeza da sua existência, terem um corpo, existirem outras pessoas e não apenas elas e outras coisas deste género, tudo isto é também tão evidente que não há maior evidência. Se puséssemos em dúvida estas coisas, deveríamos igualmente duvidar da existência de estrangeiros, de outras cidades ou de outros reinos. E que mais? [73] Eles deveriam ainda pôr em dúvida a existência de povoados, de fortalezas e de cidades que não

externis proficisci, quae duo uniuersi homines, qui ratione bene utantur, perspicua esse, mirifica consensione defendunt.

Accedit aliud argumentum firmissimum quo haec muniuntur et confirmantur. Nam si scepticorum uitae disciplinam curiosius indagamus, reperiemus eos ita de eiusmodi rebus esse persuasos, ut nulli dogmatici magis. Nullum enim eorum, qui se pro ueris scepticis haberi cupiunt, uidi, qui ab aliquo opere temperaret, hoc nomine, quod dubitaret an ipse esset, an corpus haberet, an ceteri homines exstarent. Sed omnes eodem modo se habebant, eodem uiuebant, eodem corpus curabant ceteraque munia obibant, quo ceteri, qui germani dogmatici dicebantur; quod certe non facerent, si ueri sceptici essent. Ipsi itaque suae uitae disciplina declarant sua sibi argumenta nullius ponderis uideri, nullam uim sibi adferre, ut a rebus perspicuis abstineant, eodem modo agere ac ceteri homines. Quod si ne sceptici quidem in usu uitae ullam [72] rationem habent suarum dubitationum; si uniuersum genus humanum, postquam scepticos audiuit et eorum argumentationes perpendit et considerauit, eodem modo operare pergit, nec de illis ueritatibus umquam dubitauit, duo manifeste consequuntur: alterum, scepticos astutos ac subdolos esse, qui aliud dicant, aliud faciant; alterum, res ipsas tam esse perspicuas, ut non modo homines ceteri, sed sceptici ipsi uel inuiti ad consensionem pertrahantur. Adeo natura uox et communis sensus pro regula habetur ueritatis.

3. At enim, inquiunt, qui scimus omnes homines eodem modo de rebus perspicuis iudicare, ac nos iudicamus? Quis cunctas nationes, quis singulos homines consuluit eorumque cogitata examinauit? Infirmum est igitur, quod ex sensu communi hominum ducitur, argumentum.

Sed primum quaero ab aduersariis qui sciunt ipsi esse alias gentes, alios homines praeter eos, quibuscum uersantur? Nam si id pro certo non habent, frustra ex eorum iudicandi ratione contra nos pugnant; sin autem habent, doceant nos qua uia id pro comperto habeant. Nullam profecto adducent, nisi aliorum hominum (nec enim aduersarii per se ipsi omnia uiderunt) testimonium, qui id una uoce testantur remque ipsam sua auctoritate tam perspicuum faciunt, ut ipsi sceptici tale argumentum nobis opponere non dubitent. At nos eadem argumentatione utimur contra eos. Nam cum singuli homines, qui apud exteras gentes fuerunt, summo consensu adseuerent eas pro certo habere se esse, se corpus habere, esse alias gentes praeter se et id genus alia, id ipsum tam euidens nobis sit, ut nihil euidentius se offerat, adeo ut si de hoc dubitemus, dubitare etiam debeamus an sint exterae gentes ullae, an urbes, an regna alia. Quid? [73] Qui uicum aliquem, qui oppidum, qui urbem non sunt eggressi, dubitare etiam debent an in eodem regno aliae

visitaram e a existência de outras cidades no seu próprio reino, de outras fortalezas, de outras aldeias, de outros lugares e de outras pessoas que não conheceram. É fácil concluir quanto isso é inábil, tal como seria próprio de um louco duvidar se as outras pessoas são dotadas de razão, se têm uma configuração semelhante à nossa, se necessitam de comida e de bebida, se se alimentam do mesmo modo, se passeiam, se repousam e se realizam outras actividades que são consentâneas com a espécie humana. Igualmente, seria apenas próprio de um louco duvidar se o resto do género humano ajuíza de forma idêntica à nossa sobre coisas evidentes e se é dirigido pelo mesmo senso comum.

Conclui-se com clareza do referido que para conhecermos algo evidente e com base no senso comum é suficiente que quase todas as pessoas com quem convivemos ajuízem de acordo com ele, embora alguns insensatos – cuja opinião não deve ser tomada em consideração – discorram no sentido oposto. Sendo para mim moralmente evidente – tanto quanto pode possuir-se uma máxima evidência – que todo o género humano ajuíza de forma idêntica sobre assuntos a respeito dos quais eu costumo ajuizar, e considerando que todas as pessoas com quem convivo ajuízam sem excepção ou quase sem excepção sempre do mesmo modo sobre coisas dotadas de clareza, devo pensar sem a mínima dúvida que todo o género humano se comporta dessa forma. Por conseguinte, devo considerar como certo e evidente corresponder esse juízo ao senso comum.

É, portanto, correcta esta regra que proponho[70]: "Nos assuntos em que todas as pessoas estão em condições de ajuizar, o senso comum é o critério da verdade; naqueles, porém, cujo conhecimento é relativo apenas a algumas, por idêntica razão o senso comum de todas as que se dedicam a esses assuntos deve considerar-se verdadeiro".

4. [74] Poderia, no entanto, alguém perguntar por que motivo temos a certeza de que todo o género humano não pode estar delirando, tanto mais que reconhecemos existirem opiniões muito insensatas corroboradas pelo juízo da multidão. Que o Sol tenha o tamanho de dois pés pensam-no quase todas as pessoas destituídas de instrução, o que certamente é uma falsidade. E não há costumes tão estranhos que não sejam seguidos por algum povo[71]. Todavia, a explicação para isso infere-se facilmente do que ficou escrito. Sustento em primeiro lugar ser muito mais fácil e verosímil que todos os cépticos – que são muito poucos ou quase nenhuns, dada a universalidade da razão humana – delirem e se exasperem do que todo o género humano esteja delirando. Se concedêssemos que todo o género humano pode delirar, como justificavam os cépticos que não são delirantes? Comprovem os cépticos com total evidência estarem imunes de delírios, e então podemos admitir que todo o género humano, excepto eles, pode delirar. Mas decerto eles serão incapazes de demonstrá-lo, pois tudo o que disserem considerá-lo-á como falso o resto da humanidade. Portanto, eles nada poderão estabelecer.

---

[70] Ver neste livro o capítulo 3.

[71] Ver o que afirmei na *Logica*, liv. II, segunda parte, cap. 5, § 2.

urbes, alia oppida, uici, pagi, homines, quos non uiderunt, exsistant. Quod quam sit ineptum, uidetis, atque quemadmodum dementis esset dubitare an reliquum genus humanum rationis particeps esset, an eiusdem figurae ac nos, an cibo ac potu indigeret, an eadem ratione comederet, ambularet, cubaret ceteraque, quae humano generi consentanea sunt, faceret. Ita non nisi dementis erit dubitare an reliquum genus humanum eodem modo ac nostri homines de rebus perspicuis iudicet eodemque communi sensu negatur.

Hinc plane consequitur ut aliquid perspicuum atque ex sensu communi ductum habeatur, satis esse, quod fere omnes, quibuscum uiuimus, id iudicent homines, etsi pauci aliquot inepti, quorum habenda non est ratio, in contrariam partem disputent. Nam cum moraliter euidens, quanta maxima euidentia haberi potest, nobis sit uniuersum genus humanum eodem modo in rebus iis iudicare, ac nostri homines facere solent; si uidemus omnes homines, cum quibus uersamur, nullis, aut fere nullis exceptis, et semper et eodem modo de rebus claris iudicare, sine ulla dubitatione iudicare debemus uniuersum genus humanum ita se habere et, quod itidem sequitur, pro certo et perspicuo habere tale iudicium esse sensum communem omnium.

Vera igitur est regula quam posuimus[70]: "In iis, in quibus omnes iudicare possunt, communem omnium sensum esse criterium ueritatis; in iis uero, quorum notitia non nisi ad certos pertinet, sensum communem omnium, qui illa tractant, eadem de caussa pro uero haberi debere."

4. [74] Dicet aliquis: qua ratione certo scimus uniuersum genus humanum delirare non posse? praesertim cum uideamus stultissimas opiniones multitudinis iudicio comprobari. Solem esse bipedalem sentiunt fere omnes indocti, quod profecto est falsum. Nihil tam absonum in moribus, quod non ab aliqua natione receptum habeatur[71]. Verum responsio ex dictis facile exsistit. Principio hoc pono multo facilius et uerisimilius esse, quod sceptici omnes, qui habita ratione generis humani sunt omnino pauci, aut fere nulli, delirent et furiosi euadant, quam quod uniuersum genus humanum deliret. Quod si semel concedimus genus omne humanum delirare posse, qua ratione efficient sceptici scepticos ipsos non delirare? Probent sceptici omnino euidenter se a delirio esse inmunes, tum demum fatebimur uniuersum genus humanum, iis exceptis, delirare posse. At id profecto non probabunt, quidquid enim reponent, id reliquum genus humanum falsum esse contendet. Nihil igitur conficere poterunt.

---

[70] Hoc libro, cap. 3.
[71] Vide quae diximus in *Logica*, lib. II, p. I, cap. 5, § 2.

Além de ser manifesto por si mesmo, posso comprovar com alguns argumentos suficientemente evidentes não poder estar em delírio a totalidade do género humano. Comprovam em primeiro lugar com clareza as acções humanas não poder verificar-se que tantas pessoas de diferentes idades e costumes e vivendo em épocas e regiões distintas se persuadam totalmente de factos incompatíveis com o que na realidade acontece. Apenas a evidência das coisas pode coagir tantos e tão variados engenhos a ajuizar segundo um consenso unânime. Com efeito, todas as pessoas estão intimamente convictas da própria existência, da existência de outras pessoas e de coisas deste género. Portanto, isso é perspícuo. [75] Por outro lado, sendo certo – como é sem dúvida alguma – ser evidente para qualquer pessoa de mente sã que ela existe, que tem um corpo e coisas semelhantes, com maior razão isso é evidente se for declarado a todo o momento por tão grande número de pessoas dos mais variados engenhos e de lugares tão diferentes. O consenso de tantas pessoas torna ainda mais claro um assunto que já é suficientemente claro pela sua natureza.

É correcto afirmar a respeito de algumas nações existirem erros corroborados pelo juízo da multidão, mas não a respeito de todas elas, pois não há erro com o qual estejam de acordo todos os povos. Ainda que certos povos tenham costumes perversos, e certos vícios sejam elogiados por alguns deles, todavia, outros povos, que são a maioria e os mais cultos, abominam-nos, afirmando a uma só voz serem comportamentos perversos.

A questão do Sol é de fácil solução. Ainda que os ignorantes e os que são incapazes de ajuizar sobre estas matérias declarem ser o Sol do tamanho de dois pés, no entanto, os varões doutos desses países recusam com perseverança que tal se verifique. Por outro lado, os ignorantes que afirmam isso, para adoptarem facilmente a opinião oposta, deixarão de duvidar se forem ensinados e instruídos por varões doutos com argumentos e exemplos familiares e evidentes. Com efeito, se perguntarmos aos ignorantes se estudaram astronomia – a única ciência que possibilita ajuizar sobre estes assuntos – ou se usaram um bom telescópio para de algum modo poderem investigar estas matérias, confessar-nos-ão com clareza nunca terem feito isso. Seguidamente, se os ignorantes ouvirem dizer aos varões doutos e de crédito provado da arte concional que o Sol é muito maior que a Terra, ou acreditam ou duvidam dessa opinião. Por último, se lhes mostrarmos um globo do tamanho de dois pés e o colocarmos à distância de cem passos – e, após lhes termos demonstrado que esse corpo colocado a distâncias cada vez maiores diminui gradualmente até a vista ser incapaz de descortiná-lo, e com base neste exemplo [76] inferirmos com argumentos que o Sol, que nos aparece como tendo dois pés, estando tão distante, deve ser muito maior que a Terra –, tornamos-lhes o assunto tão claro e evidente que sem nenhuma dificuldade os persuadimos. Seria, porém, muito diferente se nos esforçássemos por persuadir muitas pessoas de mente sã, embora ignorantes, de não existirem, de constituírem uma única pessoa, de não terem um corpo, de serem incapazes de sentir qualquer dor pela acção dos corpos exteriores. Em primeiro lugar, elas fariam troça de nós e considerar-nos-iam loucos e

Nos uero, praeterquam quod hoc ipsum per se perspicuum est uniuersum genus humanum delirare non posse, aliquibus argumentis iisque satis euidentibus id efficere possumus. Nam primum usus hominum perspicue docet fieri non posse, ut tot homines alia et alia aetate, aliis et aliis moribus, alio et alio tempore, in alia et alia regione uiuentes plane sint persuasi rem aliquam ita esse, quin ita reapse sit. Non enim nisi rei perspicuitas tot tamque uaria ingenia cogere potest, ut uno consensu id dicant. At omnes homines plane sunt persuasi se esse, esse alios homines et huius generis alia. Igitur perspicuum [75] id est. Deinde si apertum est, ut profecto est, unicuique sanae mentis euidens esse se esse, se corpus habere et his similia, multo magis id erit euidens, si tot homines tam uariis ingeniis tamque diuersis in locis id ipsum constanter dicant. Nam tot hominum consensus rem iam satis natura claram, magis magisque claram reddit.

Illud quod addunt, errores aliquos multitudinis iudicio comprobari, uerum est de una et altera natione, non uero de omnibus. Nullus enim error ualde perspicuus est, in quo nationes omnes consentiant. Etsi enim quaedam gentes peruersis moribus sint, uitiaque aliqua apud quasdam nationes in laude ponantur, haec tamen aliae et plures et cultiores detestantur et praua esse una omnium uoce defendunt.

Nam illud aliud de Sole, nullius paene momenti est. Tametsi enim indocti et qui de his iudicare non possunt bipedalem esse dicunt, tamen uiri docti, qui apud easdem nationes sunt, id ipsum constanter pernegant. Deinde ita indocti id adfirmant, ut nullo negotio contrarium amplexentur, minimum de eo dubitent, si a uiris doctis argumentis et exemplis familiaribus et perspicuis erudiantur et fatigentur. Nam si indoctos interroges an Astronomiae studuerint, ex qua sola de his rebus iudicare possumus, an bonis telescopiis usi sint, ut id ipsum quodammodo explorare possint, plane fatebuntur nihil se tale fecisse. Deinde si indocti audiant uiros doctos et probatae fidei, qui in concione dicant Solem multo maiorem esse Terra, uel credent, uel de sua opinione dubitabunt. Tum si globum bipedalem illis obiicias et centum longe ab iis passus colloces et postquam ostendisti eis, eiusmodi corpora in alia distantia collocata sensim minui, donec oculis cerni non possint atque ex tali similitudine [76] argumentando confeceris Solem, qui tanta intercapedine nobis bipedalis apparet, debere multo maiorem esse terra, id ita iis planum et perspicuum facies, ut nullo negotio persuadeas. Non ita uero efficies, si pluribus hominibus mentis sanae, tametsi indoctis, persuadere coneris eos non exsistere, eos esse unum hominem tantum, eos corpus non habere, eos nullum dolorem ex corporibus externis percipere posse. Nam primum

delirantes; em segundo lugar, permaneceriam obstinadamente com toda a convicção no seu ponto de vista. É, portanto, manifesto serem alguns conhecimentos de tal modo evidentes que não podem ser invalidados por quaisquer argumentos ou por meios astuciosos dos oponentes, sendo, por conseguinte, evidente a existência de corpos exteriores, tal como a do nosso corpo.

II. Pertence a Pierre Bayle o segundo argumento[72], o qual, recorrendo ao patrocínio de Zenão, como era seu hábito, discorre do seguinte modo, servindo-se de dois axiomas: "A natureza nada faz inutilmente; far-se-ia inutilmente com o recurso a muitos meios o que pode fazer-se por intermédio de poucos". "Ora, Deus tem o poder de suprir as impressões originadas nos corpos exteriores, portanto, ele procede realmente dessa forma. É esta a via mais breve".

Concedo o antecedente e nego o consequente; o motivo evidencia-se com suficiência com base no que anteriormente foi referido a propósito dos argumentos de Malebranche, podendo com maior razão refutar-se com extrema facilidade o axioma de Bayle deste modo: "Deus criou os sentidos com tanta minúcia e dispostos segundo uma ordem tão admirável que ninguém foi capaz alguma vez de compreender isso; ele agiu, portanto, dessa forma para obter uma finalidade, pois nada criou inutilmente. Como a experiência confirma, consiste essa finalidade em obter as ideias dos corpos, pelo que a criação dos sentidos externos demonstra com clareza a existência dos corpos". Por isso, esta é a via mais breve.

[77] A via mais breve para obter o que quer que seja deve entender-se não em virtude do número de meios, mas da sua necessidade em função de um determinado fim. Por exemplo, quando nos deslocamos de um lugar para outro, procederíamos com maior brevidade se, não tendo pernas, tivéssemos asas; contudo, na actual ordem das coisas, a via mais breve é percorrer o caminho, servindo-nos das pernas. O mesmo sucederia se, para alimentarmos as partes sólidas do corpo, para lançarmos fora o supérfluo, para manter o nosso corpo erecto, fosse suficiente um número menor de canais e de músculos, como acontece com muitos animais, como confirmam as observações anatómicas; mas na actual ordem das coisas e da estrutura do nosso corpo, é totalmente necessário esse grande número de canais. Por conseguinte, esta é a via mais breve. A respeito dos sentidos, devemos fazer idêntica afirmação.

1. Afirma, no entanto, este autor: "Nenhum filósofo demonstrou alguma vez com argumentos evidentes a existência da extensão, embora muitos deles, admitindo-a, tivessem discutido sobre se ela é constituída por pontos matemáticos, ou pelos átomos de Demócrito, ou se é divisível até ao infinito. Zenão, recusou, porém, que a extensão seja constituída segundo algum desses três modos; portanto, também recusou a sua existência".

---

[72] «Zénon», in *Dictionnaire historique et critique*.

irridebant te, et pro insano aut furioso habebunt; deinde ita obfirmato animo in sua opinione permanebunt, ut nihil magis. Perspicuum est igitur esse aliquas cognitiones ita euidentes, ut nullis rationibus, aut laqueis, euerti queant, ideoque perspicuum esse esse corpora extra suos et nostrum etiam.

II. Altera ratio est Petri Baelli[72], qui, ut Zenonis patrocinium pro more suo suscipiat ex duplici axiomate: "Natura nihil molitur frustra; frustra fit per plura, quod fieri potest per pauciora, sic disputat." "Deus potest supplere inpressiones externas corporum. Ergo reapse id fecit, haec enim est uia breuior."

Respondemus: concedimus antecedens et negamus consequens, ratio ex supra dictis ad Malebranchii argumenta iam satis constat. Immo uero eodem axiomate confutari Baelius perbelle potest in hunc modum: "Deus condidit sensus tanto numero partium, tam mirabili fabricatione constantes, quantam nemo umquam mente complecti potuit; ergo ad aliquem finem adsequendum id fecit, nihil enim condidit frustra. Sed hic finis, ut experientia docet, est ideas corporum adquirere. Ergo ipsa fabricatio sensuum externorum aperte conficit corpora exsistere." Ergo haec est uia breuior.

[77] Nam uia breuior ad rem aliquam consequendam, non ex numero partium, sed ex necessitate partium in tali rerum ordine est exsistimanda. Verbi gratia, ut nos a loco in locum perueniremus, multo breuius id fieret, si pedibus carentes, alas haberemus; tamen in hoc rerum ordine, uia breuior est pedibus iter conficere. Similiter ut cibo partes solidas corporis reficeremus, ut superflua eiiceremus, ut corpus nostrum erectum regeremus, minor numerus canalium et musculorum satis esset, ut multarum bestiarum anatome declarat; at in hoc rerum ordine, in hoc artificio corporis, infinitus ille numerus canalium penitus est necessarius. Ergo haec est uia breuior. Quod idem de sensibus dicendum est.

1. "At", inquit, "nemo umquam philosophus argumentis perspicuis confecit extensionem esse, sed, ea posita, toti fuere ut finirent an extensio ex punctis mathematicis, an ex Democriticis constaret, an infinite diuidi posset. Sed Zenonicus philosophus negare potest ullo ex tribus illis modis extensionem componi. Ergo etiam negare potest exsistentiam extensionis."

---

[72] *Dictionnaire Historique et Critique* in "Zenone".

Respondo, concedendo a premissa maior, pois, como acima referi, nas questões físicas evidentes não são necessários argumentos, rejeitando, contudo, a premissa menor. Como irei demonstrar na *Physica*, estas duas proposições são incompatíveis: "Pela sua própria natureza, um corpo tem sempre uma figura"; "Um corpo não é na realidade composto de partes" (pois, se o fosse, seria necessariamente divisível até ao infinito).

2. Porém, o autor insiste: "Os filósofos modernos, baseando-se nos vários sabores que as diferentes pessoas sentem ao degustarem os alimentos, concluem não estar o sabor na comida, mas no espírito; por isso, eles devem também inferir, com base nas diversas grandezas da extensão percepcionadas pela vista de pessoas diferentes, não ter a extensão existência exterior, mas apenas na mente, tanto mais que existem sobre este assunto muitas divergências entre filósofos competentíssimos, por exemplo, Malebranche, [78] Leibniz e ainda outros, havendo entre eles quem recuse a extensão e quem sobre ela tenha uma opinião favorável".

Respondendo a Bayle, concedo o antecedente e nego o consequente, sendo manifesto o motivo da minha discordância. Quando esses filósofos modernos e mais eminentes consideram que as impressões se alteram consoante as modificações da figura ou do movimento dos corpos, etc., eles concluem rectamente existirem exteriores a nós apenas corpos figurados e postos em movimento desta ou daquela maneira; e também o gosto é uma impressão do espírito, não por ela ter sido criada pelos órgãos dos sentidos, mas pelos alimentos exteriores, que pela sua figura e extensão afectam realmente os sentidos. Esses filósofos aceitam, portanto, como certa a existência de algo figurado que nos é exterior. Mas quando esses filósofos tiverem comprovado por meio de observações continuadas que a extensão (que a uns parece maior e a outros menor) se manifesta pela estimulação dos olhos pela luz – possibilitando percepcionar diversas extensões consoante a convexidade dos olhos –, também irão concluir como certo não ser criada a extensão pela acção dos olhos nem pela fantasia, mas encontrar-se nos próprios objectos corpóreos; por isso, reduzindo os objectos a nada, toda a extensão deixaria de existir. E quando esses filósofos tiverem investigado que relativamente ao tacto a extensão é uma coisa verdadeira e exteriormente existente, irão inferir rectamente e sem hesitações a existência real da extensão. Este assunto já havia, porém, sido esclarecido com suficiência no argumento anterior.

3. Outra instância. "Não há motivo para afirmar que o sentido da visão pode induzir em erro, mas não o tacto. Porém, o sentido da visão induz em erro a respeito do arco-íris por levar a pensar que ele tem cores. Portanto, também o tacto pode induzir em erro a respeito da resistência de um corpo considerado como extenso, levando a supor a sua existência, mas não existindo realmente".

Respondendo, recuso a premissa maior e a consequência. Demonstra a experiência quotidiana – que não é possível contestar – que muitíssimas vezes a vista nos induz em erro: os corpos situados a longa distância parecem vagamente coloridos, mas quando [79] nos aproximamos parecem ter outra cor. No entanto, certifica-nos

Respondemus concedendo maiorem, nam in rebus physice perspicuis non opus est argumentis, ut supra demonstrauimus, et negamus minorem. Vt enim in *Physica* ostendemus, repugnant inter se haec duo, "quod corpus natura semper sit figuratum et nihilosecius partes re ipsa non habeat semper," quod si habet re ipsa, infinite diuidi posse necesse est.

2. Instat tamen: "Iuniores philosophi ex uario sapore, quem diuersi homines cibo gustato sentiunt, efficiunt saporem non in cibo, sed in animo esse. Ergo etiam ex uaria magnitudine extensionis, quam diuersorum hominum oculi percipiunt, inferre debent extensionem non extra nos esse, sed in mente; eo magis cum sit apud philosophos grauissimos Malebranchium, [78] Leibnizium et alios qui extensionem negant, ceterosque qui eam ponunt, de hac una re tanta dissensio."

Respondemus: concedimus antecedens et negamus consequens, ratio dispar est manifesta. Nam philosophi isti iuniores ac diligentiores cum animaduertant, mutata figura, aut motu corporum, et ceteras inpressiones mutari, recte colligunt extra nos nihil praeter corpora hoc aut illo modo figurata et mota exstare, ideoque gustum inpressionem esse animi, non eam quidem ab organis sensuum primo natam, sed ab externis cibis, qui reapse figura atque extensione sua feriunt sensus. Propterea pro certo ponunt aliquid saltim figuratum extra nos esse. At cum iidem philosophi adsidua obseruatione perspectum habeant extensionem (ut alteris maior, alteris minor uideatur) ex appulsu luminis in oculos oriri, quae lux pro uaria oculorum conuexitate uariam extensionem ostendit, item cum certo sciant extensionem quamlibet non ab oculis condi, non a phantasia creari, sed ab ipsis obiectis corporibus proficisci, quibus sublatis, perit extensio omnis. Item cum habeant exploratum eamdem extensionem, cum ad tactum reuocatur rem esse ueram atque extrinsecus exsistentem reperiri, propterea recte atque sine ulla haesitatione colligunt extensionem re uera exsistere. Sed haec in superiori argumento satis sunt inlustrata.

3. Vrget: "Nulla est ratio cur dicamus uisum falli posse, tactum non posse. Sed uisus fallitur in iride, quam putat habere colores. Ergo etiam tactus falli potest in extensione resistenti, putans eam re esse, cum tamen re non sit."

Respondemus, sed negamus maiorem et consequentiam. Nam experientia quotidiana, cui refragari non licet, ostendit uisum saepissime falli; corpora enim longe posita quodammodo colorata uidentur, cum tamen, [79] si prope uenimus, alium colorem habeant. At eadem experientia ostendit tactum

a mesma experiência que poucas ou nenhumas vezes o tacto nos induz em erro relativamente à extensão sensível dos corpos; por isso, se diligenciarmos no sentido de que a mesma parede seja explorada por muitas pessoas que se sirvam do palmo romano, reconheceremos que ela tem o mesmo número de palmos. Portanto, é com legitimidade que recorremos ao tacto quando ao medirmos a extensão duvidamos do sentido da visão, pois o sentido do tacto possibilita maior certeza dos juízos que o sentido da visão[73].

No que respeita ao arco-íris e às outras cores denominadas "aparentes", admiti noutro lugar, assim como anteriormente e também nesta argumentação, que o sentido da visão pode induzir em erro (*visum falli posse,* para usar o modo de se exprimirem os que se servem desta fórmula). A verdade, porém, é que o sentido da visão não induz em erro, pois por seu intermédio vemos as cores que aparecem num determinado momento do tempo. Na realidade, é dessa forma que a luz, partindo do arco-íris, irradia para os olhos e os estimula, pelo que vemos realmente as cores. Se acaso permanecesse a disposição desse objecto, também a cor permaneceria, podendo, portanto, dizer-se, quando muito, serem as cores transeuntes ou mutáveis, mas não falsidades. É usual, por outro lado, afirmar-se – e isso é correcto – que a luz apenas irradia para os olhos se for reflectida pelos objectos. Deste modo, supondo não existirem outras coisas, as cores do arco-íris possibilitam inferir a existência de corpos extensos exteriores que reflectem a luz para os olhos, nada podendo, por conseguinte, concluir-se contra a extensão com base no argumento do arco-íris.

4. Última instância. "Se Deus diminuísse de forma inexplicável todos os corpos existentes no mundo, conservando, porém, cada um deles entre si a mesma proporção, [80] as pessoas, tornando-se, assim, tão diminutas, ao medirem com um palmo uma determinada extensão encontrariam o mesmo número de palmos e pensariam ser a mesma extensão absoluta; porém, como referi, o seu juízo seria incorrecto. Não é, portanto, absoluta a ideia de extensão, mas relativa. Não existe, por conseguinte, nenhuma extensão absoluta".

Respondo concedendo a premissa maior e negando a menor e ambas as consequências, pois no caso referido a extensão absoluta dos corpos seria aquela que tem existência nas coisas criadas independentemente das pessoas. Deste modo, quando um homenzinho ajuizasse serem as coisas conformes ao seu palmo, ajuizaria com verosimilhança, não sendo portanto, a extensão uma ideia relativa, mas algo absoluto e não relacionado. Em casos destes, há muitos autores que fazem um mau uso da palavra "absoluto", obscurecendo com uma linguagem ambígua assuntos dotados de suficiente clareza. Pela minha parte, denomino "absoluta" uma coisa que não parece diferente à diversidade das pessoas simultaneamente existentes (como o frio, o calor, as cores, etc., que parecem o mesmo para todas as pessoas

---

[73] Ao invés, tratando-se de coisas diminutas, na investigação da verdade recorremos por vezes ao sentido da visão e não ao tacto. Efectivamente, pelo tacto não se manifestam quaisquer asperezas de um globo de bronze, mas se este for investigado ao microscópio manifestam-se muitas. Contudo, isto não invalida nenhuma lei geral da extensão.

in extensione sensili rerum uix aut ne uix quidem falli, propterea quia si eumdem parietem ab hominibus bene multis romano palmo explorari curamus, eumdem numerum palmorum habere cognoscimus. Merito ergo in extensione rerum, cum de uisu dubitamus, ad tactum confugimus, merito tactus maiorem in iudicando firmitatem parit quam uisus[73].

Quod adtinet ad iridem ceterosque colores, quos "apparentes" uocant, admisi tum alibi, tum paullo ante, tum etiam in praesenti argumentatione, *uisum falli posse*, ut morem gererem illis, qui tali loquendi formula utuntur. Re autem uera uisus non fallitur, sed eum uidet colorem, qui eo temporis puncto est. Nam reapse lux ab iride tali modo inflectitur ad oculos, reapse oculos ferit. Ergo reapse uident eum colorem. Nam si talis obiecti corporis dispositio duraret, color etiam duraret. Ergo ad summum dici potest colores esse transeuntes, seu mutabiles, non falsos. Vt ut uocatur, illud certum est lucem ad oculos non reuerti, nisi dum a corpore obiecto reflectitur. Ergo ipsi colores iridis, ut alia non essent, conficiunt corpus aliquod extensum extra nos esse, quod lucem ad oculos repellat. Ergo nihil ex iride contra extensionem colligi potest.

4. Vrget demum: "Si Deus corpora omnia, quae in hoc mundo se offerunt, incredibiliter minueret, seruata eadem proportione, quam habent inter se [80] singula, homines illi exigui dum certam extensionem palmo examinarent, eumdem numerum palmorum inuenirent eamdemque extensionem absolutam iudicarent. Sed falso iudicarent, ut ponimus. Ergo idea extensionis non est absoluta, sed relata. Ergo nulla datur extensio absoluta."

Respondemus concedendo maiorem et negando minorem, et utramque consequentiam. Nam tali casu extensio absoluta corporum esset illa quae extra hominem exsisteret in rebus creatis. Ergo homuncio iudicans talem esse, ut palmo suo indicatur, uerissime iudicaret. Ergo extensio non est idea relata, sed res quaedam absoluta et non comparata. Abutuntur hic plurimi uocabulo "absoluta", ut rem satis claram uerbis ambiguis suis reddant obscuram. "Absolutam" autem nos uocamus rem quae non pro uarietate hominum simul exsistentium alia et alia uidetur, ut frigus, ut calor, ut colores et cetera, sed quae omnibus, qui eam recte examinant, eadem est. Itaque quemadmodum in praesenti rerum statu trabs longa decem palmos romanos

---

[73] In rebus minimis, e contrario, ex tactu ad uisum ueri inuestigandi caussa interdum confugimus. Nam tactus globi aenei nullas asperitates demonstrat, sed si microscopio exploratur, plurimas ostendit. Sed haec, aliqua huiusmodi non obstant legi generali extensionis.

que examinam estas impressões rectamente). Assim, tal como no estado actual das coisas uma viga comprida tem realmente dez palmos, o que podia certificar-se com verosimilhança – embora devamos admitir ter Deus o poder de outorgar a todos os corpos muito maior extensão, conservando entre eles a mesma proporção –, do mesmo modo, se os corpos diminuíssem proporcionalmente, teriam na realidade uma extensão e todas as pessoas o exprimiriam como sendo verosímil. Portanto, seria essa a extensão absoluta dos corpos.

Posso omitir outros argumentos que Bayle acrescenta ou que menciona em diversos lugares. No entanto, eles coincidem com os de Malebranche, podendo ser refutados de forma idêntica.

III. O terceiro argumento é de George Berkeley[74], que [81] se exprime da forma que se segue: "Nós conhecemos somente dos corpos certas propriedades sensíveis, quer secundárias (o calor, o frio e ainda outras), quer primárias (a extensão, a figura, a solidez e a mobilidade); porém, estas propriedades, tanto as secundárias como as primárias, são apenas impressões do nosso espírito, não podendo, por isso, estabelecer-se com base nelas a existência de corpos exteriores. A premissa menor, quanto à primeira parte, é evidente para os modernos, que a confirmam com argumentos muito consistentes *(por mim referidos noutro lugar)*; a segunda parte demonstra-se por duas razões, seguidamente mencionadas":

1. "Não pode existir nem ser percepcionada e extensão corpórea sem a cor, o calor, o frio, etc.; ora, encontrando-se estas propriedades apenas na mente, o mesmo deve ocorrer com a extensão. Por outro lado – em virtude das diferentes convexidades e figuras dos olhos, das diferentes densidades dos corpos diáfanos penetrados pela luz, da distância maior ou menor segundo a qual um corpo é observado –, um corpo aparenta diferentes figuras e grandezas; contudo, não pode uma e a mesma coisa possuir várias figuras e grandezas, não existindo, portanto, realmente a extensão, mas apenas no espírito. Além disso, também a solidez parece diferente consoante o tacto é mais ou menos apurado, pois o que se afigura mole a uma pessoa é muitas vezes duro para outra, não tendo, por conseguinte, uma existência real, dado esta se apresentar como una e invariável. Por último, a velocidade do movimento de um corpo costuma calcular-se em função do tempo de maior ou menor duração segundo a qual esse corpo percorre um espaço; reconhece-se, porém, a duração do tempo pela sequência das ideias que se sucedem na mente. E, considerando duas pessoas que observem o movimento de um corpo, uma delas percepciona uma sequência mais longa e a outra mais breve das suas ideias; contudo, é incompatível que o tempo seja simultaneamente breve e longo [82] e, por isso, tais propriedades realmente não existem". É esta a primeira parte da sua argumentação.

---

[74] Berkeley, bispo de Cloyne, na Irlanda, da facção anglicana, publicou um livro com o título *Tratado sobre os Princípios do Conhecimento Humano*; e ainda outro (Londres, 1713), em forma de diálogo, no qual intervêm Hilas e Filonous, estando encoberto sob este último personagem o próprio Berkeley.

reapse tot palmos habet, idque uerissime adseueratur, tametsi fateamur Deum multo maiorem extensionem proportione seruata singulis corporibus tribuere posse, ita, si corpora eadem ratione minueret, singula corpora re ipsa talem extensionem haberent idque omnes uerissime enuntiarent, ideoque talis esset absoluta corporum extensio.

Ceteris argumentis, quae Baelius diuersis in locis uel addit, uel tangit, supersedere possumus, conueniunt enim cum illis Malebranchii atque eodem modo diluuntur.

III. Tertia ratio est Georgii Berkeleii[74], quae [81] ita se habet: "Nos in corporibus nihil aliud cognoscimus, nisi proprietates quasdam sensiles, tum secundarias, ut calor, ut frigus et cetera, tum primarias, ut extensio, figura, soliditas et mobilitas. Sed hae proprietates, tum secundariae, tum primariae, nihil aliud sunt nisi adfectiones animi nostri. Ergo ex illis effici non potest esse extra nos corpora. Minor quod ad primam partem recentioribus est perspicua eamque ipsi confirmant grauissimis argumentis, de quibus nos alias. Altera uero duplici ratione probatur in hunc modum."

1. "Nam extensio corporea sine colore, calore aut frigore et etc nec esse nec percipi potest; ergo si hae sunt tantum in mente, etiam extensio erit in mente tantum. Deinde corpus pro uaria oculorum conuexitate ac figura, pro uaria densitate corporis diaphani, per quod lux permeat, pro maiori aut minori distantia e qua conspicitur, uariae figurae ac magnitudinis apparet; sed eadem res non potest esse eiusdem, tum figurae, tum magnitudinis. Ergo extensio non exsistit reapse, sed in mente tantum. Praeterea soliditas uaria item pro acutiori aut obtusiori tactu esse uidetur, nam quod uni molle, alteri durum saepenumero uidetur; ergo non est in re quae una et inuariata manet. Praeterea motus uelocitas ex tempore longiori, aut breuiori, quo corpus spatium conficit, dignosci solet; longitudo autem temporis ex serie idearum, quae in mente sibi succedunt, aestimatur. Sed ex duobus hominibus, qui aliquod corpus motum contemplantur, alter longiorem, alter breuiorem, seriem idearum habet; ergo tempus erit simul et breue et longum, quod repugnat. Non ergo [82] huiusmodi res exsistunt reapse". Haec prima pars suae rationis.

---

[74] Berkeleius, Episcopus Cloyniensis in Hibernia ex Anglicana secta, edidit librum *De Principiis Humanae Cognitionis*, Londini 1713, dialogistica forma, actoribus Ila et Philonoo, sub qua ultima persona latet ipse Berkeleius.

2. Quanto à segunda parte, apresenta-se deste modo: "Nem os sentidos nem a razão nos podem certificar sobre a existência dos corpos. Os sentidos externos – como costumam denominar-se – revelam-nos e certificam-nos, sem dúvida, de que possuímos determinadas percepções ou ideias, mas não nos dão nenhuma certeza sobre a existência de corpos exteriores que lhes correspondam. Também a razão não é capaz de manifestar-nos a certeza dessa existência, visto ela se basear nos dados dos sentidos. Mesmo os defensores da existência dos corpos declaram abertamente e sem ambiguidade não existir um nexo necessário ou uma relação – como eles lhe chamam – entre as ideias dos corpos e os corpos exteriores, como, aliás, se comprova nos estados de delírio e de sonho, em que essas ideias se apresentam ao espírito sem correspondência com um objecto exterior que se lhes assemelhe. Por conseguinte, o facto de possuirmos ideias de certos corpos não nos coage a afirmar a existência de corpos que nos sejam exteriores E quem é capaz de asseverar poderem existir exteriores à mente o som, a figura, o movimento, a cor e a luz, isto é, não serem percepções? Se pudesse suprimir-se a percepção dessas propriedades, não existiria mais luz, nem cor, nem coisas semelhantes. Deste modo, todo o *ser* dessas coisas consiste apenas em *serem percepcionadas*, pelo que ou os corpos exteriores se adequam a ser percepcionados – reduzindo-se neste caso a ideias do espírito – ou não podem ser percepcionados e, portanto, não existem".

Inferem-se deste princípio muitas consequências que causam assombro, sendo mesmo inacreditáveis: 1. O nosso espírito apenas percepciona e sente com clareza e verdade o que lhe está presente e nada mais[75]; 2. O nosso espírito não conhece como certo [83] o que sucedeu anteriormente ao tempo em que agora está pensando, por exemplo, se eu ontem existi, se vivi há cem anos e muitas outras coisas deste género. Na opinião dos defensores desta doutrina, nenhuma destas coisas e outras semelhantes são percepções do espírito que neste momento possuo, pois, segundo o seu parecer, somente no espírito a evidência se fundamenta.

Esta argumentação induziu de tal modo em erro muitas pessoas doutas e exercitadas nos assuntos da Geometria que parece espantoso dizer-se. Afirmam ainda eles – e com enorme insolência – parecer-lhes evidente a mencionada demonstração, não podendo mesmo ser-lhes contraposta uma réplica adequada. Mas eu não tenciono perder muito tempo com os seus argumentos nem devo fazê-lo. Afirmo, contudo, poder desacreditar com tanta facilidade tal argumentação que nada se me afigura mais fácil. Aliás, sobressai com nitidez do que ficou escrito uma resposta dotada de tanta clareza e evidência que poderia dispensar-me de pensar ainda noutra.

---

[75] Debalde Berkeley e os seus sequazes reivindiquem para si esta descoberta, pois já o haviam afirmado muito antes os antigos cirenaicos: "Recusam – escreve Cícero – existir coisa alguma exterior que possa percepcionar-se. Eles apenas percepcionam o que sentem pelo sentido interno, como a dor e o prazer, não conhecendo nem a cor nem o som, pois apenas possuem a sensação de estarem afectados de uma certa maneira" (*Academicae quaestiones*, liv. IV, cap. 24).

2. Altera autem pars se habet hoc modo. Nec sensus, nec ratio certiores nos reddere possunt de corporum exsistentia. Nam sensus externi, ut uocant, indicant quidem et certos nos faciunt habere nos talem, aut talem perceptionem, seu ideam, esse uero corpora externa eiusdem generis, nullo pacto nos certos faciunt. Nec item ratio ex iis, quae per sensus comparantur, tale quid certo nobis ostendere potest. Nam et ipsi corporum defensores plane atque aperte confitentur nullum nexum necessarium, seu relationem, ut nominant, esse inter ideas corporum et corpora externa ipsa, ut uidemus in deliriis et somniis, in quibus tales ideae animo obseruantur, quae nullum obiectum extrinsecus simile habeant. Quare quod ideas certorum corporum habeamus, nihil nos cogit ut dicamus esse extra nos corpora ulla. Ad haec, quis mente informare potest sonum, figuram, motum, colorem, lucem exsistere posse extra mentem, hoc est, quin percepta sint? Tolle perceptionem harum rerum, nulla iam amplius lux, nullus color, nihil eorum erit. Totum ergo harumce rerum *esse* est *percipi* tantum. Quare siue corpora externa apta sunt, quae percipiantur, et sunt ideae animi nostri, siue percipi non possunt et nihil re sunt."

Ex hoc autem principio pulcerrima multa et mirabilia atque incredibilia etiam consequuntur: 1. animum nostrum id tantum clare et certissime percipere ac sentire, quod ipsi animo est praesens, praeterea nihil[75]; 2. animum nostrum certo non [83] cognoscere, quod ante tempus, quo cogitat, euenit, uelut hoc an heri exstiterim, an centum ante annos uixerim et huiusmodi sexcenta. Nihil enim horum et similium est perceptio mentis, quam nunc habeo, in qua sola, si eos audimus, euidentia consistit.

Haec argumentatio tot homines ceteroqui, et doctos, et in rebus geometricis satis exercitatos, decepit, ut mirabile dictu uideatur. Aiunt enim, idque fidenter admodum, eam demonstrationem perspicuam sibi uideri, nullamque idoneam responsionem eidem adhiberi posse. Sed huiusmodi disputatores non moramur, nec morari debemus. Illud contendimus huic argumentationi tam facile occurri posse, ut nihil facilius sit factu; immo uero ex dictis plane responsio et clara et luculenta exsistit, quin aliam excogitemus.

---

[75] Frustra sibi hoc inuentum uindicat Berkeleius et sectatores, nam ueteres Cyrenaici id ipsum multo ante dixerunt: "Negant", inquit Cícero, "esse quidquam quod percipi possit extrinsecus, ea se sola percipere, quae tactu intimo sentiant, ut dolorem et uoluptatem, neque se, quo quid colore, aut quo sono sit, scire, sed tantum sentire, adfici se quodammodo." *Academicae Quaestiones*, lib. IV, cap. 24.

Quanto à primeira parte da argumentação, replico não passar de uma falácia por se propor demonstrar uma coisa diferente da que deveria ser demonstrada. Concedo parecerem diferentes a pessoas diferentes não só a grandeza e a figura, mas também a solidez e o movimento e propriedades deste género; mais que isso, elas apresentam-se por vezes diferentemente à mesma pessoa. Que devemos então concluir? Que elas não existem nos corpos? Recuso. Do anteriormente referido, infere-se apenas não me aperceber em certas ocasiões, ao servir-me dos sentidos, da grandeza real ou – fazendo uso das palavras dos filósofos – não ter por vezes conhecimento da quantidade absoluta das coisas, mas apenas da relativa. [84] Mas não se infere de forma alguma não existirem as coisas exteriores que nos parecem existir enquanto manifestadas pelos sentidos, se eles estiverem saudáveis e operarem com eficácia. É apenas isto que Berkeley deveria ter demonstrado.

O que resulta do que ficou escrito, que demonstra o oposto da argumentação de Berkeley? Mesmo aqueles que afirmam serem as mesmas coisas grandes e pequenas se persuadem certamente da sua existência exterior à mente, coagidos pela própria evidência. E, se o desejarem, eles poderão obter sem nenhuma dificuldade ideias correctas dessas coisas por meio do sentido comum. Se à vista desarmada não formos capazes de reconhecer um objecto, servindo-nos do telescópio ou do microscópio podemos distinguir perfeitamente a sua figura. E, se pelo sentido da visão não percepcionarmos a grandeza e a solidez, podemos investigar facilmente uma e outra pelo sentido do tacto[76]. Quanto ao movimento, distinguimo-lo com muita clareza pela visão e pelo tacto. E quando referimos qualquer movimento a um modelo definido e invariável – por exemplo ao movimento do relógio (a que chamamos «tempo extrínseco») –, todos possuímos a mesma ideia de velocidade e de tempo.

Se tem algum valor o modo de argumentar de Berkeley, ele vale sobretudo por dar ensejo a inferir conclusões frívolas que, se fossem expostas, serviriam para fazer troça de todas as pessoas. Como se eu dissesse: "Se um indivíduo são e outro febril degustassem o mesmo mel, a um deles poderia parecer doce e ao outro amargo; mas a mesma coisa não pode ser simultaneamente doce e amarga, não existindo, por isso, o mel que ambos degustaram". E ainda: "Se Berkeley estivesse na minha presença, aparentaria um tamanho normal, mas, estando longe, pareceria mais pequeno; no entanto, o mesmo objecto não pode ser grande e pequeno ao mesmo tempo, não existindo, portanto, Berkeley". Poder-se-ia acrescentar um interminável número de expressões semelhantes, tolas e absurdas e que, por outro lado, [85] causariam repugnância não direi às doutrinas dos filósofos, mas ao senso comum.

3. Relativamente à segunda parte da argumentação de Berkeley, recuso aquilo que ele estabelece em primeiro lugar, ou seja, que nem pelos sentidos nem pela razão temos a certeza da existência dos corpos. A minha recusa foi anteriormente

---

[76] Berkeley confunde neste ponto dureza e solidez. Irei demonstrar na *Physica* serem coisas totalmente diferentes.

Respondemus igitur primam partem argumentationis nihil aliud esse quam fallaciam, quae aliud probat quam quod erat probandum. Concedimus itaque non solum magnitudinem et figuram, uerum etiam soliditatem et motum ceteraque huiusmodi diuersa diuersis uideri, aliquando item eidem homini uaria uideri. Quid tum? Non sunt in corpore? Negamus. Tantum ex dictis efficitur ope quorumdam sensuum interdum non cognosci quanta re ipsa res sit, id est, ut philosophorum uerbis utar, aliquando non cognosci absolutam et non comparatam talium rerum [84] quantitatem. At nullo modo efficitur non esse extra nos res illas, quae nobis per sensus integros et ualentes esse uidentur, quod unice probandum Berkeleio fuit.

Quid, si ex Berkeleiana argumentatione contrarium demonstratur? Atqui et illi, qui magnas et qui paruas easdem res esse dicunt, certo sibi persuadent utrasque extra mentem esse, ipsa rei euidentia moti. Quinimmo, si uolunt, germanas ideas rerum sine ulla defatigatione auxilio communis sensus adquirere possunt. Nam si nudis oculis rem internoscere non possumus, adhibito telescopio aut microscopio, aperte figuram distinguimus. Si uisu magnitudinem et soliditatem non percipimus, facile utramque tactu exploramus[76]. Motum autem et uisu et tactu apertissime cognoscimus, et cum quemlibet motum referimus ad certam constantemque normam, ut est motus horologii, quem uocamus tempus extrinsecum, eamdem uelocitatis et temporis ideam omnes habemus.

Quod si haec argumentandi ratio Berkeleiana aliquid ualet, ualet etiam ad plurima pueriliter colligenda, quae nos ludibrio cunctorum hominum exponant, uelut si dicam: "sanus et febri laborans cum idem mel degustant, alteri dulce, alteri amarum uidetur. Sed eadem res non potest simul esse dulcis et amara. Ergo non exsistit mel, quod uterque degustat." Item si dicam: "Berkeleius, si prope me est, iustae magnitudinis uidetur, si longe positus, minoris uidetur. Sed eadem res non potest re esse simul magna et parua. Ergo non exsistit Berkeleius." Et huiusmodi sexcenta inepta et absurda, atque non [85] dico philosophorum decretis, sed ipsi communi sensui repugnantia.

3. Ad secundam partem Berkeleianae argumentationis quod adtinet, negamus illud, quod primo ponit, uidelicet, nec sensu, nec ratione nos certos fieri de corporum exsistentia. Quod iam supra tam claris argumentis

---

[76] Confundit his Berkeleius duritiem et soliditatem, quae omnino diuersa esse in *Physica* demonstrabimus.

apresentada com argumentos de tal forma evidentes que não parece possível acrescentar outras considerações. Afirmo, porém, serem apenas falácias todas as demonstrações deste autor, como vou evidenciar com brevidade.

Antes de mais – embora ao observarmos as coisas em si mesmas e isoladamente não tomemos consciência de um nexo necessário entre as nossas ideias e os corpos exteriores –, a verdade é que a ordem das coisas, a harmonia do Universo e as leis da natureza manifestam um vínculo de todo necessário (como já anteriormente eu havia demonstrado com suficiência contra Bayle). Com efeito, perante a estimulação dos sentidos pelos corpos exteriores, originam-se necessariamente ideias no espírito em conformidade com uma lei natural, e ninguém tem duvida dever atribuir-se esse nexo ou vínculo a leis da natureza, que o estabelece. Berkeley argumenta, por isso, pessimamente quando parte das coisas consideradas em separado para as coisas enquanto integradas no sistema do Universo, visto tratar-se de um argumento que parte do sentido diviso para o sentido compósito, o que redunda numa falácia.

Quanto à questão dos delírios e dos sonhos, é mais que evidente constituir ela também uma falácia. Berkeley toma como certo ocorrerem delírios e sonhos nas outras pessoas (ou seja, existirem corpos humanos, além do seu próprio corpo, que por vezes estão possuídos pelo delírio e pelo sonho) e, não obstante, porfia em inferir não poder demonstrar-se a existência de corpos exteriores. Estamos, sem dúvida, perante um círculo vicioso.

Se Berkeley se refere aos seus próprios sonhos e delírios, serve-se em primeiro lugar de uma argumentação pueril e inábil, não sendo capaz, por outro lado, de evitar [86] cair num círculo vicioso. Como poderia ele convencer-nos a nós – que não temos experiência dos seus estados – de não se sentir algumas vezes afectado por delírios e por sonhos? E qual o critério que lhe permite distinguir em si mesmo com clareza o delírio da mente sã e o sonho da vigília de modo a poder responder minimamente às nossas dúvidas? Se esse critério se baseia na própria evidência das coisas e na lembrança, pergunto de novo o que é mais evidente: eu sonhar algumas vezes e outras não ou possuir um corpo humano? Ou não ser o meu corpo uma percepção da minha mente, mas existir exteriormente a ela? Eu não vejo decerto nenhuma diferença. Além disso, qual o motivo por que ele assevera com base nos seus delírios e sonhos manifestar-se algo semelhante nas outras pessoas a não ser em função do princípio da analogia, que considera evidente, mas não podendo existir sem a existência dos corpos exteriores?

Por outro lado, Berkeley não se apercebe do delírio enquanto delira, mas apenas após estar senhor de si, nem do sonho no momento em que sonha, mas somente no estado de vigília. O delírio ou o sonho não estão presentes na mente de quem se propõe ajuizar sobre eles quando saudável e em vigília, não sendo, por isso, para ele nem um nem outro evidentes. Por conseguinte, ele exprime-se falsamente ao afirmar o que quer que seja sobre estes assuntos. Ele, porém, retém na memória ambos estes estados. O que é que isso significa? Que ele possui decerto a evidência da lembrança presente no seu espírito, mas não do acontecimento confiado à memória, o qual não é de modo algum evidente, pois não tem acerca dele percepção ou

confecimus, ut nihil accedere posse uideatur. Ad probationes autem singulas dicimus singulas esse fallacias, quod breuiter ostendemus.

Principio enim etsi dum rem in se ac simpliciter spectamus, nullus sit nexus necessarius inter ideas nostras et corpora externa; in hoc tamen rerum ordine, in hac harmonia Vniuersi, in his legibus naturae, nexus omnino necessarius interuenit, quod paullo ante satis demonstrauimus contra Baelium. Quare posita inpulsione sensuum a corporibus externis, certa aliqua idea ex lege naturae in animo oriatur necesse est. Qui connexus et quasi uinculum ipsi naturae legi talia praecipienti tribui debere, nemo est qui non uideat. Male ergo argumentatur Berkeleius a rebus seorsum sumtis ad res ipsas in hoc systemate Vniuersi, nam id ipsum est argumentari a sensu diuiso ad compositum, quod est sophisma.

Deinde illud de deliriis et insomniis esse item fallaciam plus quam perspicuum est. Berkeleius enim sumit tamquam certum dari in aliis hominibus delira et insomnia, hoc est, dari extra se corpora humana, quae delirio et insomnio aliquando uexentur; nihilominus ex iisdem deliriis et insomniis inferre contendit probari non posse esse extra se corpora ulla, qui quidem est circulus uitiosus.

Quod si Berkeleius loquitur de suis insomniis ac deliriis, primum puerili et inepta argumentatione utitur, deinde effugere non potest, [86] quin incidat in circulum uitiosum. Nam quo ille pacto nos, qui talia non sentimus, certos faciet, se se tum deliriis, tum insomniis, interdum adfici? Quo autem criterio in se perspicue distinguit delirium a mente sana, somnium a uigilia, ut id nobis pro minime dubio opponat? Si ex ipsa rei euidentia ac memoria, rursum quaero qui magis dilucidum est me aliquando somniare, aliquando non item, quam me corpus humanum habere meumque corpus non esse perceptionem mentis, sed esse extra mentem meam? Ego certe nullum discrimen uideo. Deinde qua ratione ex suis deliriis ac insomniis aliquid simile in aliis hominibus dari adseuerat, nisi ex lege analogiae, quam perspicuam putat et quae sine externis corporibus esse non potest?

Praeterea Berkeleius non sentit delirium dum est delirus, sed postquam mentis est compos, non somnium in ipso somnio, sed postquam est uigil. Non ergo delirium aut insomnium praesens est menti illius; dum sanus et uigil de hisce rebus iudicare sibi sumit. Ergo neutrum illi est euidens. Falso igitur adfirmat quidquid de talibus rebus adfirmat. At habet memoriam utriusque. Quid refert? Habebit quidem euidentiam de memoria animo suo praesenti, non uero de re in memoriam reuocata, quae nullo modo est praesens, quamque nec percipit nec sentit. Quocumque igitur se uersat Berkeleius, falso ponit quidquid ponit, si constare sibi uult; sin autem,

sensação. Portanto, para qualquer lado que Berkeley se volte, tudo o que estabelecer é com falsidade que o estabelece, se desejar ser consequente consigo próprio, de contrário recai num círculo vicioso, tomando como certo o que posteriormente irá negar na conclusão.

Além de tudo o que ficou referido, é totalmente falso apresentarem-se coisas à mente, quer no sonho, quer no delírio, a que não corresponde um objecto exterior. Embora os discursos incoerentes dos que deliram e as palavras soltas dos que sonham não tenham por vezes nenhum nexo entre si, é certo, porém, originarem-se as respectivas ideias, [87] consideradas separadamente, em objectos exteriores. Os sonhos originam-se apenas nas coisas apreendidas pelos sentidos quando representadas separadamente umas das outras; e uma pessoa em estado de delírio apenas se exprime com base naquilo que adquiriu por meio dos sentidos. Por isso, embora o nexo das palavras e das ideias em que se fundamentam tanto o delírio como o sonho tenha a sua génese numa anomalia do cérebro ou numa causa desconhecida, contudo, cada uma dessas ideias se apresenta de tal modo que lhe corresponde algo exterior de certa forma semelhante e no qual elas se originam.

Por último, Berkeley dá como garantido possuir sentidos externos e em virtude deles estar convicto de experimentar determinadas percepções dos corpos e apenas isso. De que forma – queira ele explicar-nos – tem conhecimento disso de um modo tão claro e tão evidente? O que lhe dá a certeza de possuir sentidos externos? Será que os sentidos externos de Berkeley são mais íntimos à sua mente do que os sentidos das outras pessoas? Fábulas! Com efeito, o que não é percepção da mente – mesmo para este autor – é exterior a ela. Mas o corpo de Berkeley não é percepção da sua mente, pelo que ele possui apenas evidência das suas percepções, mas não dos sentidos externos, dado estes serem corpos. Eis aí outra incoerência, para não dizer outra falácia. Ele reconhece certamente possuir sentidos externos (ou seja, ter um corpo humano) e ainda, em virtude deles, ideias dos corpos, recusando, porém, posteriormente, servindo-se dos sentidos externos, poder afirmar-se outra coisa que não seja a mera percepção dos corpos. Se, porém, as percepções dos seus sentidos externos lhe dão a certeza de possuir sentidos externos ou um corpo humano, por que motivo a percepção de corpos diferentes não o persuade sobre a existência de outros corpos exteriores? Coisa estranha! O princípio da analogia coage Berkeley a inferir com base na percepção da sua mente a existência de outras mentes que lhe são exteriores, mas de modo algum o coage a ajuizar, com fundamento na percepção do seu próprio corpo, sobre a existência de outros corpos. O que é mais evidente: eu sentir calor por aproximar a mão [88] do fogo ou existir a mão que é aproximada do fogo? E é mais evidente existir a mão como órgão que se coloca no fogo ou existir o fogo no qual a mão é colocada?

Eu, sinceramente, não pretendo considerar esta questão inquestionável – pois não me reivindico como fiador de toda a gente –, deixando-a de boa vontade à apreciação de cada pessoa. Convoco, por isso, todas as pessoas, as instruídas, as ignorantes, as mulheres e as crianças, com a condição de estarem no seu juízo. Interroguemos cada uma delas, perguntando-lhes se alguém poderá sentir dor na mão

in circulum uitiosum recidit, illud pro comperto sumens, quod postea in conclusione negat.

Praeterea falsum omnino est, tum in insomnio, tum delirio talia menti obuersari, quae nullum obiectum habeant externum. Nam etsi tum uarii sermones illorum, qui delirant, tum eorum oratiunculae, qui somniant, nihil inter se connexum habeant interdum, illud certum est singulas istorum ideas seorsum [87] sumtas a rebus externis esse profectas. Neque enim somnia conduntur, nisi de iis, quae singulatim sumta per sensus habita sunt, nec homo delirus de aliis umquam loquitur, quam de iis, quae sensibus accepit. Quare etsi nexus sermonum atque idearum, in quo uno consistit uel delirium, uel insomnium, a uitio cerebri, uel ab alia caussa ignota proficiscatur, ueruntamen ideae ipsae singulae eiusmodi sunt, quae aliquid extra se quodammodo simile habent, ex quo primum ortae sunt.

Ad extremum Berkeleius tamquam exploratum ponit habere se sensus externos, eorumque ope se certum fieri, sentire eum talem perceptionem corporum et nihil amplius. Qua ergo uia, explicet nobis, tam clare et aperte id nouit? Quis eum certum facit habere illum sensus externos? An sensus externi Berkeleii sunt magis interni menti ipsius quam sensus aliorum hominum? Fabulae! Nam quidquid perceptio mentis non est, uel eo auctore, extra mentem est, corpus autem Berkeleii non est perceptio suae mentis. Habet ergo euidentiam suae perceptionis tantum, non sensum externorum, quippe qui sunt corpora. En altera inconstantia, ne dicam fallacia. Nimirum certo scit se habere sensus externos, scilicet corpus humanum, itemque habere se ope sensuum ideas corporum, et postea negat ex sensibus externis aliud haberi quam meram perceptionem corporum. At si perceptio suorum sensuum externorum eum certum facit se habere sensus externos, seu corpus humanum, cur non etiam perceptio aliorum corporum eum certum faciet esse alia corpora externa? Quid? Lex analogiae cogit Berkeleium ut ex perceptione suae mentis existimet esse alias mentes extra se, nullo autem pacto cogit ut ex perceptione sui corporis iudicet esse alia corpora? Qui magis est euidens me sentire calorem ope manus [88] ad ignem admotae, quam esse manum quae ad ignem admouetur? Qui magis perspicuum esse organum manus igni applicatum quam esse ignem cui applicatur?

Neque enim ego tale quid fide mea acceptum esse uolo, non me sponsorem pro singulis hominibus appello, sed rem omnem istam libentissime eorum iudicio libero relinquam. Prouoco igitur ad omnes homines, doctos, indoctos, femellas, puellos, modo mentis sint compotes; interroga singulos an possit aliquis dolorem in manu ex contactu ignis sentire, quin re uera sit

em contacto com o fogo sem existir realmente a mão que é torturada ou sem existir efectivamente o fogo que queima. Ouvi-las-emos sem nenhuma dúvida responder: «Isso não pode verificar-se». E, como consequência, elas terão como certo e evidente existirem na realidade a mão e o fogo, não sendo, por isso, ficções da mente. E por que motivo se impõe essa conclusão? Porque ela se apresenta ao espírito com tanta clareza que nada há que se apresente com maior evidência. Se alguém solicitasse outras argumentações, seria louco, pois nada se manifesta com maior clareza para demonstrar e confirmar esse facto. Assim, quem pretendesse uma justificação mais evidente nada alcançaria, mas vaguearia nas trevas.

Regresso agora ao que foi aduzido por Berkeley sobre o som, a figura, a luz e as outras propriedades exteriores a propósito de que todo o ser consiste apenas na percepção. Que essa opinião seja fútil e insustentável toda a gente o reconhece. Trata-se de uma pura anfibologia, que deve esclarecer-se e explicar-se da forma a seguir referida. Quanto à afirmação de que "ser é ser percepcionado", se forem entendidos como estando no espírito, concedo; mas, se forem interpretados como exteriores ao espírito, distingo. Que não possuam uma existência idêntica à que possuem no espírito (ou que não produzam o mesmo efeito que produzem no espírito), concedo; que não sejam algo realmente existente, podendo, não obstante, produzir um efeito, recuso. Está, assim, esclarecida a anfibologia. Seria na verdade pueril e inábil afirmar existirem exteriores à mente o som, a figura e a luz, enquanto representados nela, [89] pois não pode haver percepções e sensações exteriores ao espírito. Uma afirmação dessas tresandaria a peripatetismo, e nenhum dos nossos confrades o declarou ou imaginou. Porém, é totalmente filosófico e verdadeiro afirmar existirem corpos exteriores à mente, que incutem essas percepções no espírito, quer isso aconteça por influxo físico, como alguns pensam, quer por ocasião, segundo outros. E que mais? Até o próprio Berkeley aceita isto ao declarar existirem exteriores à mente os seus sentidos externos. É, portanto, correcta a sua declaração de que os corpos exteriores podem ser percepcionados, mas é absolutamente falso existirem apenas as ideias do nosso espírito.

Vou agora expor as consequências que procedem da opinião dos opositores. Elas apresentam-se de tal modo que quem houver entendido rectamente as razões aduzidas até ao momento não lhes concederá nenhum crédito, pois não têm nenhuma importância. Mais que isso, elas são facilmente redutíveis às falácias acima mencionadas, como vou explicar em poucas palavras.

Foi-nos dito em primeiro lugar que, se recusássemos o princípio de que o nosso espírito percepciona com clareza e evidência apenas o que lhe está presente (ou as suas percepções e nada mais), todo o edifício desabaria. Eu, porém, havia concluído até agora com argumentos perspícuos ser falso esse princípio. E também demonstrei conhecermos de modo perspícuo a existência de outras coisas exteriores a nós próprios. Deste modo, se ontem tive evidente conhecimento de que existo, também hoje tenho plena consciência desse facto, pois retenho-o na lembrança. Por outro lado, tal como sei com evidência não haver nenhum argumento para poder ajuizar ter vivido há cem anos, também se apresentam muitas e evidentes razões

manus quae patiatur, quin re uera sit ignis qui adurat; sine ulla dubitatione respondentes audies fieri non posse et, quod inde fit consequens, pro certo et manifesto habebunt et manum et ignem sine ulla fictione mentis exsistere in rerum natura. Cur ita? Qui adeo perspicue hoc ipsum menti animi obiicitur, ut nihil clarius obiiciatur. Adeo ut si ulteriorem rationem petas, insanias, nihil enim apertius se offert, ex quo id probari et confirmari possit. Non secus ac ille, qui rem clariorem luce quaesierit, nihil inueniet, sed tenebras offendet.

Venio ad illud, quod addit Berkeleius, soni, figurae, lucis ceterarumque rerum externarum totum *esse* in *perceptione* tantum consistere, quod quam inane et putidum sit, nemo non intelligit. Est enim mera amphibolia, quae sic distingui et explicari debet. Horum esse est *percipi*, dum considerantur in animo nostro, concedo, dum extra animum, iterum distinguo; non sunt eo modo, quo exsistunt in animo, seu non producunt eumdem effectum, quem in animo, concedo; non sunt aliquid re exsistens, quod tamen effectum producere queat, negamus. En amphibolia explanata. Puerile siquidem et ineptum est dicere sonum, figuram, lucem, ut in animo sunt, [89] esse extra mentem, non enim extra mentem esse possunt perceptiones ac sensus animi. Id olet Peripatetismum, id nemo nostrorum aut dixit, aut somniauit. At philosophicum omnino est et uerissimum dicere esse extra mentem corpora, quae tales perceptiones excitent in animo, uel id fiat per influxum physicum, ut aliqui putant, uel per occasionem, ut alii. Quid? Id ipsum sentit Berkeleius dum ponit esse extra mentem suam sensus suos externos. Quare suum illud pronuntiatum, corpora externa esse apta ut percipiantur, est uerum; alterum uero, esse tantum ideas animi nostri, omnino est falsum.

Venio ad consecutiones, quae ex illo principio aduersariorum proficisci dicuntur. Eae autem huiusmodi sunt, ut ei, qui rationes hucusque expositas recte intellexerit, nullam uim adferant, nihil momenti habeant; immo uero ad easdem fallacias supra indicatas perfacile reuocentur, quod paucis est explicandum.
Ac primo quidem si negamus illud principium animum nostrum id tantum clare et certo percipere quod ipsi animo est praesens, nempe perceptionem suam, praeterea nihil, tota machina ruit. Nos autem hucusque perspicuis argumentis confecimus eiusmodi principium esse falsum; ideoque stabiliuimus, nos etiam perspicue cognoscere esse extra nos alia. Itaque cum heri perspicue cognouerim me exsistere, etiam hodie, dum id in memoriam reuoco, de eo certo conscius mihi sum. Deinde cum euidenter cognoscam nullum esse argumentum ut iudicem me centum ante annos uixisse, plurima uero et satis perspicua, tum physica, tum moralia se offerre, ut iudicem me certum

(tanto físicas como morais) para ajuizar ter vivido apenas um certo número de anos, tendo isso como certo e comprovado. Sustento, assim, e assevero com justeza serem falsas todas as consequências derivadas do referido princípio; [90] e quanto ao que decorre de um modo imediato de tal princípio, também assevero conhecer com toda a certeza o que ocorreu no tempo imediatamente anterior àquele em que agora discorro.

Quanto à consequência sobre uma criança no ventre materno, ela não tem nenhum valor a respeito do que eles pretendem demonstrar. Não é só pelo nome – porque ele nada me recorda – que recuso afirmar ter-me gerado a mim próprio; é também por outros argumentos evidentes que estou plenamente convicto de tal não se ter verificado, ou seja, pelo testemunho continuado das outras pessoas, que, pelo seu valor, ninguém de mente sã pode contestar. Pergunto, portanto, em que argumentos se baseiam os opositores para afirmarem com insolência terem a certeza de haverem estado no ventre materno. Decerto, eles fundamentam-se no testemunho alheio, pois nenhum deles se viu a si mesmo no ventre de sua mãe nem se recorda de nele ter estado; deste modo, eles conhecem com certeza e evidência esse facto em virtude da autoridade dos outros. Portanto, é pelo mesmo testemunho que eu posso estar convicto – e estou realmente – de ontem ter existido e de não ter vivido há cem anos. Estes factos são tão evidentes que não entendo que possa exigir-se ainda maior evidência.

4. Instância. "Se não existissem nenhuns corpos e se, não obstante, Deus houvesse suscitado na mente a mesma ordem que verificamos na sua presença, convencer-nos-íamos com toda a legitimidade de que os corpos existem; mas não é possível demonstrar-se não ter Deus procedido desse modo, não podendo, por isso, provar-se a existência dos corpos".

Resposta. Concedo a premissa maior, mas recuso a menor e a conclusão. Quando comprovamos que todas as pessoas, excepto as insensatas, admitem como certa e evidente a existência dos corpos e que percepcionam as respectivas ideias originadas nos sentidos, possuímos um critério infalível para ajuizarmos não ter Deus procedido dessa forma. Por outro lado, ao observarmos a magnificência admirável dos sentidos e a estrutura requintada de cada um deles, inferimos rectamente não nos terem sido outorgados como simples ornamento, mas para obtermos as ideias por seu intermédio. [91] Se eles nos houvessem sido concedidos apenas como ornamento, qual a razão por que as pessoas desprovidas de um dos sentidos não formam as imagens que outras se representam? Por que motivo após uma lesão dos sentidos não percepcionam elas as coisas como anteriormente se verificava? Por que razão na ausência dos corpos não podemos obter pelo nosso arbítrio as imagens das cores e as sensações de dor que obtemos muito facilmente na sua presença? Por que motivo, independentemente da nossa vontade, temos uma sensação de dor muito intensa perante certos estímulos, por exemplo, quando pomos a mão no fogo? Mas tudo isto já foi acima esclarecido com clareza, não havendo, portanto, necessidade de insistir neste assunto.

annorum numerum uixisse, non plus, etiam id certum habeo et perspicuum. Iure igitur contendo et adseuero omnia, quae ex illo principio ducuntur, [90] consectaria falsa esse et, quod maxime ex hoc principio fluit, itidem adseuero me certo cognoscere illud, quod ante tempus, in quo loquor, euenit.

Illud quod sequitur, de infante in utero matris, nullam uim habet ad efficiendum id quod uolunt. Nam primum non eo tantum nomine, quod non recordor aliquid, nego me id fecisse; uerum etiam quia aliis argumentis perspicuis certus mihi sum me tale quid non fecisse, nempe ex constanti aliorum hominum testimonio, quod tanti ponderis est, ut nullus sanae mentis ei resistere queat. Quaero enim quibus argumentis nituntur aduersarii ut confidenter adeo dicant certum esse se in utero matris fuisse? Certe ex aliorum hominum testimonio, neque enim ullus eorum se in utero matris esse uidit, nec ibi fuisse recordatur. Igitur aliorum auctoritate certum et perspicuum id habent. Eodem igitur testimonio certus esse possum, et uero etiam sum me heri exsistisse, me centum ante annos non uixisse. Quod adeo est euidens ut, quid amplius requiri possit, non uideam.

4. Instat. "Si nulla essent corpora et nihilosecius Deus eumdem ordinem idearum in mente excitaret, quem praesentibus corporibus habemus, mens iure optimo sibi persuaderet corpora exstare, sed probari potest Deum id non fecisse. Ergo probari non potest corpora exstare."

Respondemus: concessa maiori, negamus minorem et consequentiam. Nam cum uideamus omnes homines, fatuis exceptis, pro certo et perspicuo habere corpora exsistere seque eorum ideas sensibus percipere, habemus certum criterium ut iudicemus Deum non id fecisse. Deinde cum uideamus mirificum hunc sensuum apparatum, hanc fabricam exquisitissimam singulorum, recte colligimus non ornatus caussa datos esse nobis, sed ut eorum praesidio [91] ideas eliciamus. Si enim ornatui tantum dati essent, cur sensu aliquo carentes, non imagines illas, quas ceteri sentiunt, et ipsi habent? Cur, uitiatis sensibus, non eodem modo res percipimus atque ante? Cur, sublatis corporibus, non eas imagines et colores, non eos animi sensus doloris et uoluptatis arbitratu nostro elicere possumus, quos iis praesentibus quam facilime elicimus? Cur, quibusdam rebus praesentibus, scilicet igne manui applicato, uolentes nolentes sensum doloris acutissimi sentimus? Sed haec iam supra luculente sunt explicata, quare nihil est cur iisdem inmoremur.

Suponhamos desejarmos suscitar neste momento no espírito a sensação de dor intensa que experimentámos ao por a mão no fogo. Suponhamos ainda desejarmos suscitar a sensação intensa de doçura que experimentámos ao degustar um ananás ao natural ou com açúcar. Seria isso possível? Haverá alguém tão insensato que afirme poder suscitá-la e experimentá-la segundo a sua vontade?[77] Se isso fosse possível, seria em vão que, quando estamos saciados e nos apetecem com veemência alimentos mais apurados e requintados, os consumamos reiteradamente, rejeitando com fastio os alimentos quotidianos, pois seria suficiente suscitar em nós próprios até à voluptuosidade aquela sensação de prazer para nadarmos em todas as delícias.

[92] Felizes – de uma felicidade terrena e efémera – os glutões voluptuosos (cuja única preocupação é o estômago), se fosse verdadeira a doutrina daqueles filósofos. A estes deveriam eles estar reconhecidos pelo facto de os libertarem de grandes gastos que, de contrário, seriam obrigados a realizar com cozinheiros, com padeiros e com banquetes requintados, só possíveis com enorme dispêndio de dinheiro. Por sabermos serem estas coisas bem conhecidas sem nenhuma dúvida pela experiência quotidiana e por evidência, infere-se com toda a certeza e clareza não possuir o nosso espírito o poder de suscitar em si mesmo as ideias cuja origem atribuímos aos corpos exteriores, nada havendo de que tenhamos mais claro conhecimento. Conclui-se ainda com evidência e clareza originarem-se essas ideias nos próprios corpos, devendo ser-lhes imputadas como suas causas.

5. Outra instância. "Ninguém até ao momento percebeu nem pode perceber como as ideias dos corpos estimulam a mente (pois ela é de natureza espiritual) por meio dos sentidos externos; por conseguinte, isso não pode admitir-se".

Respondo concedendo o antecedente e negando o consequente. Se essa argumentação tivesse algum valor, concluir-se-ia: "Eu não posso compreender a natureza das coisas, portanto, ela não existe". E também deveriam pôr-se em causa a natureza do espírito, as percepções da mente e as sensações, dado não poder explicar-se por palavras o que sejam em si mesmas, como acontecem, nem ser percebidas por nenhuma indústria. E que mais? Seria necessário rejeitar e negar quase a totalidade dos fenómenos físicos, pois nenhum filósofo, apesar das razões que tivesse apresentado, foi capaz de explicá-los até ao momento com clareza e distintamente. Contudo, embora não haja nenhuma dúvida de ser um mistério da natureza (que ninguém teve ainda a capacidade de desvendar e de esclarecer, não obstante engenhos muito penetrantes terem imaginado hipóteses admiráveis e extraordinárias em todos os tempos) [93] o modo como são adquiridas pela mente as ideias das coisas, é, no entanto, evidente para todas as pessoas, sem nenhuma

---

[77] Podemos, certamente, trazer à lembrança um conhecimento confuso de um prazer que sentimos, mas não suscitamos essa sensação de prazer. Eu digo "conhecimento confuso", pois quando provamos algo semelhante a um ananás sabemos não ser um ananás e, no entanto, não possuímos um conhecimento totalmente distinto do ananás. Este assunto está exposto com maior clareza na minha *Logica* (liv.II, cap.10).

Finge te in praesentia uelle in animo tuo excitare intimum illum sensum dolorem, quem cepisti, cum ignem contigisti. Finge uelle etiam excitare intimum illum sensum dulcedinis, quem sentisti, cum pomum *Ananaz* uel crudum, uel saccharo conditum, degustasti. An potes? An ullus adeo bardus erit qui dicat se illum excitare posse eumdemque pro cupidine sentire[77]? Quod si id esset, frustra nos, cum saturi sumus, delicatores et rariores cibos uehementer appeteremus, iterumque comederemus, ut fastidio quotidianorum ciborum occurreremus, sed satis esset sensum illum uoluptatis in se ad libidinem excitare, ut omnibus deliciis difflueremus.

[92] Felices terrestribus et caducis istis felicitatibus comistatores illos delicatos, quorum unica cura uenter est, si uera esset horum philosophorum sententia! Magnam certe gratiam eisdem haberent, propterea quod eos magna impensa liberarent, quam in coquis, pistoribus, epulis exquisitissimis delicatissimisque, e longinquo magna ui auri perductis, absumere conguntur. Quae cum ex domestica et minime dubia periclitatione notissima sint et euidentia, relinquitur tam certo atque aperte nos scire animum nostrum eam uirtutem non haberem, ut ideas in se excitet, quas externis corporibus tribuimus, ut nihil apertius cognoscamus, et, quod inde euidenter consequitur, apertum est etiam tales ideas ab ipsis corporibus proficisci iisque tribui debere.

5. Instat rursum. "Nemo hucusque intellexit, nec etiam intelligi potest qua ratione ideae externae corporum per sensus externos aditum sibi faciant ad mentem, quae natura est spiritalis. Ergo tale quid permitti non potest."

Respondemus dantes antecedens et negantes consequens. Nam si ualet contra nos haec argumentandi ratio, "rei naturam intelligere nequeo, ergo non est," ipsam etiam naturam spiritus, ipsas perceptiones mentis, ipsos animi sensus negare ille deberet, quod ista, quid in se sint quoque modo fiant, nec explicare uerbis, nec ulla industria percipere possumus. Quid? Phaenomena fere omnia Physica reiicere ac negare necesse esset, quod nemo philosophorum, qua ratione fierent, hucusque nobis plane atque distincte potuit enarrare. Quare etsi minime dubium sit modum, quo ideae rerum a mente nostra comparentur, esse mysterium ab ipsa natura inplicatum, quod nullus hucusque pandere et aperire potuit, ut ut acerrima ingenia mirificas et incredibiles hypotheses in omni tempore excogitarint, [93] illud sine ulla controuersia omnibus dilucidum est ad praesentiam corporum in animo nostro excitari certas ideas ac sensus, idque lege quadam constanti et perpetua,

---

[77] Possumus quidem non in memoriam reuocare notitiam quamdam confusam uoluptatis, quam percepimus, non tamen eumdem uoluptatis sensum excitare. Dico "notitiam confusam", nam dum aliquid simile degustamus, cognoscimus non esse *ananaz*, non tamen notitiam illam *ananaz* plane distinctam habemus. Haec ex iis, quae diximus in *Logica*, lib. II, cap. 10, clarius demonstrantur.

contestação, serem suscitadas no espírito na presença dos corpos certas ideias e sensações (em conformidade com uma lei constante e universal), que devem imputar-se aos próprios corpos exteriores como suas causas secundárias, em virtude de prescrições da natureza. Este assunto irei, porém, examiná-lo na *Physica* de forma clara e circunstanciada.

6. Última instância. "A matéria considerada em si própria não tem uma determinada cor ou uma determinada figura, mas a cor e a figura em geral; contudo, as ideias gerais e abstractas não são objecto dos sentidos externos, e, portanto, a ideia de matéria não pode de modo algum obter-se por meio dos sentidos".

Resposta. Pode conceder-se a premissa maior, fazendo uma distinção a respeito da conclusão. Concedo não poder obter-se pelos sentidos a ideia de matéria considerada em si mesma, mas não a ideia de matéria como ela é realmente ou enquanto dotada das suas propriedades e dos seus atributos. Com efeito, a matéria considerada em abstracto não existe em parte alguma, mas apenas na nossa mente, não causando, por isso, espanto que a respectiva ideia não seja obtida por meio dos sentidos. Não pode, porém, suceder que a matéria, tal como existe na realidade, subsista sem uma cor e sem uma figura, podendo, assim, estar representada na mente a respectiva ideia originada nos sentidos. Berkeley argumenta, portanto, neste lugar da ideia abstracta para a ideia concreta ou – como é costume dizer-se – para o realmente existente, isto é, do *dictum secundum quid* para o *dictum simpliciter*, sendo, assim, claramente responsável de incorrer numa falácia.

Para se perceber num relance como é frágil e fútil toda a argumentação com que Berkeley se regozija, basta examinar ao de leve como ele é incoerente e como cai com tanta frequência num círculo vicioso em todas as partes da sua argumentação. Embora eu já tenha referido esse assunto nos respectivos lugares, vou de novo mencioná-lo sucintamente nesta ocasião para benefício dos principiantes.

Afirma este autor em primeiro lugar existirem exteriores à sua mente [94] e à de todos os que lêem os seus escritos outras pessoas que possuem diferentes configurações dos olhos e diferentes sentidos do tacto, apercebendo-se, por isso, de uma conexão também diferente das suas ideias, tal como acontece connosco; que são mortificadas pela febre e por delírios e que sonham; que por vezes têm os sentidos quase insensíveis, a ponto de o mesmo alimento parecer a umas doce e a outras amargo; que acreditam existirem a luz e diferentes densidades dos corpos exteriores a partir dos quais a luz se reflecte para os olhos; e, por último, que estão convictas de possuírem órgãos ou instrumentos dos sentidos externos que incutem nas suas mentes várias ideias e sensações (e, por conseguinte, de terem um corpo humano), pois quase todas as partes do organismo humano estão dotadas de sentidos, que por via de regra suscitam no espírito sensações correspondentes. Todas estas coisas e outras semelhantes foram admitidas sem a mínima dúvida por este autor em controvérsia com os opositores. Mas após isso, com base nos mesmos princípios, ele propõe-se estabelecer não existirem corpos que nos são exteriores. O que é isto

qui sensus ipsis corporibus externis, tamquam caussae secundariae, ex lege ipsa naturae adscribi debent. Sed de his in *Physica* luculente ac dilucide pertractabimus.

6. Vrget tandem. "Materia in se considerata non hunc, aut illum colorem, non hanc aut illam figuram continet, sed colorem et figuram generatim. Sed ideae generales et abstractae non sunt obiectum sensuum externorum. Ergo idea materiae per sensus haberi nullo modo potest."
Responsio autem est, concessa maiori, distinguere consequentiam hoc modo. Idea materiae in se consideratae per sensus haberi nequit, concedo; materiae ut re est, seu ornatae suis proprietatibus et adiunctis, nego. Nam materia abstracte sumta nullibi gentium exsistit, sed tantum in mente nostra, nihil ergo mirum si eius idea per sensus ingredi non possit. At materia re exsistens sine aliquo colore et figura esse non potest, potest igitur eius idea per sensus ingredi ad mentem usque. Itaque Berkeleius hoc loco argumentatur ab idea abstracta ad concretam, ut uocant, seu ad rem exsistentem, hoc est, *a dicto secundum quid ad simpliciter dictum*, proinde fallaciae apertissimae reus est.

Sed ut uno coniectu oculi intelligatis, quam infirmum et nugatorium sit totum hoc argumentum, in quo tantum exsultat Berkeleius, uel illud cursim notare sufficiat, quam parum ille sibi constet quamque frequenter in singulis partibus suae argumentationis incidat in circulum uitiosum. Quod etiamsi iam supra suis in locis indicauimus, hic rursum tironum gratia collecta oculis subiiciemus.
Ac primum ponit esse extra mentem et suam [94] et eorum, qui sua scripta legunt, alios homines, qui diuersam figuram oculorum diuersumque tactum habeant ex quo diuersam idearum seriem sentiant ac nos, qui febrem, qui deliria, qui insomnia patiantur, qui sensus uitiatos habeant interdum, ex quo idem cibus alteri dulcis, alteri amarus uideatur, itemque esse extra nos lucem, esse uarias densitates corporum per quae lux transit ad oculos, ad extremum habere se organa, seu instrumenta sensuum externorum, quae uarias ideas ac sensus excitent in mente et, quod inde consequitur, habere se corpus humanum, nam singulae fere partes humanae fabricationis sensu praeditae sunt eosdemque sensus in animo nostro excitare solent. Haec ille et alia huiusmodi tamquam minime dubia adsumit, eaque opponit aduersariis. Deinde ex iisdem fontibus ducere conatur non esse extra nos corpora ulla. Quid autem est, si non hic circulus est? Nam si omnia Berkeleio sunt ideae, quas ille solum habet in mente, nihil corporeum extra mentem suam erit, quod ille pro comperto sumere possit ad concludendum corpora non esse.

senão um círculo vicioso? Se para Berkeley tudo são apenas ideias que ele possui na sua mente, nada existe de corpóreo exterior à sua própria mente sobre o qual pudesse concluir com evidência que os corpos não existem. Toda a argumentação deste indivíduo é, portanto, fútil, admitindo num lugar o que recusa noutro.

7. Não deve pensar-se que o autor não considera verdadeiro o que ficou escrito, mas que discorre com base no admitido pelos opositores. Efectivamente, a argumentação de Berkeley nada demonstra, se não for verdadeiro o que ele admite. Na verdade, se não for correcto que os órgãos dos sentidos apenas possibilitam o conhecimento das ideias – não dando informações sobre uma realidade exterior –, e, se for correcto que as diferentes configurações dos olhos e da contextura dos órgãos dos sentidos originam sensações e ideias diferentes no espírito das diversas pessoas, em ambos os casos reduz-se a nada a argumentação deste autor. Por isso, ou ele considera existirem na estrutura do seu corpo sentidos externos e nas diversas pessoas distintas configurações dos olhos e diversos sentidos [95] do tacto, etc. (e isso eu aceito-o), ou reputa ser tudo isso simples ideias nossas. Porém, de que modo com base nessas simples ideias – que eu recuso e que ele não demonstra com nenhum argumento – ousa ele inferir contra mim não existirem corpos? É, portanto, totalmente ridícula a argumentação de Berkeley.

O quê! Berkeley duvida de ter realmente perante os seus olhos o papel em que escreve? E de nele ter delineado as letras? E de ter enviado os seus *Diálogos* para a imprensa? E de ter pago ao tipógrafo? E de ter tido opositores perante os quais provou as suas teses? E de outras coisas deste género? Se ele duvida e está convicto de todas essa coisas serem apenas meras ideias, então não estou lidando com um Berkeley que possa considerar digno da minha réplica, devendo antes incluí-lo entre os loucos por estar em contradição com o senso comum, proclamando eu isso com razão em conformidade com o parecer do género humano. Se, no entanto, ele pensa serem verdadeiras essas coisas e existirem na realidade (e pensa constantemente desse modo pelo que diz e pelo que faz), com que desfaçatez, baseando-se nos seus princípios, discorre contra mim, estabelecendo não poderem existir corpos?

O que ficou exposto é suficiente e mais que suficiente para refutar falácias tão pueris. Acrescento, porém, uma única observação, nada despicienda: toda a argumentação de Berkeley (refiro apenas o seu nome para não mencionar muitos outros) deve ser rejeitada por provar demasiado, pois ela não prova somente não existirem corpos, mas também não existirem espíritos; mais que isso, não existir o próprio Berkeley.

Se atendermos ao que o autor afirma, conclui-se em primeiro lugar não terem existência real todas as coisas que são exteriores à mente. Contudo, tanto os corpos como os espíritos são exteriores à mente de Berkeley. Por outro lado, apenas pode ter-se conhecimento das mentes das outras pessoas pelos sentidos externos, ou seja, com base naquilo que as pessoas fazem e dizem. Por conseguinte, segundo este autor, nem os corpos nem os espíritos têm existência real, mas apenas as simples ideias na nossa mente. Além disso, também o corpo de Berkeley [96] é exterior à sua mente, pelo que, com a anuência do próprio, esse corpo realmente não existe.

Ergo tota argumentatio hominis est nugatoria, nam illud in superioribus ponit quod inferius negat.

7. Nec dicas eum non id pro uero habere, sed ex concessis ab aduersario disputare. Nam argumentatio Berkeleii nihil omnino efficit, nisi uera sint illa quae adsumit. Nisi enim sit uerum illud, organa nostrorum sensuum dare nobis tantum cognitionem idearum, nihil externum demonstrare, tum uariam figuram oculorum uariamque texturam organorum uarios sensus et ideas in animis uariorum hominum producere, illius argumentatio euanescit. Vel ergo ille putat esse in fabricatione sua sensus externos, esse item in uariis hominibus uariam figuram oculorum uariumque [95] tactum et cetera, et id est quod uolumus, uel putat haec omnia esse meras ideas nostras, et quo pacto ex ideis meris, quas nos negamus, ille autem nullo alio argumento probat, inferre contra nos audet corpora non esse? Irridenda ergo est tota argumentatio Berkeleii.

Quid? An Berkeleius dubitabat se reapse ante oculos chartam, in qua talia scriberet, habere? Se in ea litteras depingere? Se *Dialogos* suos typis mandare? Se pecuniam typothetae soluere? Se homines contra dicentes habere, quibus thesim suam probaret et huius generis alia? Si dubitabat atque haec esse meras ideas sibi persuadebat, is non est Berkeleius, quem nos responsione dignum iudicemus, sed insanis adscribendum esse, quod communi sensui repugnet, generis humani uoce merito pronuntiamus. Sin autem haec uera esse, uereque exsistere iudicabat (ut ex iis, quae dixit et fecit, constantissime iudicabat), qua fronte contra nos iisdem principiis disputat, effici non posse corpora exstare?

Atque haec pro confutatione tam puerilium sophismatum satis et plus satis sunt. Vnam tamen addam non contemnendam rationem: nempe totam argumentationem Berkeleii, uel hoc solo nomine ut alia multa non cogerent, reiiciendam uideri, quod nimis probat. Non enim id solum probat non esse corpora, sed illud etiam non esse spiritus ullos, hoc amplius, non esse Berkeleium ipsum.

Nam primum, si eum audimus, quidquid extra mentem est, nihil re est. Sed tum corpora, tum spiritus ceteri sunt extra mentem Berkeleii. Deinde de mentibus ceterorum hominum nulla notitia haberi potest, nisi per sensus externos, scilicet ex rebus, quas faciunt et dicunt. Ergo neque corpora ulla, nec spiritus ulli, re sunt, sed tantum ideae merae in mente nostra. Praeterea corpus Berkeleii [96] etiam extra mentem ipsius est. Ergo, uel ipso Berkeleio approbante, nihil suum corpus re ipsa est. En miser Berkeleius iam redactus ad merum spiritum, atque ex homine uero, ut nos

Eis o pobre Berkeley reduzido a mero espírito! E, não sendo ele um verdadeiro homem, como nós somos, não passa de uma simples inteligência! Além disso, a mente prodigiosa de Berkeley é exterior à mente das outras pessoas, pelo que não tem existência real em relação a cada uma delas! Concluindo, nem nós somos coisa alguma para Berkeley nem Berkeley é para nós! Extingue-se, assim, o subtilíssimo Berkeley em virtude da sua argumentação! Por que motivo despendeu ele então tanto esforço para refutar opositores que realmente não existem? E por que razão despendo eu tantas canseiras e tanta diligência para contestar a doutrina dos seus *Diálogos*, se eles não existem em parte alguma, não podendo mesmo existir?

E que mais? Eu tenho conhecimento de que Berkeley estabelece num certo lugar como certa e evidente a existência de um espírito ou de uma mente que origina em nós as ideias e em cuja dependência todos estamos; por outras palavras, que Deus existe. Contudo, quer ele recorra a argumentos físicos, quer metafísicos – como costumam chamar-se –, para demonstrar a existência de Deus, todos os filósofos mais notabilizados são de parecer dever essa argumentação basear-se na existência dos corpos, considerando-os como efeitos da acção divina ou como ocasião dos nossos pensamentos. A verdade é que este autor não percepciona em si mesmo nenhum espírito e apenas argumentando com base nas coisas sensíveis poderá inferir a sua existência. De forma idêntica, ele apenas adquiriu o uso da razão com base nos fenómenos corpóreos sobre os quais reflectiu desde o seu nascimento. Nem Deus se lhe tornou tão familiar que, sem o uso dos sentidos, pudesse vê-lo e ouvi-lo exprimir-se no íntimo de si próprio, devendo, por isso, demonstrar a existência de Deus pela mesma via segundo a qual nós a demonstramos. Ele não é, portanto, de modo algum coerente consigo próprio enquanto recusar a existência dos corpos, sem os quais os seus raciocínios não são dignos de apreço.

Pode, deste modo, entender-se sem dificuldade como se evidencia amplamente o pirronismo de Berkeley, como tudo corrompe em alto grau e como é pernicioso para a sociedade humana. [97] Os antigos pirrónicos não ousavam afirmar nem negar o que quer que fosse, antes duvidavam sistematicamente de tudo. Admitiam, porém, terem um corpo sujeito às vicissitudes da natureza, existirem cidades e outras pessoas afora eles, que possuíam leis e costumes e que, por obedecerem a essas leis e às forças da natureza, desfrutavam uma vida conforme à razão. Por isso, eles não dissolviam a sociedade humana e os vínculos civis, mas consolidavam-nos. Berkeley, ao contrário, nem sequer permite esse bem-estar aos pobres mortais, inculcando doutrinas com as quais se propõe recusar sistematicamente a existência de todas as coisas corpóreas, de todas as pessoas e de toda a sociedade humana. Para ele, apenas pode conhecer-se com evidência a sua mente, na qual se agitam, certamente, algumas ideias, mas às quais não corresponde nenhum objecto exterior, sendo apenas imagens e espécies vazias. Por isso, se Berkeley transitasse pelo centro de uma cidade muito populosa, como Londres, deveria indubitavelmente afirmar: "Só a minha mente existe; na realidade, nada existe além dela, excepto eu".

Oh! Homem feliz, que com uma única demonstração filosófica te libertaste a ti próprio e a todos os teus sequazes de infortúnios sem conta! Já não terás de suportar

sumus, factus mera intelligentia. Praeterea mens illa mirifica Berkeleii etiam extra mentem cuiusque nostrum est. Ergo nihil reapse nobis est, ergo nec Berkeleio nos aliquid re sumus, nec nobis Berkeleius. Periit igitur, idque ui suae argumentationis, subtilissimus Berkeleius. Cur ergo tantum laboris insumsit in aduersariis refutandis, qui nihil reapse sunt? Aut cur nos operam studiumque collocabimus in eius *Dialogis* profligandis, qui nusquam gentium aut sunt, aut esse possunt?

Quid? Quod uideo Berkeleium quodam loco ponere tamquam dilucidum ac certum esse spiritum quemdam ac mentem re uera efficientem in nobis ideas nostras, a quo pendemus, uerbo dicam esse Deum. Verum siue ille argumentis physicis, siue metaphysicis, ut nominant, Dei exsistentiam probare sibi proponat, ab exsistentia corporum, tamquam uel effectu, uel occasione cogitandi, argumentum ducere debere philosophi omnes nobiliores intelligunt. Neque enim ille spiritum ullum in se uidet, sed ex rebus sensibilibus argumentando, eorum exsistentiam colligit, neque usum rationis habet, nisi ex phaenomenis corporum externorum, quae a prima aetate tractauit, nec Dei familiaritate utitur, ut eum sine usu sensuum interne colloquentem audire ac uidere possit. Ergo eadem uia exsistentiam Dei probare debet ac nos probamus. Nullo igitur modo sibi constat, dum corpora negat, sine quibus tamen ratiocinationes suae ualere non possunt.

Ex quo sine labore percipietis quam late pateat Pyrrhonismus Berkeleii, quam funditus omnia euertat, quam periculosus sit humanae societati! [97] Nam ueteres Pyrrhonii non audebant quidem aliquid adseuerare, aut negare, atque de omnibus perpetuo dubitabant. Veruntamen putabant se habere corpus, quod motibus naturae adficiatur, esse urbes, esse alios homines praeter se, qui leges, qui consuetudines certas habeant atque hisce legibus, hisce naturae motibus, uitam consentaneam esse ducendam. Quare societatem illam hominum ac uinculum ciuitatis non dissoluebant, sed potius confirmabant. Contra Berkeleius ne id quidem solatium miseris mortalibus relinquit, sed talia principia inculcat, ex quibus omnium rerum corporearum, omnium hominum atque ciuitatum exsistentia negari constanter debeat, tantum sua cuique mens et nota et certa sit, in qua fluctuent sane aliquae ideae rerum, sed quae nullum obiectum extra se habeant, imagines tantummodo ac species uanae. Adeo ut in media et frequentissima urbe, uelut Londini, degens Berkeleius, dicere indubitate debeat "sola mens haec mea exsistit; nihil praeter eam in rerum natura est, nihil ultra me est."

O hominem beatum, qui uel una demonstratione philosophica, et te ipsum et singulos sectatores tuos ab innumeris miseriis liberasti! Non tu iam

as inépcias dos homens, nem a inveja, nem as injúrias, nem a ira dos poderosos! Não haverá nenhum motivo para receares a indigência severa, os sofrimentos penosos e a morte mais inexorável, coisas que se julgavam atormentar os corpos dos homens, mas infundadamente! Nada mais te impedirá de te bastares a ti próprio sem teres de trabalhar, absorto na meditação das tuas ideias, liberto do habitáculo corpóreo – qual cárcere –, desfrutando uma felicidade perpétua à semelhança dos deuses de Epicuro no seu espaço entre os mundos, vazio de corpos!

[98] Para concluir, até que ponto fico estupefacto perante a demonstração de Berkeley? Regresso ao que já havia afirmado. Contudo, expondo com sinceridade o meu pensamento, julgo só ser possível refutar Berkeley e outros disputadores do mesmo género torturando-os à fome e à sede durante três dias, fechados num cubículo. Em tal situação, quando eles implorassem com persistência comida e bebida, seriam absurdas e insultuosas as suas súplicas, se lhes mostrássemos as suas demonstrações. Na verdade, as suas mentes espirituais não se sustentam com comida nem com bebida, pois, se eles não têm um corpo, não necessitam de alimentos corpóreos. E, se eles objectassem que, se lhes déssemos de comer e de beber, isso suscitaria nos seus espíritos aquela sensação deliciosa de voluptuosidade que com veemência estavam desejando, poderíamos responder-lhes muito candidamente não existirem comida nem bebida, nem nenhuma pessoa exterior às suas mentes que pudesse vir socorrê-los; e responder-lhes ainda ser-lhes suficiente a lembrança da comida e da bebida para incutir nos seus espíritos as ideias que lhes causam tanta satisfação. Assim – e disso tenho eu a certeza –, pelo tormento físico refutá-los-íamos com maior facilidade do que se recorrêssemos a muitos argumentos.

Mas Berkeley sente-se já embaraçado por eu ter discutido tantos argumentos. Procedi dessa forma para mostrar aos principiantes como podem responder aos que advogam tão engenhosas demonstrações, que eles exaltam e proclamam com enfado adornadas de diversos matizes. Para os bons filósofos, tais demonstrações são tão inábeis, tão pueris e tão contraditórias que seria ainda mais inábil quem pretendesse evidenciar algo recôndito nas doutrinas que elas encerram.

ARGUMENTOS CONTRA A VERDADE DAS CIÊNCIAS

Estes argumentos são mais enganosos e apresentam-se deste modo: "Ninguém de mente sã ignora a debilidade e a indolência da mente humana [99] na investigação da verdade; ninguém desconhece quantas vezes os sentidos externos – dos quais recebemos a maior parte das noções – nos induzem em erro; e ninguém dedicado aos estudos deixa de confessar que a verdade está encoberta por densas trevas, principalmente na Física; e ninguém pode duvidar terem existido enormes divergências entre as pessoas mais instruídas em todas as disciplinas, as quais se exprimiram por meio de gravíssimas controvérsias ao longo de muitos séculos, de tal modo que dificilmente algumas delas estiveram de acordo. E por que razão? Há alguém

hominum ineptias, non inuidiam, non iniurias, non denique potentiorum iram experiri poteris. Nihil est, quod inmitem egestatem, quod acutissimos dolores, quod mortem quantumlibet acerbam ullo modo extimescas, quae quidem hominum corpora cruciare, sed iniuria, putabantur. Nulla te amplius caussa inpediet, quin tibi soli sufficiens, nihil negotii habens, idearum tuarum meditatione unice defixus atque omni habitatione corporea, tamquam e carcere, expeditus, non secus ac dii illi Epicuri, in intermundiis suis omni corpore uacuis, perpetua beatitate fruaris.

[98] Sed quo me tamdem rapit Berkeleianae demonstrationis admiratio? Redeo in uiam. Ego uero, ut ingenue dicam quod sentio, existimo Berkeleium et huiusmodi disputatores non alio modo confutandos esse, quam eos cubiculo clausos tridui fame ac siti fatigando. Tum si cibum aut potum flagitarent, eisdem sua demonstratione ostendo inepte et iniuria flagitare. Nam mens sua spiritalis non reficitur cibo aut poto corporeo, corpus autem ipsi non habentes, refectione corporea non indigebant. Quod si opponerent, applicationem tum cibi, tum potus excitare in animo suo sensum illum gratissimum uoluptatis, quod ardenter cupiunt, perfacile responderi potest nullum esse cibum, aut potum, nullum hominem extra mentem suam exstare, qui tale illis officium praestare posset, satis esse illis memoriam cibi et potus, ut ideas illas gratissimas excitarent in animo suo. Atque hoc modo tantum (idque in me recipere possum) multo facilius eos cruciatu corporeo confutaremus quam rationibus ullis.

Sed iam pudet Berkeleium tam multis argumentis exagitare, quod eam ob caussam fecimus, ut tironibus uiam demonstraremus, qua defensoribus tam lepidae demonstrationis, qui eam alio et alio modo ornatam molestissime iactant et inculcant, respondere ualeant! Nam ueris philosophis tam est inepta, tam puerilis, tam sibi repugnans eiusmodi demonstratio ut ineptior sit qui tale quid interioris doctrinae copia eisdem demonstrandum tentet.

RATIONES[4] CONTRA VERITATEM SCIENTIARVM

I. Hoc[5] argumentum est magis speciosum et procedit ad hunc modum: "Nemo sani cerebri ignorat quanta sit humanae mentis imbecillitas et tarditas in [99] inuestigatione ueri; nemo non agnoscit quam saepe sensus externi nos fallant, a quibus plerasque omnes notiones accipimus. Nemo studiis contritus non cognitum habet quam crassis tenebris inuoluta et circumfusa ueritas ipsa lateat, praesertim in physicis rebus. Nemini dubium esse potest quam sit in

---

[4] Rationes contra ueritatem scientiarum] *om. R* ‖ [5] Hoc argumentum est magis speciosum et procedit ad hunc modum] Tertium argumentum est huiusmodi *R*

que desconheça como tudo é inconstante, incerto e variável? Por isso, é também inconstante, incerto e sujeito à mudança o nosso conhecimento a seu respeito. Portanto, nada é verdadeiro; e, se existe realmente uma verdade, ela está de tal forma associada à falsidade que não há um sinal, ou uma nota, ou uma diferenciação, ou, por outras palavras, um critério que permita distinguir uma da outra".

São estes os principais argumentos dos antigos pirrónicos[78], que costumam ser ainda por vezes actualmente ventilados por algumas pessoas destituídas de aptidão, que pretendem ser consideradas como cépticas de forma arrogante e insensata. Mas tudo o que elas afirmam é tão fútil e de tão pouca importância em função do seu propósito que a verdade que eu defendo permanece imutável, embora possa concordar com uma ou outra parte dos seus argumentos, excepto com a conclusão.

Concedo as quatro primeiras partes dos mencionados argumentos. [100] Concedo ainda serem inconstantes e variáveis algumas coisas, embora nem todas elas. Mas qual a conclusão? Que são falsos e incertos todos os conhecimentos humanos? Recuso com pertinácia que assim seja, ainda que os opositores não procedam certamente desse modo.

Conhecemos muitas coisas com dificuldade, umas vezes de forma muito obscura e outras vezes nem sequer as conhecemos; os órgãos dos sentidos induzem-nos com muita frequência em erro; muitos assuntos da Física são para nós misteriosos; e discute-se muito pró e contra sobre temas obscuros e incertos, quer na Física, quer na Teologia. É certo que os filósofos modernos ensinaram intencionalmente e com grande eloquência os seus discípulos como podemos obviar a esses males e apresentar para eles uma verdadeira medicina, o que também eu evidenciei com muita clareza na minha *Logica*[79]. Contudo, o que foi referido apenas demonstra existirem conhecimentos limitados nas diferentes disciplinas, mas não demonstra nada conhecermos com clareza em cada uma delas e muito menos não possuirmos nenhumas noções certas e evidentes que possam ser adquiridas pela razão humana, como eu me proponho estabelecer.

Muitas coisas são, portanto, incertas e obscuras nas diferentes disciplinas, concordando eu com isso sem constrangimento; contudo, muitas outras são de tal modo conhecidas, de tal modo evidentes e dotadas de tanta certeza que nada pode exigir-se com maior certeza e clareza. Foram descobertas muitas coisas no século anterior no domínio da Física, que os nossos antepassados nem sequer suspeitavam

---

[78] Ver: Sexto Empírico, *Hipotiposes Pirrónicas*, liv. II, cap. 18; *Adversus logicos*, liv. I, s. 48; Diógenes Laércio, liv. IX, s. 71. Entre os modernos: Sanches, *De multum nobili et prima universali scientia quod nihil scitur*, Francoforte, 1618; Jerónimo Hirnhaym, *De typho generis humani,* 1676; Huet, *De la faiblesse de l'esprit humain*; e ainda outros, sobretudo Pierre Bayle no seu *Dictionnaire*.

[79] Ver o que escrevi no lugar acima referido.

omnibus disciplinis, in grauissimis controuersiis iisque longa saeculorum serie disputatis, doctissimorum hominum mira dissensio, ut uix unum et alterum consentientem inuenias. Quid? Quis item nesciat quam fluxae et incertae et uariabiles sint res omnes? Ex quo consequitur, ut ipsa etiam cognitio earum fluxa, incerta et uariabilis sit. Non est igitur uerum aliquid, uel si reapse sit, ita cum falso est coniunctum, ut nullum sit signum, nulla nota, nullum discrimen et, ut uerbo dicam, nullum criterium, quo unum ab alio separari possit."

Haec sunt praecipua argumenta ueterum Pyrrhoniorum[78], quae etiam nunc ab aliquibus ineptis adhiberi solent interdum, dum se scepticos et esse et haberi arroganter et stulte cupiunt. Sed totum hoc tam leue est tamque nullis momenti ad id, quod sibi efficere proponunt; ut etiamsi singulas argumenti partes praeter conclusionem admittamus, firma semper sit ueritas ipsa, quam defendimus.

Permitto[(6)] igitur quatuor primas partes argumenti. [100] Permitto itidem res aliquas, non tamen omnes, fluxas et uariabiles esse. Quid tum? Falsae sunt et incertae omnes humanae cognitiones? Id nos constanter pernegamus, idque aduersarii profecto non efficient.

Plurima a nobis difficulter, immo et obscurissime cognosci, aut ne cognosci quidem, sensuum organa nos frequentissime decipere, plura nos latere in physicis, multum de rebus obscuris et incertis tum physicis, tum theologicis in utramque partem disputari; certum est adeo philosophis recentioribus, ut illud dedita opera et longa oratione tirones suos doceant quo modo hisce malis occurrere possimus ueramque medicinam eisdem adhibeamus, quod etiam in *Logica* nostra[79] satis luculente praestitimus. Haec tamen probant tantum in singulis disciplinis limitibus certis definitas esse humanae mentis cognitiones, sed nihil nos in iis clare cognoscere, non probant, multo minus probant nos nullam aliam notionem certam et perspicuam humana ratione comparare posse, quod erat efficiendum.

Itaque incerta plurima sunt et abstrusa in disciplinis singulis, quod nos libentissime fatemur; plurima tamen sunt adeo nota, adeo perspicua et certa ut nihil certius et clarius requiri possit. Multa itidem superiori saeculo in physicis inuenta sunt, quae maiores nostri ne inueniri quidem posse

---

[78] Vide Sextum Empiricum *Pyrrhoniorum Hypotyposes*, lib. II, sect. 18 et *Aduersus Logicos*, lib. I, sect. 48, et Diogenem Laertium, lib. IX, sect. 71; ex recentioribus, Sanchezium *De multum nobili et prima uniuersali scientia quod nihil scitur*, Francof. 1618, Hieronymum Hirnhaym canon. praem. str. *De typho generis humani*, 1676, Huetium, *De la faiblesse de l'esprit humain*, ceterosque, praesertim Petrum Baelium in *Dictionnaire*.

[79] Vide quae diximus eodem loco.

---

(6) Permitto] Admitto *R*

que pudessem ser descobertas; foram inventadas muitas outras no século actual[80]; outras ainda aparecem de dia para dia; e muitas outras virão a ser descobertas pelos vindouros[81]; [101] e relativamente àquelas que foram descobertas, existe tal consenso por parte dos filósofos mais eminentes e de renome que podemos estabelecer o raciocínio indubitável de serem verdadeiras. Por outro lado, noutras matérias não pertencentes ao domínio dos letrados ocorrem também verdades tão evidentes e tão notáveis que seria louco quem não as reconhecesse. Não vou, porém, repisar este assunto, pois fiz-lhe anteriormente alusão com muito bons argumentos.

Eu havia escrito anteriormente não serem todas as coisas inconstantes e variáveis, e com plena razão. Embora possa variar a existência das coisas corpóreas – pois num momento apresentam-se de uma certa forma, depois de outra, podendo até extinguir-se – , não obstante, permanecem invariáveis a sua natureza e a sua essência, que não podem de modo algum modificar-se[82]. Por exemplo, a existência de uma esfera não é necessária, pois este corpo pode tornar-se quadrangular ou triangular; mas uma esfera não pode deixar de ser um corpo limitado por uma superfície curva a partir da qual todas as linhas rectas que se dirigem para o centro são iguais. Pelo menos isto é verdadeiro. De forma idêntica, dado que as disciplinas físicas consideram apenas as essências e as propriedades delas derivadas, infere-se possuírem elas um objecto invariável e bem definido. E, ainda que se conheçam as coisas como variáveis, isto é, sujeitas à mudança, de modo algum somos induzidos em erro, se o seu conhecimento corresponder à realidade. [102] Existem além disso em todas as disciplinas muitos outros assuntos totalmente certos e invariáveis, nomeadamente as verdades evidentes a que acima fiz alusão. Muitos assuntos estudados pela Física Natural são do mesmo modo invariáveis, nomeadamente as leis, as propriedades da matéria e os atributos do nosso espírito. Deste modo, ao contrário do que supunham demonstrado os opositores, nem todos os conhecimentos são inconstantes e incertos, sendo, por isso, suficiente, para invalidar as doutrinas dos cépticos, pôr em evidência existirem coisas manifestamente verdadeiras, embora deva acrescentar-se existirem muitas outras que são verdadeiras apenas com probabilidade ou semelhantes às verdadeiras. Contrariamente, para que os opositores nos critiquem, não lhes será suficiente que nos demonstrem existirem muitas coisas incertas, pois é necessário estabelecerem com total clareza e firmeza nada existir que seja verdadeiro, o que sem dúvida jamais serão capazes de estabelecer[83].

---

[80] Isso pode conhecer-se facilmente pelos livros das academias régias e de outros filósofos modernos.

[81] "Virão os tempos em que as coisas ainda encobertas hão-de revelar-se à luz do dia pelo empenho de muitos séculos; para a invenção de muitas, não há-de bastar uma só vida (...). Virão os tempos em que os vindouros se espantem por desconhecermos o que para eles é tão evidente" (Séneca, *Naturales quaestiones*, VII, cap. 25).

[82] Perceber-se-á como deve entender-se este assunto, tomando conhecimento daquilo que irei escrever posteriormente no livro quarto, capítulo terceiro, sobre a essência.

[83] Não vou referir os argumentos aduzidos contra a autoridade, quer humana (de que se ocupam as narrativas históricas profanas), quer divina (a que estabelece quais os livros que

suspicabantur; multa hoc nostro detecta[80], multa in dies reperiuntur, multa posteris inuenienda relinquentur[81]; [101] in his autem, quae reperta sunt, tanta consensione optimi quique ac grauissimi philosophi conueniunt ut uel ex hoc magnum et firmissimum argumentum sumi possit, ut efficiamus eiuscemodi res esse ueras. Deinde in ceteris rebus, quae ad litteratorum disciplinas non pertinent, tot occurrunt perspicuae et nitidae ueritates, ut insanus sit qui neget quod item argumentis ante adductis effecimus luculenter, quae proinde repetenda non sunt.

Dixi paullo ante non omnes res esse fluxas et uariabiles et merito quidem. Nam tametsi exsistentia rerum corporearum uariari potest et, nunc hoc modo esse, nunc alio modo, aut omnino non esse, earum tamen natura et essentia uariata permanet, nec ullo pacto mutari potest[82]. Exempli gratia, globum aliquem esse non est necessarium, potest enim idem corpus fieri quadratum, aut triangulare; at fieri non potest quin globus sit corpus curua superficie contentum, ex qua omnes lineae rectae ad centrum ductae aequales sint. Itaque hoc saltim erit uerum. Cumque disciplinae physicae tantum considerent essentias sitas et proprietates, quae ex iis consequuntur, relinquitur obiectum habere eas inuariabile et fixum. Et quamquam res ut uariabiles cognoscerent, id est, mutationi subiectas, nullo modo fallerentur, nam cognitio cum re consentiret. Accedit [102] quod sunt etiam plura omnino certa et inuariabilia in disciplinis omnibus, ut illae perspicuae ueritates, de quibus supra. Plura etiam in physica naturae uiribus inuariabilia, ut leges motus, proprietates materiae, proprietates corporum, proprietates animi nostri. Igitur non omnes cognitiones sunt fluxae et incertae, quod aduersarii tamquam omnibus exploratum sumebant. Nos autem ut scepticos iugulemus, sufficit ostendamus quaedam certo esse uera, quibus illud addimus, plurima probabiliter esse uera, seu ueri similia. Contra illi ut nos oppugnent, non sufficit, si plurima incerta esse demonstrent, sed oportet omnino clare atque firmiter efficiant *nihil certo esse uerum*, quod certe numquam efficient[83].

---

[80] Id ex libris Academiarum regiarum aliorumque philosophorum recentiorum facile cognosci potest.

[81] "Veniet tempus quo ista, quae nunc latent, in lucem dies extrahat et longioris aeui diligentia, ad inquisitionem enim tantorum aetas una non sufficit... Veniet tempus quo posteri nostri mirentur os haec tam aperta nesciisse." Seneca, *Naturales Quaestiones* VII, cap. 25.

[82] Haec quo modo intelligenda sint, ex iis, quae infra lib. IV, cap. 3, ubi de essentia dicemus, cognoscetis.

[83] Argumenta, quae contra auctoritatem adducuntur, tum humanam, quae in rebus gestis profanis narrandis occupatur, tum diuinam, eam nempe quae constituit qui libri pro diuinis haberi debent et quam late persequitur Petrus Baelius *Dictionnaire*, articulo *"Pyrrho"* et alibi; Spinoza *Tractato theologico politico*, D'Argens *Philosophie du bon sens* aliique, non proferam. Primum, quia a proposito nostro aliena sunt, cum satis hic sit conficere aliquod uerum esse.

[103] Corolário I

Podem ser contestadas e demolidas todas as argumentações dos cépticos com este simples raciocínio: os cépticos ao argumentarem assumem como verdadeiro e evidente o que recusam.

Como se depreende do que acima ficou escrito, não há nenhum pirrónico ou céptico que não repute como verdadeiro e evidente algo com o qual, perante o admitido pelos opositores, considera ousadamente persuadi-los das suas doutrinas. Ele possui, portanto, um critério ou um sinal indubitável com base no qual distingue muito claramente aquilo que estabelece daquilo que recusa. Esse critério é a própria evidência dos princípios que ele reconhece. Por isso, qualquer filósofo pode coagir, com o mesmo critério, um céptico a aceitar, ainda que constrangido, as verdades evidentes que pretende rejeitar. Mesmo os antigos pirrónicos – que sustentavam dever duvidar-se não apenas de todas as coisas, mas também afirmar-se com uma atitude dubitativa "nada pode conhecer-se como certo" – consideravam evidente existirem, disputarem, existirem outras pessoas que com eles disputavam e, mais que isso, duvidarem, dizerem que duvidavam e pretenderem convencer os outros de que as suas palavras deviam ser tomadas apenas dubitativamente. Se eles não tivessem isto como certo, por que motivo disputavam e com que seriedade censuravam os outros? Eles consideravam-no, portanto, evidente. É desta forma que podem refutar-se e persuadir-se todos os cépticos.

Adoptei nas páginas anteriores um procedimento perseverante e escrupuloso para mostrar aos principiantes como pode aplicar-se facilmente este modo de discorrer para contestar todas as falácias dos opositores. Procedendo desta forma, qualquer pessoa poderá reconhecer por si mesma quanto tempo e quantas canseiras inúteis despendem os que para refutar os cépticos escrevem enormes volumes, [104] como se os seus argumentos não pudessem reduzir-se a certos pontos essenciais, usando de brevidade e clareza. Eles seriam, assim, contestados com base num único princípio.

Corolário II

A recta razão serve-se utilmente dos sentidos *na descoberta da verdade.* Irei demonstrar posteriormente com maior desenvolvimento este assunto.

---

devem considerar-se sagrados). Também não refiro como discorrem amplamente Pierre Bayle (artigo "Pyrrho" do *Dictionnaire* e noutros lugares), Espinosa (*Tractatus theologico-politicus*), D'Argens (*Philosophie du bon sens*) e outros. E não faço isso pelas seguintes razões: em primeiro lugar, esses assuntos são alheios ao meu propósito, pois neste momento é suficiente estabelecer que existe alguma verdade; em segundo lugar, aqueles argumentos demonstram apenas serem falsas muitas coisas no domínio da história profana – o que eu não recuso – e devermos na história eclesiástica acreditar com precaução e prudência nas narrativas, o que todos os críticos católicos aprovam, tendo eu chamado anteriormente a atenção para isso; por último – dado que neste lugar vou estabelecer e demonstrar existirem algumas verdades –, será explicado de forma mais adequada nos respectivos lugares e segundo as regras da Lógica quais sejam os verdadeiros princípios de todas as disciplinas.

[103] Corollarivm I⁽⁷⁾

Hinc omnes scepticorum argumentationes uel una tantum ratione funditus euerti et labefactari possunt, nempe argumentantes ab eo, quod pro uero ac splendenti sumunt ad id, quod negant.

Nam, ut ex singulis responsionibus supra positis constat, nemo est Pyrrhoniorum, seu scepticorum, qui non aliquid pro uero et splendido ponat, quo concesso ab aduersariis, eisdem sententiam suam persuadere fidenter putet. Habet igitur aliquod criterium, seu indubium signum, ex quo illud uerum, quod ponit, ab eo, quod reiicit, apertissime distinguat. Hoc autem criterium est ipsa euidentia principii, quod sumit. Eodem igitur criterio et quisque philosophus cogere scepticum potest, ut perspicuas ueritates illas, quas negare uult, coactus recipiat. Immo et ueteres Pyrrhonii, qui non modo de omnibus dubitandum esse contendebant, sed ne illud quidem nihil certo sciri posse, nisi cum dubio adseuerandum, tamen pro certo ponebant non modo se esse ac disputantes, tum esse alios homines, qui cum ipsis disputarent, sed hoc amplius, se dubitare, se dubitanter id dicere se aliis persuadere uelle non nisi dubitanter id esse dicendum. Nam si ne hoc quidem certum habebant, qua ratione id contendebant, qua fronte id ceteris obiiciebant? Habebant ergo. Eodem igitur modo ac ceteri sceptici poterant confutari et conuinci.

Quam uiam nos in superioribus constanter ac religiose tenuimus, ut tironibus ostenderemus quam facile ista disputandi ratio ad singulas aduersariorum fallacias aptari possit. Ex quo quisque sine monitore cognoscet quam male tempus et operam suam collocent illi homines qui ingentia uolumina [104] conscribunt ad scepticos refutandos, quasi non eorum argumenta ad certas classes breuiter et clare reduci possint, atque ex uno tantum principio infirmari.

Corollarivm II

Hinc recta ratio sensibus *commode utitur ad uerum inueniendum.* Quod⁽⁸⁾ paullo post uberius ostendemus.

Deinde quia nihil aliud efficiunt, nisi plura in historia profana esse falsa, quod non negamus, et in historia Ecclesiae caute et prudenter nos credere, quae narrantur, debere, quod critici omnes catholici admittunt et nos supra monuimus. Postremo, quia cum hoc loco posuerimus atque demonstrauerimus aliquid certo esse uerum, suis in locis commodius ex regulis Logices demonstratur qualia sunt principia uera singularum disciplinarum.

⁽⁷⁾ COROLLARIVM I ... quod negant] *om. R* ‖ ⁽⁸⁾ Quod paullo post uberius ostendemus] Quod cap. VI et VII fusius demonstrabitur *R*

CAPÍTULO V

Dúvidas dos que recusam serem certas proposições primeiras verdades

Refutei até agora, breve e metodicamente – tanto quanto o possibilitou o assunto –, os argumentos dos que recusam a existência de qualquer verdade. Resta ocupar-me dos que, não recusando, embora, toda a verdade, pretendem demonstrar não serem primeiras verdades alguns conhecimentos de que outros se deduzem.

Mas, para me exprimir livremente, não me parece de modo algum necessário desacreditar e invalidar esses argumentos por duas razões: com base nas três características das primeiras verdades antes mencionadas[84], infere-se com clareza poderem apenas incluir-se no rol das primeiras verdades os conhecimentos que possuam essas características, como, aliás, qualquer pessoa é capaz de reconhecer facilmente por si mesma, quer elas sejam ou não consideradas como tais; a segunda razão consiste em que pouco importa que essas verdades sejam denominadas "primeiras" ou "segundas", tendo em conta a finalidade para que foi instituída a Ontologia. [105] Após havermos entendido este assunto de forma clara e compreendido com firmeza o valor e a significação das palavras – comparando as respectivas noções, que possibilitam demonstrar e esclarecer as verdades internas e as externas –, podemos discorrer rectamente em cada uma das disciplinas sem despendermos muito tempo a discutir se certas proposições devem ou não denominar-se "primeiras verdades".

Acrescento, entretanto, algumas considerações para benefício dos principiantes. Antes de mais, tenho como certo poderem aduzir-se outras verdades – além das acima mencionadas[85] e expostas segundo uma ordem idêntica –, possuindo qualquer pessoa precavida e exercitada capacidade para conhecê-las sem nenhuma dificuldade. Contudo, não me proponho enumerar todas as primeiras verdades, mas referir apenas aquelas com base nas quais podemos ajuizar sobre outras.

Declaro também poderem considerar-se no sentido lato primeiras verdades certos axiomas metafísicos, por exemplo: "dois e dois são quatro"; "o todo é maior que a sua parte"; "é impossível que uma coisa seja e não seja ao mesmo tempo"; e outros deste género. Estes axiomas são evidentes, não se deduzem de outros dotados de maior clareza e são admitidos sem a mínima dúvida por todas as pessoas. Recusa esta conclusão Claude Buffier[86], porfiando em demonstrar, segundo alguns autores, não serem os axiomas metafísicos verdades externas[87]. Com o consentimento de um varão tão erudito, reclamo para mim próprio a destreza e a diligência em ajuizar que este autor exige para a sua pessoa. Consideremos, porém, os seus argumentos,

---

[84] Ver neste livro o capítulo primeiro.
[85] Ver neste livro o capítulo terceiro.
[86] *Traité des premières vérités,* primeira parte, cap. 2.
[87] Ver Locke, *Ensaio sobre o Entendimento Humano*, liv. IV, cap. 7, § 14.

CAPVT V

Dubitationes eorum qui negant quasdam propositiones esse primas ueritates

Hactenus argumenta illorum, qui negant esse ullum uerum quantum per materiem licuit, breuiter et ordine confutauimus. Superest ut eos audiamus qui non omne quidem uerum negant, sed aliquas cognitiones non esse primas ueritates, ex quibus ceterae deducantur, probare contendunt.

Horum tamen argumenta excutere atque infirmare, si libere dicendum est, nullo modo necessarium mihi uidetur, idque duplici de caussa: altera, quia ex triplici nota primarum ueritatum, quas supra[84] posuimus, plane consequitur eas notiones, quae tales notas non habent, in censum primarum ueritatum uenire non posse, facile ut quisque, quae pro talibus habendae, aut non habendae sint, nullo admonitore internoscere queat. Altera, quia ad eum finem, ad quem Ontologia fuit inuenta, parum refert an eae "primae" ueritates uocandae [105] sint, an "secundae". Modo enim rem clare intelligamus nominumque uim et potestatem firme teneamus, easque notiones comparemus, quarum ope ueritates et internae et externae probari et inlustrari possunt, recte in singulis disciplinis disputabimus, quin tempus consumamus in disputando an quaedam propositiones uocandae sint "primae ueritates", an non.

Nihilominus addemus aliqua in gratiam tironum. Ac primum illud pro certo ponimus, praeter eas ueritates, de quibus supra[85], alias adduci posse, quae in eumdem ordinem referantur, quas prudens et exercitatus quisque nullo negotio excogitare potest, neque enim omnes primas ueritates enumerare nobis proposuimus, sed eas tantum indicare, ex quibus de reliquis iudicare possimus.

Deinde itidem ponimus, quaedam axiomata metaphysica, ut "duo et duo sunt quatuor", "totum est maius sua parte", "inpossibile est idem simul esse et non esse" et eius generis alia, etiam pro primis ueritatibus lata acceptione haberi posse. Nam et perspicua sunt et ex nullis clarioribus ducuntur et ab omnibus sine ulla dubitatione recipiuntur. Negat haec Claudius Buffierius contenditque secundum aliquos[86] axiomata metaphysica nullas ueritates externas demonstrare[87], in quo ego, pace uiri docti dicam, sollertiam et accurationem illam in iudicando requiro, quam hic auctor prae se fert. Sed eius rationes consideremus, quae ita se habent: "Hoc axioma, 'duo et duo

---

[84] Hoc libro, cap. 1.
[85] Hoc libro, cap. 3.
[86] *Traité des Premieres Veritez*, p. I, cap. 2.
[87] Vide Lockium *De l'Entendement Humain*, lib. IV, cap. 7, § 14.

que se apresentam desta forma: "O axioma ´dois mais dois são quatro´ dá apenas a conhecer que a ideia de ´dois´ tomada duas vezes [106] é significada pela palavra ´quatro´, o que seria verdadeiro mesmo não existindo nenhuma criatura a não ser uma única inteligência. Igualmente, o axioma ´o todo é maior que a sua parte´ significa apenas isto: ´uma quantidade maior é uma quantidade maior e não menor´; ou de outro modo: ´tal ideia é tal ideia e não outra´. Estamos, portanto, perante verdades internas: nenhuma delas é uma verdade externa que manifeste estarem os nossos juízos em correspondência com objectos exteriores, como é característico das primeiras verdades".

Resposta. Discordo da interpretação do ilustre filósofo relativamente a ambos os axiomas e argumento serem um e outro tão conformes a objectos exteriores como as outras primeiras verdades. Com efeito, ambos os axiomas são evidentes, não são demonstrados com base noutros dotados de maior clareza e são admitidos por todas as pessoas de mente sã. Trata-se, portanto, de primeiras verdades, não no sentido de significarem necessariamente a existência actual de objectos, mas no sentido de se originarem em objectos exteriores e de se conformarem com eles, significando pelo menos a existência passada.

Efectivamente, só possuímos as ideias de "todo" e de "parte", de "maior" e de "menor", de "dois" e de "quatro" por meio dos sentidos. Quem contestar isto explique-me – e ficar-lhe-ia muito grato – como pode adquirir essas ideias a não ser desse modo; se não estou em erro, jamais poderia explicar-me. Quem desconhece ser o seu corpo maior que a sua mão? Quem ignora ser a mão uma parte do corpo? Quem não sabe serem em número par dois dedos de uma só mão relativamente a dois dedos da outra mão e perfazerem todos eles o número quatro? Estas coisas são aprendidas pelas próprias crianças na idade do aleitamento; e quando posteriormente elas conhecerem a significação de "todo" e de "parte", de "maior" e de "menor", de "dois" e de "quatro", formam as proposições gerais referidas, que são indubitavelmente verdadeiras por se originarem na própria evidência da existência de objectos exteriores que lhes correspondem. Eliminemos os sentidos externos, e certamente jamais poderíamos obter essas ideias. [107] Quem estiver desprovido desde a primeira infância do sentido da visão[88] nunca poderá reflectir, não direi sobre problemas ou teoremas matemáticos, mas nem sequer sobre qualquer axioma, embora possa tirar muito proveito, servindo-se do sentido da audição.

---

[88] Se esculpirmos figuras em alto-relevo ou em baixo-relevo, não recuso poderem solucionar-se pelo sentido do tacto alguns problemas ou teoremas geométricos mais simples; percebe-se, porém, facilmente ser esse conhecimento muito imperfeito. Admito que o invisual Dídimo de Alexandria, instruído por uma criança – como consta –, tenha superado na Geometria outros cegos. Mas não é certamente verosímil que os peritos nesta ciência ajuízem poder um invisual obter progressos na Geometria sem nunca ter visto figuras matemáticas. Por isso, os varões doutos escarnecem com razão de Jacques Bernoulli – aliás, uma pessoa muito instruída na Matemática – por se propor ensinar esta ciência aos invisuais num escrito em francês intitulado *Lettre contenant la manière d'apprendre les mathématiques aux aveugles*, que apareceu no célebre periódico *Journal des Savants*, de 19 de Novembro de 1685. Neste caso, o ingénuo Bernoulli mostrou aos especialistas estar por vezes dormitando.

sunt Quatuor', nihil aliud significat quam ideam 'duorum', cum bis [106] sumitur, significari nomine Quatuor, quod uerum esset, etiamsi nihil creatum exsisteret, praeter unam intelligentiam. Item hoc axioma, 'totum est maius sua parte', hoc tantum significat 'quantitas maior est quantitas maior, non minor', seu alio modo, 'talis idea est talis idea, non alia'. Sunt igitur ueritates internae: neutrum est ueritas externa, quae ostendat iudicium nostrum esse consentaneum obiecto externo, quod primarum ueritatum proprium est."

Respondemus, sed negamus docto homini interpretationem utriusque axiomatis, praetendimusque utrumque tam esse congruens obiecto externo, quam reliquae primae ueritates. Nam utrumque axioma est perspicuum, ex nullo clariori probatur, ab omnibus sanae mentis admittitur. Sunt igitur primae ueritates, non eo quidem sensu, ut exsistentiam praesentem obiectorum necessario indicent, sed eo sensu ut ex obiectis externis profectae sint et cum iis consentiant, ac saltim exsistentiam praeteritam demonstrent.

Nos enim non habemus ideam "totius" et "partis", "maioris" et "minoris", "duorum" et "Quatuor", nisi per sensus. Quod qui negant, doceant, amabo, qua uia ideas eiusmodi habuere nisi per sensus; numquam, nisi fallor, docebunt. Nam quis nescit suum corpus maius esse sua manu? Quis ignorat manum esse corporis partem? Quis item nescit duos digitos unius manus esse numero pares duobus digitis alterius omnesque Quatuor facere? Haec uel cum lacte pueri addiscunt; cumque postea nomina "totius" et "partis", "maioris" et "minoris", "duorum" et "Quatuor" cognouerint, propositiones illas generales formant, quae ideo uerae sunt, quia ab ipsa euidentia obiecti externi proficiscuntur et eidem consentiunt. Tolle sensus externos, profecto numquam tales ideas elicies. [107] Non enim illi, qui ab incunabulis[88] uisu caruere, aliquod non dico problema, aut theorema mathematicum, sed ne axioma quidem ullum excogitare potuere, tametsi auditu plurimum ualuere.

---

[88] Aliquot problemata, aut theoremata geometrica faciliora, si figurae eminentes, uel depressae fiant, tactu cognosci posse, non nego, sed quam imperfecta sit talis notitia, facile intelligi potest. Nam quod aiunt, Didymum Alexandrinum a puero caecum in Geometria exceluisse, ut inter caecos concedo. Sed quales progressus in Geometria facere potuerit caecus homo, et qui numquam figuras mathematicas uidisset, iudicent ii, qui in hac scientia uersati sunt, mihi sane non fit uerisimile. Merito igitur uiri docti rident Iacobum Bernoullium, hominem ceteroqui in Mathematicis doctissimimum, qui caecos Mathematicam docere uoluit, libro Gallice inscripto *Lettre contenant la manière d'apprendre les Mathématiques aux aveugles*, quae exstat in celebri illa ephemeride inscripta, *Journal des Savans*, 1685, die 19 Nouembri, in qua bonus Bernoullius se aliquando dormitasse, uiris emunctae naris ostendit.

Por outro lado, o juízo "dois e dois são quatro" corresponde tanto a objectos exteriores como este que Buffier admite como tal: "existem outras pessoas além de mim". Quem poderia pensar ser este juízo mais evidente e mais aceite por todos que o anterior? Se interrogássemos todas as pessoas sobre se o último juízo é dotado de maior clareza e de maior certeza que o primeiro, concluiríamos de modo evidente serem ambos asseverados por todas as pessoas com idêntica convicção. Se perguntássemos de novo se quatro é realmente uma quantidade maior que dois, responder-nos-iam que é maior. E que mais poderíamos inquirir para afirmarmos serem admitidos ambos os juízos pelo senso comum, devendo, por isso, considerar-se primeiras verdades? E qual a razão? Quando as pessoas enunciam [108] tais proposições, não se propõem referir-se a palavras ou a ideias, mas às coisas por elas significadas. E também quando elas enunciam o primeiro axioma, não pretendem significar que a ideia de "dois" tomada duas vezes tem o nome de "quatro", mas entendem o seguinte: "dois mais dois objectos que vejo ou que vi perfazem um número ou uma quantidade maior que apenas dois". E esta quantidade maior é significada pela palavra "quatro".

O mesmo deve ajuizar-se acerca dos outros axiomas. Declaro, portanto, que um todo é maior que a sua parte por percepcionar pelo sentido da visão que uma quantidade maior contém uma quantidade menor e não o inverso. De forma semelhante, estou persuadido de ser impossível que uma coisa seja e não seja ao mesmo tempo, dado ter percepcionado pelo sentido da visão que uma coisa que existe realmente existe e que, não existindo, não tem existência real. Por conseguinte, ao trazer à memória essas coisas e ao pensar dever verificar-se necessariamente essa conclusão, enuncio um juízo totalmente correspondente a objectos exteriores, ainda que também possa estar em correspondência com um objecto interno, tal como as ideias, os juízos, etc. Portanto, é indubitável significarem esses axiomas metafísicos verdades externas – devendo, assim, considerar-se primeiras verdades –, embora possam ser tomados apenas por verdades internas[89].

Parece devermos ajuizar de forma idêntica sobre as verdades matemáticas. Ainda que a linha, a superfície, o triângulo e a esfera, como os matemáticos os entendem, não existam nem possam existir, contudo – dado as ideias abstractas se originarem nas coisas corpóreas, tendo, por isso, correspondência real com os próprios corpos os objectos sobre os quais discorrem os matemáticos (tanto quanto isso não é impossibilitado pelos meatos dos corpos), – as verdades matemáticas [109] não são apenas verdades internas, mas também verdades externas, significando realmente as propriedades das figuras e das grandezas existentes no mundo. Se assim não fosse, a Matemática seria apenas um conjunto de sonhos e de palavras ocas, não podendo prestar auxílio à Física. Isso é, certamente, uma falsidade, como pode concluir-se da Matemática denominada "Matemática Simples" e ainda das outras suas partes

---

[89] Por exemplo, "o todo é igual a todas as suas partes"; etc.

Deinde tale iudicium, "duo et duo sunt Quatuor", tam est conueniens obiecto externo quam illud aliud, quod Buffierius admittit "sunt alii homines praeter me." Qui enim istud illo uel euidentius est, uel magis ab omnibus receptum? Interroga singulos homines an hoc ultimum clarius et certius illo sit, et plane cognosces, utrumque eadem firmitate ab omnibus adseuerari. Percunctare rursum an Quatuor sit reapse quantitas maior quam duo, eodem modo respondentes audies esse maiorem. Quid amplius quaerimus ut dicamus utrumque sensu communi haberi esseque primam ueritatem? Quid? Quod homines, cum proferunt eiusmodi [108] propositiones, non de uocabulis, aut ideis loqui sibi proponunt, sed de rebus per eas significatis. Neque enim cum primum axioma proferunt significare hoc uolunt idea "duorum" bis sumta uocatur "Quatuor", sed illud intelligunt "duo et duo obiecta, quae uel uideo, uel uidi, constituunt uel numerum, uel quantitatem maiorem quam duo tantum", quam maiorem quantitatem significamus uocabulo "Quatuor".

Id ipsum de reliquis axiomatis est iudicandum[(9)]. Nam ideo enuntio totum esse maius sua parte, quia oculos hausi quantitatem maiorem continere minorem, non contra. Similiter ideo mihi persuadeo inpossibile esse ut eadem res simul sit et non sit, quia, cum oculos acceperim, rem, quae exsistit, exsistere, nec umquam, dum exsistit, non exsistere; iccirco cum id ipsum in memoriam reuoco consideroque tale quid necessario euenire debere, facio iudicium quod est omnino congruens obiecto externo, etiamsi obiecto cuicumque interno, ut sunt ideae, iudicia ceteraque, aptari etiam possit. Itaque certum est eiusmodi axiomata metaphysica ueritates etiam externas demonstrare, atque adeo pro primis ueritatibus habenda esse, quamuis talia axiomata condi possint, quae sint tantum ueritates internae[89].

Quod idem de ueritatibus mathematicis dicendum esse uidetur. Nam etiamsi linea, superficies, trigonum et globus, ut ea considerant mathematici, nulla sint, nec esse possint, tamen cum ex rebus corporeis eiusmodi ideae abstractae sumptae sint, atque, quae de iis disputant mathematici, corporibus ipsis, quantum per poros singulorum licet, re uera conueniant; propterea ueritates mathematicae [109] non sunt tantum ueritates internae, sed etiam externae, quae proprietates figurarum ac magnitudinum, quae in hoc mundum exsistunt, reapse demonstrant. Secus mathematica disciplina esset aceruus quidam somniorum, atque inanium uocabulorum, quae physicae disciplinae opitulari non possent, quod profecto falsum est; cum uideamus ex Mathematica

---

[89] Verbi gratia, totum est aequale omnibus suis partibus etc.

[(9)] iudicandum] dicendum *R*

chamadas "Matemática Mista" e "Matemática Física". Com efeito, a Física é de tal modo esclarecida pela Matemática que sem ela ficaria muda e cega.

É incorrecto que seja verdadeiro o primeiro axioma de Claude Buffier quando declara "ainda que nada existisse no mundo, excepto uma única inteligência", se ele pretende dizer: "seria verdadeiro, ainda que não tivesse existido nenhuma criatura, excepto um única inteligência". Se assim fosse, essa única inteligência não possuiria as ideias de "dois" e de "quatro". Mas não discordo dele, se teve o propósito de exprimir-se deste modo: "o axioma seria verdadeiro, ainda que todas as coisas actualmente existentes fossem aniquiladas, excepto uma única inteligência". Contudo, não se infere destas palavras que no estado actual das coisas o referido axioma não seja uma verdade externa. Efectivamente, ainda que todas as coisas fossem reduzidas a nada, todas as noções adquiridas por meio dos sentidos seriam verdadeiras; e, tendo-se originado essas ideias nos corpos exteriores e sendo relativas ao tempo em que os corpos existiam, também os juízos seriam verdadeiros. Sucede o mesmo com o juízo "existem outras pessoas além de mim", que aquele autor declara ser uma primeira verdade, o que deve efectivamente afirmar-se.

Poder-se-ia, porém, insistir que esses juízos não ocasionam que os objectos existam. Reconheço. No entanto, também não ocasionam a existência real dos objectos os juízos "um corpo branco não é preto", "Babilónia não é Nínive" e outros do mesmo género. Contudo, eles são verdades externas, [110] dado que se originam nas próprias coisas exteriores, adequando-se a elas. Portanto, esses juízos são do mesmo modo primeiras verdades[90].

Escólio
Deve discorrer-se novamente neste lugar sobre os sentidos externos, *não para demonstrar poder adquirir-se a verdade com o seu auxílio (eu já havia demonstrado isso copiosamente no capítulo quarto, onde ensinei serem eles os principais instrumentos* da recta razão*), mas para dar a conhecer e elucidar* em que circunstâncias podem adquirir-se as primeiras verdades por meio dos sentidos.

---

[90] No lugar acima mencionado e também no capítulo 11, no primeiro parágrafo, não se infere da explicação de Locke o que supõe Claude Buffier. Ela demonstra que a ideia que possuo de uma coisa exterior não implica a sua existência, mas não demonstra não se originar essa ideia num corpo exterior. Servindo-me do mesmo exemplo de Locke, uma pintura de Pedro não prova a existência de Pedro, mas evidencia ter ele existido; portanto, também a ideia de uma coisa exterior não suscitada actualmente pelo uso dos sentidos prova pelo menos a existência pretérita dessa coisa. Mais que isso (como refere Locke no parágrafo 11), ela evidencia a existência de uma coisa pretérita por meio da lembrança. Mas eu duvido de que o referido autor seja coerente consigo próprio, se não lhe expuser a primeira explicação de Locke com base nas duas últimas.

illa, quam "Simplicem" uocant, non modo reliquas eiusdem partes, quam uocant "Mathematicam Mixtam", sed etiam eam, quam nominant "Physicam", adeo inlustrari, ut sine Mathematicae auxilio muta et caeca sit.

Nam quod ait Claudius Buffierius primum illud axioma esse uerum, "etiamsi nihil in mundo esset praeter unam intelligentiam", falsum est, si hoc uult dicere "esse uerum etiamsi nulla umquam res creata exsisterit praeter unicam intelligentiam." Nam tali casu singularis illa intelligentia ideas "duorum" et "Quatuor" non habuisset. Quod si hoc modo significare uult "etiamsi omnes res in praesentia destruantur, relicta una intelligentia, adhuc axioma uerum esse", non abnuo, sed ex hoc non sequitur praedictum axioma in hoc rerum statu non esse ueritatem externam. Nam posita rerum omnium destructione, adhuc notiones omnes, quae sensibus comparantur, uerae essent, quia cum tales ideae ex corporibus externis profectae fuerint, ad tempus referebantur, in quo corpora exsistebant, ideoque iudicia uera essent. Quod ipsum de illo iudicio, sunt alii homines praeter me, quod ille primam ueritatem esse ait, eo casu dicendum esset.

At enim, urgebit, haec iudicia non faciunt ut obiecta exsistant. Fateor, sed nec iudicia haec, "corpus album non est atrum", "Babylon non est Niniue" ceteraque generis eiusdem faciunt ut obiecta reapse exsistant. Tamen sunt ueritates externae, hoc [110] nomine, quod ex ipsis rebus externis proficiscuntur et cum ipsis conueniunt. Igitur et illa[90].

SCHOLION
De[(10)] sensibus externis *hoc loco iterum disputandum, non ut efficiamus ueritatem tali praesidio adtingi posse, quod iam supra capite IV copiose demonstrauimus, ubi eos ueluti instrumenta primaria* rectae rationis *esse perfecimus, sed ut patefaciamus atque inlustremus,* quibus casibus primas ueritates sensuum adiumento uenari possimus.

---

[90] Ratio Lockii loco laudato, et rursum cap. 11, §, non efficit quod uult Claudius Buffierius. Probat quidem ideam, quam habeo rei externae, non inferre rei exsistentiam, sed non probat eiusmodi ideam a corpore externo non esse profectam. Nam, ut eodem exemplo Lockii utar, imago Petri ex uero expressa non probat Petrum exsistere, probat tamen Petrum exsistisse. Ergo etiam idea rei externae, quae sensus in praesenti non pulsat, probat saltim exsistentiam praeteritam. Hoc magis, quod Lockius ibi § 11 probat exsistentiam rerum praeteritarum auxilio *memoriae*. Et nisi primum locum Lockii ex his duobus ultimis exposuerimus, haud scio an ipse sibi consentiat.

[(10)] De sensibus ... uenari possimus] *pro* Ex iis ... praesidio uenari possimus *R, cf. infra* Appendix II.

CAPÍTULO VI

As primeiras verdades perceptíveis por meio dos sentidos

Tínhamos visto, caros jovens, que a existência dos corpos é objecto de percepção evidente por meio dos sentidos externos. Deve agora examinar-se se eles manifestam ou não todas as coisas existentes nos corpos [111] e se originam as noções que podem denominar-se "primeiras verdades".

1. É evidente em primeiro lugar que os sentidos externos não nos informam sobre a figura insensível e exterior dos corpos, isto é, sobre a contextura da sua superfície, em virtude da qual um corpo parece branco, outro verde e outro escuro. 2. Eles também não nos informam sobre a constituição e a complexão íntima das partes mais diminutas dos corpos, que determinam diferentes naturezas, quer dizer, por que motivo, sendo, embora, a matéria de todos os corpos da mesma natureza, contudo, um é de ferro, outro de madeira e outro de carne. 3. Igualmente, eles não informam sobre as mutações internas que ocorrem na maior parte dos corpos, por exemplo, sobre a razão por que uma maçã aparece durante certo tempo de formas diferentes até depois ficar madura e por fim apodrecer; com efeito, estas mutações imperceptíveis não podem ser percepcionadas por nenhum sentido externo, excepto ao longo de muito tempo. 4. Por último, os sentidos não dão a conhecer a enorme quantidade de seres animados que a nossa vista não alcança, como se demonstra pelo microscópio, que possibilita ver coisas de que jamais suspeitámos[91]; e quanto mais perfeito for este instrumento, maior número de coisas podemos ver e com maior nitidez. É fácil, assim, conjecturar que quando esses microscópios forem fabricados ainda com maior perfeição se hão-de deparar aos nossos olhos coisas espantosas e inacreditáveis.

Infere-se com evidência do exposto não nos terem sido outorgados por Deus os sentidos para nos informarem sobre coisas imperceptíveis e diminutas, totalmente dispensáveis para as necessidades da nossa vida, de contrário todas ou quase todas as pessoas poderiam ver as mesmas coisas, o que certamente é uma falsidade Por isso, para que servem os sentidos? [112] Juntamente com Malebranche, Locke e outros autores, declaro consistir a função dos sentidos em eles nos esclarecerem sobre o que é necessário para a conduta da nossa vida, ou seja, para conservarmos e cuidarmos do nosso corpo e ainda para sabermos o que parece adequado para a preservação da sociedade humana. E porque para estas finalidades é supérfluo o conhecimento da natureza mais íntima dos corpos, por isso mesmo ele não nos foi concedido. É necessário, porém, que eu esclareça posteriormente este assunto.

---

[91] Cf. Leuwenhoeck, *Arcana naturae ope microscopiorum detecta*, vol. III; Filipe Bonani, *Observationes circa viventia quae in non viventibus reperiuntur*, 1691; e ainda outros que escreveram sobre a história natural.

CAPVT VI

De[11] primis ueritatis, quae sensibus percipi possunt

Vidimus, adolescentes, corporum exsistentiam sensibus externis percipi, idque perspicue. Examinandum nunc est, anne omnia, quae in corpore [111] sunt, ipsi ostendant an secus, et an tales notiones procreent, quae "primae ueritates" uocari possint.

1. Principio certum est sensus externos non ostentare[12] figuram insensilem et externam corporum, id est, non ostendere qualis sit textura illa superficiei corporum, ex qua unum corpus album, alterum uiride, alterum atrum apparet. 2. Nec etiam ostentant contextum et complexionem interiorem particularum corporis, quae diuersas naturas facit, id est, ex qua oritur quod etiamsi omnium corporum materia eiusdem naturae sit, tamen aliud corpus est ferrum, aliud lignum, aliud caro. 3. Nec itidem ostendunt interiores mutationes, quae in corporibus plerisque eueniunt, exempli gratia, pomum continenter alio et alio modo se habet, donec tamdem flacescat et corrumpantur; hae tamen insensiles mutationes nullo sensu externo percipi possunt, nisi ex longo interuallo. 4. Postremo non repraesentant innumeram illam rerum etiam animatarum multitudinem, quae oculorum aciem fugiunt, quod microscopio demonstratur, cuius ope ea uidemus, quae numquam suspicati fuimus[91], et quo perfectiora sunt microscopia, eo plura et distinctius uidemus. Facile ut coniiciamus fore aliquando ut talia microscopia fabricentur, quae mirabilia et incredibilia multa oculis exponant.

Hinc fit manifestum sensus a Deo datos non fuisse, ut nobis insensilia ista et minuta, et quae ad usum uitae minime pertinent, ostendant; secus omnes, aut plerique omnes, eadem uiderent, quod profecto est falsum. Cui usui igitur sunt sensus nostri? [112] Dicam cum Malebranchio, Lockio, ceterisque sensuum munus esse ea nobis patefacere quae ad usum uitae necessaria sunt, id est, ad corpus tuendum curandumque, atque ad societatem humanam conseruandam idonea uideantur. Ac quod cum superuacanea sit cognitio illa naturae abstrusioris corporum, iccirco data ea nobis non est. Sed haec ulterius inlustremus oportet.

---

[91] Consule Leeuwenhoeckii *Arcana Naturae ope microscopiorum detecta*, uol. III, 4; Philippi Bonani *Obseruationes circa uiuentia quae in non uiuentibus reperiuntur*, 4, 1691, et ceteros qui historiam naturalem persequuntur.

[11] De primis ... uocari possint] *pro* Demonstratur primos ... uocari possint *R*, *cf. infra* Appendix III. || [12] ostentare] exhibere *R*

I. Portanto, os sentidos informam-nos primeiramente, com clareza e evidência, sobre a existência dos corpos, o que é de todo necessário para a conduta da nossa vida. Se não soubéssemos que os corpos existem, ficaríamos facilmente sujeitos àquilo que por via de regra acontece aos cegos e causaríamos não pequeno dano; por outro lado, não seríamos capazes de realizar na vida o que quer que fosse. Na verdade, Deus não nos criou como puros espíritos, mas dotados de corpo e de espírito; e ele colocou-nos na Terra pondo perante nós muitos corpos para deles nos servirmos sabiamente e de forma adequada e para obtermos com o seu uso uma utilidade que não seja motivo de arrependimento.

II. Em segundo lugar, os sentidos tornam-nos evidentes com total clareza as propriedades dos corpos que são necessárias para a conservação da nossa existência. Eles informam-nos sobre a diferença entre os corpos sólidos e os corpos líquidos; e, quanto aos líquidos, informam-nos também sobre as diferenças entre eles, como entre a água e o vinho, o azeite e outros do mesmo género. É extremamente necessário distinguir estes corpos de outros, tendo em conta os cuidados com o nosso corpo. E, o que causa maior admiração, quanto mais for necessário um corpo para a nossa nutrição e para a nossa utilidade tanto melhor podemos adquirir o seu conhecimento por meio dos sentidos. Por exemplo, o pão e a água são grandemente necessários para a conservação do nosso corpo, sendo percepcionados não apenas pela vista, mas também pelo olfacto, pelo gosto e pelo tacto para poderem mais facilmente distinguir-se. Poder-se-ia dizer o mesmo de outras coisas que parecem necessárias para restituir vigor ao corpo, para protegê-lo da força dos ventos, e ainda de outras que o embaraçam. [113] E os sentidos também nos manifestam com clareza se é dia, se é noite, se chove, se o bóreas ou o austro aumentam de intensidade, ou se o zéfiro é favorável e muitas outras coisas deste género.

III. Por último, os sentidos informam-nos com total evidência sobre o que é necessário para a preservação da sociedade humana. Por exemplo, eles distinguem sem a mínima dificuldade Pedro de Paulo e o pai do filho, quer pela voz, quer pelo vulto, quer de outros modos; e também dão a conhecer e manifestam com muita clareza os estados do espírito, tanto pelo semblante como de outras formas. E ainda outras coisas deste género, cujo conhecimento é indispensável para a sociedade humana poder subsistir.

Inversamente, os nossos sentidos não nos informam sobre o que não é de modo algum necessário saber para a conservação do nosso corpo. E, se por qualquer razão eles informam, evidencia-se amplamente nem sempre suceder, mas apenas quando investigamos com maior diligência o que de modo algum se relaciona com a nossa conservação. Por exemplo, torna-se evidente, sendo demonstrado pelo uso do microscópio, que o leite, o vinagre, a água e até todos os frutos maduros contêm uma infinidade de vermes extremamente diminutos[92]. Como, porém, o seu

---

[92] Ver Leuwenhoeck, Hooke, Hartfoeker, Jobelot e outros.

I. Itaque sensus nobis primo ostendunt clare et euidenter exsistentiam corporum, id enim ad omnes usus uitae per quam necessarium est. Nam si corpora esse non cognosceremus, facile in ea incurreremus, ut caeci plerumque faciunt, et non exiguum damnum faceremus. Deinde nihil umquam facere in hac uita possemus. Non enim nos Deus meros spiritus, sed corpore et spiritu constantes condidit, in orbe terrae collocauit, corpora nobis plura obiecit, ut iis scite et commode uteremur ex eorumque usu utilitatem non paenitendam caperemus.

II. Deinde nobis exponunt omnino dilucide proprietates eas corporum, quae ad uitam nostram conseruandam necessariae sunt. Nempe ostendunt differentiam rerum durarum ab humoribus; humorum etiam inter se, uidelicet aquae a uino, ab oleo et aliis generis eiusdem. Haec enim ab aliis distinguere tam necessarium est curationi corporis, ut nihil magis. Et, quod mirabilius, quo magis aliquod corpus nutritioni et usui nostro necessarium est, eo pluribus sensibus eius cognitionem adquirere possumus; exempli gratia, panis et aqua summe necessaria sunt conseruationi corporis nostri, utrumque autem non uisu tantum, sed olfactu, sed gustatu, sed tactu percipimus, ex quo facilius dignosci queant. Idem de ceteris dicemus, quae ad reficiendas uires corporis, ipsumque defendendum a ui aeris ceterorumque quae corpori officiunt, necessaria esse uidentur. Ideoque [113] clare etiam repraesentant esse diem, esse noctem, caelum esse pluuium, item an Boreas, an Auster increbrescat, an Zephyrus faueat, et sexcenta huiusmodi.

III. Postremo ostendunt etiam lucide prorsus quae ad humanam societatem seruandam necessaria sunt; exempli gratia secernunt quam facillime ex uoce, uultu, ceteris Petrum a Paullo, patrem a filio; tum motus animi, qui uel uultu, uel aliis modis declarantur, apertissime demonstrant et eius generis alia, sine quorum notitia humana societas stare non potest.

Contra ea, quae conseruationi corporis nostri minime necessarium est scire, sensus nostri non ostendunt, quod si aliqua de caussa ostendunt, per abundantiam se habet, nec id semper, sed tum euenit, cum curiosius eas res inuestigamus, quae nostra minime pertinent; exempli gratia lac, acetum, aquam, immo et omnia poma maturata infinitam uim uermium tenuissimorum exilissimorumque continere certum est, et microscopio exploratum[92]. Verum cum horum notitia, ut iis reficiamur, necessaria non est, iccirco eos nulli

---

[92] Adisis Leeuwenoeckium, Hookium, Hartsoekerum, Iobelotum, ceterosque.

conhecimento não é imprescindível para com eles restabelecermos a saúde, não os extraímos servindo-nos do microscópio sem o auxílio da vista. No entanto, se por vezes eles são percepcionados pela vista, não duvidamos não serem de modo algum necessários nem sequer para o uso segundo o qual foram criados.

Expendo um raciocínio idêntico sobre o que parece não ter utilidade para o estabelecimento e a preservação da sociedade humana; exemplificando, os sentidos não nos informam com clareza sobre a distinção intrínseca entre Pedro e Paulo nem – como costuma dizer-se – sobre a distinção individual ou por que razão Pedro não é Paulo e sobre outras coisas deste género.

Poderia alguém perguntar: 1. Se os sentidos externos nos dão a conhecer todas as coisas [114] que têm utilidade para a nutrição do nosso corpo; 2. Se manifestam tudo o que diz respeito ao restabelecimento da saúde; 3. Se informam sobre outras verdades além das três que mencionei. Vou responder seguidamente a estas questões.

Relativamente à primeira, declaro que os sentidos externos percepcionam tudo o que é apropriado para a nutrição, pois não nos alimentamos de coisas insensíveis, mas das que se apresentam aos sentidos. Contudo, não possuímos conhecimento apenas num relance de tudo o que possa refazer as nossas forças nem isso é necessário para continuarmos a viver. É suficiente conhecermos e apreendermos pelos sentidos aquilo que na maior parte das circunstâncias é mais indispensável para a nossa vida; quanto às outras coisas, podemos percepcioná-las consoante formos instruídos com clareza pelo hábito e pela experiência.

À segunda questão dou idêntica resposta. Toda a gente conhece certas coisas de uso mais frequente, por exemplo: o corpo debilitado pelo frio aquece-se com calor e com roupa; a privação de alimentos cura a repleção do estômago; a secura da garganta desaparece ingerindo um líquido; e outros casos deste género. Quanto ao resto, só pode solucionar-se pela experiência, pela reflexão, pela boa filosofia e pela medicina. No entanto, tudo o que conhecemos é manifestado clara e distintamente pelos sentidos externos, se forem coadjuvados pela razão.

É idêntica a resposta à terceira questão. Adquirem-se e conhecem-se muitas outras verdades por meio dos sentidos externos, podendo ainda conhecer-se muitas outras dotadas de certeza e evidência. Contudo, para não incorrermos em erro na sua inquirição, devemos ter em mente certas regras, adequando a elas a nossa investigação: por vezes, os dados dos sentidos induzem-nos em erro[93]; ainda que as verdades se manifestem de modo adequado, contudo, muitas mais [115] poderiam

---

[93] Não se exprime rectamente neste lugar Claude Buffier (*Traité des premières vérités*, primeira parte, cap. 16) ao afirmar que os sentidos manifestam com fidelidade as coisas como elas se lhes apresentam. Não é em relação aos sentidos, mas à mente, que isso acontece, Ele deveria ter afirmado que os sentidos apresentam à mente com fidelidade as impressões que recebem, com base nas quais somos por vezes induzidos em erro, se ajuizarmos com precipitação.

microscopio non adiuti oculis hauriunt. Quod si uisu aliquando percipiunt, praeter opinionem est, nec ad usum, ad quem eae res conditae sunt, ullo modo est necessarium.

Id ipsum dicemus de iis quae ad societatem humanam uel instituendam, uel conseruandam inoportuna uidentur, exempli gratia sensus non ostendunt clare internam differentiam Petri et Paulli, nec etiam indiuidualem, uti uocant, nempe cur Petrus non sit Paullus, et reliqua huius generis.

Quaerat aliquis 1. an sensus externi omnia repraesentent, [114] quae ad nutriendum corpus utilia sunt; 2. an item omnia quae ad id sanandum pertinent; 3. an praeter illa tria quae posuimus, nullum uerum menti obiiciant. Cui quaestioni ita respondemus.

Ad primam dicimus ea, quae nutritioni apta sunt, omnia sensibus externis percipi, non enim insensilibus, sed rebus sensibus subiectis alimur. Non tamen omnia, quae reficere nos possunt, uno adspectu cognita habemus, nec ad uitam producendam necessarium id est. Sufficit si ea, quae in omni uitae parte magis necessaria sunt, et noscamus et sensibus percipiamus, ceteraque usu et experientia edocti dilucide sensibus percipere possimus.

Eodem modo ad secundam interrogationem respondemus. Nam quaedam, quae magis ex usu sunt, uerbi gratia corpus frigore debilitatum, calore et pannis calefacere, stomachi repletionem inedia curare, saucium siccitatem humore hausto depellere, et huius generis alia, omnes cognoscunt; cetera uero non nisi usu, meditatione, tum bona Philosophia ac Medicina explorari possunt. Quidquid tamen cognitum habemus, id sensus externi nobis clare atque distincte patefaciunt, si ratione adiuuentur.

Ad tertiam eadem est responsio. Plurima alia uera sensus externi instrumentorum beneficio reperiunt et cognoscunt, multo plura adhuc cognoscere possunt certo et euidenter. Ne tamen in iis inuestigandis erremus, regulae quaedam prae oculis habendae sunt, ad quas inuestigationem nostram exigamus, quae et ostendunt, sensus interdum falsos esse[93], et, si debito modo adhibeantur, multo plura [115] uera oculis ostendere posse, quam

---

[93] Haud recte hoc loco ait Claudius Buffierius (*Traité des Premieres Veritez*, p. I, cap. 16) sensus fideliter repraesentare quod ipsis uidetur. Non enim ipsis, sed menti nostrae, tale quid uidetur. Dicere deberet sensus fideliter obiicere menti adfectionem, quam recipiunt, secundum quam si temere iudicamus, interdum decipimur.

manifestar-se, das quais não suspeitamos. Mas por ter discorrido sobre estas regras na *Logica*[94], remeto para esse lugar os principiantes.

Deve, portanto, concluir-se serem percepcionadas três coisas pelos sentidos com clareza e distinção: em primeiro lugar, a existência dos corpos; em segundo lugar, o que é necessário para restabelecer a saúde do nosso corpo; por último, o que é necessário para preservar e estabelecer a sociedade humana. Tudo isto foi explanado anteriormente com suficiência. Acrescento apenas uma observação: estas três verdades devem considerar-se primeiras verdades, não sendo, por isso, deduzidas de outras que sejam anteriores. É essa a característica das primeiras verdades.

CAPÍTULO VII

As primeiras verdades cognoscíveis pela autoridade alheia

Não vou discorrer neste lugar sobre a autoridade divina, que deve ser considerada tão eminente pelas pessoas que possuem um conhecimento adequado de Deus como é evidente ter Deus afirmado determinadas coisas [116] que devem reputar-se como verdadeiras e imutáveis. Vou, porém, discorrer e reflectir sobre a autoridade e o testemunho humanos e ponderar sobre qual seja a importância das primeiras verdades.

Ainda que todas as pessoas possam ser induzidas em erro, no entanto, por todas ou quase todas elas declararem certas coisas com sumo consenso, resultam tão verdadeiras as suas afirmações que ninguém de são juízo poderia recusar os seus testemunhos, não havendo razão para eles serem novamente expressos. Com efeito, embora sejam tão discordantes os costumes dos povos, tão diferentes os engenhos, tão diversos os modos de ajuizar – a ponto de dificilmente se poderem encontrar numa única e grande cidade não direi dez, mas nem sequer duas pessoas que ajuízem sempre do mesmo modo –, contudo, não pode suceder enganarem-se todas essas pessoas concomitantemente. Assim, se todas elas afirmarem algo com persistência, isso acontece apenas por serem coagidas pela evidência da verdade. Por conseguinte, o que todas elas declararem de forma perseverante é necessariamente verdadeiro.

Deste modo, o testemunho continuado das pessoas é um sinal, ou um indício, ou um critério da verdade. Com fundamento nesse testemunho, podem inferir-se

---

[94] Discorri na *Logica* (liv. V, primeira parte, cap. 4) sobre os erros originados nos sentidos. Mas ensinei no capítulo sétimo como devemos proceder para não sermos induzidos em erro quando investigamos. É o seguinte o resumo daquilo que escrevi: 1. Que o assunto seja examinado atentamente e de modo adequado; 2. Pronunciarmo-nos sempre em conformidade com aquilo que os sentidos nos apresentam; 3. Que os dados dos sentidos não se contradigam; 4. Que as pessoas esclarecidas corroborem a verdade dos nossos juízos.

suspicamur. De quibus legibus quoniam in *Logica* disputauimus[94], tironem ad eum locum remittimus.

Concludendum est, igitur, tria illa clare et distincte sensibus externi percipi: primo exsistentiam corporum, tum proprietates quae ad corpus nostrum curandum necessariae sunt, postremo, quae ad societatem humanam seruandam et instituendam sunt necessaria. Hoc satis in superioribus confectum est. Vnum addo, haec tria pro primis ueritatibus haberi posse, propterea quia ex nullis ueritatibus prioribus deducuntur, multa ex iis duci possunt, qui character est primarum ueritatum.

CAPVT VII

De primis ueritatibus, quae aliorum auctoritate possunt cognosci

Non de auctoritate diuina hoc loco est disputatio, quae tanta homini, qui iustam Dei habeat notionem, esse debet, ut si certo constat Deum [116] aliquid dixisse id pro certo et inmutabili haberi debeat. Sed de humana auctoritate ac testimonio disputandum considerandumque quantum illud primis ueritatibus adferat momenti.

Et certe quidem tametsi singuli homines fallere possunt, tamen cum omnes, aut fere omnes, aliquid summo consensu testantur, tam certam rem faciunt, ut nemo sanae mentis eiusmodi testimonio repugnare queat, nec longe repetenda est ratio. Nam cum tam uarii sint hominum mores, tam uaria ingenia, tanta in iudicando uarietas, ut non dico decem, sed uix duos in una et amplissima ciuitate semper et eodem modo iudicantes inuenire possimus, relinquitur fieri non posse ut omnes in fallendo conueniant. Quare si aliquid constanter docent, non alia de caussa faciunt, nisi moti rei euidentia ac ueritate. Proinde quod omnes constanter aiunt uerum id esse necesse est.

Itaque constans hominum testimonium est signum, seu indicium, seu criterium ueritatis, ex eoque plurimae primae ueritates desumi possunt, modo

---

[94] *Logicae* lib. V, p. I, cap. 4 de erroribus ex sensibus prouenientibus disputauimus. Capite uero septimo docuimus quo modo periculum facere debeamus, ne inuestigantes erremus. Horum summa est: 1. Vt res accurate et debito modo expendantur; 2. ut semper tale quid idem sensus repraesentet; 3. ut alii sensus non contradicant; 4. ut id ceteri homines oculati uerum esse confirment.

muitas primeiras verdades, se estiverem presentes certas condições que impossibilitem qualquer motivo de dúvida sobre um determinado assunto, dotando-o de certeza e de evidência. Essas verdades são redutíveis a três espécies: 1. Aquelas a respeito das quais todas as pessoas estão em condições de ajuizar – como as relativas às coisas existentes ou, como é costume dizer-se, às *res facti* [95] [117] (por exemplo, a existência de Constantinopla, de Goa, e outras do mesmo género) –, sobre as quais tanto as pessoas eruditas como as ignorantes têm aptidão para emitir juízos idênticos; 2. As que se baseiam num tão grande número de testemunhos que não são exigíveis ainda outros para serem corroboradas e reconhecidas (com efeito, como escrevi anteriormente, não é necessário ouvir todas as pessoas em particular, quer porque nem todas presenciaram as mesmas coisas, quer porque essas coisas parecem não vir a propósito daquilo que pretendemos; é suficiente sabermos que a maioria das pessoas que conhece o assunto possui idêntica opinião, pois, se elas concordarem entre si, quem, excepto um louco, ousaria desmentir os seus testemunhos?; 3. Aquelas relativamente às quais não existe nenhuma razão para pensar que quem as profere é movido pelo ódio, pela paixão, pelo temor ou que, por qualquer motivo, tem a intenção de mentir. Se convergirem entre si estas três condições, só um demente ousaria recusar o testemunho de outrem[96].

[118] Há alguns filósofos que, recorrendo a grandes discursos, questionam se nos casos mencionados o assentimento geral deve denominar-se "probabilidade no mais alto grau" ou "certeza", ou seja, "opinião evidente". E fico cheio de espanto quando Claude Buffier – que mesmo em questões de somenos importância não perde nenhuma oportunidade para criticar Locke, de cujo pensamento é tão devedor, como confirmam todos os que leram os escritos de um e de outro – intenta uma polémica sobre este assunto e porfia ser tão evidente ter existido Cartago como é evidente ele observar o papel em que escreve. Buffier não pode negar, primeiramente,

---

[95] O testemunho alheio é relativo tanto às coisas que existem e que são percepcionadas pelos sentidos (vulgarmente designadas por *res facti*) como às percepcionadas não pelos sentidos, mas pela razão. Incluem-se nestas últimas a existência e os actos das inteligências desprovidas de corpo, como os anjos, tanto bons como malignos, bem como as coisas corpóreas que não podemos alcançar nem distinguir, quer pela sua distância (como as existentes nos astros), quer pela sua pequenez. Discorro neste lugar sobre as *res facti*, dado que apenas elas podem demonstrar-se pelo testemunho alheio. Há, porém, uma tríplice diferença: ou o testemunho corresponde ao que observámos a maior parte das vezes (neste caso, ele induz um juízo consistente, embora não alcance o grau acima mencionado); ou diz respeito a uma coisa que pode ou não ocorrer (nesta condição, origina igualmente um consenso consistente, se proceder de pessoas fidedignas); ou, por último, diz respeito a coisas incompatíveis com a experiência ou sobre as quais os autores se contradizem (nesta circunstância, devemos formar os juízos em conformidade com a diversa espécie de assuntos). Ver sobre este tema Locke, *Ensaio sobre o Entendimento Humano*, liv. V, cap. 16.

[96] *Logica*, liv. V, segunda parte, caps. 2-3 e 5. Discorri neste lugar sobre a probabilidade histórica e hermenêutica, que são necessárias para não sermos induzidos em erro quando damos crédito às narrativas dos outros. Elas podem aplicar-se tanto às narrativas escritas como às verbais.

adsint circumstantiae aliquae, quae rem extra omnem dubitandi rationem ponant, id est, certam et perspicuam faciant. Haec uero ad tria genera reduci possunt: 1. ut de talibus rebus sit sermo, de quibus singuli homines iudicare possunt, ut sunt res, quae exsistunt, seu, ut uulgo dicitur, res facti[95], [117] uerbi gratia esse Constantinopolim, Goam et eius generis alia, de quibus tam docti quam indocti eodem modo diiudicare apti sunt; 2. ut tanto in numero sint testes, ut maior requiri non possit ut aliquid pro comperto et explorato habeatur. Nam, ut paullo ante diximus, non est necesse ut omnes homines singulatim audiamus, tum quod non omnes easdem res inuestigarunt, tum quod ad id quod quaerimus, tale quid inopportunum uidetur. Sufficit si plerosque qui id cognitum habent in eamdem sententiam disputantes cognoscamus; qui si consentiunt, quis sanus tali testimonio repugnare audebit? 3. ut nulla ratio se offerat cur iudicemus illos, uel odio, uel amore, uel spe, uel alia de caussa mentiri uoluisse. Quae tria si concurrunt, nullus nisi stultus eorumdem testimonio repugnabit[96].

[118] Sunt aliqui philosophi qui longo sermone disputant utrum[(13)] adsensio, quae ex communi hominum consensu in eiusmodi rebus proficiscitur, uocari debeat "probabilitas summa", an "certitudo", id est, "firma opinio"; et miror Claudium Buffierium, qui nullam occasionem praetermittit reprehendendi Lockium, etiam in rebus leuissimis, cui tamen quantum debeat, omnes qui utriusque scripta legerunt, exploratum habent, litem ei de hoc negotio intentare contenderequae tam certum esse exsistisse Carthaginem, quam certum erat se chartam, in qua scribebat, uidere. Nam primum negare nequit

---

[95] Testimonium hominum uel respicit res eas quae exsistunt et per sensus adquiruntur, quas uulgo uocant res *facti*, uel res quae non sensibus, sed *ratione*, percipiantur, cuiusmodi est exsistentia et operationes intelligentiarum, quae corporis expertes sunt, ut angeli boni et mali, itemque res corporeae, quas uel propter distantiam, ut ea quae in astris, uel propter exilitatem suam sensibus adtinguere ac discernere non possumus. De rebus *facti* hoc loco est disputatio, quae solae hominum testimonio probari possunt. Hae uero in triplici sunt differentia: uel enim hominum testimonium omnino consentit cum iis quae fere semper experti sumus et tali casu iudicium etiam firmum elicit, quamuis non eo gradu quo supra diximus; uel testimonium est de re, quae fieri potest, uel non fieri, et si ab hominibus fidedignus proficiscitur, consensus itidem firmum generat; uel denique de rebus est sermo, quae uel experientiae aduersantur, uel in quibus auctores alii aliis contradicunt, et hoc casu secundum uariam naturam argumentorum, aliud et aliud iudicium facere debemus. Videsis Lockium *De intellectu humano*, lib. V, cap. 46.

[96] Logicae lib. V, p. II, cap. 2, 3 et 5, ubi de probabilitate historica et hermeneutica exposuimus, quae necessaria sunt, ut in credendo quae alii narrant non fallamur; quae omnia, tum rebus, quae scripto, tum iis, quae uoce constant, accommodari possunt.

---

(13) utrum] an *R*

mesmo considerando a natureza das coisas, não haver nenhuma incompatibilidade nem contradição na proposição "é possível a maioria das pessoas ser enganada e enganar as outras», não sendo, por isso, impossível o que ela significa. Opõe-se, porém, às leis da natureza que um ser pensante se engane quando supõe ter na mão um papel que realmente não tem. Locke procedeu, portanto, com rectidão ao denominar de forma diferente as mencionadas duas proposições. Por outro lado, mesmo concedendo àquele autor que ambas as proposições desfrutam a mesma certeza, não obstante, elas exercem coacção de forma diferente, pois "eu estou neste momento escrevendo neste papel" fixa o espírito com maior intensidade e firmeza do que acontece quando lemos "Cartago existiu". Por isso, é adequado caracterizar de forma diferente aquelas duas opiniões.

Declaro com verdade, que, se não definirmos os nomes com diligência, toda esta controvérsia parece ser apenas de palavras, com o que não esteve em desacordo o próprio Claude Buffier. [119] Mas, se examinarmos a natureza do assunto – como, aliás, devemos proceder – certificar-nos-emos de que essa controvérsia se origina na própria diversidade desse assunto. Julgo, por isso, poder explicar toda esta matéria de modo adequado e muito apropriado, se estabelecer três espécies de certeza. A primeira é a certeza metafísica, característica dos axiomas metafísicos e matemáticos que, por serem dotados de tanta certeza, não podem de forma alguma ser falsos[97]. A segunda é a certeza física, própria das coisas conhecidas por meio dos sentidos, que são de tal modo verdadeiras que não podem ser falsificadas por quaisquer ditames da natureza, embora, considerando o poder supremo de Deus, possa ocorrer de forma diferente (como acontece na Eucaristia, onde vemos um pedaço de pão que, no entanto, não é pão). A terceira é a certeza moral, que é tão verdadeira que dificilmente pode ser falsa, ainda que, examinando a natureza íntima das coisas, isso não seja incompatível; e não supomos existir um milagre divino, se ela permanecer uma falsidade.

Para entendermos com maior clareza este tema, esclareço-o com o mesmo exemplo de que se serviu o referido autor. Se cada pessoa individualmente considerada pode proferir falsidades, por que motivo não sucede a mesma coisa com todas as que atestam um determinado facto? Nomeadamente, com as que confirmam ter existido Cartago? Se recorrêssemos aos escritores antigos que deixaram memorandos sobre Cartago, não haveria muitos que confirmassem essa existência. Entre os que escreveram durante o apogeu da cidade, incluem-se Aristóteles e Políbio e sobretudo Tucídides e Plauto[98], omitindo ainda outros [120] referidos pelos vindouros, tais

---

[97] Há quem denomine esta certeza "certeza metafísica", mas outros denominam-na "certeza matemática". Estas palavras significam realmente a mesma coisa, como expliquei na *Logica*.

[98] Aludem alguns a uma inscrição na coluna rostral de Gaio Duílio, a qual, em virtude do seu triunfo sobre os Sicilianos e sobre a armada dos Cartagineses, teria sido colocada no foro romano – como afirmam Plínio e Quintiliano –, encontrando-se actualmente no Capitólio de Roma. Ciacon, um grande perito da Antiguidade, escreve o seguinte: "Não é fácil dizer se essa coluna é a mesma que tinha sido vista por Plínio e Quintiliano. Não parece ser, certamente,

Claudius Buffierius hanc propositionem, "fieri potest ut plurimi homines fallantur et fallant", etiamsi naturae uires spectemus nullam prae se ferre oppositionem, nullam repugnantiam, ideoque rem esse possibilem. Contra uero naturae legibus fieri non potest ut homo mentis compos fallatur putans se chartam manu tenere, quam non habet. Propterea recte Lockius duas illas sententias duobus nominibus significauit⁽¹⁴⁾. Deinde, etiamsi eidem demus utramque eadem certitudine reapse gaudere, tamen cum diuerso modo nos cogant; multoque altius et firmius in animo defigatur "me in praesentia scribere in hac charta", quam defigitur dum lego "exsistisse Chartaginem", commode duobus nominibus duplex illa opinio distinguitur.

Et, ut uerum fatear, nisi nomina accurate definiuerimus, tota haec controuersia de uocabulo esse uidebitur, quod nec ipse Claudius Buffierius diffitetur. [119] Verum si rei naturam, uti par est, consideramus, reperiemus ab ipsa rei uarietate eiusmodi controuersiam exsistere. Quamobrem commode et ad rem nostram ualde accomodate negotium totum explicatum iri puto, si tres ordines certitudinis constituerimus. Altera est certitudo *metaphysica*, quam habent axiomata metaphysica et mathematica, quae ita sunt uera, ut nullo modo falsa esse possint[97]. Altera physica, quam habent res cognitae per sensus, quae ita uerae sunt, ut nullis naturalium rerum uiribus falsae esse possint, quamuis si summam Dei potentiam consideramus, alio modo esse possunt, ut se habet in Eucharistia, quae panis uidetur, panis tamen non est. Tertia moralis, quae ita uera est, ut etiamsi uix aut ne uix quidem falsa esse possit, tamen, si rei naturam interius examinamus, nulla rerum oppositio se offerat, nullum miraculum a Deo factum esse putemus, si falsa exsisterit.

Quod, ut clarius percipiatur, eodem, quo ille usus est, exemplo rem inlustrabimus. Exempli gratia, si homines⁽¹⁵⁾ singuli falsi esse possunt, cur non omnes qui aliquid fuisse testantur? Saltim cur non illi qui testantur fuisse Carthaginem? Si ueterum scriptorum rationem inire uolumus, qui de Carthagine aliquid memoriae produnt, non multos esse reperiemus. Eorum qui ea urbe stante scripserunt, habemus Aristotelem et Polybium, ad summum Thucydidem et Plautum[98], ut alios omittamus, [120] qui a posterioribus citati

---

[97] Hanc certitudinem alii "metaphysicam", alii "mathematicam" nominant, quae uocabula re uera idem designat, ut in *Logica* explicauimus.

[98] Addunt aliqui inscriptionem Columnae Rostratae C. Duilii, quae ipsi ob triumphum de Siculis et Poenorum classe in foro Romano posita erat, ut ait Plinius et Quinctilianus, et quae etiam nunc Romae exstat in Capitolio. "Verum sit ea ipsa (ait Ciaconius uir Antiquitatis

---

⁽¹⁴⁾ significauit] significat *R* ‖ ⁽¹⁵⁾ homines singuli] singuli homines *R*

como: Fábio e Filino, referidos por Políbio; Clitómaco, Névio e Énio, por Cícero; Menandro, por Josefo e outros mais. No tempo de Augusto, destaco Cícero, Salústio, Nepos, Virgílio, Horácio, [121] Lívio, Diodoro, Sículo, Estrabão. Depois de Augusto, menciono Patérculo, Mela, Cúrcio, Plínio-o-Velho, Flávio Josefo, Floro, Plutarco, Justino Histórico, Apiano de Alexandria, Tertuliano, Dio Cássio, Herodiano, Ptolomeu, Solino, Eusébio, Temístio, Orósio, Eutrópio, Procópio e ainda outros. Suponhamos terem sido quarenta ou cinquenta os autores que se notabilizaram. Porventura, não podem ter-se enganado ou terem mentido cinquenta pessoas? E, omitindo estas, todas as que anteriormente mencionei devem considerar-se com a mesma credibilidade? Porventura, todas elas viram a cidade? Certamente que não. Exceptuando Políbio[99] (a respeito dos outros três, não consta terem estado em África, sendo até mais verosímil que tal não tenha ocorrido), os outros que escreveram na época de Augusto fizeram-no cem anos ou mais após a destruição de Cartago. Foi, decerto, fundada a nova Cartago, uma colónia romana que Caio Júlio César[100] – ou antes, o seu filho Augusto – reconstruiu sobre a antiga Cartago, conservando religiosamente o culto dos deuses da cidade primitiva[101], que perdurou até ao século VII da era cristã, da qual dificilmente eles poderiam ter visto a caliça dos edifícios. Mas eles não viram, certamente, a celebérrima antiga cidade de Cartago, [122] rival do império e da glória dos Romanos. E muito menos a viram os que desde o século I ao século VI da era cristã – aqueles que atrás mencionei – deixaram algo escrito a respeito dela. Deste modo, toda esta questão se reduz ao testemunho de três ou de quatro pessoas que durante o apogeu de Cartago se exprimiram sobre a cidade; mas em

---

a antiga coluna que havia sido colocada no tempo de Duílio, cerca de 50 anos antes de Cristo. Com efeito, as inscrições são mais harmoniosas que as que poderiam ser gravadas numa época que desconhecia essa arte, e também não aparece representada com exactidão a forma característica da escrita de que se serviam os Romanos desse século" (Ciacon, *"Columnae rostratae inscriptionis explicatio"*, in Grévin, *Antiquitas romana*, t. IV, p. 1811). Acrescento ser verosímil ter sido restaurada depois de Caio César, ou melhor, depois de Quintiliano a base da coluna que actualmente pode ver-se em Roma; mas, no meu parecer, não pode inferir-se daí nenhuma prova sobre a existência de Cartago, tanto mais que não aparece nela qualquer referência a Cartago, mas apenas aos Cartagineses aquando da sua permanência na Sicília; trata-se, por isso, da menção a um povo e não a uma cidade.

Parece dever fazer-se a mesma afirmação a respeito dos Fastos triunfais. Embora concedamos serem antigos, não provam o que pretendíamos por não estar correcta a informação sobre a sua antiguidade e por não estar mencionado se foram estabelecidos com base noutros. E eles referem sempre os Cartagineses e nunca Cartago. Por exemplo, C. DVILIVS. M. F. M. N. COS. PRIMVS. AN. CDXCIII. NAVALEM. DE. SICVL. ET. CLASSE POENICA EGIT. K. INTERKALAR. Trata-se, portanto, de uma referência a uma vitória naval.

[99] A maioria dos autores que escreveram antes da época de Augusto, exceptuando um ou outro, exprimiu-se sobre os Cartagineses, considerando-os apenas um povo, um reino ou uma província, mas não uma cidade. O mesmo sucedeu com muitos outros dos acima mencionados, quer no tempo de Augusto, quer posteriormente, aos quais pareceu inoportuno descrever o que parecia necessário. Parece, portanto, terem restringido muitíssimo os historiadores referidos o âmbito das suas narrativas.

[100] Estrabão, liv. XVII; Plutarco, *Vita Julii Caesaris*.

[101] As palavras são de Apiano, em *Punici extremi*.

reperiuntur, ueluti Fabium et Philinum a Polybio, Clitomacchum et Naeuium, et Ennium a Cicerone, Menandrum a Iosepho etc. Tum Augustaeo aeuo ostendimus Ciceronem, Sallustium, Nepotem, Virgilium, Horatium, [121] Liuium, Diodorum Siculum, Strabonem. Post Augusti aeuum se offerunt Paterculus, Mela, Curtius, Plinius Senior, Flauius Iosephus, Florus, Plutarchus, Iustinus Historicus, Appianus Alexandrinus, Tertullianus, Dio Cassius, Herodianus, Ptolemaeus, Solinus, Eusebius, Themistius, Orosius, Eutropius, Procopius, alii. Fac esse quadraginta auctores, fac esse quinquaginta, qui exstent. Num quinquaginta homines falli aut mentiri non possunt? Sed, his omissis, num omnes, de quibus loquimur, eadem auctoritate censendi sunt? Num omnes eam uiderunt? Minime uero. Nam si Polybium (tres enim reliquos in Africa fuisse non constat, immo uerisimilius est numquam ibi fuisse) excipimus[99], ceteri, qui Augustaeo aeuo scripserunt, centum et eo amplius post Carthaginem destructam annis scripserunt. Potuerunt illi quidem nouam Carthaginem, coloniam illam Romanorum, quam Caius Caesar[100], uel potius Augustus filius, circa ueterem Carthaginem exstrui curauit deuotiones diras urbis ueteris cauens religiose[101], quaeque usque ad VII Christi saeculum durauit, de qua uix rudera quaedam exstant, uidere, sed ueterem Carthaginem, [122] urbem illam celeberrimam, aemulam inperii atque gloriae Romanorum, profecto non uiderunt. Multo minus eam uiderunt illi, qui a I usque ad VII Christi saeculum, de quibus supra, aliquid tale scriptum reliquerunt. Igitur ad trium, uel Quatuor hominum testimonium, qui stante Carthagine

---

peritissimus) quam Plinius Quinctilianusque uiderunt, non facile dixerim; certe antiqua illa, quae ipsius Duilii aetate, hoc est quingentesimo fere P. R. C. anno collocata fuit, non esse uidetur; nam et litterae elegantiores sunt, quam ut illo rudi harum artium saeculo incisae uideri possint, et scribendi ratio qua illa aetate Romani utebantur, non adamussin in ea seruata reperitur." Ciaconius in "Columnae Rostratae inscriptionis explicatione", apud Graeuium *Antiquitas Romana*, tom. IV, p. 1811. Adeo ut uerisimilius uideatur, post Caium Caesarem, immo post Quinctilianum ipsum restitutam fuisse talem basim eamque esse, quae nunc Romae uidetur. Recte ut iudicemus, ex ea nullum pro exsistentia Carthaginis argumentum duci posse. Eo magis quod in ea non de Carthagine, sed de Poenis et Carthaginiensibus, idque in Sicilia, mentio sit; quod gentis nomen est, non urbis. Idem de Fastis Triumphalibus dicendum esse uidetur. Quorum antiquitatem etsi concedamus, qui tamen certae antiquitatis non sunt, et an ex aliis sumti sint non constat, tamen non efficiunt quod uolumus. Perpetuo enim loquuntur de Poenis, numquam de Carthagine, uerbi gratia C. DVILIVS. M. F. M. N. COS. PRIMVS. AN. CDXCIII. NAVALEM. DE. SICVL. ET. CLASSE POENICA EGIT. K. INTERKALAR, id est, naualem uictoriam et triumphum.

[99] Plerique omnes, qui ante Augusti aeuum scripserunt, si unum et alterum excipias, de Poenis, uel Carthaginiensibus, loquuntur tantum ueluti de gente quadam, et regno, uel prouincia, non de urbe. Quod idem plurimi, quos supra nominauimus, et Augusti aeuo et post fecere, qui proinde ad efficiendum id, quod necessarium uidebatur, inopportuni uidentur. Adeo in arctiorem ambitum reducendi uidentur historici praedicti.

[100] Strabo lib. XVII, Plutarchus in *Vita Iulii Caesaris*.

[101] Verba sunt Appiani in *Punicis Extremis*.

relação a três delas – como antes referi –, é de todo duvidoso terem estado ou não em Cartago; aliás, parece mais verosímil nunca a terem visto. Portanto, quem ousaria desmentir que quatro pessoas – sobretudo aquelas que se referem à cidade não por terem-na conhecido, mas por ouvirem falar dela – pudessem enganar-se ou induzir em erro? [102] [123] Porventura, todas elas mentiram? De modo nenhum. Também eu acredito ter existido Cartago, pois isso parece-me moralmente evidente e indubitável,

---

[102] Está amplamente investigado por aqueles que se exercitaram na história eclesiástica e civil quantas e quão variadas vezes os autores cometeram erros nos relatos históricos, mesmo no caso de acontecimentos muito importantes; e com quanta benevolência foram desculpabilizados esses erros e até falsidades e fraudes; e por quanto tempo eles permaneceram; e quantas pessoas idóneas os defenderam com argumentos.

1. Em primeiro lugar, foram acrescentados a certas obras nomes de santos, quer do Antigo Testamento (como os de Adão, de Henoc, de Abraão, de Elias e de outros), quer do Novo Testamento (nomeadamente, os dos evangelistas, dos apóstolos e mesmo de Jesus Cristo); e ainda nomes de santos varões da Igreja cristã, de sumos pontífices e de outros varões doutos, sobretudo dos primeiros séculos; e foi tão grande o número de livros atribuídos quer aos cristãos, quer aos heréticos, quer aos pagãos, que dificilmente se pode calcular. Então neste caso os Evangelhos dos apóstolos, as Constituições Apostólicas, algumas cartas do mártir santo Inácio, os nove cânones do sínodo de Antioquia e muitos outros escritos, que foram por vezes considerados autênticos por alguns doutores da Igreja após se constatar terem sido falsamente atribuídos. Assim sucedeu nalguns casos da história eclesiástica, como pode comprovar-se com clareza pela *Historia ecclesiastica primorum saeculorum* de Natal de Alexandria. Por outro lado, quantos livros dos Santos Padres da Igreja foram erroneamente imputados, bem como as obras da Congregação de São Bento, de Santo Amaro, etc., editadas e revistas em França, que podem ser consultadas. Abstenho-me de referir os nomes de Grabi (que escreveu *Spicilegium Patrum*), de Fabri (que redigiu o *Codex apocryphus Novi Testamenti*) e ainda de outros., que coligiram textos supositícios. E que mais? Até foram atribuídos aos anjos os livros escritos pelos Judeus, como pode ler-se nas *Constitutiones apostolicae* (liv. VI, cap. 16) de Cotelier. Tal foi o cúmulo da falsidade!

2. Por outro lado, quantas falsidades foram introduzidas pelos motivos mais diversos em obras originais de certos escritores, como declaram alguns dos autores supracitados ao referirem muitas interpolações e textos adulterados.

3. Além disso, ocorreu de forma idêntica com obras profanas, mesmo por parte de varões muito instruídos, apenas podendo duvidar ter sucedido dessa forma os ignorantes das boas letras. Apareceram muitas outras obras com denominações diferentes das originais com o propósito de granjearem opiniões favoráveis. Omitindo outros, assim sucedeu nos casos de Sócrates e de Aristóteles, como se infere do testemunho credível de Diógenes Laércio (liv. II, § 60) e de Amónio, nas *Categorias*; mais que isso, refere Patrício (*Discussiones peripateticae*, t. I, liv. II, p. 39) ter sido falsamente imputada a Aristóteles a maior parte dos seus escritos. Também Santo Agostinho (*Contra Faustum*, liv. XXXIII, cap. 6) lamenta terem-se verificado na sua época coisas deste género. Houve ainda muitas interpolações ignóbeis nos escritos de Orígenes — como pode ler-se em *De adulteratione scriptorum Originis*, de Rufino —, que foram investigados com erudição e de forma adequada pelo varão muito douto Joannes Vower, em *Polymathia* (sobretudo nos capítulos 16 e segs.).

4. Por último, seria longo se eu pretendesse enumerar os factos mais notáveis da história que muitos julgaram serem verdadeiros, mas que posteriormente se demonstrou serem falsidades. Vou trazer alguns à colação. Findo o império da Assíria antiga pela morte de Sardanapalo, originaram-se três novos impérios: o da nova Assíria, fundado pelo jovem Nino; o de Babilónia, fundado por Belásio ou Nabonassar; e o dos Medos, fundado por Arbac, sátrapa régio dos Medos, tão investigado pelos mais conceituados cronologistas que até parece que o percepcionaram pela vista. Contudo, o doutíssimo Prideaux, em *Historia Iudaeorum* (liv. I, no início), demonstra com argumentos muito consistentes só terem existido dois impérios, o de Babilónia e o da Assíria (que também incluía a Média), sendo também a mesma pessoa

id ipsum litteris mandarunt, res tota reducitur, quorum tres, ut ante diximus, Carthagine fuerint, nec ne, incertum est prorsus; immo uero eam non uidisse uerisimilius uidetur. Quis igitur negare addebit Quatuor homines, praesertim, qui non cognita, sed audita referunt, uel falli potuisse, uel fallere[102]? [123] Num igitur omnes mentiuntur? Minime uero; nam et ego Carthaginem fuisse

---

[102] Quam saepe et quam uarie homines in rebus historicis falsi fuerint, etiam cum de rebus grauissimis esset sermo, quanto cum plausu eiusmodi errores, immo et mendacia ac fraudes fuerint excepta, quam diu durauerint, quot homines ceteroqui non ineptos tenuerint, tam bene exploratum est iis, qui historia et ecclesiastica et ciuili exculti sunt, ut nihil supra.

1. Primum aliquot libri adficti fuere sanctis hominibus tum Veteris Testamenti, ut Adamo, Enocho, Abrahamo, Eliae, ceteris, tum Noui Testamenti, ut Euangelistis, Apostolis, immo et Christo Iesu. Deinde sanctissimis uiris in ecclesia Christi, Pontificibus Maximis aliisque uiris doctis, praesertim primis illis saeculis, tot libri adtributi sunt uel a Christianis, uel ab haereticis, uel ab ethnicis, ut iniri numerus uix possit, ut Canones Apostolorum, ut Constitutiones Apostolicae, ut Epistolae aliquot Ignatii Martyris, ut Canones nouem Antiochenae synodi, ut cetera nimis multa, quae a non nullis Ecclesiae doctoribus aliquando pro ueris habita, postea supposititia cognita sunt, ut in historia ecclesiastica passim se offert et quae distincte uideri possunt apud Natalem Alexandrum *Historia Ecclesiastica primorum saeculorum*. Immo quot libri sanctis Ecclesiae patribus falso tributi sint, eorum scripta opera Benedictinae Congregationis S. Mauri etc., in Gallia edita et emendata, declarant, quae consuli possunt, ut mittam Grabium in *Spicilegio Patrum*, Fabricium in *Codice apocrypho Noui Testamenti* et alios, qui scripta supposititia collegerunt. Quid? Angelis ipsis adscripti libri ab Iudaeis ferebantur, de quibus legi potest Cotelerius *Ad Constitutiones Apostolicas*, lib. VI, cap. 16. Tanta fuit licentia mentiendi.

2. Deinde quot falsa etiam libris, qui germani fetus erant certorum auctorum, fuerint admista, idque uariis etiam de caussis, declarant iidem auctores, qui interpolata et deprauata scripta multa memorant.

3. Praeterea eamdem fortunam expertos esse profanos libros adeo uiris doctis certum est, ut non nisi bonarum litterarum rudes dubitare possint. Multa de integro sub alieno nomine apparebant, ut plausum captarent, quod Socrati et Aristoteli, ut alios praeteream, euenisse, testis est grauis auctor Diogenes Laertius, lib. II, § 60, et Ammonius in *Categorias*, immo pleraque Aristotelis scripta supposititia esse, docet Patricius *Discussionibus Peripateticis*, tom. I, lib. II, p. 39. Quod idem de saeculo suo dolet beatus Augustinus libro XXXIII *Contra Faustum*, cap. VI. Multa etiam foede interpolata, ut quaeritur Origenes apud Rufinum *De adulteratione scriptoris Origenis*, quae singula erudite de more persequitur uir doctissimus Iohannes Vowerius in *Polymathia*, praesertim cap. 16 seqq.

4. Postremo si inlustria Historiae facta, quae omnibus certissima putabantur, et postea falsa esse demonstratum est, percensere uellem, longum esset, unum tamen et alterum in medium adferam. Deleto Sardanapali morte ueterum Assyriorum inperio, tria alia inperia inde exsistisse, alterum nouorum Assyriorum a Nino iuniori conditum, alterum Babyloniorum a Belasio, seu Nabonassare; tertium Medorum ab Arbace, satrape regio Medorum, adeo exploratum uidetur nobilioribus chronologis, quasi suis oculis cernerent. Veruntamen doctissimus Prideaux in *Historia Iudaeorum*, libri primi initio, grauissimis argumentis perficit non nisi duo inperia nata esse, Babyloniorum et Assyriorum (qui etiam Medium obtinuere), eumdemque esse Tiglat-Pileser et Arbacem. Tertium uero illud inperium Medorum ab his seiunctum in somnia referri debere.

Item historiam LXXII interpretum ueram esse, non solum ueteres Iudaei et Christiani pro certo habuere, sed etiam in praesentia sunt homines non inepti qui id in dubium uocare nefas putent. Tamen eiusmodi historiam, quam a Pseudo-Aristea et Pseudo-Aristobulo ueteres hauserunt, omnia falsitatis signa prae se ferre, doctissimi aliqui recentiores luculentissime demonstrarunt. Nec aliquid amplius ex ueterum testimonio efficitur quam Ptolemaei Philadelphi tempore factam esse uersionem Graecam legis, cui postea sub aliis Ptolemaeis uersionem additam reliquorum librorum. Videsis Prideaux loco citato, p. II, lib. XIX, p. 330 seqq et Roncaglia ad Natalem Alexandrinum *Historia Ecclesiastica saeculi secundi,* dissert. 11, § unico.

baseando-me em muitos argumentos. Considero, porém, que, atendendo à sua natureza, essa evidência moral [124] não implica que não possamos ser induzidos em erro. Decerto, na actual ordem das coisas, dificilmente ela nos engana, embora isso possa verificar-se, o que não sucede com a evidência física, [125] dado não poder ser alterada nem corrompida pelas forças naturais. Dou um exemplo: não é nada espantoso que alguns historiadores, ao produzirem os seus escritos, se enganem ou induzam em erro, nem necessitamos de recorrer ao poder infinito de Deus [126] para explicar como isso acontece. Inversamente, se as leis da natureza induzissem em erro, teríamos de reconhecer e de afirmar um milagre e de atribuí-lo a Deus, criador do mundo[103].

Tiglat-Pileser e Arbac. Quanto ao império dos Medos, apenas em sonhos pode afirmar-se ter sido independente dos outros.

Ocorre o mesmo na história LXXII dos comentadores, considerada verdadeira não apenas pelos antigos Judeus e cristãos; com efeito, há também actualmente autores idóneos que pensam não ser legítimo duvidar dela. Todavia, essa história, extraída do Pseudo-Aristea e do Pseudo-Aristobulo, manifesta todos os indícios de ser uma falsidade, como demonstraram com muita clareza alguns modernos. E do testemunho dos antigos apenas pode concluir-se ter-se realizado na época de Ptolomeu Philadelphos uma versão grega da legislação a que posteriormente sob o reinado de outros Ptolomeus acrescentou uma versão dos restantes livros. Sobre este assunto, ver Prideaux (*op. cit.*, segunda parte, liv. XIX, p. 330 e segs.) e Roncaglia (*Historia ecclesiastica saeculi secundi*, dissert. 11, § único).

Um outro caso diz respeito ao Sinédrio ou conselho supremo dos Judeus, composto por 71 "anciãos", cuja existência foi admitida não apenas pelos antigos Judeus e talmudistas, mas também pela maior parte dos modernos que escreveram sobre o governo e os sinédrios dos Judeus. Todos eles afirmaram ter existido o Sinédrio desde o tempo de Moisés até à época de Cristo como instância suprema da administração do poder e como tribunal religioso e civil. Mas em parte alguma da Bíblia – mesmo quando era muito conveniente mencioná-lo – se faz alusão à actividade desse conselho, mas apenas a juízes, a reis e a sumos-sacerdotes como enviados de Deus (*Deuteronómio*, XVII, 8, e em vários outros lugares). Infere-se, portanto, com clareza não ter existido tal conselho, excepto no tempo da vida de Moisés no deserto, sendo, porém, uma instituição diferente. Apenas se principiou a falar sobre esse conselho no tempo de Herodes, o "Grande", e na época de Cristo, quer nos Evangelhos, quer nos Actos dos Apóstolos, e após isso até à destruição do Templo e nas épocas posteriores. Parece ter sido desta forma que os factos ocorreram: P. Gabínio, pro-cônsul da Síria – após a derrota e o exílio de Alexandre e a recusa como governante do filho do sacerdote Aristobulo, em virtude do revés militar do pai, e após a recondução como sumo sacerdote de Hircano, tio paterno do anterior – dividiu a Judeia em cinco partes (como refere Flávio Josefo) e perante o receio da morte instituiu em cada uma delas conselhos de governo, doando essas partes aos naturais de Gadara, de Amatunte, de Jericó, da Galileia e de Jerusalém, sendo esta última a cidade em que Cristo foi condenado à morte. É responsável em primeiro lugar por este relato Claude Petau, em *De doctrina temporum* (liv. II, cap. 27), tendo-se também pronunciado com maior explanação e diligência Jacquelot, em *De l'existence de Dieu dissertations* (III, cap. 2). Tudo isto demonstra com suficiência – para não falar da guerra de Tróia, referida como uma lenda por Dio Crisóstomo, por Horn e por outros, e passando em silêncio outras histórias do mesmo género – que, mesmo a respeito de coisas admitidas por todas as pessoas, é muito fácil cometer erros e podermos ser enganados.

[103] Como acima referi, a verdadeira evidência moral não se baseia no testemunho de dois ou três historiadores – ainda que sejam testemunhas oculares –, mas no testemunho de todos ou de quase todos os que presenciaram os acontecimentos, e com os quais possamos trocar ideias.

credo, quia plurimis argumentis id ipsum mihi uidetur moraliter perspicuum et certum. Hoc ago moralem eiusmodi [124] euidentiam non facere, ut, si rei ipsius naturam consideramus, fallere omnino non possit. Certe in hoc rerum ordine uix, aut nullo modo fallet; at potest, quod non habent res physice euidentes, quae [125] naturae uiribus mutari et aliter se habere non possunt. Verbo dicam: si aliquot historici, qui aliquid litteris produnt, uel fallantur, uel fallant, miraculum nullum est, nec ad infinitam Dei potentiam [126] confugere necesse habemus. Contra si leges naturae fallant, miraculum agnoscere et fateri debemus, idque Deo auctori tribuere[103].

Praeterea Synedrium seu supremum consilium Iudaeorum ex LXXI senioribus constans, a Mosis temporibus ad Christum usque durasse, penes quod esset summa reipublicae iudiciumque de sacris et profanis rebus, non modo ueteres Iudaei et Thalmudistae, sed plerique omnes recentiores, qui de Republica, uel Synedriis Iudaeorum scripsere, pro certo ponunt. Verum cum in Bibliis nusquam, etiam cum maxime opus esset commemorare, de concursu ad tale consilium mentio fiat, sed ad Iudices, reges, pontifices maximos, uti Deus iusserrat (*Deuteronomio*, c. XVII, v. 8 et saepe alibi), clare conficitur nullum eiusmodi consilium exsistisse, praeterquam ad tempus sub Mose in deserto, quod tamen alio modo se habebat. Non nisi Herodis Magni, atque Christi temporibus in Euangeliis et Actibus Apostolorum, et post ad destructionem usque Templi et cetera de tali Consilio sermo habetur, quod ita natum esse uidetur. P. Gabinius, proconsul Syriae, fuso fugatoque Alexandro, Aristobuli pontificis antea uicti et exauctorati filio, atque Hircano patruo in sacerdotium restituto, Iudaeam in quinque partes, teste Iosepho, diuisit, singulisque singula consilia administrandis rebus, praeter animaduersionem mortis, dedit et constituit, Gadaris, Amathunte, Hiericunte, Sephoris Galileae et Hierosolymis, quod ultimum illud est in quo Christus morte damnatus est. Hoc primum animaduersum Claudio Petauio *De Doctrina Temporum*, lib. II, cap. 27, fusius et accuratius expositum est a Iacquelotio *De l'existence de Dieu*, dissert. III, cap. 2. Haec, ut mittam bellum Troianum, quod Dio Chrysostomus, Hornius aliique inter fabulas referunt, utque alia huiusmodi missa faciam, satis demonstrant quam facile etiam in rebus ab omnibus admissis errores subesse nosque falli possimus.

[103] Vera euidentia moralis non in testimonio duorum, uel trium auctorum etiam oculatorum consistit, sed in testimonio uel omnium, uel fere omnium, qui rem uiderunt et quibuscum uersamur, uti diximus supra.

A mencionada evidência e certeza denomina-se "moral", dado que têm nela o seu princípio e por ela são esclarecidos os costumes, as actividades das pessoas e outras coisas que constituem o fundamento da vida humana. Efectivamente, aquilo que está em conformidade com a evidência moral parece de tal modo manifesto e dotado de tanta certeza para as pessoas que elas estabelecem as suas vidas com base nos juízos que ela possibilita, como se a percepcionassem pela vista, não subsistindo nenhum motivo de dúvida. Por exemplo, sendo moralmente evidente a existência de Constantinopla, quem tiver de realizar uma actividade nessa cidade, e pretender dirigir-se para ela, fala e escreve com tanta convicção dessa metrópole, prepara-se para visitá-la e põe-se a caminho como [127] se a visse com os seus olhos. Dado que a maior parte das coisas que são necessárias nesta vida para a nossa subsistência as possuímos com base no testemunho dos outros, por essa razão a certeza moral é de grande utilidade na vida civil, podendo obter-se com base nela muitas primeiras verdades.

Haec autem euidentia et certitudo uocatur "moralis", quod ex ea hominum mores, actiones ceteraque, quibus uitae humanae ratio continetur, proficiscuntur et gubernantur. Nam ea quae euidentia morali constant adeo splendida et certa hominibus uidentur, ut ipsi non dissimili modo ex tali iudicio uitam suam instituant, quam si aliquid tale oculis cernerent, nec ullus superesset dubitandi locus; exempli gratia cum certum moraliter sit exstare Constantinopolim, qui aliquid negotii Constantinopoli habent et ad eam accedere debent, tam fidenter de illa metropoli loquuntur et scribunt, atque ad eam uisendam se parant et iter capessunt, quam [127] si suis oculis eam uidissent. Cumque in hac uita pleraque ex aliorum testimonio habeamus, quae ad uitam nostram regendam necessaria sunt, iccirco *moralis* certitudo magni usus est in uita ciuili, ex eaque plurimae primae ueritates desumi possunt.

LIVRO QUARTO

SEGUNDA PARTE DA ONTOLOGIA
RELATIVA ÀS PROPOSIÇÕES GERAIS
COMUNS A TODAS AS CIÊNCIAS

•

LIBER QVARTVS

DE ALTERA ONTOLOGIAE PARTE
NEMPE DE GENERALIBVS PROPOSITIONIBVS
QVAE AD OMNES SCIENTIAS PERTINENT

[129] CAPÍTULO I

Divisão e plano deste livro

Discorri no livro anterior sobre o modo de conhecer as primeiras verdades em todas as disciplinas. Parece dever agora discorrer sobre as primeiras verdades relativas a todos os assuntos que se oferecem ao nosso conhecimento.

Tudo o que se apresenta à nossa investigação [130] e discussão proporciona a quem reflecte certos conhecimentos gerais que, se os entendermos rectamente, podemos com muita maior facilidade e clareza inquirir sobre cada um dos aspectos e – por assim dizer – sobre a espécie de objecto que nos propusemos investigar para, assim, o conhecermos com maior distinção, ou seja, para podermos encontrar a verdade em todas as coisas. Mas a respeito de qualquer coisa, podem indagar-se e investigar-se vários assuntos; porém, os que não originam nenhuma controvérsia são genericamente os seguintes: 1. Tudo o que é tema de discussão ou existe ou não existe; 2. Ou possui uma determinada essência ou outra diferente; 3. Ou é substância ou um modo seu; 4. Ou é finito ou infinito; 5. Ou é possível ou impossível; 6. Ou é simples ou composto; 7. Ou é perfeito ou imperfeito; 8. Ou é bom ou mau; 9. Ou está ou não disposto segundo uma ordem; 10. Ou é belo ou feio; 11. Ou é necessário ou contingente; 12. Ou é natural ou não-natural; 13. Ou tem muita ou pouca duração; 14. Ou é causa ou efeito; 15. Ou está ou não ordenado segundo uma finalidade. Estes assuntos e outros do mesmo género apresentam-se de modo imediato a quem investiga, ocorrendo com frequência em todas as disputas. Pelo seu conhecimento, não apenas percebemos com maior clareza qualquer coisa e respondemos às perguntas, mas também podemos explicar aos outros o que concebemos na mente. Devem, por isso, definir-se com extremo cuidado todos estes assuntos, inferindo dessas definições alguns axiomas que nos auxiliem a encontrar a verdade em todas as matérias e a evitar as disputas inanes. Proponho-me fazer isso neste livro segundo a ordem pela qual enumerei os referidos assuntos.

Advirto, porém, antecipadamente concluir-se quase sempre deste capítulo que as obscuridades e sobretudo as contendas que ocorrem a respeito das matérias sobre as quais se discorre vivamente nas escolas acontecem porque os filósofos não se

[129] CAPVT I

De partitione et consilio huius libri

Superiori libro de modo cognoscendi primas ueritates in singulis disciplinis disputauimus. Nunc de primis illis ueritatibus, quae ad omnia pertinent quae sub nostram considerationem cadunt, dicendum esse uidetur.

Et quidem omnia quae nostrae inuestigationi [130] ac disputationi subiiciuntur generalia quaedam consideranti offerunt, quae si recte intelligimus, multo facilius et clarius singulas partes et, ut ita dicam, facies obiecti, quod examinandum sumimus, explorare poterimus, quo distinctius obiectum ipsum cognoscamus, id est, uerum in singulis rebus inuenire possimus. Plurima autem de qualibet re quaeri et inuestigari possunt, sed quae non nihil disputationis habent, haec fere sunt. 1. Omnis res, quae sub sermonem cadit, uel est, uel non est; 2. uel habet hanc, uel aliam essentiam; 3. uel est substantia, uel modus eius; 4. uel est finita, uel infinita; 5. uel possibilis, uel inpossibilis; 6. uel simplex, uel composita; 7. uel perfecta, uel inperfecta; 8. uel bona, uel mala; 9. uel ordine posita, uel non; 10. uel pulcra, uel deformis; 11. uel necessaria, uel contingens; 12. uel naturalis, uel non naturalis; 13. uel multum durat, uel parum; 14. uel est caussa, uel effectus; 15. uel ad aliquem finem ordinatur, uel secus. Haec aliaque eius generis illico inuestiganti se offerunt et in omni disputatione idemtidem occurrunt, ex eorumque cognitione non modo clarius rem quamque percipimus et ad interrogationes respondemus, uerum etiam, quod mente concipimus, aliis explanare quimus. Igitur et omnia haec definienda sunt quam accuratissime et ex eorum definitione aliqua axiomata ducenda sunt, quae nobis opitulentur ad ueritatem in singulis argumentis inueniendam, inanesque disputationes fugiendas. Quod nos hoc libro eodem ordine efficiemus, quo eas enumerauimus.

Sed illud ante monemus quidquid obscuritatis atque adeo disputationis occurrit in iis, de quibus in scholis acriter disputatur, ex hoc capite fere semper proficisci, quod philosophi eadem uocabula [131] certa significatione

servem das mesmas palavras [131] com uma significação definida, atribuindo por vezes a uma palavra uma determinada significação e por vezes outra diferente. Como consequência, dado eles não entenderem em que sentido os outros usam as palavras, são incapazes de se absterem de se envolverem em controvérsias, altercando sem nenhuma finalidade. Penso, por conseguinte, que irei dedicar-me optimamente ao benefício dos principiantes, se explicar com diligência a significação das palavras – germes de toda a discussão – para também eles manifestarem com clareza os seus pensamentos, a fim de entenderem os outros sem dificuldade e absterem-se de contendas petulantes que consomem todo o tempo com enorme dano dos engenhos e de todas as disciplinas[104].

---

[104] A respeito deste assunto, discorreram calorosamente alguns filósofos sobre o princípio de contradição e o de razão suficiente, sobretudo os leibnizianos e os wolffianos. O princípio de contradição é o seguinte: "Uma coisa não pode ser e deixar de ser ao mesmo tempo"; ou então: "Uma e a mesma coisa não pode ser constituída por atributos incompatíveis". E o de razão suficiente: "Nenhuma coisa existe sem uma razão suficiente pela qual ela é existente e não antes o contrário".

Porém, no meu parecer, nada há mais inútil que tais discussões. Com efeito, todos os filósofos dogmáticos anteriores a Leibniz e a Wolff aceitaram o primeiro axioma, dado ser evidente e por vezes útil para refutar os que, arrebatados pela vivacidade das disputas, recusam o que haviam aceite no antecedente. Aliás, nem sequer os próprios cépticos o recusam, como afirmam Laércio (liv. IX, ss. 105-106) e Sexto Empírico (*Hipotiposes Pirrónicas*, liv. I, s. 62). Todavia, demonstra Locke com clareza que tal axioma, como está expresso, não constitui o princípio de todo o conhecimento, declarando ele ajuizar com rectidão a maioria das pessoas sem alguma vez ter ouvido falar dele, embora devamos confessar ajuizarem elas desse modo por ser evidente para todas que uma coisa que é, é realmente, quer dizer, não existe como ficção do espírito, mas na realidade. E, se elas prestarem atenção, também compreendem ser uma falsidade poder existir e não existir uma coisa ao mesmo tempo. Porém, em que sentido pode o mencionado axioma considerar-se primeira verdade, já o referi anteriormente.

É também um velho axioma o princípio de razão suficiente nas coisas necessárias, admitido por todos os filósofos, que afirmam com firmeza não existir efeito sem causa ou sem uma razão pela qual existe. Mesmo nos seres dotados de livre arbítrio, isto é, nas deliberações da vontade das criaturas, o princípio de razão suficiente verifica-se muitas vezes. Quem desconhece propor-se a nossa mente um fim útil, quer realmente existente, quer aparente, e que para obtê-lo elege os auxílios ou os meios mais adequados? Mas os leibnizianos pretendem estabelecer – sendo esse o seu propósito – que tal princípio se realiza continuamente, mesmo nas causas livres, não podendo, por isso, de modo algum suceder que, perante vários meios adequados em função de uma finalidade, a nossa vontade possa eleger um deles pelo seu arbítrio e ser a razão suficiente da sua opção. Mesmo a respeito de Deus, eles discorrem quase de modo idêntico, desenvolvendo, assim, a sua teoria da harmonia preestabelecida, com a qual julgam solucionar o problema da união entre a alma e o corpo. Outros, porém, recusam esta doutrina, sustentando não existir nos seres livres nenhuma causa necessária de que resultasse um efeito, pois a única causa é a liberdade, finita ou infinita; eles concluem, portanto, optimamente e com evidência que a teoria da harmonia preestabelecida favorece abertamente o fatalismo, o idealismo e outros erros. Irei discorrer com maior diligência sobre este assunto na *Physica* ao estudar o sistema de Leibniz. Entretanto, pode ler-se, de Moniglia, a *Dissertazione contro i Fatalisti* (primeira parte, s. 3) e, de Voltaire, a *Métaphisique de Newton* (cap. 4). A estes podem acrescentar-se as *Epistolae ad Leibnizium,* de Clarke, que demonstram ser tal princípio totalmente incompatível com a liberdade divina.

non usurpent, sed modo uni uocabulo quamdam notionem supponant, modo aliam. Ex quo consequitur ut non intelligentes alteri quo sensu ea alteri usurpent, temperare sibi non possint, quin aliquid contra dicant et sine ullo fine altercentur. Quare optime consultum iri puto tironum utilitati, si uocabula, semen omnium disceptationum, accurate exposuerimus, ut et ipsi plane sua sensa declarent et ceteros sine labore intelligant temperentque a proteruis contentionibus, quae tempus omne consumunt magno et ingeniorum et disciplinarum omnium damno[104].

---

[104] Vehementer hoc loco disputant philosophi non nulli, praesertim Leibniziani et Wolfiani, de principio de contradictionis et rationis sufficientis. Contradictionis principium est «idem non potest simul esse et non esse», seu « unum et idem ens non potest constare proprietatibus inter se pugnantibus ». Rationis sufficientis est «nulla res est reapse sine ratione sufficienti cur potius sit quam non sit».
Sed nihil, mea sententia, eiusmodi decertatione est inutilius. Nam omnes philosophi dogmatici ante Leibnizium et Wolfium, primum axioma receperunt, propterea quod et perspicuum est et utile interdum ad confutandum eos qui feruore disputationis abrepti ea negant quae ante concesserunt. Immo ne sceptici quidem ipsi id negarunt, ut habemus ex Laertio, lib. IX, sect. 105 et 106, et Empirico *Pyrrhonicae Hypotyposes*, lib. I, sect. 62. Porro eiusmodi axioma expresse positum non esse principium omnis cognitionis, luculenter efficit Lockius, ostendens plerosque homines recte iudicare, quin de tali axiomate umquam audierint. Quamquam fatendum est eos ideo recte iudicare, quia omnibus perspicuum est singulas res, quae sunt, esse, id est, non ficte sed uere exsistere, et, si animum aduerterint, intelligent etiam falsum esse quod simul sint et non sint. Quo autem sensu tale axioma dici possit prima ueritas, supra exposuimus. Item ratio sufficiens in rebus necessariis uetus est axioma omnium philosophorum, qui constanter aiunt nullum effectum sine caussa, seu ratione cur sit, exsistere. Atque etiam in rebus liberis, nempe deliberationibus uoluntatis creatae, saepe ratio sufficiens locum habet. Quis enim ignorat mentem nostram finem sibi ponere bonum uel uere exsistens, uel apparens, atque ad id consequendum adiumenta seu media utiliora eligere? Sed Leibniziani efficere uolunt (is est eorum scopus) etiam in caussis liberis perpetuo ualere, idque adeo, ut euenire nullo modo possit, ut ex pluribus mediis aeque aptis ad finem, possit uoluntas nostra unum pro arbitrio eligere et sibi esse ratio sufficiens suae electionis. Immo uero etiam de Deo fere eodem modo disputant, ut sic uiam sternant ad suam illam harmoniam praestibilitam, qua explicari putant complexionem animi et corporis. Haec tamen negant alii et contendunt in rebus liberis nullam necessitatem antecedentem esse, ex qua sequatur effectus, sed unicam caussam esse libertatem uel finitam, uel infinitam; tum ualide et euidenter perficiunt harmoniam illam Fatalismo, Idealismo aliisque erroribus aperte fauere. Sed de his in *Physica*, cum de systemate Leibnizii, accurate disputabimus. Interim legi potest Moniglia *Dissertazione contro i Fatalisti*, p. I, sect. 3 et Voltairius *Metaphysica de Newton*, cap. 4, quibus addi potest Clarkius in *Epistolis ad Leibnizium*, qui ostendit tale principium omnino opponi libertati diuinae.

[132] CAPÍTULO II

O ente e o não-ente

I

Res e *ens* são palavras homónimas para os filósofos que se exprimem em latim. *Ens* define-se geralmente como "aquilo que é ou existe". Esta definição não dá, porém, a conhecer algo diferente nem com maior clareza que a palavra *ens*. No entanto, isto não é aceite por aqueles que preferem expor [133] com muitas palavras os assuntos que podem explicar-se com idêntica clareza com uma única palavra. Este erro é extremamente frequente nalguns filósofos – como neste livro irei demonstrar –, pelo que devemos estar cuidadosamente precavidos. Contudo, os filósofos tomam em sentido lato a palavra *ens*, significando também com ela o que não existe actualmente, mas que pode existir, ou seja, o que pode ser futuro ou possível, como se disséssemos: "O que possui uma existência futura ou possível, opondo-se, portanto, ao nada". Deste modo, a ideia de "ente" e a ideia de "coisa verdadeira" ou de "coisa positiva" possuem idêntica significação.

II

Non ens é o mesmo que *nihil*, não podendo explicar-se com maior clareza. Mas ao dizermos *nihil*, não entendemos um simples nada – pois o nada não pode ser objecto de uma ideia positiva –, representando-nos algo existente e positivo. Assim, ao ouvirmos essa palavra, ocorrem duas ideias à mente: a ideia da palavra *nihil* – e esta palavra é um ente – e a ideia da [134] total distinção desse ente relativamente à ideia da palavra *nihil*, sendo essa distinção também um ente. Por exemplo, ao dizer *hircocervus est nihil*, possuo a ideia da palavra *hircocervus* e outra ideia pela qual distingo do objecto "hircocervo" as ideias de todos os entes que existem ou podem existir. Esta distinção não é um simples nada, mas um juízo pelo qual distingo a ideia de "ente" da ideia daquela palavra. O mesmo sucedia, se eu dissesse: "A palavra 'hircocervo' não significa nenhum ente, sendo uma palavra vazia que se significa apenas a si própria ". Por isso, não têm idêntica significação entre os filósofos *intelligere nihil* e *nihil intelligere*: significa a primeira expressão que percebemos um não-ente, tanto quanto pode ser percebido pela mente humana, significando a segunda que não percebemos coisa alguma ou que não possuímos actualmente nenhuma ideia ou noção. Os dois casos são totalmente distintos.

É esta a interpretação correcta destas expressões negativas, que significam apenas uma disjunção de uma ideia positiva relativamente a outra. Por não entenderem este assunto, muitíssimos filósofos persuadiram-se de possuírem a ideia de um mero nada, importunando os outros com disputas estéreis que não passam de logomaquias ou de altercações sobre palavras. Deste modo, como nenhuma palavra ocorre com

[123] CAPVT II

De ente et non esse

I

Res et *ens* philosophis Latine loquentibus sunt uocabula homonyma. *Ens* definitur uulgo "id quod est, seu exsistit". Sed haec definitio nihil amplius, nec clarius explanat, quam nomen ens. Quare non nisi iis probari potest qui amant ea [133] pluribus exponere, quae uno uocabulo aeque clare explicare possent. Quod uitium tam frequens est quorumdam philosophorum, ut nullum magis, ut hoc libro demonstrabimus, quapropter sedulo cauendum est. Philosophi tamen uocabulum *ens* latius accipiunt, eoque etiam denotant id quod non exsistit in praesentia, sed exsistere potest, id est, uel est futurum, uel possibile, quasi dicant "habere exsistentiam uel futuram, uel possibilem, ideoque aduersari nihilo". Quare idea "entis" et idea "rei uerae" seu "positiuae" idem significant.

II

Non ens est idem ac *nihil* et clarius explicari non potest. Cum autem dicimus *nihil*, non intelligimus merum nihil, quia hoc non potest esse obiectum alicuius ideae positiuae, sed aliquid exsistens et positiuum intelligimus. Itaque audito eo uocabulo, duae ideae menti obseruantur: altera est idea uocabuli *nihil*, quod uocabulo est aliquod ens, [134] altera separationis omnis omnino entis ab idea uocabuli *nihil*, quae separatio est etiam ens. Exempli gratia, cum dico *hircoceruus est nihil*, habeo ideam uocabuli *hircoceruus* et aliam ideam, qua separo ab "hircoceruo" ideas omnium omnino entium, quae sunt, quae esse possunt. Haec autem separatio non est merum nihil, sed est iudicium quo separo ideam "entis" ab idea illius uocis, et idem ualet ac si dicerem "hoc uocabulum 'hircoceruus' nullum ens significat, sed est uocabulum inane, quod non nisi se ipsum significat". Quare non idem apud philosophos significat intelligere nihil atque nihil intelligere. Illa significat nos non ens eo modo intelligere quo a mente humana intelligi potest, haec significat nos nullum omnino rem intelligere, seu nullam ideam, nullam notionem in praesentia habere, quae duo longissime distant.

Haec est germana interpretatio uocum negatiuarum, quae nihil aliud significant quam seiunctionem unius ideae positiuae ab alia. Quod non intelligentes philosophi nimis multi, sibi persuadent habere se ideam meri nihil; ideoque alios obtundunt disputationibus inanibus, quae nihil alius sunt quam logomachiae, seu decertationes de uerbis. Quare cum nullum

maior frequência nas disputas que a palavra "nada", originando discussões desabridas, parece dever eu apresentar alguns exemplos aos principiantes para não caírem em tais logomaquias, mas aprenderem a interpretar rectamente as palavras, tanto mais que costumam usar-se de modo diferente a palavra "nada" e todas as outras expressões negativas, não apenas nas escolas, como também na vida civil, de onde resultam espantosas confusões. Por exemplo, quando digo "nada vejo", pretendo dizer: "A ideia da palavra ´nada´ é totalmente diferente da ideia de todas as coisas que são vistas por mim"; ou de outro modo: [135] "Todas as ideias das coisas visíveis estão actualmente ausentes do meu espírito". De forma idêntica, quando digo "vejo trevas" – uma expressão negativa que significa "não vejo luz" –, deve fazer-se esta interpretação: "A ideia de ´luz´ difere da ideia da palavra ´trevas´". Também quando digo "antes da criação do mundo existia o nada", distingo da ideia da palavra "nada" a ideia da existência originária do mundo, pretendendo dizer: "O mundo principiou a existir muitos séculos antes de mim"; ou então: "O mundo principiou a existir num certo tempo antes do qual apenas podia conceber-se a eternidade divina". De forma idêntica, ao dizer "Pedro não é Paulo", proponho-me significar: "Pedro é uma coisa diferente de Paulo". É isto que desejo significar com essas expressões. E, se não forem interpretadas desse modo as proposições negativas, proferem-se palavras vazias.

É suficiente o que deixei escrito para podermos emitir juízos sobre outros casos. E, se aplicarmos como norma esta explicação à maior parte das disputas, compreenderemos não sem alguma vergonha como elas são fúteis.

Com o não-ser está relacionado o ente de razão, que é exposto na Ontologia mais extensamente do que muitos pensam. Porém, o ente de razão existe apenas nas nossas ideias, não podendo existir exteriormente a elas. Estão neste caso todas as ideias abstraídas pela mente, como "humanidade", "rotundidade" e outras deste género, dado não existir em parte alguma a humanidade separada de um determinado homem; e a rotundidade, de um determinado corpo redondo. O mesmo acontece com todas as relações, as privações e as negações[105]; elas apenas existem na nossa mente, sendo, porém, concebidas por ela como se fossem algo inerente a um objecto. De facto, eliminando todos os pensamentos, deixariam de existir todas as relações, todas as privações e todas as negações.

Ainda que esses entes de razão não existam [136] exteriores à mente, contudo, não é sem algum fundamento que são concebidos como inerentes às coisas, não podendo, por isso, dizer-se serem meros nadas, mas entes de razão; por outras palavras, são entes enquanto se opõem a meros nadas, mas são não-entes ou nadas enquanto se opõem a coisas existentes, havendo, assim, como que um termo médio entre ente e não-ente. Por conseguinte, é incorrecto o que alguns afirmam, ou seja, que "Cila",

---

[105] A significação destas palavras será explicada posteriormente no capítulo quarto, onde irei referir-me à substância.

uocabulum in disputationibus frequentius se offerat quam "nihil", nullum ex quo acriores decertationes nascantur, aliquibus exemplis muniendi uidentur tirones, ne in tales logomachias incidant, sed recte uocabula interpretari discant; hoc magis quod uocabulum "nihil" et omnia uocabula negatiua alio et alio modo non solum in scholis, sed etiam in uita ciuili accipi solent, ex quo mira confusio. Exempli gratia, cum dico "ego nihil uideo", hoc uolo dicere "idea uocabuli 'nihil' est omnino diuersa ab idea omnium rerum, quae a me uidentur", seu alio modo: [135] "ideae omnes rerum, quae uideri solent, separatae in praesenti a me sunt". Similiter cum dico "uideo tenebras", quod uocabulum est negatiuum et significat "non uideo lucem", explicadum est hoc modo: "idea 'lucis' differt ab idea uocabuli 'tenebrae'". Item cum dico "ante mundum conditum erat nihil", separo ab idea uocabuli "nihil" ideam primae exsistentiae mundi et uolo dicere "mundus tot ante nos saecula exsistere coepit", seu "mundus exsistere coepit certo tempore, ante quod tempus non nisi aeternitatem Dei concipere possum". Item cum dico "Petrus non est Paullus", hoc dico "Petrus est aliquid diuersum a Paullo". Haec nos talia pronuntiantes significare uolumus, et nisi hoc modo propositiones negatiuas interpretati fuerimus, sonos inanes proferemus.

Haec satis sint ut de reliquis iudicare possimus et, si ad hanc explicationem, tamquam ad regulam plerasque disputationes reuocauerimus quam inanes sint, non sine aliquo rubore intelligemus.

Ad non ens referri debet ens rationis, quod latius in Ontologia patet quam plerique putant. Est autem ens rationis id quod non nisi in ideis nostris exsistit, nec extra eas exsistere potest. Huiusmodi sunt ideae omnes mente abstractae, ueluti "humanitas", "rotunditas" et huius generis alia, propterea quia nusquam exsistit humanitas seiuncta ab hoc, uel illo homine, rotunditas ab hoc, uel illo corpore rotundo. Item relationes omnes, priuationes et negationes[105], quae non nisi in mente nostra exsistunt, ab eaque concipiuntur quasi aliquid adhaerens subiecto. Tolle cogitationes omnes, perierunt omnes relationes, priuationes, negationes.

Quamquam uero haec entia rationis nihil sint [136] extra mentem, tamen non sine aliqua ratione in rebus inhaerere concipiuntur, propterea non merum nihil esse dicuntur, sed entia rationis, quasi dicas, sunt entia prout opponuntur mero nihilo, sunt non ens, seu nihil, prout opponuntur rei exsistenti, ideoque medium quid inter ens et non ens. Quare male referunt aliqui "Scyllam", "Chimaeram", "Hircoceruum", "Centaurum" ad ens rationis;

---

[105] Quid significent haec uocabula, infra cap. 4, ubi de substantia explicatum habetis.

"Quimera", "Hircocervo" e "Centauro" são entes de razão, pois, existindo, embora, essas coisas na mente, contudo, é sem nenhum fundamento que são formados por ela, sendo, portanto, coisas impossíveis e meros nadas.

Entretanto, ao conceber a ideia de "ente", ao examinar-me a mim próprio ou qualquer outra coisa que se me apresente e na qual possam perceber-se claramente várias ideias, ao reflectir, considero que existo. E ao distinguir mentalmente as ideias, separo a ideia de "existência" das ideias das outras coisas existentes juntamente em mim e que se apresentam em simultâneo ao meu espírito. Mas neste caso apenas me refiro à ideia de "existência", não fazendo agora menção de outras. Este modo de considerar a existência ou o ente denomina-se "abstracção", e o ente considerado dessa forma chama-se "ideia abstracta".

A abstracção costuma, porém, realizar-se de formas diferentes. A primeira verifica-se quando divido a matéria em partes que realmente não são partes, como acontece neste livro, em que em capítulos distintos discorro sobre o ente, a essência, o possível, o perfeito, que constituem efectivamente uma unidade; esta distinção chama-se "abstracção", e cada uma daquelas ideias denomina-se "abstracta". A segunda é aquela em que concebo um modo sem a substância, por exemplo, o movimento rectilíneo sem atender ao corpo móvel; ou um modo, abstraindo da sua modificação, por exemplo, o movimento rectilíneo sem considerar a velocidade. O certo é que estas propriedades não podem existir em parte alguma sem aquilo de que se abstraem. A terceira forma realiza-se, por exemplo, quando, ao constatar que Pedro é semelhante aos outros homens por todos eles possuírem a capacidade de sentir, de raciocinar, de se exprimir, de se admirar e outras, os significo a todos pela palavra "homem"; [137] nesta condição, a respectiva ideia – que em virtude da semelhança entre os diversos indivíduos humanos denomino "universal"[106] – é a ideia abstracta de "homem" ou de "natureza humana".

Corolários

I. *Toda a ideia abstracta é realmente singular.*

II. *Toda a ideia abstracta pode denominar-se "ideia universal".*

III. *Um universal diz-se apenas relativamente a outro, podendo, por isso, a mesma ideia chamar-se "universal", "particular" e "singular".*

Todos estes corolários são evidentes pela mesma razão: 1. Dado adquirir a mente todas as ideias por meio dos sentidos – como referi[107] –, e as ideias, se forem complexas, poderem dividir-se, por isso – embora ao pensar em Pedro eu separe mentalmente a existência da essência ou "animal racional" de "risível" –, ambas as ideias são singulares. Na verdade, não percepcionamos simultaneamente nem a natureza humana em geral, nem todos os homens que existem, que existiram e que

---

[106] Ensinei na *Logica* (liv. III, primeira parte, cap. 5) que todas as ideias são singulares, só podendo denominar-se "universais" em virtude da sua semelhança com outras.

[107] *Logica* (liv. III, primeira parte, caps. 3-4).

nam etiamsi eiusmodi res non nisi in mente exsistunt, tamen sine ulla ratione a mente conglutinantur, ideoque sunt inpossibilia et merum nihil.

Iam porro ideam "entis" tum concipio, cum uel me ipsum, uel quamlibet rem aliam, quae mihi ante oculos obseruatur et in qua plures ideae secerni possunt, considerans, animaduerto me esse, et mente ideas distinguens, separo ideam exsistentiae ab ideis aliarum rerum, quae una in me sunt, mentique meae coniunctim obiiciuntur ac de "exsistentia" tantum loquor, nihil interim de ceteris commemorans. Haec consideratio "exsistentiae", uel entis, uocatur "abstractio" et ens eo modo consideratum "idea abstracta".

Abstractio autem uariis modis fieri solet. Primo, cum diuido materiam in partes, quae reapse partes non sunt, ut se habet hoc libro, in quo distinctis capitibus disputo de ente, de essentia, de possibili, de perfecto, quae re uera unum et idem sunt. Haec separatio uocatur "abstractio", et unaquaeque illarum idearum "abstracta". Secundo, cum concipio modum sine substantia, uerbi gratia motum rectum, quin adtendam ad corpus mobile, uel modum sine eius modificatione, uerbi gratia motum rectum, quin respiciam ad uelocitatem, hae enim nusquam esse possunt sine illis a quibus separantur. Tertio, cum cognosco Petrum, uerbi gratia, in hoc esse similem aliis hominibus, quod sentiat et ratiocinetur et loquatur et admiretur, et reliqua, quae omnia uocabulo "homo" [137] designo. Haec idea, quam propter similitudinem cum aliis uoco "uniuersalem"[106], est idea abstracta "hominis", seu "naturae humanae".

COROLLARIA

I. *Hinc omnis idea abstracta reapse est singularis.*

II. *Hinc omnis idea abstracta uocari potest uniuersalis.*

III. *Hinc uniuersale dicitur tantum relatiue ad aliud, proinde eadem idea uocari potest "uniuersalis", "particularis", "singularis".*

Omnia eadem ratione constant. 1. Cum mens ideas omnes, uti diximus[107], sensibus adquirat, quae, si sunt complicatae, diuidi possunt; iccirco etsi, dum cogito Petrum, mente separem uel exsistentiam ab essentia, uel "animal rationale" a "risibili", tamen utraque idea illa est singularis, nec enim oculis natura humana generatim, nec omnes homines, qui sunt, qui fuerunt, qui esse possunt, simul occurrunt, sed unus et alter eorum, qui exsistunt; item

---

[106] Ideas omnes singulares esse, nec nisi ob similitudinem cum aliis ideis uocari "uniuersales", docuimus *Logicae* lib. III, p. I, cap. 5.

[107] *Logicae* lib. III, p. I, cap. 3 ct 4.

podem existir, mas um ou outro daqueles que existem. Do mesmo modo, apenas nos recordamos daquilo que anteriormente se apresentou aos sentidos, ou seja, daquilo que num tempo anterior se originou nos sentidos; 2. Visto, no entanto, eu poder separar mentalmente uma ideia de todo semelhante em relação a cada um dos homens que se manifestam ao meu espírito, esta ideia de "homem" diz-se ser a mesma para todos eles, sendo, portanto, universal[108]; [138] 3. Porém, dado poder referir-se a mesma ideia singular de "homem" tanto a cada um dos homens como a cada uma das suas existências, no primeiro caso denomina-se "universal" e no segundo "particular", pois nesta circunstância não se refere a todos os entes pela sua semelhança, [139] mas apenas àqueles a que chamamos "homens"[109].

---

[108] É suficiente um só homem representado na minha mente para abstrair a ideia de "homem" ou de "vivente", por exemplo, Pedro (na verdade, tenho apenas a percepção de um indivíduo após outro). A pessoa de Pedro dá-me a conhecer muitas ideias: ela é um existente, é dotada de corpo e de espírito, é um vivente, é um senciente, é um ser inteligente, possui aptidão para rir, para estar de pé, para se surpreender, tem uma determinada estatura, tem um rosto, tem uma cor, e outras coisas mais. Por isso, quando examino esta ideia composta e enumero as suas partes, ou as ideias em separado, conservando apenas a ideia de "vivente" (esta também é composta), abstraio-a ou separo-a das outras. Mas para eu perceber que ela é semelhante a estas, é suficiente trazer à lembrança Paulo, Francisco e não muitas outras pessoas que a mente considera num movimento expedito, como num golpe de vista; e também conservo na lembrança que qualquer indivíduo é semelhante aos outros em virtude de uma lei invariável da natureza. Eis aí a abstracção e a semelhança, mas nada de universal. Em que consiste, pois, o universal? Estamos perante um erro pelo qual me convenço que concebo a mesma ideia de "vivente" ao conceber uma ideia semelhante a respeito de Paulo, de João e de Francisco. Mas, se reflectir, examinando convenientemente o assunto, reconheço com clareza que não concebo a mesma ideia, mas uma ideia semelhante. Permanece, assim, a semelhança das ideias, mas a universalidade esvaece-se. Por conseguinte, para quem considera este assunto com diligência, não existe nenhum universal nem é possível existir. Eis a que se reduzem as discussões gravíssimas sobre a natureza do universal, que mortificaram os realistas e os nominalistas durante tantos séculos, causando tão enorme confusão não apenas nas escolas, mas também na sociedade civil. Decerto, eles agrediam-se mutuamente com animosidade; contudo, não se entendiam uns aos outros, como era costume suceder.

São palavras ocas o que afirmam alguns modernos ao escreverem poder obter-se com base nas ideias adquiridas por meio dos sentidos uma ideia que tenha por objecto um universal, excepto se eles se referirem à interpretação até ao momento apresentada. Com efeito, a mente apenas realiza a união e a separação das ideias obtidas por meio dos sentidos; além disso, ao reflectir sobre as próprias ideias, ela separa e obtém outras ideias, que os lógicos denominam "reflexas". E, dado não se originar uma ideia universal por meio dos sentidos, também não pode ser adquirida com fundamento noutras ideias. Se a mente possuísse essa faculdade, daria certamente existência a uma ideia universal sem nenhuma semelhança com as ideias anteriormente adquiridas por meio dos sentidos; mas ninguém, se for sensato, atribui tal capacidade ao nosso espírito. Ensinei, porém, sobre este assunto certas coisas na *Logica* (liv. III, primeira parte, cap. 5, corolários 5-6), que podem ser demonstradas mais claramente com base naquilo que acima foi referido.

[109] Os escolásticos dividem o universal em cinco categorias, que denominam "género", "espécie", "diferença", "próprio" e "acidente". É suficiente conhecer a significação destas palavras como está exposta nos seus livros. Contudo, elas não têm nenhuma aplicação, incluindo mesmo muitas falsidades, como poderá comprovar-se por aquilo que irei expor no capítulo seguinte. Apenas existem as essências nominais, mas alguns escolásticos consideram-nas essências reais, incorrendo, por isso, manifestamente em erro, como deixei escrito na *Logica* (liv. II, primeira parte, cap. 5, corolário geral).

memoriae non occurrunt, nisi quae prius sensibus obiecta fuere, id est, a sensibus primum orta sunt; 2. cum tamen omnino similem ideam mente separare queam in quocumque homine, qui menti meae se offerat, ideo haec idea "homo" uocatur eadem in omnibus et uniuersalis[108]; [138] 3. uerum cum eadem idea singularis "homo" referri possit tum ad singulos homines, tum ad singula exsistentia; primo casu uocatur "uniuersalis", secundo casu "particularis", quia non iam refertur similitudine [139] ad omnia entia, sed ad ea tantum, quae "homines" uocamus[109].

---

[108] "Vt abstrahamus ideam "hominis", uel "uiuentis", sufficit unus homo, qui mihi ueniat in mentem, ueluti Petrus (re uera non nisi unum indiuiduum post aliud menti obseruari sentimus). Nam Petrus plures mihi offert ideas: est enim exsistens, corpore et spiritu constans, uiuens, sentiens, intelligens, aptus ad ridendum et flendum et mirandum, tali statura, facie, colore ornatus et reliqua. Quare cum hanc ideam compositam examino et partes, seu ideas singulas, enumero, si tantum mente teneo ideam uiuentis (haec etiam composita est), abstraho, seu diuido, eam ab aliis. Vt uero intelligam esse similem aliis, sufficit si Paullus, Franciscus et pauci alii in memoriam incurrant, quos mens celeri suo motu ueluti ictu oculi perlustrat, itemque memoria teneam, quemlibet hominem ex constanti naturae lege esse similem aliis. En abstractio et similitudo, sed nihil uniuersale. In quo igitur uniuersale positum est? Nempe in errore, quo mihi persuadeo me, cum enuntio similem ideam de Paullo, Ioanne, Francisco, eamdem ideam "uiuentis" enuntiare. Quod si ad me redeo, si rem pro merito examino, clare cognosco non eamdem, sed similem ideam enuntiari. Remanet igitur similitudo idearum, uniuersalitas euanescit. Quare uniuersale iis qui rem diligenter considerant nullum est, nec esse potest. En quo redit grauissima illa disputatio de natura uniuersali, quae tot saecula reales et nominales exercuit, tot turbas non modo in scholis, sed etiam in Republica excitauit! Nimirum ipsi se mutuo acriterque petebant, ueruntamen se mutuo non intelligebant, ut fieri solet.
Quod uero recentiores aliqui censeant, ex ideis, quae sensuum adiumento comparantur, elici posse ideam aliquam, quae habeat obiectum uniuersale, nisi ad hucusque expositam explicationem referatur, sunt uerba inania. Nihil enim aliud mens facit quam uel coniungere, uel separare ideas, quas sensibus accepit, aut ideas ipsas contemplando, alias ideas, quas logici uocant "reflexas", denuo segregare et elicere. Cumque per sensus non habeatur idea uniuersalis, seiungi ab aliis non potest. Quod si mens talem uirtutem habet, certe creabit ideam uniuersalem, cuius nihil antea in ideis, quas sensibus adquisiuerat, simile erat, quam uirtutem nemo sanus animo nostro concedet. Sed de his *Logicae* lib. III, p. I, cap. 5, corollario v et vi, quaedam monuimus, quae ex supra dictis clarius demonstrari possunt.

[109] Vniuersalia diuidunt scholastici in quinque species, quas sic uocant: "genus", "species", "differentia", "proprium", "accidens". Horum nominum significationem noscere sat est, idque eorum libri declarant. Nullius tamen haec usus sunt, immo uero plurima falsa continere, ex iis, quae capite sequenti dicemus, notum erit. Sunt enim essentiae nominales tantum, sed quidam scholastici eas sumunt pro essentiis realibus et in hoc manifeste errant, ut in *Logica*, lib. II, p. I, cap. 5, in corollario generali scriptum reliquimus.

Eis, em poucas palavras, o que pode considerar-se útil a respeito da abstracção. E o que escrevi parece-me possuir suficiente clareza. No entanto, os escolásticos estabelecem sobre a abstracção tantas disputas inúteis que até parecem aquelas que os operários e os camponeses realizam ao exprimirem-se irreflectidamente. E, se fossem devidamente explicitadas essas disputas, qualquer pessoa poderia facilmente [140] aperceber-se de que eles confundem e obscurecem de tal modo os assuntos que apenas com muita reflexão e delonga sobre os seus livros seria possível entendê-los. Por exemplo, os camponeses, os ceifeiros, os pastores e outros realizam contratos com frequência ao oferecerem o seu trabalho a outras pessoas, considerando-se, por isso, credores de bebidas, de alimentos ou de um salário; e proclamam terem sido injustiçados, se a retribuição não lhes for paga na íntegra. Eles referem-se, portanto, à retribuição como se fosse algo que é devido a todos. Eis aqui a abstracção. Por isso, também no parecer do povo a ideia de "retribuição" é uma ideia abstracta e universal. Se perguntarmos aos camponeses se foi estabelecida uma única retribuição para todos – por exemplo, vinte moedas – ou se devem ser pagas pelo contrato vinte moedas a cada um dos trabalhadores, ouvi-los-emos dizer não ser devida uma única retribuição, mas serem devidas muitas retribuições semelhantes de valor idêntico para cada um dos trabalhadores. Eis aqui a solução da controvérsia. Quando os filósofos examinam este assunto sem preconceitos, ajuízam porventura de forma diferente? Qual é, pois, o motivo por que os escolásticos pelo seu modo confuso de se exprimirem tornam obscuro um assunto que é dotado de clareza até para os camponeses? Ensinemos aos camponeses a linguagem dos filósofos, demos-lhes a conhecer de que modo costuma ser denominada por eles cada uma das coisas e aperceber-nos-emos de que os camponeses se exprimem e ajuízam de vez em quando com maior clareza e de forma mais adequada que alguns filósofos.

[141] CAPÍTULO III

A essência

A essência define-se como aquilo pelo qual uma coisa é o que é. Esta definição contém a mesma dificuldade que a definição de "ente". Com efeito, se uma coisa em si própria é o que é, por aquela definição afirmamos apenas isto: "A essência de uma coisa é ser essa coisa". Assim, "essência" e "essa coisa" têm idêntica significação, pelo que com tal definição não superamos os mais doutos.

Verdadeiramente, a essência de uma coisa é o conjunto de todos os atributos em virtude dos quais ela é uma coisa e não outra diferente. Mas, dado não conhecermos a maior parte desses atributos, desconhecemos também a essência das coisas. É importante esclarecer esta questão com um exemplo baseado na natureza humana, visto ser mais conhecida e, por assim dizer, mais familiar. Pedro possui muitos atributos pelos quais é um homem e não outro ente: é um ser animado, dotado de razão, capaz de surpreender-se e de rir e possui uma figura humana (omitindo outros

En paucis uerbis, quae de abstractionibus utilia dici possunt, quae mihi satis clara esse uidentur. At scholastici tot tamque inanes et nullo modo intelligibiles disputationes instituunt de abstractionibus, ut ea quae uel opifices et rustici ipsi non meditati faciunt, et quae, si recte explicarentur quisque sine labore intelligeret, ita uerbis [140] inplicant et obscurant, ut non nisi plurima meditatione, et in eorum libris mora percipi[16] possint. Exempli gratia, frequenter uillici, messores, pastores ceterique, cum operam suam locant alicui et sentiunt dominum aliquid uel de potu, uel cibo, uel mercede pacta detrahere, clamitant iniuriam sibi fieri, quod merces non integra soluatur, et sic "mercede" loquuntur, quasi una res esset, quae ad omnes pertineret. En abstractio et merces illa est idea abstracta et uniuersalis sensu uulgari. Interroga uero rusticum an una tantum merces omnibus constituta sit, nempe oboli an uiginti, an uero singulis operariis singuli uiginti oboli ex pacto soluendi sint, audies non unam tantum mercedem, sed plures similes, eiusdemque ualoris singulis debitas esse. En solutio controuersiae. Quid aliud faciunt philosophi, cum rem sine praeiudicio examinant? Quid uero scholastici, nisi rem uel rusticis claram, confuso illo dicendi modo obscuram reddere? Doce rusticum uerba philosophorum, ostende quo nomine unaquaeque res ab iis uocari solet, et cognosces clarius atque commodius interdum et loqui et iudicare rusticos, quam philosophos non nullos.

CAPVT III

De essentia

Essentia definitur id per quod res est id quod est. Quae definitio eodem uitio laborat atque illa "entis". Nam cum quaelibet res per se ipsam sit id quod est, tali definitione hoc tantum dicimus: "essentia rei est esse tale rem". Ideoque "essentia" et "haec res" idem significant, nec ex tali definitione euadimus doctiores.

[141] Reapse uero[17] essentia uniuscuiusque rei est cumulus proprietatum omnium, ex quo res est haec, non alia. Quarum proprietatum cum pleraeque nobis incognitae sint, proinde nec essentia rerum nobis cognita est. Haec aliquo exemplo dilucidemus oportet, quod ab humana natura, utpote magis explorata magisque nobis familiari, ut ita dicam, sumemus. Exempli

---

[16] percipi] intelligi *R* || [17] uero] tamen.

atributos suficientemente conhecidos, que determinam que ele seja um homem). Estes atributos manifestam-se de imediato a quem ponderar atentamente. Pedro possui, porém, muitos outros atributos que desconhecemos na totalidade: desconhecemos em primeiro lugar a compleição imperceptível e a união das partes mais diminutas do corpo humano; e a função de certos órgãos muito importantes; e as propriedades e a eficácia dos humores; e a capacidade de suportar várias afecções e doenças; e o modo como o corpo humano está unido à alma, como actua sobre ela e como é movido por ela continuamente. Por último, nem todas as faculdades da mente humana foram por nós investigadas. Cada uma destas pertence do mesmo modo à essência de Pedro enquanto homem, como outras que anteriormente mencionei. Com efeito, eliminando qualquer delas, já não seria a espécie humana, mas outra diferente. Portanto, este conjunto de atributos é a essência real ou a essência física de um homem.

Por não ter prestado atenção a este assunto, a maior parte dos filósofos persuadiu-se de que as duas ideias "animal" e "racional" constituem toda a essência real de um homem, sendo extrínseco à essência tudo o que se ajuntasse, reduzindo-se, por isso, a propriedades. Contudo, eles enganaram-se indubitavelmente sobre este assunto, pois os atributos acima referidos constituem igualmente a essência física de um homem; e até a própria [142] figura humana faz parte da essência de um homem, do mesmo modo que "racional" e "animal"[110].

Pode, portanto, distinguir-se num homem uma dupla essência: a primeira é apenas composta por certas ideias mais conhecidas pela mente, denominando-se "essência nominal" e "essência metafísica"; a segunda compreende tudo o que constitui realmente um homem e chama-se «essência real" ou "essência física", que difere muitíssimo da essência metafísica[111].

---

[110] Ninguém que pondere sem preconceitos o assunto poderá negar ser a figura humana uma parte essencial do género ou da espécie humana existente na Terra. Com efeito, o homem não é apenas animal racional, mas também dotado de figura humana; por conseguinte, não conhecemos nenhum animal racional que seja desprovido da figura humana. Imaginemos um animal racional da espécie de um cavalo ou de um peixe. Quem diria ser um homem? Por que motivo certos embriões não pertencentes à espécie humana são excluídos, apenas por essa causa, do rol dos humanos, são privados legitimamente da vida e nem os juízes nem os progenitores esperam que eles cheguem ao uso da razão para verificarem se são animais racionais? Ao invés, por que motivo insensato aqueles que não apresentam nenhum indício de serem capazes de raciocinar são considerados pertencerem à espécie humana somente por possuírem a figura humana? Este assunto demonstra certamente estar incutido na natureza de todas as pessoas que a figura humana constitui parte essencial do homem, pelo que, se não for dotado com essa figura, nenhum homem é animam racional. Parece deverem ser omitidas neste lugar outras matérias, dado terem sido esclarecidas copiosamente por filósofos muito ilustrados, tanto do século passado como do século actual.

[111] Em relação às criaturas, "essência" e "natureza" têm idêntica significação. Entende-se por vezes "natureza" a complexão interna das partes, que determina que um ente seja ele próprio; esta denomina-se "essência física". Noutros casos, ela interpreta-se como a ideia composta de uma coisa, que explicamos e exprimimos pela definição; esta denomina-se "essência metafísica".

gratia, Petrus plures habet proprietates, ex quibus homo est, non aliud ens; est enim animans, ratione utens, aptus admirationi, aptus risui, figura humana praeditus, ut alia mittam satis nota quae faciunt ut sit homo. Haec illico consideranti se offerunt. At multo plura continet Petrus, quae nos omnino ignoramus. Nam primum insensilis constitutio et complexio partium exilissimarum humani corporis cognita nobis non est. Deinde notus non est usus quorumdam uiscerum, quae satis conspicua sunt, nec uires ac efficacia humorum, nec facultas has et illas adfectiones, hos et illos morbos perpetiendi, nec quomodo humanum corpus cum mente coniungitur, in eam agit atque ab ea uicissim mouetur; postremo uires omnes humanae mentis exploratae nobis non sunt. Quae singula tam pertinent ad essentiam Petri, ut homo est, quam reliqua quae ante memorauimus; nam si uel unam harum demseris, non erit haec species hominis, sed alia. Itaque hic aceruus est essentia realis, seu physica hominis.

Haec quoniam(18) non animaduerterunt philosophi plerique sibi persuasere has duas ideas "animal rationale" esse totam essentiam realem hominis, quidquid ultra additur, extra essentiam esse, ideoque proprietatem, in quo sine controuersia fallebantur. Nam cetera, quae supra memorauimus, essentiam physicam hominis itidem constituunt. Immo uel sola [142] figura humana tam pertinet ad essentiam hominis quam esse "rationale", esse "animal"[110].

Itaque duplex in homine essentia distingui potest: altera, quae ex quibusdam tantum ideis notioribus mente componitur et uocatur "essentia nominalis" et "metaphysica"; altera, quae ea omnia complectitur quae re ipsa hominem constituunt. Haec uocatur "realis" et "physica", et longe differt ab essentia illa metaphysica[111].

---

[110] Figuram humanam esse partem essentialem generis humani, seu humanae speciei quae in hoc orbe terrae est, nullus, qui rem sine praeiudicio examinarit, negare poterit. Non enim homo est solum animans rationale, sed etiam humana figura praeditum, adeo ut nullum animans rationale nobis cognitum figurae humanae expers sit. Finge animans rationale uel equi, uel piscis specie praeditum: quis id hominem esse dicet? Cur fetus, qui humana specie carent, hoc solo nomine ex censu hominum delentur, per leges occiduntur, nec umquam magistratus, aut parentes sperant ut ad rationis usum perueniant, ut examinent, an sint animalia rationalia? Contra cur fatui, et qui nullum rationis indicium fecere, hac sola de caussa homines iudicantur, quod figura humana ornati sint? Haec profecto demonstrant a natura inditum esse omnibus, ut iudicent humanam figuram ita esse partem essentialem hominis, ut, nisi ea praeditum, nullum animans rationale homo sit. Quae cum a clarissimis philosophis et proximo et praesenti saeculo copiose sint inlustrata, praetereunda hoc loco uidentur.

[111] "Essentia" et "Natura" in rebus creatis idem significant. "Natura" enim interdum sumitur pro interna illa complexione partium, quae facit ut sit hoc ens; haec dicitur "essentia physica". Interdum pro idea illa complicata rei, quam definitione euoluimus atque declaramus, haec uocatur "essentia metaphysica".

---

(18) quoniam] cum *R*

Inferem-se deste assunto algumas conclusões [143] que proporcionam nas disputas uma utilidade não despicienda. Elas são as seguintes:

CÂNONES

I. *Da essência* metafísica *não se infere adequadamente que a essência* física *se lhe assemelhe.*

Com efeito, ninguém conhece como é realmente a natureza das coisas singulares, pois apenas se conhecem alguns atributos que não constituem a essência total.

II. *As essências* físicas *das coisas são eternas e imutáveis.*

Afirmam os platónicos[112]: "Recusam alguns, juntamente com Descartes, terem tornado tão confusa pelas suas discussões inábeis uma proposição dotada de suficiente clareza que dificilmente ela pode entender-se. Porém, é muito fácil demonstrar isso, se definirmos cuidadosamente as palavras em que se originam todas essas contendas e controvérsias".

O sentido deste cânone é, portanto, o seguinte: dado que a essência de uma coisa – como referi – é aquilo que a coisa é, e uma coisa não pode ser e deixar de ser uma e a mesma simultaneamente, conclui-se que, se for verdadeiro afirmar [144] ela possuir desde toda a eternidade determinados atributos, não pode suceder não possuir tais atributos desde toda a eternidade enquanto permanecer a mesma coisa. Deste modo, se ela tiver existido desde toda a eternidade, não existiu de forma diferente daquela que actualmente se verifica, sendo, por isso, eterna e imutável a verdadeira essência física. Por exemplo, a natureza do número três consiste em ser maior que o número dois, e a natureza do triângulo em ser uma figura delimitada por três linhas. Ora, se Deus conhece desde toda a eternidade a natureza dessas coisas que denominamos "número três" e "triângulo", não pode de forma alguma suceder não possuir essa natureza aquilo que denominamos desse modo, de contrário a mesma coisa seria e não seria o número três e seria e não seria um triângulo. Com efeito, dado que "número três" e "maior que o número dois" significam a mesma ideia, quem disser "o número" três é maior que o número dois numa unidade" pretende dizer: "O número três" é o número três, ou seja, "tal coisa é tal coisa e não outra", como é evidente.

Podem, sem dúvida, alterar-se as denominações, denominando "número dois" o que se chama "número três", mas serão sempre realmente diferentes as ideias de "três" e de "dois", pois elas continuarão a representar a mesma coisa que anteriormente enquanto permanecerem os mesmos números. Se subtrairmos uma unidade ao número três, o resto não será o número três, mas o número dois; e, se acrescentarmos uma

---

[112] Pensava Platão que os exemplares eternos ou as ideias imutáveis e universais, originadas na mente divina e distintas dela, constituíam, enquanto unidas às coisas criadas e mutáveis, a sua essência e a sua forma. Ver Platão em *Timeu* e em *Parménides*. Cf. Aristóteles, *Metafísica*, liv. XIII, cap. 4. Este assunto é exposto com grande explanação por Brucker (*Historia de ideis*, s. 1, § 4).

Ex his autem aliqua [143] deducuntur, quae in disputando non paenitendam utilitatem adferunt. Tales sunt eiusmodi.

CANONES

I. *Ex essentia* metaphysica *non bene infertur essentiam* physicam *similem esse.*

Nam singularum rerum naturam, ut re uera est, nemo cognoscit, sed tantum proprietates aliquas, quae totam essentiam non faciunt.

II. *Essentiae* physicae *rerum sunt aeternae et inmutabiles.*

Aiunt Platonici[112]: "Negant aliqui cum Cartesio, qui propositionem satis claram suis disputationibus ineptis tam inplicatam reddidere, ut haud facile intelligi possit. Nihil tamen facilius demonstratur, si uocabula accurate definiamus, ex quibus tota haec rixarum et controuersiarum seges exsistit".

Igitur canonis sensus est: cum essentia rerum, uti diximus, sit id quod res est, res autem una et eadem non possit simul esse et non esse, consequitur et illud, si ab aeterno uerum fuit dicere, habere [144] rem tales proprietates, ab aeterno fieri non potuit, quia habeat tales proprietates, dum est eadem res. Ideoque si ab aeterno exsistisset, non alio modo exsistisset, quam nunc est, propterea uera de physica essentia aeterna est et inmutabilis. Exempli gratia, natura numeri ternarii in hoc consistit quod sit binario unitate maior, item natura trianguli in eo sita est quod sit figura tribus lineis definita. Quare si Deus ab aeterno tempore cognouit talem esse naturam rerum quas uocamus "ternarius" et "triangulum", omnino fieri non potest ut id quod uocamus eo modo non habeat talem naturam, aliter eadem res esset ternarius et non esset, esset triangulum et non esset. Nam cum "ternarius" et esse "binario unitate maior" eamdem ideam significent, qui ait "ternarium esse binario unitate maiorem", hoc ait "ternarium esse ternarium", seu "talem rem esse talem, non aliam", quod satis euidens est.

Possunt quidem nomina mutari et id quod uocatur "ternarius" nominari "binarius", at semper idea ternarii et binarii reapse erunt diuersae, idem repraesentabunt, quod ante, dum iidem numeri manent. Quod si e ternario demis unitatem, non erit ternarius, sed binarius; si addis unitatem, non erit ternarius, sed quaternarius. Propterea semper ternarius reapse est ille qui binarium unitate superat et quaternario unitate minor est. Itaque potest

---

[112] Putabat Plato aeterna exemplaria, seu ideas quasdam aeternas inmutabiles, uniuersales, a diuina mente emanantes et ab ea separatas, dum rebus creatis et fluxis uniuntur, earum essentiam et formam constituere. Ita Plato in *Timaeo* et in *Parmenide*. Consule Aristotelem *Metaphysica*, lib. XIII, cap. 4. Haec late persequitur Brucherus *Historia de Ideis*, sect. I, § 4.

unidade, a soma não será o número três, mas o número quatro. Assim, o número três é sempre efectivamente o que excede numa unidade o número dois e o que é menor numa unidade que o número quatro. De mesma forma, está no poder de Deus aumentar ou restringir as faculdades da natureza humana: ele pode criar um homem que não pense ou não raciocine melhor que uma criança de dois meses ou de dois anos e que seja incapaz de ter um sentimento de admiração; ou, ao invés, que percepcione com clareza pelos sentidos as coisas mais diminutas e indiscerníveis ao microscópio, que não necessite de alimentar-se e que possa ingerir um veneno sem consequências nocivas. Porém, nestes casos [145] já não seria o mesmo homem actualmente existente, mas outro diferente; contudo, tratar-se-ia da mesma natureza humana. Identicamente, Deus poderia ter criado de tal modo o cérebro de Pedro que ele fosse incapaz de raciocinar como uma pessoa mentalmente saudável; no entanto, já não seria o mesmo Pedro, mas outra pessoa. De igual modo, se a alma de Pedro habitasse diversos corpos humanos, como imaginaram os pitagóricos poder suceder, estaríamos perante homens diferentes. Também pode existir o corpo de Pedro ou ser consumido pela terra, como acontece com os mortos, perecendo neste caso a natureza de Pedro, mas ela não se transforma noutra natureza. Enquanto permanecer, a natureza de Pedro possui continuamente os mesmos atributos e quando ressuscitar no dia do juízo final há-de ainda possuí-los. Não recuso, porém, poderem alterar-se os nomes, rejeitando apenas com perseverança poder alterar-se a essência das coisas enquanto existirem[113]. Este assunto é suficientemente evidente, podendo duvidar-se com razão de ser dotado de sensatez quem recusar, porfiando, poder suceder que uma mesma essência se transforme; por exemplo, que o número "três", enquanto número "três", contenha quatro unidades.

[146] III. *As essências* metafísicas *ou* nominais *são mutáveis*.

Deve considerar-se um paradoxo característico dos escolásticos se alguém me intimidar e enfastiar com um cânone oposto. Mas, com pesar, não desejo causar-lhe boa impressão, mas apenas afirmar que o meu cânone se infere de modo evidente, rigoroso e necessário do que ficou escrito. Com efeito, a essência metafísica é o conjunto de todas as ideias que julgamos constituírem a essência de uma coisa, podendo este conjunto diminuir ou aumentar. Por exemplo, segundo os escolásticos, a essência metafísica de um homem consiste em ele ser um animal racional. Contudo,

---

[113] Os filósofos que afirmam serem as essências das coisas arquétipos inteligíveis (relativamente a Deus) e imutáveis, tornando-se, porém, essências mutáveis, confundem duas coisas muito diferentes: "transformar" e "extinguir". As essências tornadas mutáveis podem decerto extinguir-se, por exemplo, se um corpo humano putrefacto for dividido em partes; mas ele não se transforma, pois será sempre o mesmo corpo humano enquanto existir. De forma semelhante, está no poder de Deus extinguir o espírito humano; porém, ele não tem o poder de transformar o espírito humano, isto é, que o homem não seja dotado de razão enquanto existir. Neste sentido, apenas se transforma a matéria com base na qual o corpo humano existe, pois ele é umas vezes corpo humano, outras vezes verme e outras vezes terra. Estas coisas devem distinguir-se com diligência.

Deus naturae aliquid detrahere, uel addere, id est, talem hominem condere, qui non melius iudicare et ratiocinari possit quam bimestris aut bimulus infans, quique admirationi aptus non sit. Vel e contrario, talem condere qui exilissimas res quae nec microscopio discerni possunt, sensibus clare percipiat, qui nutritione non egeat, qui mala uenena sine ullo damno hauriat. Verum [145] tali casu non erit idem homo, qui nunc est, sed alius et tantum nomine tenus erit eadem natura humana. Item potest Deus Petri iam conditi cerebrum tali modo adficere, ut sanus et integer amplius ratiocinari non possit. At non erit idem Petrus, sed alius. Non aliter ac si anima Petri alia et alia humana corpora, ut Pythagorei comminiscebantur, habitaret, alios et alios homines constitueret. Item potest Petri, corpus uel esse, uel in terram resolui, ut mortuis euenit. At eo casu perit natura Petri, non mutatur in aliam. Semper enim natura Petri. dum permanet, easdem proprietates habet, et cum resurget in die extremi iudicii, easdem habebit. Nos autem nomina mutari posse non negamus, rerum essentiam, dum eae permanent, mutari posse, id est, quod constantissime pernegamus[113]. Haec satis perspicua sunt, ut qui haec negent et contendant fieri posse ut eadem essentia manens mutetur; exempli gratia, "ternarius" dum est "ternarius", Quatuor unitates contineat, an satis sani sint, merito dubitari possit.

[146] III. *Essentiae* metaphysicae, *seu* nominales *rerum, mutabiles sunt.*
Paradoxum hoc scholasticis uideri debet, qui nos contrario canone obtundunt, enecant. Sed eos sibi ipsis placere non moleste ferimus, hoc agimus eiusmodi canonem ex dictis plane et stricte et necessario proficisci. Nam essentia metaphysica est cumulus earum idearum quas putamus rei essentiam constituere, hic autem cumulus et minui potest et augeri. Exempli gratia, essentia metaphysica hominis, si scholasticos audimus, sita est in hoc quod sit animal rationale. Philosophi uero, qui demonstrant omnes proprietates hominis, quae nobis cognitae sunt, immo et figura humanam ad eius essentiam physicam pertinere, aliam essentiam metaphysicam hominis

---

[113] Philosophi qui dicunt rerum essentias archetypas et intelligibiles (relatas ad Deum) inmutabiles esse, factas uero essentias mutabiles, confundunt duo longe diuersa: "mutare" et "destruere". Possunt quidem essentiae factae destrui, uerbi gratia si humana fabrica putrefacta resoluatur in partes, non tamen mutari, quia semper humana fabrica, si exsistat, erit eadem. Similiter potest Deus animum hominis destruere, sed facere non potest ut animus hominis mutetur, id est, non sit rationis particeps, dum est. Tantum materia ex qua corpus hominis exsistit, hoc sensu mutatur, quia modo fabrica hominis est, modo uermis, modo terra. Quae sedulo distinguenda sunt.

os filósofos que demonstram pertencerem à essência física todos os atributos de um homem por nós conhecidos, incluindo a figura humana, concebem outra essência metafísica de um homem, ou seja, "animal racional dotado de figura humana", etc.; e, se conhecêssemos outros atributos de um homem, se compreendêssemos de que modo a alma e o corpo estão unidos e por que motivo a mente conhece, sente, sofre, sente deleite, move o corpo humano e é afectada alternadamente pelos órgãos dos sentidos, tratar-se-ia de outra ideia complexa de um homem, isto é, de outra definição e de outra essência metafísica.

O que ficou escrito é relativo ao conhecimento que pode obter-se em virtude das faculdades naturais. Mas quanto às noções que podemos adquirir por mediação divina, Deus pode manifestar-nos de forma distinta e minuciosa tudo o que existe em Pedro; teríamos então um conhecimento adequado da essência de Pedro, pelo que as suas essências, quer a metafísica, quer a física, seriam idênticas e imutáveis relativamente a nós, tal como são em Deus.

[147] Escólio

Não há ninguém que não se aperceba de quantas e quão obscuras e inúteis disputas são estabelecidas pelos escolásticos sobre a essência por terem por hábito servir-se de palavras ambíguas e destituídas de toda a significação. E fico cheio de espanto pelo facto de outros, que discorrem com base na doutrina dos modernos, terem ficado inquinados por esse vício. Contudo, dado que do referido até ao momento se inferem facilmente e com clareza certas coisas que proporcionam alguma utilidade, quer para ajuizar rectamente, quer para argumentar contra os opositores, vou estabelecê-las como corolários e, se for necessário, acrescentar-lhes algumas explicações.

Corolário I

As definições das coisas criadas por Deus são apenas nominais, *mas não* reais.

Dado que ninguém entende totalmente a natureza das coisas, mas somente alguns dos seus atributos expressos pela definição, conclui-se que nenhuma definição explica uma coisa como ela é na realidade, mas como nos parece ser. Só existem, portanto, definições nominais. Por exemplo, ao definir "homem" como "animal racional dotado de figura humana", defino o nome, ou seja, explico a significação da palavra "homem", mas não me apercebo nem declaro tudo o que origina que um homem seja homem[114].

Contudo, embora toda a definição das coisas seja nominal, denomina-se, no entanto, "real" se explicar o nome como todas as pessoas costumam interpretá-lo; mas se ela [148] for tomada no sentido em que apenas uma pessoa ou algumas desejam interpretá-lo, chama-se "nominal". Por exemplo, a definição de "homem" que apresentei denomina-se "real", dado ser desse modo que todas as pessoas

---

[114] Ver o que escrevi na *Logica* (liv. IV, primeira parte, cap. 6, §§ 1-2).

mente concipiunt, nempe "animal rationale humana figura praeditum", et cetera. Quod si aliae proprietates hominis nobis cognitae essent, si intelligeremus qua ratione corpus et spiritus coniungantur, mensque cognoscat, sentiat, doleat, gaudeat, fabricam hominis moueat, ac a sensibus uicissim adficiatur, tunc alia esset idea complexa hominis, id est, alia definitio, id est, alia essentia metaphysica.

Haec de cognitione illa dico quae naturae uiribus habetur. Nam si de notione sermo est quam diuino praesidio possumus habere, nulli dubium est, quin Deus omnia, quae in Petro reperiuntur, nobis distincte et quam minute declarari possit; quo casu adaequatam essentiae Petri cognitionem haberemus, ideoque eius essentia metaphysica et physica et eadem esset et inmutabilis respectu nostri, ut se habet apud Deum.

[147] SCHOLION
Quot quamque obscuras et inutiles de essentia *disputationes instituant scholastici, propterea quod uerbis uel ambiguis, uel nihil significantibus uti consuescunt, nemo est qui non uideat. Illud miror hoc etiam uitio inquinari aliquos, qui ex disciplina recentiorum disputant. Verum cum illa, quae aliquid utilitatis uel ad recte iudicandum, uel contra alios disputandum adferunt, ex hucusque dictis et facile et aperte deducantur, nos ea ueluti corollaria ponemus et, si opus fuerit, explicationes aliquas adiungemus.*

COROLLARIVM I
Hinc definitiones rerum, quae a Deo conditae sunt, tantum sunt definitiones nominales, *non* reales.
Cum enim rerum naturam nemo penitus intelligat, sed tantum proprietates aliquas, quas definitione exprimit, sit consequens nullam definitionem explicare rem ut re uera est, sed ut nobis esse uidetur. Igitur est nominalis. Exempli gratia, cum definio "hominem" hoc modo, "animal rationale figura humana praeditum", definio nomen, id est, explico quid significet nomen homo, at non omnia percenseo et declaro quae faciunt ut sit homo[114].

Verum etsi omnis definitio rerum sit nominalis, tamen uocatur "realis", si explicat nomen eo sensu quo uniuersi homines accipere solent, sin autem [148] usurpat eo sensu quo uel unus tantum, uel aliqui accipere uolunt, appellatur "nominalis". Exempli gratia, definitio "hominis", quam dedimus, uocatur "realis", quia ita omnes explanant nomen "homo". Quod si dico

---

[114] Repete quae diximus Logicae lib. IV, p. I, cap. 6, §§ 1 et 2.

explicam o sentido da palavra "homem". Por isso, se eu afirmar que pela palavra "homem" significo uma inteligência desprovida de corpo humano, é evidente estar definindo apenas o nome, dado não ser nesse sentido que a definição é adoptada por todos, mas apenas por mim.

Corolário II
As definições das nossas ideias são por vezes reais.

Embora ao definir as ideias eu defina o nome, contudo, esta definição explica por vezes totalmente a natureza do definido, como sucede nalgumas definições matemáticas; por exemplo, nas definições de "ponto", de "linha", de "superfície" e ainda noutras[115]. Eu disse "por vezes", pois na maioria dos casos isso não acontece[116].

[149] Corolário III
Acrescentando ou subtraindo algo à essência física, já não é a mesma essência, mas outra diferente.

Infere-se deste corolário o que acima referi no segundo cânone. No entanto, por se interpretar a palavra "mesma" em sentidos diferentes, deve advertir-se não ser qualquer modificação física que altera a essência metafísica de modo a afirmar-se que uma coisa não é a mesma; isso só acontece quando há uma modificação da natureza de uma coisa de forma a parecer dever ser-lhe atribuída outra denominação pelo género humano. Por exemplo, os Etíopes diferem dos Europeus pela cor, pelo cabelo, pela forma do nariz e dos lábios, de tal modo que também os nascidos na Europa, descendentes dos seus antepassados Etíopes que se uniram pelo casamento com homens e mulheres de cor branca, conservarão sempre a mesma cor, a mesma forma do cabelo e do rosto. Não é, porém, por estas diferenças que eles devem ser considerados como pertencentes a uma natureza e a uma espécie distintas. O mesmo desejo afirmar a respeito dos Cafres, dos Chineses e de outros povos que apresentam certas características diferentes das nossas. Ao invés, os cavalos e os burros, ainda que difiram muito pouco entre si pela figura e pela natureza, no entanto, porque geram filhos diferentes, denominam-se de modos diferentes e consideram-se como pertencentes a espécies distintas. E por que motivo? Ainda

---

[115] Afirmo "natureza das coisas" apenas no campo da Matemática, em que não se considera a natureza física, mas apenas a metafísica e abstracta.

[116] Pensam alguns autores explicarem claramente que todas as definições dos geómetras a natureza das coisas definidas. Que isso seja uma falsidade manifesta-o a seguinte definição de triângulo rectângulo: "É uma figura delimitada por três linhas rectas". Com efeito, ela não refere que os três ângulos de um triângulo são iguais a dois rectos, que um ângulo externo é igual aos dois internos opostos, que um triângulo é metade de um paralelogramo com a mesma base e a mesma altura, que todas as figuras rectangulares podem decompor-se em triângulos e ainda outras propriedades que são tão características da natureza do referido triângulo como é característico ser ele uma figura delimitada por três linhas. Deve dizer-se o mesmo a respeito da circunferência e de outras figuras.

uocabulo homo significo intelligentiam omnis corporis humani expertem, manifestum est me definire nomen tantummodo; nam eo sensu non sumitur ab omnibus, sed a me tantum.

COROLLARIVM II
Hinc definitiones idearum nostrarum interdum sunt reales.

Nam etsi dum definio ideas, definio nomen, tamen haec definitio interdum naturam rei definitae plane inlustrat; ut se habent definitiones aliquae mathematicorum, uerbi gratia definitio *"puncti", "lineae", "superficiei"* et reliqua[115]. Dixi "interdum", nam pleraeque ita se non habent[116].

[149] COROLLARIVM III
Hinc si aliquid essentiae physicae adiungatur, uel detrahatur, non erit eadem *essentia, sed alia.*

Consequitur ex iis quae ad secundum canonem supra diximus. Cum autem nomen "eadem" alii alio modo accipiant, aduertendum est non quamlibet mutationem physicam facere, ut essentia metaphysica mutetur, id est, ut res non eadem esse dicatur, sed eam tantum, quae naturam rei tam mutat ut ab hominum genere alio nomine appellanda esse uideatur[(19)]. Exempli gratia, Aethiops colore, capillo, figura nasi ac labiorum ita differt ab homine Europaeo, ut etiamsi Aethiopes in Europa nascantur tritauis Aethiopibus, modo mares et feminae eiusdem coloris commisceantur, perpetuo eodem colore, capillo et facie se habeant. Haec tamen differentia non facit, ut alterius naturae ac speciei esse iudicentur. Quod idem de Cafrensibus et Sinensibus aliisque populis, qui aliquid a nobis diuersum praeferunt, dictum uolo. Contra uero mulus et asinus, etsi paullulum figura ac natura differunt, tamen quia alter filios generat, alter non item, diuerso nomine uocantur, ac diuersae speciei esse putantur. Quid? Etiamsi eamdem naturam et figuram habeant, interdum tamen ex diuersa magnitudine specifica, non eadem animalia

---

[115] "Naturam" rerum dico, sed in regno tantum mathematico, ubi non physica natura, sed metaphysica et abstracta tantummodo consideratur.

[116] Censent non nulli definitiones omnes geometrarum plane naturam rerum definitarum explicare. Quod quam falsum sit, uel ipsa definitio trianguli rectilinei declarat, quae ita se habet: "figura tribus rectis lineis definita". Nam non explicat tres angulos unius trianguli esse aequales duobus rectis, angulum externum esse aequalem duobus internis oppositis, triangulum esse dimidium parallelogrami, quod habeat eamdem basim et altitudinem, omnes figuras rectilineas in triangulos resolui posse ceterasque proprietates, quae tam pertinent ad naturam praedicti trianguli, quam pertinet esse figuram tribus lineis terminatam. Idem de circulo ceterisque dicendum est.

[(19)] uideatur] uidetur *R*

que eles possuam a mesma natureza e a mesma figura, têm, no entanto, por vezes um tamanho específico diferente, não devendo, por isso, considerar-se os mesmos animais. Com efeito, o cavalo africano é muito veloz, o germânico é pesado, havendo ainda um terceiro, pequeno, a que os Italianos chamam *schiavéto*, e os Portugueses, *galiziano*, que diferem apenas pelo tamanho; contudo, pelo facto de gerarem proles sempre semelhantes [150] e de tamanho idêntico, denominam-se de três modos diferentes e considera-se pertencerem a três espécies distintas.

Portanto, atendendo ao senso comum das pessoas, que denominam de formas diferentes as coisas que percepcionam de certo modo modificadas, deve avaliar-se se elas possuem ou não a mesma natureza.

Corolário IV
Se a essência física é sempre a mesma, é sempre una.

Este corolário é uma consequência do anterior. Visto nada poder subtrair-se ou acrescentar-se à essência, ela não pode dividir-se em duas essências, das quais cada uma delas possuísse metade dos atributos. Se assim fosse, não seria a mesma essência actual. Por isso, da identidade da essência infere-se rectamente a sua unidade; e, de modo inverso, da unidade, a identidade. Contudo, embora "unidade" e "identidade" possuam a mesma significação, diferem, no entanto, segundo o modo de concebê-las, pois, considerando a essência em si mesma, diz-se ser una e, referindo-a ao tempo e ao lugar em que anteriormente existia, mas já não existe, diz-se ser a mesma ou outra diferente.

Seria longo expor quantas ninharias e inépcias cogitam alguns sobre a unidade, e quão espantoso rodeio de palavras empreendem para explicar este assunto, que qualquer pessoa, mesmo ignorante, é capaz de compreender. Eles declaram que "uno" é o que é indiviso em si e diviso por qualquer outro segundo uma última divisão. Mas quem é tão estúpido a ponto de afirmar que essa definição explica com maior clareza a ideia de "uno" do que a palavra "uno"? Ou que ao ouvir essa definição um camponês percebe com maior clareza o que é "uno" do que ao ouvir essa palavra? Perguntais o que seja ser indiviso em si? Os que preferem exprimir-se rectamente respondem "ser uno". Assim, segundo Locke[117], a ideia de "uno" [151] possui total clareza e simplicidade, não podendo, portanto, elucidar-se por outras ideias mais claras, ou seja, explicar-se com maior clareza. Estão em idêntica condição as ideias de "brancura", de "luminosidade" e outras ideias simples originadas nos sentidos, que são dotadas de tanta clareza que não podem explicar-se por outras mais claras[118]. Além disso, a ideia de "uno" é adquirida pelas pessoas com base nas coisas que se apresentam à mente, e tanto os camponeses como os filósofos a entendem de modo correcto.

---

[117] *Ensaio sobre Entendimento Humano* (liv. II, cap. 7, § 7; cap. 16, § 1).
[118] Cf. o que ensinei na *Logica* (liv. III, cap. 6, § 1, nos corolários).

iudicantur. Nam equus Afer uelocissimus, equus Germanus grauis et tertius equus exiguus, quem Itali schiauetum uocant, Lusitani uero Gallaicum, non nisi magnitudine differunt, tamen quia semper sui similes [150] generant, non alterius magnitudinis, propterea tribus nominibus uocantur et trium specierum esse exsistimantur. Quare ex communi hominum sensu, qui ea, quae certo modo mutata uident, alio nomine appellant, diiudicandum est an eadem natura sit, an diuersa.

Corollarivm IV
Hinc si essentia physica semper est eadem, semper est una.

Consequitur ex superiori. Cum enim ab essentia nihil demi possit, nihil addi, non potest una essentia in duas essentias diuidi, quarum quaelibet dimidiam partem proprietatum habeat, propterea quia non esset eadem, quae nunc est. Quare ex identitate essentiae recte infertur essentiae unitas, et contra ex unitate identitas. Sed quamquam idem significet "unitas" et "identitas", tamen pro uario modo concipiendi differunt, nam si essentiam considero in se, dicitur una, si refero ad locum, uel tempus in quo antea erat, nunc non est, dicitur eadem, uel diuersa.

Longum esset enarrare quot nugas et ineptias de unitate cogitent non nulli, quamque mira circuitione uerborum id explicare aggrediantur, quod nemo, quamtumlibet rudis, non intelligit. Aiunt "unum" esse quod est indiuisum in se et diuisum a quolibet alio ultima diuisione. Quis tamen adeo bardus est, ut dicat eiusmodi definitionem clarius explicare ideam "unius", quam uocabulum "unus"? Aut rusticum, qui eam audit, clarius intelligere quid sit "unum", quam eo audito uocabulo? Quaeras quid sit esse indiuisum in se? Si recte loqui amant, respondebunt "esse unum". Itaque idea "unius", [151] ut scite Lockius[117] est omnino clara et simplex, ideoque in alias ideas clariores resolui non potest, id est, clarius explicari. Non aliter ac idea "albitudinis", "lucis" ceteraeque simplices quae per sensus comparantur, quae adeo clarae sunt, ut nullis clarioribus exprimi possint[118]. Ideam porro "unius" ex singulis rebus, quae obiiciuntur, homines adipiscuntur, eamque tam bene intelligunt rustici quam philosophi.

---

[117] *De l'Entendement Humain*, lib. II, cap. 7, § 7 et cap. 16, § 1.
[118] Confer quae docuimus in *Logica*, lib. III, cap. 6, § 1 in Corollariis.

Corolário V

Os indivíduos pertencentes à mesma espécie têm a mesma essência metafísica, mas não a mesma essência física.

Efectivamente, cada um dos indivíduos humanos manifesta à mente atributos semelhantes, que constituem a essência metafísica denominada "espécie". Porém, todas as pessoas têm algo peculiar, quer na estrutura corpórea, quer nos humores, que as distingue umas das outras[119], ou seja, possuem uma essência física diferente.

Corolário VI

O que vulgarmente se diz o mesmo não possui uma identidade de natureza, mas de semelhança.

Este corolário é muito importante para ajuizarmos sobre as coisas com rectidão. Dado que muitos filósofos [152] não procederam deste modo, foram em especial induzidos em erro e proferiram espantosas inépcias ao pensarem serem a mesma as coisas que possuem atributos semelhantes. Assim se originaram as ideias gerais de Platão, as naturezas comuns dos platónicos e dos peripatéticos, a natureza única de Espinosa e outras coisas desta espécie. Mas eles teriam evitado facilmente tudo isto se houvessem distinguido a semelhança ou a identidade moral – como lhe chamam – da identidade física. Por exemplo, as águas do Tibre mudam incessantemente, e as margens do rio sempre mudaram de forma; contudo, como uma água semelhante correu constantemente de modo semelhante e sobre um leito quase semelhante, o Tibre tem a mesma denominação; Pedro e Paulo possuem duas naturezas realmente distintas, mas, por possuírem atributos semelhantes ou quase semelhantes – a que se atribui o nome de "natureza humana" –, diz-se possuírem a mesma natureza[120].

Corolário VII

Não há propriedades físicas, mas somente metafísicas, distinguindo-se apenas pelos nomes.

Com efeito, aquilo que os filósofos denominam "propriedades" é considerado por eles como tendo origem na essência. Por exemplo, "capaz de rir" refere-se do mesmo modo à essência física de "homem" como "animal racional", pois nada há que seja capaz de rir, se não for animal racional; e tanto se diferencia um homem de um não-homem por "capaz de rir" como por "capaz de raciocinar". Contudo, por alguns filósofos denominarem "essência" o que – segundo o modo de dizer vulgarizado nas escolas –, se oferece em primeiro lugar à mente, como "racional", o que ocorre secundariamente denominam-no "propriedade", como "capaz de rir", motivo por que costumam distinguir-se nas escolas estas coisas segundo esses nomes.

---

[119] Cf. Cláudio Boerhave, *Pathologia* (em toda a obra e sobretudo §§ 730, 736, 742) e Haller, na obra com o mesmo título.

[120] Ver o que afirmei na *Logica* (liv. III, primeira parte, cap. 5).

Corollarivm V

Hinc indiuidua, quae ad eamdem speciem pertinent, habent eamdem essentiam metaphysicam, *non* physicam.

Nam singula indiuidua humana similes proprietates menti offerunt, quod ipsum est essentia metaphysica et uocatur "species". At singuli homines aliquid peculiare habent, uel in fabrica humana, uel in humoribus, in quo ab aliis discriminantur[119], id est, diuersam essentiam physicam.

Corollarivm VI

Hinc ea, quae uulgo dicuntur eadem, *non habent identitatem naturae, sed similitudinis.*

Magni momenti est hoc corollarium ut recte de rebus iudicemus. Quod, quia bene multi philosophi [152] non fecerunt, egregie decepti sunt et miras ineptias fuderunt, putantes ea, quae similes proprietates habent, eamdem rem esse. Hinc natae sunt generales illae ideae Platonis, hinc naturae communes Platonicorum et Peripateticorum, hinc unica illa natura Spinozae et cetera eiusmodi, quae ipsi facile uitarent, si similitudinem, seu identitatem moralem, ut uocant, ab identitate physica secernerent. Exempli gratia, Tiberis aqua indeSinenter mutatur et ripam alia semper et alia praeterfluit, tamen quia similis aqua simili modo et fere simili alueo perpetuo fluit Tiberis idem appellatur. Petrus et Paullus habent duas naturas re diuersas; cum autem similes, uel fere similes proprietates habeant, quibus nomen natura humana tribuitur, propterea eamdem naturam habere dicuntur[120].

Corollarivm VII

Hinc nullae sunt proprietates physicae, *sed tantum* metaphysicae *et nomine tenus.*

Nam res quas philosophi "proprietates" uocant et ab essentia proficisci putant, uerbi gratia esse "risui aptum", tam pertinent ad essentiam physicam "hominis" quam esse "animal rationale"; nihil enim est risui aptum, quod non sit animal rationale, tamque differt homo a non homine, hoc nomine, quod est "aptus ad ridendum" quam "aptus ad ratiocinandum". Quia tamen philosophi non nulli uocarunt "essentiam" illud quod ex uulgata loquendi formula scholarum primo menti se offert, ut "rationale", quod secundo menti occurrit "proprietatem", ut "risibile"; propterea hae res iis nominibus in scholis distingui [153] solent. Quod si hominem re ipsa examino, eiusque

---

[119] Consule Claudium Boerhaaven in *Pathologia* per totam, praesertim §§ 730, 736, 742, et Haller ad eum locum.

[120] Vide quae diximus in *Logica*, lib. III, p. I, cap. 5.

[153] Se, porém, eu considerar um homem como ele é realmente e examinar cada uma das suas propriedades, apresenta-se com tanta facilidade ao espírito "capaz de rir" como "racional", podendo eu inferir de "capaz de rir" a propriedade "animal racional" como o inverso. E, se alguém pretender denominar como essência "animal capaz de rir" e como propriedade "racional", é tão bom filósofo como aqueles que afirmam estar situada a essência em "racional" e a propriedade em "capaz de rir". Assim, estas e outras propriedades deste género distinguem-se pelos nomes.

COROLÁRIO VIII
Sobre as qualidades físicas, deve afirmar-se o mesmo que das propriedades.

Efectivamente, na acepção restrita, as qualidades físicas significam o mesmo que as propriedades; por exemplo, a faculdade de queimar do fogo, a faculdade de humedecer da água e a faculdade de rir do homem. Como anteriormente inferi, todas elas fazem parte da essência física. Ao contrário, existem qualidades que constituem fisicamente as coisas, das quais estas podem estar desprovidas sem deixarem de ser essas coisas. Embora elas sejam físicas, raramente têm a denominação de "qualidades", mas de "modos". E ainda que sejam objecto de discurso, possuí-las ou não as possuir depende do arbítrio das pessoas, por exemplo, ser músico, ser douto, ser previdente. Podem denominar-se com legitimidade "qualidades morais", e tanto estas como as mencionadas anteriormente admitem ainda outras denominações, como irá ser referido no capítulo seguinte.

[154] CAPÍTULO IV

A substância e os seus modos, incluindo as relações, a existência e a subsistência

I

Os filósofos entendem a palavra "substância" em sentidos diferentes. Mas, se examinarmos com diligência as suas diversas acepções, é fácil depreender que ela apenas significa a essência ou a natureza de uma coisa separada mentalmente dos modos que a ornamentam, podendo, por isso, definir-se "substância" como a essência separada dos seus modos. O modo é aquilo segundo o qual a substância se apresenta de uma determinada maneira, como que revestindo-a, possibilitando que ela seja percepcionada pelos sentidos. Ele costuma denominar-se de diversas formas, designadamente, "modificação", "característica", "atributo", "acidente" e "circunstância".

É, portanto, manifesto que "substância" é uma ideia relativa aos modos, em relação aos quais é concebida como separada, sendo, por conseguinte, uma ideia abstracta, dado não existir uma substância desprovida de todos os modos. Assim, quem discorrer sobre a substância considerada sem os modos não discorre sobre

proprietates singulas exploro, tam facile menti occurrit "risibile" quam "rationale", tamque ex "risibili" inferre possum esse "animal rationale", quam e contrario. Et qui "animal risibile" essentiam uocare uellet "rationale" uero proprietatem, tam bene philosopharetur quam illi qui in "rationali" sitam essentiam dicunt proprietatem in "risibili". Ideoque haec aliaque huius generis proprietates sunt nomine tenus.

Corollarivm VIII

Hinc de qualitatibus physicis *idem, quod de proprietatibus dicendum est.*

Nam qualitates physicae stricte acceptae idem significant ac proprietates, uerbi gratia in igne facultas comburendi, in aqua facultas humectandi, in homine ridendi, quae tres ad essentiam physicam pertinere supra confecimus[20]. Contra uero qualitates, quae rem physice constitutam ponunt, et quibus ipsa priuari potest, quin desinat esse talis res. Hae tametsi physicae sunt, uix umquam "qualitates", sed "modi" nominantur. Et si de iis est sermo, quas habere, uel non habere ab hominis uoluntate pendet, ut esse musicum, doctum, prudentem. Hae "qualitates morales" merito nominari possunt, immo uero et hae et superiores aliis nominibus adhuc, ut capite sequenti dicetur[21].

[154] CAPVT IV

De substantia et modis eius, ubi de relationibus, exsistentia, subsistentia

I

"Substantiae" uocabulum alio et alio sensu a philosophis usurpatur. Sed si usurpationes singulas accurate examinamus, facile intelligemus eo uocabulo nihil aliud significari quam essentiam, seu naturam rei mente seiunctam ab iis modis qui eam ornant. Itaque definiri substantia potest "essentia separata a suis modis". Est autem modus id quo substantia hoc, uel illo modo est, eamque quodammodo uestit et, ut sensibus percipiatur, facit, qui alio et alio nomine "modificatio", "adiunctum", "adtributum", "accidens", "circumstantia" uocari consueuerunt.

Hinc fit manifestum "substantiam" esse ideam relatam ad modos a quibus fingitur separata, ideoque esse ideam abstractam; nulla enim exsistit substantia

---

[20] confecimus] probabimus *R* ‖ [21] dicetur] demonstrabimus *R*

algo extra-mental, mas sobre a ideia abstracta existente apenas na mente. Como ensinei na *Logica*[121], [155] só possuímos a ideia de "substância" ao concebermos o conjunto dos modos e dos atributos, acrescentando-lhes a ideia extremamente obscura de uma natureza por nós desconhecida (por exemplo, a ideia da complexão das partes da matéria que não conhecemos), que pensamos estar subjacente e conter tais atributos e modos.

O que ficou escrito refere-se certamente à palavra "substância", que parece apenas significar algo que subjaz, ou seja, que está sob os seus modos, que os lógicos supõem e declaram serem suportados pela substância, como se ela fosse uma base. Não pensavam de forma diferente os filósofos antigos e outros mais recentes, como se depreende com suficiência de várias das suas definições. Com efeito, para Aristóteles, a substância é um ente que não existe noutro ente[122]; para São Tomás, a substância é um ente que possui existência em si mesmo e não noutra entidade[123]; segundo os Conimbricenses, a substância é um ente a que, como sujeito de inerência, compete existir com independência de outro[124]; e para os mais recentes, a substância é um sujeito primeiro que, enquanto existente, não depende intrinsecamente de nenhum outro existente. É manifesto não darem de modo algum a conhecer nem explicarem estas definições o que seja "intrínseco", "natureza", "essência", "substância" ou, por outras palavras, o que constitui uma coisa em si própria ou a estabelece como ela é realmente; elas apenas declaram existir uma coisa que pode ou não possuir certos modos (por exemplo, uma pedra, que pode estar quente ou fria, [156] ou ser quadrangular ou redonda). Compreende-se, assim, não terem considerado aqueles autores a substância simplesmente e como ela é na realidade, mas comparativamente e em relação aos modos, formando a ideia de "substância" ao conceberem uma coisa enquanto separada deles. Como, porém, nenhuma coisa pode existir separada de todos os seus modos, sucede que os próprios defensores da substância manifestam com muita clareza por aquelas suas definições fazerem corresponder à palavra "substância" apenas uma ideia abstracta[125].

---

[121] *Logica*, liv. III, primeira parte, cap. 4. Tomo a palavra "substância", na acepção comum dos lógicos e dos físicos, como significando uma coisa com existência física, isto é, uma essência e uma natureza oposta aos acidentes e às relações. Isto parece suficiente, pois seria inábil neste lugar causar embaraço e confundir os principiantes com controvérsias metafísicas. Porém, de momento interpreto em sentido estrito a significação da palavra "substância", explicando igualmente de que modo ela deve entender-se.

[122] *Metafísica*, liv. V, cap. 8; *Física*, liv. I, cap. 6.

[123] *In Sent.*, III, dist. 1, q. 1; *Contra gent.*, liv. I, cap. 25.

[124] *In universam dialectiam Aristotelis*, cap. 4 ("De praedicamentis", q. 1, a. 2).

[125] Aristóteles e os escolásticos – que discorreram sobre a substância com maior subtileza e explanação que outros autores – apenas foram capazes de formar uma ideia relativa de "substância", como demonstram os vários modos de eles exporem esse tema. Aristóteles considera quatro modos da substância: *pro rei essentia, pro quacumque re quae non est accidens,*

carens omnibus modis. Quare qui de substantia sine modis sumta disputant, non de re aliqua, quae extra mentem sit, disputant, sed de abstracta idea, quae tantum in eorum mente exsistit. "Substantiae" enim, ut in Logica docuimus[121], nullam [155] aliam ideam habemus, nisi concipientes cumulum modorum et proprietatum, adiungendo iis ideam obscurissimam naturae nobis incognitae (exempli gratia, complexionis partium materiae nobis[(22)] non cognitae) quam putamus tales proprietates ac modos sustentare et continere.

Atque hoc ipsum haud dubie indicat nomen "substantia", quod non ex alio principio ductum uidetur, quam quod res est aliqua sub stans, id est, stans sub ipsis modis, quos ueluti basis aliqua sustentare logici fingunt et enuntiant. Nec aliud existimasse et ueteres et iuniores philosophos eorum uariae definitiones satis declarant. Nam siue cum Aristotele dicamus substantia est ens non exsistens in alio[122]; siue cum Diuo Thoma substantia est ens, cui debetur exsistentia per se et non in alio[123]; siue cum Conimbricensibus substantia est ens, cui conuenit exsistere independenter ab alio, ut a subiecto inhaesionis[124]; siue cum iunioribus istis substantia est primum subiectum, quod ita exsistit, ut intrinsecus a nullo pendeat. Perspicuum est nullo modo adtingi, nec explanari quid illud sit "interius", quod "naturam", "essentiam", "substantiam", uerbo dicam, rem ipsam constituit, seu facit esse talem, sed tantum dici esse rem aliquam, quae potest certos modos habere, uel non habere, uelut lapis, qui potest esse calidus, uel frigidus, quadratus, [156] uel rotundus. Quo ipso perspicitur eos non considerare substantiam simpliciter, ut re uera est, sed comparate et referendo eam ad modos, a quibus dum rem concipiunt seiunctam, fabricant ideam "substantiae". Cum autem nulla res ab omnibus suis modis exsistere possit seiuncta, sit ut ipsi defensores substantiae suis illis finitionibus apertissime ostendant se se uocabulo substantiae non nisi ideam abstractam subiicere[125].

---

[121] *Logicae* lib. III, p. I, cap. 4, "substantiae" uocabulum sumsimus in uulgata logicorum et physicorum acceptione, pro re physice exsistente, nempe pro essentia et natura rei, ut opponitur accidentibus et relationibus. Quod ibi satis esse uidebatur, ineptum enim esset eo loco tironem metaphysicis controuersiis irretire ac detinere. In praesenti uero uim nominis substantia stricte interpretamur et eo modo explanamus quo accipi debet.

[122] *Metaphysicae* lib. V, cap. 8 et *Physicae* lib. I, cap. 6.

[123] In tertia Sententia, dist. 1, q. 1 et lib. I *Contra Gentes*, cap. 25.

[124] *In Dialectica Aristotelis,* cap. 4, de praedicam. quaestio. 1, art. 2.

[125] Aristotelem et scholasticos, qui de substantia subtilius et copiosius ceteris disputarunt, nullam nisi relatam "substantiae" ideam sibi condere potuisse, eorum uarii explicandi modi demonstrant. Nam Aristoteles Quatuor modis accipit substantiam: *pro rei essentia, pro quacumque re quae non est accidens, pro substantia perfecta, pro primis substantiis*. Eius autem interpretes

---

[(22)] nobis non cognitae) quam putamus tales proprietates ac modos sustentare et continere.] nobis incognitae, id est, complexionis u. g. partium materiae nobis non cognitae, quam putamus tales res continere. *R*

Infere-se em segundo lugar deste assunto não terem estado de acordo nem os filósofos antigos nem outros posteriores. Devendo eles ter concluído dos seus princípios que nenhuma definição se adequa às ideias abstractas, excepto a definição nominal – pois nada existe de abstracto que seja exterior à nossa mente –, contudo, pronunciaram-se, opinaram e discorreram sobre a substância como se ela realmente existisse. [157] Daí as discussões acérrimas sobre a natureza da substância e as inumeráveis definições obscuras e complicadas que nada explicam, deixando tudo a meio termo; daí também os conflitos, os agravos e as afrontas entre as diversas escolas. Porém, se eles houvessem pensado minimamente e sem preconceitos, teriam concluído com evidência que, ao discorrerem sobre a substância como oposta aos modos, se apartavam do âmbito da Física para o da Metafísica, ou seja, das coisas existentes para as criadas pelo espírito; e que todas as suas disputas são apenas discussões sobre palavras, sobre ideias metafísicas e, por conseguinte, sobre coisas não só inexistentes, mas até impossíveis; e que apenas pode denominar-se por aquela palavra uma essência e uma natureza não como existe realmente nas criaturas, mas como a imaginamos e pensamos; e que eles se envolvem continuamente num paralogismo ao considerarem verdadeiro o que é uma contradição, isto é, não ser abstracta uma coisa abstraída pela mente.

O erro desses filósofos origina-se decerto – por terem também obtido ideias abstractas das palavras "natureza" e "essência" – em suporem significarem com essas palavras uma coisa desconhecida de que dimanam, como de uma fonte, todos os atributos, e, por isso, em se persuadirem dever falar-se e ajuizar-se do mesmo modo a respeito da substância. Por tal motivo, eles foram ignobilmente induzidos em ambos os casos em erro, pois fizeram corresponder uma ideia abstracta às palavras "natureza" e "essência", a qual certamente não percepcionaram, e à palavra "substância" adequaram a ideia de uma coisa efectivamente existente, ideia essa que de modo algum pode aceitar-se, segundo a sua própria opinião.

São estes os pareceres dos escolásticos que induziram em erro muitos modernos; por outro lado, alguns com agudeza de espírito e exercitados não se deram conta da inaudita e perniciosa confusão originada nesse preconceito. Com efeito – dado que "essência" e "natureza" significam até para esses autores [158] aquilo pelo qual uma coisa é o que é, e não algo diferente de si própria (ou seja, como acima afirmei, uma coisa real e existente), e como a respeito de uma coisa real e existente apenas

---

pro substantia perfecta, pro primis substantiis. Porém, ao explicarem a expressão *per se,* os seus comentadores discordam dele em toda a linha a ponto de Avicena afirmar com plena razão que a não-existência na substância não significa a entidade da substância. Quanto aos Conimbricenses, após terem exposto as opiniões dos diversos autores no lugar acima mencionado, embora não movam uma pedra para defenderem Aristóteles, declaram, no entanto, sem rebuços que as definições, tanto da substância como do acidente, não são definições da essência, o que significa eles nada explicarem realmente, explicando apenas o modo ou a relação de uma coisa com outra, ou seja, existirem ideias relativas e abstractas.

Ex quo iterum consequitur nec ueteres, nec recentiores, istos consentire sibi. Cum enim ex suis principiis inferre deberent abstractae ideae nullam definitionem conuenire, nisi definitionem nominis, propterea quia abstractum nihil re est extra mentem nostram, nihilominus ita de substantia loquuntur, ita sentiunt, itaque disputant, quasi aliquid tale exsisteret in rerum [157] natura. Hinc illae decertationes acerrimae de natura substantiae, hinc definitiones illae tam multae, tam obscurae, tam inplicatae quae nihil re explicant, sed rem in medio relinquunt, hinc demum illae lites, illae iniuriae, illae contumeliae diuersarum scholarum. Quod si uel tantillum ac sine praeiudicio rem ponderassent, perspicue cognoscerent, se cum de substantia, ut opposita modis, disputant ex regno physico ad metaphysicum gradum facere, nimirum ex re exsistenti ad rem mente confictam, omnesque disputationes suas nihil aliud esse, nisi decertationes de uocabulo, de idea metaphysica, de re denique non modo non exsistenti, sed etiam inpossibili, nec aliud tali uocabulo designari posse, nisi essentiam et naturam, non ut uere exsistit in rebus creatis, sed ut a nobis fingitur et cogitatur, et, quod inde sequitur, eos perpetuo paralogismo laborare, illud pro uero sumentes, quod repugnat, uidelicet rem mente abstractam non esse abstractam.

Nimirum eorum error ex hoc fonte profectus est, quod uocabula illa duo, "natura" et "essenti", tamquam ideas abstractas etiam receperunt, putantes iis uocabulis designari rem aliquam incognitam, ex qua ueluti fonte riuuli proprietatum omnium dimanent, ideoque eodem modo de substantia loquendum ac iudicandum esse sibi persuaserunt. Quare utrobique turpiter errarunt, nam et uocabulis et "natura" et "essentia" subiecerunt ideam abstractam, quam certe non patiuntur, et uocabulo "substantia" ideam supposuerunt rei uere exsistentis, quam ideam nullo pacto, ex eorum sententia, recipere potest.

Haec scholastici, a quibus decepti recentiores plurimi, ceteroqui sagaces et callidi, non animaduerterunt quam incredibilis et perniciosa rerum confusio ex tali praeiudicio deriuetur. Nam cum essentia et natura, uel ipsis auctoribus, significet [158] id per quod res quaelibet est talis et non aliud diuersum, id est, ut supra diximus, significet rem certam et exsistentem, cumque in qualibet re certa et exsistenti non nisi aceruum sensilium proprietatum cognoscamus, fit ut iis uocabulis non aliud quam idea complexa proprietatum

---

in explicando illius uocabulo per se, tam mire dissentiunt ut nulli magis, adeo ut Auicenna recte dicat illud suum non exsistere in subiecto, nullam entitatem substantiae declarare. Conimbricenses autem loco citato, expositis omnium sententiis, tametsi nullum non lapidem moueant, ut Aristotelem defendant, ingenue tamen fatentur definitionem tum substantiae, tum accidentis *non esse essentiales*, quod ualet, nihil re ipsa explicare, sed tantum explicare modum, seu relationem unius ad aliud, id est, esse ideas relatas et abstractas.

pode conhecer-se o conjunto das propriedades sensíveis –, infere-se corresponder apenas àquelas palavras a ideia complexa dos atributos realmente existentes, não podendo jamais entender-se e interpretar-se essa ideia como abstracta. Inversamente, a palavra "substância" nunca significa uma coisa como ela é em si mesma, mas enquanto relativa aos modos. Assim, não pode interpretar-se a palavra "substância" como algo físico, mas somente metafísico. Portanto, dizer "substância", "ideia abstracta" ou "ideia metafísica" é dizer a mesma coisa.

Concluindo, para entender esses filósofos e para dirimir as suas altercações, podemos distinguir na substância o sentido físico e o sentido metafísico: o primeiro, é a própria natureza e essência enquanto existentes; o segundo, é o modo escolástico de considerar a essência e a natureza, não podendo, no entanto, neste caso ela existir. Também eu irei por vezes adoptar esta dupla significação com proveito para aqueles que, se não procedesse dessa forma, muito dificilmente entenderiam as minhas palavras e o meu pensamento. Mas qual seja a significação que irei adoptar, ou já a exprimi com clareza ou depreende-se do contexto do discurso, tendo também declarado poder conhecer-se com evidência segundo as circunstâncias.

II

Os modos são intrínsecos ou extrínsecos. Os primeiros são de tal forma intrinsecamente inerentes à substância, que não podem existir nem ser percepcionados enquanto separados dela; são exemplos a figura e o movimento. Onde existe figura sem um corpo ou movimento sem um móvel? Os modos extrínsecos não existem realmente na substância, sendo concebidos pela nossa mente como algo que a completa; são exemplos todas as relações.

[159] A relação é a razão ou a causa que, ao considerar um objecto, me estimula a conhecer simultaneamente outro objecto. Por exemplo, se eu pensar na existência de Pedro, a minha ideia denomina-se "absoluta"; mas, se pensar na acção pela qual ele gerou um filho, esta acção estimula-me a relacioná-lo com o filho, denominando-se "relação fundamental". A denominação de "pai" é também uma relação, e a ideia que possuo dessa denominação é uma ideia relativa. E a palavra "pai" com que exprimo essa ideia é um nome relativo. Mas, em benefício dos principiantes, irei expor posteriormente este assunto.

Por conseguinte: 1. A acção de gerar é uma relação por me induzir à representação de um filho, sendo concebida pela mente como inerente a Pedro; 2. A denominação de "pai" é também uma relação por me induzir igualmente ao conhecimento do filho, sendo igualmente concebida como inerente a um objecto; 3. A ideia que possuo de "pai" é ainda uma relação, pois também me estimula a conhecer o filho; 4. E a palavra pela qual exprimo tal ideia e tal denominação é do mesmo modo uma relação, visto que, ao ouvi-la, obtenho o conhecimento do filho. Estamos, portanto, perante quatro relações, embora a terceira e a quarta não se denominem vulgarmente "relações", mas "relativos".

uere exsistentium, subiiciatur, nec umquam ueluti idea abstracta sumi et interpretari possint. At nomen "substantia" e contrario numquam significat rem ipsam ut in se est, sed ut ad modos refertur. Ergo numquam sumi potest pro re physica, sed pro re metaphysica, adeo ut uel dicas "substantiam", uel "ideam abstractam", uel "ideam metaphysicam", idem dicas.

Ad summum, idque philosophos intelligendi ac lites deriuandi gratia, distinguere possumus substantiam physice et metaphysice sumtam: illa est ipsamet natura et essentia exsistens; haec uero est uia quaedam scholastica considerandi essentiam et naturam, sed eo modo, quo exsistere non potest. Quam duplicem significationem et nos interdum adhibuimus, ut morem gereremus illis qui, nisi eo modo loqueremur, uix aut ne uix quidem dicta et sensa nostra animo comprehenderent. Sed quo sensu ea usurparemus, uel clare ibi diximus, uel ex orationis contextu atque ex adiunctis liquido intelligi posse merito iudicauimus.

II

Modi uel sunt interni, uel externi. Interni sunt qui ita in substantia intrinsecus inhaerent, ut ab ea nec esse, nec intelligi possint exsistere separati, ueluti figura et motus. Vbi enim est *figura* sine corpore? *Motus* sine mobili? Externi sunt qui non reapse in substantia exsistunt, sed a mente nostra concipiuntur ueluti aliquid quod eam adficit, cuiusmodi sunt relationes [159] omnes.

Relatio est ratio, seu caussa quae, dum obiectum considero, me mouet ut aliud obiectum simul cognoscam. Exempli gratia, si considero Petrum exsistere, haec idea uocatur "absoluta". Sin autem considero actionem qua ipse genuit filium, haec actio mouet me ut eum referam ad filium et uocatur "relatio fundamentalis". Denominatio "patris" est etiam relatio; idea quam habeo talis denominationis dicitur idea relatiua; nomen "patris", quo exprimo talem ideam, est nomen relatiuum. Sed haec ulterius explicemus tironum gratia.

Itaque 1. actio illa gignendi uocatur relatio, quia me ducit in cognitionem filii, et mente ueluti concipitur Petro adhaerere. 2. Denominatio, seu appellatio "patris"[23] est etiam relatio, propterea quia similiter me ducit in cognitionem filii et eodem modo adhaerens obiecto concipitur. 3. Idea[24] quam habeo "patris" est etiam relatio, quia et ipsa excitat me ut cognoscam filium. 4. Nomen[25], quo exprimo talem ideam ac denominationem, est item relatio, quia, eo audito, uenio in cognitionem filii. Igitur hae Quatuor res sunt Quatuor "relationes", tametsi tertia et quarta non relationes sed "relatiua" uulgo appellentur.

---

[23] patris] filii *R* || [24] Idea] Idea [relatiua] *R* || [25] Nomen] Nomen [relatium] *R*

Alguns filósofos recusam esta conclusão, porfiando poderem chamar-se "relações" somente as duas primeiras por apenas elas serem concebidas como inerentes a um objecto. Ridicularias! Em primeiro lugar, adequa-se às quatro a definição de "relação"; por outro lado, se desejarmos exprimir-nos estritamente, só a acção de gerar pode de certo modo conceber-se como inerente a um objecto, visto ter realmente o seu fundamento no objecto, embora não subsista nele; no que respeita à denominação, é tão extrínseca como a ideia e como o nome, pois não pode conceber-se como inerente a um objecto; por último – quaisquer que sejam os pareceres de alguns incompetentes que com palavras destituídas de significação costumam tornar obscuros assuntos muito evidentes –, as denominações de "pai" e de "filho" [160] são realmente apenas as palavras "pai" e "filho" que, enquanto referidas mentalmente às ideias que exprimem, se dizem "nomes relativos" e, enquanto referidas ao objecto em que se encontra o fundamento da relação, se chamam "denominação". Por isso, o que se atribui à denominação deve igualmente atribuir-se ao nome relativo. Se for de modo diferente, esclareçam-me sobre o que é a denominação. E onde é que ela existe? Jamais – creio eu – poderão esclarecer-me.

Se investigarmos com diligência esta matéria, reconheceremos com evidência serem os nomes relativos a causa pela qual conhecemos serem as denominações, ou seja, as relações, inerentes a um objecto. Na verdade, embora tenha sido pela comparação de coisas distintas que os primeiros inventores das línguas imaginaram entre eles os nomes relativos, pelos quais significaram essas denominações ou relações, sucede, no entanto, de forma diferente nos tempos actuais, em que obtemos o conhecimento das relações ou denominações com base nos nomes relativos. Efectivamente, como desde a mais tenra idade nos acostumámos a conhecer a razão e a denominação de "pai" apenas pela audição da palavra "pai" – palavra esta que origina duas ideias, a de "gerador" e a de "gerado" –, ao ouvirmos o nome relativo obtemos o conhecimento de duas ideias, pelo que, dado o nome relativo, estabelece-se a denominação e, suprimido esse nome, extingue-se e denominação. E um e outra relacionam-se tão intimamente que, ao falarmos do nome relativo, é necessário falar da denominação, o que se entende sem dificuldade[126]. Por isso, quer o nome seja a denominação, o que é verdadeiro, quer do nome decorra necessariamente a denominação – como pensam os escolásticos –, cheguei igualmente àquilo que pretendia.

É ainda necessário advertir não ser uma percepção simples de um objecto a ideia [161] relativa de "pai", pois no sentido lato é uma ideia complexa. No entanto, é realmente um juízo pelo qual percebo a conformidade entre duas ideias, como quando afirmo que Pedro gerou um filho. É esta a significação da palavra "pai".

---

[126] Discorri com brevidade sobre este assunto na *Logica* (liv. III, primeira parte, cap. 4, § 3), tanto quanto era suficiente nesse lugar; contudo, ele compreende-se com maior clareza com base naquilo que acima foi referido.

Negant haec aliqui et contendunt solas primas duas dici posse "relationes", quia hae solae obiecto adhaerere concipiuntur. Merae nugae. Nam primum, Quatuor his conuenit definitio "relationis". Deinde, si stricte loqui uolumus, sola actio gignendi, quia reapse ex obiecto profecta est, nec tamen durat in eo, sola adhaerere obiecto quodammodo concipi posset. At denominatio tam est externa, quam idea, quam nomen, propterea obiecto adhaerens concipi non posset. Postremo, quidquid dicant inepti aliqui, quia⁽²⁶⁾ uerbis nihil significantibus res etiam clarissimas inuoluere in more positum habent, nihil aliud reapse est denominatio "patris", atque "filii", [160] quam nomen "patris", atque "filii"⁽²⁷⁾, quod nomen dum mente refertur ad ideam, quam exprimit, dicitur "nomen relatiuum", dum ad obiectum, in quo est fundamentum relationis, dicitur "denominatio". Proinde quod denominationi tribuitur, etiam nomini relatiuo tribui debet. Secus doceant ipsi quid sit denominatio? Vbi exsistat? In quo a nomine relatiuo distinguantur? Numquam, mihi crede, docebunt.

Quod si rem diligenter inuestigamus, perspicue cognoscemus⁽²⁸⁾ nomina relatiua caussam esse cur denominationes, id est, relationes in obiecto inhaerere concipiamus. Nam tametsi primi illi inuentores linguarum ex comparatione diuersarum rerum inter se nomina relatiua excogitarunt, quibus praedictae denominationes, seu relationes, significarentur, tamen hoc tempore alio modo se habet et ex ipsis nominibus relatiuis uenimus in cognitionem relationum, seu denominationum. Nam cum a prima aetate adsueti simus non aliter cognoscere rationem et denominationem "patris", nisi audito nomine "pater", quod nomen duas nobis offert ideas "generantis" et "geniti"; proinde audito nomine relatiuo, uenio in cognitionem duarum idearum, ideoque posito nomine relatiuo, ponitur denominatio; sublato eo nomine, tollitur denominatio et haec duo tam arcte coniunguntur, ut cum loquimur de nomine relatiuo, de denominatione illa loqui necesse sit, idque illico intelligatur¹²⁶. Quapropter uel nomen sit denominatio, ut uere est, uel ex nomine necessario sequatur denominatio, ut putant scholastici, perinde est ad id quod uolumus.

Illud etiam monere necesse habemus ideam [161] illam relatiuam "patris" non esse simplicem perceptionem rei, sed lata significatione uocari ideam, nempe complexam. Reapse uero est iudicium, quo percipio conuenientiam duarum idearum, seu adfirmo Petrum esse genitorem filii, id enim significat nomen "pater".

---

¹²⁶ Haec breuiter in *Logica*, lib. III, p. 1, cap. 4, § 3 disseruimus, quantum eo loco satis fuit, quae ex supra dictis clarius intelligentur.

⁽²⁶⁾ quia] qui *R* ‖ ⁽²⁷⁾ patris atque filii, quam nomen patris atque filii] filii, quam nomen filii *R* ‖ ⁽²⁸⁾ cognoscemus] cognoscimus *R*

Consideradas de um modo geral, as relações dividem-se em denominações extrínsecas, privações e negações. A denominação extrínseca é um nome que se atribui a um sujeito com referência a outro, sendo concebido como um modo inerente a esse sujeito; por exemplo, "ser conhecido", "ser amado", "ser primeiro", "ser último", "ser juiz", que se afirmam apenas em relação a outros sujeitos. Já anteriormente aludi a estes casos. Quanto à privação, é a ausência de uma perfeição num sujeito com aptidão para possuí-la, por exemplo, a cegueira ou a privação da visão numa pessoa, e as trevas ou a privação da luz na atmosfera. Por seu lado, a negação é a ausência de uma perfeição num sujeito sem aptidão para possuí-la, por exemplo, a cegueira na pedra. Os dois últimos casos apenas podem conceber-se como relações: no primeiro, relacionamos uma pessoa cega com outra que não é cega; no segundo, uma pedra com uma pessoa com visão.

São estas as considerações que julguei suficientes para exortar os principiantes. E originam-se nelas alguns corolários, que acrescento com muito agrado.

COROLÁRIO SOBRE A SUBSTÂNCIA
Não pode existir uma substância sem nenhuns modos intrínsecos.
Este corolário infere-se claramente do que ficou escrito. Apresento-o, por isso, para dissipar certos equívocos e para responder às controvérsias fúteis que costumam estabelecer-se nas escolas e que não passam de logomaquias.

[162] Portanto, na acepção física, é necessário que a substância possua realmente alguns modos intrínsecos, sendo, assim, absurdo perguntar se ela pode existir sem modos, pois, embora exista por vezes sem um ou outro modo intrínseco, no entanto, na ordem actual das coisas não pode estar desprovida de todos eles. Todavia, é evidente poder ela no sentido metafísico existir sem modos, pelo que seria também absurdo perguntar – baseando-se a pergunta em que isso pode suceder considerando a substância na acepção metafísica – se existe uma natureza separada dos modos. Contudo, por não ser idêntica em todas as pessoas a ideia abstracta de "substância", tal como a de "essência", mas diferente consoante a diversidade das coisas, sucede por vezes incluir essa ideia alguns modos; por conseguinte, eles não devem denominar-se "modos", mas "essência" ou "substância" do objecto. Vou esclarecer convenientemente este assunto com alguns exemplos.

A pluma que movo actualmente com a mão para escrever pode deixar de mover-se, se a detiver, podendo, assim, ser privada de movimento e ficar em repouso sem deixar de ser pluma; mas ela não pode ser privada simultaneamente do movimento e do repouso, pois é necessário que possua um ou outro destes estados. De forma idêntica, ela não pode estar privada de toda a grandeza, de toda a figura e de outras propriedades, dado dever possuir necessariamente alguma delas. Ao contrário, um relógio, além da disposição das partes, inclui o seu movimento e, por isso, embora o movimento em geral seja um modo do corpo, no entanto, é a essência ou a substância do relógio. De forma idêntica, o raio contém em si, além de uma matéria resplandecente, um movimento de uma velocidade inexplicável,

Porro relationes generatim sumtae diuiduntur in denominationes externas, priuationes, negationes. Denominatio externa est nomen quod subiecto tribuitur referendo ad aliud et concipitur ueluti modus aliquis adhaerens eidem, uerbi gratia "esse cognitum,amatum, primum, postremum, iudicem", quae non nisi cum ordine ad aliud dicuntur, de quibus supra iam diximus. Priuatio est uacuitas perfectionis in subiecto quod aptum est eam habere, ueluti caecitas, seu priuatio uisus in homine, tenebrae, seu priuatio lucis in aere. Negatio est uacuitas perfectionis in subiecto quod aptum non est eam habere, ut caecitas in lapide. Vtraque concipi non potest nisi relatiue, in prima enim conferimus hominem caecum cum non caeco, in secunda lapidem cum homine uidenti.

Haec sunt quae tirones admonere satis esse putauimus. Hinc aliqua corollaria proficiscuntur, quae adiungere non paenitebit.

COROLLARIVM[29] DE SVBSTANTIA
Hinc substantia sine ullis modis internis esse non potest.
Aperte sequitur ex dictis. Nos uero iccirco id ponimus, ut amphibolias aliquas tollamus et occurramus inanibus disceptationibus quae de substantia institui solent in scholis, quae nihil aliud sunt quam logomachiae.
[162] Itaque substantia physice et reapse sumta aliquot modos internos habeat necesse est. Quamobrem ineptum est quaerere an sine modis esse possit, quia etsi substantia sine uno, uel altero modo interdum sit, tamen in hoc rerum ordine omnibus modis spoliata esse non potest. Metaphysice uero sumta, sine modis esse posse perspicuum est. Quare ineptum etiam est quaerere an sine modis possit esse, quia id ipsum significat substantia metaphysice sumta, nempe naturam seiunctam a modis. Tamen cum idea abstracta "substantiae", ut "essentiae", non eadem in omnibus sit, sed pro uarietate rerum uaria et ipsa, talis interdum est, quae aliquos modos complectitur, qui propterea non amplius uocandi sunt "modi", sed "essentia" et "substantia" rei. Sed haec aliquo exemplo commode declarabimus.

Exempli gratia, pluma, quam in praesentia manu moueo, ut haec scribam, potest non moueri, si consistam, propterea motu priuari potest et quiescere, quin desinat esse pluma. Non tamen priuari simul potest et motu et quiete, sed alterutrum habeat necesse est. Item non potest priuari omni magnitudine, figura ceterisque, sed unum, uel aliud necessario habet. Contra horologium uerbi gratia praeter artificium partium, complectitur motum earum. Ideoque etsi motus generatim sumtus sit modus corporis, tamen essentia, seu substantia, est horologii. Item fulmen, praeter materiam

---

[29] COROLLARIVM] COROLLARIA *R*

pelo que esse movimento já não é um modo, mas a essência do raio. Portanto, para ajuizarmos sobre os modos com rectidão, é necessário estabelecermos em primeiro lugar em que consiste a natureza de uma coisa, para não chamarmos "modo" de forma irreflectida àquilo que constitui a natureza.

[163] Corolários sobre os modos

I. *Os modos intrínsecos são efectivamente apenas a substância ao apresentar-se de uma determinada maneira, não podendo, por isso, separar-se dela.*

Seria inacreditável se referíssemos as inumeráveis logomaquias que sobre a natureza dos modos ou dos acidentes se ouvem nas escolas de alguns filósofos que, induzidos em erro pelas ideias abstractas a que por hábito atribuem natureza e existência próprias, porfiam vivamente serem os modos certas entidades que podem existir separados da substância. Não é prudente saborear, nem sequer com a extremidade dos lábios, discussões tão fúteis, tanto mais que nenhum iniciado na boa filosofia desconhece originarem-se todas essas contendas na doutrina preconcebida da distinção das formas. Pondo de lado tais preconceitos e ajuizando livremente sobre esta matéria, conclui-se com clareza que tais entes não existem. É suficiente, por isso, advertir que nenhum modo intrínseco pode separar-se do seu objecto; com efeito, a rotundidade ou a magnitude de uma esfera de ouro é apenas o ouro com uma determinada figura e uma determinada grandeza. Posso certamente representar-me de modo abstracto a rotundidade, mas não posso pensar a sua existência sem a matéria à qual ela é inerente. Se alguém recusar isto, mostre-me a rotundidade, o movimento e outras coisas deste género sem a substância, ficando eu muito grato por me ter explicado tão admirável fenómeno.

É dogma de fé – tendo sido estabelecido principalmente no Concílio Tridentino – que sob as espécies do pão e do vinho que se manifestam aos sentidos na Eucaristia não estão encobertas a natureza e a substância do pão e do vinho, mas o verdadeiro corpo de Cristo. Mas em parte alguma a Igreja definiu se essas espécies são acidentes absolutos – como afirmam os escolásticos – [164] ou simples espécies, como pensam os modernos. Aliás, esta questão jamais foi levantada pela Igreja. Além disso, nunca vi ninguém que duvidasse da existência das espécies na Eucaristia, o que apenas um cego ou um demente poderia recusar. Por conseguinte, tanto os escolásticos como os modernos sustentam as suas doutrinas em conformidade com os preceitos da Igreja. Porém, o modo de explicar o dogma por parte dos modernos parece mais consentâneo quer com as palavras dos concílios – que se servem sempre da palavra "espécies" –, quer com as descobertas da física moderna, que com base na observação dos corpos não apenas infere serem os modos intrínsecos apreendidos rectamente sem quaisquer entes distintos da substância, mas também demonstra explicarem-se facilmente e com muita clareza as espécies eucarísticas sem recorrer aos modos absolutos, e preservando – por assim dizer – a substância do dogma católico. Este assunto foi explanado com muita erudição quer por filósofos, quer

inflammatam, includit motum inexplicabilis celeritatis, qua de caussa hic motus non amplius est modus, sed essentia fulminis. Quare ut de "modis" recte iudicemus, oportet primo constituamus, in quo sita sit natura rei, ne inscite modum uocemus illud, quod naturam constituit.

[163] COROLLARIA DE MODIS

I. *Hinc Modi interni re ipsa nihil aliud sunt quam substantia, quae hoc, uel illo modo se habet, propterea ab ea separari non possunt.*

Incredibile dictu est quot logomachiae de natura modorum, seu accidentium, audiantur in scholis quorumdam philosophorum qui, decepti abstractis ideis quibus propriam naturam et exsistentiam tribuere solent, acriter contendunt modos esse entia quaedam quae a substantia exsistere seorsum possunt. Non est consilium tam inanes disputationes uel summis labiis degustare, nemo enim bona philosophia initiatus non agnoscit, ex praeiudicata sententia formarum distinctarum has contentiones omnes proficisci. Tolle praeiudicia remque libero iudicio considera, plane cognosces eiusmodi entia nulla esse. Quamobrem sat erit monere nullum modum interdum a subiecto separari posse, nec aliud esse rotunditatem, uel magnitudinem globi aurei, quam aurum tali modo figuratum et tali magnitudine constans. Possum quidem rotunditatem abstracte considerare, sed intelligere exsistentem sine materia cui insit, non possum. Si negant, ostendant rotunditatem et motum et eiusmodi alia sine subiecto, et habebimus illis gratiam de tam mirabili explicatione phaenomeni.

Fide quidem sancitum[30] est et in Conciliis, Tridentino praesertim, constitutum, sub speciebus panis et uini, quae in Eucharistia sensibus se offerunt, non panis et uini naturam et substantiam, sed uerum Christi corpus contineri. Sed an praedictae species accidentia absoluta sint, ut aiunt scholastici, [164] an merae species, ut putant recentiores, nusquam definiuit Ecclesia, nec umquam istiusmodi quaestio in Ecclesia mota est, immo uero nusquam lego de exsistentia specierum in Eucharistia dubitatum fuisse, quam nemo nisi caecus, aut demens, negare potuisset. Quare utrique et scholastici et recentiores per Ecclesiae leges suam sententiam defendunt. Recentiorum uero explicandi ratio magis consentanea uidetur tum ipsis conciliorum uerbis, quae perpetuo utuntur uoce "species", tum recentioris physicae inuentis, quae ex iis, quae in corporibus obseruat, non solum deducit modos internos sine ullis entibus a substantia distinctis recte intelligi, sed etiam demonstrat eucharisticas species sine absolutorum modorum praesidio facile et clarissime explicare, salua, ut ita dicam, catholicis dogmatis

---

[30] sancitum] sanctum *R*

por teólogos gravíssimos[127]. [165] E por eles haverem eliminado toda a possibilidade de evasiva por parte dos opositores mais audaciosamente insolentes, não há razão para eu insistir por mais tempo nesta matéria; apenas haveria algum interesse em aludir aos seus nomes.

Ainda que eu conceda aos escolásticos poderem separar-se da substância pelo poder divino os modos intrínsecos, isso não põe em causa a minha doutrina, pois eu refiro-me aos modos considerando as leis da natureza; destes possuímos ideias, mas não daqueles que, em virtude da omnipotência divina, podem existir por uma razão diferente, dos quais só possuímos ideias por causa da palavra de Deus, ou seja, ideias extremamente obscuras[128]. E nem os escolásticos possuem ideias mais claras que as minhas.

II. *A existência é* um modo intrínseco *da essência física*.

Com efeito, pode de certa forma perceber-se a essência sem a existência actual; mas não pode a existência sem a essência. Por exemplo, ao conceber uma coisa apenas como possível, entendo estar privada da existência actual; mas ao conceber um ente realmente existente, não pode suceder que não o conceba como possuindo uma natureza ou essência. Portanto, a existência é um modo.

[166] Eu afirmei "de certa forma", dado que os possíveis – como adiante irei demonstrar –, por não possuírem existência actual, não podem ser percebidos com clareza. Além disso, pensamos os possíveis à semelhança da existência futura, podendo, por isso, afirmar com razão que eles possuem uma existência ou possível ou futura. Por sermos constituídos pela natureza de forma a adquirirmos as ideias simples pelos sentidos, inferindo outras com base nestas por conjunção, por separação ou por reflexão, não pode suceder que não as concebamos a todas

---

[127] É fácil conhecer a verdadeira significação dos concílios pelos seus decretos, pela finalidade das suas decisões e pela história eclesiástica. Mas a forma como os modernos explicam os modos ou as espécies eucarísticas pode encontrar-se no escritor francês Saguen e no espanhol Tosca, que filosofaram segundo o sistema de Maignan. Contudo, no meu parecer, leva a palma a todos eles o varão douto franciscano Fortunato de Bréscia, professor de filosofia na Academia de Bréscia, que escreveu uma obra intitulada *Dissertatio physico-theologica de qualitatibus corporum sensibilibus* (Bréscia, 1749), que corrobora toda esta questão com argumentos muito consistentes. Aliás, entre os modernos não existe apenas um modo de explicar este assunto, dado que Bernardin d'André Carpentoract, da Ordem dos Capuchinhos, propõe na sua *Physica* (segunda parte, trat. 2, caps. 20 e segs.) uma nova doutrina, em que pretende demonstrar, a respeito da Eucaristia, o seguinte: "Os acidentes do pão e do vinho permanecem certamente sem as respectivas substâncias, mas não totalmente sem a substância, pois o corpo de Cristo produz de um modo sobrenatural a eficácia das substâncias do pão e do vinho, as quais sustentam de modo admirável os seus acidentes sem nenhuma imperfeição e sem inerência".

[128] Quando necessário, podemos por vezes exprimir-nos comodamente sobre coisas de que possuímos apenas ideias obscuras, não sendo, por isso, falsos os nossos juízos. Isto torna-se perspícuo com base naquilo que posteriormente irei referir no capítulo quinto, corolário terceiro.

substantia. Quae cum grauissimi tum philosophi, tum theologi eruditissime demonstrarint[127] omnemque [165] euadendi occasionem aduersariis audacius insultantibus praecluserint, non est cur iis ulterius inmoremus. Tantum eorum nomina adtingenda fuerunt.

Verum etsi daremus scholasticis modos internos diuina potentia a substantia seiungi posse, id nostram non labefactaret sententiam. Nos enim loquimur de modis ex legibus naturae sumtis, quorum habemus ideas; non uero de modis, qui omnipotenti uirtute Dei alia ratione esse possunt, quorum non aliam ideam habemus, quam ex diuina locutione, id est, ualde obscuram[128], nec scholastici clariorem ideam habent quam nos.

II. *Hinc exsistentia est* modus internus *essentiae physicae.*

Nam essentia sine exsistentia praesenti intelligi quodammodo potest, exsistentia sine essentia non potest. Exempli gratia, cum concipio aliquid esse tantum possibile, intelligo praesenti exsistentia carere. At si concipio ens aliquod re uera exsistere, fieri non potest quin concipiam habere naturam, seu essentiam aliquam. Proinde exsistentia est modus.

[166] Dixi "quodammodo"; nam cum possibilia, ut infra dicemus, nullum esse habeant in praesentia, intelligi clare non possunt. Deinde possibilia non secus ac futura ueluti exsistentia cogitamus, proinde non incommode dicimus habere illa exsistentiam possibilem, uel futuram. Nam cum ita a natura comparati simus, ut ideas simplices per sensus adquiramus, ex iis autem ceteras uel coniungendo, uel separando, uel easdem contemplando deducamus, fieri non potest quin omnia quasi exsistentia concipiamus.

---

[127] Conciliorum germanum sensum ex ipsis conciliorum uerbis, ex definitionis fine, ex historia Ecclesiae facile cognosces. Rationem uero, qua recentiores *modos*, seu species Eucharisticas, explanant, habes apud Saguensium Gallum et Toscam Hispanum, qui ex disciplina Maignani philosophantur. Sed palmam, mea sententia, omnibus praeripuit uir doctus Fortunatus a Brixia Franciscanus, philosophiae interpres in academia Brixiana, libro inscripto *Dissertatio Physico-Theologica de Qualitatibus Corporum Sensibilibus*, Brixiae, 1749, qui omnia solidissimis rationibus confirmat. Neque tamen una est omnium recentiorum explicandi ratio, nam Bernardinus D'Andrée Carpentoractensis Ordinis Capuccinorum, in *Physica* p. II, trac. 2, cap. 20 seqq, nouum systema proponit, in quo sibi sumit probandum, in Eucharistia, "remanere quidem panis et uini accidentia sine eorum substantiis, at non sine omni prorsus substantia; nam corpus Christi supernaturaliter uires gerit substantiae panis et uini, sustentando modo mirabili eorum accidentia sine inperfectionibus et inhaerentia".

[128] Posse nos de re, cuius non nisi ideam obscuram habemus, commode interdum, si modo necesse est, loqui; ideoque iudicium nostrum non esse falsum, ex iis quae paullo post, nempe cap. V, corollario tertio dicemus, perspicuum erit.

elas como existentes. Portanto, apenas podemos pensar os possíveis e os futuros atribuindo-lhes mentalmente uma determinada existência.

Alguns autores, sobretudo escolásticos, discorrem, como é seu hábito, sobre muitos assuntos inanes para explicarem se a distinção entre essência e existência deve denominar-se "real", "modal", "real modal", "de razão" ou "formal *ex natura rei*". A distinção real é característica de duas coisas que existem e podem ser pensadas separadamente (como a distinção entre Pedro e Paulo); a modal ocorre entre dois modos da mesma coisa (por exemplo, entre Pedro sentado e Pedro caminhando, ou entre a magnitude e a rotundidade da mesma esfera); a real modal realiza-se entre uma coisa e os seus modos (por exemplo, entre um corpo móvel, que pode existir sem movimento, e o movimento, que não pode existir sem um móvel); a distinção de razão verifica-se quando referimos mentalmente uma coisa a outra e as pensamos como distintas, sendo na realidade a mesma coisa (por exemplo, quando no movimento rectilíneo de um corpo distinguimos mentalmente a direcção da velocidade, trata-se efectivamente de duas coisas, sendo, no entanto, o mesmo movimento[129]); por último, a distinção formal *ex natura rei* [167] ocorre entre duas formalidades (por exemplo, entre a direcção e a velocidade do movimento, ou entre "animal" e "racional"). Na distinção de razão, distinguem-se a "menor que a real", a "maior que a real" e a "média" entre uma e outra, apresentando-se, porém, realmente como sendo a mesma distinção de razão.

---

[129] Os tomistas e outros acrescentam outra espécie de distinção, que denominam "virtual intrínseca"; ela dar-se-ia na realidade que, sendo, embora, uma, possibilita que nela se percebam várias partes distintas, das quais se podem afirmar proposições contraditórias. Neste caso estaria Deus, de quem se afirma com verdade "o Pai gera o Filho" e "a natureza divina não gera o Filho", sendo, todavia, efectivamente a mesma coisa o Pai e a sua natureza. Ponderando, porém, atentamente o assunto, reconhecemos não haver realmente nenhuma distinção, mas apenas o fundamento da distinção, que, relativamente ao nosso espírito, está sempre associado a uma verdadeira distinção de razão. E não podem distinguir-se numa coisa uma partes extremamente simples, se não existir um fundamento e uma razão da distinção. Incorre, por isso, manifestamente em erro quem pensar, admitindo a distinção virtual, ser capaz de perceber e de explicar com rectidão por que motivo aquelas proposições – que seriam contraditórias a respeito das criaturas – são verdadeiras a respeito de Deus. Com efeito – como essa distinção, segundo eles, é apenas a multíplice simplicidade e a multiplicidade simples da natureza divina, como afirma Santo Agostinho (*De Trin.*, liv. VI, cap. 4), ou, com maior clareza, uma única natureza simplicíssima e infinita, e como nenhum católico tem dúvidas sobre essa matéria, mas apenas se interroga como é possível isso ocorrer –, quem disser que toda a dificuldade desaparece, aceitando a distinção virtual, considera admitido o que estava em questão, não apresentando, por isso, nenhuma resposta e induzindo em erro o leitor com palavras ambíguas. Por conseguinte, teria sido melhor confessar com sinceridade a sua ignorância do que fazer entrar nas escolas essas explicações, como se elas fossem algo requintado. Portanto, para não altercarmos sobre palavras, devemos asseverar não existir realmente nenhuma distinção entre a natureza e as suas propriedades ou entre a natureza e as propriedades absolutas (como eles as denominam); todavia, a natureza admirável de Deus, que não pode conhecer-se com clareza pela luz natural da razão, concede-nos a faculdade de nela distinguirmos mentalmente vários atributos, o que é uma consequência da perfeição infinita de Deus e da debilidade da mente humana nesta vida, que é incapaz de conceber simultaneamente muitas coisas. Mas sobre este assunto, irei discorrer mais copiosamente na Teologia.

Ideoque possibilia et futura non aliter cogitare possumus, quam eis quamdam exsistentiam mente tribuentes.

Multa hic non nulli, maxime scholastici, more suo disputant inania, ut exponant an distinctio essentiae ab exsistentia uocanda sit realis, an modalis, an "realis modalis", an "rationis", an formalis ex natura rei. Realis est quam habent duae res, quae separatim esse et intelligi possunt, ut Petrus et Paullus. Modalis est quem habent duo modi in eadem re, uerbi gratia Petrus sedens et Petrus ambulans, magnitudo et rotunditas eiusdem globi. Realis modalis est quam habent res et modus eius, uerbi gratia corpus mobile, quod sine motu esse potest, et motus, qui sine mobili esse non potest. Rationis est, cum rem aliquam ad diuersa mente referentes, concipimus ueluti distincta, quae reapse idem sunt, uerbi gratia cum in motu recto corporis distinguimus mente directionem rectam a uelocitate, quae duo re uera idem motus sunt[129]. Formalis ex natura est [167] quae datur inter duas formalitates, cuiusmodi sunt directio et uelocitas motus, "animal" et "rationale". Vocatur "minor reali et maior" distinctione rationis, siue "media" inter utramque. Re autem uera est eadem distinctio rationis.

---

[129] Addunt Thomistae aliique aliud genus distinctionis, quam uocant "uirtualem intrinsecam", et datur in re, quae etsi una sit, tamen occasionem mihi praebet cur in ea plures ueluti partes distinctas intelligam, de quibus contrarias propositiones adseuerare possum. Veluti in Deo, de quo uere dicitur "Pater generat Filium", "natura diuina non generat Filium", cum tamen re ipsa sit idem Pater et natura. Verum si rem accurate expendimus, inueniemus nullam distinctionem dari re ipsa, sed fundamentum distinctionis, quod respectu nostri semper coniunctum est cum uera distinctione rationis. Neque enim rem unam simplicissimam in partes distinguere possum, nisi adsit fundamentum et ratio cur distinguam. Quare qui putant, posita distinctioni uirtuali, recte intelligi et explicari quare respectu ad Deum uerae sint propositiones illae, quae in creatis essent contradictoriae, aperte falluntur. Cum enim talis distinctio, si eos audimus, nihil aliud sit quam multiplex simplicitas et simplex multiplicitas naturae diuinae, ut ait Augustinus, De Trinitate lib. VI, cap. 4, seu, ut clarius loquar, res una simplicissima et infinita, quae aequiualet pluribus; cumque nullus catholicus de hoc dubitet, sed ratio quaeratur cur id ita se habeat, qui ait difficultatem omnem euanescere posita distinctione uirtuali, dat pro responsione quod est in quaestione, ideoque nihil respondet, sed ambiguitate uerborum decipit lectorem. Quare melius erat ignorantiam suam ingenue profiteri, quam talem responsionem ueluti exquisitum aliquid inducere in scholas. Itaque ne de uerbis contendamus, dicere debemus nullam inter naturam et proprietates, uel inter proprietates absolutas, uti uocant, dari distinctionem re ipsa, sed mirabilem naturam Dei, quae naturae lumine clare cognosci non potest, fundamentum nobis dare ut mente plura in ea distinguamus. Quod ex infinita perfectione Dei et ex infirmitate humanae mentis in hac uita, quae multa simul concipere nequit, proficiscitur. Sed de his in Theologia copiosius.

[168] Os escotistas recusam com veemência a última divisão, propondo aquela de que foram inventores (a distinção formal *ex natura rei*), lutando em sua defesa até à náusea nas escolas. Eu não apenas confesso, mas também tolero facilmente que eles conheçam melhor que eu este assunto. Contudo, como nunca encontrei nenhum escotista que me revelasse esse mistério e o esclarecesse adequadamente – para os outros poderem entender por que motivo tal distinção não é real –, penso dever ele ser incluído entre os enigmas a necessitar de um intérprete experiente, pois julgo não ser para vós recomendado. Afirmo ainda a respeito dos escotistas que eles porfiam grandemente em declarar existir uma distinção virtual actual *a parte rei*, principalmente em Deus. Se eles não discorrem sobre o fundamento da distinção, mas estabelecem uma verdadeira distinção no objecto, então exprimem-se de forma contraditória, não sendo possível de modo algum entendê-los e muito menos explicá-los aos outros[130].

Pode inferir-se facilmente do que ficou escrito que a existência se distingue da essência segundo uma distinção real modal. Com efeito, por se entenderem de formas diferentes as palavras "real" e "modal", e por serem estabelecidas arbitrariamente as definições nominais, podem também admitir-se diferentes distinções em conformidade com as diferentes interpretações dessas palavras, como é evidente para quem reflectir. Conclui-se de tudo isto com clareza serem apenas puras logomaquias as disputas em que muitos se envolvem ao discorrerem com tantos alaridos nas escolas. Assim, se formos sensatos, [169] podemos exprimir-nos com segurança sobre aquilo que desejarmos; e para evitarmos com maior facilidade as disputas inanes, devemos ter a precaução de não atribuir às palavras uma significação ambígua, definindo-as com diligência.

Escólio

É hábito de certos filósofos discorrer copiosamente neste lugar sobre a subsistência, *sem dúvida com insensatez, pois tais discussões devem estar legitimamente reservadas para os teólogos. Vou, no entanto, acrescentar algumas considerações, considerando-as suficientes, para que, se aquela palavra ocorrer, este assunto possa ser entendido sem nenhuma dificuldade.*

Qualquer natureza ou substância existe e actua por si própria, ou seja, não necessita de outra substância criada para existir e para operar, distinguindo-se, por isso, dos seus modos, que necessitam da substância para existir. Nesta condição, a substância denomina-se "suposto", e o fundamento desse modo de existir chama-se "subsistência" ou " hipóstase"; e, se a substância for dotada da faculdade intelectual, denomina-se "pessoa". Por exemplo, o cadáver de um homem (suponhamos de Lázaro[131]) é um único suposto por não necessitar de outra coisa para existir, sendo

---

[130] Ver o que referi na nota anterior sobre os tomistas.
[131] Cf. o Evangelho de São João, cap. 11, 44.

[168] Negant hoc ultimum magna animi contentionem Scotistae praedictae distinctionis auctores, de eoque ad nauseam usque in scholis decertant. Ego autem scire illos ista melius quam me, non solum fateor, sed facile patior. Cum tamen nullum Scotistam offenderim, qui tale nobis mysterium aperiret et tam bene explanaret cur eiusmodi distinctio non sit realis, ut ab aliis intelligi posset, inter aenigmata referendum censeo, quae callido coniectore opus habent, uobis idonea esse non puto. Quod etiam de illis dico, qui distinctionem uirtualem actu dari a parte rei, praesertim in Deo, tantopere contendunt. Qui nisi de fundamento distinctionis loquuntur, sed ueram distinctionem in obiecto ponunt, pugnantia loquuntur et quae nullo modo intelligi possunt, nedum explicari[130].

Hinc facile percipi[(31)] potest exsistentiam realiter modaliter ab essentia distingui. Verum cum uocabula "realis" et "modalis" alii alio modo accipiant et definitiones nominum pro arbitrio statuantur, pro uaria eorum interpretatione, uaria etiam distinctio admitti potest, ut consideranti patebit. Ex quo perspicuum est, eiusmodi disputationem, quam plurimi tanti faciunt tantisque clamoribus disputant in scholis, nihil aliud esse quam puram putam logomachiam. Quare si modo sensum habes in tuto, loquere [169] ut uelis, et quo facilius inanes disputationes uites, cura ut nullum uocabulum dubiae significationis usurpes, quin accurate definias.

SCHOLION
Mos est quorumdam hoc loco de subsistentia *copiosissime disputare. Inepte sane, nam eiusmodi disputatio theologis optimo iure reseruari debet. Aliqua tamen addemus, quae satis sint, ut, si eiusmodi uocabula occurrant, intelligantur facillime.*

Quaelibet natura, seu substantia, se ipsa exsistit et operatur, id est, non indiget alia substantia creata, ut sit et operetur, in quo a modo eius distinguitur, qui substantia indiget ut sit. Cum igitur substantia ita se habet, uocatur "suppositum", ratio illa tali modo exsistendi apellatur "subsistentia", seu "hypostasis", et, si facultate intelligendi substantia praedita est, uocatur "persona". Exempli gratia, cadauer hominis, uerbi gratia Lazari[131], est unum

---

[130] Vide quae diximus de Thomistis in adnotatione superiori.
[131] De quo apud Ioannem Euangel., cap. XI, uers. 44.

(31) percipi] intelligi *R*

incompatível a penetração de outro corpo nessa porção de espaço, ser atormentado e dirigir-se a luz para os seus olhos. Separando a cabeça, os pés ou os braços, seriam tantos os supostos quantas são estas partes, e pela mesma razão, visto cada uma delas não necessitar de outras para existir e para actuar. Por outro lado, se essas partes fossem reunidas pelo poder divino, formando de novo um cadáver, elas seriam ainda um único suposto, pois, como anteriormente, existiriam e operariam juntamente. De forma idêntica, a alma de Lázaro separada do corpo é um único suposto que não necessita de outra substância para existir, [170] para pensar e para desejar. Suponhamos então um milagre de Cristo infundindo novamente a alma no corpo de Lázaro. Neste caso, o corpo e a alma já não seriam dois supostos, pois constituiriam pela sua união um único suposto a que chamamos "homem"; ambos existiriam pela complexão das partes e operariam em função de uma actividade comum. Todavia, dado os actos livres pelos quais o homem se diferencia dos irracionais não se originarem no corpo, mas na alma – que é a parte mais eminente do homem –, a bondade natural e a malícia das acções humanas atribuem-se à alma, como sua fonte e seu princípio.

COROLÁRIO
A subsistência nas criaturas é um modo da substância.

Como eu tinha demonstrado, não há nenhuma realidade acrescentada ou subtraída à substância, sendo a mesma substância que se apresenta de maneiras diferentes, existindo e operando por si mesma. Estas são as matérias sobre as quais pode discorrer-se a respeito da subsistência à luz da razão natural. Existem, porém, outras coisas que conhecemos pela palavra divina, em virtude da qual possuímos uma noção verdadeira e distinta da subsistência. Assim, é evidente, em primeiro lugar, em virtude da veracidade divina, existirem em Deus três hipóstases ou pessoas e, além disso, que a subsistência do Verbo Divino em Cristo aperfeiçoa a condição de subsistência que será devida à sua criatura, a natureza humana. Por conseguinte, embora existam em Cristo duas naturezas, a divina e a humana, bem como uma dupla vontade, existe, no entanto, uma única subsistência e uma única pessoa divina. A razão pela qual devem demonstrar-se estes assuntos com base nas Sagradas Escrituras, bem como as implicações desta doutrina cristã, deve ser explicada no respectivo lugar, a Teologia.

[171] COROLÁRIO SOBRE A RELAÇÃO
Realmente, a relação não modifica nem aperfeiçoa o objecto de que se afirma.

Com efeito, a relação não está verdadeiramente no objecto, mas no nosso espírito. Além disso, aumentando ou diminuindo o número de objectos a que outro se refere, aumentam ou diminuem as relações, mas este não se modifica, nem sequer ao de leve; por exemplo, se um filho falecer com o pai ainda vivo, extingue-se a relação ou denominação de paternidade, mas o pai não se modifica.

A respeito destes enigmas, são suficientes estas considerações.

suppositum, propterea quia nulla alia re indiget ut exsistat, ut introductioni alterius corporis in eius locum repugnet, ut grauet, ut lucem ad oculos inflectat. Quod si caput, si pedes, si brachia abscindimus, tot erunt supposita quot partes, idque ob eamdem rationem, quia quaelibet pars altera non indigebit ut sit et operetur. Rursum si partes coniungantur diuina potentia, ita ut integrum cadauer faciant, denuo uocantur unum suppositum, quia una actione, ut ante, et sunt et operantur. Similiter anima Lazari separata a corpore erat unum suppositum, qui non alia re indigebat ut esset et [170] cognosceret ac uellet. Pone nunc miraculum quod Christus fecit, cum animum in corpus Lazari denuo infudit. Hic iam non duo supposita sunt *corpus* et *animus*, sed ex utroque unum suppositum componitur, qui *homo* uocatur; nam ob complexionem partium utraque communi actione et est et operatur. Verum cum motus liberi, in quo homo a bellua differt, non a corpore, sed ab animo nobiliori parte hominis proficiscantur, propterea animo ipsi, ueluti fonti et principio, humanarum actionum bonitas et prauitas tribuuntur.

Corollarivm
Hinc subsistentia in rebus creatis est modus substantiae.
Non enim, uti demonstrauimus, est res aliqua quae adsit, uel absit a substantia, sed est eadem substantia, quae tali modo est, id est, quae se ipsa exsistit et operatur. Haec illa sunt, quae naturae ratione de *subsistentia* disputari possunt. Sunt tamen alia, quae diuino sermone cognoscimus, cuius ope *subsistentiae* ueram ac distinctam notionem habuimus. Itaque fide diuina constat primum *tres esse in Deo hypostases, seu personas*; deinde *subsistentiam Diuini Verbi in Christo supplere uices subsistentiae illius creatae, quae naturae humanae debeatur*. Quare etsi in Christo duplex natura sit, diuina et humana, duplex itidem uoluntas, tamen unica subsistentia, unica diuina persona reperitur. Haec qua ratione ex Sacris Litteris probari debeant, quidque ex tali doctrina in Christo consequatur, suo loco in Theologia est demonstrandum.

[171] Corollarivm[32] de Relatione
Hinc relatio reapse nec mutat, nec perficit subiectum, quod adficit.
Nam reapse in subiecto non est, sed in mente nostra. Deinde, aucto uel diminuto numero rerum ad quas res una refertur, augentur, uel minuuntur relationes, nec tamen uel leuiter res ipsa mutatur. Verbi gratia, si filius moriatur uiuo patre, perit relatio, seu denominatio patris, nec tamen pater mutatur.
Ac de talibus mysteriis satis.

---

[32] Corollarivm] Corollaria *R*

CAPÍTULO V

O finito e o infinito

O finito é todo o ente que contém um certo e determinado número de partes ou de atributos[132], por exemplo, tudo o que se manifesta aos sentidos. Por isso, todas as pessoas possuem uma ideia clara de "finito". Se ocorrer alguma dificuldade, reduza-se ao infinito.

Os escolásticos definem o infinito como aquilo que não tem fim, mas esta definição dá a conhecer a mesma coisa que a palavra "infinito". Poderia dizer-se mais adequadamente ser aquilo que se opõe ao finito ou que não é finito. Divide-se em infinito potencial e infinito absoluto: o potencial é aquele que na realidade contém sempre coisas finitas, podendo, no entanto, conter outras e mais outras de um modo ilimitado; o absoluto é aquele em que [172] na realidade já existem actualmente coisas infinitas. Vou aludir a ambos separadamente.

Infere-se com evidência do que ficou escrito que a ideia que possuímos de "infinito" é apenas uma ideia de números, pois, se desejarmos conceber e explicar quer o infinito potencial, quer o absoluto, pensamos sempre em coisas em número infinito, ou actualmente existentes ou que podem existir indefinidamente. Trata-se de uma grande quantidade de unidades, pois cada uma das coisas enumeradas é uma única unidade. Chamam-se "coisas enumeradas" se entendermos as próprias coisas, denominando-se "números" se forem concebidas de modo abstracto. Já de seguida vou referir-me aos números, por serem mais conhecidos.

Formamos sem dificuldade a ideia de infinito potencial, dado não podermos conceber um número, por maior que seja, ao qual não possamos acrescentar indefinidamente outras e mais outras unidades. Aplicando, portanto, a ideia de "número" a coisas diferentes, dizemos conceberem-se diferentes infinitos. Por exemplo, se aplicarmos ao espaço a ideia de "miliário", a ideia de "légua", a ideia de "parasanga" ou a ideia de outra unidade de medida, como a de meio diâmetro terrestre, e considerarmos poder essa medida ser acrescentada mentalmente cada vez mais sem alguma vez chegarmos a um limite, concebemos de algum modo a ideia de extensão infinita e, desta forma, uma certa ideia da imensidade divina. Se, porém, aplicarmos a ideia de número à duração das coisas e pensarmos que o nosso espírito há-de permanecer mais e mais sem nenhum limite, por exemplo, por muitos anos ou muitos séculos (que são medidas de tempo), concebemos a ideia de tempo futuro infinito ou, nas palavras da Escola, de eternidade *a parte post*. Mas, se atendermos ao tempo passado e pensarmos ter permanecido um ente indefinidamente durante muitos séculos sem fim, formamos a ideia de tempo infinito pretérito ou, segundo

---

[132] É equivalente a esta a definição de alguns modernos: "O finito é aquilo que não possui actualmente o que é possível possuir".

CAPVT V

De finito et infinito

Finitum est quodcumque ens quod certum, ad determinatum numerum, uel partium, uel proprietatum continet[132], uerbi gratia omnia quae sensibus obseruantur. Quare ideam "finiti" omnes habent, eamque claram. Si aliquid difficultatis occurrit, ad infinitum reuocatur.

Infinitum definitur ab scholasticis id quod fines non habet, quae explicatio nihil amplius nos docet, quam uocabulum "infinitum". Commodius diceretur id quod opponitur finito, seu non est finitum. Diuiditur in infinitum potentiale et infinitum absolutum. Potentiale est id quod reapse semper finitas res continet, potest tamen alias et alias sine ullo fine continere. Absolutum est id in quo iam [172] nunc reapse infinita res exsistunt. De utroque seorsum dicendum est.

Hinc manifeste colligitur ideam, quam habemus "infiniti", non aliam esse nisi ideam numerorum. Siue enim infinitum potentiale, siue absolutum, concipere et explicare uelimus, semper intelligimus res numero infinitas, quae uel nunc temporis sunt, uel esse possunt sine ullo fine, quod idem est ac plures unitates, nam quaelibet res numerata est una unitas. Vocantur autem "res numeratae", si pro ipsis rebus accipiantur, "numeri" si pro numeratis abstracte sumtis. Proinde de numeris deinceps, utroque qui magis sunt[(33)] noti, dicemus.

Iam porro infiniti potentialis ideam aliquam non difficulter habemus; nullum enim numerum quamtumuis magnum animo concipere possumus, cui non alias et alias unitates sine ullo fine addere possimus. Quod si ideam "numerorum" applicamus ad res diuersas, diuersa infinita concipere dicimus. Exempli gratia, si ideam "milliarii", leucae, parasangae, uel alterius notae mensurae, ut semidiametri terrestris, applicamus ad spatium et animaduertimus talem mensuram magis et magis mente duplicari posse, quin umquam ad finem ueniamus; concipimus aliquantulam ideam infinitae extensionis et hoc modo aliquam ideam inmensitatis Diuinae. Sin ideam numerorum applicamus ad durationem rerum et concipimus animum nostrum, uerbi gratia plures annos uel saecula (quae sunt mensura durationis) magis et magis sine ullo fine duraturum, concipimus aliquam ideam infiniti temporis futuri, seu, ut schola uocat, aeternitatis a parte post. Sin ad tempus praeteritum nos conuertimus e cogitamus ens aliquod semper alia et alia saecula sine ullo

---

[132] Definitio illa quorumdam recentiorum, "finitum est quod non omnia nunc habet, quae habere potest, ad hanc reducitur."

(33) sunt noti] notis *R*

a expressão bem conhecida, de eternidade *a parte antea*. [173] E, conjugando as duas noções, estabelecemos a ideia de eternidade divina. Além disso, se aplicarmos a ideia de número aos atributos ou às perfeições divinas e pensarmos que Deus possui não apenas múltiplos atributos infinitos, mas também sumamente perfeitos no mais alto grau, concebemos a ideia de perfeição infinita. Verificamos ocorrer o mesmo a respeito de outras coisas que denominamos "infinitas", se reflectirmos com maior diligência sobre o assunto. Portanto, concebemos sempre o infinito potencial à semelhança dos números, que podemos aumentar indefinidamente sem jamais chegarmos a um limite.

Depreende-se, assim, com evidência do que ficou escrito não possuirmos uma ideia de infinito absoluto, dado não podermos imaginar algo tão imenso e tão perfeito a que não possamos acrescentar mentalmente outras e ainda outras unidades. Suponhamos, por exemplo, que alguém estabelece realmente um número infinito, isto é, um número que contenha infinitas unidades. Eu, por meu arbítrio, posso ajuntar indefinidamente a esse número outras e mais outras unidades, não sendo, por isso, realmente infinito. Como referi, apenas podemos pensar o infinito à semelhança dos números, inferindo-se, por conseguinte, não podermos possuir nenhuma ideia do infinito absoluto.

Corolário I

São distintas as ideias de infinidade *e de* infinito: *a primeira é clara e a segunda extremamente obscura ou mesmo inexistente.*

Com efeito, a ideia de "infinidade" é a ideia de uma propriedade que certas coisas possuem (por exemplo, qualquer número), possibilitando acrescentar-lhe mentalmente outras e mais outras unidades sem jamais chegar a uma unidade definitiva. Concebemos isto com clareza, correspondendo à ideia de "infinito potencial". Inversamente, a ideia de "número infinito" é a ideia de um número ao qual nada pode acrescentar-se, ou seja, é a ideia de algo impossível [174] ou de coisa nenhuma e, portanto, uma ideia inexistente. Qualquer número que possa conceber-se é finito, podendo conter outras unidades. Por outro lado, a ideia de "infinidade" é abstracta negativa, correspondendo a algo positivo e existente. Quanto à ideia de "infinito", representa algo positivo, mas este não pode ser um existente, sendo, deste modo, uma ideia negativa e extremamente obscura, e mesmo inexistente.

Corolário II

Sobre a infinidade divina, tal como ela é em si mesma, não possuímos nenhuma ideia.

Na verdade, Deus é o infinito absoluto, contendo actualmente na realidade perfeições infinitas, mas nós não podemos representar-nos esse infinito, nem sequer por conjectura, pelo que concebemos Deus como infinito enquanto pensamos existir um ente tão perfeito que podemos pensar continuamente acerca dele muitas e muitas perfeições. De forma idêntica, concebemos como infinito qualquer atributo divino;

fine durasse, aliquam ideam formamus infiniti temporis praeteriti, seu, trita iam formula, aeternitatis a parte antea. Si [173] utramque coniungimus, fabricamus ideam aliquam Diuinae aeternitatis. Quod si ideam numerorum applicamus ad proprietates, seu perfectiones Diuinas, et cogitamus Deum non solum alias et alias proprietates sine ullo fine habere, sed alio et alio gradu magis perfectas item sine ullo fine, concipimus ideam infinitae perfectionis. Idem in ceteris, quae infinita uocamus, euenire, si rem accuratius meditamur, reperiemus. Semper igitur infinitum potentiale concipimus instar numerorum, quos magis et magis augemus, quin umquam augendi finem faciamus.

Ex his itaque manifeste etiam colligitur nullam nos habere ideam *infiniti absoluti*, quia nihil tam magnum tamque perfectum cogitare possumus, cui non alias et alias res, seu gradus mente addere possimus. Exempli gratia, fingamus ab aliquo poni reapse *numerum infinitum*, id est, talem numerum, qui infinitas unitates contineat. Huic ego numero pro arbitrio meo alias et alias unitates sine ullo fine adhibere possum, proinde non erit re ipsa *infinitum*. Cumque infinitum, uti diximus, non nisi ad modum numerorum intelligere possimus, relinquitur nullam nos habere posse ideam *infiniti absoluti*.

Corollarivm I

Hinc alia est idea infinitatis, *alia idea* infiniti: *illa clara, haec obscurissima est, uel potius nulla.*

Nam idea "infinitatis" est idea facultatis, quam habet res aliqua, uerbi gratia numerus quilibet, ut ei aliae et aliae unitates addi mente possint, quin umquam ad ultimam unitatem perueniamus. Id autem clare a nobis concipitur et conuenit cum idea "infiniti potentialis". Contra uero idea "numeri infiniti" est idea numeri, cui nihil addi possit, id est, idea rei inpossibilis, [174] id est, idea nullius rei, id est, nulla idea; quidquid enim numerorum mente concipi potest finitum est et nouas unitates recipere potest. Praeterea idea "infinitatis" est idea abstracta negatiua, quae uere reperitur in aliquo positiuo et exsistenti. Idea uero "infiniti" repraesentat rem positiuam, sed talem, quae esse non potest, ideoque est negatiua et obscurissima et nulla.

Corollarivm II

Hinc infinitatis Diuinae, ut in se est, nullam ideam habemus.

Deus enim est infinitum absolutum, quod re uera in praesentia infinitas perfectiones complectitur; nos autem tale infinitum ne coniectura quidem informare possumus, Deum itaque hoc modo concipimus infinitum, dum concipimus esse ens adeo perfectum, ut semper plures et plures perfectiones in eo mente cogitare possimus. Quamlibet proprietatem diuinam eodem modo concipimus infinitam. Exempli gratia, concipimus omnipotentia Dei

concebemos, por exemplo, ser possível à omnipotência de Deus criar indefinidamente outros entes cada vez mais perfeitos. É do mesmo modo que percebemos e explicamos outros atributos infinitos. Trata-se, no entanto, do infinito potencial – e não do absoluto –, o qual nos representa apenas de forma muito obscura e muito diferente do que é em si mesmo (decerto, imperfeita e inadequadamente) o objecto infinito ou a infinidade divina. Como é manifesto, isto é uma consequência da limitação da nossa inteligência.

Corolário III

Quando dizemos Deus é o infinito absoluto, *pretendemos dizer:* Deus é aquilo que não podemos conceber como ele é em si mesmo.

[175] Ao conceberem Deus, alguns filósofos convenceram-se temerária e arrogantemente de serem capazes de pensar o infinito absoluto, ao qual nada é possível acrescentar ou suprimir. Eles enganaram-se, porém, redondamente por não se exprimirem de forma adequada. Eles desejariam decerto possuir uma concepção de Deus, mas não o concebem de modo algum nem podem concebê-lo. Por isso, dado não possuirmos nenhuma ideia verdadeira do infinito absoluto (veja-se o segundo corolário), infere-se que ao dizermos "Deus é o infinito absoluto" apenas afirmamos ser Deus aquilo que não podemos conhecer. E, se não podemos conhecê-lo, conclui-se manifestamente não possuirmos nenhuma ideia distinta do infinito divino, pois Deus só pode conceber-se à semelhança do infinito potencial. Por conseguinte, ao dizermos "infinito absoluto" pretendemos significar algo que não é infinito potencial, distinguindo, assim, com suficiente clareza um infinito do outro. Mas ao significarmos esse algo, sabemos claramente não podermos conceber o que ele é em si mesmo.

Podemos decerto persuadirmo-nos por outra razão da existência do infinito absoluto por acreditarmos existir realmente um Deus infinito (tal como existem muitas coisas físicas cuja natureza nos é desconhecida). Contudo, não se infere possuirmos a ideia do infinito absoluto, mas apenas a ideia do infinito potencial que, esclarecidos pela autoridade divina, acreditamos ser o infinito que não conhecemos, denominado "infinito absoluto", do qual podemos, portanto, representar-nos apenas uma ideia muito obscura com base nos ensinamentos da Igreja.

Mas não será supérfluo expor este assunto com maior explanação. Por exemplo, o comandante de um navio que explora com um cabo o mais comprido possível o fundo do mar, não o encontrando fica a saber com clareza duas coisas: uma, que o mar é tão profundo como o cabo; outra, que o mar é mais profundo. A primeira ideia é positiva e absoluta; a segunda é negativa e relativa. De facto, ele não conhece a verdadeira [176] profundidade do mar, o que significa possuir uma ideia negativa sobre ela ou não possuir nenhuma ideia correcta. Identicamente, quem afirmar ser Deus infinito possui uma ideia clara do infinito potencial, o único que o conhecimento humano pode alcançar. Por outro lado, quem afirmar isso também conhece com firmeza pela fé ser Deus mais eminente, mais digno de admiração e

alia et alia entia magis et magis perfecta sine ullo fine condere posse. Eodem modo ceteras proprietates infinitas esse intelligimus et explicamus. At hoc est infinitum potentiale, non absolutum, nec nisi obscurissime et longe diuersa ratione, quam in se est rem infinitam, seu diuinam infinitatem repraesentat, nempe incomplete, inadaequate. Quod ipsum ex finita sphaera nostrae intelligentiae manare perspicuum est.

COROLLARIVM III
Hinc cum dicimus Deus est infinitum absolutum, *hoc dicimus* Deus est id quod nos mente concipere non possumus, ut in se est.

[175] Philosophi non nulli temere arroganterque sibi persuadent se, cum Deum mente concipiunt, concipere infinitum absolutum, cui nihil addi, nihil detrahi possit. Sed aperte falluntur ob non satis explicata uerba. Vellent profecto ipsi ita Deum concipere, sed nullo modo concipiunt, nec concipere possunt. Itaque cum infiniti absoluti nullam ueram ideam habeamus (ex corollario secundo) consequitur nos, cum dicimus "Deus est infinitum absolutum", nihil aliud dicere quam Deus is est qui comprehendi a nobis non potest. Quod si comprehendi non potest, plane consequitur nullam nos habere ideam distinctam infiniti Diuini, quod non alia ratione concipere possumus quam instar infiniti potentialis. Itaque cum dico "infinitum absolutum", significo aliquid quod non est infinitum potentiale et in hoc satis clare secerno unum infinitum ab alio, sed ita significo hoc aliquid, ut clare cognoscam a me concipi non posse, quale in se est.

Possum equidem alia de caussa mihi certo persuadere exsistere infinitum absolutum, ut reapse credo exsistere Deum infinitum, itemque exsistere plures res physicas, cuius natura incognita mihi est. At inde non sequitur me habere ideam infiniti absoluti, sed tantum me habere ideam infiniti potentialis, quod, auctoritate diuina edoctus, credo esse infinitum alio modo mihi non cognito quod uocant "infinitum absolutum", cuius proinde non nisi obscurissimam ideam ex doctrina Ecclesiae concipere possum.

Sed haec ulterius declarare non inutile erit. Exempli gratia, nauclerus, qui fune quanta fieri potest longissima fundum maris explorat, nec inuenit, duo clare cognoscit: alterum, mare esse tam profundum quam funis, alterum, mare esse profundius fune. Prima idea est positiua et absoluta, altera negatiua et comparata. Non enim cognoscit ueram profunditatem [176] maris, quod ualet habere eum ideam negatiuam uerae profunditatis, seu nullam germanam ideam. Similiter, qui ait Deum esse infinitum habet ideam claram infiniti potentialis, ad quod tantum humana cognitio peruenit. Praeterea certo etiam cognoscit ex fide Deum esse aliquid maius, mirabilius et profundius, ut ita dicam, quam ab homine cognoscitur, esseque infinitum alio modo atque

mais profundo – para dizê-lo desta forma – do que o homem pode imaginar; e ser ele infinito ainda de outro modo. Contudo, desta maior profundidade divina o homem possui uma ideia obscura e relativa. Quanto ao modo como Deus é infinito, isto é, quanta seja a profundidade da infinidade divina – para me exprimir desta forma – , acerca dela o homem não possui certamente nenhuma ideia. E sendo Deus infinito apenas por ser infinito, infere-se não podermos conhecer a sua infinidade. Por isso, ao afirmarmos "Deus é o infinito absoluto", não exprimimos o que seja Deus, mas exprimimos sobretudo o que não somos capazes de explicar, quer dizer, manifestamos não podermos conceber como Deus é realmente eminente[133].

Corolário IV

As disputas sobre o infinito absoluto não passam de palavras ocas, devendo, por isso, ser evitadas pelos verdadeiros filósofos.

Na verdade, a expressão "infinito absoluto" significa apenas uma coisa que não pode ser entendida distintamente, nada podendo, portanto, afirmar-se acerca dela de modo adequado, preciso e com clareza. O presente corolário é de grande utilidade quer na filosofia, quer na teologia, para nos abstermos das discussões inúteis de que ambas as disciplinas estão repletas e inquinadas.

Vejamos um exemplo. [177] Há quem pergunte se um infinito é maior que outro. E há quem responda afirmativamente, comprovando-o desta forma: "Suponhamos que o número de pessoas é infinito, mas, por ser maior o número de mãos que o de pessoas, o infinito das mãos é maior que o infinito das pessoas". Quem não se apercebe, porém, de que isto nada tem a ver com o assunto, sendo apenas meras palavras? Com efeito, estabelece-se em primeiro lugar conceber-se um número infinito de pessoas, o que é uma falsidade, e em seguida, com base nas coisas finitas percepcionadas com clareza, argumenta-se no sentido de uma coisa que de modo algum pode entender-se claramente, ou seja, no sentido do infinito, o que revela inépcia. Portanto, tudo o que os disputadores disserem sobre o infinito – por não possuírem acerca dele nenhuma ideia precisa – são apenas palavras destituídas de toda a capacidade significativa.

Escólio

Com base nos assuntos que vão ser expostos nos capítulos seguintes, tornar-se-á evidente – para ajuizarmos com rectidão sobre muitas matérias que costumam discutir-se na filosofia – qual seja a utilidade da doutrina apresentada rectamente sobre o infinito. Vou, por isso, expor esses capítulos como corolários *da mencionada* doutrina.

---

[133] Ver o que afirmei na *Logica* (liv. III, segunda parte, cap. 1, corolário 3), onde mencionei as palavras dos Santos Padres.

huius maioris profunditatis diuinae habet ideam obscuram et comparatam. Quo autem modo sit infinitus Deus, id est, quanta sit profunditas, ut ita me explicem, diuinae infinitatis id sane est, cuius nullam homo habet ideam. Cumque Deus eo tantum modo sit infinitus, quo est, consequitur eius infinitatem cognosci a nobis non posse. Propterea cum dicimus "Deum esse infinitum absolutum", non explicamus quid sit, sed magis explicamus quid nos non possimus, id est, significamus Deum a nobis concipi non posse quam magnus reapse est[133].

Corollarivm IV

Hinc disputationes de infinito absoluto nihil aliud sunt quam uerba inania, propterea fugiendae uero philosopho sunt.

Nam uocabula "infinitum absolutum" nihil aliud significant quam rem, quae a nobis distincte percipi non potest, ideoque de qua nihil commode, nihil apte, nihil distincte dici potest. Magnae utilitatis est hoc corollarium cum in philosophia, tum in theologia, ut temperemus ab inanibus disputationibus, quibus utraque disciplina illa repletur et inquinatur.

Cuius en exemplum. [177] Quaerunt an unum infinitum sit maius alio et adfirmant idque probant tali exemplo: "Ponamus esse infinitum numerum hominum. Cum plures in eo sint manus, quam homines, infinitum manuum maius erit infinito hominum". Quis tamen hic non uidet nihil in disputationem uenire, nisi mera uerba? Nam primum ponunt se animo concipere infinitum numerum hominum, quod tamen est falsum. Deinde ex rebus finitis, et quas clare intelligunt, ad rem, quam nullo modo plane intelligunt, argumentantur, nempe ad infinitum, quod etiam ineptum est. Proinde quidquid de infinito dicunt, cuius nullam exactam habent ideam, uerba sunt omni significandi potestate uacua.

Scholion

Doctrina de infinito *recte exposita quanto sit usui ut de rebus bene multis, quae in philosophia disputari solent, recte iudicemus, lex iis, quae sequentibus capitulis dicentur, euidens erit. Quapropter ea quasi* corollaria *traditae doctrinae subiiciemus.*

---

[133] Repete quae diximus in *Logica* lib. III, p. II, cap. 1, corollario tertio, ubi uerba Sanctorum Patrum adtulimus.

CAPÍTULO VI

O possível e o impossível

I

Define-se vulgarmente o possível como "aquilo que não existe, embora não seja incompatível existir". Afirmo "não ser incompatível" quando percebo perfeitamente poderem reduzir-se a uma só duas ou mais ideias; afirmo, por exemplo, não ser incompatível a existência de um diamante azul do tamanho da cabeça de uma pessoa, dado sabermos por experiência [178] e compreendermos de modo perspícuo poderem reduzir-se a uma só as ideias de "diamante azul" e da mencionada grandeza. Por isso, é uma ideia possível.

Se alguém perguntar com insistência qual é a coisa cujas várias ideias podem reduzir-se a uma só, podemos apenas responder ser tudo aquilo que Deus pode criar. E como o poder divino tem a capacidade de criar indefinidamente muitas coisas, infere-se devermos ajuizar sobre o possível em função do poder de Deus[134], de onde resulta ser o possível em sentido lato infinito. Deste modo, entendendo o possível como todo o possível, identifica-se com o infinito; mas, considerando-o apenas na acepção de um determinado possível, não se distingue do finito.

Fico espantado com o que se discute com tanto empenho nas escolas sobre o possível em sentido lato, visto ele não poder ser compreendido pela mente nem ser explicado aos outros. Por não possuirmos nenhuma ideia precisa do infinito absoluto e não podermos ajuizar sobre o possível independentemente da ideia de infinito, infere-se nada podermos investigar nem estabelecer sobre o possível. Se alguns entendessem estes assuntos e filosofassem com maior sensatez, também não enfastiariam os outros com discussões inábeis a respeito do possível. Deste modo, é mais sensato ignorá-los que responder-lhes, ao contrário do procedimento habitual dos filósofos vulgares.

II

Ao possível corresponde o impossível. E o impossível [179] é o que é incompatível existir ou cujas diferentes ideias são incompatíveis, aniquilando-se reciprocamente; por exemplo, "uma coisa existe e não existe ao mesmo tempo" e "homem irracional".

---

[134] É inábil a distinção do possível em "intrínseco" (cujas propriedades não são contraditórias) e "extrínseco" (que pode originar-se numa causa). Com efeito, não existe nenhum possível intrínseco que não seja possível extrínseco e vice-versa; por isso, uma possibilidade implica a outra. As restantes coisas são palavras inanes. O mesmo deve dizer-se sobre o impossível.

CAPVT VI

De possibili et inpossibili

I

Possibile definitur uulgo "id quod non est, sed esse non repugnat". Vocamus autem "non repugnare" quando perfecte uidemus duas uel plures ideas una esse posse. Verbi gratia dicimus non repugnare "adamantem caeruleum tantae molis, quantum caput hominis est, quia ex iis quae usu cognouimus, [178] perspicue intelligimus ideam "adamantis" et "caerulei" et "talis molis" una esse posse, proinde est possibilis.

Quod si pergunt et quaerunt quid est id cuius uariae ideae una esse possunt, nihil amplius respondere possumus, nisi omne id quod Deus facere potest. Cumque diuina potentia alias et alias res sine ullo fine facere possit, relinquitur possibile ex Diuina potentia nos metiri debere[134] et, quod inde consequitur, possibile late acceptum esse infinitum. Itaque si possibile pro omni possibili accipitur, cum infinito confunditur, si pro aliquo possibili tantum, finitum est.

Hinc mirari desinamus nos quidquid de possibili late accepto in scholis tanta ingenii contentione disputatur, nec plane mente complecti, nec aliis explicare posse. Cum enim infiniti absoluti nullam germanam ideam habeamus, sine idea uero infiniti de possibili iudicare non possumus; consequitur de possibili nihil nos explorati habere, nihil constituere posse. Quae si intelligerent non nulli, et sanius ipsi philosopharentur, et alios non fatigarent ineptis disputationibus illis de possibili, quas ignorare multo sapientius est, quam iis eo modo, quo uulgares philosophi solent respondere.

II

Possibili respondet inpossibile. Est autem inpossibile [179] id quod esse pugnat, seu cuius uariae ideae repugnant et se destruunt, exempli gratia, "idem simul esse et non esse", "homo irrationalis".

---

[134] Inepta est diuisio possibilis in "intrinsecum", cuius proprietates non pugnant, et "extrinsecum", quod ab aliqua caussa condi potest. Nihil enim est possibile intrinsecum, quod non sit possibile extrinsecum, nec e contrario. Ideoque una possibilitas infert aliam, cetera inania uerba sunt. Idem de inpossibili dicendum est.

O impossível é de duas espécies: o absoluto e o hipotético. O absoluto implica evidente incompatibilidade ou contradição[135], como "homem-pedra", "homem desprovido de razão"; o hipotético é aquele que, embora seja possível, contudo, posta determinada condição, torna-se impossível. Por exemplo, é possível que eu caminhe enquanto discorro, mas, se estabelecer como certo que discorro estando sentado, não é possível não estar sentado enquanto discorro, de contrário estaria e não estaria sentado simultaneamente. Esta hipótese é contingente e implica liberdade. De forma idêntica, tendo em conta as leis actuais da natureza, é impossível eu vir de Lisboa para Roma num instante, mas, considerando o poder divino, torna-se possível. Esta hipótese é fisicamente necessária.

O impossível moral é aquele que, embora seja possível por natureza, contudo, nunca ou dificilmente acontece, como uma mãe de mente sã matar o filho.

Estabelecidas estas considerações, irei ensinar-vos, caros jovens, para vosso proveito, o que deveis conservar na memória e evitar sobre estes assuntos, que vou explicar com algumas proposições a modo de corolários.

Corolário I

Tudo o que se disser sobre o possível em sentido lato é dito com insensatez, devendo, por isso, tais discussões ser totalmente evitadas.

[180] Nada possui maior utilidade nem é mais digno de um filósofo do que este cânone. Por que havemos então de nos importunar com os que discutem sobre assuntos que não podem de todo ser entendidos? E porque induzimos os outros em erro, servindo-nos de palavras sonoras e empoladas que não têm nenhum sentido? Avaliemos as disputas que costumam estabelecer-se sobre o possível, examinemos atentamente as capacidades da mente humana, e compreenderemos com clareza nada podermos entender e inferir dessas disputas. Discute-se, por exemplo, se todos os possíveis podem existir, ou se os possíveis têm uma existência própria distinta da omnipotência, ou se essa existência é positiva ou negativa, ou se as criaturas possíveis, enquanto tais, são anteriores à omnipotência ou o inverso, ou se a existência actual de Deus é mais necessária que a possibilidade das criaturas, e outras coisas sem interesse. Mas quem não se apercebe de que semelhantes discussões são apenas palavras requintadas ou coisas semelhantes, sobre as quais ninguém tem a capacidade de ajuizar?

Corolário II

O axioma não vejo realmente nenhuma contradição, portanto, é possível é apenas verdadeiro em poucos casos totalmente evidentes, mas, em geral, é uma falsidade.

---

[135] As seguintes formas de expressão e outras semelhantes são homónimas: "ser contrário", "ser incompatível", "contradição", "manifestar contradição ou incompatibilidade", "não concordar entre si".

Inpossibile autem duplicis generis est: alterum absolutum, alterum ex hypothesi. Absolutum est quod manifestam repugnantiam, seu contradictionem, praefert[135], ut "homo-lapis", "homo ratione carens". Ex hypothesi est quod tametsi possibile est, tamen, posita quadam re, inpossibile sit. Exempli gratia, possibile est me, dum haec disputo, ambulare. Sed si pono ueluti certum me sedentem disputare, fieri non potest quin sedeam, dum haec disputo, aliter simul sederem et non sederem. Haec hypothesis est contingens et libera. Item inpossibile est me temporis momento Olisipone Romam uenire, in his naturae legibus. Sed si potentiam Dei consideramus, fieri potest. Haec hypothesis uocatur necessaria physice.

Inpossibile morale est quod etsi natura est possibile, tamen aut numquam, aut difficillime euenit, ut a matre sanae mentis occidi filium.

His constitutis non sine aliquo operae pretio uos, adolescentes, docebimus quid in hoc negotio tenere, quid cauere debeatis, quod aliquibus propositionibus ueluti corollariis expediemus.

Corollarivm I

Hinc quidquid de possibili late accepto dicitur, temere dicitur, ideoque eiusmodi disputationes omnino cauendae sunt.

[180] Nihil hoc canone utilius, nihil philosopho dignius. Cur enim nos torquebimus disputantes de rebus quae intelligi omnino non possunt? Cur alios decipiemus utentes uocabulis sonoris et ampullosis, quae nullam interpretationem habent? Expendamus disputationes, quae de *possibili* institui solent, tum uires humanae mentis sedulo perpendamus planeque intelligemus nihil nos in iis uidere, nihil finire posse. Exempli gratia, disputant in eo, *an possibilia omnia exsistere possint, an possibilia suum habeant esse distinctum ab omnipotentia, an hoc esse sit positiuum an negatiuum, an creaturae possibiles qua tales dependeant a Deo, an creaturae possibiles qua tales sint priores omnipotentia, an contra, an exsistentia Dei actualis sit magis necessaria, quam possibilitas creaturarum*, et huius farinae alia. Quis autem non uidet eiusmodi disputationes aut puta uerba esse, aut tales, de quibus nemo homo iudicare possit?

Corollarivm II

Hinc illud axioma, nulla in re uideo contradictionem, ergo est possibilis[(34)], *non nisi in paucis et omnino perspicuis est uerum, plerumque tamen est falsum.*

---

[135] Hae loquendi formulae, "pugnare", "repugnare", "contradictio", "praeferre contradictionem, uel repugnantiam", "se inuicem destruere" et his similia sunt uerba homonyma.

---

(34) possibilis] possibilis (si de possibili finito loquitur) *R*

Comprova-se a primeira parte pelo exemplo do diamante acima mencionado e por outros do mesmo género, dos quais possuímos ideias perfeitamente conhecidas e comprovadas.

A segunda parte é assaz evidente. Dado não conhecermos a natureza das coisas que se apresentam aos sentidos, com maior razão é para nós desconhecida a natureza das que nunca serão criadas, das quais só possuímos ideias extremamente obscuras. Quem ousa, portanto, afirmar não poder existir nenhuma contradição em tal criação? [181] Contudo, eu não vejo contradição. Reconheço, porém: mas quem sabe se ela não existe? Quantas coisas e de tanta utilidade existem que não são conhecidas nem pode suspeitar-se existirem? Poderiam apresentar-se tantos exemplos quantas são as coisas descobertas pelos modernos investigadores da natureza, sobre cuja existência não poderiam conjecturar nem os escolásticos, nem sequer as antigas sumidades da filosofia e da matemática; contudo, a evidência do assunto não necessita do meu discurso. Por isso, o axioma costuma apenas usar-se insensata e temerariamente em matérias muito obscuras; e muito mais insensata e temerariamente em matérias com toda a evidência falsas, como acontece com aqueles que afirmam ser possível as coisas corpóreas pensarem, pois não se conhece nenhuma faculdade corpórea a que convenha o pensamento.

Nada existe mais vulgarizado entre os escolásticos que este axioma e nada induz mais facilmente em erro, se não for apresentado judiciosamente.

Corolário III

O axioma oposto vejo contradição, portanto, é impossível *tem apenas legitimidade a respeito de coisas que não excedam as capacidades da mente humana, o que nem sempre acontece; quanto às outras, não sucede de modo idêntico.*

A primeira parte é evidente. Para ajuizar se existe ou não contradição, é necessário conhecer em profundidade a essência física de uma coisa, não podendo, por isso, ser excedidas as capacidades da mente humana. Deve, porém, acrescentar-se com prudência: "certas coisas parecem-nos manifestar contradição, mas não evidenciam nenhuma". Pensavam, por exemplo, os escolásticos que o ar é tão leve que, enquanto ar, não pode ser uma coisa pesada por natureza, pois ser ar e ser muito pesado por natureza parecia-lhes contraditório. Porém, os filósofos modernos demonstraram com argumentos muito perspícuos não existir nesse caso nenhuma contradição. [182] Deste modo, só investigando profundamente o assunto é que é possível ajuizar.

A segunda parte é também evidente. Na verdade, se as coisas sobre as quais discorremos excederem a penetração da mente, quem, excepto um insensato, se arroga o direito de ajuizar relativamente acerca delas? Assim, é com razão que devem acusar-se de ousadia os que rejeitam certos mistérios da nossa religião – como o da Trindade, o da Eucaristia e ainda outros – apenas por não os entenderem com clareza. Pelo mesmo motivo, eles deveriam pôr também em causa os mais conhecidos fenómenos naturais e a própria união da alma e do corpo, visto que ninguém pode compreendê-la.

Prima pars constat exemplo adamantis, quod supra dedimus, et aliis eiusdem generis, quorum ideas plane cognitas et exploratas habemus.

Altera pars satis euidens est. Nam cum harum natura rerum, quae oculis subiiciuntur, cognita nobis non sit; potiori iure cognita non erit natura illarum, quae numquam creabuntur et quarum non nisi obscurissimas ideas habemus. Qui igitur dicere possumus nullam in earum creatione contradictionem [181] esse posse? At non uideo contradictionem. Fateor, sed qui scis nullam ibi esse? Quot quamque utiles res exsistunt, quas tu nec uides, nec esse posse suspicatus esses? Possum id tot exemplis efficere quot sunt res quae a recentioribus naturae inuestigatoribus[35] repertae sunt, quasque non modo scholastici, sed ne ueteres illi quidem Philosophiae et Mathematicae coryphaei fieri posse suspicabantur, sed rei perspicuitas non desiderat orationem nostram. Quare non nisi stulte et audacter in rebus obscurissimis usurpari solet. Multo autem stultius atque audacius in rebus euidenter falsis, ut illi qui dicunt possibile est ut res corporea cogitet, quia nullam proprietatem corporis cognoscimus, quae congruat cogitationi.

Nihil apud scholasticos frequentius quam hoc axioma, nihil tamen est in quo facilius erretur, nisi sapienter adhibeatur.

COROLLARIVM III

Hinc contrarium axioma, uideo contradictionem, ergo est inpossibilis, *ualet tantum in iis quae humanae mentis uires non excedunt, idque caute, in aliis non item.*

Constat primum. Nam ut iudicem an contradictio adsit, an non, oportet essentiam physicam rei penitus cognoscam. Itaque uires humanae mentis excedere non potest. Caute tamen adhibendum, nam "quaedam nobis uidentur contradictionem prae se ferre, quae nullam praeferunt". Exempli gratia, scholastici putabant aerem tam esse leuem ut, dum esset aer, grauis natura esse non posset, quia esse aerem et esse natura grauissimum pugnare illis uidebantur. Verum nullam ibi esse contradictionem perspicuis rationibus demonstrant [182] recentiores philosophi. Quare nisi rem penitus exploremus, diiudicare non licet.

Secundum itidem euidens est. Nam si mentis aciem res, quae sub sermonem cadit, superat, quis nisi demens de ea iudicare sibi sumet? Quare merito de temeritate postulantur illi, qui mysteria quaedam nostrae religionis, ueluti Trinitatis, Eucharistiae, aliaque negant hoc nomine, quod ea clare non intelligant. Qui eodem nomine negare deberent uel familiarissima quaeque naturae phaenomena, atque ipsam animi sui et corporis complexionem, quod eam intelligere nemo potest.

---

[35] inuestigatoribus] peruestigatoribus *R*

CAPÍTULO VII

O simples e o composto. O todo e a parte

I

Eis dois termos abstractos e dotados de tanta clareza que não necessitam de definição. Portanto, quando alguns definem "simples" como "aquilo que não tem partes" e "composto" como "aquilo que tem partes", despendem sem utilidade o seu tempo e as suas palavras, pois é precisamente isso que significam essas duas expressões. Deste modo, toda a dificuldade se encontra na aplicação das palavras "simples" e "composto" às várias espécies de entes. Mas para não sermos induzidos ingenuamente em erro, é indispensável apresentar algumas considerações.

Em primeiro lugar, afirmam rectamente os filósofos não existir na realidade nenhum ente simples, excepto um ser inteligente, ao qual com outra denominação chamamos "espírito"; este é, com efeito, o único em que não existem realmente partes, não podendo mesmo ser concebidas. Inversamente, todos os corpos susceptíveis de ser divididos em partes – não existindo nenhuma parte tão diminuta que não possa dividir-se noutras – são entes compostos.

[183] Poder-se-ia perguntar se existe uma partícula da matéria que seja um átomo ou um indivisível ou, ao contrário, se todas elas são compostas, podendo, assim, dividir-se indefinidamente. Esta é uma celebérrima controvérsia sobre a qual já desde o tempo de Aristóteles e depois disso se discutiu com extrema vivacidade. Pela minha parte, reservo-me para examinar esta questão na *Physica*, se tiver oportunidade. Neste lugar, direi apenas que qualquer partícula da matéria é um corpo, que todo o corpo é dotado de uma figura e que toda a figura tem um lado direito e um lado esquerdo. São estes os atributos mais evidentes da matéria, o que ninguém de mente sã é capaz de contestar. E como um corpo volumoso apenas se diferencia de outro pela grandeza – ou de uma das suas partes extremamente exígua e imperceptível –, tendo, no entanto, os mesmos atributos, infere-se que qualquer partícula da matéria com uma figura pode dividir-se noutras partículas e estas ainda noutras indefinidamente.

Poderia afirmar-se existirem actualmente em qualquer partícula da matéria partes infinitas que não podem de todo ser concebidas. Eu confesso ser incapaz de concebê-las, mas é necessário que alguém as percepcione, de contrário devíamos rejeitar os atributos evidentes da matéria por não entendermos de que modo um corpo pode dividir-se indefinidamente, ou abster-nos de disputas em que nada podemos entender nem definir com clareza. A primeira alternativa parece muito penosa para os modernos, mas a segunda parece-me mais digna de um verdadeiro filósofo[136].

---

[136] Alguns modernos gravíssimos, estabelecendo como certo não poder existir uma coisa extensa com base no que não é extenso, julgam poder existir simultaneamente a extensão e a simplicidade. Desta forma, eles sustentam que os primeiros elementos dos corpos são substâncias simples e extensas. Indagando o motivo, depreendemos que eles não entendem

CAPVT VII

De simplici et composito, toto et parte

I

En duo uocabula abstracta et adeo clara, ut definitione non egeant. Quare cum ea definiunt aliqui hoc modo, "simplex" est "quod partes non habet", "compositum, quod habet partes", tempus et uerba inutiliter consumunt, nam id ipsum significant duae illae uoces. Tota igitur difficultas in hoc est, cum applicamus uocabula "simplex" et "compositum" ad uaria genera entium, in quo, ne pueriliter erremus, quaedam prae oculis habenda sunt.

Primum itaque recte philosophi aiunt nullum ens reapse simplex esse, nisi ens intelligens, quod alio nomine uocamus "spiritum"; hoc enim solum est in quo partes nullae re uera nec esse, nec intelligi possunt. Contra corpora omnia, quod in partes secari possunt, nec ulla tam exilis pars est, quae in alias diuidi non possit, composita sunt.

[183] Quaerunt aliqui an aliqua sit particula materiae quae atomus seu indiuidua sit, an contra unaquaeque sit composita et diuidi possit sine ullo fine. Haec est celeberrima controuersia, de qua iam inde ab Aristotelis aetate et supra tam acriter disputatum est, ut nihil magis. Nos eam physicis, si qui otio diffluunt, examinandam relinquimus. Tantum dicimus in hoc loco, quamlibet particulam materiae esse corpus, omne corpus esse figura aliqua praeditum, omnem figuram partem dexteram et sinistram habere. Hae sunt clarissimae proprietates materiae, quae a nemine sanae mentis negari possunt. Cumque corpus magnum non nisi mole differat a corpore, seu parte quantumuis exigua et insensili, habeat tamen easdem proprietates, relinquitur quamcumque particulam materiae, quod figura uestita sit in alias, has rursum in alias infinite diuidi posse.

Dices: iam nunc erunt infinitae partes in qualibet particula materiae, quod omnino intelligi nequit. Fateor id intelligi a nobis non posse, sed alter utrum amplecti necesse est, uel negare debemus perspicuas proprietates materiae, ea de caussa, quod non intelligamus, quo modo corpus infinite secari possit, uel abstinere ab eiusmodi disputationibus, in quibus nihil clare intelligere, nihil finire possumus. Illud philosophis recentioribus durum omnino uidebitur. Hoc autem dignius mihi uidetur uero philosopho[136].

---

[136] Aliqui recentiores grauissimi, cum pro certo ponant ex re non extensa extensam fieri non posse, putant extensionem et simplicitatem una esse posse, ideoque contendunt prima elementa corporum esse substantias simplices et extensas. Si rationem quaeris, audies hanc esse, quia non intelligunt quo modo infinitae partes in una et exilissima materiae parte contineri

[184] Certamente, a divisão que é possível produzir-se na matéria pelas operações da natureza não pode passar além de certas partículas compostas ou moléculas – como costumam chamar-se –, [185] como demonstram os físicos com argumentos perspícuos[137]. Neste assunto, sirvo-me de palavras na sua significação restrita.

No entanto, os filósofos interpretam por vezes a palavra "simples" em sentido lato, significando com ela coisas em que não é possível distinguir pelos sentidos partes de espécie diferente. Exemplificando, eles afirmam que o vinho, o azeite e o ferro são naturezas simples por não observarem nenhuma diversidade nessas naturezas, embora, examinando-as quando submetidas por muito tempo ao fogo ou aos raios solares reflectidos por um espelho – como procedem os alquimistas –, possamos advertir com clareza serem compostas de diversas naturezas dispostas de modo diferente.

O composto é, porém, entendido pelos filósofos de diversas formas. Um é o composto físico, constituído por partes que na realidade podem separar-se; por exemplo, um homem, que é formado por um corpo e por um espírito realmente distintos. [186]

---

de que modo numa única e pequeníssima parte da matéria podem estar contidas partes em número infinito. Por esse motivo, escarnecem os cartesianos, os newtonianos e outros, que admitem a divisão até ao infinito. Mas – com a sua permissão – parece-me terem filosofado pessimamente esses modernos. Afirmam eles: "Não consigo percepcionar a divisão até ao infinito, portanto, devo recusar as propriedades da matéria que percepciono com clareza". Bela falácia! Argumentar com base no infinito, que nenhum mortal é capaz de compreender, para algo totalmente evidente! Aceitando este modo de filosofar, deveríamos recusar, por não as entendermos, inumeráveis coisas totalmente evidentes e mesmo quase todos os fenómenos físicos, que, se desejarmos ser honestos, é necessário confessarmos serem para nós inacessíveis.

Acrescentam aqueles modernos poder existir numa coisa simples a extensão sem a solidez, como acontece na alma humana, que é simples e extensa. Extensa? Como assim? "Desejais saber? Porque ao actuar a alma sobre o corpo é necessário que ela esteja presente na parte do cérebro em que têm origem os nervos por meio dos quais se realiza o movimento dos membros. Ora, os nervos devem ter origem num único ponto físico, sendo esse ponto certamente extenso; portanto, a alma, que está presente nesse ponto, é necessariamente extensa". Outra falácia! Mas têm idêntica opinião – dizem eles – Rudiger, Moore, Cudworth e outros. E quanto a mim? Como se eu procurasse conhecer os nomes dos filósofos e não os seus argumentos. É fácil referir por que recuso o seu modo de filosofar. Primeiramente, esses filósofos não possuem nenhuma ideia clara da natureza do nosso espírito; por outro lado, não possuem nenhuma ideia sobre o modo como a alma está no cérebro nem nenhuma ideia sobre a causa pela qual ela move o corpo. Ambos os casos podem apenas comprovar-se com base nos efeitos. Por conseguinte, eles consideram erroneamente como manifesta uma coisa que de modo algum entendem, estabelecendo, por isso, deverem recusar a extensão divisível da matéria, que todos entendem de modo perspícuo, embora não entendam de que modo qualquer parte da matéria pode dividir-se indefinidamente. Poderá alguém afirmar não terem sido induzidos por preconceitos e por meras hipóteses esses disputadores? Ou poderá alguém dizer que um verdadeiro filósofo possa declarar entender com clareza certos assuntos e não outros? Eu prefiro, porém, confessar abertamente não poder explicar esses assuntos nem entendê-los do que coagir os varões esclarecidos a aceitar tais hipóteses como verdadeiras, nesta época da filosofia das Luzes. Mas sobre esta matéria, deve discorrer-se noutro lugar.

[137] Ver Newton (*Optica*, q. 31) e Musschembroeck (*Elementa physices*, cap. 11, §§ 26 e segs., p. 18).

[184] Id certum est diuisionem, quae naturae uiribus in materiam induci potest, non ultra quasdam particulas compositas, seu moleculas, uti uocant, [185] progredi posse, quod physici perspicuis rationibus efficiunt[137]. Et haec de uocabulis stricta significatione acceptis.

Sed philosophi uocabulum "simplex" interdum latius accipiunt eoque res illas designant, in quibus nullae partes diuersae speciei oculis distingui possunt. Sic uinum, sic oleum, sic adamantem uocant naturas simplices, quod nullam uarietatem diuersarum naturarum in iis obseruent, quamquam re uera si easdem naturas diuturno igne, uel Solis radiis speculo caustico coactis examinamus, ut chymici faciunt, manifesto uideamus ex diuersis naturis uarie permixtis componi.

Compositum autem uarie etiam a philosophis accipitur. Aliud est physicum, quod partibus constat, quae separari possunt re ipsa, uerbi gratia homo, qui corpore et mente re ipsa differentibus componitur. [186] Aliud metaphysicum, quod ex rebus constat, quae etsi re ipsa idem sint, tamen

---

possint, propterea rident Cartesianos, Newtonianos ceterosque, qui diuisionem in infinitum amplexantur. Sed, pace eorum dicam, mihi uidentur ipsi male philosophari. "Non intelligo", inquiunt, "diuisionem in infinitum. Igitur negare debeo proprietates materiae, quas clare intelligo". Pulcra fallacia! Ex infinito, quod mortalis nemo intelligit, ad rem omnino perspicuam argumentari! Hanc si admittimus philosophandi rationem, innumeras res omnino perspicuas negare deberemus, quod eas non intelligamus, immo uero fere omnia phaenomena physica quae, si ingenui esse uolumus, fateamur necesse est nobis imperuia esse.
Addunt extensionem sine soliditate in eadem re simplici esse posse, ut se habet anima hominis, quae simplex est et extensa. Extensa! Cur ita? Quaeris? quia cum anima agat in corpus, oportet ei loco cerebri sit praesens, in quo neruorum origo, quorum ope motus membrorum sit, exsistit. Nerui autem minimum in uno aliquo puncto physico originem habere debent, quod punctum certe extensum est. Ergo anima, quae ei puncto praesens est, extensa et ipsa sit necesse est. Altera fallacia. At, inquiunt, sunt in hac sententia Rudigerus, Morus, Cudworthus, ceteri. Quid ad nos? Quasi nos philosophorum nomina, non rationes quaeramus. Cur autem eorum philosophandi uiam reiiciamus, in promtu est. Primum nullam hi philosophi ideam claram habent naturae animi nostri, deinde nullam de modo, quo est in cerebro, tum nullam de ratione qua mouet corpus, quae duo non nisi ex effectis probare possunt. Male igitur ponunt pro comperta rem quam nullo modo intelligunt, ut inde efficiant negari debere extensionem diuisibilem materiae, quam omnes perspicue intelligunt, tametsi non intelligunt quo modo quaelibet pars infinite secari possit. Quis enim, qui sine ulla anticipatione, sine ulla hypothesi iudicet, eiusmodi disputatores non possit? Aut quis germanus philosophus non potius dicat hae clare intelligo, illa non intelligo? Ego uero eligo potius plane fateri me talia nec explicare, nec intelligere posse, quam tales hypotheses pro ueris in hac Philosophiae luce uiris oculatis obtrudere. Sed de his alio loco est disputandum.

[137] Vide Newtonum in *Optica* q. 31 et Muschenbroeckium in *Elementis Physicae* cap. 11, § 26 sqq, p. 18.

Outro é o composto metafísico, constituído por coisas que, sendo, embora, realmente idênticas, são, no entanto, concebidas como múltiplas numa só unidade, como a substância e os seus modos. Pertence a esta categoria o composto lógico constituído pelo género e pela diferença, que são também partes metafísicas.

Este assunto é, no entanto, totalmente destituído de utilidade, pois, ouvidas apenas as palavras, qualquer aprendiz de filosofia que não seja inábil o entende.

II

O composto denomina-se igualmente "todo", e aquilo de que é composto denomina-se "partes". Ambas estas ideias são relativas: o todo afirma-se relativamente ao conjunto das partes, e as partes denominam-se desta forma em virtude da sua relação com outras, resultando de todas elas uma totalidade. Por isso, uma mesma coisa referida a outras diferentes pode denominar-se um todo ou uma parte; por exemplo, a mão é uma parte relativamente a uma pessoa e em relação aos dedos é um todo. Por outro lado, as partes podem separar-se realmente (sendo estas as partes propriamente ditas) ou apenas pela mente (mas estas não são partes físicas). Este assunto é claro, ainda que possivelmente pareça a alguns sem nenhuma utilidade. Contudo, ele tem alguma importância em certas controvérsias, nomeadamente a respeito da questão do vácuo, isto é, se para os epicuristas é algo simples – como alguns pensam – ou se é composto de outras partes mais simples, podendo neste caso separar-se intrinsecamente tais entes – como eles declaram –, o que outros recusam.

[187] CAPÍTULO VIII

O perfeito e o imperfeito

Não há palavras sobre cuja significação se cometam erros com maior facilidade – não apenas pelos ignorantes, mas também pelos filósofos e pelos teólogos – do que sobre a significação das palavras "perfeito" e "imperfeito"; elas devem, por isso, ser explicadas com diligência.

A palavra "perfeito" – como ensina rectamente um varão douto – costuma ser aplicada em primeiro lugar a coisas feitas com arte e depois a outras coisas e a Deus. O mesmo varão douto define "perfeito" como aquilo que é dotado de todos os atributos que julgamos pertencerem-lhe. Deste modo, o perfeito costuma interpretar-se em mais que um sentido, consoante a diversidade de natureza das coisas: a um chama-se "perfeito absoluto"; ao outro, "perfeito *secundum quid*".

Denomino "perfeito absoluto" o que compreende em si mesmo todos os atributos que podem entender-se sem nenhuma imperfeição; e não apenas estes, mas também todos aqueles que são de tal modo sublimes que nada pode pensar-se mais sublime.

mente concipiuntur quasi plura, quae unum componunt, uelut substantia et modus eius. Ad hanc classem refertur compositum logicum, quod ex genere et differentia (quae itidem sunt partes Metaphysicae) componitur.

Sed haec nullius usus sunt et, uel auditis uocabulis, a tirone non hebete intelliguntur.

II

Compositum alio nomine uocatur "totum" et ea, ex quibus componitur, "partes". Vtraque haec est idea relatiua: totum enim dicitur referendo ad compositionem partium, partes ita uocantur referendo ad alias, ex quibus sit totum. Quare eadem res relata ad diuersa, et totum et pars appellari potest. Verbi gratia, manus comparate ad hominem est pars; comparate ad digitos est totum. Partes porro uel re ipsa separari possunt et hae uere sunt partes, uel mente tantum separari possunt et hae partes physicae non sunt. Haec clara sunt, fortasse etiam nullius usus aliquibus uidebuntur; uerumtamen usum aliquem habent in quibusdam controuersiis, ut est illa de uacuo Epicureorum, an simplex sit, quod nullas partes re distinctas habeat, ut putant aliqui, an uero ex aliis simplicibus compositum, propterea quia eiusmodi entia intrinsece, ut aiunt, separari possint, quod alii defendunt.

[187] CAPVT VIII

De perfecto et inperfecto

Nullum uocabulum est, in quo facilius erretur, non ab indoctis modo, sed etiam a philosophis et theologis, quam sunt uocabula "perfectum" et "inperfectum", propterea accurate sunt exponenda.

Vox "perfectum", ut recte uir doctus monet, rebus arte factis primum tribui consueuit, deinde rebus ceteris et Deo. Definitur "perfectum" ab eodem uiro docto quod omnibus proprietatibus, quae ad id pertinere putamus, praeditum est. Quod ipsum pro uaria natura rerum, uarie accipi solet. Alterum uocatur "perfectum absolute", alterum "perfectum secundum quid".

"Perfectum absolute" uocamus id quod omnes proprietates, quae intelligi sine ulla macula possunt, in sinu suo complectitur, nec id solum, sed singulas eo modo praestantes quo maius aliquid cogitari non possit. Huiusmodi solus

Somente em Deus isto acontece. Portanto, quando afirmamos ser Deus perfeitíssimo, apresentam-se duas ideias à mente: a primeira é a ideia de Deus que contém não apenas todos os atributos que podemos conceber, mas também muitos outros que a nós, míseros mortais, nos é dado entender; a segunda contém cada um dos atributos que, sendo eminentes no mais alto grau, podemos, no entanto, imaginar. Ambas estas ideias se atribuem à perfeição divina – pois uma e outra aplicam-se a Deus –, pelo que devemos pensar serem relativas a ele. De igual modo, quando dizemos "a justiça divina é uma perfeição", pretendemos afirmar ser a justiça divina aquilo que pensamos dever existir em Deus e com a excelência com que o pensamos. É necessário ter isto em mente para não estabelecermos polémicas sobre palavras, como sucede com alguns teólogos.

[188] Infere-se com clareza do que ficou escrito serem idênticas as ideias de perfeição divina e de infinito potencial, pois concebemos Deus como possuindo perfeições em número ilimitado e igualmente como sendo ilimitada a excelência do grau de cada uma delas. E tendo Deus realmente todos estes atributos, ele é também realmente perfeito de um modo absoluto e infinito. Deus é, portanto, um ser perfeito no sentido em que é um ser infinito, ou seja, é perfeito e infinito de um modo absoluto, embora o concebamos como perfeito e infinito potencial.

O perfeito *secundum quid* é toda a criatura, sendo também de duas espécies: um é criado pelo homem; outro, criado por Deus. Ao criado pelo homem chama-se "perfeito" quando corresponde adequadamente à finalidade segundo a qual foi estabelecido operar. Por exemplo, um relógio diz-se "perfeito", se possuir tudo o que é necessário para dar as horas; e um discurso diz-se "perfeito", se estiver composto convenientemente para persuadir; diz-se ainda "perfeita" uma pintura, se representar o objecto que deve representar e da forma que deve representá-lo.

Todas as coisas criadas por Deus costumam considerar-se perfeitas pela mesma razão, ou seja, por se adequarem realmente à finalidade para que foram criadas. Assim, todas as criaturas se dizem "perfeitas" por terem sido criadas quer para a utilidade do homem, quer para demonstrar o poder e a sabedoria divina, o que efectivamente acontece. Deste modo, um homem diz-se "perfeito" se dedicar todo o seu espírito ao amor divino, pois ele foi criado para amar a Deus. Embora todas as criaturas pareçam perfeitas de modo diferente do perfeito absoluto, contudo, estão compreendidas com clareza na definição de "perfeito" acima mencionada, adequando-se, por isso, à sua finalidade, dado possuírem tudo o que pertence à sua natureza ou que julgamos dever pertencer-lhe.

Se reflectirmos rectamente sobre este assunto, percebemos sem dificuldade [189] qual o sentido em que devem entender-se as expressões "perfeito quanto à essência", "quanto aos acidentes", " quanto à espécie", "quanto ao grau", "quanto às partes"; a razão de todas elas é idêntica à dos casos anteriores. Porém, é suficiente o que ficou escrito sobre as coisas que se dizem "perfeitas" sem relação com outras de espécie diferente.

Deus est. Itaque duplex, cum Deum perfectissimum uocamus, nobis idea se offert; altera, Deum non modo omnes proprietates, quas animo concipere possumus, continere, sed multo plures, quam nos homunculi mente percipere possumus; altera, singulas proprietates eo gradu praestantes, supra quam cogitare possumus. Vtraque haec idea constituit perfectionem Dei, quia utramque ad Deum pertinere, atque in eo esse debere, iudicamus. Similiter cum dicimus "Iustitia Dei est perfectio", hoc uolumus dicere Iustitia Dei est id quod in Deo esse debere concipimus, et ea excellentia, quam concipimus. Quod memoria tenere oportet, ne de uocabulo disceptemus, ut non nulli in Theologia faciunt.

[188] Et hinc clare efficitur ideam, quam habemus perfectionis diuinae, eamdem esse ideam infiniti potentialis, nam concipimus Deum habere plures et plures perfectiones sine ullo termino itemque quamlibet perfectionem alio et alio gradu sine ullo fine excellentem. Verum cum Deus re ipsa has omnes proprietates habeat, re ipsa et absolute est infinite perfectus. Itaque Deus eo sensu est ens perfectum, quo est ens infinitum, hoc est, est perfectum et infinitum absolutum, concipitur tamen ut perfectum et infinitum potentiale.

Perfectum secundum quid est omne ens creatum, quod duplex itidem est, alterum ab homine conditum, alterum a Deo. Ab homine conditum id uocatur perfectum quod fini, cui praestando constitutum est, apte respondet. Exempli gratia, horologium dicitur "perfectum", cui nihil deest eorum quae ad horas declarandas necessaria sunt. Oratio dicitur "perfecta", si apte ad persuadendum composita est. "Perfecta" dicitur imago picta, si ea exprimit quae exprimere debet et eo modo quo debet.

A Deo conditae res omnes uocari solent perfectae eadem ratione, nempe cum fini, cui conditae sunt, re uera congruunt. Sic res creatae omnes, quod uel ad usum hominum, uel ad ostentandam potentiam et sapientiam Dei conditae fuerunt, ut re uera se habent, "perfectae" uocantur. Sic homo uocatur "perfectus", si toto animo incumbit in amorem Dei, cui amando conditus est. Verum haec omnia tametsi alia ratione perfecta esse uidentur, quam perfectum absolute; tamen ad definitionem "perfecti" supra positam aperte reuocantur, ideo enim fini suo respondent, quia ea omnia habent quae ad eorum naturam pertinere, seu eisdem[36] inesse debere, putamus.

Haec si recte intellexiritis, sine ullo labore percipietis [189] quo sensu accipi debent uocabula illa, "perfectus quod ad essentiam", "quod ad accidentia", "quod ad speciem", "quod ad gradum", "quod ad partes", omnium enim eadem est ratio, quae supra. Et de rebus, quae sine comparatione ad alias species "perfectae" uocantur, satis dictum.

---

[36] eisdem] iis *R*

Por vezes, ao comparamos duas coisas entre si, declaramos serem umas mais perfeitas que outras. Afirmamos, assim, ser Deus mais perfeito que os anjos, os anjos mais que os homens, os homens mais que os irracionais, os irracionais mais que os seres inanimados. Se nos perguntarmos qual a razão, podemos comprovar ser a mesma anteriormente referida, isto é, o maior número de atributos e a maior excelência que julgamos deverem existir nos entes mais perfeitos. Na verdade, Deus possui os atributos de todas as coisas possíveis, o que não sucede com os anjos. Além disso, os atributos que Deus possui em comum com os anjos são mais excelentes; por exemplo, a faculdade do conhecimento é mais excelente por alcançar um maior número de coisas que a dos anjos. O mesmo parece dever afirmar-se das outras criaturas que possuem algo de comum.

Inversamente, as coisas que nada possuem de comum consideram-se e dizem-se mais perfeitas de forma diferente. Neste caso, investigam-se e enumeram-se em primeiro lugar todos os atributos e limitações de todas elas, considerando-se mais perfeita a que possuir mais atributos ou menos imperfeições. Por exemplo, o ouro é mais perfeito que o ferro, pois, não possuindo mais propriedades, possui certamente menos limitações: tem uma cor agradável, tem maior densidade, nada perde do seu peso se for submetido a um fogo intenso, nunca transborda do recipiente se for liquefeito com chumbo ou com antimónio, nunca se corrompe pela ferrugem se não estiver exposto por muito tempo ao sal do mar, apenas se dissolve com sal ou com mercúrio, [190] não é prejudicial à saúde, pode de um modo extraordinário tornar-se flexível, adelgaçar-se e distender-se, pode receber mais facilmente todas as formas, consoante a vontade do artista. Todas estas propriedades (excepto no que se refere à saúde) não existem no ferro. Porém, a comparação das diversas naturezas está plena de incertezas e de possibilidade de erro, pois, por desconhecermos totalmente as essências das coisas, não podemos investigar e muito menos enumerar todas as suas imperfeições e todos os seus atributos. Pode porventura suceder parecerem-nos mais perfeitas as coisas mais imperfeitas por terem sido objecto de maior inquirição, motivo por que devemos abster-nos de semelhantes comparações.

Corolário I

Não existe nos objectos corpóreos uma perfeição pura e absoluta, mas somente relativa, ou seja, em função de uma finalidade.

Se todos os objectos corpóreos forem úteis para a obtenção da sua finalidade, dizem-se perfeitos, mas, sendo inúteis, dizem-se imperfeitos. Dizem-se, porém, perfeitos e imperfeitos relativamente a coisas diferentes; por exemplo, o ouro é mais perfeito que o ferro para os adornos e para as trocas comerciais, e mais imperfeito para fender os corpos, para lavrar a terra e para exercer outras artes típicas da plebe que sem o uso do ferro não podiam de modo algum instituir-se, podendo certamente sem o ouro.

Interdum uero cum duas res comparamus inter se, alias aliis perfectiores esse pronuntiamus. Sic dicimus Deum perfectiorem esse angelis, angelos hominibus, homines belluis, belluas inanimatis. Quaere rationem, reperies eamdem esse quam supra dedimus, nempe maiorem copiam proprietatum et earum maiorem praestantiam, quam utramque rebus illis perfectioribus deberi putamus, his non putamus. Deus enim habet proprietates rerum omnium possibilium, quas non habet angelus; tum proprietates, quas Deus habet communes cum angelo, praestantiores sunt; uerbi gratia, facultas cognoscendi praestantior est, propterea quia ad plura pertinet quam illa angeli. Quod idem de ceteris rebus creatis, quae aliquid commune habent, dicendum uidetur[37].

Contra, quae nihil habent commune, alio modo perfectiora iudicantur et uocantur. Nempe primum proprietates omnes et defectus utriusque inuestigantur et numerantur, quae plures proprietates, uel minores defectus habet, perfectior iudicatur. Exempli gratia, aurum perfectius est ferro, propterea quod si non plures proprietates habet, certe minores defectus habet. Habet enim pulcrum colorem, maiorem grauitatem, non ad ignem diuturnum aliquid ex pondere deperdit, numquam uel plumbo, uel antimonio liquefactum, e uase auolat, numquam rubigine incrustatur, nisi fumo salis marini expositum, non nisi ab eodem sale marino, aut mercurio [190] dissoluitur, non sanitati nocet, incredibilem in modum complanari, extenuari ac in longitudinem produci potest, omnes imagines arbitratu fingentis minori negotio recipit; quae singula (sanitate excepta) contra in ferro se habent. Verum haec comparatio diuersarum naturarum inter se plena periculi et erroris res est, nam cum rerum essentias penitus ignoremus, relinquitur nos nec uitia, nec uirtutes omnes re ipsa inuestigare posse, ne dum numerare. Fortasse, quae inperfectiora sunt, nobis, quod magis explorata sint, perfectiora uidebuntur. Propterea abstinendum est eiusmodi comparatione.

Corollarivm I

Hinc nulla in rebus corporeis est perfectio simpliciter et absolute, sed comparate, id est, referendo ad finem.

Nempe res omnes corporeae, si utiles ad finem suum consequendum sunt, perfectae uocantur, si inutiles, inperfectae; immo et perfectae et inperfectae referendo ad diuersa; exempli gratia, aurum perfectius est ferro ad ornatum et ad commercium; inperfectius est ad secanda corpora, ad arandum et reliquas artes plebeias exercendas, quae sine ferri usu consistere nullo modo possunt, sine auro utique possunt.

---

[37] uidetur] est *R*

Corolário II

Não são absolutas nenhumas perfeições dos seres espirituais (excepto uma) *– nomeadamente as dos anjos e as dos espíritos humanos –, mas relativas em função de uma finalidade.*

A razão é idêntica à do caso anterior, como é evidente para quem avaliar e considerar com ponderação cada uma das perfeições universalmente reconhecidas. Por exemplo, é melhor, isto é, mais perfeito para o homem, [191] ter uma alma imortal que mortal em relação à finalidade para que foi criado, ou seja, a felicidade eterna e a visão de Deus; mas tendo em conta o castigo eterno que os réprobos padecem no Inferno, teria sido melhor, por exemplo, para Judas não ter nascido[138], isto é, nunca ter existido ou então possuir uma alma mortal. De forma idêntica, supondo um espírito que não foi criado nem para a condenação nem para a beatitude eternas, não podendo mesmo experimentá-las, mas estando sujeito às adversidades que sofrem os pobres mortais, poderia ser tão bom para ele quer a imortalidade, quer a mortalidade. De modo semelhante, a sabedoria, o poder, etc., que se denominam "perfeições", são qualidades melhores e mais perfeitas em relação aos anjos bons ou a um homem em estado de graça, porque as põem em prática segundo a respectiva finalidade, ou a obtenção da visão de Deus; considerando-as, porém, relativamente aos anjos maus ou aos homens condenados às penas eternas – nos quais tais perfeições só aumentam o ódio, o desespero e outros tormentos, tornando as penas e as mortificações dos sentidos ainda mais molestas –, ter-lhes-ia sido melhor não as possuírem. Neste caso, elas não devem reputar-se como boas, mas como más perfeições. Quem ousaria afirmar ser uma perfeição e um bem o que é causa de um penoso mal e de infelicidade?

Eu disse de início "excepto uma", dado que a perpétua beatitude – em virtude da sua natureza e independentemente de qualquer relação com outra coisa – aperfeiçoa continuamente e em toda a parte os espíritos criados. Por isso – como adverte com justeza, entre outros, Claude Buffier –, só ela pode considerar-se a perfeição absoluta.

Corolário III

Os escolásticos definem erroneamente "perfeição" [192] *deste modo:* É *aquilo que possui maior valor em si mesmo do que se fosse uma coisa diferente; ou ao invés: "É aquilo que é tomado como substância, não como ela é em si mesma, mas como ente".*

Com efeito, como acima referi, nenhum atributo, excepto a eterna beatitude, pode considerar-se possuir maior valor em si mesmo do que se fosse uma coisa diferente, pois todas as coisas são boas ou más relativamente a coisas diferentes. Por que seria melhor para um corpo, considerado genericamente, ser branco e não preto? Ser redondo e não quadrado? Ser uma flor e não um metal? Mover-se ou estar

---

[138] Evangelho de São Mateus, cap. 26, 24.

COROLLARIVM II

Hinc nullae (si unam excipis) *rerum spiritualium perfectiones, ut angelorum et animorum humanorum, absolutae sunt, sed comparatae fini.*

Eadem est ratio quae superioris, quod singulas, quae uulgo habentur perfectiones, percensenti et expendenti euidens est. Exempli gratia, melius, id est, perfectius est homini habere [191] animum inmortalem quam mortalem, si referimus ad finem, ad quem conditi sumus, nempe aeternam beatitudinem et contuitum Dei. Sin autem ad perpetuam poenam, quam damnati ad inferna passuri sunt, tunc melius erat Iudae, uerbi gratia si natus non fuisset[138], id est, si uel numquam exsistisset, uel mortalem animam habuisset. Item, si fingimus spiritum aliquem nec ad poenam, nec ad beatitudinem aeternam natum esse, nec eam consequi posse, aerumnis tamen, quas miseri mortales patimur, esse expositum tam bonum ei esse posset inmortalitas quam mortalitas. Similiter sapientia, potentia ceteraque, quae "perfectiones" uocantur, sunt aliquid melius et perfectius comparatae ad angelum bonum, uel hominem innocentem, qui iis utitur ad finem suum, nempe conspectum Dei consequendum. Quod si eas ad angelos malos, uel homines aeternis poenis damnatos referimus, in quibus hae res nihil aliud faciunt quam odium, desperationem ceteraque mala augere, poenasque damni et sensus grauiores facere, tunc melius esset eis rebus illis omnibus carere, propterea non bona, sed mala uocanda sunt. Quis enim perfectionem et bonum uocabit illud quod grauioris mali et infelicitatis caussa est?

Dixi "si unam excipis"; nam perpetua beatitudo ea[(38)] est, quae natura sua et sine ulla comparatione ad aliud perficit spiritum creatum semper et omni loco; ideoque sola illa, ut recte secundum alios monet Claudius Buffierius, pro absoluta perfectione haberi potest.

COROLLARIVM III

Hinc male definiunt scholastici perfectionem [192] *hoc modo*: Quae melior est ipsa, quam non ipsa, seu eius contraria, *sumto subiecto non pro tali re, sed pro* ente.

Nam, ut ante diximus, nulla proprietas, praeter beatitudinem aeternam, designari potest quae sit melior ipsa quam non ipsa, sed omnes sunt bonae, uel malae, referendo ad diuersa. Qui enim melius est corpori generatim sumto esse album quam nigrum? Rotundum quam quadratum? Florem quam

---

[138] Matthaei cap. XXVI, vers.24.

(38) ea est] et quae illam augent, uel ad eam proxime ducunt, illa sunt *R*

em repouso? Por outro lado, se discorrermos, como sucede com os escolásticos, não sobre uma ou outra espécie de coisas, mas sobre o ente em geral, reconhecemos com maior clareza quão inábil é a sua definição, como se comprova abertamente pelos exemplos aduzidos. Eliminemos todas as relações entre as diversas coisas, pensemos num ente tomado em si mesmo, ensinemos por que seria melhor para ele ser corpo e não espírito, ser fera e não ferro, ser rosa e não comida, e certamente nunca ensinaríamos ninguém, pois estas coisas apenas podem considerar-se boas ou más enquanto relacionadas segundo uma finalidade.

Corolário IV
Sobre o imperfeito, deve ajuizar-se de modo inverso.
Na verdade, o imperfeito é o que não é perfeito ou o que carece dos atributos do perfeito. Além disso, sobre o imperfeito deve apenas ajuizar-se em função da finalidade: se ela existe e qual seja. Quanto ao resto, é tudo idêntico.

CAPÍTULO IX

O bom e o mau

Tendo em conta a finalidade, também o bom costuma ser objecto de reflexão, definindo-se adequadamente deste modo: "É o que é útil para a obtenção da finalidade para que está ordenado". Eliminemos toda a finalidade [193] e suprimiremos a razão de tudo o que é bom.

Embora se afirme com rectidão poder cada um conhecer por si mesmo os factos por meio de uma indução cuidadosa, não pode mencionar-se uma coisa que possa dizer-se verdadeiramente boa, se não estiver ordenada segundo uma finalidade. E, se examinarmos com maior diligência qual seja a finalidade das coisas que vulgarmente se consideram boas, chegaremos à conclusão de ser uma delas a satisfação e a felicidade humana, tanto temporal como eterna. Reconheço que isso nem sempre se manifesta ao primeiro relance, mas, indagando e reflectindo com diligência, compreenderemos ser totalmente verdadeiro. Podemos persuadir-nos disso muito mais facilmente com alguns exemplos do que demonstrando-o com um longo discurso.

Afirmam, por exemplo, os filósofos que todas as criaturas são boas. E por que razão? Por saberem que elas se conformam, directa ou indirectamente, com a utilidade humana, em virtude da qual foram criadas. Mas isso conhece-o Deus muito melhor, dado tê-las criado para nosso benefício segundo um desígnio sapientíssimo. Essa utilidade enche-nos de contentamento nesta vida e apazigua, tanto quanto possível, estes míseros mortais. Por isso, dizemos: "Este alimento é bom, este vestuário é bom, esta casa é boa, este cavalo é bom, este serviçal é bom", e outras coisas do mesmo género. Se alguém indagar sobre o motivo destas afirmações, comprovará

metalli? Moueri quam quiescere? Quod si non de una, aut altera specie, sed de ente in uniuersum loquimur, aut scholastici faciunt, clarius cognoscitur quam inepta sit eiusmodi definitio, ut ex adductis exemplis aperte efficitur. Tolle relationes omnes ad diuersa, cogita ens nude sumtum, doce cur illi sit melius esse corpus quam spiritum, belluam quam ferrum, rosam quam cibum, numquam profecto docebis; haec enim non nisi comparata cum fine, uel bona habentur, uel mala.

Corollarivm IV
Hinc contraria ratione de inperfecto iudicandum est.
Nempe inperfectum est id quod non est perfectum, seu quod caret proprietatibus perfecti. Deinde de inperfecto non nisi ex fine, an sit et quale sit iudicandum est. Cetera eodem modo.

CAPVT IX

De bono et malo

"Bonum" itidem finis alicuius respectu uocari solet, proptereaque commode definitur "id quod ad finem suum consequendum utile est". Tolle finem [193] omnem, boni omnis rationem sustuleris.

Quod quam uere dicatur unusquisque per se diligenti inductione facta cognoscere potest, nulla enim res citari potest quae bona recte dicatur, neque sit ordinata ad aliquem finem. Quod si curiosius examinamus qualis sit finis earum rerum, quae uulgo bona uocantur, reperiemus unum esse, nempe gaudium et tranquillitatem hominis, eamque uel temporariam, uel aeternam. Fateor id non semper primo adspectu menti se offerre, sed si rem diligenter expendimus et odoramur, uerissimum esse intelligimus. Quod ipsum aliquibus exemplis multo facilius quam longa oratione, demonstrari posse nobis persuademus.

Exempli gratia, philosophi aiunt res omnes creatas esse bonas. Cur ita? Quia cognoscunt eas ad utilitatem hominum, ad quam conditae sunt, uel proxime, uel remote conducere. Sed multo magis id cognoscit Deus, qui eas sapientissimo consilio nostri caussa fabricatus est. Haec autem utilitas nos in hac uita gaudio cumulat, tranquillosque quantum miseri mortales esse possumus, facit. Item dicimus "talem quemdam cibum esse bonum, talem uestitum bonum, talem domum bonam, talem equum bonum, talem seruum bonum", ceteraque generis eiusdem. Quaere rationem, inuenies ad aliquem

que para qualquer finalidade ser bom é ser útil. Com efeito, os alimentos são bons para a volúpia, para refazer as energias do corpo, para recuperar a saúde; o vestuário é bom para proteger do frio, para manter a dignidade da linhagem, para agradar às pessoas da cidade, etc.; a casa, seja grande ou pequena, é boa para ser habitada com dignidade e conforto pela família de cada pessoa; o cavalo é bom para a equitação, para percorrer o caminho mais depressa, para suportar o trabalho; o serviçal é bom para se ocupar dos negócios domésticos e solucioná-los; [194] e outras coisas semelhantes. Portanto, se examinarmos com maior diligência todas as coisas consideradas boas nesta vida, depreendemos de imediato ser a sua finalidade alcançar a felicidade e a tranquilidade do espírito.

As coisas boas que ao primeiro conspecto não parecem estar relacionadas com a nossa felicidade estão realmente. Exemplificando: quem dedicar o seu espírito ao estudo das letras, aos assuntos militares ou à arte náutica suporta muitas e difíceis canseiras, passa noites sem dormir, sofre muitas inquietações, expõe o corpo às armas, aos perigos, às tempestades, às feras. Quem não diria terem essas pessoas como finalidade suportar situações tão molestas? Prossigamos, porém, perguntando: por que motivo se expõem elas a tantos desconfortos? Reconheceremos então que a finalidade que se propõem é o lucro, ou a honra, ou a notabilidade. E porquê? Estes resultam certamente daqueles. O lucro, a honra e a notabilidade – diriam elas – causam deleite, enchem de contentamento, proporcionam muitas comodidades e obtêm a tranquilidade do espírito. Perguntemos então se alguém se empenha em procurar com tanta solicitude e tanto esforço essas coisas para causar a si próprio uma insatisfação constante e o desassossego do espírito. Não encontraremos ninguém que proceda desse modo. Mas sobre as coisas boas da natureza, isto é suficiente.

Quanto aos bens denominados "sobrenaturais" e "morais", dizem-se pela mesma razão "coisas boas" certamente por serem úteis para o júbilo supremo e para a paz eterna e, portanto, para a obtenção e o aumento da felicidade. É por este motivo que as virtudes se dizem boas, que as adversidades infligidas por Deus são também boas, assim como aquilo que nos faz prosperar cada vez mais na virtude.

Corolário I
O bem virtuoso e o bem útil distinguem-se apenas pela finalidade.
Certamente, ambos estes bens têm como finalidade o contentamento. [195] Mas o bem virtuoso ou bem moral procura o contentamento que é próprio da natureza racional, sendo este o verdadeiro e o duradouro contentamento; e o bem útil, sendo diferente do bem virtuoso, é relativo ao contentamento que satisfaz apenas os apetites humanos, não sendo, porém, duradouro e, mais que isso, está sujeito a muitas oscilações, pelo que não é um contentamento consistente.

Corolário II
Não podemos ajuizar sobre se algo é bom, se não estabelecermos primeiramente a finalidade para a qual se diz ser bom.

finem bona, id est, utilia esse. Cibus nempe est bonus ad delectandum, ad reficiendas uires corporis, ad recuperandam sanitatem; uestitus ad repellendum frigus, ad retinendam dignitatem ordinis, ad placendum hominibus urbanis, et reliqua; domus bona est ad habitandum uel ample, uel anguste, pro uniuscuiusque familia, dignitate, commodo; equus est bonus ad equitandum, ad conficiendum celeriter iter, ad resistendum labori; seruus est bonus ad procurandam et augendam rem familiarem, et eiusmodi [194] alia. Quare si singula accuratius examinamus quae dicantur huius uitae bona, finem illico animaduertemus gaudium et securitatem.

Illa ipsa bona, quae primo conspectu[39] ad gaudium nostrum referri non uidentur, reapse referuntur; exempli gratia, adiungit quis animum suum ad studium litterarum, ad rem militarem, ad nauticam artem, multa et difficilia patitur, insomnes noctes degit, molestias plures deuorat, obiicit corpus armis, periculis, tempestatibus, feris belluis. Quis non dicet eiusmodi hominem pro fine habere mala grauia pati? Perge tamen: quaere cur tantis se se incommodis exponat? Inuenies finem sibi ponere uel lucrum, uel honorem, uel gloriam. Quid gaudium et animi tranquillitas? Quid? Haec certe ex illis proficiscuntur. Lucrum enim, inquiet, et honor et gloria me delectant, me gaudio cumulant, commoda mihi multa procurant, tranquillitatem animi pariunt. Quaere an aliquis tam diligenter ac laboriose haec perquirat, ut perpetua tristitia et perturbatione animi adficiatur? Nullum inuenies. Et de bonis naturae hactenus.

"Bona" autem, quae "supernaturalia" et "moralia" uocamus, eadem ratione bona dicuntur, nempe quia utilia sunt ad gaudium supernum et aeternam securitatem, atque adeo felicitatem uel consequendam, uel augendam. Hac de caussa uirtutes dicuntur bona, aerumnae etiam a Deo inflictae sunt bona, et cetera, quae nos magis magisque in uirtute proficere faciunt.

Corollarivm I

Hinc bonum honestum et utile non nisi ex fine distinguuntur.

Nempe utrumque gaudium habet pro fine. [195] *Honestum* tamen, seu morale gaudium, quaerit quod naturae rationali conueniens est, quod ipsum est uerum et permanens gaudium. *Vtile* uero, ut ab honesto diuersum est, respicit gaudium quod cupiditatem hominis tantum explet, sed permanens non est, immo uero multis uariationibus suppositum, propterea solidum gaudium non est.

COROLLARIVM II

Hinc iudicare non possumus an aliquid sit bonum, *quin prius finem, ad quem dicitur bonum, constituamus.*

---

[39] conspectu] intuitu *R*

Como deixei escrito na *Logica*[139], é esta a natureza das coisas e dos nomes ditos "relativos". Se tivermos isto em mente, evitaremos a maior parte das controvérsias a respeito do que é bom e do que é mau, as quais, embora pareçam a alguns muito importantes, contudo, originam-se no facto de cada um dos disputantes não estabelecer a finalidade para a qual uma coisa se diz "boa" ou "má".

COROLÁRIO III
Por uma razão inversa, não existe o mau absoluto, mas apenas o mau relativo.

Decerto, em relação a uma finalidade natural ou sobrenatural, se algo obstar ou impossibilitar a sua obtenção, é uma coisa má. Por exemplo, se um boi não tiver aptidão para lavrar a terra devido à sua debilidade ou a uma doença, considera-se mau; e, se os nossos actos livres transgredirem os mandamentos, isto é, se nos apartarem da finalidade suprema, dizem-se moralmente maus.

[196] COROLÁRIO IV
Afirmam inabilmente alguns teólogos: Certas coisas são más por serem proibidas; certas coisas são proibidas por serem más. *No segundo caso, eles pensam existir uma malícia intrínseca.*

Na verdade, não existe o mal moral sem uma lei. Certas coisas são proibidas pela lei eclesiástica e pela lei civil; outras são proibidas pela lei divina, quer pela escrita, quer pela transmitida apenas oralmente; outras são ainda proibidas pela lei da natureza impressa por Deus no espírito de cada homem para podermos conhecer pela razão natural o que é bom e o que é mau. Suprimam-se todas estas leis e ficaremos sujeitos a todos os pecados. Tudo o que se diz ser proibido por ser um mal é, portanto, realmente proibido por uma lei, ou pela lei divina positiva, ou pela lei natural, ou, para me exprimir com maior clareza, pela lei eterna que Deus nos manifestou, seja pela razão natural, seja pela palavra divina, seja porque a estabeleceu de ambos os modos.

CAPÍTULO X

A ordem e a desordem

A palavra "ordem" é a terceira que deve referir-se e examinar-se a respeito da finalidade. A ordem define-se vulgarmente como a disposição adequada das partes em função de uma finalidade. E, ainda que os filósofos não acrescentem a maioria das vezes as palavras "em função de uma finalidade", ninguém contesta entenderem eles realmente desse modo aquela definição por pensarem que, não existindo uma finalidade, nenhuma coisa pode considerar-se adequada e

---

[139] *Logica*, liv. III, primeira parte, cap. 4, § 3, corolário; segunda parte, cap. 5, § 3.

Haec est natura rerum et uocabulorum, quae *"relata"* dicuntur, ut in *Logica* scriptum reliquimus[139]. Quae si mente tenuerimus, plerasque controuersias de *bono et malo* uitabimus, quae etsi grauissimae non nullis uidentur, tamen ex hoc fonte dimanant, quod singuli disputantes non constituunt, cui fini res aliqua dicatur "bona", uel "mala".

Corollarivm III
Hinc contraria ratione nullum est malum absolutum, *sed* relatiuum.

Nempe referendo ad finem uel naturalem, uel supernum, cui si obstat, atque ut eum consequamur impedit, *malum* est. Exempli gratia, si bos ob debilitatem, uel aegritudinem ad arandum non est aptus, habetur malus. Si actiones nostrae liberae a lege deflectunt, id est, nos a fine superno deducunt, uocantur malae moraliter.

[196] Corollarivm IV
Hinc inepte theologi non nulli aiunt quaedam esse mala quia prohibita, quaedam prohibita quia mala, *quorum ultima interna malitiam habere putant.*

Nullum enim est malum morale sine lege. Quaedam sunt prohibita lege ecclesiastica et ciuili, quaedam lege diuina uel scripta, uel ore tenus tradita, quaedam lege Naturae, quam Deus inpressit mentibus singulorum, ut naturae ratione quid bonum, quid malum sit, internoscere possimus. Tolle has leges omnes, peccata omnia sustuleris. Quare quae dicuntur prohibita quia mala sunt re ipsa prohibita a lege uel duina positiua, uel naturali, seu, ut clarius loquamur, sunt prohibita a lege aeterna, quam Deus uel naturae ratione, uel diuina locutione nobis manifestauit, uel utroque modo proposuit.

CAPVT X

De ordine et non ordine

Tertium est uocabulum "ordo", quod respectu finis et proferri et considerari debet. Definitur uulgo apta dispositio partium ad finem aliquem. Et quamquam philosophi uerba "ad finem aliquem" plerumque non adiungant, tamen reapse ita eos intelligere et ita intelligi debere, negabit nemo qui consideret, demto fine, nullam rem aptam, nullam recte dispositam dici posse. Ad quid enim aptum, ad quid recte positum seu dispositum aliquid dicetur, nisi ad

---

[139] Lib. III, p. I, cap. 4, § 3, corollar. et p. 2, cap. 5, § 3.

rectamente ordenada. Por que motivo se diz ser algo ajustado ou estar rectamente estabelecido ou disposto ordenadamente a não ser em virtude de uma finalidade que me proponho ou penso deverem os outros propor-se? Mas vou esclarecer este assunto servindo-me de exemplos.

[197] Examinemos cada uma das coisas que se consideram dispostas com ordem e nas quais descobrimos evidenciar-se uma finalidade. Imaginemos penetrarmos em certos jardins aprazíveis em que as árvores se apresentam dispostas em forma de xadrez, os caminhos ladeados por zonas verdes muito planas adornadas aqui e ali com árvores, com arbustos de aparências diversas, com roseiras, com violetas, com jasmins; e em que se avistam plantios onde os arbustos estão dispostos com tanto esmero que mostram várias figuras como se fossem mosaicos; e onde se avistam vasos cheios de flores colocados de forma simétrica, e fontes construídas artisticamente com água brotando da terra e correndo naturalmente de um local elevado por meio de condutas concebidas com muito engenho. Exclamamos então encantados: "Que belo é tudo isto!"; "Que plano inteligente presidiu à sua construção!"; "Que ordem admirável em todas estas coisas!". São estas as exclamações que irrompem do fundo do espírito, mesmo de uma pessoa desprevenida. Voltemo-nos, porém, para nós próprios, para o íntimo da nossa mente e detenhamo-nos a filosofar por algum tempo, perguntando-nos: "Por que motivo afirmamos essa ordem?"; "E qual a sua natureza?" Compreenderemos então claramente termos afirmado isso por advertirmos logo ao primeiro relance ser aquela ordem totalmente adequada para causar satisfação ao nosso olhar e ao nosso espírito. Ser feito com deliberação e ser feito com ordem significam, portanto, a mesma coisa. Se alguém tiver ainda dúvidas, volte o seu olhar para outros sítios onde se observam flores, arbustos e árvores agrupadas sem a intervenção de nenhum artifício. Dir-se-á existir aí uma ordem? Decerto que não. E qual o motivo? Pelo facto de essas coisas não estarem dispostas para causar satisfação. Deste modo, a satisfação e o bem-estar são a finalidade da ordem.

Mas recorramos a outro exemplo. Entremos numa casa ou num palácio em que o vestíbulo, as salas e cada uma das suas partes se consideram estarem dispostas de forma ajustada e ordenada. Por que razão se considera que assim seja? Reconhece-se estar essa razão no facto de observarmos ser a casa adequada para ser convenientemente habitada, com comodidade e grande dignidade, pela família de cada um. Por conseguinte, a finalidade da ordem é habitar adequadamente e com dignidade, [198] e regozijar-se com a comodidade e o adorno da casa. De forma idêntica, dizem-se dispostas com ordem as partes de uma oração, se estiverem estabelecidas para ensinar, para deleitar e para mover as paixões dos ouvintes, isto é, se possuírem a capacidade de persuadir. Também relativamente a outras coisas, se consideradas estabelecidas com ordem, diz-se do mesmo modo possuírem uma finalidade.

Corolário I
Não pode conceber-se a ordem sem uma causa inteligente.

Não há ordem sem finalidade nem finalidade sem uma causa inteligente, pois nenhuma finalidade pode entender-se como instituindo-se a si própria. Com efeito,

finem, quem uel mihi pono, uel ab aliis poni debere existimo? Sed haec exemplis clariora faciemus.

[197] Percurramus singula, quae ordine facta dicantur, ubique finem aliquem apparere reperiemus. Finge te intrare hortos aliquos amoenos, in quibus et arbores in quincuncem positae et ambulationes bene complanatae uiridibus inclusae, hinc et illinc uel arboribus, uel arbusculis uarie tonsis, tum rosis, uiolis, iasmino uestitae se offerant et uiridia prospiciantur, ubi et arbusculae tanto studio consitae sint, ut diuersas figuras, quasi uermiculato opere exhibeant et uasa floribus onusta alia aliis respondeant et fontes arte facti e terra erumpant, uel ex eminenti per canales summa industria constructos humor sponte profluat. En illico demirans ais "Quam pulcra sunt haec!" "Quanto consilio facta!" "Quam miro ordine posita!" Haec uel inprudenti cuique ex intimo pectore erumpunt. Fac ad te redeas, ut apud te sis, ut philosophari tecum paullisper queas, interroga te ipsum "Cur ordine posita dico?" "Qualis est iste ordo?" Et clare cognosces te ita dixisse, quia uel primo adspectu illico animaduertisti, eiusmodi ordinem esse aptissimum ad delectandum tum oculos, tum animum, proindeque idem esse consilio factum atque ordine factum. Quod si dubitas adhuc, retorque oculos alio, ubi flores et arbusculae et arbores nullo artificio conglomerata oculis se offerant an ordine haec posita dices? Numquam profecto. Cur ita? Quia non sunt apta ad delectandum. Delectatio igitur hoc casu est finis ordinis.

Sed nos alio conuertamus. Ingrediamur domum aliquam, uel palatium, in quo et uestibulum et conclauia et singulae partes apte et ordine positae dicantur. Quaere cur ita dicamus? Inuenies caussam esse, quia ad bene et commode habitandum cum magna familia ex uniuscuiusque dignitate idoneam illam esse uidemus. Itaque finis ordinis est bene et pro dignitate habitare eiusque commodo [198] et ornatu delectari. Sic orationis partes dicuntur ordine positae, si ita dispositae sunt, ut docere, ut delectare, ut mouere audientes possint, quod ipsum est apte ad persuadendum dicere. Sic cetera, quae ordine condita putantur, ad aliquem finem ita se habere dicuntur.

Corollarivm I
Hinc ordo sine aliqua caussa intelligente concipi non potest.
Nam ordo sine fine nullus est, finis sine caussa intelligente et hunc finem sibi constituente, intelligi nullus potest. Res enim, quae intelligentia carent,

as coisas destituídas de inteligência não possuem uma finalidade; por exemplo, uma pedra ao cair do alto não tem como finalidade dirigir-se para a Terra, dirigindo-se porque assim está estabelecido pelas leis da natureza.

Corolário II
Todas as partes do mundo dispostas segundo uma ordem em função de determinados efeitos ou de determinadas finalidades foram criadas e ordenadas por uma mente.
É manifesto na maioria dos casos para todas as pessoas estar estabelecida cada uma das partes da natureza segundo determinadas finalidades; quanto aos outros casos que não são tão evidentes, foi demonstrada a mesma coisa pelos filósofos, sobretudo pelos modernos[140].

[199] Corolário III
Os que afirmam que as coisas dispostas ordenadamente são produto do acaso e sem nenhuma deliberação proferem palavras ocas a que não corresponde nenhuma significação.
Afirmar, por exemplo, que um relógio – que para dar as horas do dia só pode ser construído por pessoas de sumo engenho – é produto do acaso é o mesmo que afirmar ter sido construído sem deliberação (o que manifestamente é contraditório) ou por uma causa que não podemos entender e da qual não possuímos nenhuma ideia. Trata-se, porém, de meras palavras.

Escólio
Irei demonstrar adequadamente nos respectivos lugares quanta importância possuem estes três corolários para discorrer com rectidão na Física e na Teologia Natural. É suficiente referir neste lugar a sua utilidade.

CAPÍTULO XI

O belo e o feio

Tal como os anteriores, o termo "belo" é relativo. Declaram, no entanto, certos ignorantes, que empreendem realizar grandes discursos, ser o belo um absoluto, ou seja, existir o belo puro e simples sem nenhuma relação com outras coisas.

A respeito deste assunto, sustentaram muitas opiniões os antigos, sobretudo os platónicos, mas também os filósofos modernos, que a mim, para dizer o que penso, o tornam mais dificultoso que a simples palavra "belo"; na verdade, [200]

---

[140] Ver Boyle (*Tractatus de caussis finalibus*) e Ray (*De la sagesse de Dieu dans les ouvrages de la création*). Além de outros autores, esclarece este assunto Derham, em *Démonstration de l´existence de Dieu dans les ouvrages de la création*.

nullum finem habent; exempli gratia, lapis dum ex alto decidit, non habet pro fine ad terram tendere, sed tendit quia lege naturae ita constitutum est.

Corollarivm II
Hinc omnes mundi partes, quod ad certos effectus, seu fines ordine positae reperiuntur, ab aliqua mente conditae et ordinatae sunt.

Quod singulae naturae partes ad certos fines constitutae sint, in plerisque perspicuum omnibus est, in reliquis, quae non adeo euidentia sunt, philosophis praesertim recentioribus demonstratum est[140].

[199] Corollarivm III
Hinc qui dicunt ea, quae ordine posita sunt, casu et nullo consilio esse facta, *inania uerba fundunt, quibus significandi uis nulla subiicitur.*

Nam dicere horologium, exempli gratia, quod non nisi a nostris hominibus summo consilio fabricari potest, ut horas diei demonstret, casu esse factum idem est ac dicere esse factum sine consilio, quae manifesta contradictio est, tum esse factum ab aliqua caussa, quam nos intelligere non possumus, cuiusque nullam habemus ideam. Haec uero mera uerba sunt.

Scholion
Quanti momenti sint haec tria corollaria, ut recte et in Physica et in Theologia Naturali disputemus, suis locis pro merito demonstrabimus, hoc loco satis fuerit utilitatem indicare.

CAPVT XI

De pulcro et deformi

Vocabulum "Pulcrum" itidem, ut superiora, est relatiuum. Quidquid dicant inepti aliqui, qui longo sermone efficere aggrediuntur, esse aliquam rem absolute, id est, simpliciter et sine ullo ad aliud respectu pulcram.

Hinc multa et ueteres, praesertim Platonici, et recentiores philosophi dixere, quae mihi, ut dicam quod sentio, inplicationem rem ipsam fecere, quam nudum uocabulum "pulcrum"; nam multo facilius [200] homines, audito

---

[140] Vide Boylium in *Tractatu de caussis finalibus* et Ray *De la sagesse de Dieu dans les ouvrages de la création.* Sed praeter ceteros hoc argumentum inlustrauit Derham *Démonstration de l'existence de Dieu dans les ouvrages de la création.*

as pessoas ao ouvirem esta palavra formam uma ideia mais correcta e com muito maior facilidade do que dedicando-se a controvérsias obscuras e inúteis.

Parece-me dever definir-se adequadamente o belo como aquilo que causa agrado quer à vista, quer ao ouvido. E não é de modo diferente que o entendem as pessoas quando se servem daquela palavra. Belos parecem ser certos rostos a algumas pessoas. E qual o motivo? Porque lhes causam agrado. Belos são os jardins, as cidades, as casas, os templos, o vestuário, as sinfonias musicais porque lhes causam agrado. Examinando outras coisas, há apenas uma razão para as considerarmos belas, isto é, por encherem de agrado quer a vista, quer o ouvido, ou, para me exprimir com maior exactidão, por inundarem de contentamento o espírito das pessoas por meio da visão ou da audição. Não é, portanto, belo o que afecta suavemente os sentidos do olfacto ou do paladar, pois isso é apenas deleitoso, agradável a ameno; e considera-se também belo o que impressiona ao de leve a vista e o ouvido, embora se aplique com frequência a mesma expressão ao que apenas causa agrado à vista.

Além disso, tal como existem no gosto tão extraordinárias diferenças – a ponto de poucas pessoas apreciarem os mesmos alimentos, e entre aquelas que os apreciam nem todas são impressionadas da mesma forma e com idêntica intensidade – o mesmo deve afirmar-se a respeito do sentido da visão; por conseguinte, não pode estabelecer-se uma noção exacta de "beleza". Por exemplo, o rosto dos Etíopes é belo, ostentando lábios compridos e grossos, de ambos os lados agradavelmente arqueados, o nariz muito achatado e as narinas lateralmente dilatadas; e quando pintado o seu rosto com sinais e com diversas figuras, a sua beleza fica ainda mais realçada. Quanto aos Chineses, também o nariz, mas por outra razão, é rombo e achatado, os olhos pequenos e amendoados, a tez um pouco morena, parecendo tudo o resto muito belo. Os naturais da Tartária têm um nariz tão pequeno quanto extremamente achatado, pelo que uma mulher com uma deformidade natural, se mostrar apenas o nariz, é considerada de uma beleza requintada. [201] Contrariamente, muitos Asiáticos e Europeus distinguem-se de todos estes: eles apreciam a cor branca e outras formas rectamente refinadas, embora nem todos de modo idêntico. Para alguns povos europeus, os olhos esverdeados ou azuis e os cabelos louros são considerados a essência da beleza. Diversamente, tal como os antigos Romanos, todos os Italianos modernos sentem enorme satisfação com os seus cabelos e olhos negros; para eles, só estes são belos. E mencionam ainda a estatura do corpo como parte da beleza. Quanto ao resto, são também muito belos.

Portanto, quem ajuíza mais rectamente? Sem dúvida, ninguém. Ou, exprimindo-me com maior exactidão, todos ajuízam rectamente, dado cada pessoa ter uma opinião favorável sobre aquilo que lhe causa agrado, o que decerto é correcto. Não obstante – por sabermos ao certo que os Etíopes quando vivem entre nós não apenas não menosprezam, mas sentem afeição, pelas formas mais elegantes dos europeus, e por sabermos que eles e outros povos do resto da Europa, da Ásia, da África e da América raramente apreciam a negritude –, parece ter de afirmar-se dever ser preferida às outras a beleza denominada "beleza europeia", opinião esta com muitos defensores.

uocabulo pulcrum, certam ideam designant, quam auditis controuersiis illis tam obscuris et inutilibus.

Mihi uero commode definiri uidetur pulcrum id quod placet, id est, uel uisum, uel auditum delectat; nec aliud intelligunt homines, cum tali uocabulo utuntur. Pulcra uidetur facies aliqua uni. Cur ita? Quia illi placet. Pulcra appellatur uilla, urbs, domus, templum, uestis, symphonia sonorum, quia illi placent. Cetera si examinas, non alia ratione haberi pulcra uidebis, nisi quia uisum, uel auditum gaudio complent, seu, ut accuratius loquar, hominis animum uel uisus, uel auditus ope gaudio perfundunt. Quare quae odoratum, quae gustatum, quae palatum molliter adficiunt, non pulcra, sed iucunda, grata, suauia uocantur; quae uisum et auditum blande adficiunt, pulcra uocantur, quamquam rebus, quae uisum delectant, frequentius tribuatur eiusmodi uocabulum.

Porro quemadmodum tam incredibilis est in gustu uarietas ut pauci eodem cibo delectentur; immo uero eorum qui delectantur, non omnes eodem modo, seu eodem gradu, adficiantur, ita de uisu est dicendum; ideoque nulla certa notio "pulcritudinis" constitui potest. Exempli gratia, Aethiopibus pulcra facies est, quae labia et longa et crassa ostendat, hinc et illinc bene retorta, nasum uero perquam depressum, et nares ad latera eleuatas; facies etiam notis et figuris uariis compuncta ipsis pro pulcritudine est. Sinensibus nasus et ipse alia ratione depressus ac simus, oculi et exigui et semiaperti, color subfuscus ceteraque eiusmodi pulcerrima uidentur. Tartari autem nasum quam exiguum, quam depressissimum adeo extollunt, ut si qua mulier naturae uitio non nisi foramina narium ostentet, pro exquisita pulcritudine habeatur. Contra Asiatici plurimi et Europaei haec fugiunt; amant colorem album ceteraque recte emendata. Sed non omnes eodem modo. Quibusdam gentibus Europaeis oculi caesii, uel caerulei, capilli flaui in praecipua parte pulcritudine [201]ponuntur. Contra uero Romani ueteres Italique recentiores omnes capillum oculosque nigros in deliciis habent; haec sola pulcerrima uocant, proceritatem corporis itidem in pulcritudinis partes referunt, cetera huiusmodi.

Qui igitur rectius iudicant? Neutri profecto, uel, ut uerius dicam, omnes recte diiudicant, singuli enim id approbant, quod ipsis placet et recte quidem. Veruntamen cum certo sciamus, Aethiopes cum apud nos degunt, formas istas elegantiores Europaeas non modo non aspernari, sed amare, eosque et alias gentes, quae nigrore delectantur, prae cetera Europa, Asia, Africa, America fere nihil esse; dicendum uidetur eam, quam uocamus "pulcritudinem Europaeam", quod plures suffragatores habeat, ceteris esse praeferendam.

Perguntam novamente alguns filósofos: "Entre as formas de beleza europeia, qual deve considerar-se o verdadeiro modelo?". Toda a gente se apercebe como são inábeis os que discorrem sobre este assunto. Se a beleza é o que causa agrado a cada pessoa, não pode apresentar-se nenhum modelo definido e nenhuma figura simplesmente bela em si própria. Todavia, não deve considerar-se inoportuna esta questão, tendo em conta o número dos que têm sobre ela uma opinião favorável. Assim, o que costuma causar agrado à maioria, aos mais cultos e aos mais eminentes dos observadores das formas é necessariamente mais belo. Ora, além de outros atributos, causam agrado na figura humana uma elevada estatura e uma justa compleição corporal que não seja demasiado robusta nem franzina; uma cor branca realçada por um vermelho rosado; um rosto mais comprido que redondo; uma ampla fronte, uns olhos grandes [202] e negros; um nariz nem achatado nem aquilino, nem volumoso nem comprido, mas direito e adelgaçado; uma boca pequena e encarnada; uns dentes brancos, não pequenos nem compridos nem ralos; umas orelhas pequenas; mãos e pés pequenos, bem torneados, e as outras partes do corpo o mais perfeitas possível. A acrescentar a tudo isto, a modo de condimento, causam agrado um certo brilho e vivacidade do olhar, uma certa majestade fisionómica, riso aprazível e um elegante movimento do corpo. Todos estes atributos são tão necessários à beleza que, não existindo, a maioria das pessoas não causa qualquer sensação de agrado. No entanto, aquelas que os possuírem em pequeno número, ainda que medíocres, devem ser consideradas muito belas. Mas ninguém duvida de que teria muitos defensores uma figura que exibisse todos os atributos anteriormente mencionados. Por isso, eles são os mais belos de todos[141].

[203] Todas as pessoas com quem convivemos ajuízam de forma idêntica, tal como aquelas que nos são estranhas. Assim pensaram os antigos, tanto os Gregos como os Romanos, como manifestam as estátuas que vemos em Roma (exceptuando

---

[141] O que causa agrado ao nosso espírito ou não estimula nenhum sentido do corpo ou estimula algum deles. No primeiro caso, origina-se uma simples relação com as coisas, causando apenas – por assim dizer – um deleite espiritual, como sucede ao vermos uma cidade e uma casa de campo construídas de forma harmoniosa. Porém, o que causa agrado estimula também movimentos no corpo que denominamos "afecções ou paixões do espírito"; por exemplo, quando sentimos, perante a visão de formas requintadas que nos causam muito agrado, batimentos céleres do coração e um súbito fluxo sanguíneo quase sem nos apercebermos. Sucede, por isso, muitas vezes, ao prestarmos atenção a uma pintura muito célebre, ao examinarmos os seus traços fisionómicos, a sua cor e o seu tamanho, que não sintamos nenhuma afecção corpórea. Neste caso, ela causa agrado à mente – por possuir os traços fisionómicos delineados segundo as prescrições do pintor –, mas não ao coração ou, por outras palavras, nada observamos nela que nos impressione. Poderia dizer-se tratar-se de uma estátua de alabastro, de marfim ou de qualquer outra coisa semelhante, mas sem grão de sal. Decerto, esta estátua não é bela, e ninguém poderá dizer serem belos uns traços fisionómicos que não podem de modo algum causar agrado. Ao invés, há figuras não suficientemente apuradas pelos pintores que, no entanto, por uma certa propriedade misteriosa, causam agrado e estimulam ao primeiro olhar. Certamente, a estas devemos considerá-las belas. Quem ousaria chamar "feio" àquilo que, se não for inábil em ajuizar, lhe agrada intensamente?

Sed hic iterum philosophi aliqui: "quaenam", inquiunt, "ex his formis Europaeis pro uera regula pulcritudinis haberi debet?" Quod qui disputant quam inepti sint, nullus non uidet. Nam si pulcrum est quod singulis placet, nulla certa regula, nulla imago in se et simpliciter pulcra designari potest. Veruntamen non incommode haec res existimari potest ex numero eorum, qui ei suffragantur. Nam quod pluribus et cultioribus et elegantioribus formarum spectatoribus placere solet, id pulcrius sit necesse est. Placent autem praeter ceteras figuras humanas, procera statura et iusta habitudo corporis, quae nec ualde sit ampla, nec tenuis, color albus roseo rubore perfusus, facies longa magis quam orbiculata, frons ampla, oculi et ampli et [202] nigri, nasus nec simus, nec aquilinus, nec crassus, nec longus, sed recte ductus et gracilis, os exiguum et rubicundum, dentes albi, non exiles, non longi, non separati, aures exiguae, manus, pedes exigui, teretes, ceteraeque partes quam emendatae. His accedere debet ueluti condimentum, quaedam et uis ac mobilitas oculorum et maiestas oris et iucunditas risus et elegans motus corporis. Quae adeo ad pulcritudinem necessaria sunt, ut plurimae, quibus id desuit, minime placuerint; quae uero haec pauca habuere, etsi mediocres formae, pro pulcerrimis habitae sint. Sed formam, quae omnia ante dicta praeferat, plurimos suffragatores habituram nemini dubium est. Erit igitur pulcerrima omnium[141].

[203] Ita iudicant omnes, quibuscum uiuimus, ita exteri, ita iudicasse ueteres et Graecos et Romanos statuae, quas in Vrbe uidemus (si excipias imagines quorumdam uirorum ac mulierum, quae ex uero expressae erant) tum dearum, tum Mercurii, Apollonis certorumque adolescentium et puerorum declarant, quae lineamenta et proportiones, ut uocant, quas supra enumerauimus, prae se ferunt. Ita iudicant pictores, statuarii, caelatores insigniores, qui ea, quae

---

[141] Quae animo nostro placent, uel sensum nullum excitant in corpore, uel aliquem sensum excitant. Illa merum rerum approbationem eliciunt, et *spiritalem* tantummmodo, ut ita dicam, delectationem pariunt, ut cum uideo urbem et uillam eleganter constructas. Haec uero motum illum excitant in corpore, quem "adfectum seu passionem animi" nominamus, ut cum ex uisu elegantis formae, quae nobis admodum placeat, et celerem motum cordis et flexionem inopinatum sanguinis, ac spirituum sentimus, antequam deliberemus.
Hinc fit ut haud raro aliquam adspicientes formam percelebrem, eius quidem lineamenta, colorem, staturam probemus, nullum tamen motum, nullum adfectum corporeum sentiamus. Quo casu et placet menti, habet enim lineamenta ex pictorum praescripto ducta, et non placet cordi, ut ita me explicem; propterea quia nihil in ea animaduertimus, quod nos moueat, statuam alabastritis, uel eboris diceres, uel quiduis huiusmodi, sine mica salis. Haec profecto nobis pulcra non est, nemo enim uocabit pulcram eam faciem, quae sibi nullo modo placere potest. E contrario sunt aliquae species non illae quidem pictoribus satis emendatae, sed quae nescio qua occulta ui, uel primo contuitu et placent et mouent. Haec certe "pulcra" nobis esse debet; quis enim audebit appellare deforme id quod sibi non inepto iudici uehementer placet?

algumas de homens e de mulheres representando a nudez), quer de deusas, quer de Mercúrio, quer de Apolo, quer de certos jovens e crianças que evidenciam os traços fisionómicos e as proporções – como costuma dizer-se –, que anteriormente mencionei. E assim ajuízam os pintores, os estatuários e os mais notáveis gravadores que nos seus ofícios costumam exprimir e imitar o que causa agrado aos olhares mais habilitados e aos mais antigos e mais célebres estatuários. Estes possuíram uma norma de beleza, tal como nós devemos possuí-la. E isto é de tal modo verdadeiro que os Italianos – que se distinguiram entre todos na pintura e na escultura – referem esse assunto ao retocarem o rosto de uma estátua, afirmando dever ela possuir os traços fisionómicos descritos nos ensinamentos dos pintores[142].

Se alguém perseverar perguntando por que motivo causa maior agrado que as outras a todas as pessoas a forma anteriormente mencionada, correspondente à ideia dos pintores, confesso candidamente não ser de modo algum capaz de entender isso e muito menos de explicá-lo, [204] o que não deve ser considerado espantoso, pois determinados alimentos causam agrado a algumas pessoas, não sucedendo da mesma forma com outras, enquanto outras se sentem pessimamente, ninguém duvidando de que tal acontece. E quem somos nós, pobres criaturas, para nos atribuirmos o direito de perscrutar e de explicar os planos de Deus?

Se num assunto tão obscuro me fosse permitido filosofar por suposição, pensaria consistir esse motivo no facto de uma forma mais perfeita parecer estar mais em consonância com o uso que Deus teve em mente ao criar todas as coisas. Com efeito, se pensarmos em cada uma das partes da boca, apercebemo-nos facilmente de que as mais perfeitas parecem adequar-se melhor ao seu uso. E uns olhos que sejam maiores recebem com maior facilidade as imagens dos objectos exteriores, movendo-se também em todos os sentidos mais facilmente que os entreabertos; se forem, porém, muito salientes, são inadequados por outro motivo, podendo com facilidade sofrer contusões dos corpos exteriores. E um nariz direito e pequeno parece mais apropriado para realizar a sua função; se tiver, porém, uma forma romba, aquilina e virada para cima, para nada serve. E uma boca pequena também é suficiente para falar, para soprar, para receber os alimentos e a bebida e para efectuar actividades para as quais são igualmente suficientes uns lábios medianos; porém, uma boca grande e uns lábios enormes e arqueados são impróprios para a função que referi. Também não proporcionam nenhuma utilidade para a audição dos tons agudos umas orelhas muito pequenas ou muito salientes, dado conhecer-mos outras pessoas que, possuindo umas orelhas de tamanho ajustado, os ouvem correctamente. Poderíamos ajuizar do mesmo modo acerca da cabeça, das mãos, dos pés e do tronco: se forem demasiado pequenos, não são adequados para preservar e manter o corpo em bom estado e, sendo demasiado grandes, são incómodos, sendo preferível serem um pouco menores. E estando impresso na mente de cada pessoa

---

[142] Em língua italiana, chamam-se *fattezze pittoresche*.

magis eruditis oculis placent, magisque uetustis et celeberrimis statuariis placuere, in suis artificiis exprimere et imitari solent. Hanc ipsi regulam pulcritudinis habent, hanc et nos habere debemus. Quod adeo uerum est, ut Itali homines, qui pictura et sculptura praeter ceteras gentes nobilitati sunt, cum faciem aliquam emendatam offendunt, ut id aliquo uocabulo commode explicent, aiunt habere lineamenta faciei secundum disciplinam pictorum ducta[142].

Quod si pergunt et quaerunt cur forma, quae ex pictorum idea conformata sit, et cetera quae supra diximus, habeat, magis hominibus singulis placeat quam aliae, ingenue fatebor me id nullo modo intelligere posse, ne dum explanare. [204] Quod minime mirum uideri debet, nam nec illud intelligi potest cur quidam cibi aliquos delectent, aliquos non item, alios male habeant, tamen quin res ita se habeat, nullus dubitat. Quis enim homuncio consilia Dei inuestigare ac definire sibi sumet?

Quod si in re adeo obscura ex coniectura philosophari licet, existimarem caussam esse, quia emendatior forma aptior esse uidetur ad eum usum, ad quem Deus singulas partes condidit. Nam si partes singulas oris ad calculum reuocamus, haud operose intelligemus ea, quae emendatiora sunt, ad id aptiora uideri. Nam oculi ampliores facilius imagines externas excipiunt et quoquouersus mouentur, quam semiaperti. Quod si multum promineant, peccant alia de caussa, et facile a corporibus externis offendi possunt. Nasus rectus, exiguus, ad suum munus exequendum satis esse uidetur; figura sima, aquilina, sursum uersa, ad id nihil conferunt. Os exiguum itidem satis est ut homo loquatur, spiritum ducat, cibum potionemque accipiat, ceteraque faciat ad quae labra modica sufficiunt; os uero magnum, labra inmodica, incurua, inoportuna ad ea, quae diximus, sunt. Vt etiam aures, quae uel multum deprimantur, uel emineant, nihil utilitatis adferunt ad acute audiendum; cum uideamus alios, qui iustam habeant magnitudinem, recte audire. Similiter de capite, de manu, de pede, de trunco iudicabimus, si nimis haec sunt exigua, ad tuendum et conseruandum corpus non sufficiunt, si nimis magna, inportuna, nam paullo minora satis erant. Cumque singulorum mentibus ueluti inpressum sit ea naturae opera, quae simpliciora sunt et ad finem consequendum sufficere uidentur, praeferri debere, consequitur magis haec placere debere, quam cetera, quae plurimis rebus [205] non necessariis abundant. Iam color roseus iccirco placere magis uidetur quod

---

[142] Italica lingua uocantur *Fatezze pittoresche*.

deverem ter preferência as produções mais simples da natureza e as que parecem mais adequadas para a obtenção de determinadas finalidades, infere-se causarem elas maior agrado que outras que por muitas razões [205] são desnecessárias. Por isso, a cor rósea parece causar maior agrado, dado manifestar a saúde do corpo, a que toda a gente dá apreço. Por idêntica razão, causa maior agrado o branco do olho, tanto maior quanto mais branco ele for, mas não se for pálido nem diferente da cor dos vasos sanguíneos. E como a brancura se distingue melhor quando as pupilas são escuras ou quase negras, também devem causar maior agrado uns olhos negros por possibilitarem distinguir melhor as diversas partes do olho. Quanto ao resto, pode explicar-se sem desvantagem de modo idêntico. São estes os assuntos respeitantes a suposições.

COROLÁRIO I
Certas coisas são tanto mais belas quanto causam maior agrado à maioria das pessoas, quer instruídas, quer ignorantes, quer do campo, quer da cidade.

COROLÁRIO II
Devem considerar-se como sendo as mais belas as coisas que causam agrado a todas as pessoas que as contemplem atentamente.

Neste sentido, Deus é o mais belo de todos os entes, pois causa tanto agrado a todos aqueles que o contemplam no Céu que os enleva necessariamente no seu amor. Porém, ele causa ainda maior agrado a quem o contemple com o olhar da fé e examine incessantemente os seus admiráveis atributos com base nas coisas criadas; e ele atrai totalmente para si de tal modo os espíritos que os torna seus amantes, deixando, por isso, de existir todas as coisas terrenas, mundanas e perversas.

COROLÁRIO III
Sobre o feio, deve ajuizar-se de modo oposto.

[206] Não existe o feio absoluto e puro e simples, dizendo-se apenas comparativamente, ou seja, ao relacionarmos uma coisa com outras da mesma ínfima espécie, nas quais existe uma beleza que naquela não está presente. Assim, a privação da beleza que se julga poder ou dever possuir uma coisa é a própria fealdade dessa coisa, como é confirmado muito melhor e com maior clareza por uma diligente observação daquilo que se considera feio do que por quaisquer argumentos. Deste modo, parecem-nos feios e disformes os precipícios, os desfiladeiros e as montanhas horrendas e inacessíveis que se apresentam ao nosso olhar nos nossos percursos, porque os comparamos com lugares aprazíveis, com estradas públicas muito planas e com outras coisas realizadas artisticamente. Se, porém, os compararmos com outras coisas semelhantes, eles já não apresentam nenhuma fealdade e talvez pareçam menos feios.

Devemos afirmar algo semelhante sobre a figura humana. Há quem nos pareça profundamente feio; se procurarmos saber o motivo, advertimos que isso se origina

sanitatem quamdam corporis, quam omnes amant, prae se fert. Eadem ratione oculorum album, quo magis est album, non pallidum, non lineis sanguineis distinctum, magis placet. Cumque albitudo magis conspicua sit, cum pupillae uel obscurae, uel nigrae prope sunt, propterea nigri oculi, quod singulas partes magis distinguere faciant, magis placere debent. Cetera eodem modo non incommode explicabis, sed haec pro coniecturis habeas.

COROLLARIVM I
Hinc quo pluribus hominibus, doctis, indoctis, rusticis, urbanis, res aliquae placent, eo pulcriores sunt.

COROLLARIVM II
Hinc, quae omnibus qui eam intuentur, placet, pulcerrima omnium haberi debet.

Hoc sensu Deus est omnium entium pulcerrimum, propterea quia omnibus, qui eum in caelo intuentur, ita placet, ut necessario rapiat in amorem sui. Iis uero, qui oculis fidei eum conspiciunt eiusque proprietates mirabiles ex effectis rebus continenter explorant, adeo placet, ut ad se prorsus conuertat animos suique faciat amantes, ac prae eo terrena et mundana cuncta deformia et nulla sint.

COROLLARIVM III
Hinc contraria ratione de deformi *est iudicandum.*

[206] Nihil enim est absolute et simpliciter deforme, sed tale dicitur comparate, nempe quia rem aliquam referimus ad alias eiusdem speciei infimae, in quibus pulcritudo aliqua inerat, quae in ista deficit. Quare defectus pulcritudinis, quam res aliqua habere uel posse, uel debere iudicatur, id ipsum est deformitas eiusdem rei, ut accurata inductione rerum, quae deformes existimantur, multo melius et clarius quam ullis rationis confirmatur. Hinc uoragines illae, et praecipitia, et montes horrifici atque inuii, quae nobis iter facientibus, oculis obseruantur, ideo deformia ac turpia nobis apparent, propterea quia ea comparamus cum amoenis locis, et uiis consularibus recte complanatis et ceteris rebus arte factis. Sin ad similia alia referremus, nullam amplius deformitatem ostentarent; fortasse minus ceteris deformia uiderentur.

Similiter de humanis figuris dicere debemus. Sunt quae nobis penitus deformes esse uideantur. Explorato caussam, animaduertes ex duplici fonte

em duas causas. Em primeiro lugar, porque, recordados das figuras que observamos todos os dias, que a cada passo se manifestam, parece-nos evidenciar-se alguma delas totalmente diferente que nos causa desagrado; mas, se a comparássemos com certas figuras humanas monstruosas – que frequentemente aparecem –, já não a julgaríamos tão feia. Além disso, porque o próprio semblante – que é de algum modo o espelho da alma – revela por vezes determinados sinais dos vícios, como a soberba, a crueldade, a grosseria, a imbecilidade. No entanto, se na intimidade com essas pessoas observarmos comportamentos opostos – como a afabilidade, a clemência, a boa educação, bem como um engenho e um juízo perspicazes –, não apenas não nos causa desagrado, mas até por vezes nos causa boa impressão uma aparência desprezível. Portanto, a privação dos atributos que julgamos serem devidos à espécie humana deve considerar-se uma fealdade positiva da figura humana.

[207] Com base no mesmo princípio, parecem-nos repugnantes, asquerosos, horrendos e insuportáveis certos animais como as serpentes, os escorpiões, as aranhas e outros igualmente muito repelentes. Porque costumamos explicar os danos causados pela mordedura desses animais segundo o modo habitual, fico sem saber como aparecem conjuntas na mente a ideia dos danos e as ideias de tais animais; e em tempo algum poderemos explicar isso, excepto se compararmos as ideias dos danos com as ideias de mordedura e de veneno. No entanto, se fecharmos esses animais num armário envidraçado para não recearmos qualquer dano e os examinarmos atentamente, quer a olho nu, quer ao microscópio, espantar-nos-emos com a extraordinária beleza que eles nos manifestam.

CAPÍTULO XII

O necessário e o contingente

Vou agora considerar os dois termos "necessário" e "contingente", que são igualmente relativos. Define-se vulgarmente "necessário" como aquilo que não pode não existir. Mas o que é isso que não pode não existir? É aquilo que por causa alguma pode ser aniquilado. E qual poderia ser essa causa, a matéria ou o espírito? Não pode ser a matéria, pois do mesmo modo que ela não confere o ser às coisas também não pode reduzi-lo a nada. Igualmente, não pode ser o espírito, ainda que seja livre. Por conseguinte, "necessário" deve definir-se deste modo: "É aquilo que não pode ser reduzido a nada por uma causa livre". E como apenas Deus não pode ser reduzido a nada por uma causa desta espécie, então apenas ele é necessário. Chama-se a esta a "necessidade absoluta".

Porém, todas as criaturas, embora não possam ser reduzidas a nada umas pelas outras, podem certamente ser aniquiladas pela acção divina, não sendo, por isso,

deriuari. Primo, quia memores quotidianarum formarum, quae passim se offerunt, aliquid omnino diuersum offendere nobis uidemur. Sin ad monstra quaedam humana, quae haud raro occurrunt, eas referremus, non ita turpes iudicarentur. Deinde, quia nescio quae indicia uitiorum, ut superbiae, ut crudelitatis, ut rusticitatis, ut stultitiae, uultu ipso, qui quoddam speculum est animi, aliquando declarant. Quare si ex talium consuetudine dignoscimus contrarios mores, nempe adfalibitatem, clementiam, urbanitatem, tum acre ingenium ac iudicium, non modo nobis non displicet, sed placet etiam nonnumquam species inliberalis. Ergo defectus earum rerum quae humanae speciei deberi iudicantur, id ipsum habetur pro positiua deformitate humanae figurae.

[207] Ex eodem principio animalia quaedam, ut serpentes, ut scorpiones, ut araneae, ut alia huiusmodi inpurissima infecta nobis foeda, horrenda, intolerabilia uidentur. Quia ex usu considerandi damnum, quod ex eorum morfu facere solemus, nescio quo modo idea damni et talium rerum coniuncte menti obiiciuntur, nec umquam nisi comparando ad morsum ac uenenum, ea cogitare possimus. Quod si animalia huiusmodi uitro inclusa, quin malum uereamur, diligenter uel nudis oculis, uel microscopii auxilio simpliciter examinamus, incredibilem pulcritudinem sui generis nobis offerre demiramur.

CAPVT XII

De necessario et contingenti

Consideremus nunc duo illa uocabula, "necessarium" et "contingens", quae itidem relatiua sunt. "Necessarium" definitur uulgo id quod non potest non esse. Quid autem est quod non potest non esse? Id quod a nulla caussa destrui potest. Quaenam haec est caussa? Materia an spiritus? Materia esse non potest, nam quemadmodum materia non dat esse alicui rei, ita nec esse tollere potest. Igitur spiritus, isque liber. Ideoque "necessarium" explicari debet hoc modo "quod a nulla caussa libera destrui potest". Cumque solus Deus a nulla caussa eiusmodi destrui possit, solus necessarium ens est. Haec uocatur "necessitas absoluta".

Res autem creatae omnes tametsi aliae ab aliis destrui non possunt, a Deo certe destrui possunt, propterea necessariae non sunt, nihil enim Deo nolente exsistit, aut exsistere potest. Igitur res creatae non sunt necessariae, sed

necessárias, dado nada existir nem poder existir sem a vontade de Deus. Portanto, as criaturas não são necessárias, mas contingentes, ou seja, podem ou não existir. Elas só podem considerar-se necessárias [208] enquanto relacionadas entre si em virtude de leis naturais que prescrevem diversos movimentos; chama-se a esta a "necessidade hipotética". Deus, no entanto, tal como estabeleceu as leis da natureza, também as revoga (como observamos nos milagres, que transcendem as forças naturais), pelo que relativamente a Deus elas são contingentes. Mas vou esclarecer com exemplos o que foi referido.

Tudo o que acontece no mundo, sobretudo na Terra, embora pareça necessário e originar-se necessariamente em causas próximas, contudo, se pensarmos no assunto com justeza, reconhecemos surpreendentemente depender em último caso de uma causa livre, criada ou incriada. Vou aludir em primeiro lugar à causa livre criada, esclarecendo-a com um exemplo conhecido dos filósofos. Uma doença infecciosa que afecte os homens e os animais tem necessariamente a sua origem numa causa física: no ar, em coisas infectadas ou no contacto com algum corpo contagiado pela epidemia egipcíaca[143]. Por sua vez, esta causa resulta quer do grande número de cadáveres que jazem insepultos após um grande revés militar, quer de uma infecção sanguínea originada em alimentos em mau estado, quer da escassez de alimentos, etc. Além disso, a escassez de alimentos e o revés militar têm como causa o facto de o cultivo dos campos ser custoso, de os alimentos serem de alto preço e, por conseguinte, de as pessoas mais indigentes se sustentarem com alimentos alterados e em estado de decomposição. Estas causas originam-se ainda noutras segundo uma relação necessária. Mas qual é a causa da guerra? [209] É a vontade livre dos soberanos, das dinastias e dos Estados, que se hostilizam mutuamente segundo o seu arbítrio. E qual o motivo por que uma epidemia se origina no ar poluído em virtude das emanações da terra? E por que razão ela resulta do contacto de um corpo infectado por causa de uma verdadeira pestilência? Existe porventura outro modo de filosofar? De forma alguma. Ora, omitindo outras causas, é a própria vontade de permanecer em lugares contagiados que nos expõe a esses riscos. Eis a razão por que tudo procede de uma causa livre. Deve ajuizar-se de modo idêntico a respeito da maior parte das doenças, que afectam e causam a morte a muitas pessoas; embora elas pareçam necessárias, originam-se ou na eleição livre de um determinado modo de viver ou na opção por determinados alimentos e bebidas. Isto é relativo à causa livre criada.

---

[143] Toda a peste digna deste nome foi desconhecida pelos antigos a ponto de o próprio Hipócrates ignorar que a peste se origina num contágio. Por isso, ele denominou com a palavra *loimós* também as febres contagiosas, que efectivamente não são consideradas pestes. Foi demonstrado pelos celebérrimos médicos Hoffmann e Mead que a peste teve origem do Egipto, propagando-se desta região para as outras.

contingentes, id est, possunt esse, uel non esse. Tantummodo[40] necessariae haberi [208] possunt comparatae inter se, positis naturae legibus, quae hos aut[41] illos motus praescribunt, quae uocatur "necessitas ex hypothesi". Potest tamen Deus, ut leges naturae sanciuit, sic eas inpedire (ut in miraculis, quae uires naturales superant, uidemus) ideoque respectu Dei sunt contingentes. Sed exemplo aliquo lucem supra dictis adhibeamus.

Exempli gratia, quaecumque in mundo, praesertim in hoc orbe terrae, eueniunt, etsi necessaria uideantur et ex proximis caussis necessario proficiscantur, tamen, si rem debito modo consideramus, ex libera caussa ultimo pendere, uel creata, uel increata, mirabundi reperiemus. De creata primum dicemus idque exemplo docebimus philosophis familiari. Morbus pestilens, qui homines ac belluas absumit, ex caussa physica necessario nascitur, uel aere, uel insectis, uel tactu alicuius corporis lue Aegyptiaca infecti[143]. Haec caussa rursum uel ex multitudine cadauerum, quae post insignem aliquam cladem exercitus inhumata iacent, uel ex deprauatione sanguinis ob corruptos cibos eorumque caritatem, et reliqua. Iam caritas ciborum cladesque exercitus bellum pro caussa habent, ex quo agrorum cultura inpeditur, cibi carius uenduntur et, quod inde sit consequens, pauperculi omnes deprauatis et corruptis cibis nutriuntur. Haec necessario nexu alia ex aliis proficiscuntur. Belli autem quaenam est [209] caussa? Libera uoluntas regum, dynastarum, rerumpublicarum, quorum alii alios pro arbitrio aggrediuntur. Quid, si pestis ex aere deriuetur propter exhalationes terrae uitiato? Quid, si ex coniunctione corporis uera pestilentia contacti? An alia uia est philosophandum? Minime! Nam, ut cetera missa faciam, illa ipsa uoluntas commorandi in locis tam pestilentibus, nos talibus periculis exponit. En omnia a caussa libera profluunt. Eodem modo de plerisque morbis, qui plurimos inficiunt et tollunt, iudicandum est, qui, ut ut necessarii uidentur, tamen ex electione libera huius, uel alterius uitae generis, sumtione huius, uel alterius cibi et potionis nascuntur. Et haec de caussa libera creata.

---

[143] Pestem omnem, quae uere hoc nomine digna sit et quae ueteribus incognita fuit, adeo ut ipse Hippocrates pestem ex contagione prouenire ignorauerit, propterea quia uocabulo *loimós* etiam febres epidemicas, quae pro uera peste non habentur, appellauerit, in Aegypto natam esse et ex ea regione ad ceteras gradum fecisse demonstratum est celeberrimis medicis Hoffmanno et Mead.

---

[40] Tantummodo] Tantum *R* || [41] aut] et *R*

Quanto à vontade incriada e livre, é impossível recusar procederem dela todas as coisas que acontecem no mundo segundo um nexo necessário. Pensemos num efeito físico, por exemplo, no crescimento de uma planta ou de uma flor. Ambas parecem brotar dos humores que penetram pelos canais da raiz; esta dimana de uma terra apropriada; por outro lado, a terra necessita de calor, quer subterrâneo, quer do Sol, que origina o seu aquecimento e a torna adequada para fazer germinar as plantas; quanto ao calor do Sol, origina-se na própria natureza do Sol, que irradia a sua energia para a Terra segundo leis prescritas de modo sapientíssimo, que são as leis naturais oriundas da vontade de Deus. Eis aqui o primeiro princípio de todas as coisas. Devemos ajuizar de modo idêntico sobre outros efeitos até chegarmos às leis da natureza e, mais ainda, à vontade livre do Criador.

Portanto, nada provém a não ser de uma causa livre ou de um primeiro princípio? Nada. E então o acaso? E o que é isso que se diz acontecer acidentalmente? Que sensação desagradável origina a palavra "acaso", que não significa absolutamente nada. Contudo, se inquirirmos por que razão falamos de "acaso", reconhecemos ser o acaso uma causa necessária ou então concomitantemente necessária e livre. Vemos muitas vezes [210] figuras rupestres de seres humanos ou de animais e afirmamos serem produtos casuais da natureza. Mas isto é um absurdo, pois segundo as leis da natureza e tendo existido o concurso simultâneo de vários factores, essas figuras devem ter-se certamente originado de modo necessário. Nós, porém, por não havermos investigado os fenómenos naturais e o conjunto das causas, pensamos serem essas figuras um produto do acaso e não de uma deliberação. De forma idêntica, quando alguém ao caminhar cai numa cova e se magoa, diz-se ter acontecido a lesão por acaso, o que é de todo incorrecto; ela ficou a dever-se parcialmente à configuração do terreno, parcialmente ao livre arbítrio da pessoa – que foi negligente, por não percorrer o caminho com cautela – e parcialmente à queda e à contusão. Por não advertirmos estas coisas, por não sermos capazes de distinguir a causa livre da necessária, por não compreendermos o que nas causas necessárias é evidente ou passa despercebido, invocamos o acaso; devíamos, no entanto, acusar-nos a nós próprios, que nos expusemos imprudentemente aos perigos, não tendo cuidado em afastar-nos deles com diligência, como tínhamos obrigação de proceder; ou então devíamos censurar a nossa ignorância e a nossa arrogância, nós que empreendemos definir aquelas coisas que por nenhuma investigação humana podem ser entendidas e explicadas.

Corolário I

Tudo o que é necessário segundo as leis naturais pode considerar-se necessário de modo absoluto relativamente a nós próprios.

Na verdade, não podemos impedir que as causas necessárias actuem, embora possamos por vezes evitar os seus efeitos, afastando o corpo.

Iam ab increata ac libera uoluntate omnia, quae in mundo necessario nexu alia aliis succedunt, proficisci negari non potest. Cogita quemcumque effectum physicum, uerbi gratia effectionem plantae, uel floris. Haec ex humore, qui canales radicis ingressus est, dimanare uidetur, haec ex apta natura terrae, haec rursum ex calore uel subterraneo, uel Solis, qui eam tepefecit aptamque, ut plantas procrearet, reddidit; Solis calor ex ipsa natura Solis, qui secundum leges sapientissimae praescriptas uim suam ad terram usque diffudit, leges autem naturae ex libera uoluntate Dei. En primum principium rerum. Simili ratione de ceteris effectis iudicabimus, usque donec ad leges naturae, atque adeo ad liberam conditoris uoluntatem perueniamus.

Nihil igitur nisi a libera caussa, seu primo principio proficiscitur? Nihil. Quid casus? Quid ea quae *fortuito* euenire dicuntur? Quae, malum, haec uox "*casus*" est quae nihil omnino significat. Quaere caussam huius, quem uocas, "*casus*", reperies, uel caussam necessariam esse, uel duas coniuncte: necessariam et liberam. Videmus saepenumero in lapidibus [210] figuras aliquas uel hominis, uel belluae, easque *casu* a natura factas esse dicimus; inepte, nam positis naturae legibus, si diuersa simul concurrant, eiusmodi figuram necessario nasci debere certum est. Quod nos, qui naturae uires et concursum caussarum exploratum non habemus, casu et sine consilio factum esse putamus. Item cum quis inambulans labitur in foueam et contunditur, casu euenire dicitur. Male profecto, nam partim conformatio plateae, partim libera uoluntas hominis, qui recte inambulare neglexit, caussa fuere lapsus et percussionis. Quae nos, quod non ea animaduertimus, quod caussam liberam a necessaria secernere non ualemus, quod in caussis necessariis singula, quae obstant et oculos fugiunt, non adtingimus; uocamus *casum*, incusamus *casum*, cum tamen nos accusare deberemus, qui inprudentes nos periculis obiecimus, nec ea declinare sedulo, uti deberemus, curauimus, uel etiam nostram ignorantiam et arrogantiam incusare, qui ea finire aggredimur, quae nulla humana inuestigatione intelligi et explicari possunt.

Corollarivm I

Hinc omnia, quae secundum naturae leges necessaria sunt, absolute necessaria respectu ad nos[42] *haberi possunt.*

Nos enim caussas necessarias ne agant inpedire non possumus, aliquando tamen effectus, corpus declinando, uitare possumus.

---

[42] ad nos] nostri *R*

Corolário II

O que nas questões morais denominamos "necessário" é apenas o necessário hipotético, sendo totalmente contingente.

[211] O necessário hipotético é de duas espécies: o primeiro causa apenas frequentemente um efeito e – como costuma dizer-se – "moralmente"; o segundo causa sempre um efeito. Um exemplo da primeira espécie: uma pessoa pode embriagar-se e ser sóbria ou encolerizar-se e ser indulgente; mas, considerando que entra numa taberna um homem que gosta de vinho, ofendendo os companheiros que estão a beber, ou considerando que ele, iracundo, suporta perante o público afrontas injuriosas, é moralmente necessário que esteja embriagado e irascível. A segunda espécie apresenta-se deste modo: uma pessoa pode pecar e arrepender-se do seu pecado; mas, considerando estar dominada pelo pecado durante a vida inteira e falecer nesse estado, é necessário que ela venha a padecer o castigo devido a um impenitente.

Corolário III

O livre arbítrio é a origem e a fonte de toda a contingência; aliás, não pode entender-se a liberdade sem a contingência.

Aquilo que na natureza física é contingente denomina-se desse modo em relação à vontade divina. Aquilo, porém, que é contingente nas acções morais e nos actos livres[144], acontece desse modo relativamente à vontade humana, que pode ou não agir, consistindo nisto a verdadeira razão da contingência. [212] Sobre a liberdade da vontade humana, irei discorrer na Psicologia e, sobre a liberdade divina, na Teologia. Apenas me propus neste lugar tocar ao de leve a origem da contingência.

CAPÍTULO XIII

O natural e o não-natural

O termo "natural" é também um termo relativo, assim como o seu oposto "não-natural", dado que os referimos às leis da natureza ou às leis da arte. O termo "natural" interpreta-se, no entanto, diversamente, embora sejam duas as acepções mais conhecidas, das quais podem inferir-se certas conclusões que parecem muito úteis para solucionar a maioria das altercações. Vou, por isso, discorrer em separado sobre uma e sobre outra.

---

[144] É necessário que o nosso espírito opte com clareza pelo bem que nos é proposto, evitando também com clareza o mal que nos é imposto. De forma idêntica, é necessário que o nosso espírito dê assentimento às proposições evidentemente verdadeiras e discorde das evidentemente falsas, se não puder proceder de outro modo. Contudo, o nosso espírito é livre para assentir a uma proposição que lhe pareça duvidosa ou obscura, para poder adoptar a verdadeira, a respeito da qual ele duvida se é verdadeira ou falsa, isto é, não se lhe apresenta de modo totalmente claro; o mesmo sucede a respeito das coisas que não se dizem "boas" ou "más", mas "indiferentes". Estas admitem, porém, vários graus, como referi na *Logica* e como irei expor com maior desenvolvimento na *Pneumatologia*.

Corollarivm II

Hinc ea, quae in rebus moralibus necessaria uocamus, non nisi ex hypothesi necessaria sunt, absolute contingentia sunt.

[211] Duplex autem est hypothesis: altera, quae non nisi frequenter et "moraliter", uti uocant, effectum infert; altera, quae semper infert. Prima hoc modo: homo potest inebriari et temperans esse, irasci, uel esse clemens. Tamen si ponimus hominem uino deditum cauponam ingredi, ubi congerrones suos potantes offendat, uel si ponimus iracundum contumeliam insignem coram populo pati, moraliter necessarium est illum inebriari, hunc irasci. Secunda hoc modo: homo potest peccare et a peccato resipiscere. Tamen si ponimus hominem peccatis obrutum per totam uitam esse et ita mori, necessarium est eum poenas inpoenitenti debitas persoluere.

Corollarivm III

Hinc libertas uoluntatis est origo ac fons omnis contingentiae, nec sine contingentia libertas ulla intelligi potest.

Quae enim in rebus physicis sunt contingentia, ita uocantur respectu diuinae uoluntatis. Quae uero in rebus moralibus et liberis[144], ita sunt respectu uoluntatis humanae, quae uel potest id facere, uel non facere, in quo uera ratio *contingentiae* [212] consistit. Sed de libertate uoluntatis humanae in Psychologia disputabimus, de libertate Dei in Theologia. Tantum hoc loco adtingenda fuit origo *contingentiae*.

CAPVT XIII

De naturali et non naturali

Etiam relatiuum est uocabulum "naturale", eiusque contrarium "non naturale", propterea quod ea referimus ad naturae leges, uel artis. Varie autem sumitur uocabulum "naturale", sed duplex est acceptio celebrior, ex qua quaedam duci possunt, quae finiendis plerisque decertationibus non inutilia uidentur. Quamobrem de utraque separatim dicendum est.

---

[144] Bonum clare propositum optare, male clarum propositum refugere, animo nostro necessarium est. Item propositioni euidenter uerae adsentiui euidenter falsae dissentire, ita menti nostrae est necessarium, ut aliter facere non possit. In hoc animus noster est liber ut adsentiatur propositioni, quae dubia, seu non clara, ipsi uidetur; ut amplectatur bonum, de quo, bonum an malum sit dubitet, id est, quod non clarissime ei obiiciatur, itemque in rebus quae nec "bona" nec "mala" sunt, sed "indifferentia" uocantur. Haec tamen alios et alios gradus suspiciunt, ut in Logica tetigimus et fusius in Pneumatologia exponemus.

1. Em primeiro lugar, denomino "natural" o que não é artificial ou – como os lógicos preferem – o que é oposto ao artificial. Por exemplo, a água de nascente, por irromper sem nenhum artifício da terra, diz-se "natural"; se, porém, surgisse por processos artificiais (como quando é retirada de um depósito) e corresse pelo próprio peso por um cano de chumbo subterrâneo, brotando novamente da terra alguns passos adiante através de um orifício engenhoso que lhe possibilitasse subir e cair de grande altitude para irrigar aqui e ali as hortas e os jardins artisticamente plantados, dizia-se "artificial". Por outro lado, os morangos que nascem nos bosques dizem-se "naturais"; porém, se forem criados e cultivados nas hortas a fim de proporcionarem um sabor mais delicioso, dizem-se "artificiais", [213] sendo tanto maior o sabor delicioso quanto maior for o artifício aplicado no seu cultivo.

Se entendermos devidamente este assunto, explicamos sem dificuldade o que comummente se considera e denomina "natural". Sendo, embora, numerosa a variedade das águas – sendo umas sulfurosas, outras nitrosas, outras salgadas, outras com gosto a ferro e outras diferentes de todas estas, como observamos com espanto aqui em Itália, sobretudo nas cercanias de Nápoles –, no entanto, como em todas elas não há nenhum artifício humano, dizem-se "naturais"; se, porém, a água fosse extraída de um corpo por um artifício alquímico, ela não seria natural, mas artificial. O mesmo deve afirmar-se de outros líquidos. Da mesma forma, um camponês considera-se naturalmente eloquente se for capaz de se exprimir, sem nenhum artifício e sem nenhuma prática, de modo a persuadir os outros sobre o que pretende, ou pelo menos de falar adequadamente para levar à persuasão. Ao invés, se alguém se exprimir correctamente segundo os preceitos da Retórica, a sua arte denomina-se "eloquência artificial"; contudo, se ele não entender com rectidão os preceitos, não procede de modo apropriado, mas diverge por muitos assuntos, ofende a sua arte e exibe-se a si próprio; neste caso, não deve considerar-se uma pessoa douta na arte, mas simulada, inábil e pedante.

Diz-se, portanto, "natural" o que ocorre não artificialmente, nem por deliberação, nem com esforço, mas o que acontece por um determinado impulso natural ou, para me exprimir com maior rigor, segundo as leis da natureza; e, se ocorrer por meio da arte, embora seja natural, diz-se "artificial"; e, ocorrendo segundo as leis da natureza, mas se não for habitual ou oposto àquilo que deve suceder na natureza, diz-se "não-natural". Por exemplo, a febre estimula de tal modo as palpitações, não apenas do coração, mas também das artérias, que se considera estarem as pessoas num estado "não-natural"; e a deterioração de um fruto, da água, do vinho e de outras coisas, alterando as suas naturezas, é causa de todas elas serem declaradas não-naturais.

2. Denomino ainda "natural" o que não é sobrenatural, [214] ou seja, que não excede as forças e as leis da natureza. Por exemplo, é natural que o Sol realize o percurso de Oriente para Ocidente; se, porém, ele estivesse no meio-dia e retrocedesse para Oriente, seria um caso sobrenatural, pois, como é evidente, isso não pode ser realizado por nenhumas forças naturais.

1. Primum igitur "naturale" uocamus illud quod non est artificiale, seu, ut logici uocare amant, opponitur artificiali. Exempli gratia, fons aquae uiuae, qui sine ullo artificio e terra prorumpit, dicitur "naturalis"; quod si artificium accedat, ita ut eadem aqua urna aliqua excepta e proprio pondere in canalem plumbeum subterraneum ruens, rursus aliquot inde passus per foramen arte factum e terra erumpat, tamque alte adscendat quam alte lapsa est, ut in hortis et uiridariis arte consitis passim se offert, uocatur "artificialis". Item fraga, quae in siluis nascuntur, uocantur "naturalia"; quod si in hortis serantur, colantur, ita ut suauiorem saporem edant, uocantur "artificialia", [213] quia quantum artificii atque culturae accedit, tantum suauioris saporis accedit.

Haec si probe intelligimus, nullo negotio cetera, quae "naturalia" uulgo habentur et appellantur, explicabimus. Sic etiamsi magna est uarietas aquarum, quarum aliquae sulphureae sunt, aliae nitrosae, aliae salsae, aliae ferri gustum praeferentes, aliae aliter, ut hic in Italia, praesertim prope Neapolim non sine admiratione obseruamus, tamen quia omnes ita se habent sine ullo artificio humano, propterea "naturales" appellantur. Quod si humor Chemiae artis ope ex aliquo corpore extrahatur, non erit naturalis, sed artificialis. Quod idem de ceteris humoribus dicendum est; sic homo rusticus dicitur naturaliter eloquens, si nulla arte, nulla meditatione ita dicit, ut aliis id quod cupit, persuadeat, uel saltim apte ad persuadendum loquatur. Contra uero si homo ex rhetoricae artis praeceptis commode dicit, "artificialis eloquentia" uocatur. Quod si praecepta non recte intelligit, non commode adhibet, sed in omnibus multus est, artem suam iactat, se se ostendat, non arte excultus, sed adfectatus, sed ineptus, sed pedanta[43] uocantur.

Quidquid igitur non arte, non consilio, non labore, sed inpetu quorum naturae fit, seu, ut uerius dicam, secundum naturae leges euenit, "naturale" uocatur. Quod arte adiutrice sit, etsi naturale sit, "artificiale" nominatur. Quod si euenit secundum naturae leges, sed praeter solitum, seu contra id quod tali naturae debetur, uocatur "non naturale". Vt febris, quae quidem ita palpitationem et cordis et arteriarum agitat, ut dicantur esse in statu non naturali; et corruptio pomi, aquae, uini, ceterarumque rerum quae cum earum naturam deprauet, dicuntur eiusmodi res esse non naturales.

2. Deinde "naturale" illud uocamus quod non est [214] supernaturale, id est, non superat naturae uires ac leges. Exempli gratia, quod Sol ab orientali ad occidentalem plagam decurrat naturale est; quod uero dum est in meridie ad orientem retro uoluatur est supernaturale, quia nullis naturae uiribus id effici potest, ut euidens est.

---

[43] pedanta] pedantes *R*

Além disso, há coisas tão manifestamente incompatíveis com as leis da natureza que ninguém de mente sã pode duvidar deverem-se a forças sobrenaturais; por exemplo, que uma criança de dois meses e a burra de Balaão consigam falar, e que uma enfermidade aguda e uma tíbia fracturada curem instantaneamente; e outros acontecimentos deste género, nos quais a própria evidência é o critério para distinguirmos o sobrenatural do natural. Com efeito, ninguém diria, se examinasse estes casos, ainda que fosse ignorante e rústico, serem coisas sobrenaturais.

Há coisas que, embora sobrenaturais, apenas podem considerar-se sobrenaturais ou naturais por quem estiver instruído e bem exercitado na boa filosofia. Quando digo "boa filosofia", não me refiro à filosofia peripatética, pois ela não pesquisa nem se propõe desvendar as obscuridades e os mistérios da natureza. Quantos peripatéticos existem actualmente neste esplendor filosófico e em tão notável cultivo das letras que ficariam espantados se lhes expuséssemos as maravilhas da natureza reveladas pela máquina pneumática, as dadas a conhecer pelo microscópio, as manifestadas pelos corpos eléctricos e sobretudo se lhes puséssemos pormenorizadamente em evidência os efeitos admiráveis dos corpos metálicos condutores de electricidade. Não pensariam eles para si próprios serem essas coisas sonhos e fábulas? E o que sucederia se porventura manifestássemos tudo isto a pessoas sem instrução? Elas afirmariam tratar-se de um milagre ou considerariam como causa um demónio perverso. Assim, apenas podemos ajuizar sobre as forças da natureza, se formos instruídos e passarmos o tempo com a boa Física e a boa Lógica; mais que isso, devemos geralmente abster-nos de emitir juízos, se não tivermos investigado as forças da natureza no caso a que dizem respeito. Efectivamente, se tantos e tão enormes prodígios [215] se desvendam de dia para dia – sobre os quais nunca poderíamos pensar, não direi serem verdadeiros, mas nem sequer possíveis ou verosímeis –, quem, excepto um arrogante e um inábil, opinaria poderem as leis da natureza produzir certos efeitos e não outros? Por exemplo, uma menina, tendo caído a um poço e permanecido imersa na água durante meia hora, foi retirada desmaiada, foi sacudida e pouco depois voltou a viver. Todos exclamaram ter sido um milagre divino. Porém, essa explicação é refutada pelos físicos, que, examinando o assunto, são de parecer que, se a abertura oval estiver desobstruída[145] – o que sucede por vezes nos adultos[146], dando, assim, passagem ao sangue –, o corpo humano é capaz de viver

---

[145] O feto no útero materno não comanda a respiração. Efectivamente, a maior parte do sangue penetra pela abertura oval (que se estende da aurícula direita do coração até à veia pulmonar), passando pela veia pulmonar e depois pela aurícula e pelo ventrículo esquerdos do coração. E a parte do sangue que penetrou no ventrículo direito pelo tronco arterial (um canal que se estende da artéria pulmonar até à grande artéria, ou aorta) irrompe na própria aorta, a partir da qual chega às outras artérias e novamente, através das veias, à aurícula direita do coração. Mas na maioria dos casos, quando o feto inspira e expira, fecham-se a abertura oval e o tronco arterial.

[146] Eu próprio observei algumas vezes esse facto numa secção de um coração humano, depreendendo-se, por isso, ser possível a uma pessoa viver por algum tempo sem ar; e suponho estarem nessas condições os que procuram pedras preciosas ou outros objectos no fundo do mar.

Iam uero sunt quaedam res naturae legibus adeo clare repugnantes, ut nemo sanae mentis dubitare possit, quin supra naturae uires sint; uerbi gratia, quod puellus bimestris, quod asina Balaam loquantur, quod morbus acutus, quod tibia fracta momento temporis sanentur et eius generis alia, in quibus ipsa rei euidentia est criterium ut supernaturales et naturale distinguamus; nemo enim, ut ut indoctus et rusticus, non, haec si facta uideat, praeter naturam esse dicet.

Quaedam uero sunt, quae etiamsi supra naturam sint, tamen non nisi ab homine "bona philosophia" exculto beneque exercitato iudicari potest an naturalia sint, an praeter naturam. Bonam philosophiam cum dico, non Peripateticam intelligo, quae naturae obscuritatem ac mysteria nec explorat, nec pandere curat. Quot enim Peripatetici adhuc sunt, in hac philosophiae luce, in tanta litterarum cultura, quibus si narres mirabilia naturae, quae machinae pneumaticae auxilio panduntur, si ea, quae microscopio deteguntur, si electricorum corporum, praesertim aeris electrici mirabiles effectus minutatim exponas, non sibi somnia et fabulas narrari putent? Quid si tale aliquid non meditati offendant? Miraculum dicent, uel malum daemonem pro caussa dabunt. Quare nisi bona Physica et Logica exculti, atque contriti, de uiribus naturae diiudicare non possumus, immo uero plerumque iudicium cohibere debemus, quod naturae uires, quo pertineant, non dum exploratum habemus. Nam si tanta tamque [215] mirabilia in dies deteguntur, quae nos non dico uera, sed nec possibilia et uerisimilia iudicare umquam potuissemus, quis nisi arrogans aliquis et ineptus constituet naturae leges hoc facere posse, illud[(44)] non posse? Exempli gratia, cecidit puellula quaedam in puteum et in aquam mersa dimidium horae permansit. Extrahitur examinata, excutitur et paullo post reuiuiscit. Clamant omnes a Deo esse miraculum. Res ad physicos defertur; rem expendunt, intelligunt foramen ouale[145], si apertum sit, quod in adultis interdum se offert[146] et aditum sanguini dederit, posse corpus humanum aliquamdiu sine aere uiuere. Non igitur mortua dici poterat, non beneficio Dei reuiuiscere. Fortasse supra naturam erit, sed dum exploratum

---

[145] Fetus in utero matris spiritum non ducit. Sanguinis uero pars maior per foramen ouale (quod ab auricula dextera cordis ad uenam pulmonarem pertinet) in ipsam uenam pulmonarem, atque adeo in sinistram et auriculam, et uentriculum cordis inlabitur; pars sanguinis, quae in uentriculum dextrum decidit, per truncum arterialem (qui canalis ab arteria pulmonari ad arteriam magnam, seu aortam, ducitur) in ipsam aortam prorumpit, ex qua in reliquas arterias et rursum per uenas ad auriculam dextram cordis peruenit. Sed tum foramen ouale, tum arterialis truncus, cum fetus aerem excipit et respirat plerumque clauditur.

[146] Id ego in sectione humani cordis aliquoties uidi, ex quo efficitur, eiusmodi homines sine aere aliquamdiu uiuere potuisse; et haud scio an ii, qui in fundo maris uel gemmas, uel aliud quaeritant non eiusmodi sint.

---

(44) illud] hoc *R*

sem ar por algum tempo. Por isso, não podia dizer-se que a menina estava morta e que ressuscitou pela graça de Deus. Talvez o acontecimento tenha sido sobrenatural, mas, por não se haver investigado se o orifício oval estava obstruído, é evidente não poder afirmar-se ter acontecido um milagre.

[216] Corolário
Devemos ajuizar com precaução sobre as coisas não habituais para não considerarmos milagre o que realmente não é milagre.
Este corolário é muito útil para respondermos a um sem número de disparates de pessoas ignorantes e também daquelas que, embora instruídas – por estarem desprovidas da boa filosofia –, são propensas, quais velhas mulherzinhas, a considerar ter Deus realizado milagres par tornar a fé evidente. Por isso, é com fundamento que a Sagrada Congregação dos Ritos submete ao exame solícito dos físicos os milagres que são apresentados ao seu julgamento para inscrever alguém no rol dos santos. Infere-se daqui que muitíssimas vezes entre uma grande quantidade de milagres ela os rejeite geralmente todos, excepto se aprovar pelo seu parecer os que se consideram isentos de qualquer dúvida.

CAPÍTULO XIV

A duração ou tempo

I

"Duração" é igualmente, como os demais, um nome relativo. Alguns modernos definem-no como significando a existência continuada de uma coisa. Esta definição não é decerto inábil para explicar a significação do nome, mas é despropositada para explicar a natureza das coisas, pois apenas explica o sentido do nome "duração". Este poderia explicar-se mais adequadamente deste modo: "É a existência de uma coisa concebida como correspondendo a muitos períodos sucessivos, quer do movimento do Sol, quer de outro movimento constante". Com efeito, não é o mesmo a existência e a duração: há coisas que existem, que permanecem durante um momento [217] e que perecem; mas têm duração as que existem por algum período de tempo – sejam horas, dias ou meses – que julgamos corresponder-lhes. Torna-se, por isso, evidente não poder entender-se a duração sem a sucessão. Por outro lado, supomos ter uma coisa duração quando pensamos existir durante um certo número de dias ou meses; supomos igualmente ter uma coisa maior duração que outra quando pensamos que ela permanece durante mais dias ou meses[147]. Deste

---

[147] É esse, aliás, o sentido da palavra *durare,* que nos escritores latinos dos tempos áureos significa "persistir", "perseverar", isto é, existir continuamente por um breve período de tempo.

non habemus an foramen ouale clausum sit, cetera constent, *miraculum* dicere non possumus.

[216] Corollarivm
Hinc de rebus insolentibus caute iudicare debemus, ne ea pro miraculis habeamus quae talia non sunt.

Vtilissimum est hoc corollarium ut occurramus ineptienti multitudini indoctorum et uero etiam eorum qui cetera docti, tamen, quod bonae philosophiae expertes sunt, proni sunt, qui annosae cuilibet femellae miraculum a Deo factum aliquod narranti sidera habeant. Merito ergo Sacra Congregatio Rituum miracula, quae pro referendo aliquo homine in Sanctorum album ad eam deferuntur, aeri physicorum iudicio supponit. Ex quo consequitur, ut ex magna miraculorum copia saepissime pleraque, interdum uero omnia reiiciat, nec nisi ea calculo suo probet, quae extra omnem dubitandi rationem posita sunt.

CAPVT XIV

De duratione, seu tempore

I

"Duratio" est itidem, ut cetera, relatiuum nomen. Definitur a quibusdam recentioribus continuata rei exsistentia, non id quidem inepte ad explicandam uim hominis, inepte tamen ad explicandam rei naturam, nihil enim plus explicat quam nomen "duratio". Commodius explicaretur "exsistentia rei, quam concipio plurimis sibi succedentibus periodis uel motus solaris, uel alterius constantis motus respondere". Non igitur est idem exsistentia et duratio; exsistunt etiam illa, quae momento et [217] sunt et pereunt; durant uero quae per aliquam temporis mensuram, nempe horas, dies, menses exsistunt et illis respondere animaduertimus. Ex quo efficitur durationem sine successione intelligi non posse. Tum enim concipimus rem durare, cum concipimus tot dies, uel menses exsistere[147]; item tum concipimus hanc durare magis quam illam, cum concipimus hanc per plures dies, uel menses durare. Itaque ex

---

[147] Id ipsum declarat uis huius uerbi "durare", quod apud Latinos scriptores boni aeui significat "persistere", "perseuerare", id est, per aliquam temporis mensuram continuare exsistere.

modo, com base nas duas ideias – a da existência de uma coisa e a de sucessão que lhe corresponde (e ainda na do período que possibilita medir a sucessão) –, resulta a ideia complexa de "duração" ou "tempo".

Manifesta-se, portanto, de dois modos ao pensamento a sucessão na duração. A primeira é real, ou seja, os diferentes estados das coisas que têm duração, das quais algumas delas têm princípio, outras perecem e outras transformam-se. O mesmo deve dizer-se da sucessão das percepções e das afecções que continuamente ocorrem no espírito. A esta podemos denominá-la "sucessão física". A segunda é imaginária, isto é, a sucessão que julgamos corresponder a cada um dos momentos do movimento do Sol ou a cada uma das nossas percepções. A esta podemos chamá-la "sucessão metafísica".

Se alguém perguntasse por que motivo não podemos conceber a duração sem a sucessão, poderiam apresentar-se duas explicações totalmente verídicas. A primeira, por adquirirmos desde tenra idade ideias da existência de coisas associadas à ideia de sucessão do movimento do Sol, isto é, às ideias de horas, de dias, de meses, de anos; a segunda, a principal, por afirmarmos terem as coisas muita duração, dado possuirmos acerca delas um grande número de ideias que se sucedem umas às outras ordenadamente. Estas ideias certificam-nos a cada momento [218] de que existimos, ou seja, manifestam-nos que existimos segundo uma existência continuada. Com efeito, suprimindo a sucessão, extingue-se toda a ideia de duração.

Exemplificando: se alguém, mergulhado num sono profundo, não sonhasse ou não se lembrasse do sonho – não se apercebendo, portanto, da sucessão das ideias –, julgaria facilmente não ter decorrido nenhum tempo desde o início do sono até à vigília; do mesmo modo, se alguém fixasse durante muito tempo um único objecto, concentrando-se durante muitíssimo tempo nas respectivas ideias, não se apercebendo, por isso, apresentarem-se ao seu espírito diversas ideias de natureza diferente, não se daria conta de ter decorrido tanto tempo quanto realmente decorreu. Ao invés, quem deseja, quem receia, quem espera (por ao revolver no espírito muitas coisas experimentar inúmeros sentimentos opostos, de desejo, de temor, de esperança; por se ocupar em evitar ideias que causam desagrado, substituindo-as por outras mais aprazíveis; por ser incapaz de reflectir por muito tempo sobre a mesma ideia; e por estar continuamente contando as horas), ao aperceber-se de se apresentar sem interrupção à sua mente tão grande número de ideias, persuade-se de que o pouco tempo despendido com tais pensamentos foi diuturno e sempiterno. Infere-se de tudo isto que quem se inquieta intensamente com tais pensamentos passa noites sem dormir e cada uma das partes da noite lhe parecem anos e mesmo séculos.

Um certo filósofo escarnece neste lugar de Locke, intentando refutar a sua doutrina com estes argumentos: "Primeiramente, ainda que possuíssemos uma única ideia, sobretudo desagradável, possuiríamos, no entanto, a ideia de duração; por outro lado, Deus conhece a sua duração sem nenhuma sucessão". Contudo, ele é mais digno de troça por ter proposto essas coisas. Por que motivo – pergunto eu – inferiu ele que nesse caso havíamos de possuir a ideia de duração, se nunca teve experiência dela? E porque teve ele conhecimento sobre o modo como Deus conhece a sua duração? Ele exprime-se, portanto, sobre um assunto de que não possui nenhuma

duplici illa idea, et exsistentiae rei et successionis cui respondeat et ex qua eam dimetimur, sit idea complexa "durationis", seu "temporis".

Duplex itaque successio in duratione cogitanda nobis se offert; altera uera, nempe diuersus status rerum, quae durant, quarum aliae oriuntur, aliae depereunt, aliae mutantur, itemque successio perceptionum et adfectionum, quae in animo continenter euenit. Hanc uocare possimus "physicam". Altera ficta, nempe successio illa exsistentiarum rei, quam cogitamus respondere singulis perceptionibus nostris. Hanc uocare possumus "metaphysicam".

Quod si quaeris cur nulla res durare a nobis concipiatur sine successione, caussas inuenies uerissimas duas. Altera, quod a teneris unguiculis rerum exsistentium ideas accipimus coniunctas cum idea successionis motus solaris, id est, horarum, dierum, mensium, annorum. Altera et praecipua, quod eas tantum res durare dicimuus, de quibus plurimas ideas, quarum aliae aliis sibi ordine succedant, habemus; quae ideae singulis momentis certos nos [218] faciunt nos esse, seu exsistere, continuatamque exsistentiam demonstrant. Nam si tollis hanc successionem, ideam omnem durationis tollis.

Exempli gratia, qui somno profundo mersi nihil somniant, uel somnii memoriam non habent, quod hanc successionem idearum non aduertant, facile existimant ab initio somni ad uigiliam nullum tempus fluxisse. Item qui in uno aliquo obiecto multum diuque defixi sunt, quod ideas singulas diutissime contemplentur, nec alias et alias ideas diuersae speciei animo obseruantes sentiant, tantum sibi tempus elapsum esse quantum profecto fuit, non animaduertunt. E contrario, qui cupiunt, qui timent, qui sperant, quod plurima animo uoluant, innumeros adfectus contrarios sentiant: desiderii, timoris, spei, quod ideas, quae displicent, uitare curent iisque alias gratiores substituere; quod diu eamdem ideam intueri non possint, quod horas, quod momenta numerent; cum tantam idearum multitudinem, quae menti continenter se offerunt, aduertant, uel exiguum tempus, quod talia cogitantes consumunt, diuturnum sempiternum esse sibi persuadent. Ex quo consequitur ut qui talibus adfectibus uehementer agitati sunt, insomnes noctes degant iisque singulae noctis partes anni, saecula uideantur.

Ridet hoc loco quidam philosophus Lockium eiusque doctrinam confutare aggreditur talibus argumentis. "Primum, quod etsi unam tantum ideam haberemus, praesertim molestam, nihilosecius durationis ideam haberemus; deinde, quod Deus sine ulla successione cognoscit se durare". Sed magis ipse est ridendus qui talia obiiciat. Vnde, quaeso, hausit ipse, nos tali casu ideam durationis habituros, cum numquam id fuerit expertus? Vnde habuit quo modo Deus se durare cognoscit? De re igitur loquitur, cuius nullam habet ideam, propterea [219] audiendus non est. Hoc magis, quod hoc loco

ideia, [219] não devendo, por isso, ser ouvido, tanto mais que neste lugar se trata da ideia de duração que nós possuímos e não daquela que Deus possui. Pelo contrário, a doutrina de Locke é clara e evidente para todos em virtude da própria experiência e confirmada pelo testemunho dos outros.

II

Conclui-se do que ficou referido que ninguém possui a capacidade de apresentar uma norma ou uma medida exacta da duração, pois – como afirmei – esta depende dos diferentes estados do espírito, parecendo, por isso, mais longa para uns e mais breve para outros. Impõe-se, portanto, estabelecer uma norma exacta e invariável que seja conhecida por todos e idêntica para todos, com base na qual possamos determinar a duração das coisas. Existem certamente diversas normas que poderiam assegurar esse propósito. Se as flores nascerem e forem transplantadas invariavelmente com espaços iguais[148], se o galo cantar regularmente com intervalos iguais, como sucede de madrugada, se estivermos debilitados pela fome ou pela sede em momentos fixos, se o Sol nos parecer subir e descer em movimento constante com intervalos idênticos, tudo isto e acontecimentos semelhantes pode considerar-se uma norma pela qual podemos conceber a duração das coisas. A respeito dos oceanos, o fluxo e o refluxo periódicos das marés podem também ser uma norma. E a mente sublime de Deus, que impera sobre o mundo, dá-nos a conhecer o curso e as revoluções resplandecentes e contínuas, diurnas e anuais, quer da Lua, quer do Sol, procedendo ele desse modo com muita benevolência. Por isso, todos os povos mais civilizados [220] de que temos memória se serviram dos períodos da Lua ou do Sol para calcular a duração das coisas.

A duração das coisas é de duas espécies: finita e infinita. A finita tem princípio e tem fim, como, aliás, todos os modos; por exemplo, a forma curva ou quadrada, que vemos ter existência num determinado momento e pouco depois já não a possuir. Esta duração pode denominar-se "temporal" ou "tempo". Por sua vez, a duração infinita é também de duas espécies: a primeira não tem princípio nem fim, estando nesta condição apenas Deus (esta denomina-se "eternidade absoluta"); a segunda tem princípio, mas não tem fim (como a nossa alma, que há-de perdurar eternamente). A esta última costumam alguns denominá-la "evo" ou – como outros preferem – "duração eviterna". Ponhamos, porém de lado o uso que cada um faz das palavras e estabeleçamos somente a significação do nome[149].

---

[148] Ninguém desconhece que os cegos de nascença enumeram correctamente os anos em virtude do frio e do calor, e socorrendo-se também de certas flores e de certos frutos da Primavera, do Verão e do Outono.

[149] Os Latinos da época de Augusto não interpretaram a expressão *aeternum tempus* como eternidade que perdura sempre, mas como um tempo de longa duração. Também adoptei algumas vezes esse sentido quando expus outros assuntos. Igualmente, os Latinos nem sempre consideraram em sentido filosófico as três expressões *aeternitas*, *aeternus* e *aevum*, mas por vezes como um tempo de longuíssima duração. Quanto a *aevum*, também a interpretaram como a idade de uma pessoa, qualquer que ela fosse, e por vezes como a eternidade absoluta.

de idea durationis sermo est, quam nos habemus, non quam Deus habet. E contrario doctrina Lockii et clara est et unicuique propria experientia euidens et aliorum testimonio confirmata.

II

Porro ex dictis consequitur neminem sibi esse posse certam regulam seu mensuram durationis, propterea quod ex diuersa adfectione animi, uti diximus, aliis longior, aliis breuior rerum duratio uidetur. Oportuit ergo certam et constantem norma, quae omnibus nota sit, omnibus eadem constituere, ex qua quanta sit duratio rerum definire possimus. Plurimae profecto esse possunt, quae id praestarent. Nempe si flores certis interuallis constanter et nascerentur et redirent[148], si gallus gallinaceus certis fixisque spatiis temporis cantaret, ut in gallicinio facit, si nos fame, uel siti, statis temporibus fatigaremur, si globus Solis certis interuallis constanti motu crescere et decrescere uideretur, haec et eiusmodi alia esse possent norma, ex qua rerum durationem aestimare possemus. In iis uero, qui ad oras Oceani habitant, periodicus fluxus et refluxus maris et ipse norma esse potest. Sed mens illa sublimis Dei, quae mundum administrat, nobis ambitum et conuersionem, tum Lunae, tum Solis, diurnam et annuam claram et constantem obiecit, quae ad ipsum quam commodissime facere queat, propterea nationes omnes cultiores in dimetiendis [220] rerum durationibus, uel Lunae, uel Solis periodis ab omni memoria usae sunt.

Iam uero duratio rerum duplicis generis est: finita et infinita. Finita est quae initium et finem habet, ut sunt omnes modi, uerbi gratia curuatura et quadratio, quos uidemus et esse et paullo post non esse, quae duratio "temporalis" uocari potest, seu "tempus". Infinita itidem est duplex: altera initio et fine caret, cuiusmodi solus Deus est, haec uocatur "aeternitas absolute"; altera initium quidem habet, finem non habet, ut anima nostra, quae in aeternum tempus duratura est. Haec a non nullis "aeuum", seu, ut alii malunt, "aeternitas posterior", appellari solet. Sed usum uocabulorum singulis relinquimus, modo significationem[(45)] nominis constituamus[149].

---

[148] Caecos natos sine errore annos numerare eos frigore et calore, ex recursu certorum florum et fructuum uere, aestate, autumno nemini ignotum est.

[149] Latini Augustaeo aeuo *aeternum tempus* non pro aeternitate posteriori, sed pro diuturno tempore acceperunt, quo sensu et nos, dum alia explicaremus, aliquando usurpauimus. Item haec tria, *aeternitatem*, *in aeternum* et *in aeuum*, non sensu philosophico semper, sed interdum pro diutissimo tempore; *aeuum* etiam pro aetate hominis, qualiscumque sit, interdum pro aeternitate absolute.

[(45)] significationem] significatum *R*

COROLÁRIO I
A duração é apenas a própria coisa enquanto dura, correspondendo a muitas percepções do espírito ou a muitos períodos do movimento do Sol.

Este corolário infere-se com clareza daquilo que foi referido, não devendo, por isso, ser mais explicado.

COROLÁRIO II
Os movimentos do Sol e da Lua não são tempo, mas medidas do tempo ou da duração criada.

[221] Confunde a maioria das pessoas a duração ou tempo com a medida da duração ou com o movimento do Sol, mas isso é um absurdo. Com efeito, quando o Sol se deteve no império de Josué e quando nem o Sol nem a Lua existiam no início da criação do mundo – em que durante três dias houve luz sem Sol e sem Lua[150] –, a matéria e todas as coisas criadas tiveram duração por todo esse tempo. Do mesmo modo, se Deus detivesse todos os astros em tanto espaço quanto o necessário a um período anual do Sol, deixando o resto como se apresenta, quem ousaria negar que todas as coisas tiveram duração por todo esse tempo? O quê! Porventura os cegos de nascença têm uma percepção correcta dos anos e enumeram-nos sem percepcionarem o movimento do Sol e sem possuírem a ideia desse movimento? E também os destituídos de instrução, ao confundirem estas coisas, formam ideias tão diferentes de tempo que por vezes se contradizem.

O movimento do Sol denomina-se por vezes "tempo". Outras vezes, quando se observa o céu claro ou nublado, diz-se "o tempo está sereno" ou "o tempo está coberto de nuvens". Nestes casos, é evidente falar-se da atmosfera. Estas questões devem, por conseguinte, ser entendidas convenientemente, e as formas usuais de nos exprimirmos devem ser corrigidas em conformidade com os preceitos dos filósofos. Deste modo, quando afirmamos "Deus existe antes de todos os tempos", devemos entender: "Anteriormente a todos os tempos ou à duração criada e anteriormente a toda a medida de tempo ou do período solar".

[222] COROLÁRIO III
Os períodos do tempo ou da duração criada não estão relacionados por um vínculo necessário, apresentando-se conexos em virtude de uma deliberação divina, ou seja, sucedem-se uns aos outros pela vontade de Deus.

Pelo facto de uma coisa existir num determinado momento, não se infere dever existir passada uma hora, ou continuamente. Por isso, ela apenas existe em virtude daquilo que primeiramente originou a sua existência, de modo a existir em cada um

---

[150] Como no primeiro dia em que a luz foi criada ainda não existiam alguns astros, nem Terra, nem estrelas, nem seres vivos, não havia nenhuma razão para a luz estar em movimento ao redor de um caos, como se infere claramente das Escrituras. Por conseguinte, não existia movimento.

COROLLARIVM I
Hinc duratio nihil aliud est quam res ipsa durans, dum aliis et aliis perceptionibus animi nostri respondet, seu aliis et aliis motus solaris partibus.
Clare consequitur ex dictis, ideoque plus inlustranda non est.

COROLLARIVM II
Hinc motus Solis, ac Lunae, non est tempus, sed mensura temporis, seu durationis creatae.
[221] Plerique homines durationem, seu tempus, cum mensura talis durationis, seu motu Solis, confundunt. Inepte: nam cum Sol constitit ad inperium Iosue, cum Sol nullus erat, nec Luna, ut in prima rerum effectione, in qua per tres dies fuit lux sine Sole et Luna[150], tamen materia illa condita et res omnes creatae durarunt per id tempus. Item si Deus astra omnia consistere faceret tanto spatio, quantum necessarium est ad annuam periodum Solis, reliqua, ut sunt, relinqueret; quis neget res omnes per id tempus durare? Quid? Caeci nati nonne annos bene intelligunt et numerant, quin motum Solis percipiant, quin talis motus ideam habeant? Ipsi etiam indocti, qui talia confundunt, tam diuersas ideas temporis sibi fingunt, ut interdum sibi non constent.

Modo enim "tempus" uocant motum Solis, modo cum caelum uel clarum, uel nubilum, inspiciunt, aiunt "tempus esse serenum", uel "nubilum", in quo de aere loqui eos manifestum est. Recte itaque intelligenda haec sunt et uulgares loquendi formulae ex disciplina philosophorum emendandae. Quare cum dicimus "Deum ante omne tempus esse", ita intelligamus ante omne tempus, seu durationem creatam, et ante omnem mensuram temporis, seu ambitum Solis.

[222] COROLLARIVM III
Hinc partes temporis, seu durationis creatae necessario nexu complexae non sunt, sed diuina uoluntate complexae, id est, aliae aliis Deo uolente succedunt.
Ex eo enim quod res aliqua hoc momento temporis exsistit non sequitur exsistere debere post horam, seu continue exsistere. Quare non nisi ab eo, qui eam exsistere primo fecit, hoc habet, ut singulis momentis exsistat, id est, ut tam diu exsistat quam diu satis est, ut diuersis perceptionibus

---

[150] Cum prima die, in qua Lux condita fuit, non dum essent globi aliqui, non terra, non astra, nec etiam uiuentia, nulla caussa erat cur Lux illa creata circum chaos moueretur, quod ex Scriptura non incommode deducitur, propterea motus non erat.

dos momentos, isto é, por tanto tempo quanto o necessário para corresponder às diferentes percepções do espírito. Com efeito, tendo Deus desejado essa existência, poderia não a ter desejado por mais tempo, não havendo, assim, mais existência. Para ele proceder dessa forma, não necessitava de uma criatura que se denominasse "acção"; considerando, porém, ou tendo em conta a vontade divina, a existência é ou não instituída, como irei referir no capítulo seguinte.

COROLÁRIO IV
Afirma-se com razão que o tempo é irreversível.

Sendo o tempo ou a duração criada a continuidade das coisas segundo os vários períodos do movimento do Sol, quem dissesse "o tempo pode ser reversível" diria o seguinte: "É possível que aquilo que ocorreu não tenha ocorrido", isto é, que o pretérito não tenha sido pretérito. Certamente, Deus pode decidir que uma coisa continue dotada dos mesmos modos; não está, porém, no seu poder determinar que aquilo que ocorreu não tenha ocorrido, ou seja, que o passado não tenha sido passado, mas presente. Assim, a dificuldade está somente nas palavras.

[223] COROLÁRIO V
Apenas podemos conceber a duração divina concebendo em Deus uma sucessão de existências, quer anteriores, quer posteriores a todo o tempo criado, correspondentes a muitos séculos sem fim.

Sabemos seguramente, instruídos pela razão natural e muito mais pela palavra divina não existir em Deus uma sucessão física, pois ele possui e é ao mesmo tempo a totalidade que é efectivamente. Decerto, sendo a eternidade o infinito absoluto, apenas pode entender-se como infinito potencial[151] ou como uma realidade correspondente ao infinito potencial dos anos, tanto anteriormente como posteriormente a todo o tempo criado. Este modo de entender esta questão não atribui a Deus qualquer imperfeição, manifestando apenas a debilidade da nossa mente. O mesmo acontece com o nosso modo de conceber o poder, a imensidade e a presença infinitas de Deus, não lhe atribuindo nenhuma imperfeição. Quem pensar de forma diferente ensine-me, por favor, como adquiriu a ideia de duração infinita absoluta, mas, sem dúvida, jamais será capaz de me ensinar e tudo o que declarar reduzir-se-á ao infinito potencial. Porém, já acima discorri sobre este assunto quando me ocupei do infinito.

COROLÁRIO VI
Ainda que possa demonstrar-se com evidência ser Deus eterno, contudo, não podemos explicar como ele é eterno e como se originou a eterna duração.

Este corolário infere-se daquilo que ficou referido. Com efeito, [224] pela luz natural da razão não possuímos nenhuma ideia exacta e perfeita do infinito absoluto.

---

[151] Cfr. o que afirmei no capítulo quinto deste livro.

respondeat. Deus enim, ut eam esse uoluit, ita potest eam amplius esse nolle, ideoque amplius non erit. Quod ut faciat, non opus habet aliqua re creata, quae uocetur "actio", sed intelecta, seu posita uoluntate Dei, ut sit, uel non sit, res ponitur, uel tollitur, ut capite sequenti dicemus.

Corollarivm IV
Hinc merito tempus irreuocabile dicitur.

Nam cum tempus, seu duratio, creata sit rei perseuerantia per aliquot partes motus solaris; qui ait "tempus reuocari posse", hoc ait "fieri posse, ut, quod perseuerauit, non perseuerauerit", id est, quod praeteriit, non sit praeteritum", quae aperta contradictio est. Potest quidem Deus facere ut res perseueret uestita iisdem modis, sed facere non potest ut, quod euenit, non euenerit, seu, ut praeteritum non sit praeteritum, sed praesens. Quare non nisi in uerbis est difficultas.

[223] Corollarivm V
Hinc durationem diuinam non aliter concipere possumus, quam concipiendo in Deo quamdam successionem exsistentiarum tum ante omne tempus creatum, tum post, quae respondeant aliis et aliis saeculis sine ullo fine.

Scimus enim certo, idque et naturae ratione et multo magis diuinis litteris edocti, in Deo nullam esse sucessionem physicam, sed Deum simul habere et esse totum id quod est. Verum cum aeternitas sit quid infinitum absolutum, non alio modo intelligi potest, nisi instar infiniti potentialis[151], seu ut res, quae respondeat infinito potentiali annorum, tum ante omne tempus creatum, tum post. Qui modus concipiendi nullam in Deo inperfectionem ponit, sed tantum mentis nostrae inbecillitatem ponit, non aliter, ac ratio concipiendi infinitam potentiam Dei, infinitam extensionem, seu praesentiam, nihil inperfectionis in Deo ponit. Qui secus sentiunt, doceant, amabo, unde habeant ideam infinitae durationis absolutae, numquam profecto docebunt et quidquid reponent, ad infinitum potentiale redibit. Sed de his iam supra, ubi de infinito, disputauimus.

Corollarivm VI
Hinc etiamsi euidenter demonstretur Deum esse aeternum, tamen, quo modo est aeternus, quo modo aeterna duratio elapsa fuerit, a nobis definiri non potest.

Consequitur ex dictis nullam enim infiniti [224] absoluti ueram et exactam ideam habemus lumine naturae. Vellem hoc monitum animo infixum

---

[151] Repete quae diximus huius libri cap. 5.

Seria desejável conservarem esta advertência bem impressa no espírito os que ajuízam com tanta ousadia sobre a natureza da eternidade divina e sobre o que é possível ou impossível ser criado *ab aeterno*. Eles deveriam certamente abster-se de discutir muitas questões que não podem ser solucionadas por nenhuma indústria humana e que de modo algum põem em causa a eternidade divina. Uma coisa é saber que Deus é eterno e infinito, outra é conhecer como ele possui ambos esses atributos. A primeira questão é clara, mas a outra é obscura e para nós totalmente inacessível, sendo, por isso, legitimamente ridicularizado pelos varões instruídos um certo filósofo muito recente que declarou sem nenhuma hesitação, jactando-se, ter apresentado na sua *Metaphysica* a verdadeira doutrina da eternidade divina. Irei, porém, estudar este assunto de modo mais adequado na Teologia.

CAPÍTULO XV

A causa e o efeito

Há ainda os vocábulos "causa" e "efeito", a respeito dos quais todos compreendem serem também termos relativos. A causa, como algo que determina uma coisa, é definida por Aristóteles como o primeiro princípio do movimento ou do repouso[152]. Esta definição pode sem inconveniente contestar-se com base no bom senso, podendo, por isso, definir-se "causa" como algo que pode determinar que ocorra uma mudança na natureza. É evidente ser esta a ideia correcta que todas as pessoas formam ao ouvir a palavra "causa". Deste modo, tudo o que disser quem estabelecer arbitrariamente outras definições pretende confundir com palavras obscuras um assunto totalmente manifesto, dado isso ser verdadeiro e investigado por todos. Quando perante um objecto ocorre sempre uma mudança na sua natureza, [225] pensamos de imediato dever atribuir-se essa mudança a esse objecto como causa secundária, em virtude de leis naturais. Afirmamos, assim, rectamente que, segundo essas leis, esse objecto é causa dessa mudança ou causa de um efeito[153].

A mencionada definição pode ajustar-se a toda a causa criada, tanto corpórea como espiritual. Por exemplo, um corpo lançado contra outro desloca-o e origina nele uma mudança, ou seja, determina a passagem do estado de repouso ao estado

---

[152] *Physica*, liv. II, cap. 3, 29.

[153] O ente com aptidão para efectuar tal mudança denomina-se "causa", "potência", "faculdade", que são palavras homónimas. No momento em que ocorre a mudança, se ela estiver relacionada com a causa em que se origina, chama-se "actividade" e "causalidade"; se estiver relacionada com o objecto em que se verifica, denomina-se "passividade". A realização dessa mudança denomina-se "agir" e "produzir um efeito"; se ela estiver relacionada com um vivente criado, denomina-se com propriedade "gerar", mas, se a relação se efectuar em comparação com Deus, que cria os entes a partir de não-entes, chama-se "criar", "produzir" e "dar existência". Porém, estas palavras apenas significam verdadeiramente "causa" e "efeito".

tenerent ii, qui tam fidenter de natura aeternitatis diuinae, deque rebus quae *ab aeterno* fieri, uel non fieri, possunt, iudicant; abstinerent profecto a plurimis quaestionibus, quae nulla industria humana finiri, nec ullo modo aeternitatem Dei labefactare possunt. Aliud enim est scire Deum esse aeternum et infinitum, aliud quo modo utrumque habeat. Illud clarum, istud obscurum atque inperuium penitus nobis est. Merito itaque a uiris doctis ridetur quidam recentissimus philosophus, qui germanam se dedisse ideam aeternitatis diuinae in sua *Metaphysica* sine ulla haesitatione pronuntiat et gloriatur. Verum[46] haec in Theologia commodius.

CAPVT XV

De caussa et effectu

Reliqua sunt uocabula "caussa" et "effectus", quae comparate inter se dici nemo non uidet. Caussa, quae aliquid efficit, definitur ab Aristotele[152] primum principium mutationis, aut quietis. Quae definitio non incommode ab bonum sensum reuocari potest. Itaque "caussa" definiri potest res quae efficere potest, ut aliqua mutatio in rerum naturae eueniat. Hanc esse germanam ideam, quam omnes sibi faciunt, audito nomine "caussa", perspicuum est. Quare quidquid dicant illi, qui alias definitiones caussae arbitrio suo condunt remque plane perspicuam obscuris uocabulis inuoluere aggrediuntur, id certum et exploratum omnibus est.[47] Vbi ad praesentiam alicuius rei aliqua semper mutatio euenit [225] in rerum natura, illico intelligitur, eiusmodi mutationem tali rei tamquam caussae secundariae ex lege naturae tribui debere, ideoque recte dicimus, in his legibus naturae, eiusmodi rem esse caussam talis mutationis, seu effectus[153].

Porro haec definitio omni caussae creatae aptari potest, uel corporea sit, uel spiritualis. Exempli gratia, corpus, quod in aliud inpingens id mouet,

---

[152] *Physicae* lib. II, cap. 3, text. 29.

[153] Ens, ut aptum facere talem mutationem, uocatur "caussa", "potentia", "facultas", quae sunt homonyma. Mutatio eo instanti, quo euenit, si ad caussam, ex qua hoc modo exit, refertur, uocatur "actio" et "caussalitas", si ad rem, in qua euenit, uocatur "passio". Ipsum facere talem mutationem uocatur "agere", "producere effectum" et, si ad uiuens creatum refertur, quod aliud uiuens faciat, uocatur peculiariter "generare", sin ad Deum, qui ex non ente aliquod ens faciat, dicitur "creare", "efficere", "condere". Haec tamen reapse nihil aliud sunt praeter "caussam" et "effectum".

---

[46] Verum haec in Theologia commodius] Sed de his in Theologia dicemus *R* ‖ [47] est.] Vbi aliqua ... uti uocant. *add. R, cf. infra Appendix IV.*

de movimento, afirmando-se, por isso, ser a causa do movimento. Também o nosso espírito, quando quer ou não quer, sente em si imediatamente uma mudança, que se manifesta em actos de desejo, de aversão e também por vezes de dor, de prazer e outros mais. De forma idêntica, quando ele deseja mover o braço, sente a mudança do braço; portanto, em conformidade com as leis naturais, o espírito é causa dessa mudança. Aquela definição ajusta-se a Deus de modo mais excelente, por ser causa das criaturas. Na verdade, quando Deus deseja criar actualmente, por exemplo, uma alma num feto humano, não existente anteriormente no embrião, ocorre uma mudança da não-existência à existência, pois principia a existir uma alma que antes não existia. O mesmo sucederia se acontecesse uma mudança na natureza que contivesse algo que anteriormente não continha. Este assunto é dotado de tanta clareza que não necessita de demonstração.

[226] Porém, é extremamente difícil explicar como as causas operam, ou seja, como se processam essas mudanças. São meras palavras destituídas de significação o que afirmaram até agora os filósofos para explicar esta matéria, não a tornando mais transparente. Por isso, é com razão que fico espantado com certos autores que recusam ter Deus criado as coisas somente por não entenderem como foram criadas; no entanto, eles entendem como as coisas criadas produzem os seus efeitos ou como actuam entre elas. Se eles reflectissem com clareza como somos afectados por enorme ignorância relativamente a estes assuntos, ajuizariam mais sabiamente sobre Deus[154] e evitariam com maior empenho discussões fúteis. Mas esta questão resulta mais perspícua com alguns exemplos.

1. Por exemplo, a semente de uma árvore – uma espécie de arbusto pequeníssimo e muito complexo, como pode verificar-se ao microscópio – quando é semeada absorve a humidade nutritiva da terra[155], que entra por canais muito estreitos da raiz, desenvolvendo, fazendo crescer e alimentando a semente, até poder distinguir-se uma pequena árvore. Então, reflectindo, afirmamos: "A terra actuou sobre a semente e gerou uma árvore; a terra é a causa, e a árvore que nasceu é o efeito". E certamente com razão. Mas ninguém é capaz de entender como a semente absorveu a humidade e como a árvore se desenvolveu, cresceu e se alimentou através dos canais da raiz. [227] Sabemos apenas – e nada mais – que, em virtude de uma força originada na semente, nasceu e desabrochou uma pequena árvore que recebeu a humidade e o alimento da terra. São, portanto, delirantes os que se convencem de possuírem uma ideia clara sobre a geração da árvore.

---

[154] Há quem se atribua o direito de explicar a acção de Deus sobre as criaturas, como ele actua *ab aeterno,* o que são o conhecimento e a vontade divina e outras coisas semelhantes. Porém, se essas pessoas examinassem convenientemente as suas capacidades, não hesitariam em confessar exprimirem-se sobre assuntos a respeito dos quais não possuem nenhuma ideia clara, ou seja, proferem apenas palavras ocas. Mas sobre esta matéria, irei discorrer na Teologia.

[155] Os alquimistas modernos supõem que a seiva nutritiva é composta por terra, por gorduras, por sais e por água. Ver Mariotte, *Des plantes,* p. 23, 33, etc.

aliquam in eo mutationem facit, nempe a quiete ad motum, proinde dicitur caussa motus. Item animus noster, dum aliquid aut uult, aut nonuult, aliquam mutationem continuo in se sentit: appetitionis repugnantiae, interdum etiam doloris, aut uoluptatis ceteraque, item dum bracchium mouere uult, mutationem in brachio sentit. Ergo, ex lege naturae, est earum *caussa*. Perbelle etiam Deo caussae rerum creatarum definitio accommodatur. Nam cum Deus, exempli gratia, uult animum fetus humani, qui in embrione ante non erat, esse in praesenti, sit mutatio in ipsa re a non esse ad esse, quia exsistit animus, qui ante non erat, item sit mutatio in rerum natura, quae aliquid habet, quod ante non habebat. Haec adeo clara sunt, ut probatione non egeant.

[226] Iam uero explicare *quo modo caussae agant*, id est, tales mutationes efficiant, tam est obscurum ut nihil magis. Quidquid enim philosophi pro explicanda huiusmodi re hucusque dixere, sunt mera uerba omni significandi ui uacua, rem ipsam clariorem non fecere. Merito ut ego mirer non nullos, qui aliquid a Deo factum esse negant, quod non intelligant quo modo factum sit, quasi ipsi intelligant quo modo res creatae gignant effectus suos, id est, aliae agant in alias. Quod si plane secum reputarent, quam magna talium rerum ignoratione laboremus, et de Deo sapientius iudicarent[154] et inanes eiusmodi disceptationes multo studiosius uitarent. Sed id uno et altero exemplo perspicuum fiet.

1. Exempli gratia, semen stirpis[(48)], quod est quaedam arbuscula exilissima complicata, uti microscopio exploratum est, dum seritur, succum alibilem terrae ad se trahit, qui succus[155] canales exilissimos radicis ingreditur, explicat, auget, nutrit, donec arbuscula ipsa oculis discerni possit. Haec nos animo reputantes dicimus "terram agere in semen et generare stirpem", terram esse caussam, stirpem natam esse effectum". Et recte quidem. Sed quo modo succum ad se trahat, quo modo canales explicentur, [227] augeantur, nutriantur, nemo intelligit. Tantum scimus ex semine terrae mandato nasci, seu erumpere arbusculam, quae succum et alimentum accipit ex terra, nihil amplius. Itaque qui sibi persuadent se claram ideam habere generationis stirpium, delirant.

---

[154] Sunt qui explicare sibi sumant quid sit actio Dei in res creatas; item, quo modo Deus agat *ab aeterno*, quid sit cognitio, quid uoluntas Dei et cetera huiusmodi; qui si uires suas pro merito expenderent, fateri non dubitarent se de re loqui, cuius nullam claram habent ideam, id est, inania uerba fundere. Sed de his in Theologia erit dicendum.

[155] Succum alibilem ex terra, oleo, salibus, aqua constare suspicantur recentiores chymici. Vide Mariotte *Des Plantes*, p. 23. 33 etc.

[(48)] stirpis] plantae *R*

2. De forma idêntica, até as crianças que jogam à péla se apercebem de que a bola A, lançada com as mãos, ao tocar a bola B a põe em movimento; afirmamos, por isso, que a bola A é a causa do movimento da bola B. Isto é correcto e adequado para explicar este extraordinário efeito. Mas haverá alguém que entenda como a bola A põe em movimento a bola B? Decerto, ninguém. Poderia porventura dizer-se: "Vejo claramente a bola A comunicar o movimento à bola B". Palavras! Com efeito, o que se pergunta precisamente é o que significa comunicar ou transmitir o movimento. Dado o movimento da bola A, vemos mover-se a bola B, mas não vemos como do primeiro movimento se originou o segundo, não podendo de modo algum entender isso. Não pode, por conseguinte, entender-se o que seja comunicar o movimento. Realmente, o movimento é apenas um corpo modificado de uma determinada maneira. Assim, como a bola A não pode comunicar o seu corpo à bola B, também não pode comunicar-lhe o seu movimento. Haveria tanta possibilidade de comunicar o movimento – supondo não ser comunicado o corpo da bola que move – como de comunicar a rotundidade, a cor e outros modos que constituem realmente o corpo, permanecendo este não comunicável. Portanto, nada podemos estabelecer sobre o modo como os corpos movem e são movidos[156].

3. [228] Vou agora aludir ao espírito criado. O nosso espírito sofre uma mudança ao desejar um objecto, isto é, um estado de não-volição dá lugar a um estado de volição. Afirma-se, por isso, ser o objecto a causa da volição e afirma-se também ocasionar a volição; e, em ambos os casos, rectamente. Do mesmo modo, se alguém desejar mover o braço e o braço se mover realmente, afirma-se ser a acção sobre o braço a causa do movimento do braço. Poderia, porém, insistir-se, perguntando: "O que significa ser causa da volição?" E o que quer dizer mover o braço?" Esta é a grande dificuldade. Encontramo-nos numa enorme escuridão em que não vemos totalmente nada, caminhando num labirinto, do qual nenhuma indústria humana pode libertar-nos; e quanto mais persistirmos em filosofar, tanto mais ficamos confusos. Por isso, também neste caso nada podemos decidir sobre o modo de proceder.

4. E como actua o espírito incriado sobre as criaturas? Também ignoro totalmente. Tenho como certo, admitindo a vontade infinita de Deus de criar num tempo determinado e definido a alma de uma criança, que essa alma existe. Contudo, apenas me apercebo de um efeito extraordinário originado numa vontade que, como a fé ensina e a razão demonstra, é necessariamente eterna, não havendo, por isso, em Deus nenhuma mudança, pois tudo o que ele possui é possuído por ele desde toda a eternidade. Desconheço, no entanto, como ele deseja ou produz um efeito, e como um efeito que não existia principiou a existir. Se eu persistisse e intentasse posteriormente investigar esta questão, não tiraria nenhum proveito e por toda a parte se manifestariam apenas trevas.

---

[156] Irei discorrer extensamente na *Physica* sobre a verdadeira causa do movimento dos corpos. E mesmo os assuntos que podem considerar-se verosímeis, apresentá-los-ei no seu esplendor e pô-los-ei a coberto das críticas dos opositores. Neste momento, é suficiente compreender a noção comum de "causa segunda" e, em suma, como opera a causa segunda.

2. Item globum A manu motum dum in globum B inpingit eum mouere, uel pueri pila ludentes animaduertunt, propterea dicimus globum esse caussam motus globi B, recte et commode ad explicandum nouum istum effectum. Sed quis intelligit quo modo globus A det motum globo B? Nemo profecto. Dices: "Videmus clare globum A inpertire motum globo B". Verba! Nam id ipsum quaeritur quid sit communicare, seu inpertire motum. Videmus, posito motu globi A, moueri globum B, sed quo modo ex primo motu nascatur secundus, nec uidemus, nec ulla ratione intelligere possumus. Deinde intelligi non potest quid sit communicare motum. Nam motus re ipsa nihil aliud est, nisi corpus tali ratione modificatum, cum autem globus A non det corpus suum globo B, nec etiam motum dare et communicare potest. Tam enim est possibile, ut motum communicet, non communicato corpore ipsius globi mouentis, quam est possibile communicari rotunditatem, colorem ceterosque modos, qui reapse sunt ipsum corpus, corpore ipso non comunicato. Nihil igitur de modo, quo corpora et mouent et mouentur, definire possumus[156].

[228] 3. Venio ad spiritum creatum. Animus noster dum aliquod obiectum cupit, mutatur, seu ex non uolente fit uolens. Quare dicitur caussa uolitionis, dicitur agere uolitionem utrumque recte. Item cum uult mouere brachium, quod reapse mouetur, dicitur agere in brachium caussa esse motus brachii, et id quidem recte. Perge tamen, quaere "quid sit agere uolitionem? quid brachium mouere?" Hic nobis aqua haeret, maximas tenebras ostendimus, in quibus nihil omnino uidemus, labyrinthum ingredimur, ex quo nulla humana industria expedire nos possumus, et quo plus pergimus philosophando, eo magis irretimur. Igitur et hic de modo agendi constituere nihil possumus.

4. Iam increatus spiritus quo modo in res creatas agit? Et id prorsus ignoro. Scio, intellecta a me in Deo aeterna uoluntate condendi animum infantis certo definitoque tempore, animum eius exsistere. Hic nihil aliud uideo, nisi nouum effectum, posita illa uoluntate, quae, ut fides docet et ratio ipsa demonstrat, aeterna sit necesse est, propterea quia in Deo nulla mutatio fit, quidquid habet, ab aeterno habet. Quo autem modo uelit, quo modo rem efficiat, seu agat effectum, et effectus, qui non erat, exsistat, nescio; si pergo et inuestigare rem ulterius conor, nihil proficio, tenebrae undique se offerunt.

---

[156] De uera caussa motus corporum in *Physica* luculente disseremus, atque ea, quae uerisimiliter dici possunt, in suo lumine ponemus et ab aduersariorum criminatione uindicabimus. In praesentia satis sit uulgatam notionem "caussae secundae" usurpare, quocumque tandem modo sit caussa secunda.

Dado desconhecermos totalmente a eficácia das criaturas para operar e produzir um efeito, de modo algum deve parecer espantoso se não entendermos como o espírito incriado e infinito concedeu o ser às criaturas, ou seja, como as criou, as gerou e lhes outorgou a existência.

[229] Corolário I
É igualmente para nós obscura a acção ou a actividade de Deus sobre as criaturas, bem como a acção das criaturas entre si.
Infere-se este corolário do que acima ficou referido. A diferença é que nas criaturas – por se apresentarem por vezes ao nosso olhar – vemos a causa e o efeito: vemos ocorrer o movimento do corpo B perante o movimento do corpo A; porém, nas coisas criadas apenas por Deus, vemos e reconhecemos o efeito, mas a causa só pode ser conhecida por uma iluminação, pela fé ou pelos ensinamentos da razão.

Corolário II
São apenas palavras e inépcias tudo aquilo que discutem os filósofos acerca da acção das causas relativamente aos efeitos, ou acerca do modo como elas produzem efeitos e actuam.
Este corolário infere-se sem ambiguidade do que foi referido. Por isso, o filósofo que é digno verdadeiramente deste nome não discorre sobre o modo como as causas actuam para não exprimir palavras ocas a que não corresponde nenhuma significação e que não o tornam mais douto. Pela minha parte, aplaudo os que investigam as causas próximas dos efeitos físicos para eles ajuizarem com conhecimento sobre as forças da natureza e para não tomarem como causa o que realmente não é causa, não incutindo, assim, falsos princípios na mente dos ouvintes que desejam conhecer estes assuntos. Não aplaudo, no entanto, os que consideram como investigada uma coisa que não pode ser entendida[157].

[230] Corolário III
A celebérrima controvérsia sobre se as criaturas actuam ou são ocasião da acção de Deus *é apenas uma disputa sobre palavras.*
É inacreditável como a respeito desta controvérsia discutiram os filósofos com tanta veemência já desde o tempo de Descartes, escrevendo muitas coisas para contestarem com todo o empenho as opiniões opostas. Sustentavam os cartesianos, e sobretudo Malebranche, não actuarem as criaturas, sendo Deus que por ocasião dos movimentos do corpo produz certos efeitos na alma ou noutros corpos, e por ocasião das percepções da alma origina certos movimentos no corpo. Estas e muitas

---

[157] Procedem certamente com rectidão, por exemplo, os que, servindo-se da máquina pneumática, demonstram ser o peso do ar a causa de muitos efeitos que atribuímos a outras causas. Não obteriam, porém, qualquer conclusão os que pretendessem explicar o modo como são formadas as partículas do ar na produção desses efeitos. Eles poderiam fazer algumas conjecturas e propô-las como tais, mas não poderiam realmente dar uma explicação.

Quod si creatarum rerum agendi ac producendi uis nullo prorsus modo intelligitur, minime mirum uideri debet si non intelligamus quo pacto spiritus ille increatus et infinitus det esse rebus creatis, id est, res ipsas creet, efficiat, moliatur[(49)].

[229] COROLLARIVM I
Hinc actio, seu agere Dei in res creatas, et agere rerum creatarum in alias nobis ex aequo obscura sunt.
Consequitur ex supra dictis. Hoc differunt, quod in rebus creatis interdum oculis ipsis caussam uidemus et effectum, nempe uidemus motum corporis B euenire posito motu corporis A; in rebus, autem, quae a Deo solo conditae sunt, effectum uidemus et sentimus, caussam uero non nisi face uel fidei, uel rationis praeeunte, uidemus.

COROLLARIVM II
Hinc quidquid philosophi disputant de actione caussarum in effectus, seu de modo, quo ipsae effectus agant et efficiant, uerba sunt atque ineptiae.

Plane infertur ex dictis. Itaque philosophus, qui uere hoc nomine dignus est, de modo, quo caussae agunt, nihil disputat, ne uerba inania fundat, quibus nulla potestas subiiciatur et quae nos doctiores non faciant. Laudo quidem eos, qui proximas caussas effectuum physicorum explorant, ut scite de uiribus naturae diiudicent, ne eas pro caussis habeant, quae caussae non sunt, falsisque principiis auditorum, qui ista scire cupiunt, mentes imbuant; eos uero, qui rem pro explorata ponunt, quae intelligi nequit, non laudo[157].

[230] COROLLARIVM III
Hinc celeberrima controuersia, an creatae res agant, an uero sint occasio cur Deus agat, de uerbis tantum est disputatio.
Incredibile dictu est quam acriter philosophi iam inde a Cartesio de hac controuersia decertarint, quam multa scripserint ut contrarias sententias pro uirili parte defenderent! Cartesiani et, praeter ceteros, Malebranchius contendebant creatas res nihil agere, sed Deum occasione motuum corporis hos et illos effectus uel in animo, uel in aliis corporibus, efficere;

---

[157] Exempli gratia, qui praesidio machinae pneumaticae ostendunt aeris pondus caussam esse plurium effectuum, quos aliis caussis tribuimus, ii quidem recte faciunt; qui uero explicare uolunt quo modo particulae aeris conformatae sint, ut tales effectus generent, nihil faciunt; coniectare interdum possunt idque pro coniecturis proponere, definire uero non possunt.

[(49)] moliatur] condat *R*

outras doutrinas dos cartesianos repercutiram-se não apenas nos peripatéticos, mas também em muitos modernos, de tal modo que aquela controvérsia permanece ainda actualmente nas escolas.

Contudo, se avaliarmos convenientemente o assunto, reconhecemos com clareza reduzir-se toda essa importante controvérsia à significação das palavras "actuar" e "produzir". Com efeito, se estas palavras são usadas quando ocorre continuamente uma mudança numa coisa na presença de outra – à qual, como acima expliquei, costuma atribuir-se a causa da mudança –, ninguém, se for sensato, poderá negar que o fogo produz aquecimento num corpo que lhe esteja próximo e que o nosso espírito actua sobre o braço quando deseja mover o braço; por conseguinte, todas as pessoas de mente sã se apercebem originarem-se continuamente tais efeitos na presença desses entes, os quais se denominam, por isso, com razão, "causas eficientes", que actuam em conformidade com leis naturais. Porém, se "actuar" e "produzir" [231] podem apenas usar-se quando se entende com clareza o modo segundo o qual uma causa produz uma mudança ou um efeito, então reconheço que nem o fogo produz aquecimento nem o espírito o movimento do braço. Mas vejamos a consequência: deveríamos também dizer que Deus não actua nem produz por não entendermos como ele actua e produz, sendo para nós tão obscuro o modo como Deus cria o espírito humano como o modo como o nosso espírito produz o movimento do braço. Contudo, é uma falsidade afirmar que Deus não actua, o que nem sequer foi aceite pelos discípulos de Malebranche; portanto, aquilo do qual isto se infere também é uma falsidade, não podendo afirmar-se que nenhuma criatura actua, excepto se não entendermos com clareza como ela actua[158].

Poderia alguém afirmar não entendermos de que forma o espírito move o braço, sendo, porém, próprio do filósofo nada asseverar que não entenda. Inépcias! Também não entendemos em que consiste a união entre a alma e o corpo, assim como as percepções da mente, por exemplo, o desejo, a dor e o prazer, e de que modo elas afectam o espírito de diversas formas. E que mais? Não entendemos qual seja a natureza íntima do espírito e a do nosso corpo e por que motivo certas mentes conhecem com maior presteza, outras com maior lentidão e outras nem sequer lentamente. Se devêssemos recusar tudo isto, haveria coisa mais absurda? Portanto, é próprio do filósofo não se pronunciar sobre a causa de certos efeitos sem ter investigado qual seja realmente essa causa. Contudo, não é próprio do filósofo declarar qual seja a natureza das causas e como elas produzem os seus efeitos, se não tiver capacidade de realizar essa investigação; e ele não deve também recusar o que percepciona com toda a clareza só por não entender como isso acontece. [232] Além disso, é sobretudo próprio do filósofo confessar com clareza e honestidade que

---

[158] Afirma Wolff (*Ontologia*, §§ 713 e segs.) que a acção é apenas uma mudança de estado. Mas ele acrescenta outros assuntos em conformidade com o seu sistema, que são incompatíveis com a minha opinião.

occasionem autem appetitionum animi, tales uel tales motus in corpore excitare. Haec et alia multa cartesiani, quibus non modo Peripatetici, sed plurimi recentiores reclamabant, adeo ut etiam nunc huiusmodi controuersia uigeat in scholis.

Verum si rem pro merito aestimabimus, clare uidebimus ad definitionem uerbi "agere" et "efficere" controuersiam totam hanc grauem reduci. Nam si agere et efficere tum dicitur, cum mutatio in aliqua re perpetuo euenit ad praesentiam alterius, cui mutatio tribui solet, ut supra definiuimus, nemo sanus negabit ignem in corpore sibi proximo calorem agere, itemque animum nostrum motum, cum brachium mouere uult, in brachio agere, propterea quia omnes sanae mentis tales effectus semper oriri uident ad praesentiam illorum entium, quibus proinde uelut "caussae efficienti", secundum leges naturae, merito tribuuntur. Quod si "agere" et "efficere" [231] solum dici potest, cum clare intelligo modum, quo caussa mutationem, seu effectum, facit, fateor nec ignem agere calorem, nec animum agere motum brachii. Sed uide quae sequantur: dicere etiam debemus Deum nihil agere, nihil efficere, quia non intelligimus quo modo agat et efficiat, tamque nobis obscurum est quo modo Deus condat animum humanum, quam quo modo animus noster brachium moueat. Dicere Deum nihil agere est falsum, nec a Malebranchianis admissum; falsum igitur et illud erit, ex quo hoc sequitur rem nullam creatam dici posse aliquid agere, nisi cum clare intelligo, qua ratione agit.(50) 158

At enim non intelligimus quo modo animus moueat brachium; philosophi autem est nihil adseuerare, quod non intelligat. Ineptiae. Nec etiam intelligimus in quo sita sit complexio animi et corporis, item non intelligimus quid sit perceptio mentis, quid appetitio, quid dolor, quid uoluptas, quoque modo animum alio et alio modo adficiant. Quid? Non intelligimus quaenam sit interior natura animi, quaenam corporis nostris, cur mentes aliquae celerius percipiant, aliae tardius, aliae ne tarde quidem eadem percipiant. Negare igitur haec omnia debemus: quo quid absurdius? Itaque philosophi est non pronuntiare certi effectus aliquam esse caussam, quin exploratum habeat reapse caussam esse. At non est philosophi exponere qualis sit natura caussae, quo modo effectum faciat, si modo id explorare non potest, nec etiam negare ea, quae clare uidet, quod quo modo fiant non [232] intelligat. Immo uero maxime philosophi est plane atque sincere fateri

---

158 Wolfius *Ontologiae* § 713 seqq. fatetur actionem nihil aliud esse quam mutationem status, sed alia addit suo systemati congruentia, quae a nostra sententia recedunt.

---

(50) agit.] En ad quod ... unius uocabuli *add.* **R**, *cf. infra Appendix V.*

conhece o que seguramente conhece e que ignora o que desconhece, não induzindo em erro os leitores com a ostentação de palavras ocas. Porém, nós não conhecemos com clareza a união entre a alma e o corpo, não possuindo, portanto, um princípio certo com base no qual pudéssemos ajuizar que o nosso espírito por uma ou por outra razão move o corpo. Ao invés – tendo nós a certeza por experiência constante que, perante um acto de vontade de mover o corpo, o corpo se move –, devemos afirmar ser o corpo movido pelo espírito. E sendo isso confirmado pela experiência, não devemos recusar uma coisa perspícua, embora não consigamos compreender por que motivo ela acontece.

Se isto for verdadeiro, dir-se-á serem em pequeno número as coisas sobre as quais filosofamos nesta vida; e serem poucas as que supomos conhecer com exactidão a respeito dos assuntos da Física. Elas são certamente em pequeno número e muito menos que aquelas que a maioria dos filósofos considera dever possuir. Como afirmam com rectidão os filósofos – segundo Locke –, se conformarmos cuidadosamente às verdadeiras regras da boa lógica a maior parte das disputas que se dizem explanadas com clareza, compreendemos de modo perspícuo que mesmo aquelas que são consideradas as mais célebres e mais importantes se originam em palavras definidas com insuficiente precisão. E, se estas tivessem sido rectamente definidas, as disputas ficariam reduzidas a nada. Infere-se de tudo isto quanto reconhecimento devemos àqueles autores que, embora poucos, são verdadeiros ecléticos e verdadeiros filósofos por apenas filosofarem com base em ideias claras e em princípios evidentes e dotados de certeza, tendo, por isso, rejeitado o método hipotético de filosofar dos cartesianos e dos gassendistas e eliminado questões fúteis que, por serem tão enfadonhas, não proporcionam nenhuma utilidade ao saber humano. Mas sobre este assunto, já apresentei noutro lugar muitas reflexões.

Deve, portanto, concluir-se que, ao vermos ocorrer o fogo, é necessário, segundo uma lei natural, que ocorra aquecimento; [233] e que, extinto o fogo, é necessário que deixe de existir aquecimento. De forma idêntica, e ainda em virtude de uma lei natural, perante o desejo de mover, o braço move-se necessariamente; e, não existindo o desejo, o braço permanece em repouso. Deste modo, se não desejarmos ser insensatos, devemos afirmar que o aquecimento se origina no fogo e que o movimento do braço procede de um acto de vontade. Quanto às causas ocasionais, é por agora suficiente o que ficou escrito, pois irei expor o mesmo assunto noutro lugar.

Corolário IV
Nada existe no efeito que não exista na causa, ou de modo idêntico ou com maior perfeição.

É evidente não poder a causa comunicar o que não possui, portanto, ela possui o que comunica. Se a causa for criada, pode possuir segundo o modo pelo qual comunica. Os escolásticos chamam a isto "conter formalmente o efeito"; é o caso do calor, que gera um calor semelhante. Porém, se a causa for incriada, como Deus, contém certamente o efeito, mas com muita maior perfeição, como o menor no

se scire id quod certo sciat, nescire quod nesciat, nec decipere lectorem inanium sono uerborum. Porro nos complexionem animi et corporis clare cognitam non habemus, nullum igitur principium certum habemus, ex quo iudicare possimus animum nostrum tali, aut tali ratione, mouere corpus. E contrario cum experientia constanti certum habeamus, posita uoluntate mouendi, moueri corpus, dicere debemus corpus ab animo moueri eique experientiae adquiescere, nec rem perspicuam negare, quod, qua ratione fiat, non adsequamur.

Paucis, inquies, si haec uera sunt, in hac uita philosophabimur; pauca nos certo scire in rebus physicis existimabimur. Pauca profecto et pauciora multo quam plerique, qui philosophi haberi cupiunt, suspicantur. Recte ut philosophi, secundum Lockium, contendant, nos, si plerasque disputationes, quae clare expositae dicuntur, ad germanas bonae Logicae regulas accuratissime exigamus, perspicue intellecturos, etiam illas, quae praeter ceteras celebres et grauissimae reputantur, ex non satis clare definitis uocabulis proficisci, quae si recte definias, euanescunt. Ex quo intelligitur quantam gratiam habere debeamus paucis illis, qui uere eclectici uere philosophi sunt, id est, qui non nisi ex ideis claris, ex principiis perspicuis atque certis philosophantur, propterea quod hypotheticam illam cartesianorum et gassendianorum philosophandi uiam reiecerunt inanesque quaestiones praeciderunt, quae incommode satis, utilitatis uero nihil humanis disciplinis adferebant. Sed de his alias plura iam diximus.

Concludendum est igitur, cum uideamus, posito igne, lege naturae, necessario poni calorem, [233] sublato igne, perire calorem; item posita appetentia mouendi, ex lege item naturae, necessario moueri brachium, non posita, quiescere; nisi inepti esse uolumus, dicere debemus calorem oriri ab igne, motum brachii a uoluntate. Atque de caussis occasionalibus in praesentia satis, nam eamdem rem alibi persequemur[51].

Corollarivm IV
Hinc nihil est in effectu, quod in caussa uel eodem modo, uel perfectiori modo, non sit.
Perspicuum est enim caussam dare non posse quod non habet. Habet igitur quod dat. Si caussa est creata eodem modo quo dat, habere potest

---

[51] persequemur.] Concludendum est igitur ... Et de caussis occasionalibus satis. *add. R, cf. infra Appendix VI.*

maior, exceptuando decerto o que manifesta limitações. A isto chamam os escolásticos "conter eminentemente". Ambos os advérbios, se forem correctamente interpretados, explicam este assunto de modo adequado e sem nenhuma dificuldade.

Apresento exemplos: 1. O nosso espírito entende todas as coisas que se lhe apresentam em sucessão, mas não simultaneamente todas aquelas que pode entender. Ele também conhece com clareza outras coisas evidentes, mas não conhece de modo claro as suas próprias operações. Devemos, assim, afirmar ser Deus – que outorgou ao nosso espírito a faculdade de pensar – o próprio ser inteligente. Conhecer, porém, em sucessão é conhecer de forma limitada e não poder conhecer-se a si mesmo com clareza é também uma limitação. Portanto, nenhuma delas existe em Deus que, sendo o infinito absoluto, ou desprovido de limitações, deve conhecer todas as coisas num único relance, bem como a si próprio com clareza e perfeição. 2. Por outro lado, nós temos o poder de mover os corpos; portanto, também Deus o possui. Contudo, [234] nós movemos os corpos impulsionando-os com a parte externa do corpo e deslocando-os de um lugar para outro; e ocupamos um lugar diferente com o nosso corpo, o que demonstra com clareza ter ele limitações. Deus, porém, sendo infinito e incomensurável, não tem partes externas nem limitações, nem é movido de um lugar para outro. Por conseguinte, ele move de um modo mais excelente, pois é imóvel e pode mover. 3. As causas materiais possuem certos atributos, e, por isso, também Deus os possui. Mas para os atribuirmos a Deus, devemos excluir as suas limitações. Estas não convêm a Deus, dado ele não possuir de modo algum divisibilidade, mutabilidade, figura, etc., como acontece com os corpos finitos; mas ele possui um poder de tal modo eminente que confere à natureza a possibilidade de se propagar, etc. Tudo isto é verdadeiro. Contudo, nós, pobres mortais, desconhecemos totalmente como ou por que razão os atributos das criaturas estão contidos em Deus, dado não sermos capazes de entender a natureza divina, pois apenas o próprio Deus, que a possui, a entende. Mas a respeito de um assunto tão obscuro, é suficiente ter eu exposto estas coisas, sobre as quais irei pronunciar-me com maior desenvolvimento na Teologia.

Quanto à causa eficiente, toma-se em vários sentidos: 1. Uma denomina-se "causa primeira", outra "causa segunda": a causa primeira é Deus, que cria as causas segundas, prescrevendo-lhes leis ou atribuindo-lhes a faculdade de fazer existir alguma coisa; 2. Outra é a causa universal, ou seja, o próprio Deus, que no início dos tempos criou todas as coisas; outra é a causa particular, como as criaturas, que originam apenas certos efeitos; 3. Outra é a causa total, que por si mesma produz um efeito (por exemplo, quando uma única mão põe um corpo em movimento); outra é a causa parcial (por exemplo, quando ambas as mãos movem um corpo); 4. Outra é a causa principal, como quando alguém empunha um machado para cortar um objecto; outra é a causa instrumental, como o machado que serve para cortar (estas chamam-se, de outro modo, "causa mediata" e "imediata"); 5. Outra é a causa essencial, outra, a

quod scholastici uocant "continere formaliter effectum". Sic calor calorem similem procreat. Si caussa est increata, ut Deus, continet quidem effectum, sed modo longe perfectiori, ut minus in maiori, detractis nempe iis, quae limitationem prae se ferunt; id uocant scholastici "continere eminenter", quae duo aduerbia commode ac faciliter rem explicant, si recte definiantur.

Exempli gratia 1. Animus noster intelligit omnia, quae ei per uices obiiciuntur; non tamen omnia, quae intelligere potest, simul intelligit, item cetera, quae sunt perspicua, clare cognoscit, se suasque operationes clare non cognoscit. Ergo dicere debemus Deum, qui animo uim intelligendi dedit, et ipsum esse intelligentem. Sed cognoscere cum successione est restricte cognoscere, non posse se clare cognoscere est limitatio; neutra igitur est in Deo, qui, cum sit absolute infinitus, seu limitibus carens, et omnia uno contuitu et se ipsum clare atque perfecte cognoscere debet. 2. Item habemus uim mouendi cetera corpora. Igitur et Deus. Sed nos [234] mouemus corpora superficie corporis nostri ea inpellentes, atque ab uno ad alium locum mouentes et nouum locum corpore nostro occupantes, quae clare demonstrant limites corporis nostri. Deus uero infinitus et inmensus, nec superficiem et terminos habet, nec a loco ad locum mouetur. Mouet igitur longe perfectiori modo, nempe inmotus et uolens motum. 3. Item caussae corporeae habent quasdam facultates. Ergo et Deus. Sed ut eas Deo tribuamus, separare debemus quidquid limitati habent, quod in Deum non cadit, quare diuisibilitatem, mobilitatem, figuram, ceteraque quae corpus finitum faciunt, nullo modo habet, sed eminenter tantum, quatenus dat naturam talem, quae diuidi potest etc. Haec uera sunt, sed quo modo, quaue ratione in Deo rerum creatarum proprietates contineantur, omnino ignoramus miseri mortales, quia naturam Dei intelligere nulli possumus; ipse solus, qui habet, intelligit. Sed rem obscurissimam indicasse satis fuerit, de qua fusius in Theologia erit dicendum.

Iam uero caussa effectrix multipliciter accipitur. 1. Alia dicitur caussa prima, alia secunda. Prima est Deus, qui secundas condidit eisque leges praescripsit, seu uim dedit faciendi aliquid. 2. Alia est uniuersalis, nempe Deus, qui res omnes primo efficit, alia particularis, ut res creatae, quae certos tantum gignunt effectus. 3. Alia est totalis, quae sola facit effectum, uerbi gratia cum una manus corpus externum mouet, alia partialis, cum duae manus id mouent. 4. Alia est principalis, ut homo, qui cultrum adhibet ad aliquid caedendum, alia instrumentalis, ut culter ipse, quo utitur ad secandum. Hae alio nomine uocantur "caussa mediata" et "immediata". 5. Alia est caussa per se; alia per accidens. Per se est quae secundum uoluntatem, si [235] sit intelligens, aut secundum finem naturae, si intelligentiae expers, aliquid

causa acidental: a essencial é aquela que produz uma coisa em virtude de um acto de vontade, [235] tratando-se de um ser inteligente, ou em virtude da finalidade da natureza, no caso de um ser desprovido de inteligência (por exemplo, os alimentos, como causa essencial da nutrição); a causa acidental realiza algo não desejado pela vontade ou que não se coaduna com a finalidade da natureza (por exemplo, uma quantidade excessiva de alimentos que prejudiquem a saúde); 6. Outra é a causa necessária, como o fogo, que, se for usado de forma adequada, origina sempre o mesmo efeito; outra é a causa livre, como a vontade, que pode ou não desejar um objecto ou ter por ele repugnância; 7. Por último, uma é a causa física, outra a causa moral: a causa física produz um efeito em conformidade com as leis naturais, como qualquer daquelas que até agora mencionei; a causa moral é apenas a ocasião para que algo aconteça (assim, o mandante de um homicídio é a causa moral do homicídio praticado por outrem, pelo que, segundo o juízo das pessoas, o homicídio é também imputado ao mandante). Com esta está relacionada a causa espontânea; por exemplo, ao prestarmos auxílio a um mendigo, compadecidos pela sua indigência. Mas estas duas causas entendem-se pela própria compreensão das palavras, não originando, por isso, nenhuma controvérsia. Abstenho-me de apresentar outras divisões das causas, advertindo-vos, no entanto, que a qualquer causa corresponde um efeito do mesmo género; na verdade, uma causa e um efeito são correlativos.

Na peugada de Aristóteles, afirmam os peripatéticos existirem quatro espécies de causas: a material, a formal, a eficiente e a final. Contudo, não sei o que Aristóteles teve em mente ao incluir no número das causas a material, a formal e a final. Está demonstrado pelos filósofos, assim como tinha sido pelo próprio Aristóteles, não poder a matéria produzir nenhuma mudança. Também a forma nada pode produzir, por ser um modo da matéria. Todas as coisas corpóreas são criações dotadas de extrema beleza, produzidas pelo divino artífice segundo o seu alto desígnio, nas quais, como nas produções humanas, a forma não é um ser distinto da matéria. Assim, quando pomos uma marca na cera com um anel, representando uma figura, nem a cera, [236] que é a matéria, produz alguma coisa – pois ela recebe e sofre apenas uma mudança – nem a figura produz o que quer que seja, dado ser ela a própria mudança produzida pelo anel ou pela causa eficiente. Também o fim nada opera realmente, por ser apenas a ocasião para que algo aconteça. No que respeita à causa exemplar – que Platão considerou como quinta causa[159] –, também nada produz, sendo aquilo que um ser dotado de razão se propõe imitar na criação das suas obras. Portanto, a nenhuma destas causas se pode atribuir a denominação de "causas". Irei discorrer mais circunstanciadamente sobre este tema no capítulo seguinte.

---

[159] Séneca, *Epistolae*, 66.

efficit, uerbi gratia cibus, qui est caussa per se nutritionis. Per accidens est quae praeter uoluntatem, aut praeter finem naturae aliquid facit, ut nimius cibus, qui nocet sanitati. 6. Alia est caussa necessaria, ut ignis, qui, si debito modo applicatur, semper procreat effectum; alia libera, ut uoluntas, quae potest obiectum amare, uel non amare, uel odio habere. 7. Alia demum est caussa physica; alia moralis. Physica est quae ex lege naturae agit effectum, ut quaelibet ex iis, quas hucusque memorauimus. Moralis est quae tantum est occasio, ut aliquid fiat; ut consulens homicidium, caussa moralis est homicidii ab alio patrati, propterea quia secundum hominum iudicium etiam consulenti tribuitur. Ad hanc refertur etiam caussa inpulsiua, uerbi gratia, cum pauperi auxilior motus eius inopia. Sed haec uel intellectis uocabulis intelliguntur, atque adeo nihil disputationis habent. Reliquis diuisionibus supersedemus, si primum uos admonemus, cuilibet caussae suum effectum eiusdem generis respondere, sunt enim correlata; talis caussa, talis effectus.

Peripatetici uero secundum Aristotelem aiunt caussarum Quatuor esse genera: materialem, formalem, efficientem, finalem. Sed nescio quid in mentem uenerit Aristoteli, ut materialem, formalem, finalem in caussas referret. Exploratum enim philosophis est, immo et ipsi Aristoteli erat, materiam nihil mutationis efficere posse, formam item non aliquid efficere, sed esse modum materiae; sunt enim res omnes corporeae artefacta pulcerrima a diuino artifice summo consilio fabricata, in quibus, ut in ceteris ab homine factis, forma non est ens a materia distinctum. Sic dum annulo ceram signamus et imaginem aliquam exprimimus, nec [236] cera, quae est materia, aliquid efficit, sed potius recipit et patitur mutationem, nec imago aliquid efficit, sed est ipsa mutatio, quae efficitur ab annulo ceu caussa effectrice. Finis etiam nihil facit re ipsa, sed tantum occasio est, cur aliquid fiat. Nec etiam exemplar, quod Plato pro quinta causa ponit, [159]aliquid facit, sed est illud quod agens ratione praeditum in artefactis suis sibi proponit imitandum. Neutra igitur est talis, cui "caussae" nomen aptari possit. Sed de his sequenti capite abundantius.

---

[159] Seneca, *Epist.* 66.

CAPÍTULO XVI

A causa final e a causa exemplar

I

As expressões "causa final" e "causa exemplar" são as últimas sobre as quais parece dever pronunciar-me neste livro. Elas são duas expressões relativas. Define-se "causa final" como aquela em virtude da qual se realiza alguma coisa; por exemplo, se eu for para a região do castelo de Alba ou para Túsculo para fruir o ar puro e libertar o espírito das preocupações mais penosas, tendo em vista a minha saúde, a fruição do ar puro e a saúde são a finalidade em virtude da qual realizo o percurso.

É múltipla a divisão da causa final: 1. Uma é o *finis cuius*, outra é o *finis cui*; 2. Uma é a causa final principal, outra a causa secundária; 3. Uma é a causa próxima, outra a causa remota; 4. Uma é a causa subordinada, outra a causa última. Todas elas se demonstram facilmente com o exemplo supracitado. Assim, a ida para a região do castelo de Alba tem como *finis cuius* libertar o espírito e purificá-lo, pois é com esse propósito que me disponho a fazer o percurso; quanto ao *finis cui*, diz respeito a mim próprio, [237] por desejar manter o espírito livre de preocupações e conservar a saúde. Essa ida tem também como finalidade principal, próxima e subordinada, a tranquilidade do espírito, libertando-o das ocupações quotidianas, e aspirar o ar puro; e como finalidade secundária, remota e última, a recuperação e a conservação da saúde. É por esta razão que em último caso me disponho a realizar o percurso. Mas, dado poder estar ordenada a saúde do corpo para outras finalidades – ou seja, para me dedicar mais facilmente aos assuntos domésticos, ou às letras, ou a outras ocupações –, tais finalidades podem estar, por seu lado, ao serviço de outras coisas, por exemplo, obter honrarias ou fortuna, podendo estas ter ainda outras finalidades, designadamente ser útil aos familiares, aos amigos, aos necessitados, etc. Assim, se pensarmos com diligência, nada existe nas criaturas que possa considerar-se em geral a última finalidade, mas apenas em função de determinadas leis. Apenas Deus, enquanto conhecido no Céu com clareza, é a última finalidade sem relação a nenhuma outra; por isso, ele é amado por si mesmo, e no seu seio ficaremos em sossego.

Há ainda outra divisão da causa final: uma denomina-se "finalidade da arte"; outra, "finalidade do artista". A primeira é aquela que a arte se propõe realizar. Por exemplo, a finalidade da Lógica é o ensino das regras adequadas para a descoberta da verdade, não apenas em todas as disciplinas, mas também em todos os assuntos da vida; e a finalidade da Retórica é expor as regras que sejam inteiramente apropriadas para levar à persuasão[160]. O que afirmo da arte devo igualmente [238] afirmá-lo do

---

[160] Há quem afirme residir a finalidade da Lógica na descoberta da verdade e a da Retórica na persuasão dos ouvintes. Se eles pretendem significar que a finalidade imediata consiste em aplicar as regras, respectivamente, à descoberta da verdade e à persuasão, e que a finalidade

CAPVT XVI

De fine et exemplari

I

Extremum est uocabulum "finis", extremum "exemplar", de quibus hoc libro dicendum esse uidetur. Haec duo et ipsa sunt relatiua. "Finis" definitur id cuius gratia aliquid fit; uerbi gratia, si pergo in Albanum castrum, uel Tusculum, ut aere puriori me recreem, animum a curis grauioribus relaxem, tum demum sanitati meae seruiam, haec recreatio et sanitas finis est cuius gratia iter conficio.

Iam multiplex est diuisio finis. 1. Alius uocatur *finis cuius*, alius *finis cui*. 2. Alius finis primarius, alius secundarius. 3. Alius proximus, alius remotus. 4. Alius subordinatus, alius ultimus. Quae omnia exemplo supra posito facile demonstratur. Itaque confectio itineris in Albanum habet pro fine *cuius* laxare animum, ducere spiritum puriorem, id enim est cuius consequendi gratia iter instituo; pro fine uero *cui*, habet me ipsum, [237] cui tandem et animum curis uacuum et conseruatam sani\tatem opto. Item habet pro fine primario, proximo, subordinato, tranquillitatem animi liberi negotiis, haustum aeris purioris; pro fine uero secundario, remoto et ultimo, sanitatem uel recuperandam, uel conseruandam; haec enim tandem est cuius gratia illa mihi paro. Verum cum sanitas corporis ad alium finem dirigi possit, nempe ut facilius in rem familiarem, uel in litteras incumbam, uel in aliud, hae rursum alterius gratia optari possint, nempe ut honores, ut diuitias mihi parem; hae denuo ad alium finem, nempe uel ut coniunctis, uel amicis, uel pauperibus prosim ceteraque, propterea nihil in rebus creatis, si diligenter consideratur, pro fine ultimo generatim haberi potest, sed tantum quod ad certas leges. Solus Deus clare cognitus in caelo est finis ultimus, qui ad nullum alium refertur, per se amatur, in eoque quiescimus.

Est praeterea alia diuisio finis. Alius dicitur "finis artis", alius "finis artificis". Artis est id quod ars sibi proponit faciendum, uerbi gratia finis Logicae est tradere regulas accommodatas ad inueniendum uerum non modo in omnibus disciplinis, sed etiam in omni uitae parte. Finis rhetoricae artis est regulas exponere, quae omnino ad persuadendum accommodate sint[160]. Quod

---

[160] Sunt qui dicant finem Logicae esse inuenire uerum, Rhetoricae uero audientem persuadere. Si hoc significare uolunt, finem proximum esse accommodate ad inueniendum uerum, accommodate ad persuadendum, remotum uero inuenire uerum et persuadere (quo sensu et nos in *Logica* usurpauimus) recte loquuntur; si secus intelligunt, omnino praue. Vtraque enim

lógico e do orador, enquanto praticantes da sua arte. No entanto, se por vezes o lógico não descobrir a verdade e o orador não persuadir os ouvintes, isso não deve imputar-se a um defeito da arte, mas do artista, por ele não ter sido capaz de adequar rectamente as regras a cada caso. Quanto à finalidade do artista, consiste naquilo que ele se propõe obter independentemente da arte, por exemplo, dedicar-se à lógica ou à oratória para adquirir uma abastança excessiva, para induzir os outros em erro ou para sublevar as multidões na sociedade civil. Estes não são os propósitos da arte, mas comportamentos que procedem do espírito perverso do artista.

II

[239] Como referi anteriormente, a causa exemplar é aquilo que o artista se propõe imitar. Por exemplo, um escultor que se proponha imitar a pessoa do papa para esculpir uma estátua de mármore – como aquelas que se observam em diversos lugares nos monumentos e noutros lugares públicos de Roma, onde podemos observar estátuas de varões muito ilustres – tem como finalidade realizar uma estátua de mármore, sendo o modelo o próprio papa, cuja figura o escultor se propõe representar. Denomina-se essa figura "modelo exterior", e a ideia do modelo exterior concebida pela mente chama-se "modelo interior".

Pela simples audição das palavras por quem conhecer a língua, pode entender-se sem nenhuma dificuldade o que afirmei até ao momento sobre a causa final e a causa exemplar. Não posso, por isso, deixar de espantar-me com aqueles que ostentam com arrogância uma erudição requintada e uma filosofia abstrusa, coisas que parecem referir-se mais à gramática que à filosofia. Pela minha parte, aludi ao que parecia necessário para compreender com maior facilidade a linguagem dos

---

mediata reside na descoberta da verdade e na persuasão (foi neste sentido que me servi daquelas palavras na *Logica*), exprimem-se rectamente, mas, se entendem o assunto de modo diferente, exprimem-se de forma totalmente inadequada. Ensinam ambas as disciplinas as regras que são ajustadas para obter essa finalidade. Por conseguinte, é próprio do homem servir-se convenientemente, em qualquer disciplina a que se dedica, das regras da Lógica para investigar a verdade, sendo, por isso, próprio de cada uma das disciplinas descobrir a verdade. Do mesmo modo, é próprio da Retórica estabelecer regras para persuadir. E persuadir é a finalidade do orador ou de qualquer pessoa que se arrogue a função de orador; contudo, se esta não persuadir, não deve considerar-se imediatamente um mau orador, contanto que se exprima de modo adequado. No entanto, não será totalmente um bom orador. Na verdade, além do conhecimento das regras, exige-se ao orador boa voz, bons pulmões, veemência, certa gravidade, amenidade de dicção, facécias apropriadas a um espírito sincero e muitas outras qualidades pelas quais muitos daqueles que as possuírem, embora medíocres de doutrina, virão a tornar-se bons oradores; mas quem estiver desprovido dessas qualidades, ainda que instruído na doutrina, dificilmente poderá ser incluído entre os oradores medíocres. O foro e a Igreja exigem oradores perspicazes, veementes, inflamados e com voz clara e sonora (Ler em Cícero *De claris oratoribus*, que esclarece este assunto, como é seu hábito, de modo extenso, com erudição e diligência).

dico de arte, dico [238] etiam de logico et rhetore, ut artis suae executores sunt. Quod uero logicus interdum uerum non inueniat, quod rhetor non persuadeat auditorem, non arti uitio dandum est, sed artifici, qui leges ad singulos casus recte flectere nescit. Finis artificis est quidquid ipse praeter artem sibi consequendum proponit, ueluti si Logicae arti, si Oratoriae aliquis det operam, ut diuitias inmodicas sibi paret, ut alios decipiat, ut turbas in republica moueat; haec non arti proposita sunt, sed ab animo prauo artificis proficiscuntur.

II

[239] Exemplar autem, ut ante diximus, est id quod artifex sibi proponit imitandum, exempli gratia sculptor, qui marmorea statua Petrum ex uero imitandum proponit, ut hic Romae passim uidemus in monumentis et aliis publicis locis, ubi statuas uiris inlustribus positas uidemus; habet pro fine statuam marmoream condere, pro exemplari Petrum ipsum, quem ad effigiem ueri exprimere cupit. Et hoc dicitur "exemplar externum". Idea uero, quam mente concipio externi exempli, dicitur exemplar internum.

Sed haec, quae de fine et exemplari diximus hucusque, uel auditis uocabulis ab eo, qui linguam intelligat, sine ullo labore percipi possunt. Vt mirari satis non possim eos, qui haec nobis pro exquisita eruditione, pro Philosophia recondita insolenter uenditant, quae ad Grammaticam potius quam ad Philosophiam pertinere uidentur. Nos ea, quae necessaria uidebantur ut philosophorum sermonem facilius intelligeremus, tetigimus; cetera iis relinquimus disputanda qui res subtiles et quae nullo modo intelligi, nulli disciplinae opitulari possunt, delicias suas uocant easque pro bona Philosophia habent. Physicas uero disputationes et theologicas, quas

---

regulas tradit, quae ad id consequendum idoneae sint. Veruntamen hominis est in qualibet disciplina, quam colit, regulis Logicae apte uti ad explorandum uerum. Ideoque inuenire uerum est proprium uniuscuiusque disciplinae. Item dare regulas ad persuadendum est proprium Rhetoricae; persuadere autem est finis oratoris, uel cuiuscumque hominis, qui oratoris partes sibi sumit, qui tamen si non persuadeat, non illico habendus est malus orator, modo apposite ad persuadendum dicat, sed non omnino bonus. Nam praeter scientiam regularum, requiritur in oratore et uox, et latera, et uehementia et dignitas quaedam et lepos et facetiae ingenuo dignae et alia multa quae, qui habuere, plurimi, etsi doctrina mediocres, in bonis oratoribus habiti fuere; qui uero caruere, ut ut doctrina exculti, uix inter mediocres potuere referri. Acrem enim oratorem et uehementem et incensum et canorum Forum, Ecclesia, concursus hominum requirit. Legite Ciceronem *De Claris Oratoribus*, qui haec fuse et erudite et accurate de more inlustrat.

filósofos; quanto ao resto, reservo-o para aqueles que discorrem sobre assuntos subtis, impossíveis de entender, que não podem prestar auxílio a nenhuma disciplina e que estimulam a sua afectação, a qual eles consideram boa filosofia. Quanto às discussões de natureza física e teológica que alguns acrescentam a propósito desta matéria, passo-as em silêncio por serem alheias a esta disciplina, reservando-me para discorrer sobre elas nos respectivos lugares.

[240] CAPÍTULO XVII

A ordem e a relação entre todas as disciplinas a que pode aplicar-se a Ontologia

Até agora, caríssimos jovens, apresentei as doutrinas essenciais da Ontologia, que vos ensinam não apenas o modo como podeis discorrer rectamente sobre cada uma das disciplinas, mas também vos aconselham sobre o que deveis evitar para poderdes alcançar com proveito essa finalidade, que eu considero o objecto principal da ciência. Irei agora, a modo de apêndice, acrescentar algumas considerações com base nas quais possais entender como é extenso o uso da Ontologia e quantas disciplinas ela encerra para que ao aplicardes o espírito a qualquer delas não as abordeis em estado de total ignorância e desprovidos da compreensão dos assuntos de que é necessário ter conhecimentos. Com esta deliberação, pensei poderem entender com clareza como ajuízam com inépcia aqueles que depreciam estes estudos, como se eles fossem inúteis, e se persuadem de constituir a Ontologia a última parte da filosofia. Regresso, porém, ao assunto.

Toda a disciplina digna de uma pessoa instruída, como convém a um homem livre, ou é natural ou artificial.

I A disciplina natural é aquela que examina e investiga as produções da natureza, sendo adquirida quer através dos sentidos, quer através da razão. A adquirida através dos sentidos e que indaga sobre as coisas exteriores chama-se "Filosofia Natural" ou "História Natural", que se divide em seis partes: a Meteorologia ou a história dos fenómenos celestes; a Hidrologia ou o estudo das águas; a Mineralogia ou o estudo dos minerais; a Fitologia ou o estudo das plantas; a Zoologia ou o estudo dos animais; a Psicologia Empírica ou o estudo dos estados do espírito humano. Quanto à disciplina cujo modelo é a razão, dedica-se a investigar as actividades intrínsecas dos seres criados, [241] comparando umas com as outras. Ela inclui diversas espécies, segundo a diversidade dos assuntos. Uma delas ocupa-se das actividades e das propriedades dos seres criados – denominando-se "Física" –, a qual, se examinar os corpos, costuma chamar-se "Física dos Corpos"; e, se examinar o espírito humano, costuma denominar-se "Física dos Espíritos" ou "Psicologia Racional". Uma outra espécie considera a quantidade dos corpos em geral – tendo esta o nome de "Matemática Simples" –, que por sua vez possui diversas denominações, consoante as diferentes quantidades: a que estuda a quantidade divisa chama-se "Aritmética",

hic non nulli addunt, tamquam ab hac disciplina alienas praetermittimus suisque locis disputandas reseruamus.

[240] CAPVT XVII

De disciplinarum omnium, quibus Ontologia inseruire potest, ordine atque nexu

Hactenus, adolescentes, praecipua Ontologiae decreta tradidimus, quae non modo uos doceant qua ratione singulas disciplinas recte tractare queatis, uerum etiam commonefaciant quid uitare debeatis, ut id ipsum cum operae pretio efficere possitis, quod ego in praecipua parte scientiae habendum puto. Nunc pauca ueluti appendiculam adiungam, ex quibus intelligatis, quam late pateat usus Ontologiae, quotque disciplinas complectatur, ut, ad quamcumque earum animum adiungatis, non omnino ieiuni et rerum, quae necessariae sunt, expertes et inopes accedatis. Quod eo consilio faciendum existimaui, ut ii, qui haec studia ueluti inutilia contemnunt atque intra limites Philosophiae Ontologiam consistere sibi persuadent, plane intelligant quam inepte iudicent; sed ad rem uenio.

Disciplina omnis homine liberaliter educato digna, uel est naturalis, uel artificialis.

I. Naturalis est quae res a natura conditas percenset et perscrutatur. Haec uel sensibus, uel ratione, comparatur. Quae sensibus comparatur et res externas explorat uocatur "Physiologia", seu "Historia Naturalis", quae in sex partes diuiditur: Meteorologiam, seu historiam phaenomenorum caelestium; Hydrologiam, seu de aquis; Minerologiam, seu de mineralibus; Phytologiam, seu de stirpibus; Zoologiam, seu de animantibus; Psychologiam Empiricam, seu de adfectibus hominis. Quae uero rationem sequitur, in explorandis uiribus internis rerum creatarum, [241] earumque comparatione cum aliis occupatur. Haec uaria est pro uarietate argumentorum. Altera uires et facultates rerum creatarum persequitur et uocatur "Physica"; quae si de corpore agit, "Physica Corporum", si de spiritu humano, "Physica Spirituum", seu "Psychologia Rationalis" uocari posset. Altera magnitudinem ipsam corporum generatim considerat; haec est "Mathematica Simplex", quae rursum pro uaria differentia magnitudinis, diuersa nomina habet. Nam quae considerat magnitudinem diuersam uocatur "Arithmetica", cuius duae sunt partes: Analytica et Algebra. Quae uero considerat magnitudinem continuam uocatur "Geometria", cuius

cujas partes são a Analítica e a Álgebra; a que examina a quantidade contínua denomina-se "Geometria", cujas partes são a Trigonometria, a Cónica e a Esférica. Uma terceira espécie investiga a relação do homem com a sua felicidade, contendo igualmente duas espécies: uma delas estuda a felicidade natural do homem – sendo esta a Ética ou a Religião Natural –, da qual dimana a Jurisprudência, tanto civil como política. A primeira é apenas a aplicação dos preceitos da Ética em função da utilidade do Estado; e a segunda, da utilidade dos cidadãos. A outra espécie considera a felicidade suprema do homem – sendo esta a Teologia Revelada –, na qual se origina a Jurisprudência Pontifícia – que explica a sua doutrina –, que a Igreja Católica julgou ser útil para a obtenção da nossa felicidade, tanto temporal como eterna.

II. A disciplina artificial é aquela que aplica a várias espécies de objectos as noções adquiridas pela luz natural da razão para mais facilmente conhecer as suas propriedades e as suas causas. Ela investiga, por outro lado, tanto um objecto intrínseco como extrínseco ao ser humano. No primeiro caso, ela explora as capacidades e as operações da mente, estabelecendo como devem aplicar-se à investigação da verdade. Esta denomina-se "Lógica Artificial", da qual procede a Ontologia, [242] que é a aplicação das regras lógicas às matérias comuns a todas as disciplinas. A que se dedica a um objecto extrínseco ou investiga as próprias coisas – sendo esta a ciência do "real" – ou trata dos signos dos objectos, denominando-se "Estudo dos Símbolos". A ciência do "real" ou examina as propriedades mais recônditas dos corpos, servindo-se do fogo ou do mênstruo – como costuma dizer-se –, chamando-se "Alquimia", da qual procede a Magia Natural; ou investiga as diferentes quantidades dos corpos segundo as regras da Matemática Simples, resultando neste caso diversas denominações, consoante a diversidade de natureza dos corpos. Assim, aplicando-a ao movimento dos corpos, a disciplina artificial chama-se "Mecânica", que é certamente a parte mais útil da Matemática, que se divide em diversas partes. Se ela investigar a razão por que podem mover-se muito facilmente os corpos pesados por meio de máquinas, chama-se "Mecânica" no sentido estrito; se, porém, pesquisar a causa da queda dos corpos, quer espontânea, quer por impulso, denomina-se "Estática". Se a aplicarmos ao movimento dos fluidos e investigarmos o modo e a razão por que estes são pesados e caem, e de que forma os corpos pesados neles imergem, chama-se "Hidrostática". E, se for referida ao movimento do ar, indagando por que motivo este pode mover-se por meio de máquinas de modo a produzir diversos sons, denomina-se "Pneumática. E, se a aplicarmos a diferentes usos do fogo, chama-se "Pirotecnia", da qual resultam nos nossos dias a Arte Militar e a Arquitectura Militar. Também se origina na Mecânica a Arquitectura Civil, pois sem ela não poderia de modo algum existir, tal como sem a Geometria.

Se referirmos os princípios da Matemática à medição dos sons e investigarmos o valor e a relação dos sons entre si, origina-se a Música. Se aplicarmos os elementos da Matemática à investigação da intensidade e da propagação dos raios luminosos, origina-se a Óptica, que consta de três partes: a Perspectiva, que estuda o movimento

sunt partes Trigonometria, Conica, Sphaerica. Tertiam relationem hominis ad suam felicitatem perquirit, quae duplex itidem est; nam uel considerat felicitatem hominis naturalem, et ea Ethica est, seu naturalis religio, ex qua profluit Iurisprudentia tum Politica, tum Ciuilis, quarum prima nihil aliud est quam applicatio praeceptorum Ethices ad utilitatem reipublicae, altera ad utilitatem singulorum ciuium; uel considerat felicitatem hominis supernam et en Theologia Reuelata, ex qua Pontificia Iurisprudentia itidem emanat, quae disciplinam exponit, quam Catholica ecclesia ad felicitatem nostram tum temporariam, tum aeternam consequendam utilem esse iudicauit.

II. Artificialis autem disciplina est quae notiones naturae lumine adquisitas ad uaria genera rerum physicarum applicat, quo facilius earumdem proprietates et caussas cognoscat. Haec rursum uel argumentum homini internum persequitur, uel externum. Prima est quae mentis uires et operationes explorat, quoque modo aptari debeant ad uerum inuestigandum constituit. Haec uocatur "Logica Artificialis", ex qua emanat Ontologia, quae [242] est applicatio legum Logicae ad argumenta omnium disciplinarum communia. Quae argumento externo occupatur, uel res ipsas persequitur, quae "realis", uel signa rerum, quae "symbolica" nuncupatur. "Realis" uel proprietates abstrusiores corporum ignis, aut menstruorum, ut uocant, praesidio examinat: haec uocatur "Chemia", ex qua nascitur "Magia Naturalis"; uel differentiam quantitatis corporum ex mathematicae simplicis praeceptis explorat et haec pro uaria natura corporum alia et alia nomina inuenit. Hinc si ad motum corporum applicatur, uocatur "Mechanica", secundissima ea quidem Mathematicae pars et quae in plures partes diuiditur. Nam si perquirit qua ratione corpora dura machinarum ope facillime moueri possint, uocatur "Mechanica" stricte accepta. Sin qua ratione corpora uel sponte, uel inpulsa decidant, uocatur "Statica". Sin ad fluidorum motum eam dirigimus et inuestigamus quo modo et ratione grauent et decidant quoque modo corpora dura in ipsa fluida inmergantur, uocatur "Hydrostatica". Sin ad motum aeris refertur et exquirit qua ratione aer machinarum adiumento moueri possit, ita ut alios et alios sonos faciat, uocatur "Pneumatica". Sin ad uarium usum ignis referimus, "Pyrotechnia" nuncupatur, ex qua Ars Militaris et Architectura Militaris hoc tempore natae sunt. Ex Mechanica etiam oritur Architectura Ciuilis, quae sine Geometria et Mechanica omnino esse non potest.

Iam si eadem Mathematicae principia ad dimentiendos sono referimus et exploramus quam rationem et proportionem soni habeant inter se, nascitur Musica. Sin Mathematicae elementa applicamus ad explorandum uim et motum radiorum lucis, exsistit Optica, cuius tres sunt parte: Perspectiua,

dos raios luminosos projectando-se sobre os objectos [243] opacos; a Catóptrica, que estuda o movimento dos raios luminosos reflectidos por um espelho ou por um corpo liso; a Dióptrica, que investiga o movimento dos raios luminosos ao atravessarem um corpo diáfano de configurações diferentes. Da Óptica deriva a Pintura, a qual costuma representar as imagens segundo os seus princípios.

A aplicação dos princípios da Matemática à explicação do movimento dos astros e dos respectivos fenómenos, chama-se "Astronomia", de que derivam outras disciplinas: a Gnomónica, que explica o modo de construir relógios de Sol; a Cronologia, que informa sobre os períodos do movimento dos astros e dos seus eclipses; a Geografia, que, com base nos mesmos princípios dá a conhecer a disposição ordenada dos lugares à superfície do globo terrestre; a Hidrografia, que investiga a disposição dos litorais, das ilhas, dos recifes, etc., bem como a extensão dos oceanos, a sua forma e profundidade, originando-se nela a Arte da Navegar[161].

Além disso, se observarmos o corpo humano e outros seres vivos e demonstrarmos a função de cada uma das suas partes com o recurso aos princípios da Matemática, resulta uma disciplina denominada "Anatomia". Se, porém, investigarmos como se conservam saudáveis os animais e como podem recuperar a saúde os enfermos, origina-se outra disciplina que, se discorrer sobre o modo e a razão de conservar e recuperar a saúde, se chama "Medicina"; e, se discorrer sobre os meios com os quais isso se efectua, denomina-se "Farmácia". A primeira – [244] em virtude da diferença entre doenças internas e externas –, divide-se em Medicina no sentido estrito e em Cirurgia. A segunda disciplina consente também uma divisão. Por outro lado, elas costumam dividir-se em diversas partes em conformidade com as suas diferentes funções. Se discorrermos sobre a cultura das plantas e das árvores, resulta uma disciplina denominada "Agricultura"; tratando-se, porém, de flores e de frutos, é a Cultura das Hortas. Considerando, porém, a arte pela qual costumam caçar-se animais bravios, ela tem o nome de "Caça às Espécies Aladas", de "Caça aos Animais de Grande Porte" e de "Pesca"; tratando-se da arte pela qual os animais costumam ser domesticados, denomina-se "Guia para Ensinar Animais"; e a arte para a cura dos animais chama-se "Medicina Animal" ou "Medicina Veterinária", cujo conhecimento não é digno de um homem livre, de um dedicado chefe de família, de um príncipe e de um militar. Discorri até agora sobre o conhecimento de coisas "reais".

A ciência dos símbolos, que se ocupa do estudo dos símbolos ou signos das coisas, examina os signos articulados relativos às percepções do espírito, explicando a sua natureza, a sua diversidade e o seu uso em conformidade com os costumes de cada povo. Esta denomina-se "Gramática". Ela também discorre sobre os tropos e as figuras do discurso adequadas para persuadir, que incutem no ouvinte sentimentos

---

[161] Além dos princípios da Astronomia, a Cronologia e a Geografia estudam a história dos tempos e dos lugares. Ainda que os cronólogos e os geógrafos vulgares não demonstrem os seus princípios, considerando-os apenas como certos, dedicam-se também à História. E a Arte de Navegar compreende a Astronomia, além da Hidrografia ou história dos mares.

quae considerat motum lucis incurrentis in obiecta [243] opaca, Catoptrica, quae motum lucis reflexae ab speculo, uel corpore polito aliquo, Dioptrica, quae motum lucis exponit progredientis per corpus diaphanum diuersarum figurarum. Ex Optica profluit Pictura, quae secundum illius leges imagines exprimere solet.

Quod si Mathematicae elementa dirigimus ad explicandum motum astrorum eorumque phaenomena, uocatur "Astronomia", ex qua disciplinae aliae proficiscuntur: Gnomonica, quae rationem condendi solaria exponit; Chronologia, quae ex motu astrorum eorumque eclipsibus temporum seriem demonstrat, Geographia, quae ex iisdem principiis certum situm locorum in superficie orbis terrae ostendit, Hydrographia, quae litorum, et insularum, et scopulorum ceteraque rerum situm, marium amplitudinem, et figuram, et profunditatem perscrutatur, ex qua Ars nauigandi exsistit[161].

Iam uero si fabricam hominis aliorumque uiuentium contemplamur, usumque singularum partium ex Mathematicae legibus demonstramus, uocatur "Anatomia". Sin qua ratione animantia sana seruari, aegrota sanitatem recuperare possint, inuestigamus, altera nascitur disciplina, quae si de modo et ratione sanitatem uel conseruandi, uel recuperandi disputat, "Medicina" uocatur; si de adiumentis, quibus id efficitur, "Pharmacia". Harum prima pro [244] uarietate morborum internorum et externorum diuiditur in Medicinam stricte acceptam et Chirurgiam, itemque secunda, immo et in alias partes pro uario munere utriusque diuidi solet. Quod si de cultu stirpium et arborum disseritur, "Agricultura" nominatur; si de floribus et fructibus, de Cultu hortorum. Sin demum de arte, qua bestiae capi solent, tractat, "Aucupium", "Venatio", "Piscatio" appellatur; si de arte, qua cicurari solent, inscribitur de Regendis et moderandis belluis, si "de arte eas medendi", de "Medicina Animalium", seu de "Medicina Veterinaria", quarum notitia ingenuo homine ac sedulo patrefamilias, duce, milite indigna non est. Hactenus de notitia "reali".

Symbolica uero, quae symbola, seu rerum signa, persequitur, uel signa articulata perceptionum animi considerat, eorumque naturam, uarietatem, usum ex consuetudine uniuscuiusque populi definit et haec uocatur "Grammatica", uel tropos et figuras orationis, quae ad persuadendum accommodatae sunt, id est, quae similes adfectus animi in dicente accusant, similes in auditore

---

[161] Chronologia et Geographia, praeter Astronomiae principia, addunt etiam historiam tum temporum, tum locorum. Tametsi chronologi et geographi uulgares eiusmodi principia non demonstrent, sed ueluti certa ponant, et historia occupentur tantum. Ars uero nauigandi, praeter Hydrographiam, seu historiam marium, complectitur Astronomiam.

semelhantes aos que se manifestam no orador, denominando-se neste caso "Retórica". Ela estuda igualmente as ficções engenhosas num discurso coerente, por meio do qual são despertados no espírito sentimentos de arrebatamento, de exaltação e de deleite, tendo nesta circunstância o nome de "Poesia". Discorri até ao momento sobre a divisão e a natureza das disciplinas.

Se eu disser que entre as disciplinas mencionadas há lugar para a Ontologia, pode provavelmente parecer aos filósofos modernos mais ilustrados que a elogio em demasia, mas o que afirmo é verdadeiro. Com efeito, se esses filósofos quiserem relembrar aquilo sobre que discorri no livro anterior, espero ter a sua aprovação. E ainda que esse livro possa parecer destituído de utilidade para certas pessoas instruídas que avaliam os outros segundo os seus princípios, julgo, no entanto, que ele não deve ser totalmente menosprezado, se considerarem [245] não se destinar apenas aos jovens – a quem, penso eu, é necessário incutir as doutrinas repetindo-as muitas vezes, como a experiência ensina –, mas também a certos varões instruídos que não ponderam com rectidão o merecimento da Ontologia, quer porque a exaltam com demasiados louvores, quer porque a depreciam excessivamente.

No meu parecer, o âmbito da Ontologia é idêntico ao da arte lógica. E por eu haver demonstrado ser a Lógica de enorme utilidade para todas as disciplinas[162], infere-se poder a Ontologia ser muito útil para as mesmas disciplinas. Assim, como eu já havia escrito [163], a Ontologia é a aplicação das regras lógicas a quaisquer assuntos comuns a todas as disciplinas. Porém, esta questão fica mais clarificada com exemplos.

1. A Filosofia Natural ou História Natural reduz em primeiro lugar a certas classes todas as coisas sensíveis: a dos fenómenos atmosféricos, a das águas, a dos minerais, a das plantas e a dos animais, distinguindo cada uma delas pelas respectivas denominações; após isso, divide em partes em cada classe o seu objecto, dispondo as coisas de modo a investigar primeiramente as comuns à mesma espécie e em seguida as peculiares; serve-se também de termos universais que possam ser atribuídos a todos os indivíduos pertencentes à mesma espécie; e não se serve dos nomes com uma significação confusa, mas exacta e bem definida, de modo a poder um autor incutir com maior facilidade no espírito dos outros o que se propõe significar, não se exprimindo equivocamente; serve-se ainda com frequência das palavras "natureza", "essência", "atributo", "causa", "efeito", "perfeito", "imperfeito", "ordem", "belo", etc. Eis aqui os verdadeiros preceitos da Ontologia circunscritos ao seu uso. Portanto, também ela tem o seu lugar na história natural. Poderia porventura alguém afirmar: "Tudo isto provém das regras da Lógica, [246] mas não da Ontologia". Ridicularias! Dado ser a Ontologia a aplicação da Lógica às matérias comuns a todas as disciplinas, afirma-se com rectidão originar-se ela de forma mediata na Lógica, devendo também afirmar-se como sendo correcto proceder de modo imediato a Filosofia Natural da Ontologia.

---

[162] No meu *Apparatus* (primeira parte, liv. II, cap. 3).
[163] Ver *supra*, liv. II, cap. 5.

excitant et uocatur "Rhetorica". Vel fictionem aliquam ingeniosam ligata oratione persequitur, cuius ope animos demulceamus, erigamus, hilaremus et haec dicitur "Poesis". Et de disciplinarum diuisione ac natura hucusque.

Iam porro si in omnibus disciplinis quas memorauimus, Ontologiae locum esse dixero, nimis fortasse eam extollere uel recentioribus grauissimis uidebor, sed nihil non uere dicam. Quod si modo ea, quae superiori libro disputaui, in mentem reuocare uoluerint, me iis probaturum esse confido. Quod ipsum etiamsi doctis quibusdam inutile uideatur, qui ceteros modulo suo metiuntur, tamen non omnino reprobatum iri puto, si considerent, [245] non hic tantum cum adolescentibus rem esse, quibus rem saepius inculcare experientia edoctus necessarium esse arbitror, sed etiam cum uiris doctis quibusdam, qui, quod Ontologiam non recte perpenderint, uel eam nimis laudibus extollunt, uel nimis deprimunt.

Ego uero ita censeo, ubi locus est Logicae arti, ibi et Ontologiae locum esse. Cumque ostenderimus[162] Logicam in omnibus omnino disciplinis magnis usus esse, consequitur et Ontologiam iisdem disciplinis usui esse posse. Est enim, uti diximus[163], Ontologia applicatio legum Logicae ad quaedam argumenta communia disciplinarum omnium. Exemplis clarior res fiet.

1. Physiologia, seu historia naturae, primum res omnes sensiles in certas classes redigit, Meteorologiam, Aquarum, Mineralium, Plantarum, Animantium, quarum singulas suis nominibus distinguit. Deinde in singulis classibus argumentum suum diuidit in partes resque ita disponit, ut primum res commmunes omni speciei, tum peculiares quorumdam persequatur. Nomina etiam generalia adhibet, quae omnibus indiuiduis, quae ad eamdem speciem pertinent, tribui possunt. Nec uaga significatione, sed certa et definita eadem nomina usurpat, quo facilius id quod auctor significandum proposuit in aliorum animis excitet, nec ex ambiguo loquatur. Vtitur etiam frequenter uocabulis "natura", "essentia", "proprietas", "caussa", "effectus", "perfectus", "inperfectus", "ordo", "pulcrum", cetera. En germana Ontologiae praecepta ad usum redacta. Igitur et in Historia Naturali locum ea sibi facit. Dicet aliquis: "Haec omnia ex Logicae regulis [246] proficiscuntur, non ex Ontologia. Merae nugae. Nam cum Ontologia sit applicatio Logicae ad argumenta communia disciplinarum omnium, recte dicitur, ex Logica remote proficisci, itemque recte dicitur Physiologia ex Ontologia proxime proficisci.

---

[162] In *Apparatu* nostro p. I, lib. II, cap. 3.
[163] Supra lib. II, cap. 5.

2. O mesmo sucede com a Física, a Alquimia, a Anatomia, a Medicina, a Agricultura, a Cultura das Hortas, a Ética, a Jurisprudência Civil[164], a Teologia Natural, a Teologia Revelada, o Direito Pontifício e as outras disciplinas mencionadas, nas quais com maior razão tem validade o que referi acerca da Ontologia.

3. [247] E que mais ainda? É também evidente ter a Ontologia utilidade para a Matemática e para outras disciplinas que dela procedem. Alguns varões doutos, apaixonadamente dedicados às disciplinas matemáticas, fazem troça a respeito disto, persuadidos de nada ter em comum a sua matemática nem com a Lógica nem com a Ontologia; mas, se eles explicassem o assunto sem preconceitos, deveriam fazer troça da sua arrogância por terem a ousadia de duvidar de uma coisa dotada de tanta certeza e evidência.Com efeito, não apenas fazem uso com proveito dos princípios da Ontologia a Matemática a que eles chamam "Mista" – como a Óptica, a Mecânica, a Astronomia e outras disciplinas dela derivadas –, mas também a própria Geometria Elementar ou Matemática Simples. Por outro lado, visto que a Matemática Mista não se distingue da Física – que explica os fenómenos segundo os princípios da Geometria –, infere-se poder ela ser também auxiliada pela Ontologia, tal como a Física, como acima demonstrei.

Por idêntica razão, a Ontologia pode ainda aplicar-se à Geometria Elementar. Isto foi realizado por varões muito instruídos que – pondo de lado o antigo método com que Euclides expôs os seus *Elementos* – [248] a explicaram segundo uma ordem dotada de maior clareza; por exemplo, os varões doutos de Port-Royal, que no século passado procuraram fazer isso. Esse procedimento foi posteriormente aperfeiçoado por outros autores, como Bernard Lamy, nos *Elementos de Geometria*, por Eduardo Corsini, dos Clérigos Regulares das Escolas Pias e, omitindo outros, por um varão decerto muito ilustrado, o meu confrade Clairant, da Academia Real de Paris, o qual,

---

[164] Os antigos tiveram conhecimento de que a Jurisprudência sem a arte lógica é uma ciência amputada, confusa e muda, como declara Cícero ao aconselhar Sérvio Sulpício a superar muitíssimo na doutrina, no método e na celebridade os outros jurisconsultos, não apenas da sua época, mas também das épocas anteriores. "Que jamais – escreve Cícero – ele se dedicasse à ciência jurídica sem anteriormente aprender a arte que ensina a dividir o universal em partes, a explicar pela definição o confuso, a esclarecer o obscuro, interpretando-o, a examinar primeiramente o ambíguo e depois a distingui-lo, e, por último, a estabelecer regras para ajuizar sobre a verdade e a falsidade, por meio das quais fossem propostas coisas que não aparecessem na conclusão. Aqui ele afirmaria ser esta a maior de todas as artes, como uma luz que esclarece o que pelos outros é asseverado e examinado confusamente. ´Parece-me que estás discorrendo sobre a Dialéctica´, afirma ele. ´Entendeste muito bem´, seria a minha resposta" (Cícero, *Brutus*, cap. 41). Se ponderarmos rectamente este assunto, percebemos com clareza pelas referidas palavras serem exaltadas a Lógica e a Ontologia como disciplinas necessárias. Porém, o que não expuseram rectamente Cícero e os outros antigos, que pouco se ocuparam do método do ensino das disciplinas, foi estabelecido pelos modernos no seu esplendor, dando a conhecer não poderem entender-se nem explicar-se com rectidão sem ambas aquelas disciplinas não apenas a Jurisprudência, mas também todas as outras disciplinas. É suficiente enaltecer um deles de que me recordo, o varão ilustríssimo Giambattista Vico, natural de Nápoles, que escreveu e preparou, com o recurso à Metafísica, à História e à Filologia, a notabilíssima obra *De universi iuris uno principio et fine uno*.

2. Similiter de Physica, de Chemia, de Anatome, de Medicina, de Agricultura, de Cultu hortorum, de Ethica, de Iurisprudentia Ciuili[164], de Theologia et Naturali et Reuelata, de Iure Pontificio ceterisque disputabimus, in quibus ea, quae diximus de Ontologia, potiori iure locum habent.

[247] 3. Quid? In ipsa etiam Mathematica ceterisque disciplinis, quae ex ea proficiscuntur, Ontologiam locum sibi facere perspicuum est. Rident haec aliqui uiri docti, Mathematicis disciplinis uehementer dediti, qui sibi persuadent Mathematicam suam nihil cum Logica, nihil cum Ontologia habere commune. Sed si argumentum sine ulla anticipatione expenderent, ipsi se suamque arrogantiam deriderent, qui rem tam certam tamque perspicuam in dubium uocare ausi sint. Nam non modo Mathematica illa, quam mixtam uocant, ut Optica, ut Mechanice, ut Astronomia, ut cetera, quae ex istis oriuntur, sed ipsamet Geometria Elementaris, seu Mathematica Simplex Ontologiae regulis utitur non sine operae pretio. Et quidem cum Mathematica "Mixta" nihil[(52)] sit, quam physica disciplina, quae phaenomenorum, quae occurrunt, rationem ex Geometriae legibus ostendit; consequitur eidem etiam, ut Physicae, Ontologiam opitulari posse, uti supra demonstrauimus.

Sed eadem ratione efficitur Geometriae Elementari itidem inseruire posse. Id satis conficiunt uiri doctissimi, qui Geometriam, relicta ueteri methodo, qua *Elementa* sua Euclides adornauit, clariori [248] ordine exposuerunt, ueluti Portus Regii uiri docti, qui superiori saeculo haec tentarunt, quam postea alii perfecerunt, ut Bernardus Lamius, in *Elementis Geometriae*, Eduardus Corsinius e Clericis Regularibus Scholarum Piarum et, ut alios praetermittam, uir sane Clairaut, qui mea sententia palmam ceteris praeripuit, Clairautius Academiae Regiae Parisiensis sodalis, qui *Elementa Geometrica* ita disposuit,

---

[164] Quam manca et inpedita, immo et elinguis sit Iurisprudentia sine arte Logica, cognitum ueteribus fuit, idque declarat Cícero, dum Seruium Sulpicium inducit ceteros Iuris consultos non eiusdem modo aetatis, sed earum etiam quae praecessissent, longissime doctrina et methodo et gloria superantem. "Quod numquam", inquit Cicero, "effecisset ipsius Iuris scientia, nisi eam praeterea didicisset artem, quae doceret rem uniuersam tribuere in partes, latentem explicare definiendo, obscuram explanare interpretando, ambiguam primum uidere, deinde distinguere, postremo habere regulam, quae uera et falsa iudicarentur, et quae quibus propositis essent, quae non essent consequentia. Hic enim adtulit hanc artem omnium artium maximam quasi lucem ad ea, quae confuse ab aliis aut respondebantur, aut agebantur. 'Dialecticam mihi uideris dicere', inquit. 'Recte', inquam, 'intelligis'." (Cicero in *Bruto*, cap. 41). Quae si nos recte expenderimus, clare intelligemus iis uerbis et Logicam et Ontologiam ueluti necessariam praedicari. Sed quod Cicero aliique ueteres, qui in tradenda methodo disciplinarum parum uidebant, haud recte explicarunt, id recentiores in suo lumine posuerunt ostenderuntque, sine utraque illa disciplina non Iurisprudentiam modo, sed nec ullas disciplinas recte intelligi et explanari posse. Vel unum laudare satis sit nostra memoria uirum clarissimum Joannem Baptistam Vicum, Neapolitanum hominem, qui Metaphysicae adiumento ex Historia ac Philologia deduxit et adornauit elegantissimum librum, *De Vniuersi Iuris uno principio et fine uno*.

---

(52) nihil] nihil aliud *R*

na minha opinião, leva a palma a todos os demais, tendo publicado uns *Elementos de Geometria* em que discorre com brevidade e clareza não apenas sobre as linhas, as figuras planas e os sólidos, mas também sobre as suas medidas e as suas relações, pondo de lado inúmeras questões inúteis que abundam nos *Elementos* de Euclides; e o que é mais digno de espanto é o facto de ele não propor nenhum teorema, esclarecendo todos os problemas, nos quais, apresentada a solução, se origina o teorema, que deste modo se entende muito mais facilmente, estimulando, assim, os principiantes a pensar e a resolver os problemas com maior proveito[165]. E, tendo isto em consideração, ele também procede da mesma forma na sua *Álgebra*[166]. Haverá alguém que não se aperceba neste caso dos preceitos mais evidentes da Ontologia, quer na apresentação dos problemas, quer na sua solução, quer no uso dos termos universais?

Há, todavia, pessoas que afirmam estar a Geometria circunscrita às suas regras, não admitindo nenhum auxílio da arte lógica. Mas eu declaro comportarem-se elas de tal modo que não entendem qual seja a significação subjacente à palavra "lógica". Com efeito, se elas se propõem significar com essa palavra um acervo de disputas inúteis transmitidas pelos escolásticos – como a mim me parece –, reconheço não ser apropriada a Lógica não apenas para a Geometria, mas também para qualquer disciplina [249] que possua alguma utilidade; e, se por aquela palavra elas não entendem a recta razão aperfeiçoada pela reflexão e capaz de alcançar a verdade, comportam-se como inábeis no mais alto grau[167]. Com efeito, quem é capaz de pensar e demonstrar o mais fácil dos teoremas geométricos, se não for instruído pela recta razão?

Dir-se-á não se servirem os geómetras da arte silogística para a descoberta da verdade. O que é que isto manifesta? Que eles não se servem decerto do aparato inábil dos modos e das figuras, embora se sirvam realmente de silogismos e de entimemas. Wolff ridiculariza com razão todos aqueles que, tendo-se dedicado aos estudos matemáticos, declaram ocorrerem muitos silogismos em qualquer demonstração geométrica, nos quais algumas proposições são expressas por palavras e outras substituídas pelas próprias figuras[168].

Que dizer de Sócrates e de Platão, que apresentaram habilmente muitas regras lógicas? E de Aristóteles? E de Zenão? E outros que coligiram e ordenaram regras lógicas porventura não recorreram à lógica natural ou à recta razão? De que modo teriam eles descoberto os princípios certos, dos quais pudessem deduzir rectamente certas consequências e estabelecer serem verdadeiras umas regras e outras não, se

---

[165] *Éléments de Géométrie par Mons. Clairant de l'Académie Royale des Sciences*, etc., Paris, 1741.

[166] *Éléments d'Algèbre par Mons. Clairant*, etc., Paris, 1746.

[167] Cf. a definição da Lógica por mim apresentada: "A Lógica é a disciplina que aperfeiçoa a mente na obtenção da verdade em todo o tempo e lugar" (*Logica*, liv. I, cap. 2).

[168] In *Logica vulgata*, cap. 4, §§ 21 e segs., p. 89.

ut non solum de lineis, de figuris planis et solidis earumque mensura et comparatione inter se breuiter et clare disputet, detractis inutilibus pluribus, quibus abundant Euclidis *Elementa*; uerum etiam, quod magis mirabile est, nullum theorema proponat, sed omnia problematis expediat. Quorum solutionem cum adhibet, nascitur theorema, quod ipsum et multo facilius intelligitur et tironem in excogitandis et soluendis problematis magno cum operae pretio exercet[165]. Quod idem habita ratione argumenti etiam in *Algebra* fecit[166]. Quis hic non uidet inlustriora Ontologiae praecepta tum in disponendis problematis, tum in dandis solutionibus, tum in nominibus generalibus adhibendis?

At enim, sunt qui dicant Geometriam suis legibus esse contentam, nihil auxilii a Logica arte accipere. Fateor, sed hi eiusmodi sunt, qui, quae uis nomini "logica" subiiciatur, non intelligant. Nam si nomine *Logica* designant congeriem illam disputationum inutilium, quae ab scholasticis tradebatur, ut mihi quidem uidentur, fateor non modo ad Geometriam, sed ad ullam disciplinam, quae [249] aliquid utilitatis habeat, non esse accommodatam. Sin uocabulo *Logica* intelligunt rectam rationem eamque meditatione expolitam et aptam ad inueniendum uerum, tam inepti sunt, quam qui maxime[167]. Quis enim sine ratione recte subacta uel facillimum quodque theorema geometricum excogitare potest et demonstrare?

At enim non utuntur geometrae arte syllogistica ad uerum inueniendum. Quid refert? Non illi quidem utuntur apparatu illo inepto modorum et figurarum, reapse tamen syllogismis et enthymematis utuntur. Merito ut eos rideat Wolfius[168], uir si quis alius studiis mathematicis contritus, ostendens in qualibet demonstratione geometrica plures syllogismos occurrere, in quibus propositiones quaedam uerbis expressae sunt, quaedam figuris ipsis supplentur.

Quid? Socrates, quid? Plato, qui plurimas Logicae regulas scite adhibuerunt, quid? Aristoteles, quid? Zeno, quid? Alii, qui regulas Logicae collegerunt et ordine posuerunt, nonne logicae naturalis, seu rectae rationis, ope id fecerunt? Quo enim modo principia certa inuenirent, ex iisque recte concluderent et constituerent has leges bonas esse, illas non esse, nisi a Logica arte essent

---

[165] *Éléments de Géométrie* par M. Clairaut de l'Académie Royale des Sciences etc. A Paris, 1741.

[166] *Éléments d'Algèbre* par M. Clairaut etc. A Paris, 1746.

[167] Repete definitionem Logicae, quam dedimus: Disciplina quae mentem perpolit ut in omni loco et tempore uerum consequatur. *Logicae* lib. I, cap. 2.

[168] In *Logica* uulgata cap. 4, § 21 seqq., p. 89.

não estivessem habilitados com a arte lógica? Existia, portanto, uma lógica natural anterior à lógica artificial. E decerto com razão, pois a lógica artificial é apenas a reflexão sobre as regras que uma mente não inábil aplica por sua natureza à descoberta da verdade. E quando varões perspicazes [250] e exercitados tomaram consciência dessas regras, compilaram as que lhes pareciam úteis, omitindo as inúteis e as que induzissem em erro as pessoas não exercitadas em emitir juízos. Foi com base nessas reflexões que se instituiu a arte lógica, à qual se acrescentaram desde o tempo de Descartes tantas outras regras de todo necessárias para a investigação da verdade que, se alguém comparar a lógica actual com a antiga, considerá-la-á muito diferente[169]. Não foram, porém, os modernos que estabeleceram novas regras anteriormente desconhecidas; eles apenas coligiram e acrescentaram aos inventos antigos o que a prática de alguns manifestou ser adequado para a investigação da verdade. É por estas regras que é constituída a nova lógica.

Porventura – poderia alguém perguntar – ensinou Aristóteles os filósofos posteriores a construir silogismos e a deduzir rectamente? De modo nenhum. Com efeito, isso realizaram-no antes de Aristóteles não apenas Pitágoras, Empédocles, Demócrito e outros filósofos, pois todas as pessoas – homens, mulheres, camponeses e citadinos – com a condição de serem dotados de discernimento, adquiriram a capacidade de realizar essas coisas sem ninguém as instruir e sem reflectirem, dirigidas pela natureza já desde o princípio do mundo. Todas elas estavam munidas da recta razão, que não só manifesta o que é verdadeiro naquilo que devemos conhecer, mas também ensina a inferir rectamente e com ordem certas coisas com base noutras. Por isso, se a alguém sem instrução, por exemplo, a um agricultor, incumbíssemos de fazer um discurso escrito, exigindo uma análise minuciosa da cultura da terra, ficaríamos cheios de espanto, se nos apercebêssemos de que ele continha muitos silogismos e muitos entimemas. O lógico é, portanto, lógico por natureza, e é dirigido pela natureza quem constrói silogismos.

Portanto – poderia alguém perguntar –, o que traz de novo e qual a utilidade da arte lógica? Pretendeis saber? Ela explica, expõe e ordena os preceitos naturais que aplicamos habilmente e sem sermos ensinados na investigação da verdade, [251] de tal modo que aquilo que por vezes realizamos irreflectidamente o entendamos com ponderação e prudência, possibilitando também conhecer os erros que muitas vezes costumam ocorrer para podermos tomar precauções; e apenas isto. Portanto, quando os filósofos modernos afirmam poder o homem investigar a verdade sem a arte silogística pretendem dizer: "Sem o estudo da arte silogística que é ensinada nas escolas e que exige uma aprendizagem muito minuciosa dos modos, das figuras, etc., mas não sem a arte silogística natural, ou seja, sem a recta razão de que se servem em todas as circunstâncias da vida tanto as pessoas ilustradas como as ignorantes".

---

[169] Discorri sobre este assunto no livro primeiro da minha *Logica* (sobretudo nos capítulos sexto e sétimo), que pode ser consultada.

parati? Erat igitur logica aliqua Naturae ante logicam artificialem, et recte quidem, nam logica artificialis nihil aliud est quam animaduersio earum rerum, quas mens non inepta natura sua adhibet ad uerum inueniendum, quae cum uiri sagaces et exercitati [250] animaduerterent, collegerunt ea, quae utilia esse uidebantur, inutilia et errores, in quos homines non exercitati incurrunt in iudicando, praetermiserunt. Ex quibus animaduersionibus ars logica componitur, cui tot alia omnino necessaria ad uerum explorandum a Cartesii aetate addita fuere, ut qui hanc cum ueteri Logica comparet, aliam longe diuersam esse putet[169]. Neque uero recentiores hi leges nouas condiderunt, antea ne cognitas quidem, sed quae usus uni uel alteri homini ostenderat ad uerum inuestigandum esse idonea, collegerunt et ueteribus inuentis addiderunt, ex quibus noua haec logica componitur.

Nonne, inquiunt[(53)], Aristoteles philosophos, qui post fuerunt, docuit syllogismos facere et recte concludere? Nullus quidem; nam id ipsum ante Aristotelem non modo Pythagoras, Empedocles, Democritus ceterique philosophi fecerunt, sed omnes homines uiri, feminae, rustici, urbani, si modo mentis erant compotes, nemine docente, non meditati, sed natura duce iam inde ab exordio mundi facere consueuerunt. Omnes enim recta ratione erant praediti, quae et uerum in iis, quae cognoscere debemus, ostendit, et ex iis alia recte atque ordine inferre docet. Adeo ut si indocti, uerbi gratia agricolae, sermonem aliquem de cultu praediorum litteris mandaueris et analysim accuratam institueris, plures syllogismos, plura enthymemata continere non sine admiratione aliqua animaduertes. Natura igitur logicus est, natura duce syllogismos facit.

Quid ergo, inquiunt, noui adfert, quid efficit logica ars? Quaeris? Praecepta illa naturae, quae sine doctore feliciter adhibemus ad inueniendum [251] uerum, legit, explanat, ordine ponit, ut id ipsum, quod non meditati facimus interdum, meditati et prudentes intelligamus; tum errores, qui saepe euenire solent, indicat, ut eos caueamus, nihil amplius. Quare cum dicunt philosophi recentiores hominem "sine arte syllogistica uerum odorari posse, hoc dicere uolunt sine studio artis illius syllogisticae, quae in scholis traditur et modos, figuras ceteraque minutissime persequitur, non tamen sine arte illa syllogistica naturae, id est, sine recta ratione, quam in omni uitae parte tam docti quam

---

[169] De his in *Logica* nostra lib. I, praesertim cap. 6 et 7 disputauimus, quae consuli potest.

(53) inquiunt] quaerunt *R*

E esta arte é tão indissociável da natureza em virtude das razões que persuadem e inferem rectamente que não pode de modo algum divorciar-se delas.

4. Discorro agora sobre a Gramática, a Retórica e a Poesia, nas quais, como na Física e nas outras disciplinas, se evidencia o uso da Ontologia, e pela mesma razão. Por exemplo, a Gramática, ao considerar as palavras como expressão das nossas ideias, dispõe-as primeiramente em várias espécies, distinguindo-as com denominações específicas; expõe com exactidão a natureza de cada uma das palavras e o seu uso obrigatório e facultativo; estabelece-as ordenadamente, discorrendo em primeiro lugar sobre cada uma delas em separado, abordando seguidamente as suas relações ou a sua sintaxe, e, por último, os diferentes modos de escrevê-las e de pronunciá-las, isto é, a Ortografia e a Prosódia. Mas não apenas isto, pois um bom gramático deve interessar-se sobretudo por explicar o que é necessário, passando em silêncio o que não tem utilidade. E, ocorrendo algum tema mais abstruso e dificultoso, deve remetê-lo para a parte final, reservando-o para as pessoas mais provectas. É nisto que consiste uma boa Gramática, que não foi principalmente inventada para benefício dos mais abalizados, mas dos principiantes, aos quais causa aversão um grande número de regras, que a tornam inútil e mesmo um estorvo. A isso não prestou atenção a maior parte [252] dos autores que publicaram gramáticas que não podem ler-se sem estômago. O que é que neste caso não foi solicitado à mediação e à excelência da Ontologia? E que mais? Porventura a análise cuidadosa dos assuntos, a investigação da natureza e das propriedades das palavras, a sua classificação, o nexo das suas partes e a sua ordem, tendo em vista a finalidade proposta, não demonstram com suficiente clareza o uso da Ontologia?

Parece dever afirmar-se a mesma coisa da Retórica ou da arte de persuadir, ou seja, da arte de incutir nos ouvintes as paixões que pretendemos; e também da Poesia, que produz idênticos sentimentos por meio do verso, confundindo-se com certas narrativas fabulosas[170]. Ambas expõem com diligência a natureza do assunto; ambas, para procederem com maior clareza, dividem o assunto em partes, dispondo-as segundo o método sintético de modo a auxiliarem-se mutuamente; ambas investigam a natureza e as propriedades dessas partes; ambas definem cuidadosamente os respectivos vocábulos; ambas relacionam todas as questões, tendo em conta a finalidade proposta; ambas se propõem realizar o que é útil, não recusam o que é necessário, procedendo desse modo segundo a via mais breve. E o que é isto senão a Ontologia?

Dado ser necessária a recta razão em todas as disciplinas, é também imprescindível em todas elas a lógica natural. E como o conjunto dos preceitos naturais ou a

---

[170] Cícero chamou com muita clareza a atenção para este assunto, declarando muito expressamente: "Não podemos sem a disciplina filosófica (nós retóricos e oradores) reconhecer o género e a espécie de cada coisa, nem explicá-la pela definição, nem dividi-la em partes, nem ajuizar sobre a falsidade, nem conhecer as consequências, nem perceber o incompatível, nem distinguir o ambíguo" (Cícero, *Or.*, 4).

indocti adhibent", et quae singulis rationibus, quae persuadent et recte concludunt, natura tam inest, ut ab iis separari nullo modo possit.

4. Venio ad Grammaticam, Rhetoricam, Poeticam, in quibus, ut in Physica ceterisque disciplinis, Ontologiam usui esse, euidens est, idque ob eamdem rationem. Nam Grammatica uerbi gratia uoces idearum nostrarum imagines considerans, eas primum in uaria genera partitur, quae generalibus nominibus distinguit, tum uniuscuiusque uocis naturam ac usum et necessarium et liberum accurate persequitur, tum eas eo ordine disponit, ut primum de singulis seorsum disputet; deinde de eorum nexu, seu syntaxi, tractet, postremo de uario modo eas scribendi et proferendi, id est, de Ortographia et Prosodia. Nec id solum, sed etiam illud maxime bonus grammaticus curare debet, ut non nisi necessaria ponat, inutilia praetereat, quod si aliquid magis abstrusum et inplicatum occurrat, ad finem remittat prouectioribusque reseruet. Et haec bona quaeque Grammatica, idque eo potissimum nomine, quod non prouectiorum, sed tironum gratia inuenta est, quibus praeceptorum multitudo et nauseam creat, et inutilis, immo uero inpedimento est, quod non animaduertentes plerique [252] tales Grammaticas edunt, quae sine stomacho legi non possunt. Quid autem hic non e media et selecta Ontologia petitum est? Quid? Diligens illa analysis argumenti, illa inuestigatio naturae uocum ac proprietatum, illa distributio, ille nexus partium, ordo ille ad finem propositum, nonne satis clare Ontologiae usum demonstrant?

Idem de Rhetorica, seu arte persuadendi, id est, excitandi in iis, qui audiunt, adfectus animi quos uolumus; idem de Poesi, quae id ipsum uersibus facit, fabulis quibusdam admistis, dicendum esse uidetur[170]. Vtraque argumenti naturam diligenter persequitur; utraque ut clarius id faciat, argumentum diuidit in partes, easque disponit, quasi synthetico ordine, ita ut aliae aliis opitulentur; utraque partium naturam et proprietates explorat. Vtraque uocabula sua accurate definit; utraque disputationes omnes refert ad finem, quem sibi posuit; utraque utilia persequitur, non necessaria declinat, quaque potest breuiori uia id facit. Quid autem est, si non haec Ontologia est?

Quare cum recta ratio in omni disciplina sit necessaria, in omni et logica Naturae est necessaria cumque collectio praeceptorum naturae, seu logica

---

[170] Praeclare Cicero haec animaduertit et apertissime falsus est. "Nec uero, inquit, sine philosophorum disciplina, genus et speciem cuiusque rei cernere, neque eam definiendo explicare, nec tribuere in partes (nos Rhetores et Oratores) possumus, nec iudicare, quae falsa sint, neque cernere consequentia, repugnantia uidere, ambigua distinguere." Cicero in *Oratore ad Brutum*, cap. 4.

lógica artificial conduz com maior brevidade, facilidade e segurança à obtenção da verdade em todas as disciplinas, [253] também a lógica artificial é necessária em todas elas. Resulta daqui a terceira consideração acima expendida ou como é importante em cada disciplina o uso de certos nomes comuns e de certos axiomas gerais para explicar rectamente um assunto. Infere-se, portanto, poder a Ontologia aplicar-se de modos diferentes a todas as disciplinas, consoante as características e a natureza dos assuntos.

Discorri até agora sobre a Ontologia.

*

Eis, caros jovens, amantes das boas artes, aonde vos conduzi por escolhos e lugares penosos pelos quais também muitos outros que adoptaram um guia experimentado caminharam ousadamente com destreza e de modo expedito até ao vestíbulo de todas as disciplinas, no qual se apresentam muitas portas que dão acesso ao domicílio de cada uma delas. Tendes permissão para entrar nas que desejardes. Tendes consentimento para caminhar para o interior das disciplinas, tendo como guia a lógica e a metafísica. Se cultivardes uma e outra com diligência e, se aplicardes rectamente os seus princípios à investigação de todas as ciências, acreditai que fareis nelas tantos progressos como jamais esperaríeis obtê-los, e alcançareis tantos êxitos que não deixareis de ficar espantados. Resta apenas expor um assunto para eu vos considerar pessoas habilitadas e mais esclarecidas nas disciplinas mais severas, com cujo conhecimento podereis conseguir grande economia de esforço e obter enorme recompensa. Na verdade, instruído desde há muito pela experiência, eu sei como o conhecimento dos bons autores é de grande auxílio, não apenas para os principiantes, mas também para um varão provecto; e sei ainda quanto dano causam a eles próprios os que despendem o tempo com a leitura de escritores inábeis; e estou totalmente convicto de que, se os principiantes se ocupassem dia e noite com os autores mais eminentes – ainda que não recorressem a um preceptor muito instruído – haveriam de alcançar em menos tempo e com muito menor dificuldade o conhecimento de todas as disciplinas. [254] Mas não compreendo por que fatalidade a maioria dos que proclamam até à náusea serem mestres despreza sobremaneira uma erudição que exige muitas canseiras e que é própria de um engenho penetrante, estando apenas reservada para as pessoas mais doutas; a não ser que porventura desejem que os outros estejam também desprovidos do saber de que eles próprios carecem, o qual, não obstante, lhes parece útil e também realmente necessário. Ponhamos, porém, de lado tais vituperadores, visto eles não possuírem tanto valor que pareçam ser dignos da minha censura. Eu, porém, caros jovens, embora entenda ser para vós de grande utilidade tal erudição – podendo demonstrá-lo de modo muito adequado neste lugar –, abstive-me, no entanto, de apresentá-la por duas razões: a primeira, por me haver proposto ensinar-vos sobretudo filosofia e teologia, pelo que estabeleci de momento restringir o meu discurso e o meu empenho a estas duas disciplinas,

artificialis, breuius facilius et tutius ad uerum consequendum in omnibus disciplinis conducat et [253] ipsa erit necessaria in omnibus disciplinis. Ex his autem tertium illud quod supra posuimus, sequitur: nempe, cum in singulis disciplinis usus quorumdam uocabulorum communium, quorumdam axiomatum generalium insignis sit ad argumentum suum recte explicandum, consequitur et Ontologiam in omnibus disciplinis locum habere posse, idque alio et alio modo pro uaria argumentorum et qualitate et natura.

Ac[54] de Ontologia hucusque.

*

Ecce uos, adolescentes bonarum artium amatores, per scopulosos difficilesque locos, in quos etiam qui certum sibi ducem elegerunt, satis multi praecipites se dederunt, feliciter et inoffenso pede ad ipsum disciplinarum omnium uestibulum perduximus, in quo plurimae portae se offerunt, quae ad singularum domicilia conducant. Licet uobis quacumque uelitis intrare. Licet, Logica et Metaphysica duce, ad ipsa interiora disciplinarum contendere. Quas duas si diligenter tenueritis, si recte ad singularum scientarum principia exploranda adhibueritis, tanto in iis progressus, mihi credite, facietis, quantos uos ipsi non sperassetis et tam prospere uobis succedere, mirari non desinetis. Vnum restabat, ut uobis in singulis grauioribus disciplinis clariores auctores nominarem, quibus legendis magnum laboris compendium magnumque operae pretium facere possetis. Equidem experientia edoctus iampridem intelligo, quam magno adiumento non modo tironi, sed etiam uiro prouecto sit, bonos auctores nosse; quantumque damni faciant illi, qui ineptis scriptoribus legendis tempus consumunt, planeque mihi persuadeo, tirones, si lectissimos auctores diu noctuque uersarent, etsi praeceptore non adeo docto uterentur, multo minori tempore ac negotio disciplinas quasque arrepturos [254] esse. Sed nescio quo fato plerique, qui se doctores esse ad nauseam usque inculcant, eiusmodi eruditionem, quae non exigui laboris, acerrimi sane ingenii est, nec nisi hominibus, qui supra ceteros sapiant, reseruatur, ita contemnunt, ut nihil supra. Nisi forte doctrina, qua ipsi carent, ut ut utilis et uero etiam necessaria uidetur, ceteros item carere uolunt. Sed eiusmodi uituperatores missos faciamus, neque enim tales sunt, qui reprehensione nostra digni uideantur. Ego uero, adolescentes, tametsi intelligo eruditionem huiusmodi uobis apprime utilem esse eamque hoc loco percommode demonstrari posse, tamen continui me duabus de caussis: altera, quod cum mihi potissimum proposuerim, uos Philosophia ac Theologia erudire, duabus his orationem ac laborem meum in praesentia

---

[54] Ac] Et *R*

sobre as quais discorri copiosamente no meu *Apparatus*, tendo ainda acrescentado outras considerações em todas as partes da minha filosofia; a segunda, por haver discorrido separadamente com diligência sobre este tema num certo livro que, se tiver vida e saúde, irei publicar em tempo oportuno juntamente com outros. E não havia nenhuma razão para transferir esses assuntos para este lugar.

Parece-me suficiente o que escrevi para vosso benefício sobre a natureza e a utilidade da Ontologia.

FIM

"*O filósofo é aquele que se dedica ao estudo das coisas divinas e humanas, investigando a sua natureza e as suas causas, e ao conhecimento e à prática das normas da moral.*"

Cícero, *De Or.*, I, 49.

definire statui, de quibus et in *Apparatu* nostro luculentissime disputaui et in singulis Philosophiae partibus alia adiungam. Altera, quod de hoc argumento accurate quodam libro, quem si uita ac uires suppetent opportuno tempore una cum aliis edam, separatim disputaui; quae cur in hunc locum transferam, caussa nulla est.

Et de natura atque utilitate *Ontologiae* satis uestri gratia dictum uidetur.

FINIS

"Philosophus est is qui studeat omnium rerum diuinarum atque humanarum uim, naturam caussasque nosse et omnem uiuendi rationem tenere et persequi."
Cicero, *De Oratore*, lib. I, cap. 49.

APÊNDICES

APÊNDICE I

Vou agora ocupar-me das noções adquiridas pela recta razão e sobretudo das obtidas com o auxílio dos sentidos. Existem, efectivamente, alguns filósofos modernos[171] que não duvidam do que pode perceber-se pelo sentido íntimo, duvidando, porém, grandemente das que são obtidas por meio dos sentidos externos. Devem, por isso, examinar-se neste momento os seus argumentos, os quais, se forem atentamente ponderados, podem reduzir-se de modo adequado a três espécies, podendo, assim, incluir-se apenas em três argumentos todas as suas razões de dúvida.

I. O primeiro argumento é o seguinte: "O nosso espírito percebe e conhece com clareza e certeza apenas o que possui em si mesmo, ou seja, conhece claramente apenas as suas percepções, dado elas estarem presentes no espírito[172]. Mas os corpos exteriores, tal como o nosso, embora incutam algo no espírito por meio dos sentidos, contudo, eles não estão presentes no nosso espírito, como é evidente. Por outro lado, não estamos totalmente certos se o nosso espírito é constituído de tal modo que por sua natureza possa suscitar em si próprio as afecções que vulgarmente atribuímos aos corpos exteriores, ou se ele as experimenta em si próprio sem existirem quaisquer corpos. Por isso, o nosso espírito não está claramente certo a respeito da existência de corpos exteriores, nem sequer do seu próprio corpo".

Inferem-se deste princípio muitas conclusões: O nosso espírito não conhece com certeza o que sucedeu num tempo anterior àquele em que actualmente está pensando, por exemplo, se ontem existi ou se vivi há cem anos. Com efeito,

---

[171] Por exemplo, alguns irlandeses, nos *Diálogos* editados em Dublin, julgam que nada existe senão a mente e as ideias (Wolff, *Psychologia rationalis*). Mas é em vão que estes modernos reivindicam para si este mérito, pois já os antigos cirenaicos tinham afirmado isso mesmo anteriormente. "Recusam", afirma Cícero, "que exista algo exterior que possa percepcionar-se; eles apenas percepcionam o que conhecem pelo sentido íntimo, como a dor e o prazer, não tendo conhecimento do que seja a cor ou o som, dado que apenas sentem estarem afectados de uma determinada maneira" (*Accademicae quaestiones*, liv. IV, cap. 24).

[172] A percepção não apenas representa a coisa percebida, mas também proporciona que a mente, ao advertir que percebe, conheça com toda a certeza estar a própria percepção presente na mente.

APPENDIX I

Venio ad eas notiones, quae recta ratione, atque adeo sensuum praesidio comparantur. Nam aliqui sunt philosophi recentiores[171], qui de rebus, quae intimo sensu percipiuntur, non dubitant, maxime uero de aliis, quae sensuum ope comparantur. Quorum argumenta expendenda nunc sunt. Ea tamen, si recte perpenduntur, ad tria genera commode reduci possunt, adeoque tribus tantum argumentis eorum omnem dubitandi rationem complectemur.

I. Primum est. Animus noster id clare tantum et certissime percipit ac sentit, quod in se habet; id est, clare tantum sentit perceptionem suam, cum animo ipsi praesens est[172]. Sed corpora externa, immo et nostrum corpus, etiamsi per sensus aliquid animo imprimant, tamen animo nostro praesentia non sunt, ut euidens est. Deinde omnino certi non sumus, an animus noster ita sit constitutus, ut natura sua possit eas adfectiones in se excitare, quas externis corporibus uulgo tribuimus, an in se ipso eas experiri, quin ulla corpora essent. Igitur animus noster euidenter certus non est esse aliqua corpora extra se, ne suum quidem.

Ex hoc autem principio plura sequuntur. I. Animum nostrum certo non cognoscere, quod ante tempus, quo cogitat, euenit, uerbi gratia an heri exstiterim, an centum ante annos uixerim. Neutrum enim horum est perceptio mentis, quam nunc habeo, in qua sola, si eos audimus, euidentia consistit.

---

[171] Verbi gratia. Hiberni quidam in *Dialogis* Dublini editis, qui praeter mentem, ac ideas, nihil exstare putant. [Wolfius in *Psychol. Rationali*] sed frustra hanc sibi laudem uindicant recentiores hi, nam ueteres Cyrenaici id ipsum multo ante dixerunt."Negant", inquit Cicero, "esse quidquam, quod percipi possit extrinsecus: ea se sola percipere quae tactu intimo sentiant, ut dolorem et uoluptatem; neque se, quo quid colore, aut quo sono sit, scire: sed tantum sentire, adfici se quodammodo." *Acad*. lib. III, cap. 24.

[172] Perceptio non solum repraesentat rem perceptam, sed hoc facit ut mens dum se percipere animaduertit, certissime cognoscat, ipsam perceptionem menti esse praesentem.

nenhuma destas coisas é uma percepção da mente que eu actualmente possua, na qual, se os ouvirmos, a evidência consiste. Deste modo, isso não é evidente. Poderia dizer-se que não me recordo. Que importa? Também não me recordo se estive no ventre materno, o que fiz aí, e, no entanto, é certo eu ter estado nesse lugar e ter realizado alguns movimentos. Portanto, o facto de não me recordar do que fiz há cem anos não é um bom argumento para afirmar não ter existido há cem anos. Este é o primeiro argumento dos opositores, e, se lhe responder devidamente, invalido sem dificuldade tudo o resto.

Respondo ao modo dos dialécticos. Recuso a proposição maior do silogismo. Com efeito, é uma falsidade sabermos com certeza e evidência existirem apenas em nós percepções, pois sabemos também de modo evidente existir realmente o objecto dessas percepções. Recuso ainda a segunda parte da menor, dado estar igualmente certo de se originarem efectivamente tais impressões de forma remota nos objectos corpóreos. Poder-se-á perguntar se sabemos serem ambas essas coisas dotadas de clareza e evidência. Direi, e sem grande rodeio de palavras, serem elas evidentes

Relativamente à primeira parte, manifesta-se de modo tão perspícuo à nossa mente possuirmos tais percepções como se manifesta existir o objecto dessas percepções; por exemplo, reconheço de forma tão evidente conhecer o meu corpo como reconheço existir o meu corpo. Nem eu o conheceria, se ele não existisse. Igualmente, conheço-me de modo tão evidente quando tropeço numa pedra e sinto dor como sei existir a pedra em que tropeço. Quem poderá afirmar ser uma coisa mais obscura que a outra? Convoco todo o género humano, perguntando se alguém pode sentir dor ao tropeçar numa pedra sem existir a pedra em que tropeça. Sem dúvida alguma, todas as pessoas responderão não poder isso suceder. E, consequentemente, terão como certo e perspícuo existir a pedra. O que – pergunto eu – pode ainda exigir-se para afirmarmos ser isso evidente? Decerto, eu nada vejo.

A segunda parte demonstra-se de forma idêntica. Na verdade, é tão evidente sentir dor como é evidente originar-se a dor em virtude do embate com a pedra. Alguém de mente sã poderá duvidar acerca disto? Perguntemos a todas as pessoas, não apenas às instruídas, mas também às mulherzinhas e às crianças, contanto que sejam sensatas, se ao sentirem dor, por causa do tropeção na pedra, ela provém da pedra, ou do movimento do ar, ou da febre quartã, ou de qualquer outra causa. Todas elas responderão ser de tal modo evidente originar-se a dor por causa do tropeção na pedra que seria louco quem o recusasse. E porquê? Porque isso se apresenta à minha mente de modo tão perspícuo que nada pode apresentar-se dotado de maior clareza. Deste modo, se alguém solicitasse uma explicação posterior, seria louco. Com efeito, nada existe mais evidente com base no qual isso pudesse demonstrar-se e estabelecer-se. Da mesma forma, nada obteria quem tentasse descobrir uma coisa dotada de maior clareza que a luz, pois apenas encontraria trevas.

Quanto à segunda parte, respondo conhecermos de forma tão certa e evidente não possuir, em virtude da sua própria natureza, o nosso espírito a capacidade de estimular em si próprio tais impressões que atribuímos aos corpos exteriores que

Non igitur euidens est. At non recordamur. Quid refert? Etiam non recordamur, an in utero matris fuimus, quid ibi egimus, et tamen certum est nos ibi fuisse et aliquos motus fecisse. Itaque quod non recordemur, quid centum ante annos fecerimus, non est bonum argumentum ut dicamus nos centum ante annos non fuisse. Hoc argumentum praecipuum est apud aduersarios, cui si pro merito responderimus, cetera nulla negotio infringemus.

Responsio ex ritu dialecticorum est. Negamus maiorem propositionem syllogismi. Nam falsum est nos tantum scire certo et euidenter esse in nobis talem perceptionemi, nam etia scimus euidenter esse reapse obiectum talis perceptionis. Negamus etiam secundam partem minoris. Nam itidem certi sumus eiusmodi impressiones reapse ab obiectis corporibus remote prouenire. Qui, inquies, utrumque illud clare et euidenter scimus? dicam, nec id magna circuitione uerborum, tanta est rei euidentia.

Quod ad primam partem, tam perspicue menti nostrae obiicitur, nos habere talem perceptionem, quam obiicitur, exsistere obiectum talis perceptionis. Exempli gratia, tam perspicue sentio me corpus meum cognoscere, quam corpus meum esse; nec enim illud cognoscerem nec sentirem, nisi esset. Item tam perspicue cognosco, me, cum ad lapidem celeriter offendo, dolorem sentire, quam lapidem esse in quem offendi. Qui enim alterum altero obscurius est? Prouoco ad omne genus humanum, qui, si interrogentur an possit aliquis dolorem ex incursu in lapidem sentire, quin lapis exsistat, in quem incurrat, sine ulla dubitatione omnes respondebunt fieri non posse: et, quod inde fit consequens, pro certo et perspicuo habebunt lapidem exsistere. Quid, quaeso, amplius requiritur, ut dicamus, rem esse perspicuam? Ego uero nihil uideo.

Altera pars eadem ratione demonstratur. Nam ita perspicuum est me dolorem sentire, quam est perspicuum dolorem ex offensione in lapidem oriri. Quis enim sanae mentis de hoc dubitabit? Interroga singulos homines, nec doctos modo, sed indoctos, sed femellas, sed puellos, modo sani cerebri sint, an dum dolorem ex offensione in lapidem percipiunt, hic dolor ex lapide, an ex motu aeris, an ex quartana, an alia de caussa proueniat: omnes respondebunt ita apertum esse, dolorem ex offensione in lapidem prouenire, ut insanus sit qui neget. Cur ita? quia adeo perspicue hoc ipsum menti animi obiicitur, ut nihil clarius obiiciatur; adeo ut si ulteriorem rationem petas, insanias, nihil enim clarius est, ex quo id demonstrari et effici possit. Non secus ac ille, qui rem clariorem luce quaesierit, nihil inueniet, sed tenebras offendet.

Quod ad secundam partem, respondeo, nos tam certo ac euidenter cognoscere, animum nostrum natura sua non habere ut tales impressiones in se excitet, quas corporibus externis tribuimus, ut nihil certius, nihil clarius

nada conhecemos mais certo e mais evidente. Efectivamente, em primeiro lugar essas impressões apenas são incutidas no espírito pelos corpos que se lhe apresentam por causa do seu movimento. Além disso, se os corpos fossem suprimidos, ainda que eu desejasse suscitar em mim próprio uma sensação intensa de dor ou de prazer, não seria capaz. Portanto, essas impressões provêm com toda a evidência dos corpos. Suponhamos que eu desejava suscitar com veemência neste momento no meu espírito a sensação intensa de dor que experimentei ao tropeçar na pedra. Suponhamos ainda que eu desejava suscitar a sensação intensa de doçura de que tive experiência ao comer um ananás ao natural ou com açúcar. Porventura, eu poderia? Haverá alguém tão estúpido que afirme poder suscitá-la e experimentá-la pela sua vontade?[173] Se isso fosse possível, seria em vão, quando estamos saciados, que nos apetecessem com veemência alimentos mais requintados e mais raros e os comêssemos reiteradamente para obviar ao fastio dos alimentos de todos os dias, pois seria suficiente, por exemplo, suscitar em nós próprios segundo a nossa vontade essa sensação de prazer para nadarmos em todas as delícias.

Felizes os glutões voluptuosos, cuja única preocupação é o estômago e que gostam dessas comezaina terrestres e caducas, se fosse verdadeira a opinião desses filósofos! Eles deviam estar-lhes muito gratos pelo facto de os libertarem de grandes gastos que seriam obrigados a fazer com cozinheiros, com padeiros e com banquetes muito requintados e muito adamados, só possíveis com grande dispêndio de dinheiro. Dado serem estas coisas muito conhecidas pela experiência quotidiana e modo nenhum duvidosas, infere-se sabermos com tanta certeza e clareza não possuir o nosso espírito a faculdade de suscitar em si mesmo as ideias que imputamos aos corpos exteriores que nada conhecemos com maior clareza. Conclui-se, portanto, com evidência ser manifesto provirem tais ideias dos próprios corpos, devendo, por isso, ser-lhes atribuídas.

Relativamente ao último argumento, declaro ninguém poder ajuizar sobre o que sucederia connosco se não existissem os corpos. Na verdade, nem nós nem os opositores tivemos experiência disso, pelo que nada podemos ajuizar sobre esse caso. Inversamente, quando nesta vida estamos circundados de corpos e sentimos sempre e em todos os casos várias afecções por causa da sua presença, declaramos com rectidão originarem-se elas nesses corpos.

Mas para não filosofarmos equivocamente, como procedem muitíssimos disputadores, que discorrem sobre palavras sem nenhuma finalidade, temos necessariamente de distinguir um argumento do outro. Por isso, neste assunto um

---

[173] Podemos certamente conservar na memória um certo conhecimento confuso do prazer que sentimos, mas não suscitar essa sensação de prazer. Eu digo conhecimento "confuso", visto que, ao comermos algo semelhante ao ananás, sabemos não ser um ananás; contudo, não possuímos um conhecimento totalmente distinto do ananás. Este assunto está demonstrado com maior clareza com base naquilo que afirmei na *Logica* (liv. II, cap. 10).

cognoscamus. Nam primum eiusmodi impressiones numquam in animo excitantur, nisi praesentibus corporibus, et propter eorum motum. Deinde, remotis corporibus, etiamsi ego uelim in me excitare acutum sensum doloris, aut uoluptatis, non possum. Itaque a corporibus certissime oriuntur. Finge me uehementer in praesentia uelle in animo meo excitare intimum illum sensum doloris, quem cepi, cum ad lapidem offendi. Finge uelle etiam excitare intimum illum sensum dulcedinis, quem percepi, cum pomum Ananaz uel purum, uel saccharo conditum manducaui. An possum? an ullus adeo bardus erit, ut dicat, se illum excitare posse eumdemque pro lubitu sentire?[173] Quod si id esset, frustra nos, cum saturi sumus, delicatiores et rariores cibos uehementer appeteremus, iterumque comederemus, ut fastidio quotidianorum ciborum occurreremus; sed satis esset sensum illum uoluptatis ex. gr. in se pro lubitu excitare, ut omnibus deliciis difflueremus.

Felices terrestribus, et caducis istis felicitatibus comissatores illos delicatos, quorum unica cura uenter est, si uera esset horum philosophorum sententia! Magnam certe gratiam eisdem haberent, propterea quod eos magna impensa liberarent, quam in coquis, pistoribus, epulis exquisitissimis delicatissimisque, e longinquo magna ui auri perductis, absumere coguntur, Quae cum ex domestica et minime dubia periclitatione notissima sint et euidentia, relinquitur tam certo atque aperte nos scire animum nostrum eam uirtutem non habere, ut ideas in se excitet, quas externis corporibus tribuimus, ut nihil apertius cognoscamus; et, quod inde euidenter consequitur, apertum est etiam, tales ideas ab ipsis corporibus proficisci iisque tribui debere.

Ad illud ultimum dico neminem iudicare posse, quid in nobis eueniret, si nulla corpora essent; nec enim nos, nec aduersarii id experti sumus: nihil igitur de tali casu possumus iudicare. Contra cum in hac uita corporibus circumdati simus, ex eorumque praesentia has et illas adfectiones semper et in omni casu sentiamus, recte pronunciamus a corporibus oriri eas.

Sed ne ex ambiguo philosophemur, ut nimis multi faciunt disputantes, qui ea de causa sine ullo fine de uocabulo altercantur, alterum ab altero secernere necesse habemus. Itaque alterum in hoc negotio nobis omnino

---

[173] Possumus quidem nos in memoriam reuocare notitiam quamdam confusam uoluptatis, quam percepimus; non tamen eumdem uoluptatis sensum excitare. Dico notitiam "confusam", nam dum aliquid simile manducamus, cognoscimus non esse *ananaz*; non tamen notitiam illam ananaz plane distinctam habemus. Haec ex iis quae diximus in *Logica* lib. II. cap. 10, clarius demonstrantur.

argumento é para nós totalmente claro, e o outro inteiramente envolto em trevas[174]. É de tal modo perspícuo e certo percepcionarmos os objectos, sentir dor ou prazer, desejar, não desejar e, além disso, originarem-se as sensações ou as afecções do espírito nos corpos exteriores que nada mais certo ou evidente pode exigir-se e pensar-se. Contrariamente, é tão obscuro e difícil de compreender o modo como os corpos exteriores incutem no espírito com o auxílio dos cinco sentidos várias afecções [ou seja, o que é o mesmo, de que modo a nossa mente adquire as ideias das coisas por meio dos sentidos] que, embora gravíssimos filósofos tenham discorrido com suma aplicação de espírito sobre esta matéria durante tantos séculos, nada estabeleceram, e em coisa alguma nos tornaram mais doutos; e isso de modo algum pode explicar-se por razões humanas, além daquilo que é evidente. Vivemos nas mesmas trevas de há dois mil anos. De qualquer modo, fico espantado em tanto esplendor das letras com talentos tão argutos de pessoas que dedicaram em vão até ao momento todo o seu empenho a estas dificultosas disputas. E existem alguns que julgam ser excelentes filósofos modernos, que se arrogam com sobranceria terem descoberto várias hipóteses para mais facilmente esclarecerem os fenómenos.

Eu, porém, caros jovens, que estabeleci para vós verdadeiros princípios de ensinar, não fui coagido de modo algum, embora tivesse hesitado, mas a transmitir todas as matérias, que não apenas manifestam o que de certa forma pode ser entendido; se, porém, ocorrerem coisas que não possam explicar-se, advirto-vos aberta e sinceramente para não despenderdes inutilmente o tempo com assuntos inúteis que vos causem dano. Nem eu me importo com aqueles filósofos que, embora suponham solucionar todos os assuntos com argumentos de pouco valor, superabundam, no entanto, em palavras inanes; e enquanto eles ambicionam com empenho conhecer todas as coisas, desconhecem-nas a todas elas. Pela minha parte, penso ser próprio dos verdadeiros filósofos não apenas explicarem o que pode entender-se, mas também confessarem com clareza e sinceridade desconhecerem o que nós conhecemos; é nisso que eu penso consistir a maior parte da sabedoria.

Aconselho-vos, por outro lado, a pordes de lado as disputas sobre o modo como os corpos exteriores se manifestam à mente por meio dos sentidos, pois ninguém até agora pôde explicar com argumentos este assunto; nem isso poderia facilmente suceder, dado desconhecemos de que forma os sentidos se comportam na obtenção das percepções, qual seja a estrutura interna dos sentidos, qual seja a sua união com o cérebro e – para me exprimir numa única palavra – qual seja a natureza do corpo e do espírito e qual a conjunção e a complexão entre um e outro. Se não forem conhecidos e explicados com clareza estes assuntos, não podemos de modo algum ajuizar sobre as restantes matérias, a cujo respeito já adverti noutro lugar[175], as quais deverão novamente ser expostas noutro livro[176].

---

[174] Acerca deste assunto, já expus algo na *Logica* (liv. II, cap. 2).
[175] *Logica*, liv. II, cap. 1, e sobretudo caps. 2-3.
[176] Na *Psychologia*.

apertum, alterum tenebris plane inuolutum est[174]. Nos percipere obiecta, sentire dolorem, aut uoluptatem, uelle, nolle, hoc amplius, sensus, seu adfectiones animi nostri ab externis corporibus oriri, ita est perspicuum, ita certum, ut nihil certius aut euidentius requiri et excogitari possit. E contrario, quo modo externa corpora quinque sensuum externorum ministerio uarias adfectiones animo imprimant [seu, quod idem est, quo modo mens nostra ideas rerum per sensus adquirat] tam est obscurum, tam inplicatum, ut etsi grauissimi philosophi tot saecula de hoc argumento summa animi contentione disputarint, nihil effecerint nullaque in re nos fecerint doctiores; idque nullo modo humanis rationibus expediri posse, plusquam perspicuum est. In iisdem uersamur tenebris, in quibus bis mille ante annos eramus. Vt mirer in tanta litterarum luce, tam acerrimis hominum ingeniis, qui in hac intricatissima disputatione conatus omnes ingenii frustra effuderunt; adhuc inueniri aliquos, qui se bellos et egregios philosophos recentiores esse putent, qui alias et alias hypotheses excogitare arroganter sibi sumunt, quo facilius eiusmodi phaenomenon expedire conentur.

Nos uero, Adolescentes, qui uos ueris institutis imbuendi prouinciam sumsimus, coacti sumus nulla in re haesitantes dimittere; sed ita singula uobis tradere, ut non modo, quae aliqua ratione intelligi possunt, aperiamus; sed si qua occurrunt, quae finiri nequeunt, de iis uos aperte et ingenue moneamus, ne in rebus inutilibus tempus incommodo uestro frustra teratis. Nec eos philosophos moramur, qui, quod omnia facili ratione expedire se putant, uerbis inanibus diffluunt; dumque scire se omnia adfectant, ipsi soli nesciunt omnia. Ego autem ueri philosophi esse puto, non solum, quae intelligi possunt, explanare; sed, quae cognosci a nobis nequeunt, plane atque ingenue fateri, in eoque magnam sapientiae partem ponendam esse puto.

Quare rursum uos moneo disputationem illam de modo quo externa corpora per sensus aditum sibi aperiunt ad mentem, silentio praetereatis: propterea quia nullus hucusque id aliqua ratione explicare potuit, nec facile poterit, cum cognitum non habeamus, quo modo sensus se habeant in perceptionibus adquirendis; quae sit sensuum interna fabricatio; quae cum cerebro coniunctio; et, ut uerbo dicam, quaenam corporis, quaenam animi natura, quaenam utriusque coniunctio et complexio. Quibus nisi plane cognitis et explicatis, de ceteris nullo modo possumus iudicare, quod iam alibi[175] monuimus, et iterum alio libro erit explicandum[176].

---

[174] De hoc iam aliquid diximus in *Logica* lib. II, cap. 2.

[175] In *Logica* lib. II, cap. 1 et praesertim cap. 2 et etiam 3.

[176] In *Psychologia*.

Admito apenas neste lugar o que não é duvidoso para ninguém. Primeiramente, é certo e evidente que experimentamos realmente algumas impressões; além disso, tais sensações do espírito originam-se nos corpos; por último, existem corpos que nos são exteriores que determinam essas sensações. Todas as pessoas que se servem rectamente da sua razão sustentam com admirável consenso serem perspícuas estas três coisas.

Acrescento outro argumento muito consistente com o qual são confirmadas essas três coisas. Com efeito, se inquirirmos com maior diligência o comportamento dos cépticos, concluímos estarem eles persuadidos dessas coisas mais ainda que os dogmáticos. Na verdade, nunca vi nenhum dos que pretendem considerar-se verdadeiros cépticos que se abstivesse de alguma actividade por duvidar se ele próprio existe, se tem um corpo e se existem outras pessoas. Mas todos eles se comportam do mesmo modo, vivem de forma idêntica, cuidam do mesmo modo do seu corpo e exercem as restantes ocupações como aqueles que se consideram dogmáticos, o que decerto não sucederia se fossem verdadeiros cépticos. Por isso, eles declaram pelo sua forma de viver que aqueles argumentos não parecem ter para eles qualquer valor e não serem eficazes para se absterem de coisas perspícuas e para agir de modo idêntico ao das outras pessoas. Portanto, se nem sequer os cépticos na prática da sua vida possuem qualquer razão para as suas dúvidas, e se todo o género humano depois de ter ouvido os cépticos e ponderado os seus argumentos continuou a proceder da mesma forma, nunca tento duvidado daquelas verdades, inferem-se manifestamente duas coisas: a primeira, que os cépticos são enganadores, pois afirmam uma coisa e procedem de modo diferente; a segunda, que as próprias coisas são tão perspícuas que não apenas as outras pessoas, mas os próprios cépticos são coagidos, embora contra a sua vontade, ao assentimento. Deste modo, a voz da natureza e o senso comum consideram-se o critério da verdade.

1. Poderia, no entanto, perguntar-se se temos conhecimento de que todas as pessoas ajuízam de modo idêntico sobre assuntos perspícuos como acontece connosco. Quem consultou todos os povos e cada uma das pessoas e examinou os seus pensamentos? Portanto, é inábil o argumento que se infere do senso comum das pessoas.

Pergunto, porém, em primeiro lugar aos opositores o que conhecem eles sobre a existência de outros povos, de outras pessoas, afora aquelas com quem convivem. Com efeito, se eles não têm nenhuma certeza sobre isso, é em vão que me contradizem com base no seu modo de ajuizar; se, no entanto, não têm a certeza, ensinem-me de que forma consideram isso como investigado. Sem dúvida alguma, eles não conseguem apresentar nenhuma explicação, excepto o testemunho das outras pessoas [com efeito, nem os opositores observaram por si próprios todas as coisas], as quais atestam isso a uma só voz, tornando o assunto tão perspícuo pela sua autoridade que os próprios cépticos não duvidam opor-nos tal argumento. Mas nós servimo-nos contra eles da mesma argumentação. Efectivamente, dado que todas as pessoas que conviveram com estrangeiros asseveram com sumo consenso terem como certo existirem, terem um corpo, existirem outras pessoas além delas e outras coisas deste género, isso é tão evidente para nós que nada se apresenta com maior

Illud hoc loco tantum amplectamur, quod nemini dubium est certum et euidens esse primum nos reapse impressiones aliquas sentire; deinde, eiusmodi sensus animi ex corporibus proficisci; postremo, esse extra nos corpora, quae id faciant. quae tria uniuersi homines, qui ratione bene utantur, perspicua esse, mirifica consensione defendunt.

Accedit aliud argumentum firmissimum, quo tria haec muniuntur et confirmantur. Nam si singulorum hominum, immo uero eorumdem scepticorum uitae disciplinam curiosius indagamus, reperiemus eos ita de eiusmodi rebus esse persuasos, ut nulli dogmatici magis. Nullum enim eorum, qui se pro ueris scepticis haberi cupiunt, uidi, qui ab aliquo opere temperaret, hoc nomine, quod dubitaret, an ipse esset, an corpus haberet, an ceteri homines exstarent. Sed omnes eodem modo se habebant, eodem uiuebant, eodem corpus curabant, ceteraque munia obibant, quo ceteri, qui germani dogmatici dicebantur; quod certe non facerent, si ueri sceptici essent. Ipsi itaque suae uitae disciplina declarant, sua sibi argumenta nullius ponderis uideri; nullam uim sibi adferre, ut a rebus perspicuis abstineant eodem modo agere ac ceteri homines. Quod si ne sceptici quidem in usu uitae ullam rationem habent suarum dubitationum; si uniuersum genus humanum postquam scepticos audiuit et eorum argumentationes perpendit et considerauit, eodem modo operare pergit, nec de illis ueritatibus umquam dubitauit, duo manifeste consequuntur: alterum, scepticos deceptores esse, qui aliud dicant, aliud faciant; alterum, res ipsas tam esse perspicuas, ut non modo homines ceteri, sed sceptici ipsi uel inuiti ad consensionem pertrahantur. Adeo naturae uox et communis sensus pro regula habetur ueritatis.

1. At enim, inquiunt, qui scimus omnes homines, eodem modo de rebus perspicuis iudicare, ac nos iudicamus? Quis cunctas nationes, quis singulos homines consuluit, eorumque cogitata examinauit? Infirmum est igitur, quod ex sensu communi hominum ducitur, argumentum.

Sed primum quaero ab aduersariis, qui sciunt ipsi esse alias gentes, alios homines praeter eos, quibuscum uersantur? Nam si id pro certo non habent, frustra ex eorum iudicandi ratione contra nos pugnant; sin autem habent, doceant nos qua uia id pro comperto habeant. Nullam profecto adducent, nisi aliorum hominum [nec enim aduersarii per se ipsi omnia uiderunt] testimonium, qui id una uoce testantur, remque ipsam sua auctoritate tam perspicuam faciunt, ut ipsi sceptici tale argumentum nobis opponere non dubitent. At nos eadem argumentatione utimur contra eos. Nam cum singuli homines qui apud exteras gentes fuerunt, summo consensu adseuerent, eas pro certo habere, se esse, se corpus habere, esse alias gentes praeter se, et id genus alia; id ipsum tam euidens nobis fit, ut nihil euidentius se offerat; adeo ut si de hoc dubitemus, dubitare etiam debeamus an sint exterae gentes ullae, an urbes, an regna alia. Quid? Qui uicum aliquem, qui oppidum, qui

evidência; assim, se duvidarmos destas coisas, devemos também duvidar da existência de nações estrangeiras, de outras cidades e de outros reinos. E que mais? Aqueles que não saíram de nenhum povoado, de nenhuma fortaleza, de nenhuma cidade, devem também duvidar se existem no próprio reino outras cidades, outras fortalezas, outros povoados e outras pessoas que não viram. É fácil entender com clareza como isso é inábil. E dado ser próprio de um demente duvidar se o restante género humano é dotado de razão, se possui a mesma configuração que a nossa, se necessita de comida e de bebida, se se alimenta do mesmo modo, se caminha, se repousa, etc., – coisas que são adequadas ao género humano –, é também característico de um demente duvidar se o resto do género humano ajuíza sobre coisas perspícuas de modo idêntico ao nosso e se rege a sua vida pelo mesmo senso comum.

Infere-se de tudo isto com clareza e de modo perspícuo, e com base no senso comum, ser suficiente que quase rodas as pessoas com quem convivemos ajuízem dessa forma, ainda que alguns incompetentes discorram de modo oposto. Com efeito, sendo para nós moralmente evidente – tanto quanto pode possuir-se uma evidência máxima – que todo o género humano ajuíza de modo idêntico sobre as coisas como todas as pessoas costumam ajuizar, se observarmos que todas as pessoas com quem convivemos, não exceptuando ninguém, ajuízam sempre do mesmo modo sobre assuntos evidentes, devemos sem nenhuma dúvida pensar que todo o género humano se comporta dessa forma; e infere-se igualmente como certo e perspícuo corresponderem os juízos de todas elas ao senso comum.

Por isso, é verdadeira esta regra que proponho[177]: "Nos assuntos em que todas as pessoas estão em condições de ajuizar, o senso comum de todas elas é o critério da verdade; naqueles, porém, cujo conhecimento é relativo apenas a alguns, o senso comum de todos aqueles que reflectem sobre as coisas deve considerar-se pela mesma razão verdadeiro".

2. Poderia alguém dizer: "Por que motivo temos a certeza de que todo o género humano não pode delirar? Sobretudo quando vemos opiniões estultíssimas comprovadas pelo juízo da multidão. Que o Sol tenha o tamanho de dois pés pensam-no quase todos os ignorantes, o que é certamente uma falsidade. E nada existe tão absurdo nos costumes que não seja aceite por algum povo"[178].

A resposta resulta, porém, com facilidade do que foi referido. Considero em primeiro lugar ser muito mais fácil e muito mais verosímil que todos os cépticos – que, tendo em conta a razão humana, são muito poucos ou quase nenhuns – delirem e se tornem furibundos do que todo o género humano delire. Por isso, se uma só vez concedermos poder delirar todo o género humano, por que motivo estabelecem os cépticos não delirarem eles próprios? Demonstrem os cépticos com total evidência estarem imunes de delírios e então confessaremos certamente que

---

[177] Neste livro, cap. 3.
[178] Ver o que afirmei na *Logica*, liv. II, segunda parte, cap. 5, § 2, p. 124.

urbem non sunt eggressi, dubitare etiam debent an in eodem regno aliae urbes, alia oppida, uici, pagi, homines, quos non uiderunt, exsistant. Quod quam sit ineptum, uidetis. Atque quemadmodum dementis esset dubitare an reliquum genus humanum rationis particeps esset; an eiusdem figurae ac nos; an cibo, ac potu indigeret; an eadem ratione comederet, ambularet, cubaret, ceteraque, quae humano generi consentanea sunt, faceret; ita non nisi dementis erit dubitare, an reliquum genus humanum eodem modo ac nostri homines de rebus perspicuis iudicet, eodemque communi sensu regatur.

Hinc plane consequitur ut aliquid perspicuum atque ex sensu communi ductum habeatur, satis esse, quod fere omnes quibuscum uiuimus id iudicent homines, etsi pauci aliquot inepti, quorum habenda non est ratio, in contrariam partem disputent. Nam cum moraliter euidens, quanta maxima euidentia haberi potest, nobis sit, uniuersum genus humanum eodem modo in rebus iis iudicare, ac nostri homines facere solent; si uidemus omnes homines, cum quibus uersamur, nullis aut fere nullis exceptis, et semper et eodem modo de rebus claris iudicare; sine ulla dubitatione uidicare debemus, uniuersum genus humanum ita se habere; et, quod itidem sequitur, pro certo et perspicuo habere, tale iudicium esse sensum communem omnium.

Vera igitur est regula, quam posuimus[177]: "In iis in quibus omnes iudicare possunt, communem omnium sensum esse criterium ueritatis; in iis uero, quorum notitia non nisi ad certos pertinet, sensum communem omnium, qui illa tractant, eadem de caussa pro uero haberi debere".

2. Dicet aliquis: "Qua ratione certo scimus uniuersum genus humanum delirare non posse?" praesertim cum uideamus stultissimas opiniones multitudinis iudicio comprobari. Solem esse bipedalem, sentiunt fere omnes indocti; quod profecto est falsum. Nihil tam absonum in moribus, quod non ab aliqua natione receptum habeatur[178].

Verum responsio ex dictis facile exsistit. Principio hoc pono, multo facilius, et uerisimilius esse, quod sceptici omnes, qui habita ratione generis humani sunt omnino pauci aut fere nulli, delirent et furiosi euadant, quam quod uniuersum genus humanum deliret. Quod si semel concedimus, genus omne humanum delirare posse, qua ratione efficient sceptici, scepticos ipsos non delirare? Probent Sceptici omnino euidenter, se a delirio esse inmunes; tum demum fatebimur uniuersum genus humanum, iis exceptis, delirare posse.

---

[177] Hoc libro cap. 3.
[178] Vide quae diximus in *Logica* lib. II, part. 2, cap. 5, § 2, p. 124.

todo o género humano, excepto eles, pode delirar. Mas, sem dúvida, eles não serão capazes de demonstrá-lo, e a tudo o que disserem responderá o resto do género humano ser uma falsidade. Portanto, eles nada poderão concluir.

Eu, porém, além de ser perspícuo por si mesmo não poder delirar todo o género humano, posso demonstrá-lo com alguns argumentos suficientemente evidentes. Em primeiro lugar, ensina de modo perspícuo a experiência humana não poder suceder que tantas pessoas de diversas idades, de costumes diferentes e vivendo em épocas e em regiões diferentes se persuadam totalmente ser uma coisa de determinada maneira, não o sendo realmente. Na verdade, apenas a evidência de uma coisa pode coagir tantos e tão diferentes engenhos a afirmarem isso com consenso unânime. Mas todas as pessoas estão inteiramente persuadidas de que existem, de que não são outras pessoas e de outras coisas deste género. Portanto, isso é perspícuo. Por outro lado, é manifesto, como é efectivamente, ser evidente para cada pessoa de mente sã existir, ter um corpo e coisas semelhantes; e isso será muito mais evidente se tantas pessoas de tão variados engenhos o afirmarem constantemente em diversos lugares, pois o consenso dessas pessoas torna o assunto, já suficientemente claro por natureza, dotado ainda de maior clareza.

Aquilo que alguns acrescentam (que certos erros se comprovam pelo juízo da multidão) é verdadeiro a respeito de alguns povos, mas não de todos eles. Na verdade, nenhum erro é tão perspícuo, que concordem com ele todos os povos. Embora certos povos possuam costumes corruptos e alguns vícios sejam elogiados nalgumas nações, contudo, outras, que são numerosas e as mais cultas, detestam-nos, proclamando a uma só voz serem coisas perversas.

O assunto relativo ao Sol não tem quase nenhuma importância Embora os ignorantes e os que são sabem ajuizar sobre estas matérias afirmem ter ele o tamanho de dois pés, no entanto, os varões doutos existentes nessas nações recusam-no com perseverança. Por outro lado, os ignorantes afirmam-no decerto para abraçarem sem nenhuma dificuldade a opinião oposta, duvidando dela muito pouco se forem ensinados e exortados pelos varões doutos com argumentos e exemplos familiares e perspícuos. Com efeito, se perguntarmos a um ignorante se estudou Astronomia – com base na qual podemos ajuizar sobre estas matérias – e se usou um bom telescópio para poder de algum modo investigar essas matérias, confessar-nos-á com clareza não ter feito isso. De seguida, se o ignorante ouvir dizer aos varões doutos e de crédito provado da arte concinatória ser o Sol muito maior que a Terra, ou ele acredita ou duvida da sua opinião. Por outro lado, objectando-lhe que uma esfera tem dois pés e a colocarmos à distância de cem passos, e depois de lhe demonstrarmos que esse corpos, situados a distâncias cada vez maiores, parecem diminuir até que a vista não consiga distingui-los, e concluirmos que o Sol nos parece ter dois pés em tanto intervalo deve ser muito maior que a Terra, tornamos-lhe o assunto de tal modo fácil, evidente e perspícuo que o persuadimos sem nenhuma dificuldade. Não obteríamos, porém, o mesmo efeito se empreendêssemos persuadir muitas pessoas de mente sã, embora ignorantes, de serem apenas uma única pessoa, de não terem um corpo, de

At id profecto non probabunt; quidquid enim reponent, id reliquum genus humanum falsum esse contendet. Nihil igitur conficere poterunt.

Nos uero, praeterquam quod hoc ipsum per se perspicuum est, uniuersum genus humanum delirare non posse; aliquibus argumentis iisque satis euidentibus id efficere possumus. Nam primum usus hominum perspicue docet, fieri non posse ut tot homines alia et alia aetate, aliis et aliis moribus, alio et alio tempore, in alia et alia regione uiuentes, plane sint persuasi rem aliquam ita esse, quin ita reapse sit. Non enim nisi rei perspicuitas tot tamque uaria ingenia cogere potest, ut uno consensu id dicant. At omnes homines plane sunt persuasi, se esse, se non esse alios homines, et huius generis alia. Igitur perspicuum id est. Deinde si apertum est, ut profecto est, unicuique sanae mentis euidens esse se esse, se corpus habere, et his similia, multo magis id erit euidens, si tot homines tam uariis ingeniis tamque diuersis in locis id ipsum constanter dicant; nam tot hominum consensus rem iam satis natura claram, magis magisque claram reddit.

Illud, quod addunt, errores aliquos multitudinis iudicio comprobari, uerum est de una et altera natione, non uero de omnibus. Nullus enim error ualde perspicuus est, in quo nationes omnes consentiant. Etsi enim quaedam gentes peruersis moribus sint, uitiaque aliqua apud quasdam nationes in laude ponantur, haec tamen aliae et plures et cultiores detestantur, et praua esse una omnium uoce defendunt.

Nam illud aliud de Sole nullius paene momenti est. Tametsi enim indocti, et qui de his iudicare non possunt, bipedalem esse dicunt, tamen uiri docti, qui apud easdem nationes sunt, id ipsum constanter pernegant. Deinde ita indocti id adfirmant, ut nullo negotio contrarium amplexentur, minimum de eo dubitent, si a uiris doctis argumentis et exemplis familiaribus et perspicuis erudiantur, et fatigentur. Nam si indoctos interroges an Astronomiae studuerint, ex qua sola de his rebus iudicare possumus; an bonis telescopiis usi sint, ut id ipsum quodammodo explorare possint, plane fatebuntur nihil se tale fecisse. Deinde si indocti audiant uiros doctos et probatae fidei, qui in concione dicant, Solem multo maiorem esse Terra, uel credent, uel de sua opinione dubitabunt. Tum si globum bipedalem illis obiicias, et centum longe ab iis passus colloces, et postquam ostendisti eis, eiusmodi corpora in alia et alia distantia collocata sensim minui, donec oculis cerni non possint, atque ex tali similitudine argumentando confeceris, Solem, qui tanta intercapedine nobis bipedalis apparet, debere multo maiorem esse terra; id ita iis planum et perspicuum facies, ut nullo negotio persuadeas. Non ita uero efficies, si pluribus hominibus mentis sanae, tametsi indoctis, persuadere coneris, eos non exsistere, eos esse unum hominem tantum, eos corpus non habere, eos nullum dolorem ex corporibus externis percipere posse. Nam primum

não poderem sentir nenhuma influência dos corpos exteriores. Em primeiro lugar, elas escarneceriam de nós e considerar-nos-iam loucos ou delirantes; após isso, elas permaneceriam de tal forma firmes na sua opinião que nem sequer podemos imaginar. Portanto, é perspícuo existirem alguns conhecimentos tão evidentes que não podem ser invalidados por nenhuns argumentos ou por quaisquer embustes. Por isso, é evidente existirem corpos exteriores, tal como o nosso. Este assunto é relativo ao primeiro argumento dos cépticos.

Vou agora ocupar-me das consequências que se originam no referido princípio dos opositores, tendo eu discorrido anteriormente sobre uma e sobre outra no mesmo lugar em que examinei o assunto. Elas apresentam-se, no entanto, de tal modo que para quem entender rectamente as razões expostas até ao momento não ocasionam nenhuma eficácia, não tendo mesmo nada de importante, devendo, por isso, ser expostas em poucas palavras.

Em primeiro lugar, se recusarmos o princípio de que apenas conhecemos com evidência o que está presente no nosso espírito, toda a máquina desaba. Eu, porém, inferi até agora com argumentos perspícuos existirem outras coisas exteriores a nós próprios. Por isso, quando ontem tomei conhecimento de modo perspícuo de que existo, também hoje, dado ter conservado isso na lembrança, tenho consciência certa desse facto. Além disso, dado conhecer com evidência não existir nenhum argumento que me coaja a ajuizar ter vivido há cem anos, oferecem-se muitas e muito perspícuas razões, tanto físicas como morais, para eu ajuizar ter vivido um certo número de anos e não mais que isso; e também considero tal coisa dotada de certeza e perspícua Sustento, portanto e assevero com legitimidade serem conclusões falsas tudo que deriva daquele princípio. E, dado proceder de forma imediata desse princípio, afirmo também com segurança ter a certeza de conhecer o que sucedeu no tempo anterior àquele em que agora discorro.

O que se infere acerca da criança no ventre materno não possui eficácia para estabelecer o que eles pretendem. Com efeito, em primeiro lugar, não é apenas pelo nome – que nada me recorda – que recuso ter feito isso, mas também porque tenho a certeza, em virtude de outros argumentos perspícuos, não ter feito tal coisa, ou seja, com base no testemunho constante das pessoas, o qual possui tanto valor que ninguém de mente sã pode opor-lhe resistência. Pergunto então que argumentos estabelecem os opositores para afirmarem com tanta ousadia estarem certos de terem estado no ventre da sua mãe. Certamente, com base no testemunho de outras pessoas; mas nenhum deles se viu si próprio no ventre materno nem se recorda de aí ter estado. Portanto, em virtude do mesmo testemunho eu posso estar certo – e estou realmente – de ontem ter existido e de não ter vivido há cem anos. Isto é tão evidente que não vejo como possa exigir-se maior evidência.

II. O segundo argumento é o seguinte: "Muitas vezes no estado de repouso pensamos e discorremos de forma tão clara e evidente sobre certas coisas que nada existe dotado de maior clareza. Além disso, ao sonharmos duvidamos por vezes se estamos ou não acordados, e pensamos sem nenhuma dúvida estarmos acordados.

irridebunt te, et pro insano, aut furioso habebunt; deinde ita obfirmato animo in sua opinione permanebunt, ut nihil magis. Perspicuum est igitur esse aliquas cognitiones ita euidentes, ut nullis rationibus, aut laqueis euerti queant; ideoque perspicuum est esse corpora extra nos, et nostrum etiam. Et haec de primo argmento scepticorum.

Venio ad consecutiones, quae ex illo principio aduersariorum proficisci dicuntur, quarum unam et alteram supra eodem loco, ubi argumentum posuimus, tetigimus. Eae autem huiusmodi sunt, ut ei qui rationes hucusque expositas recte intellexerit, nullam uim adferant, nihil momenti habeant; quod paucis est explicandum.

Principio si negamus illud principium, nos ea tantum euidenter cognoscere quae animo nostro praesentia sunt, tota machina ruit. Nos uero hucusque perspicuis argumentis confecimus, eiusmodi principium esse falsum, ideoque stabiliuimus, nos etiam perspicue cognoscere, esse extra nos alia. Itaque cum heri perspicue cognouerim me exsistere, etiam hodie, dum id in memoriam reuoco, de eo certo conscius mihi sum. Deinde cum euidenter cognoscam nullum esse argumentum ut iudicem me centum ante annos uixisse, plurima uero, et satis perspicua, tum physica, tum moralia se offerre, ut iudicem me certum annorum numerum uixisse, non plus, etiam id certum habeo et perspicuum. Iure igitur contendo et adseuero, omnia, quae ex illo principio ducuntur, consectaria falsa esse; et, quod proxime ex hoc principio fluit, itidem adseuero me certo cognoscere illud, quod ante tempus, in quo loquor, euenit.

Illud, quod sequitur, de infante in utero matris, nullam uim habet ad efficiendum id quod uolunt. Nam primum non eo tantum nomine, quod non recordor aliquid, nego me id fecisse, sed etiam quia aliis argumentis perspicuis certus mihi sum, me tale quid non fecisse: nempe ex constanti aliorum hominum testimonio, quod tanti ponderis est, ut nullus sanae mentis ei resistere queat. Quaero enim, quibus argumentis nituntur aduersarii ut confidenter adeo dicant certum esse se in utero matris fuisse? Certe ex aliorum hominum testimonio: neque enim nullus eorum se in utero matris esse uidit, nec ibi fuisse recordatur. Igitur aliorum auctoritate certum et perspicuum id habent. Eodem igitur testimonio certus esse possum, et uero etiam sum, me heri exstitisse; me centum ante annos non uixisse. Quod adeo est euidens, ut, quid amplius requiri possit, non uideam.

II. Secundum argumentum est tale. Saepe nos in quiete tam clare et euidenter de rebus aliquibus cogitamus et disputamus, ut nihil clarius, immo uero somniantes dubitamus interdum, utrum uigiles simus, an non; et sine ulla dubitatione iudicamus uigiles nos esse. Quaero iam: qui scimus

Pergunto então: como sabemos se sonhamos continuamente? Ou se ajuizamos erroneamente ao vermos aquilo que não vemos e outras coisas deste género, que são percepcionadas pelo tacto e pelos outros sentidos? Portanto, não é para nós evidente que estamos acordados, não sento, por isso, verdadeiras as coisas sobre as quais ajuizamos. Por isso, nada demonstramos que seja verdadeiro".

Este argumento parece ter tanto valor para alguns que não duvidam em afirmar não poder apresentar-se nenhuma resposta adequada. Porém, eu não concedo importância a esses falsos filósofos, nem devo concede-la. Mas sustento poder responder tão facilmente a essa argumentação que nada parece mais fácil; mais que isso, infere-se com clareza do exposto uma resposta clara e credível que não necessito de procurar descobrir uma outra.

Recuso, portanto, pensar em estado de repouso de forma tão clara e evidente como eles afirmam. Recuso ainda desconhecer se sonho continuamente. Omitindo isto, recuso também a consequência, ou seja, não ser para mim evidente se estou acordado. Para esclarecer e explicar com rectidão estes assuntos, prossigo ordenadamente a partir dos últimos – por serem os mais conhecidos – para os primeiros.

Em primeiro lugar, é para mim tão evidente estar actualmente acordado como é evidente eu existir. De que modo esta coisa é mais clara que aquela? Uma e outra se apresentam à minha mente com idêntica clareza; uma e outra me coagem de forma idêntica a assentir. Suponhamos que eu posso duvidar se existo. Pergunto então como poderei libertar-me dessa dúvida. Decerto, nada me coage, pela sua evidência, a assentir que existo, excepto a perspicácia da mente, reflectindo não apenas uma vez, mas muitíssimas e em todo o tempo e lugar, sustentando a própria coisa que se apresenta sempre com clareza.

De modo idêntico, tenho a mesma certeza a respeito do estado de vigília. Com efeito, se considerar, investigar e explorar o assunto muitíssimas vezes e mesmo milhares, é para mim tão evidente não estar a dormir, mas acordado, que nada pode existir dotado de maior clareza; por isso, se for coagido a ajuizar que estou acordado, não há razão para duvidar se estou ou não a sonhar. Não sucede de forma idêntica no estado de repouso, pois, embora por vezes eu duvide se estou a sonhar e ajuíze não estar a sonhar, tal opinião é tão obscura e tão confusa que dificilmente merece consideração. Quando muito, acontece-me por vezes duvidar acerca disto no estado de repouso, mas não milhares, se indagar o assunto atentamente. Mas não me sirvo de todas as faculdades da mente para investigar esse assunto. Nem sempre as coisas se manifestam com a clareza segundo a qual costumam manifestar-se quando estou acordado. Por isso, difere muitíssimo a certeza do juízo emitido no estado de repouso daquela que se verifica quando estou acordado; mais que isso, não se verifica entre elas a mais pequena semelhança. Deste modo, é evidente que estou acordado; e é evidente que não estou a sonhar, de onde se infere ser perspícuo aquilo que anteriormente estabeleci em primeiro lugar, de forma imediata e com clareza, ou seja, é evidente não pensarmos nem discorrermos com idêntica clareza no estado de repouso ou quando estamos acordados.

an perpetuo somniemus? an per errorem iudicemus, nos ea uidere quae non uidemus, et cetera generis eiusmodi, quae tactu, ceterisque sensibus percipiuntur? Non igitur euidens nobis est nos uigilare; non euidens est esse uera quae iudicamus: nihil igitur uerum et exploratum habemus.

Hoc argumentum tanti momenti uidetur esse non nullis, ut illud dicere non dubitent, nullam ei idoneam responsionem adhberi posse. Sed huiusmodi philosophastros non moramur, nec morari debemus. Illud contendimus, huic argumentationi tam facile occurri posse, ut nihil facilius; immo uero ex dictis plane responsio et clara et luculenta consequitur, quin aliam excogitemus.

Nego itaque, nos in quiete tam clare et euidenter, ut illi dicunt, cogitare. Nego nos nescire an perpetuo somniemus. His sublatis, ruit etiam consequentia illa, nobis euidens non esse an uigilantes simus. Haec ut recte inlustremus et explicemus, ab ultimis, quasi notioribus, ad prima illa ordine progrediamur.

Principio tam euidens mihi est me in praesentia uigilem esse, quam euidens est me esse. Qui enim istud illo clarius est? Vtrumque enim eadem claritate menti meae obiicitur, utrumque eodem modo me cogit ut consentiam. Finge me dubitare posse, an sim: quaero, qua uia me tali dubitatione liberare potero? Nulla alia certe, quam aciem mentis non semel, sed etiam atque etiam, alio et alio tempore, et loco intendendo ad ipsam rem, quae cum semper eadem claritate sese offerat, sua illa euidentia me cogit, ut adsentiam me esse.

Eodem itaque modo de uigilia mea certus mihi sum; nam si rem ipsam etiam atque etiam, immo uero millies considero, inuestigo, exploro, tam euidens mihi est, me non dormire, sed uigilare, ut nihil supra fieri possit, adeo ut coactus sim iudicare, me uigilem esse, nullusque dubitandi locus reliquus sit, somniem, an non. Non ita uero in quiete se habet, nam etsi aliquando dubitem an somniem, et iudicem me non somniare, talis opinio est ita obscura, ita perplexa, ut uix aliquam considerationem mereatur. Summum semel, aut bis de hoc in quiete nobis contigit dubitare: non millies, et dedita opera rem indagamus, non uires mentis omnes contendimus ut id inuestigemus, non ea claritate res ipsa semper nobis obiicitur, qua, dum uigilamus, obiici solet. Itaque longissime distat certitudo illius iudicii in quiete facti, ab eo quod facimus; dum uigiles sumus; idque adeo, ut nulla ne leuis quidem similitudo occurrat. Perspicuum igitur est, nos esse uigiles; perspicuum, nos non somniare. Ex quibus illud, quod supra primo loco posuimus, proxime ac aperte consequitur perspicuum esse nos non aeque clare secundum quietem cogitare et disputare, quam, dum uigiles sumus, facimus.

Também os que se servem de tal argumento apresentam não apenas uma argumentação, mas também uma resposta dotada de clareza. Na verdade, eles afirmam em primeiro lugar que por vezes sonhamos e que temos dúvidas se sonhamos no estado de repouso e que outras vezes ajuizamos não estarmos a sonhar. Eu pergunto: "Ou eles afirmam isso imprudentemente e perturbados sem nenhuma razão – e neste caso não devem ser ouvidos por serem loucos e delirantes –, não tendo, por isso, esse princípio como certo; mas neste caso de que modo com base nesse mesmo princípio pretendem eles coagir-nos a duvidar se estamos sempre a sonhar? "Ou têm como certo eles sonharem, duvidarem, ajuizarem e considerarem ser necessário um juízo ou critério da verdade com base qual possam ajuizar". Pergunto então qual é esse critério da verdade. Considerando para mim próprio o assunto muitíssimas vezes, não me ocorre outra coisa excepto a evidência do próprio assunto, que manifesta de forma muito clara que eles ao apresentarem-nos tal argumento estão acordados e totalmente persuadidos de que actualmente não estão a dormir nem a sonhar; mas, se eles não estão persuadidos disto, como podem com tanta ousadia servirem-se dessa argumentação para nos acusarem? Portanto, eles têm a certeza de que por vezes sonham e de que outras vezes não sucede desse modo. Eles distinguem, por isso, com muita clareza o sonho da vigília. Desta forma, eles nada podem demonstrar com tal argumento, do qual pretendem servir-se com empenho e eficácia.

Ipsi etiam, qui tali argumento utuntur, nobis et argumentationem et eius responsionem luculentam offerunt. Nam primum aiunt, nos aliquando somniare, et in quiete dubitare an somniemus, iudicareque aliquando, nos non somniare? Quaero: uel inprudentes id aiunt et nulla ratione moti; et hoc casu tamquam fatui ac deliri audiendi non sunt; si enim id certum principium non habent, quo pacto ex tali principio nos cogere uolunt ut dubitemus, an semper somniemus? Vel pro certo habent se et somniare et dubitare et diiudicare; et aliquod habeant necesse est iudicium seu criterium ueritatis, ex quo id diiudicent. Quale, quaeso, est hoc criterium ueritatis? Mihi sane rem etiam atque etiam consideranti, nullum aliud occurrit nisi ipsa rei euidentia, quae clarissime ostendit eos, dum tale nobis argumentum opponunt, uigiles esse; planeque esse persuasos, se tunc temporis non dormire, nec somniare. Nam si ne de hoc quidem sunt persuasi, qui possunt tali argumentatione ad nos oppugnandos tam fidenter uti? Certi itaque ipsi sunt, se interdum somniare, interdum non item. Distinguunt itaque apertissime somnum a uigilia. Nihil igitur in nos efficere possunt tali argumento quod ipsos eadem ui ac efficcia inuadit.

APÊNDICE II

Escólio

Com base naquilo que referi sobre a evidência das coisas *nos capítulos terceiro e quarto deste livro, infere-se com clareza adquirirmos muitas verdades por meio dos* sentidos externos *e do* testemunho alheio*; com efeito o que se harmoniza com a* recta razão *procede daquilo que adquirimos através dos sentidos (esta categoria diz respeito o testemunho alheio, que se origina na visão ou na audição). Deve, por isso, discorrer-se novamente neste lugar sobre estes assuntos, não apenas para estabelecer que pode adquirir-se a verdade com tal auxílio, como anteriormente demonstrei, mas também para dar a conhecer* em que casos podemos obter as primeiras verdades por meio dos sentidos.

APÊNDICE III

Demonstra-se poderem conhecer-se algumas verdades por meio dos *sentidos*

É evidente ser percepcionada a existência dos corpos por meio dos sentidos externos, como demonstrei e comprovei anteriormente com razões ao refutar os argumentos dos cépticos. Deve agora examinar-se se os sentidos proporcionam sempre a verdade, ou ao invés, e se originam conhecimentos que possam denominar-se "primeiras verdades".

APÊNDICE IV

Quando acontece na natureza das coisas uma mutação, imediatamente se entende existir um ente no qual se origina tal mutação. Este ente denomina-se "causa", e a mutação "efeito". Trata-se de palavras relativas ou correlativas, como costumam chamar-se.

APÊNDICE V

Eis a que se restringiu a enfadonha disputa das causas ocasionais, discutida durante tantos anos e publicada em tantos livros com grande aplicação de espírito: à definição de uma só palavra![179]

---

[179] Wolff (*Ontologia*, § 713 e sgs.) reconhece que a acção é apenas uma mudança de estado; contudo, ele acrescenta outros assuntos conformes com o seu sistema que se apartam do meu parecer.

APPENDIX II

SCHOLION
Ex iis quae capite III et IV huius libri diximus de rerum euidentia, *plane consequitur nos plurimas ueritates* et sensibus externis et aliorum testimonio comparare: nam quae recta ratione constant, *ex iis quae per sensus accepimus [ad hanc classem pertinet* hominum testimonium, *quod uel uisu, uel auditu habetur] proficiscuntur. Quare de iis hoc loco iterum disputandum, non ut efficiamus tantum ueritatem tali praesidio adtingi posse, quod supra demonstrauimus, sed ut patefaciamus* quo casu primas ueritates sensuum praesidio uenari possimus.

APPENDIX III

Demonstratur primas ueritates aliquas *sensibus* percipi posse.

Corporum exsistentiam sensibus externis percipi euidens est, idque nos supra cum argumenta scepticorum diluissemus, planum fecimus et rationibus confirmauimus. Examinandum nunc est, an semper uerum ipsi ostendant, an aliter; et an tales cognitiones gignant, quae "primae ueritates" uocari possint.

APPENDIX IV

Vbi aliqua in rerum natura mutatio euenit, illico intelligitur esse aliquod ens ex quo talis mutatio proficiscitur: ens istud uocatur "caussa", mutatio uero "effectus", quae sunt uocabula relatiua, seu correlata, uti uocant[179].

APPENDIX V

En ad quod recidit grauis illa caussarum occasionalium disputatio tot annos, tot libris editis, tanta contentione animi disputata, nempe ad definitionem unius uocabuli![180]

---

[179] Ens ut aptum facere talem mutationem, uocatur.

[180] Wolfius *Ontologiae* § 713, seqq. agnoscit actionem nihil aliud esse, quam mutationem status; sed alia addit suo systemati congruentia, quae a nostra sententia recedunt.

APÊNDICE VI

Deve, portanto, concluir-se que, ocorrendo o fogo, ocorre aquecimento; e que suprimido o fogo, deixa de existir aquecimento. Igualmente, ocorrendo um acto de vontade, move-se o braço, mas, não ocorrendo, ele fica em repouso. Se não desejarmos ser inábeis, devemos afirmar que o aquecimento se origina no fogo e que o movimento do braço provém de um acto de vontade.

Eu afirmei "se não formos inábeis", dado que por dizerem e ajuizarem todas as pessoas de mente sã que o aquecimento se origina no fogo e o movimento do braço num acto de vontade, se infere com clareza que o senso comum é a voz da natureza. Os que pensarem de modo diferente devem também afirmar que uma pessoa não é privada da vida por um homicida e que o homicida não deve ser punido. Porém, todos os Estados bem instituídos ajuízam que o homicida merece ser punido e condenado à pena capital. Eles sabem, portanto, que ele deve ser executado por homicídio. Por isso, a vontade move o corpo para praticar o mal.

Deste modo, é fácil argumentar sobre as outras causas corpóreas. Com efeito, tenho tanta certeza de mover uma pluma na minha mão, com a qual escrevo, como tenho a certeza da existência da mão e da pluma. Pergunto então: "Porque não afirmamos que o fogo arrefece e que a neve produz aquecimento?" Porque nunca experimentámos esses efeitos. Pelo contrário, como sempre tivemos experiência de que a neve arrefece e de que o fogo aquece, devemos dizer que esses efeitos se originam naquelas causas. Por outro lado, é mais evidente e mais certo um homem gerar um homem ou o fogo gerar aquecimento? Eu certamente não vejo nenhuma diferença. Portanto, por que motivo estabelecem como certo um pai gerar realmente um filho e duvidam se o fogo produz efectivamente aquecimento? Preconceitos! É evidente ter sido investigado por todos que uma e outra coisa se originam realmente numa causa corpórea. Portanto, as causas actuam, o que facilmente se entende sem ser necessário um longo discurso.

É suficiente o que ficou referido a respeito das causas ocasionais.

APPENDIX VI

Concludendum est igitur, cum uideamus, posito igne, poni calorem; sublato igne, perire calorem; item posita uolitione, moueri brachium; non posita, quiescere; nisi inepti esse uolumus, dicere debemus, calorem oriri ab igne, motum brachii a uoluntate.

Dixi "nisi inepti simus" quia cum omnes homines sanae mentis ita loquantur itaque iudicent, calorem ab igne effici, motum brachii ab animo uolente, plane consequitur hunc sensum communem esse, hanc uocem naturae. Qui secus sentiunt, dicere etiam debent hominem ab homicida non occidi, nec homicidam poenas dare debere. At omnes Respublicae bene constitutae homicidam dignum poena iudicant, eumque capitis damnant. Sentiunt igitur ab eo homicidium patrari. Iam ergo uoluntas mouet corpus ut malum faciat.

Hinc ad ceteras caussas corporeas facilis est argumentatio. Tam enim certus sum, manum meam mouere plumam qua haec scribo, quam certus sum esse manum, esse plumam. Quaero, "cur non dicimus ignem refrigerare, niuem calefacere?" quia numquam tales effectus experti sumus. E contrario cum semper experti simus niuem refrigerare, ignem calefacere, dicere debemus hos effectus ab illis caussis oriri. Praeterea, qui clarius et certius est hominem generare hominem, quam ignem generare calorem? Ego certe nihil uideo. Cur igitur pro certo ponunt patrem reapse generare filium, et dubitant an ignis reapse faciat calorem? Praeiudicia! Illud certum est, ab omnibus pro explorato haberi utrumque reapse ab corporea caussa prouenire. Agunt igitur et ipsae; quod sine longa oratione facile intelligitur.

Et de caussis occasionalibus satis.

ÍNDICE IDEOGRÁFICO

Abstracção: 218, 220, 222.
— espécies: 2, 18.
Acaso: 308.
— e causa necessária e livre: 308-310.
Acidente: 240, 242.
Ateísmo: 66-68.
Axiomas gerais: 86.

Belo: 294-304.
— definição: 296.
— modelo: 298-302.
Bom: 286-290.
— definição: 286.
— espécies: 288.

Causa: 326-340.
— definição: 326.
— e efeito: 326, 336.
— e mudança: 326-330.
— eficiente (acepções): 338-340.
— exemplar: 344-346.
— desconhecimento do seu modo de actuar: 330-332.
— final: 342-344.
— ocasional: 72, 74, 332.
Cepticismo: 118, 120, 138, 178.
— crítica:178.
Certeza
— física: 198.
— matemática: 128, 198.
— metafísica: 198.
— moral: 198, 206.

Composto: 274-278.
— e todo: 278.
— espécies: 276-278.
Contingência: 304-310.
— e livre arbítrio: 310.

Definição
— matemática: 232.
— nominal: 230.
— real: 230, 232.
Demonologia: 68-70.
Demonstração
— geométrica: 126.
— matemática: 116, 124, 126.
— metafísica: 116.
Denominação: 244-248.
— espécies: 244.
Disciplinas
— classificação: 346-362.
— e Ontologia: 362.
Distinção entre essência e existência
— espécies: 254-256.
Duração: 316-326.
— definição: 316.
— e sucessão: 318.
— espécies: 320.
— infinita: 320-326.
— norma: 320.

Ens rationis: 90, 216, 218.
Ens reale: 90, 92.
Ente: 214-222.
— definição: 214.

Espaço vazio: 64.
Essência: 222-238, 242.
— definição: 222.
— nominal ou metafísica: 220, 224, 226, 228, 230, 236.
— real ou física: 220, 224, 226, 230, 234, 236.
Eternidade: 320-326.
Evidência
— física: 124, 126, 128, 130, 204.
— matemática: 110, 124, 126, 128, 130, 198.
— metafísica: 198.
— moral: 198, 202-204, 206.
Existência: 252, 254.
Existência dos corpos: 130.
— argumentos adversos: 132-172.
Existência de Deus
— demonstração: 68.

Feio: 302-304.
— espécies: 302.
Filosofia aristotélico-escolástica
— críticas do autor: 26, 38-42, 86-92.
Filosofia moderna
— críticas a filósofos modernos: 42-44, 86-88, 92-94, 96-100.
— louvores do autor: 28, 38, 94-100.
Finito: 260-266.
— definição: 260.

Harmonia preestabelecida: 72, 74.
Ideia
— abstracta: 218, 242, 244.
— complexa: 218.
— metafísica: 244.
— particular: 218, 220.
— singular: 218.
— universal: 218, 220.
Identidade
— de natureza: 236.
— de semelhança: 236.
Imperfeito: 286.
Impossível: 268-272.
— espécies: 270.

Infinito: 260-266.
— definição: 260.
— e infinidade: 262.
— potencial e absoluto: 260-266.
Influxo: 72.
— físico: 160.

Liberdade da vontade: 70.
Lógica
— e Ontologia: 80, 82.

Mau: 286-290.
— espécies: 290.
Metafísica
— aristotélico-escolástica: 56-58, 86-94.
— denominação: 52-56.
— desenvolvimento: 52-76.
— divisão: 62.
— e Demonologia: 68-70.
— e Ontologia: 56, 62, 64.
— e as outras disciplinas: 98.
— e Pneumatologia: 62.
— e Psicologia: 70-74.
— e Teologia Natural: 66-68.
— estudo do ente: 56.
— história: 49-76.
— moderna: 58-76.
— origem: 52-56.
— valor e natureza: 26, 30-34, 42, 44, 79-104.

Modo: 238, 244, 250-252.
— intrínseco e extrínseco: 244, 248, 250.

Não-ente: 214-224.
Não-natural: 310-316.
Natural: 310-316.
— definição: 312.
— e artificial: 312.
— e sobrenatural: 312-316.
Natureza e essência das coisas
— invariabilidade: 176.
Necessário: 304-310.
— definição: 304.
— e causa livre: 306, 310.
— necessário hipotético: 310.

Nomes relativos: 246.
Ontologia: 84.
— apêndice da Lógica: 102.
— aristotélico-escolástica (Ver Metafísica, aristotélico-escolástica)
— ciência do ente: 84.
— e as outras disciplinas: 102.
— e Lógica: 80, 100.
— Filosofia Primeira: 84.
— finalidade: 86, 90, 102.
— léxico filosófico geral: 102.
— moderna: 94-100.
— modo de exposição: 100-104.
— natureza: 79-104.
— origem: 96.
— partes: 102.
— prolegómenos a todas as ciências: 104.
— uso: 79-104.
— utilidade: 84-86, 90, 100.
Ontosofia: 84.
Ordem: 290-294.
— definição: 290.
— e acaso: 294.
— e finalidade: 290-294.
Origem da alma: 74-76.

Perfeição: 282-286.
— espécies: 282.
Perfeito: 278-286.
— definição: 278.
— espécies: 278-280.
Possível: 268-272.
— definição: 268.
— possível, finito e infinito: 268.
Primeiras verdades: 82, 108-116, 118, 180, 210.
— argumentos adversos: 118-172.
— as cognoscíveis pela autoridade alheia: 194-206.
— as perceptíveis por meio dos sentidos: 120, 172.
— características: 108.
— definição: 108.
— dúvidas sobre a sua existência: 180-186.

— e axiomas metafísicos: 180-184.
— e Ontologia: 180.
— fontes: 110.
Princípio de contradição: 212.
Princípio dos indiscerníveis: 66.
Princípio de razão suficiente: 212.
Probabilidade: 196.
Propriedades
— físicas e metafísicas: 236.
— primárias: 134.
— secundárias: 134.

Qualidade
— física: 238.
— moral: 238.

Recta razão: 116.
— aspectos: 112.
— definição: 112.
— e senso comum: 112.
Relação: 240, 244-248, 258.
— espécies: 248.
Res facti: 196.

Semelhança: 220.
Senso comum: 112, 114, 128, 136, 138, 140, 154, 168.
— argumentos adversos: 132-172.
— critério da verdade: 114, 140.
— e primeiras verdades: 114.
— e recta razão: 112.
— e voz de natureza: 112.
— juízos: 116.
Sentido íntimo: 110, 116-118, 120.
Sentidos
— e primeiras verdades: 188.
— erros: 174.
— evidência dos seus dados: 122.
— instrumentos da recta razão: 186.
— utilidade: 120-122, 144, 178, 190-194.
Simples: 274-278.
— definição: 274.
Subsistência: 256-258.
Substância: 238-258.
— definição: 238.
— ideia abstracta: 240.

Suposto: 256-258.

Tempo: 316-326.
— e eternidade divina: 324-326.
Teologia Natural: 66.
Testemunho alheio: 162.
— critério da verdade: 194-196.
Todo: 278.
— e parte: 278.

Universal: 220.
— espécies: 220.

Vácuo: 64.
Verdade
— critério: 114, 140.
— das ciências (argumentos adversos): 172-180.
— externa: 110, 184.
— interna: 110, 184.
Voz da natureza: 138.

ÍNDICE ONOMÁSTICO

A
Aaltus, J., 68.
Afshton, 70.
Agostinho (Santo), 76, 202, 254.
Albert, V., 28.
Alexandre de Afrodísia, 56.
Amaro (Santo), 202.
Amesius, 60.
Amónio Sacas, 56.
Andala, R., 72.
Andrade, A. A. de, 21.
Andronico de Rodes, 52, 54, 56.
Antíoco de Áscalon, 28.
Antípatro, L. C., 28.
Apélico de Teio, 52.
Apiano de Alexandria, 200.
Argens, J. B. d', 178.
Aristóteles, 7, 28, 52, 54, 56, 58, 88, 198, 202, 226, 240, 242, 274, 340, 356, 358.
Aristóxeno, 70.
Avicena, 242.

B
Balbo, L., 28.
Baltus, J.-F., 68.
Bayle, P., 11-12, 21, 74, 144, 150, 156, 174, 178.
Becker, B., 68.
Bentley, R., 66.
Berkeley, G., 11-12, 21, 150, 152, 154, 156, 158, 166, 168, 170, 172.

Bernoulli, C., 126.
Bernoulli, J., 182.
Biel, G., 72.
Bilfinger, G. B., 42, 64, 72, 74.
Billeb, 74.
Blinborg, W., 68.
Boécio, A. M. T. S., 56.
Boecler, 28.
Boerhave, C., 236.
Boffi, 28.
Bonani, F., 188.
Bontekoë, C., 60.
Boxorn, H., 28.
Boyle, R., 294.
Bramhall, J., 70.
Bredenborg, J., 68.
Broughton, J., 70.
Brucker, 226.
Bucher, 70.
Budde, J. F., 28, 62, 66, 68.
Buffier, C., 8, 10, 21, 180, 186, 192, 196, 198, 284.
Buurt, A., 66.

C
Caetano (Cardeal), 14.
Campanella, T., 58.
Capitão, A., 28.
Caracala, A., 56.
Carondas, 26.
Carpentoract, B. d', 252.
Carpov, J., 64.

Celso, 28.
Cévola, G. M., 28.
Cheselden, 122.
Ciacon, 198, 200.
Cícero, M. T., 20, 28, 46, 56, 70, 200, 344, 354, 360, 364.
Clairant, A.-C., 354.
Clarke, S., 66, 68, 72, 74, 212.
Clauberg, J., 7, 58, 60.
Clerk, J., 60, 64.
Clitómaco, 200.
Collins, 72.
Conimbricenses, 14, 240, 242.
Cordemoy, G. de, 66, 72.
Coríngio, 28.
Corsini, E., 354.
Cotelier, J.-B., 202.
Coward, W., 70.
Coxito, A., 21.
Crousaz, J.-P. de, 60.
Cudworth, R., 66, 276.
Cuentz, 70.
Cumberland, R., 28, 72.

D
Daneo, L., 70.
De Vries, S., 68.
Del Río, M.A., 70.
Delaforge, L., 72.
Demócrito de Abdera, 358.
Derham, W., 66, 294.
Descartes, R., 7, 11, 15, 60, 64, 226.
Dicearco de Messina, 70.
Dídimo de Alexandria, 182.
Dio Crisóstomo, 204.
Dio Cássio, 200.
Diodoro, 120, 200.
Diógenes Laércio, 174, 202, 212.
Duílio, G., 198.

E
Empédocles, 358.
Énio, Q., 200.
Escoto, J. D., 14.
Espinosa, B. de, 15, 66, 70.

Estrabão, 200.
Estratão de Lâmpsaco, 54, 70.
Euclides de Alexandria, 124, 126, 354, 356.
Eusébio de Cesareia, 200.
Eutrópio, 200.

F
Fábio Emiliano, Q., 200.
Fabri, 202.
Fardella, M. A., 136.
Fay, Ch., 68.
Fénelon, 66.
Filino, 200.
Filóponos, J., 56.
Flávio Josefo, 200, 204.
Floro, P. A., 200.
Fonseca, P. da, 14.
Fontenelle, S., 68.
Fortunato de Bréscia, 252.
Foucher, 74.
François, E., 70.

G
Gassendi, P., 64.
Geulincx, A., 60.
Gilson, É., 11.
Glanville, J., 70.
Gottsched, J. Ch., 64.
Grabi, 202.
Grapp, 68.
Gravesande, W. J. S., 64.
Grócio, H., 28.

H
Hagmaier, J., 64.
Haller, 236.
Hamel, J.-B. du, 60.
Hansch, M.-G., 74.
Hartfoeker, 64, 190.
Heinecke, J.-G., 28.
Herodiano, 200.
Hertz, 28.
Heumann, J., 28.
Hipócrates, 306.

Hirnhaym, J., 174.
Hobbes, Th., 70.
Hocheisen, 70.
Hofman, D., 60.
Hoffmann, M., 306.
Holman, 42, 60, 64, 72.
Hooke, R., 190.
Horácio Flaco, Q., 200.
Horn, G., 204.
Hottsched, 72.
Huet, P. D., 66, 68, 174.
Hume, D., 15, 17.

I
Inocêncio, F. da S., 18.
Isócrates, 28.

J
Jacquelot de Chantemerle, L. G., 66, 68.
Jâmblico, 58.
Jenisch, G. F., 68.
Jerónimo (São), 74.
João de São Tomás, 14.
Jobelot, 190.
Juliano, S., 28.
Justiniano, 28.
Justino Histórico, 200.

L
Labeão, M. A., 28.
Lamy, B., 354.
Lamy, F., 66, 68, 74, 136.
Lang, 64, 72.
Leibniz, G. W., 15, 64, 66, 68, 72, 74, 76, 146, 212.
Leidecker, 68.
Lesley, J., 70.
Leuwenhoeck, A. van, 188, 190.
Levassor, M., 68.
Licurgo, 26.
Lípsio, 28.
Lívio, T., 200.
Locke, J., 11, 14-17, 21, 64, 96, 180, 186, 188, 196, 198, 212, 234, 318, 320, 336.
Lombardo, P., 76.

Longino, C., 28.
Lucrécio, C., 70.
Ludwig, 64.

M
Magalotti, C. L., 66.
Maignan, E., 252.
Malebranche, N., 7, 11, 21, 58, 60, 64, 72, 74, 132, 144, 146, 150, 188, 332, 334.
Maquiavel, N., 30.
Mariotte, E., 328.
Mead, R., 306.
Mela, P., 200.
Melch, 68.
Menandro, 200.
Ménard, 70.
Menasseh ben Israil, 76.
Modestino, 28.
Moncada, L. C. de, 21.
Moniglia, T.-V., 72, 212.
Moore, 276.
More, H., 7, 58, 60, 66, 68, 70, 76.
Morin, 68.
Müller, 64.
Musschembroeck, P. van, 64, 276.

N
Natal de Alexandria, 76, 202.
Naudé, Ph., 28.
Neleu, 52.
Nepos, C., 200.
Névio, G., 200.
Newton, I., 64, 66, 212, 276.
Nicolás Antonio, 58.
Nieuwentijt, B., 66.
Noris, C., 76.

O
Orígenes, 74, 202.
Orósio, P., 200.

P
Panécio de Rodes, 28.
Papiano, 28.

Parker, S., 66.
Patérculo, 200.
Patrício, S., 54, 202.
Patrizzi, F., 52.
Pedro d'Ailly, 72.
Pedro Lombardo, 76.
Petit, S., 52.
Petau, C., 204.
Pitágoras, 54, 74, 358.
Plaff, 74.
Planer, 76.
Platão, 28, 42, 54, 56, 58, 88, 226, 236, 340, 356.
Plauto, T. M., 198.
Plínio-o-Velho, G., 198, 200.
Plutarco, 28, 200.
Poiretus, P., 68.
Políbio, 198, 200.
Porfírio, 58.
Prideaux, J., 202, 204.
Procópio de Cesareia, 200.
Ptolomeu, C., 200, 204.
Pufendorf, S., 28.

Q
Quintiliano, M. F., 20, 198, 200.

R
Radamanto, 26.
Raimundo de Sibiuda, 58.
Rainaud, T., 58.
Raphson, 66.
Raey, J de, 66.
Ray, J., 68, 294.
Raynaud, T., 58.
Régis, P.-S., 7, 58, 72, 74.
Reid, Th., 10.
Reimmann, J.-F., 66.
Reinbeck, 74.
Reinheck, 64.
Romani, C. F., 68.
Roncaglia, 204.
Rudiger, A., 60, 276.
Rufino, 202.
Rutílio, P., 28.

S
Saguen, 252.
Salústio, G., 200.
Sanches, F., 174.
Scheibler, Ch., 72, 74.
Schiling, 60.
Schlosser, 74.
Selden, J., 28.
Séneca, L. A., 176, 340.
Sexto Empírico, 120, 174, 212.
Sexto Pompeu, 28.
Sículo, 200.
Simsart, B., 70.
Simplício, 58.
Sirbius, Th., 60.
Sócrates, 202, 356.
Sólon, 26.
Spizel, Th., 70.
Stahl, G. E., 74.
Stair, J., 66, 74.
Steenwinckel, P., 68.
Straehler, 64.
Sturm, C., 74.
Suárez, F., 14.
Sulpício, S., 28, 354.

T
Taurellus, N., 58.
Temístio, 200.
Teofrasto, 52, 54.
Tertuliano, Q. S. F., 74, 200.
Thomasius, Ch., 28, 68, 96.
Thomasius, Jacob, 52, 56, 62.
Thomasius, Jenkins, 66.
Tilladet, 68.
Tirânio Amisseno, 52.
Toland, J., 66, 68, 70.
Tomás (São), 14, 240.
Tosca, T. V., 252.
Tournemine, R.-J. de, 74.
Tralles, B. L., 70.
Trevisani, F., 66.
Tuberão, É., 28.
Tucídides, 198.

U
Ulpiano, D., 28.

V
Van Dale, A., 68.
Van Mastricht, P., 68.
Vanderhooght, 68.
Vanderwayen, 68.
Verney, L. A., 5-21, 26, 36.
Vico, G., 354.
Vieira, A., 14.
Virgílio, P., 200.
Voltaire, 212.
Vower, J., 202.

W
Weigel, 66.
Wolf, J. Ch., 66, 98.
Wolff, Ch., 15, 28, 42, 60, 64, 66, 72, 212, 334, 356, 388.

X
Xenócrates de Calcedónia, 70.
Xenofonte, 26, 28.

Z
Zaleuco, 26.
Zenão de Chipre, 70.
Zenão de Eleia, 11, 56, 144, 356.

ÍNDICE GERAL

Introdução 5
TEXTO E TRADUÇÃO 23
[Dedicatória ao Rei D. José]...26
[Saudação aos Jovens Portugueses]...36

LIVRO PRIMEIRO
História da Metafísica

Proémio 50
Cap. I – Denominação, origem e desenvolvimento da Metafísica...........................52
Cap. II – A Metafísica dos Árabes e a dos escolásticos 56
Cap. III – Tentativa de renovação da Metafísica 58
Cap. IV – O desenvolvimento da Metafísica renovada, sobretudo no século XVIII 62

LIVRO SEGUNDO
Natureza e uso da Ontologia

Cap. I – O que é a Ontologia e qual a sua origem 80
Cap. II — O uso e a utilidade da Ontologia..84
Cap. III — Os metafísicos escolásticos não discorreram rectamente sobre a Ontologia 86
Cap. IV – Os filósofos modernos expuseram com maior diligência a Ontologia,
    cada um a seu modo..94
Cap. V – O modo de expor a Ontologia...100

LIVRO TERCEIRO
Primeira parte da Ontologia
ou modo de conhecer as primeiras verdades

Cap. I – O que são as primeiras verdades 108
Cap. II – As primeiras verdades cognoscíveis pelo sentido íntimo........................110

Cap. III – As primeiras verdades cognoscíveis pela recta razão 112
Cap. IV – Argumentos dos que recusam algumas verdades 118
Cap. V – Dúvidas dos que recusam serem certas proposições primeiras verdades 180
Cap. VI – As primeiras verdades perceptíveis por meio dos sentidos 188
Cap. VII – As primeiras verdades cognoscíveis pela autoridade alheia 194

LIVRO QUARTO
Segunda parte da Ontologia relativa às proposições gerais
comuns a todas as ciências

Cap. I – Divisão e plano deste livro 210
Cap. II – O ente e o não-ente 214
Cap. III – A essência 222
Cap. IV – A substância e os seus modos, incluindo a relação, a existência
    e a subsistência 238
Cap. V – O finito e o infinito 260
Cap. VI – O possível e o impossível 268
Cap. VII – O simples e o composto. O todo e a parte 274
Cap. VIII – O perfeito e o imperfeito 278
Cap. IX – O bom e o mau 286
Cap. X – A ordem e a desordem 290
Cap. XI – O belo e o feio 294
Cap. XII – O necessário e o contingente 304
Cap. XIII – O natural e o não-natural 310
Cap. XIV – A duração ou tempo 316
Cap. XV – A causa e o efeito 326
Cap. XVI – A causa final e a causa exemplar 342
Cap. XVII – A ordem e a relação entre todas as disciplinas a que pode aplicar-se
    a Ontologia 346

Apêndices 367
Índice ideográfico 393
Índice onomástico 397

www.ingramcontent.com/pod-product-compliance
Lightning Source LLC
Chambersburg PA
CBHW071437300426
44114CB00013B/1474